Coastal Mass Tourism

해양관광 개발계획

서문 및 감사

Preface & Appreciation

해양관광 개발계획 coastal mass tourism

이 책을 기획하게 된 첫 번째 계기는 오늘날 글로벌 관광차원에서 해안관광목적지가 수행하는 역할이 매우 중요함에도 불구하고, 해안관광개발계획에 관한 서적이 상대적 부족하고, 남유럽 해안지역관광에 관련한 본인의 연구가 현대대중관광의 요람들 중의 하나로 인식되고 있는 온 그 지역의 관광개발패턴, 영향 그리고 정책에 관한 깊은 성찰을 요구하고 있었기 때문이다.

이 책에 기고된 모든 논문들은 지속가능한 개발과 관련하여 남유럽 해안관광을 평가하고 있다. 지속가능한 개발은 매우 중요한 개념으로서 그 지역 미래의 사회, 환경 그리고 경제에 관한 논의의 핵심이 되고 있으며, 특히 남유럽 지중해의 관광산업에 관한 이해의 차원에서 남유럽에 관한 많은 연구들 중에서 일부 연구들만이라도 한데 모을 수 있는 기회라는 믿음으로 추진되었던 것이다. 또한 많은 남유럽 관련연구들이 학술지와 단지 관광 그 자체보다는 보다 광범위한 관점에서 저술된 수많은 저서들의 내용 중의 일부로 흩어져 있었기 때문이다. 책이 완성되는 과정 속에서 유럽지중해 해안지역에서 상호 연관된 추세에 대한 신중한 평가의 필요성이 더욱 더 분명해졌다. 그 동향들은 대중관광휴양지와 시설의 개선, 그리고 소규모 대안관광과 새로운 유형의 대규모관광으로의 상품 다각화 등이다. 하지만 그러한 개발방식을 지원하기 위해 이용된 정책수단 및 계획방법, 또는 그것들이 초래하는 이점과 불리한 점 등에 관해서는 충분히 알려지지 않고 있다. 따라서 이 책은 지속가능한 개발의 목적과 관련하여 그 정책과 기법들이 내포하고 있는 강점과 약점을 탐색하고 있다. 바로 이점이 이 책에서 다루고 있는 핵심주제들 중의 하나로서 지중해관광과 관련하여 최근에 출간된 서적들과 차별화되고 있다고 사료된다.

이 책은 시장의 요구와 압력, 진화하는 가치시스템과 정책상황, 그리고 유럽지중해 연안의 지속가능한 관광개발에 영향을 미치는 새로운 정책들과 계획방법들 간의 복잡한 상호작용의 일면들을 탐색하고 있다. 또한 관광과 지속가능성에 영향을 미치는 정책의 이행이 어떻게 다양화되고 얼마나 힘든 과정인지를 논평하고 있다. 한편, 이 책의 공간적 제약 때문에 유럽지중해 연안지역의 지속가능한 관광개발의 주요특징들 중, 일부에 관해서만 상세한 설명을 제공할 수밖에 없었으며, 여기에서 심도 있게 고려되지 않은 기타 중요한 이슈들, 즉 관광개발의 규모와 양의 관리, 그리고 관광정책결정에 있어서 지역 이해관계자들의 관여와 같은 이슈 또한 존재하고 있다는 것을 인식해야만 할 것이다.

이 책은 'Journal of Sustainable Tourism'의 주요관심사를 중심으로 완성되었는데, 총 17개의 장(chapter)들 중에서 9개의 장이 그 관심사에 관해 논의하고 있다. 그리고 실질적인 주제도입과 핵심주제에 대한 리뷰(review)를 제공하는 1장과 2장을 비롯하여 6, 7, 11, 12, 13, 그리고 14장 등 8개의 새로운 기고논문을 실었다. 그 학회의 주요이슈와의 연계성은 석학들의 관심을 모으는데 기여하였으며, 모든 기고논문들은 편집자와 최고 세분의 전문가들에 의해서 평가되는 공정한 심사과정을 통과하여 최종적으로 선정되었다.

이 책을 발간하기로 한 결정적인 이유는 Malta에 살고 있는 두 명의 친구들, Karmenu Vella와 Gianfranco Selvaggi로부터 받은 영감, 지중해 관광산업에 관련한 그들의 오랜 경험, 그리고 그들의 정열과 성실함 등이 이 책을 통해 탐색될 이슈에 대한 나의 관심을 자극했기 때문이었다. 또한 이 책의 도입부분(1장과 2장)의 초안과 관련하여 통찰력 있는 조언을 아끼지 않은 University of Plymouth에 재직하고 있는 Sheela Agarwal과 Sheffield Hallam University의 동료인 Andy Smith에게 깊은 감사를 전한다. 또한 그 도입부분과 관련하여 상세하고 예리한 리뷰를 맡아준 University of Bristol의 Bernard Lane에게도 깊은 감사의 말을 드리고 싶다. Bernard와 나누었던 많은 대화는 이 책에 대한 본인의 열정이 식지 않도록 격려가 되었으며, Sheffield Hallam University에 있는 Joan Butt는 1장에서 제공된 표와 그림의 능숙하고 신속한 작성에 기여하였다. 물론 이 책의 포함된 많은 연구자들과 심사자들에게도 심심한 감사를 드린다. 마지막으로 이 책의 발간되기까지 지속적인 지원을 제공해주신 Channel View Publications의 Mike와 Marjukka Grover에게도 본인의 감사하는 마음이 전해지기를 기대한다.

Bill Bramwell

Certre for Tourism and Cultural Change, Sheffield Hallam University, UK

역자 서문

Preface

이 책은 해안관광에 깊은 관심을 두고 있는 외국학자들의 견해를 담은 총 17편의 정성적 영문연구논문을 해석한 번역(飜譯)서로서 초록을 제외한 대부분의 내용이 완역되었으며, 가능한 한 역자의 의견개진을 최대한 자제하고 논문저자의 의도를 정확히 반영하는 데 집중하였다. 따라서 본 책은 편역(編譯)보다는 완역(完譯)에 근접된 번역본이다.

오늘날 여가차원에서 해안관광의 역할이 매우 중요함에도 불구하고 그것의 개발과 계획을 중점적으로 다룬 저서가 많지 않으며, 단지 해안지역에서 수행된 상품다각화와 환경개선전략에 대한 비판적 평가만을 담은 소수의 관련서적만이 존재하고 있다. 하여 본 저서 '해안대중관광 개발계획(coastal mass tourism)'은 해안관광과 관련하여 해안관광의 모태라고 할 수 있는 지중해의 연안 국가들이 추구하고 있는 관광패러다임을 고찰하고, 국내해안관광이 지향해야 하는 정책방향의 설정에 있어서 일말(一抹)의 기여를 목적으로 하고 있다.

부연하면, 이 책은 유럽지중해연안의 독특한 배경을 바탕으로 다양한 해안관광관련 주제들을 다루고 있으며, 정책의 접근방법과 입안, 이것들의 이면에 숨어있는 함축적 의미와 기본전제 그리고 현재 선호되고, 권장되고 있는 관광유형들에 관해서 고찰하고 있다. 특히 지속가능한 개발취지와 관련된 전략들 그리고 그것의 성공과 실패에 관해서도 관심을 두었다. 또한 입안된 정책들의 이행과 그 정책과 관련한 상품개발추진 등이 지속가능한 결과를 촉진하였는지를 고찰하기 위해 스페인, 그리스, 몰타, 크로아티아, 터키, 그리고 북 키프러스와 남 키프러스 등 지중해연안의 유럽 국가들을 대상으로 사례연구 형식으로 진행된 것이다. 그리고 본 저서에서 인용된 각 사례들을 통해 다뤄진 이슈들과 분석결과들은 관광문헌에서 정확하게 인지되지 않고 있는 내용들로서 불가리아의 흑해, 서 말레이시아의 비치휴양지 그리고 호주의 골드코스트 등과 같은 전 세계 해안지역들과 남유럽 지중해해안 이외의 기타 지역들을 위해서도 의미 있는 시사점을 제공할 수 있을 것으로 판단된다.

본 저서는 총 4개 부분(section)으로 그 내용이 구분되어 있는데, section 1(1, 2장)은 서론부분으로서 3장부터 다루어질 핵심주제들을 검토함과 동시에 기타 관련연구를 인용

하고 있다. 부연하면, 1장은 남유럽 해안지역의 대중관광, 대안관광, 그리고 기타 유형의 관광개발과 지속가능한 관광(sustainable tourism)을 위한 이들 관광유형의 잠재성에 관한 내용을 포함하고 있으며, 또한 대안관광이 지속가능한 관광을 위해 잠재적으로 유리한 위치에 있음에도 불구하고 반드시 대중관광보다 지속가능한 개발을 위해 보다 적절할 것이라는 가정에 대한 경고 또한 잊지 않고 있다. 2장은 해안대중관광과 지속가능한 개발을 위한 남유럽 국가들의 공공정책의 시행배경을 설명하고 있으며, 이것은 유럽연합과 정부 그리고 지방정부에 의해 개발된 정책들을 포함하고 있다.

Section 2(3, 4, 5, 6, 7장)는 남유럽 해안지역에 미치고 있는 관광의 영향과 보다 지속가능한 형태의 개발을 추진하기 위해 지향된 관련 관광정책과 관리방법 등을 고찰하고 있으며, Section 3(8, 9, 10, 11, 12장)은 대중관광 해안휴양지의 문제점들과 이들 휴양지의 지속가능성을 평가하기 위한 방법 그리고 지속가능성의 가부(可否)와 관련하여 대중관광휴양지 및 기타시설들을 대상으로 한 친환경 정책의 성공과 실패에 초점을 두고 있다. 마지막으로 Section 4(13, 14, 14, 16, 17장)는 지속가능한 관광개발을 위한 남유럽 해안지역의 소규모 대안관광과 대규모 대중관광유형들의 잠재적 이점과 불리한 점을 포함하여 보다 더 다각화된 관광유형들의 성장을 평가하고 있다.

마지막으로, 개인적으로 처녀 역서에 도전한 만큼 예상치 못했던 많은 난관(難關)이 있었음에도 이를 극복할 수 있도록 조언과 후원을 아끼지 않으신, 그리고 계약부터 출판의 그 날까지 본서의 완성도를 위해 심혈(心血)을 기울여 주신 한올출판사(hanolbooks) 임순재 사장님을 비롯하여 황남수 부장님 그리고 최혜숙 편집실장님의 헌신에 말로 표현할 수 없는 감사의 마음을 전합니다.

역자 소국섭 · 나윤중 · 곽강희

차 례

01

남유럽 해안지역의 대중관광, 다각화 및 지속가능성

해양관광 개발계획 coastal mass tourism

01

남유럽 해안지역의 대중관광,
다각화 및 지속가능성

Bill Bramwell
Sheffield Hallam University, UK

1 서 론

지중해유럽 해안지역과 그 제도(諸島)의 국제관광시대는 1950년대 말부터 시작되었는데, 유럽지중해가 그렇게 관광벨트로 변모하게 된 이유는 그 지역이 수행해온 일련의 역할 때문이었다. 2000년 전, 지중해유럽은 군사 확대로 부가소득을 얻고 있던 그리스 로마제국의 요람이었으며, 베니스, 터키, 스페인제국 역시 무역과 정치적 파워를 앞세워 서둘러 진출했던 곳이다. 그러나 르네상스시대까지 실질적인 상업주도권은 산업생산과 무역이 집중되어 있었던 북서유럽으로 점차적으로 이동하게 되었으며, 이어 유럽의 산업혁명이 북부를 중심으로 일어나자 지중해에 위치한 대부분의 국가들은 소외되고, 광범위한 분업체제 속에서 주로 종속적인 역할만을 수행하게 되었던 것이다. 이로 인해 주변성, 의존성, 기근 그리고 농촌인구감소 등이 불가피했으며(Dunford, 1997:127), 이것은 산업혁명부터 1960년대까지 지중해유럽의 경제가 실질적으로 북유럽경제를 따라가지 못한 원인이 된 것이다. 그러나 역설일지 모르지만, 1960년대부터 산업화된 북유럽사람들이 남유럽관광을 위해 방문러시를 이루게 됨으로써 남유럽 르네상스시대의 서막에 큰 기여를 하게 되었으며, 이후에도 지속된 관광활동은 농업의 상업화, 산업개발 그리고 도시서비스의 확대 등과 같은 사회적 변화의 원인으로 제공되어 남유럽의 부활에 큰 기여를 하게 되었던 것이다(King & Donati, 1999: 134-9).

1950년대 말부터 남유럽의 많은 해안국가들 즉, 처음에는 스페인, 이탈리아로부터 시작되어 이후 그리스, 몰타, 키프러스 그리고 구 유고연방에 이르기까지 많은 지중해연안국가들은 유래 없이 많은 북유럽방문객들을 유치하기 시작하였으며, 이와 같은 '쾌락의 해안지역(pleasure periphery)'에서의 휴가는 대체로 북유럽에 비해 장렬 하는 태양과 따뜻한 날씨 등의 자연적 이점을 살린 'Sun and Sea' 체험으로 구성되어 있었다(Williams, 1997: 214). 이런 유형의 휴가는 전후(戰後)발전을 통해 높아진 소득, 보다 길어진 유급휴가 그리고 특히 제트항공과 같은 교통기술의 혁신 등으로 다양한 사회단체의 구성원들의 참여를 가능케 만들었으며, 또한 관광업계의 숙박과 교통을 결합한 표준화된 휴가패키지의 대량생산과 새로운 형태의 투어공급자들에 의해서 출시된 상품들로 성장하게 되었던 것이다. 그리고 새로운 인프라건설을 위해 필요한 숙박시설과 기타 상업시설들은 주로 주요거대도시로부터 들여 온 외부자본을 통해 조성되었으나, 가끔은 목적지내의 소규모투자 등으로도 건설되기도 하였다(Ioannides, 2001a: 117; Sprengel, 1999; Yarcan & Ertuna, 2002: 169, 180). 또한 공격적 마케팅을 통한 패키지휴가의 대량판매는 적정가격의 휴가구매를 가능하게 만들었고, 이로 인해 나타난 다양한 대중소비행태가 규모의 경제를 실현가능하게 했음은 물론, 투어공급자와 관계가 없는 국내·외 개인휴가여행객들의 증가를 부추기게 되었던 것이다(Jenner & Smith, 1993: 51-7; Williams, 2001: 169).

따라서 전반적으로 전후 남유럽의 경제활동은 관광부문에서 가장 두드러진 성장을 보였으며, 그러한 현상은 남유럽의 국제화과정에 큰 기여를 하게 되었다. 그러나 남유럽의 많은 해안 국가들과 휴양지들 사이에서 관광의 특수성과 그것의 영향은 매우 다양하게 나타났다. 다시 말하면 경제적, 사회적 그리고 환경적 변화 등이 수반되었으며, 특히 관광산업이 발전된 곳에서는 보다 극명한 변화가 발견되곤 하였다. 왜냐하면 비록 많은 남유럽국가들 중 관광이 발전된 국가들, 특히 이탈리아, 스페인, 그리스, 키프

러스 그리고 몰타 등과 같은 국가들이 왕성한 경제성장을 이루어 1960년대와 1980년대 사이에 국부(國富)를 축적하게 된 반면에, 그 밖의 국가들은 지체된 산업화와 근대화(Dunford, 1997: 127, 134, 150; King & Donati, 1999: 137) 그리고 과거전통사회의 특성과 훼손되기 쉬운 해안환경의 보유로 개발이 저조했기 때문이었다(Sapelli, 1995: 13). 또한 관개지역에서 집중적으로 발전된 관광은 농업의 상업화에 기여하였으며, 경제적 변화, 다양한 기반 시설 조성 프로젝트 개발, 그리고 도시 경제의 확대의 원인이 되기도 하였다. 따라서 해당 국가의 국민들에게 꽤 긍정적인 반응을 얻기도 했지만, 이는 지역 또는 국가에 따른 인식의 차이로(Barke, 1999; Haralambopoulos & Pizam, 1993; Richez, 1996; Tsartas, 1992) 전후 남유럽의 변화를 초래했던 많은 원인들 중 하나일 뿐으로 저평가되었다(Dunford, 1997: 150-52).

하지만 남유럽에서 환경적, 사회문화적 관광영향에 대한 관심이 매우 고양되고 있었으며, 이 영향들에 대한 체감(體感) 역시 북유럽국가들보다 여기에서 먼저 감지되고 있었다. 따라서 관광으로 유발되는 비용과 혜택을 토대로 한 지속가능한 개발에 대한 논의가 남유럽의 정책입안자들, 산업계 그리고 NGO들 사이에서 대두되었던 것이다 (Kousis & Eder, 2001:17). 그 내용은 무엇보다도 대중관광의 환경적, 사회문화적 영향 그리고 불균형적인 결과, 특히 대중관광의 경제성에 대한 우려에 관한 것이었다. 다시 말하면, 대중관광이 지닌 경제적 강점에 반해 기반시설의 노후화, 환경훼손, 적정 환경기준에 대한 관광객기대의 변화, 그리고 지역 내에 또는 전 세계에 있는 휴가목적지 선택의 기회확대로 초래된 과열경쟁 등 몇 가지 위협적인 요소들이 노출되었기 때문이다.

한편, 지난 20여 년에 걸쳐 남유럽해안 국가들에 있어서, 대중관광을 통해 성취될 수 있다는 경제적 발전에 대한 희망은 정책입안자들로 하여금 상품다각화를 촉진하게 만들었다. 다각화를 위한 첫 번째 정책은 지출성향이 높은 방문객유치를 목표로 하고 있는 골프장, 마리나, 카지노 그리고 전시회와 컨퍼런스센터와 같은 새로운 대형 상품의 개발로서 상류층고객들을 주요수요자로 목표한 반면에, 많은 이용객들을 유인할 수 있다는 개연성 측면에서 보면, 어느 정도는 대중관광의 특징을 내포하고 있다고도 볼 수 있었다. 다각화를 위한 두 번째 정책은 초기에 소규모 시작이 가능한 그리고 목적지의 역사, 문화, 생태와 같은 독특한 특성을 살릴 수 있는 대안관광상품의 개발이었다. 이러한 대안관광에 포함된 상품들은 자연지역의 자전거 트레일, 농촌관광시설 그리고 소규모 역사유적지와 박물관 방문 등이었으며, 소비자의 사전요구에 맞추어진 휴가체험으로서 변화하고 있는 소비자의 기호에 잘 부응한 것으로 평가되었다. 그러나 대중관광의 결과에 대한 우려 때문인지 기존의 기반시설과 상품의 환경적 측면을 개선하고 최신화하고자 하는 경향을 띤 다소 다른 차원의 정책들이 속속 등장하게 되었다. 말하자면, 많은 휴가여행객들이 저 품질환경을 더 이상 용인하지 않을 것임으로 환경의 질적 개선을 달성해야 된다는 것이었다. 기존의 여행상품에 대한 환경개선은 주요 휴양지의 환경개선계획, 토지이용계획에 대한 좀 더 까다로운 통제, 수질과 비치청결에 대한 개선, 그리고 숙박시설부문에서 에너지사용의 축소와 쓰레기 재활용 방안 등과 같은 정책들을 기반으로 하고 있었지만, 이러한 환경개선정책에 대한 이행은 일반적으로 관광수용시설에 비치되어 있는 에어컨디션, 지속적인 이용설비 그리고 위락시설 등에 한해서만 보다 높은 환경수준을 규정하는 것이 전부였다.

2 남유럽의 해안대중관광

1) 지리적 배경

유럽지중해의 각 국가들은 기후, 환경, 경관, 역사/문화적 유산 그리고 현재의 사회경제적 상황들 사이에서 독특하고 다양한 상호작용들을 보이고 있다. 이들 각 지역들은 고유한 특성을 지닌 반면에 또한 공통적인 특성도 가지고 있는데(king et al., 2001), 예를 들면 지역마다 다른 기후를 보이고 있지만 본질적으로 여름은 고온과 가뭄의 공통적인 특성을 보이고 있다. 이런 기후는 올리브, 포도, 무화과, 알레포 소나무 등과 같은 식물과 농작물의 특수한 혼합체를 탄생시켰으며, 지형과 더불어 그 기후는 각 지역의 전원적 정서와 농업을 형성하는데 기여하였다. 또한 많은 지중해지역의 해안 길은 기복이 심하며, 뒤로는 산악지역을 배경으로 하고 있다. 학자들 사이에서는 지중해유럽의 문화적 특성에 관한 격렬한 토론과 논쟁이 벌어지고 있으며, 특히 인류학자들에 의하면, 그러한 문화적 특성은 강력한 전통적 혈족과 성 역할 그리고 명예와 불명예의 가치관 등이 반영된 것으로서 그들의 행동에까지 영향을 미친다고 설명하고 있다(Horden & Purcell, 2000: 485-523; Sapelli, 1995). 그리고 일부 학자들은 지중해의 '개인주의와 고

객지향사회'와 더불어 '빠르게 변화하는 현실'을 지적하고 있는(Hudson & Lewis, 1985: 1, 15)반면에, 다른 연구자들은 오래된 전통적 도시생활방식이 존재하고 있는 남유럽의 많은 항구도시들이 전통과 무역항으로서 지중해의 중요성을 간직하고 있다고 설명하고 있다. 그러나 1960년대 이래 많은 남유럽 연안 국가들은 선택적 개발과 근대화로 상당한 변화를 경험하였으며, 이와 같은 변화를 촉진하는 하나의 중요한 경제적, 사회문화적 영향요인으로서 대중관광이 그 역할을 했던 것이다.

2) 국제관광의 성장

1차 세계대전 이전, 주로 엘리트층에 의해 향유되었던 국제관광시대에 프랑스에서부터 이탈리아에 이르는 리비에라 해안지방은 부유한 북유럽 상위중산층을 위한 겨울휴양지였다. 1950년대 말부터 지중해지역의 국제관광은 사회적 교류의 확대, 그리고 온화한 바다와 여름 햇살 같은 매력요소들 그리고 때로는 지중해의 지리적 입지에 의해 보편화 된 이미지와 신화를 매개로 한 대중관광의 특징을 내포하고 있었다. 그러나 계속된 고성장을 통해 국제관광산업은 확산되었으나, 국가 간, 지역 간 그리고 장소들 간에 그리고 각각의 지역에서 공간적으로 그리 공평하게 분배된 것은 아니었다. 즉 1950년대의 국제관광은 초기시장의 리더였던 스페인, 이탈리아 그리고 아드리아 해 연안지역에서 두드러진 성장을 보였으며, 1970년대 초에는 구 유고슬라비아 일부지역, 그리스, 몰타, 그리고 키프러스 등으로 확대되어 1970년대와 80년대 말에는 터키까지 그것의 영향권에 포함되었던 것이다(William, 1998: 51; 2001: 161). 이러한 1960년대와 70년대 지중해 관광의 고속성장은 전 세계 유명휴양지들 사이에서 남유럽 연안지역의 빠른 정착을 의미하고 있다(Jenner & Smith, 1993; Montanari, 1995:43). 이것은 유럽지중해국가들에서 관광이 지속적으로 성장할 것으로 예감하게 만들었지만, 사실상 세계시장에서 이 지역이 차지하는 관광점유율은 점차로 감소하고 있었던 것으로 추정되고 있다. 그 이유는 새로운 관광목적지의 출현으로 나타난 과열경쟁 그리고 가장 빠른 성장과 높은 인구증가율을 보이고 있는, 특히 새로운 경제 강국으로 출현한 아시아 시장으로부터 너무 멀리 떨어져 있었기 때문이었다.

〈그림 1〉은 지중해해안을 공유하고 있는 12개의 남유럽국가들로서 본 저서에서 인용된 사례국가들을 보여주고 있다. 이들 각 국가의 해안길이는 보스니아-헤르쩨고비나 사이의 20km, 슬로베니아의 32km부터 그리스해안(15,000km), 이탈리아(7953km) 그

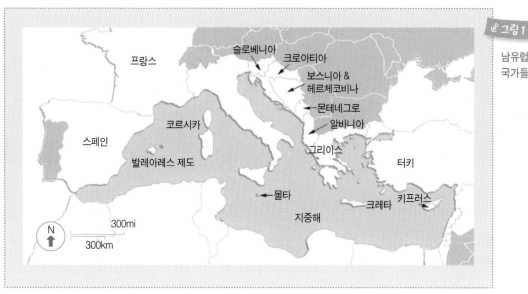

그림1

남유럽 지중해
국가들과 터키

구 분	지중해안길이 (km)	해안지역비율 (%)	해안지역인구 1995 ('000)	해안지역 인구밀도 1995 (거주자 수/km²)	해안지역 연 평균 인구성장률 1990~95(%)
지중해 서부와 중서부					
스페인	2,580	19	15,307	160	0.5
프랑스	1,703	9	6,066	132	0.8
이탈리아	7,953	55	32,878	198	−0.2
몰타	180	100	372	1,178	0.9
지중해 중부					
슬로베니아	32	22	102	98	0
크로아티아	5,790	46	1,590	62	n/a
보스니아― 헤르체코비나	20	12	496	44	n/a
세르비아― 몬테네그로	274	6	396	61	n/a
알바니아	418	31	1,326	146	−0.3
지중해 동부와 중동부					
그리이스	15,000	76	9,189	92	−0.1
터키	5,191	16	12,574	102	2.1
키프러스	782	100	739	80	1.6

표1

각 국의
지중해안길이와
해안지역인구

※ 주의: 여기에서 해안지역이란 프랑스 주, 이탈리아 지방과 같이 level 3 of Nomenclature of Statistical Territorial Units
(NUTS 3)에 해당되는 지중해 해안선을 가지고 있는 행정구역을 포함하고 있다.

■ 출처: Blue Plan(1999), www.planbleu.org

표 2	구 분	국제방문객 수, 1980년 ('000)	국제방문객 수, 2000년 ('000)	인구 1인당 국제방문객 수, 2000년
	지중해 서부와 중서부			
국제방문객 수, 1980년과 2000년	스페인	22,500	48,201	1.21
	프랑스	30,100	75,500	1.27
	이탈리아	22,087	41,182	0.71
	몰타	729	1,216	3.10
	지중해 중부			
	슬로베니아	n/a	1,090	0.57
	크로아티아	n/a	5,831	1.36
	보스니아−헤르체코비나	n/a	110	0.03
	세르비아−몬테네그로	n/a	n/a	n/a
	알바니아	n/a	38(1999)	n/a
	지중해 동부와 중동부			
	그리이스	4,769	12,500	1.18
	터키	865	9,587	0.15
	키프러스	353	2,686	3.54

■ 출처: Grenon and Batisse(1989), World Tourism Organization(2001)

리고 크로아티아(5790km)까지 다양하다〈표 1〉. 그리스와 크로아티아의 해안길이는 영해 내의 많은 섬들 때문에 보다 늘어나게 된 것이며, 포르투칼은 남유럽에 위치하고 있지만 대서양을 접하고 있기 때문에 본 연구의 대상에서 제외된 반면에 터키는 지중해를 경계하고 있어 포함되었다. 터키는 동서간의 다리역할을 하고 있으며, 아시아와 더불어 유럽과의 밀접한 관계유지는 물론 유럽연합(EU) 가입을 위해 노력하고 있다. 〈표 2〉은 지중해주변 이외에 그 밖에 다른 인근지역에 체류했던 관광객들을 포함한 통계수치로서 12개국 중에서 프랑스(75million), 스페인(48million), 이탈리아(41million), 그리스(12million) 그리고 터키(9million) 등, 2000년도에 가장 국제관광객의 수가 많았던 국가들을 보여주고 있다. 특히 키프러스와 몰타와 같은 작은 영토를 가진 나라에서 해안대중관광의 영향이 두드러지게 나타났는데, 각각 국민 1인당 3.54명과 3.10명의 국제관광객들이 방문했던 것으로 분석되었다〈표 2〉. 그러나 남유럽해안지역 국제방문객 수의 증가는 경제 사이클 그리고 걸프전쟁 같은 군사적 갈등의 연유로 오래 지속되는 못했다. 즉 12개국 중 국내 또는 지역의 정치적인 문제가 있었던 몇몇 나라들에 있어서 국제관광의 성장이 완전히 중단되었거나 또는 오랫동안 정체되었던 것이다. 예를 들면, 알바니아의 군사적 분쟁과 정치적 불안은 알바니아가 국제관광에 적극적으로 참여하지 못하고 주변인이 될 수밖에 없었던 원인을 제공하였으며, 유고슬라비아 공화국 역시 1998년도에 그리스보다 1million 이상인 9million 이상의 국제관광객을 유치하였으나, 갈등과 정치적 분열로 관광산업은 결국 쇠퇴하고 말았다(Jordan, 2000: 525). 반면에 2000년도까지 크로아티아와 슬로베니아의 관광객 수는 각각 1million, 6million명까지 회복하게 되었다.

3) 대중관광의 성장

Burkart & Medlik(1974: 42)는 대중관광을 '관광에 참여하는 인구의 비율 또는 관광객의 관광활동의 양에 기초한 양적인 개념이다'라고 정의한 바 있다. 하지만 해안관광개발이 남유럽지역에 점점 집중되고 있던 1960년대부터 대중관광은 생산과 소비의 포드주의 패턴(기계화, 대량생산)을 구현하는 측면도 있었지만, 한편으로 자본축적과 확대된 시장기회에 의해 나타난 관광형태로도 볼 수 있었다. 왜냐하면 방문객들은 때때로 혼잡한 비치나 바, 나이트클럽과 쇼핑몰(Urry, 1995) 등에서 얻을 수 있는 '집단적 소비'의 체험을 추구하기도 했지만, 당시 시대적으로 많은 관광산업부문들이 생산의 대량화와 표준화를 표방하고 있었기 때문이었다. 특히 투어공급자들이 포드주의를 강조함으로써 지역관광(국내관광) 공급자들에게 강력한 영향력을 행사하고 있었다. 그러나 전반적으로 관광객소비패턴과 관광공급의 다양화로 저 비용의 표준화된 패키지휴가를 선호하던 관광객들이 집단보다는 개인적인 관광활동을 추구하게 됨에 따라, 소수의 생산자에 의해 공급된 관광 상품을 보다 선호하는 경향을 보였다. 또한 외국인투자와 대기업에 의해 주도되었던 관광개발이 가족노동, 등록되지 않은 일용직의 고용, 그리고 투잡 등과 같은 비공식부문에 대한 높은 의존도(Dunford & King, 2001: 30-31)때문에 지하경제(black or parallel economy)는 지역관광부문에서 매우 중요한 요소가 되기도 하였다. 부연하면 그리스 섬인 Crete에서 공식적으로 보고된 관광고용의 50% 정도가 비공식 노동력에 해당되었으며, 그리스 해안지역에서 많은 사람들의 고용형태였던 투 잡 그리고 쓰리 잡 중 하나는 반드시 관광부문의 고용이었다는 것이다.

포드주의는 대량생산과 표준화된 생산을 통한 규모의 경제를 확신하고 있다. 그것은 투어공급자에 의해 제공된 저 비용의 포괄적 패키지휴가 형태(Ioannides & Debbage,

1998)에 의해 대표될 수 있을 것이다. 남유럽의 일부 해안관광 목적지들은 주요대도시들과 북유럽지역에 있는 소수의 메이저 공급자들에 대한 의존도가 매우 높은 상황이었다. 따라서 투어공급자들은 일반대중을 대상으로 상대적 여유가격으로 구성된 대량의 관광활동들을 편성하고 숙박과 옵션여행, 그리고 휴양지까지의 교통을 결합시킨 목적지상품개발 노력에 집중하였으며, 더불어 소비자에 대한 상품유통체인의 지배로 하청호텔과 기타 지역서비스 공급자들에게 지불되는 가격흥정에도 우위를 점할 수 있었다. Buhalis(1999: 353, 2000, & 2001: 461)에 따르면, 그리스에서는 투어공급자들의 이러한 상당한 시장장악력이 호텔경영자들의 마진(margin)을 최소화하고, 또는 상품품질에까지 부정적인 영향을 미치는 계약을 마지못해 용인하도록 강요하는 결과를 초래하였다고 하였다. 그러나 포괄적 패키지휴가를 이용하고 있는 관광객의 비율은 지중해연안의 국가, 지역, 그리고 휴양지마다 매우 다양하게 나타났는데, 예를 들면, 스스로 스케줄을 조정하는 경향을 보이는 내국인 관광객들은 많은 휴양지역의 주요수요자들이었지만, 반면에 북유럽으로부터 자동차로 접근이 불가능한 목적지 방문에 이용되던 포괄적 패키지여행의 경우, 항공이용이 필수적인 접근수단으로 존재하게 되어 투어공급자의 전세항공에 대한 통제가 개인의 휴가계획을 방해하는 주요요인이 될 수 있었기 때문이다. 따라서 자가운전으로 지중해를 여행하는 관광객들에 대한 투어공급자들의 영향력이 현저하게 약화되는 경향을 보이게 되었던 것이다.

자동차를 이용한 국제방문객의 비율은 크로아티아 90%(Vukoni, 2001: 68), 이탈리아 78%, 프랑스 67% 그리고 스페인에서 60%(Williams, 1998: 55) 이상을 차지하고 있었다. 그러나 당시 남유럽휴양지에서 투어공급자들의 지배력은 기내서비스가 없는(no frills) 항공사의 출현으로 위협을 받게 되었는데, 그것은 기내서비스 없는 항공사에 대한 항공운송의 집중과 관광객들의 셀프여행패키지계획에 기여하였기 때문이었다.

포드주의에 있어서 생산은 주로 소수에게만 집중되었다. 이것은 주로 여행경영부문에 적용되었는데, 예를 들면 일부 해안관광목적지에서 소수의 대기업들이 대부분의 관광수용시설을 소유하고 경영하는 것을 의미하며, 이들은 주로 다국적 호텔그룹에 관련되어 있었다. 하지만 이렇듯 기업패권(corporate hegemony)을 위해서 적용되기도 했지만, 반면에 많은 해안지역에서는 레스토랑과 점포를 소유하고 있거나 싱글 룸을 렌트해주던 지역민들과 소규모 호텔을 운영하던 가족단위 지역경영자들을 비롯하여 관광시설의 다양한 소유와 경영형태가 존재하고 있었다(Priestley, 1995a: 39). 예를 들면, 스페인 Catalan 해안에 위치하고 있는 관광사업체들은 주로 소규모여서 지역사업가가 소유와 경영을 동시에 하고 있었으며, 그리고 건설부문에는 대체로 외부인의 관여가 제한되어 있었고, 외국자본의 침투 또한 매우 제한적이었다(Priestley & Mundet, 1998: 92). 1982년에 수행된 지역조사결과에 의하면 161개의 호텔들 중에서 단지 8개만이 외국인에 의해 소유되고 있었으며, 그 중 3개도 오랫동안 살아온 외국인 지역주민이 소유하고 있었던 것으로 파악되었다(Morris & Dickinson, 1987: 19). 유사한 사례로, Loukissas & Triantafyllopoulos(1997: 217)는 그리스의 섬인 Rhodes에서 얼마나 많은 숙박시설들이 가족단위에 의해 소유, 관리, 경영되고 있는지를 설명한 바 있다. 더불어 3장에서 Briassoulis에 의해 묘사된 Crete의 사례는 새로운 기업들의 세계화 추진, 경쟁력 도입, 그리고 지역기업가들의 출현 등으로 관광목적지에서 어떻게 외부자본들의 역할이 점점 중요하게 되었는지를 설명하고 있다. 즉, Crete의 국내기업들이 자신의 경영권을 다국적 경영으로 전환하는 한편, 외국인 투어공급자들은 다양한 조정(arrangement)을 통해 숙박관광객의 70%를 통제하였으며, 또한 관광기업들이 영업을 외부지역으로 확대하기 위해 주식회사로 전환하고 있었다는 것이다.

남유럽해안의 관광시설에 있어서 관광객과 투어공급자의 필요수요를 넘어선 다수의 투자사례가 있었는데, 그 중에서 특히 숙박시설공급에 대한 투자가 가장 뚜렷하였다. 이것은 상호경쟁관계에 있는 개인투자가들의 자본축적에 대한 욕망이 자신의 관심과 대치된 투기상품의 과잉공급 방향으로 유도되었기 때문이었다(Harvey, 1978). 즉 관광관련 숙박시설의 과잉공급은 토지보유나 기타유형의 경제활동을 통한 소득발생기회의 상대적 부족과 부동산에 대한 가격상승의 기대에 기초한 투기성 투자로 인해 촉진되었던 것이다. 그러나 그러한 과잉공급 상황에서 시설공급자들은 되도록 저렴한 가격으로 투어공급자들에게 자신의 시설을 제공함으로써 소득과 점유율을 보호하려는 경향을 보였을 것이며(Sharpley, 2000:287), 결과적으로 하락된 가격은 재투자를 위한 불충분한 재원확보로 이어져 상승된 고객기대치의 충족을 위해 요구되는 상품업그레이드에 대한 투자는 고사하고 오히려 상품의 질적 저하를 가져오게 되었던 것이다. 특히 그리스가 그러한 과잉공급에 대해 심각한 문제점을 안고 있었는데, 1983년-1992년 사이, 공식적인 호텔공급의 년 평균 상승률은 4.7%이었던 반면에 국제관광객의 년 평균숙박율은 2.7%에 그쳤던 것이다(Buhalis & Diamantis, 2001: 154). 또한 정부당국의 품질보호심사를 회피하거나 종종 지방세 납부를 이행하지 않는 불법적인 관광숙박시설들도 나타났

으며, 그것은 결국 기반시설을 제공하고 환경복원을 위해 노력하는 공공부문의 업무효율성을 저하시키는 결과를 초래하게 되었다(Loukissas & Triantafyllopoulos, 1997: 218). 이러한 과잉공급에 대한 그리스의 문제점들은 종종 기획통제의 효율적인 집행의 실패로 인해 촉발되곤 하였다. 예를 들면, Rhodes의 동부해안에 있는 Faliraki 지역에 공급된 관광객 침대의 40%인 17,000개가 불법이었으며, 숙박건물의 70%가 법을 위반하고 있었다. 또한 1985년-1995년 사이, Rhodes 전체관광숙박시설의 연평균 성장률이 5%로, 이것은 1.4%의 방문객 연평균 성장률보다 훨씬 높은 비율이었다. 결과적으로 Rhodes에서 초래된 숙박침대의 과잉공급의 주요 영향요인은 기획구조의 결여보다는 법을 집행하고 계획을 수행하는 무능력이 한 원인이 되었던 것이다.

4) 대중관광의 계절적 공간적 집중

일반적으로 'Sun & Sea' 상품과 같은 대량대중관광은 계절적 편향이 심하다. 그것은 여름 몇 달 동안의 뜨거운 태양과 거의 볼 수 없는 비로부터 연유된 것이며, 가족단위의 여름휴가가 학교방학기간동안에 맞추어 계획되고 있기 때문이다. 따라서 터키의 국제관광객들은 6월과 9월에 50% 그리고 70% 이상이 5월과 10월 사이에 방문이 이루어지고 있다(Var, 2001: 107-8). 이러한 계절적 편향은 그리스에서도 확연히 나타나고 있는 현상으로서 대부분의 호텔영업이 매년 6개월 이상 휴업상태를 지속하고 있다(Buhalis, 1999: 353). 반면에 스페인의 '코스타 델 솔(Costa del Sol)' 휴양지역은 일 년 내내 지속되는 온화한 날씨로 인해 많은 관광객들의 발길이 연중 끊이지 않았으며, 퇴직 후 매년 따뜻한 겨울나기를 위해 북유럽 사람들의 남유럽해안 부동산의 소유 및 신축 공사의 증가로 계절적 영향이 축소될 수 있었다. 그러나 당시 기록적인 초과수요는 아마도 지속가능한 지역개발을 위한 잠재적인 불리함을 내포하고 있었는지도 모른다. 즉 극대화된 혼잡과 장시간의 노동으로 전통적인 생활방식과 결부된 리듬과 활동의 방해, 비수기 동안 관광시설이용수준의 저조로 인한 투자대비 경제수익의 감소, 성수기 동안 적절한 용수의 공급과 쓰레기 처리시설과 같은 기반시설에 대한 투자의 필요성 등이 제기되었으며, 또한 계절적 실업 등 일련의 문제점들이 수반되었기 때문이다. 하지만 한편으로, 계절적 편향으로 생긴 비수기는 주민들과 심지어 소규모 관광사업소유주들에게도 관광시즌동안 유발된 스트레스로부터 일시적 해방을 가져다주었으며, 지역 생태시스템의 복원을 위한 시간확보를 가능하게 함으로써 우려보다는 긍정적으로 인

해양관광 개발계획 coastal mass tourism

식되기도 하였다.

해안대중관광은 공간적으로 집중되는 특성이 있었다. 다시 말하면, 호텔, 엔터테인 먼트를 위한 장소, 해안산책로, 공항, 쓰레기 처리시스템 같은 관광시설과 기반시설들 이 경제적 집적효과를 얻기 위해 휴양지주변이나 내부에 밀집되는 경향을 보였던 것이다. 1988년 크로아티아에서 전체 관광숙박시설의 96%, 전체 숙박여행객의 93% 그리고 모든 외국인 숙박여행객의 97%가 아드리아 연안에 집중됨에 따라 더 이상의 관광시설에 대한 해변건축을 제한하기도 했었다(Jordan, 2000: 526). 키프러스의 경우에도 Limassol과 Larnaca의 동쪽해안배후에 형성된 협소한 길거리를 따라 집중개발이 이루어졌다(Ioannides, 2001a: 118). 그 이유는 그곳이 휴양지의 관광관련시설구축을 위한 가장 비싼 입지로서 바다경관감상 그리고 관광객들의 일광욕과 해수욕을 위한 비치접근이 용이했기 때문이었다(Mullins, 1991, 1993). 또한 이 지역에 입지된 높은 빌딩들은 토지수익의 극대화가 가능하였는데, 예를 들면, Mallorca에 있는 Santa Ponca, Magaluf 그리고 S'Arenal 휴양지에서 비치 근처에 바둑판 모양의 거리로 연결된 소규모 토지구획 위에 꽉 들어선 고층빌딩들이 들이 바로 그것들이다(Buswell, 1996: 315). 그러나 해안 인접지역에 대한 높은 수요에도 불구하고, 관광도시화의 공간배열에 있어서는 많은 차이가 존재하고 있었다. 그런 차이의 주원인은 기존거주지의 자연적인 성장 또는 아니면 새로운 녹색지대 위에 외형적으로 차별화된 성장을 바탕으로 그 지역의 관광개발형태가 결정되었기 때문이었다. 예를 들면, 스페인의 Torremolinos, Benidorm 그리고 Lioret de Mar는 기존의 소규모 농사와 어촌을 바탕으로 관광발전이 이루어졌으며, 반면에 Alicante의 Costa Brava와 Playa de San Juan에 있는 Platja d'Aro는 녹색지대를 기반으로 관광개발이 이루어졌던 것이다(Valenzuela, 1988: 56). 따라서 관광도시화는 휴양지의 구조와 더불어 지역사회구조, 관광의 사회적 영향과 이에 대한 지역주민의 반응에 많은 영향을 받을 수밖에 없는 것이다.

5) 해안관광개발의 다양성

남유럽의 해안관광개발의 다양성은 이탈리아 사례를 통해서도 설명되어 질 수 있다. 이탈리아 북부아드리아 해 연안의 항구도시인 Rimini 지역에 빽빽하게 들어선 많은 대중관광의 흔적들 중에는 분명한 차이가 존재하고 있다. 예를 들면 사르디니아(Sardinia)섬의 북부해안지역에는 전통적 건축스타일의 단독빌딩으로 안전하게 관리되는 저밀도

지역개발지역인 Costa Smeralda 해안과 지역개발계획규정을 아랑곳하지 않은 투기성 별장개발로 가득 한 Calabria 해안이 있다(King & Montanari, 1998: 96~97; Manzi, 2001).

또한 휴양지의 위상과 그것에 대한 대중들의 평판에 있어서도 중요한 차이가 존재하고 있었다. Papathedorou(2002: 148)는 주장하기를 지중해연안의 대규모 휴양지방문을 위한 휴가패키지 가격분석을 기준으로 판단해보면, 가장 성공적인 패키지관광휴양지는 강한 브랜드 파워를 가진 휴양지들이라고 말하고 있다. 즉 이들 휴양지들은 주제공원, 마리나, 또는 세련된 느낌의 세계적인 매력물들과 오랜 된 기념비 또는 고유성을 포함하고 있으며, 품격 높은 숙박시설 또는 선도하는 호텔그룹을 통해 럭셔리한 이미지로 포지션 되어 있었기 때문이다. 그리고 휴양지는 기존에 이미 보유하고 있는 주거기능과 그 밖에 관광기능을 보완하는 중요한 기타기능의 추가가능성에 따라서도 차이가 있었다. 이에 대한 증거로 11장에서 Campillo-Besses, Priestley 그리고 Romagosa 등은 도시에 대한 접근용이성, 상대적으로 낮은 부동산가격, 그리고 이들 휴양지 생활의 매력성 때문에 별장소유주들과 더불어 영구거주자들이 증가하고 있는 바르셀로나 근처의 Catalan 휴양지에 관해 묘사하였다.

관광관련 숙박시설의 다양성은 해안지역들 간의 또 다른 변화의 원천이었다. 예를 들면, 일부 해안지역에서는 해안을 따라 일시적 또는 계절적 재배치에 이용되는 별장 그리고 관광객들에 의해 소유된 거주용 고층아파트들이 눈에 띄게 밀집되었으며, 그것들은 다른 방문객들에게 임대되기도 하였다. 또한 별장들은 길게 뻗어있는 지중해 해안을 점유하고 있거나 고밀도 상업목적의 휴가숙박시설들이 있는 주요지역을 벗어나 종종 내륙오지지역에서도 발견되었다(Priestley, 1995a: 52). 바로 이들 별장과 아파트 밀집지역이 해안도시화에 많은 영향을 미쳤음은 물론, 부동산개발로 자본을 추구할 수 있는 기회로도 활용됨으로써 지역변화의 역동성을 제공했던 것이다. 9장에서 나오는 Vera Rebollo와 Ivars Baidal의 지방정부의 사례가 지역경제를 위한 하나의 중 단기 추진력 그리고 지역세수를 증가시키는 수단으로 빌라와 아파트 건설을 통한 부동산 개발을 촉진했던 경우이다.

국내의 주거관광(residential tourism)은 여름시즌동안 도시거주자들이 해안근처나 시골 외곽지역에 위치하고 있는 별장에 머물기 위해 원거주지를 떠나는 현상으로부터 유래 된 것으로 스페인에서 흔히 목격될 수 있으며(Bark, 1991; Leontidou & Marmaras, 2001), 이들 별장과 아파트의 소유는 스페인 모든 사회계층의 소망이었으며, 더불어 별장확대의 배경이 되었던 것이다. 또한 해안지역에 분포되어 있던 1.5million 이상의 외국인 소유자들 중 30%가 영국국적이며 25%가 독일국적거주자들로 구성되었다는 점이 이러한 스페인 주거관광의 성장을 반증해주고 있는 것이다(Valenzuela, 1998: 54-55). 주거목적의 관광객들은 별장구입에 있어서 단기휴가 또는 장기체류목적에 따라 호스트 사회에 중요한 시사점을 제공하였으며, 스페인중부와 동부아드리아 해안에 살고 있는 외국인거주자들의 밀집과 관련하여 제8장에서 다시 논의 될 것이다(Casado-Diaz, 1999).

3 남유럽에서의 해안대중관광의 영향

지중해 연안지역에서 관광으로 유발된 일자리 증가, 지출 그리고 경제적 부 등은 관광 관련 문제점들과 반드시 조화를 이뤄야 한다. 관광산업이 내포하고 있는 일반적인 사회경제적 문제점들 중에는 출발지 국가의 투어공급자들과 항공사에 대하여 지역경제로부터 야기될 수 있는 소득누수의 가능성 그리고 관광변동에 따른 고용불안과 저소득 노동자층의 관광부문의 집중화 현상 등이 포함되어 있다. 또한 관광은 계절적 실업문제를 야기하며 장시간의 집중노동을 요구하고 있다(Urry, 1990: 66-80). 그리고 낮은 보수는 관광지 지역민들 사이에 불평등을 조장하며, 외부의 투어공급자들과 지역소규모 관광사업자들 그리고 지역들 간의 관광소득분배의 불평등을 심화시킬 수 있다. 예를 들면, 1992년 스페인에서 호텔공급의 76%가 전체 17곳의 지자체 중에서 5곳에서만 이루어졌는데, 이들 중 4개 지자체가 지중해 연안지역에 속해 있었다(Monfort Mir & Ivars Baidal, 2001: 28-9). 본 저서에서 Tosun, Timothy 그리고 Ozturk 등은 관광이 얼마나 터키의 개발지역과 저개발지역 사이에 경제적 불평등과 지역 양극화에 기여했는지를 언급하였다. 즉 그들은 터키의 많은 관광지에서 초기관광산업의 성장이 소규모 지역투자자들에 의해 확립되었지만, 후에 대규모 외국자본투자가와 타 지역의 국내자본투자가들로 대체되는 상황으로 변화되었으며, 더불어 관광지 지역민들 대부분이 여전히 저임금 노동자로 남겨져 사회계급간의 불평등이 더욱 심화되었음을 제기하였다.

때로는 관광산업의 급속한 성장과 공간적 그리고 시간적 집중화가 관광이 환경에 미

치는 영향을 극대화시킬 수도 있으며(Shaw & Williams, 1994), 더불어 휴양지의 급속한 공급확대는 특히 성수기에 지역기반시설의 수용력초과와 환경악화를 부추기기도 한다(Sharpley, 2000: 283). 이것은 특히 지방정부가 수요자 욕구수준을 정확히 인지하지 못하고 있거나 관련권한의 제한 또는 충분한 자금공급이 이루어지지 못했을 경우에 발생되는 현상으로서, 종종 도로의 공급과 포장(鋪裝), 쓰레기 수집과 처리, 하수관개시스템과 처리공장의 부족 등에 의해 초래된다(Priestley & Mundet, 1998: 92). 예를 들면, 1960년대 이래로 몰타휴양지의 늘어난 관광객 수에 대한 제한된 수용력은 많은 오물들이 처리되지 않은 채로 바다에 방류되는 결과를 초래했었다. 그래서 과거 하수시스템을 개선토록 하였지만 오히려 분리나 처리되지 않은 채로 관리가 소홀한 매립지에 방치함으로써 몰타의 많은 고체폐기물들을 증가시켰던 것이다(Bramwell, 2003; Zanetto & Soriani, 1996).

한편, 남유럽해안을 따라 위치하고 있는 별장과 퇴직자 전용아파트개발은 저밀도개발을 지향하고 있어 공간적 집중을 축소시킨 반면에, 보다 확장된 농지의 손실 그리고 늘어난 주행거리로 생긴 교통 혼잡과 같은 부정적 영향을 낳았다. 더불어 해안관광개발은 건축자재로 사용된 모래나 자갈 등과 같은 많은 환경자원에 다양한 손실을 초래하였는데, 예를 들면 새로운 빌딩건축을 위한 자재수요는 Rio Santa Lucia 강바닥으로부터 대량의 채취 작업으로 충족되었으며, 이것이 결국 경관악화와 독특하고 다양한 식물군의 훼손을 초래하게 되었던 것이다(Leontidou et al., 1998: 96-7).

특히 관광이 해안지역의 사회와 문화에 미치는 영향은 다방면에서 복잡하게 나타났다. 예를 들면, 4장에서 Tsartas는 주장하기를 그리스에서 관광은 가족으로부터 개인의 재정적, 사회적 독립과 가정 내에서 아버지의 영향력을 감소시키는 원인을 제공하기도 했으나, 다른 한편으로 다양한 소득원천의 제공과 더불어 가정 내에서 여전히 중요한 기능을 하고 있다고 하였다. 유사한 사례로서, 6장에서 Andriotis는 그리스제도 일부에서 관광이 마을의 인구감소와 도시의 인구집중을 야기한 반면에, 반대로 이들 섬으로부터의 탈 이주를 감소시켰으며 심지어 역 이주자들이 관광산업에 적극적으로 관여하고 있다고 설명하였다.

하지만 비록 관광이 지역사회에 미치는 영향력이 매우 크다고 하지만, 그것은 이들 지역의 변화에 미치고 있는 많은 영향요인들 중에 단지 하나에 불과하였다. 예를 들면, 남유럽에서 가장 발전된 지역들 중 하나인 스페인 발레아레스 군도에서는 급격한 관광발전으로 섬 인구가 증가되었음에도 불구하고(Salva Tomas, 1991), Vidal Bendito(1994)

해양관광 개발계획 coastal mass tourism

는 이들 섬 변화의 주원인이 관광이라는 견해에 대해 동의하지 않았다. 왜냐하면 대량 관광의 출현이전에도 발레아레스 군도사회가 근대화를 잘 진행 중이었다는 사실이 인구통계적 그리고 경제적 데이터에 의해 증명되고 있었기 때문이며, 그 일례로 관광 이외에 발레아레스 군도의 미노르카 섬에 존재하고 있던 고가치 농업, 기술 산업 그리고 무역을 포함한 다양한 경제활동들이 그것을 반증하고 있다(Mari, 1994).

관광이 해안을 따라 인구의 증가와 경제활동이 성장하는 연해지역에서 중요한 역할을 한 것은 사실이지만, 특히 남 키프러스 경우, 실질적인 해안도시화가 관광개발에 의해서 촉진되었음에도 불구하고 2차적 핵심원인은 1974년에 북 키프러스로부터 그 섬의 정치적 분리와 남부에서는 경제를 재건하기 위한 욕구가 있었기 때문에 가능했던 것이다. 또한 약 40km 길이의 과거해안지역이 호텔, 빌라, 아파트 그리고 별장 등을 포함하고 있는 리본모양의 도시로 변모하여 원래의 모습을 잃어버렸지만(Ioannides, 2001a: 120) 관광 이외에 이들 해안지역의 환경훼손에는 분명히 다른 원인들도 존재하고 있었다. 예를 들면, 지중해는 원래 산업화, 도시화, 농약, 기름유출 등으로 바다에 버려진 많은 양의 오염물로 골치를 앓고 있던 영해였다는 것이다. 하지만 그렇다고 관광이 해안 환경에 대해 전혀 기여하지 않았다는 의미는 아니며, 비록 바다오염의 주범인 아닐지라도 추가적인 주요원천임은 분명할 것이다.

4 변화하고 있는 생산과 소비의 행태

일부학자들에 의하면, 개인주의 성향의 신축성 있는 관광형태는 부각되고 있으나, 대중관광 그 자체는 정체되거나 심지어 쇠퇴하고 있다고 말하고 있다. 이것은 관광이 좀 더 독특한 맞춤형으로 다양하면서도 보다 작은 규모로 변해가고 있는 것에 대해서, 후기포드주의(post-Fordist) 형태의 생산과 소비지향동향의 출현으로 보는 관점인 것이다(Britton, 1991; Urry, 1995; Vanhove, 1997; Williams & Shaw, 1998a). 예컨대 관광객소비는 지출이 소비자에게 무엇을 의미하느냐? 즉, 개인의 문화적 자본으로서 관광 상품의 축적 가능성 여부에 따라 유발정도가 다르며, 그것은 개인의 능력에 따라 휴가에 대한 인식

과 감상에 차이가 있다는 것이다. 따라서 부유하고 높은 교육수준의 후기포드주의 관광객들은 서로 다른 환경과 지역문화들 간의 차이를 발견하는데 관심을 두고 있으며, 보다 높은 책임감을 인식하는 경향이 있기 때문에(Feifer, 1985) 골프, 요트와 같이 개인의 특별한 관심을 바탕으로 한 특수목적관광 또는 문화관광, 농촌관광, 생태관광과 같은 목적지의 특이한 환경, 역사, 문화를 바탕으로 한 대안관광을 중심으로 휴가선택기회를 활용할 것이라는 것이다(Poon. 1989; Urry, 1995: 151). 또한 일반대중의 인터넷 이용 증가로 보다 많은 여행자들이 자신의 욕구나 관심에 따라 휴가에 필요한 요소들을 스스로 구성하여 규모가 작고 특별한 환경을 가지고 있는 장소들을 선호하게 될 것이며, 특히 여행 빈도가 낮은 관광객들을 유인할 수 있는 잠재력을 보유하고 있는 대안관광 상품이 보다 신축성 있는 상품형태로 추진될 것으로 예상된다는 것이다(Milne, 1998). 따라서 대안상품 공급자들은 그러한 방문객들의 목적을 실현시키기 위해 보존과 지속가능성 그리고 윤리성 같은 문제들을 고려하여 상품을 배치하고자 한다는 것이다(Mowforth & Munt, 1998: 327).

그러나 대중관광의 쇠퇴에 관한 주장은 다소 과장된 면이 있다. 이에 대해 Williams & Shaw(1998a: 53-4)는 '특히 1990년대 초반 스페인에서 적잖은 단기수요변동으로 나타난 대중관광의 감소현상은 다소 부풀려진 것이며, 그것은 기타 유형의 관광과 대조해볼 때 단순한 상대적인 후퇴'라고 설명하였다.

이러한 대중관광에 대한 과장된 표현 이면에는 몇 가지 있을 법한 근거가 존재한다. 첫째, 심지어 1960년대와 1970년대에도 대중관광은 개인주의성향의 관광유형과 공존했었으며, 많은 또는 대부분의 유럽지역에서 반드시 그렇지는 않았으며, 단지 대중관광이 조금 우세했을 뿐이었다(William & Shaw, 1998a: 53). 둘째, 남유럽의 휴양지들은 그들의 자본구조, 자연경관과 인조경관, 지리적 집중정도, 그리고 레저 활동 등에 있어서 매우 차별화되어 있다. 그러므로 그 휴양지들은 이미 소비자선호에 대한 다양성을 제공하고 있었던 것이다. 셋째, 남유럽휴양지의 쇠퇴에 대한 예측은 대체로 북유럽 휴양지들의 시장동향에 근거하고 있었고, 이것은 남부, 중부, 그리고 동유럽의 별장과 아파트수요와 같은 휴양지수요의 잠재적 성장이 간과되었음을 의미하고 있다(Jenner & Smith, 1993: 51-7, 74-81). 예를 들면, William & Shaw(1998b: 5)는 비록 대중관광시장의 성장이 다소 감소하고 있을지라도, 아마도 북유럽에서는 정체하고 있었고, 여전히 남부, 동부유럽 시장에서 절대적 그리고 상대적인 성장을 하고 있었다고 하였다. 넷째, 또한 지중해지역에서 대중관광에 대한 북유럽시장의 변화가 과장되었을 가능성이 존재한다. 예를 들면, 북유럽사람들의 생활방식에 있어서 두드러진 변화가 계속되었지만, 소득향상으로 매년 2차, 3차의 많은 휴가기회가 증가하고 있었기 때문에 많은 관광객들은 여전히 그 수(數)에 따라 다양한 관광 상품과 상대적으로 낮은 가격을 제공하는 대중휴양지를 선호하고 있었으며, 여전히 편리함과 저가 그리고 어느 정도의 품질보증을 제공하고 있는 대형투어공급자를 선호하는 경향을 보이고 있었다는 것이다.

또한 일부연구자들은 본질적으로 대중상품으로 여전히 남아있는 것들 중에서 개인적이고, 다양화 되고, 변형 가능한 상품에 대한 수요증가가 대중관광에 보다 적합할 수 있다는 신 포드주의(neo-fordist)의 견해를 옹호하였다(Debbage, 1998). 이들은 대규모 투어공급자들이 주문식대중관광 상품, 휴가패키지의 선택기회의 증가, 자가공급 옵션의 제공, 틈새시장을 위한 신상품 개발 그리고 주요관광지주변의 목적지홍보 등을 통해 보다 많은 선택기회들을 실현시킬 수 있다고 본 것이다(Andriotis, 2002a; Torres, 2002). 즉 기내식을 제공하지 않는 항공사가 관광객들의 개인적인 휴가계획을 가능하게 만드는 표준화된 항공여행상품의 새로운 주요공급자로 등장하게 될 것이며, 그리고 대중휴양지는 휴양지내에서 또는 덜 개발된 배후지역에서 카지노, 나이트클럽, 수상 스포츠, 공예품 점, 경관철도여행, 역사유적지, 그리고 전원지역산책 등과 같은 다양한 관광활동들을 제공할 수 있다고 생각한 것이다. 이러한 기회선택은 관광객들이 가이드가 수반된 렌트카를 이용할 경우 더욱 두드러지게 증가되며, 더욱이 그룹여행자들의 맞춤형 휴가계획이 예약과 통제가 용이한 컴퓨터예약절차에 의해 실현되고, 반면에 정교한 목적지관리시스템은 장래의 목적지상품을 개인여행자들의 선호에 매칭하는데 보다 더 큰 도움이 될 것이기 때문이다.

Torres(2002)는 주장하기를 전기포드주의(pre-fordist), 포드주의(fordist), 후기포드주의(post-fordist), 신포드주의(neo-fordist) 등은 관광 상품의 생산방식에 다양성이 존재하고 있으며, 이들 상이한 방식들은 특정한 시기와 장소에서 공존하고 있기 때문에 이들 방식들 간의 경계가 침투와 통합으로 매우 희미하고 분명하지 않다고 하였다(Ioannides & Debbage, 1998: 108). 이것들은 복잡한 변화와 다양성이 존재하고 있는 많은 휴양지에서 발견되며, 생산과 소비의 방식에 있어서도 단순히 일차원적이지마는 않을 것이라는 것이다.

5 지속가능성, 그리고 대중관광과 대안관광

대중관광은 환경훼손을 수반하게 된다. 따라서 대안관광보다 덜 지속가능한 것으로 널리 인식되어 왔으며, 더불어 지속가능성원칙과도 훨씬 덜 부합(不合)적인 경향을 보인 것도 사실이다. 지속가능한 관광은 소규모이며 지역민이 관여하고, 자연, 경관 그리고 문화감상을 강조하는 특징을 내포하고 있지만, 그러한 잠재적 이점에도 불구하고 반드시 완벽한 공감대를 형성해야만 한다는 전제조건이 필요하다. 또한 많은 경우에 그러한 이점들은 대안관광을 더욱 지지하게 만들 수도 있지만, 반면에 대안관광 또한 때때로 심각한 환경과 사회문제를 야기할 수 있음으로 대중관광 만큼의 문제의 소지가 있다는 점 역시 주목해야 할 것이다. 따라서 상황에 따른 대중관광과 대안관광의 합리성과 불합리성에 대한 평가가 반드시 필요하며, 그러한 평가는 후기포드주의 기업혁신전략으로서 지리적으로 분산된 소규모 산업단위의 환경중요성에 관해서 보편적으로 제기되고 있는 문제들을 강조하기 위한 중요한 기반이 되는 것이다. 일부의 연구자들은 지역적 분산은 지역통제를 수반하기 때문에 분산된 대규모 관광보다 소규모관광지향의 추세가 다소 자연스럽게 친환경적이 될 것이라는 견해에 반론을 제기하고 있다. 따라서 소규모관광이 자동적으로 환경문제에 보다 적극적인 대응을 하게 된다는 견해에 관해서는 좀 더 많은 논의가 필요할 것이다.

1) 지속가능성의 적용관점

지속가능한 개발은 관여된 사람들의 이해를 반영함은 물론, 사회적으로 구축되고 논의된 개념이다. 따라서 지속가능한 개발은 서로 다른 경제적 이해와 도덕적 입장을 반영하는 선택적 해석과 또한 정책목적과 경영전략의 차별화에 대한 요구 등 다양한 의미를 담고 있는 것이다. 이러한 차별성에도 불구하고, 지난 10여년에 걸쳐 그러한 지속가능성은 환경주의자, 정치가, 산업 개발자들이 환경적 이슈에 관한 자신들의 정책과 전략을 달리하는 과정 속에서 하나의 핵심논제가 되어왔다(Macnaghten & Urry, 1998). 이들 이해관계자들은 지속가능성을 자신들이 원하는 결과를 얻기 위한 수단의 하나로 활용해 왔으며, 자신들의 권력기반을 지지하고 강화시키는데 이용하였다. 지속가능한 개발을 하나의 사회적, 정치적 개념 그리고 논제의 영역으로 보는 것은 고유하고 정확한 정의를 목적으로 한 연구의 한계를 초월한 것이며, 이해관계에도 차이가 존재하듯이 신뢰에 있어서도 차이가 존재하고 있음을 의미하고 있는 것이다. 이것은 민주주의, 자유 그리고 사회적 정의와 같은 개념과 유사한 것으로 보여 질 수도 있는데, 그것은 비록 이 개념들이 쉽게 이해되는 기초수준의 개념일지라도, 그 개념들에 관해서도 역시 많은 기본적인 논쟁이 존재하고 있기 때문이다. 자유민주주의에서 이렇게 제기된 개념들에 대한 논쟁은 사회경제적 개발방향에 대한 정치적 갈등의 필연적인 요소로서 불평등한 권력관계를 구체적으로 보여주는 하나의 갈등이며 투쟁이기도 하다. 따라서 지속가능한 개발에 대한 고유하고 정확한 정의를 위한 노력은 아마도 정치적 개념의 본질과 기능에 대한 잘못된 관점으로부터 비롯되었을지도 모른다.

Turner(1993)는 지속가능한 개발의 개념을 '매우 강함(very strong)', '강함(strong)', '약함(weak)' 그리고 '매우 약함(very weak)' 등 4가지의 개괄적인 입장으로 단순화시켰다. '매우 강함'의 입장은 자연자원이 본원적 가치를 지니고 있기 때문에 사회에 혜택을 제공하든 그렇지 않든 반드시 보전되어야 한다는 입장이며, 인공자원으로 대체되는 것을 반대한다는 견해를 가지고 있다. 반대로 '매우 약함'의 지속가능성에 대한 입장은 시장수요에 따라 자원의 활용 가능성을 인정하고, 경제성장 지향적이며 인공자원으로 자연을 대체할 수 있다는 입장인 것이다(Bramwell et al., 1996).

이 개념은 각기 다른 환경에 따라 몇 가지 상이한 개발경로가 적용될 수 있다는 광범위한 프레임으로 이해되어져야만 한다. Hunter(1997)는 지속가능성에 대한 관점을 서로 다른 환경에 따라 '적응 가능한 패러다임(adaptive paradigm)'으로 보고 관광개발에 적용하였다. 이러한 관점에서 보면 관광개발대상지들이 환경에 따라 개발의 상이한 규모, 형태 및 입지 등과 적절한 조화를 이루어야 한다는 것을 의미하고 있다. 예를 들면, 개발은 목적지 환경훼손의 용이성 그리고 개발에 관여된 이해관계자들의 상이한 견해에 따라 차이가 있을 수 있으며, 또한 지역에 구축된 기존의 기반시설과 관광개발의 정도차이에서 비롯될 수 있다는 것이다(Bramwel & Sharman, 2000: 20; Ioannides, 2001b). 즉 북키프러스의 많은 해안지역에 나타난 사례로서, 만일 과거에 관광이 개발되지 않았다면 그곳은 아마도 목적지 자원보호를 위해 관광산업을 유보하기로 결정했거나(어쩌면, 매우 강한 지속가능성 입장), 또는 아마도 관광산업이 기타 경제활동보다 더 지속가능한 것으로

인지하여 적당히 촉진되었을 것이라는 것이다(어쩌면, 적당한 또는 약한 지속가능성 입장). 그러나 만일 관광이 이미 주요경제활동이라면, 적어도 지역경제의 불황극복을 위해 우선 투자 산업으로 관광을 활용하여 그것을 유지시키려는 방향으로 지역의 노력을 선회할 가능성이 있으며(어쩌면, 약한 지속가능성 입장), 대신에 이미 충분하게 개발된 지역은 아마도 분명히 고품질의 환경과 문화자원의 보전에 의존하는 대안관광형태를 추진할 것이라는 것이다(적당한 또는 심지어 꽤 강한 지속가능성 입장).

2) 지속가능성, 그리고 대중관광과 대안관광

지속가능한 개발의 적용가능성에 관한 견해는 지속가능한 개발을 위해서 대중관광, 대안관광, 또는 두 가지 유형의 혼재 중에서 어느 것이 선택되든, 그것은 각 목적지의 정확한 상황에 달려 있다는 것을 제안하고 있다. 그럼에도 불구하고 일부연구자들은 대안관광을 이용한 다각적인 변화가 대부분의 남유럽해안지역에서 필요하다고 주장하였는데, 그 이유는 특히 지중해남부 연안지역은 물론, 저임금, 낮은 토지가격 그리고 환경의 품질유지비용이 보다 저렴한 외진지역에 새로운 경쟁관계의 'Sun and Sea' 관광목적지들의 출현 때문이라고 판단하였다(Formica & Uysal, 1996; Marchena Gomez, 1995: 28; Monfort Mir & Ivars Baidal, 2001). 또한 최근 몇 년에 걸친 지중해유럽지역의 생활수준과 환경개선에 대한 요구는 관광객들의 휴가비용을 증가시키는 결과를 초래하였으며, 더욱이 저소비 관광객유치에 대한 과열경쟁이 낮은 수익으로 이어져 상품의 품질향상을 위태롭게 하였던 것이다. 따라서 남유럽국가들은 차별화된 대안상품에 대해 보다 높은 가격을 지불할 의사가 있는 관광객들의 관심을 유인할 필요성을 깨닫게 된 것이다(Jenner & Smith, 1993: 13, 166; WTO/UNEP/Blue Plan, 2000: 6). 그러한 대안상품은 고객선호도의 변화가 가능한 상황에서 위험을 분산시키는 차원에서도 반드시 필요하며, 아마도 지역특색에 대한 인식과 지역에 대한 느낌을 촉진하고, 환경과 오랜 된 건축물의 보존과 전통적 생활방식의 강화를 위한 경제적 명분 또한 내포하고 있다(Sharpely, 2002: 237; Vera Rebollo, 2001: 58-62). 이런 상품들은 해안지역들이 보유하고 있는 문화적 자본의 고양은 물론, 관광객의 기호와 스타일 탐색을 위해 매우 적절할 수 있기 때문에 보다 많은 관광객 유치에 기여할 수 있을 것이다(Bourdieu, 1984; Urry, 1990).

관광객들은 만일 휴양지가 충분히 럭셔리하거나 보다 다양한 부대시설과 관광 상품들을 갖추고 있다면, 그곳에 체류하기 위해 기꺼이 프리미엄을 감수할 의사가 있다는 점에 우리는 주목해야만 한다. 즉 대중관광이 상류층소비자들을 겨냥한 형태의 변화가 가능함으로 지속가능한 개발을 위해서는 대중관광과 대안관광의 잠재적 합리성과 불합리성에 대한 평가과정이 거쳐야 할 하나의 필수적인 절차라는 것이다. 다음은 대중관광의 잠재적 장점과 대안관광의 문제점에 관한 논의로서 관광문헌에서 자주 논의되지 않은 내용이며, 반드시 설득력이 있다고 판단하기는 어렵지만 대안관광이 보다 강한 지속가능성(strong sustainability)의 엄격한 기준을 충족시킬 수 있는 잠재력을 가지고 있다는 사실은 다수의 사례에서 입증되고 있다.

어떤 이들은 주장하기를 대안관광과 비교하여 대중관광시설은 목적지외부에 위치하고 있는 대규모 회사에 의해 소유되고 관리되는 경향이 있으며, 발생수익에 대한 지역커뮤니티의 분배가 어렵기 때문에 휴양지경제는 외부결정에 좀 더 의존적일 수밖에 없다는 견해를 갖고 있다(Weaver, 2000: 218). Andriotis(2002: 77 and b: 339)는 Crete에 있는 대규모 그리고 중소규모의 환대산업기업에 대한 비교연구를 통해 대기업은 상대적으로 그 지역에 경제적으로 덜 고착되어 있으며(지역자본 배제), 노동력을 수입할 가능성이 높고, 지역공급자들과의 연계가 매우 낮은 성향을 보이고 있음을 발견하였다. 그러나 Williams & Shaw(1998b:9)가 제기한 것과 같이 현시점에서 그러한 대규모 관광기업의 특성을 일반화 한다는 것은 옳지 않으며, 그것은 지역과의 조건부 관계의 문제이고, 이에 관해 여전히 많은 연구가 요구되고 있다고 주장하였다. 또한 사업의 크기, 소유권, 경영구조, 지역과 지역외부의 경제적 연관성에 따른 남유럽 관광사업의 특징에 관해 좀 더 많은 연구가 필요할 것이다(Ioannides, 2001b). 한편, 지역 내 소규모 호텔경영자들은 목적지에 대한 관광의 역효과에 매우 민감하기 때문에 환경문제에 대한 적절한 대책수립이 가능할 수도 있다. 하지만 대규모의 다용도 시설기업들이 일단 지속가능성에 대한 구상을 사업계획에 포함하고 있다면, 조직의 많은 부문을 통한 신속한 확산과 외부공급자들에 대한 환경보호지향의 압력을 행사하기에 상대적으로 유리한 입장에 있을 것이다. 또한 그들은 지속가능성 이슈에 대한 폭넓은 관심을 조장하기 위해 대량마케팅이나 커뮤니케이션을 활용할 수 있는 강력한 배경을 갖고 있는 반면에, 소규모 관광기업은 지속가능성을 위한 대안을 수행하기에 자원과 전문성이 부족하다는 것이다(Clarke, 1997: 227; Weaver & Oppermann, 2000: 357-8).

두 번째 논제는 대안관광이 공간적으로 분산되어 있는 자연환경, 유적지 그리고 문화자원 등을 활용하고 있는 반면에, 시설의 공간적 집중화 경향을 보이고 있는 대중관

광에 관한 내용이다. 집중화된 대중관광 휴양지는 비판받기 쉽다. 왜냐하면 지역의 환경시스템을 교란시키고, 관련영향을 관리하기 위한 커뮤니티의 수용능력을 초과할 수도 있으며, 지역경제와 고용의 유기적인 연관성을 저하시킬 수 있기 때문이다(Williams & Shaw, 1998a: 53). 즉 공간집중화가 증가하면 지역주민 외에 외부노동자 유입이 보다 용이해질 수 있다는 것이다. 예를 들면, 크로아티아의 해안지역에 대중관광이 극도로 집중되던 때인 1980년대 관련노동력이 대체로 내륙지역, 보스니아 그리고 슬로베니아로부터 공급되었던 사례가 있다. 왜냐하면, 낮은 보수와 계절적 편향으로 인한 직업의 불안정성 때문이었다. 그러므로 비록 관광이 해안지역에 집중되었다 하더라도 그것이 지역주민과 지역문화 사이에 근본적으로 뿌리를 내리기란 다소 힘든 경향이 있다는 것이다. 그러나 다른 한편으로 생각하면, 공간적으로 집중화된 휴양지들은 규모경제의 실현을 통해 보다 높은 수익창출이 가능함으로 관광객들에게 해로운 영향을 감소시킬 수 있는 추가가능자원을 보유할 수 있다는 것이다. 즉 새로운 형태의 친환경 도시화를 이행하고 필요한 자금을 조달할 수 있는 전문개발계획가와 도시개혁을 위한 유능한 현장가들의 동원이 가능하며, 또한 그러한 휴양지들이 지역주민의 휴가지역 내에 위치하고 있다면 그들의 여행거리를 줄일 수 있음으로 에너지 소비와 대기오염을 줄일 수 있다는 것이다.

반대로 대안관광은 덜 개발된 지역에서 공간적으로 분산되어 있어서 의도하지 않게 상대적으로 자연그대로의 생태시스템과 어떤 경우에는 특별한 종의 교란의 원인을 제공할 수 있다. 더욱이, 과거 이들 지역에는 상대적으로 관광객들의 방문이 거의 없었기 때문에 지역커뮤니티가 관광객의 출현에 익숙하지 않은 반면에, 관광객들은 그 지역의 과거문화에 대한 경험을 추구함으로써 지역민들에게 오히려 사회문화적 스트레스를 제공할 수 있다는 것이다.

Boissevain(1996b)은 몰타정부의 문화관광에 대한 적극적인 연중홍보를 주목하면서, 문화관광과 특히 겨울관광은 여름철 해안관광보다 높은 사회문화적 긴장을 야기하기 쉽다는 결론을 내렸다. 그는 몰타에서 대중관광이 문화관광에 비해 보다 더 지속가능한 몇 가지 이유를 제공했다. 첫째, 문화관광은 계절적 편향성이 낮아서 계속되는 관광수요로 휴식기가 없기 때문에 관광객에 대한 지역민들의 축적된 적대감이 오히려 그 이미지를 악화시킬 수 있을 것이다. 둘째, 문화관광 활동이 해안휴양지로부터 대부분의 몰타사람들이 거주하고 있는 육지내부의 마을이나 타운 등으로 관광객들을 유인한다는 점이다. 현재까지도 많은 관광객들의 방문이 이루어지고 있는 육지내부의 유일한 지역인 Mdina 역사도시는 과잉상업주의와 소음 때문에 지역주민들에게 심리적 소외감을 부과하고, 지역민의 프라이버시의 방해는 물론 때로는 대상문화를 찾기 위해 사전예고도 없이 개인가정을 침범하고 있다는 것이다. 그리고 지나친 관심은 방문객들이 경험하고자 하는 바로 그 문화를 파괴할 수도 있을 것이다. 일례로 Mdina에서는 지역민들이 사업가로 변신하여 타운의 전통적인 고요함과 환경훼손은 물론 박물관이나 유적공원을 건립하여 외부인의 방문에 대해 가격을 부과하는데 앞장서고 있다는 것이다. 결론적으로 말하면, 지역커뮤니티에 대한 지나친 관심이 타운의 고유한 환경을 변화시키고 있는 것이다.

세 번째 논제는 소규모 관광, 대중관광, 그리고 대안관광으로 유발되는 경제적 수익수준에 관한 내용이다(Butler, 1989: 14; Weaver & Oppermann, 2000: 375). 예를 들면, 남 키프러스는 관광산업의 다각화를 도모하고 농촌지역사회로의 소득환원을 위해 낙후지역의 농촌관광을 위해 공공부문 활성화사업을 시행했었다(Cyprus Tourism Organization, 2000). Sharpely(2002)에 따르면, 섬 농촌관광은 쓸모없었던 낡고 오래된 건축물에 새로운 활기를 불어 넣었으며, 농촌사람들에게 보조소득과 비록 제한적이기는 하나 새로운 일자리를 제공하였지만, 섬 숙박시설의 이용비용이 부분적으로 휴양지보다 상대적으로 높기 때문에 낮은 점유율로 인한 수익만으로는 최초투자비용을 감당할 수 없었다고 하였다. 그래서 그는 정부의 장기보조금 및 필요지원이 농촌관광정책의 필수구성요소로서 여전히 중요하며, 키프러스와 같은 섬 관광목적지를 위해서는 기존의 해안휴양지 대중관광 사업을 유지하고 견고히 하는데 많은 노력을 기울여야 한다고 주장하였다. 또한 그는 남 키프러스의 해안대중관광이 국가경제발전을 위한 효율적인 수단임을 주장하였으며, 오히려 틈새시장(대안관광)지향의 중요한 정책전환과 고품질 관광이 키프러스의 추가발전을 방해할 수도 있음을 제기하였다. 그러나 기존 남 키프러스의 대중관광의 높은 성장이 모든 사회집단과 지역에 분배되는 관광혜택의 공정성문제와 훼손된 환경의 복원을 위해 발생하는 비용문제에 대해서는 거론의 여지가 남아 있다고 본다.

네 번째는 대안관광에 대한 지역커뮤니티의 잠재적 태도와 대안관광에 종사하고 있는 지역민의 태도에 관한 내용이다. 일반적으로 이런 형태의 개발을 지향하는 개인의 태도 이면에는 긍정적 관점이 존재하는 반면에, 비록 부정적인 영향을 야기할 수 있지만 토지를 매매하거나 관광관련 사업으로 인한 경제적 이득이 발생될 수 있기 때문에,

지역커뮤니티 내 외부의 개인 또는 집단은 빠른 금전적 보상에 대한 기대로 고무되는 입장 또한 있을 수 있다. 이점이 Butler(1989: 16)가 왜 대안적인 소규모 관광이 대중관광으로 변화될 수 있으며, 엄격한 관리와 통제가 없다면, 그렇게 되는 것을 피할 수 없다고 경고한 이유일 것이다. 이에 관해 Ioannides(1995: 588~590)가 인용한 남 키프러스에서 미개발 된 해안의 마지막 남은 실질적인 해안코스인 Alkamas 반도의 사례를 살펴보면, 그곳은 소규모이며 마을을 중심으로 대안관광을 개발하기 위해 오랫동안 유보되고 있는 계획대상지였지만, 실질적인 토지소유권은 남 키프러스 교회의 몇몇 지도자들을 포함하여 외부의 이해관계자들과 일부 마을사람들에게 있었다. 그러나 이들은 키프러스의 다른 해안커뮤니티가 얻고 있는 경제적 수익과 비슷한 정도의 수익도 보장받지 못한 것에 대해 불만을 토로하면서 대규모 관광개발을 지향했다는 것이다.

마지막 논제는 남유럽에서 기존 대중관광휴양지들의 활성화 그 자체가 무시될 수 있다는 오인(誤認)에 관한 내용이다. 다시 말하면, 대중관광휴양지가 경제적으로 비효율적인 사전투자의 활용과 휴양지 커뮤니티를 위해서 사회적으로 용인되어서는 안 될 대상으로 생각될 수 있다는 것이다. 그러나 그러한 오해는 낮은 품질과 장기간의 이용으로 인한 물리적 상태의 악화 그리고 관광객의 기대변화 때문에 종국에는 경쟁력을 상실할 수 있는 특정휴양지의 숙박시설과 여타시설들의 사전개발에만 해당되는 것이다.

또한 만일 대안관광이 아직 개발되지 않은 그리고 보다 훼손되기 쉬운 환경과 사회문화 조직을 보유하고 있는 내륙의 오지지역으로 관광객들을 유치하기 위한 것이라면 대중관광휴양지의 쇠퇴를 용인하는 것은 적절치 못한 일일 것이다. 이와 관련하여 Butler(1997: 121)는 대중관광지역의 심각한 부정적 영향이 무시되고 있을 때, 소규모 사회적, 문화적 매력물들을 관광경관에 추가시키는 것에 반대하였다. 다시 말하면 과거투자, 현재의 자원, 그리고 방문관광객 수를 고려한 현 상황에서, 그것들 중 부정적 영향을 축소시킴으로서 가장 큰 혜택이 유발될 수 있는 것에 대해 우선조치를 취할 필요성을 주장하고 있는 것이다(Moisey & McCool, 2001: 345).

어떤 상황 하에서는 공공장소의 환경개선, 쓰레기/물 그리고 에너지의 효율적 관리, 교통관리프로그램 등을 활용한 지속가능한 관광정책들을 기존휴양지에 적용하는 것이 적절할 수도 있다(Priestley, 1996: 117~18). 1980년대 후반과 1990년대 초반, 스페인 발레아레스 제도의 지방정부는, 특히 Mallorca에서, 일부 오래된 관광휴양지의 물리적 구조물의 개선을 위해 차량통행금지, 나무심기, 기준이하의 숙박시설철거 그리고 새로운 호텔에 대한 좀 더 엄격한 계획규정 등을 포함한 주요 공공 사업안을 도입했었다(Bull, 1997: 148-9). 그러나 이러한 사업안을 토대로 확대된 남유럽의 휴양지건설은 오히려 하수(오물), 도로, 쓰레기처리 등을 위한 기반시설의 공급부족을 초래하였으며, 나아가 그러한 환경적 이슈가 수요의 감소에 직접적 원인을 제공하게 되었던 것이다. 따라서 그 정부는 관광으로 인한 지역의 경제적, 사회적 보상증대를 위해서 교육프로그램개선, 과잉 공급된 숙박시설의 축소 그리고 지역사회의 활용을 목적으로 한 시설개발 등에 필요한 대책을 강구했었지만, 불행하게도 급속한 휴양지도시화에 대한 정부의 대응은 단순히 좀 더 조화로운 방법의 개발과 관리 그리고 관련기반시설과 새로운 친환경 공간건설을 위한 제한된 추가공공지출의 제공에 불과하였던 것이다. 이것은 지역의 오피니언리더들이 지역발전을 위해 관광과 부동산의 지속적인 확대개발의 필요성을 용인했던 스페인의 Alicante 지방의 Torrevieja 지자체의 사례이다. 결국, 환경단체와 지역사회의 압력을 받게 된 지방정부가 일부특정지역을 개발로부터 보호하고 환경적 통제수단의 도입과 함께 폐수처리장치의 공급을 통해 무마될 수 있었다. 이런 접근방식을 9장에서 Vera Rebollo와 Ivars Baidal은 손실된 자연자본이 다양한 환경관련 프로젝트에 대한 투자에 의해 대체될 수 있다고 보는 '약한 지속가능성(weak sustainability)'에 비유하였다.

지속가능한 개발을 위한 대중관광과 대안관광의 합리성과 불합리성의 균형은 지역의 독특한 환경과 특징에 따라 다양하다. 예를 들면, 각 목적지에 부합하는 관광유형은 관광자원의 범위와 관광시장에 어필될 수 있는 자원의 잠재력, 부정적인 사회, 문화, 환경적 영향에 대한 민감성, 그리고 관광의 영향을 통제할 수 있는 능력에 따라 그 차이가 있다는 것이다. 사실, 만일 무슨 형태의 관광개발이 추진되든 관광을 활성화하기로 결정했다면, 원래의 목적과는 대립될 개연성이 충분히 존재하고 있다. 따라서 그 개발이 목적을 위한 수단임을 확인시키기 위해서는 신중한 계획수립이 요구된다. 말하자면, 관광은 광범위하고 지속가능한 사회경제적 개발전략의 한 요소에 불과하다는 것이다. 하여, 관광개발의 최대허용수준에 관심을 두어야 하며, 영향력 있는 지역커뮤니티의 집단들의 개발과정참여는 물론, 모든 관계자들을 위한 교육과정이 필요한 것이다.

3) 대중관광과 대안관광의 다양화

남유럽의 대중관광과 대안관광의 형태는 매우 다양하여 상호비교가 매우 어려우며, 그것은 지난 10여년에 걸쳐 대중관광이 부분적으로 비즈니스관광객을 포함한 고(高)

소비시장유인을 위한 상품다양화에 많은 노력을 집중한 결과이기도 하다. 예를 들면, 1995년-1998년 사이 그리스정부는 13개의 컨벤션센터, 5개의 마리나, 3개의 해수요법센터, 2개의 골프장 그리고 1개의 온천/스파 센터의 건립에 대한 투자계획을 승인하였으며(Moussios, 1999: 47), 그러한 시설들은 고품질 관광의 상류층을 목표로 다수의 관광객 유치가 가능한 대중관광의 특징을 내포하고 있었다. 이를 테면, 골프장의 경우, 용수(用水)로 야기되는 환경문제와 사회적 배타성을 생산하였으며, 또한 경관에 지대한 영향을 미칠 수 있는 아파트, 휴가시설, 그리고 호텔 등과 같은 럭셔리한 부동산 개발과도 관련되어 있었다. 그리고 해안지역에 위치하고 있던 대중관광휴양지에서 별장과 주거관광을 위한 광범위한 부동산개발문제 역시 생각보다 심각했다. 그러나 지속가능성과 관련하여 이런 상품들은 다양한 의미를 함축하고 있다. 이와 관련하여 13장에서 Spilanis & Vayanni는 그리스제도에 있는 대규모 그리고 소규모 컨퍼런스 관광시설들 간의 차이점에 관해 설명하였다. 즉 그들은 럭셔리한 대형컨퍼런스시설을 부대시설로 갖추고 있는 그리스제도의 Rhodes와 Kos 섬의 호텔들이 초래한 부정적인 환경영향, 지역상품배척 그리고 지역문화와의 무(無)연계성에 관해 토로하였으며, 반대로 그리스제도의 Chios와 Samons에 위치한 소규모 컨퍼런스시설들은 리노베이션을 통해 변모된 오래된 건축물들을 해당시설로 활용하고 있어 환경에 보다 적합하다고 설명하였다.

대안관광 역시 많은 다양성이 존재하고 있었다. 모험관광사례를 예로 들어보면, 모험관광 참여자들은 자신들의 활동을 위해 방문한 장소의 품질에 의해 크게 자극받지 않는 반면에, 육체적으로 활동적이고 경쟁적인 스릴에 더욱 관심을 갖는다는 것이다. 또한 시골지역에서 경험할 수 있는 오프로드 4륜 자동차 운전, 지구력스포츠, 서바이벌게임 그리고 패러글라이딩과 같은 상품들은 비록 많은 소음을 야기하지만, 대중관광휴양지 상품과 기꺼이 조화될 수 있는 것들이라는 것이다(Butler, 1998b: 213-6). 반대로, 몰타 섬의 역사도시인 Valletta의 문화관광개발은 대중관광휴양지와는 달리 섬 관광산업의 다각화를 통해 많은 관광객 유치가 가능했음에도 불구하고, 역사문화관광 도시로서 대안관광의 특징보다 오히려 대중관광의 특징을 더 많이 내포하고 있었다. 따라서 이른바 대안관광상품의 정체성을 단지 환경영향이 적은 소규모 관광 상품만으로 제한할 수 없다는 것이다. 왜냐하면 대안관광 상품의 소비가 차별화된 상품의 특징보다는 잠재방문객들의 관심에 기반을 둔 수준 높은 상품성을 전제로 하루어지고 있기 때문이다.

향후 남유럽에서 대중관광과 대안관광의 혼합형태가 증가될 가능성은 충분하며, 그러한 관광형태가 지속가능한 개발로 촉진되기 위해서는 그것들의 조합에 대한 어려움을 이해하는 것이 무엇보다 중요할 것이다. 첫째는 다양한 욕구를 가진 잠재관광객들에게 제공되는 서로 다른 유형의 상품들 간의 적절한 매칭문제이다. 예를 들면, 문화관광객과 생태관광객들은 아마도 휴양지외부에서 찾을 수 있는 높은 품질의 독특한 상품과 동시에 고객지향의 수준 높은 호텔과 휴양지의 편안함과 서비스를 요구할 것이며, 반면에 조금 덜 독특한 생태관광과 문화관광 상품들은 단지 '태양'보다는 '태양플러스'방식으로 비치휴가와 크루즈휴가에 추가될 수 있다는 것이다. 또 다른 문제는 상이한 관광형태들을 리조트와 같은 지역차원의 다른 경제부문들과 조화시키는 협력적 개발이다(Vera Rebollo & Rippin, 1996: 126). 그러나 새로운 관광활동의 조합으로 지속가능성에 미치는 위협이 증가되는 것을 피하기 위해서는 공급자의 많은 관심이 요구될 것이다. 즉 키프러스의 경우, 대규모 휴양지의 관광업체들이 비치를 떠나 짧은 여행을 요구하는 대중관광객들에게 벽촌시골지역에서나 경험 할 수 있는 'Eco-safaris' 즉 사냥, 탐험상품을 제공했었는데, 관광객을 호송하던 차량들이 환경적으로 민감한 이들 지역에 소음공해와 혼잡을 발생시켰으며, 심지어 관광객들의 음식과 식수가 외부주관기업에 의해서 이 지역으로 운송되는 바람에 지역에 미치는 경제적 혜택은 거의 없었다는 것이다(Ioannides & Holcomb, 2001: 252-2). 한편 13장에서 Spilanis & Vayanni은 에게 해 군도와 같은 소규모 섬들에서는 대중관광과 대안관광의 매칭에 대한 가능성이 제한될 수 있다고 주장하였는데, 그 이유는 육지지역과 달리 대안관광을 위한 다양한 자원들이 존재하지 않으며 특히 겨울에는 본토로부터의 접근성이 더욱 떨어지기 때문이라고 설명하고 있다.

14장에서 Theuma는 역사도시인 수도 Valletta를 본거지로 문화관광을 확대하기 위한 몰타제도의 노력을 조사하였다. 몰타제도의 문화관광개발은 다른 휴양지들과의 과열경쟁에 직면해 있는 몰타의 입지개선뿐만 아니라 기존의 해안휴양지이미지에서 벗어나 몰타제도의 관광다각화를 도모하고, 또한 주거패턴의 변화와 도시외곽에 있는 휴양지 여가활동지역에서 환대산업을 재배치함으로써 야간활동의 감소로 활력을 잃게 된 Valletta의 경제적, 사회적 부흥을 목적으로 시도되었던 것이다. 그러나 현재 섬에 위치하고 있는 리조트와 크루즈로부터 Valletta를 찾는 방문객들이 대부분 반나절 여행에 그치고 있기 때문에 문화관광발전을 기대하기에는 다소 어려움이 있으며, 더불어 도시

의 관광 상업주의와 방문객들의 거주지 침범문제가 이를 더욱 힘든 상황으로 만들고 있다고 Theuma는 설명하였다.

남유럽에는 휴양지내부 또는 휴양지주변의 매력물들과 더불어 역사자원을 보유하고 있는 도시와 타운들이 많이 있다. 따라서 이 지역 관광객들을 위해 휴양지와 역사자원 둘 모두의 활용에 대한 선택과 방법에 관한 연구가 필요하며, 지속가능한 개발을 위해서 이것이 의미하는 바에 대한 숙고가 요구되고 있다.

6 결 론

본 연구는 지중해유럽 해안지역에서 대중관광의 발전과 빠른 경제성장에 대해 고찰하였다. 그 결과, 관광산업이 경제적 부를 가져온 반면에 사회-공간적 분배측면에서는 불균형을 초래하였으며, 외부의 의사결정권자들과 세계시장에 대한 의존도 또한 더욱 높아진 것으로 파악되었다. 그리고 훼손되기 쉬운 해안지역의 환경과 사회와 문화에 미친 영향도 복잡 다양했으며, 다른 일부결과들 또한 그렇게 호의적이지는 않았던 것으로 조사되었다. 이러한 부정적인 영향 때문에 지역의 지속가능한 개발문제가 이슈화됨으로써 경제 활성화를 위해 지난 20여 년 동안 기여해왔던 전통대중관광의 역할에도 회의가 일게 되었다. 부분적이긴 하지만 그러한 우려는 악화된 휴양지환경으로부터 비롯되었다고 볼 수 있다. 따라서 대중관광으로부터의 탈피를 위해 농촌관광과 문화관광과 같은 대안관광상품의 개발과 더불어 대중관광휴양지의 환경품질개선과 시설친환경화에 관심이 모아졌던 것이다. 그러나 중요한 것은 지속가능성을 위해 이들 관광형태들이 보유하고 있던 긍정적인 면과 부정적인 면에 대한 잠재성에 있었으며, 결과적으로 대중관광에 비해 소규모대안관광이 반드시 지속가능한 개발목적과 부합(附合)될 것이라는 전제는 옳지 않았다. 다시 말하면, 지금까지 많은 경우에 관광이 덜 발전된 지역에서 그러한 대안관광이 선호되었지만, 지나치게 단순화된 신념을 바탕으로 그런 형태를 지향하는 관광정책을 수립하는 일은 유의해야 할 필요가 있음을 시사하고 있는 것이다.

해양관광 개발계획 coastal mass tourism

따라서 관광유형의 차별화로 생기는 편익과 비용의 균형(balance)은 목적지의 특수한 상황에 따라 다르기 때문에, 관광개발형태를 결정하기 전에 그러한 지역상황은 반드시 습득되고 이해되어져야 한다는 것이다. 이는 각 지역차원의 특수성과 상황에 따라 상이한 관광유형들에 대한 신중한 평가를 기초로 지속가능성 '적응 가능한 패턴'을 위한 관광개발계획과 관리가 이루어져야 함을 의미하고 있는 것이다. 그리고 그러한 관광패턴들은 소외지역관광, 소규모대안관광, 대중관광과 대안관광의 혼합관광, 하수처리시스템에 대한 투자로 환경적으로 개선된 대중휴양지관광, 마리나 또는 카지노를 이용한 다각화된 대규모 휴양지관광 그리고 좀 더 표준화된 대규모대중관광 등의 형태들을 포함하고 있다. 많은 관광지를 지속가능한 개발방향으로 촉진시키기 위해서는 이와 같이 다양화된 관광형태들의 상호연계성을 강화하고, 더불어 상호연계의 어려움에 관해서도 심사숙고해야할 필요성이 지적되고 있는 것이다.

또한 남유럽 해안지역에서는 혼합형 관광유형이 강조되었으나, 관광개발수준의 적절성에 대해서도 신중한 고려가 요구되었다. 즉 지역의 지속가능성 촉진을 위해서는 추가적인 관광개발을 중단시키거나 관광활동범위의 부분적인 또는 심지어 상당한 축소가 요구될 수도 있다는 것이다. 이것은 관광시설의 과잉공급에 대한 우려 때문이기도 하지만 관광의 사회문화적, 환경적, 경제적 영향과 관련된 다양한 문제점들, 목적지의 다양한 이해관계자들의 견해 그리고 관광과 다른 경제활동 사이에 적절한 조화를 확보하는 차원에서 반드시 필요할 것으로 판단된다. 마지막으로, 본 저서의 초점이 관광지 내의 지속가능한 개발에 맞추어져 있으나 지속가능성에 대한 종합적 평가를 위해서는 거주지로부터 지중해연안의 많은 관광목적지들을 여행하고 있는 관광객들로 인해 초래되는 환경적 영향에 대해서도 고찰할 필요가 있을 것이다. 이후의 많은 사례연구들이 남유럽 연안지역에 위치하고 있는 특정관광지들의 지속가능한 개발과 관련된 공공부문의 관광정책 그리고 관광개발계획방법에 관해서 논의 · 평가하고 있는데, 관련이슈들에 관한 논의가 다음 장에서 이어질 것이다.

02

남유럽 해안지역의
지속가능한 관광을
위한 정책배경

해양관광 개발계획 coastal mass tourism

02

남유럽 해안지역의 지속가능한 관광을 위한 정책배경

Bill Bramwell
Sheffield Hallam University, UK

1 서 론

　본 연구는 남유럽 해안지역의 관광부문의 상품다각화와 환경품질개선을 통하여 지속가능한 개발을 촉진하기 위한 정책들과 정책수단을 검토하고 있다. 그러나 그 정책과 정책수단들에 대한 정책입안자의 선택은 원하는 결과를 매우 효과적으로 얻게 될 것이라는 기대를 입증해주는 하나의 형식적인 절차에 불과했으며, 또한 본질적으로 다양한 정치적, 사회적 압력에 따른 도덕적 그리고 정치적 선택이었다. 많은 연구들은 그 선택들이 무엇보다 형식적이었음을 보여주고 있는데, Hall(2000: 60-61)은 최근의 관광개발계획들도 여전히 정책적인 문제보다 형식적인 이슈를 다루고 있다고 비난하였으며, Hughes(2002: 472)는 관광의 환경적 위기에 대한 해결책이 단지 과학적 관리에만 달려 있지 않으며, 지속가능한 관광을 위한 관광정책들과 그 정책들의 적용에 있어서 중요요소로서 정치성에 대한 고려 또한 필요할 것이라고 지적하였다. 이러한 정치적 배경은 다수의 이해관계자들 간의 상호관계에 의해 형성되며, 그들은 자신만의 특별한 관심사를 가지고 특정견해를 지지할 수 있기 때문에 정책과정과 최종정책방향에 대해 다양한 영향력을 가지고 있을 것이라고 이해하는 편이 옳을 것이다. 또한 관광개발 촉진을 위한 정부의 정책들과 경제적 압력은 종종 국가경제와 관광산업 간의 관계성을 이해하는데 가장 적절한 이슈가 될 수 있다. 예를 들면 정부당국은 자주 친환경을 언급하지만 실제로는 환경보호보다 경제성장에 우선순위를 부여하고 있는 것이 사실이다. 물론, 그렇다고 경제적 필요성이 언제나 우선하는 것은 아니며, 환경에 대한 관심이 때로는 관광산업의 단기이익보다 우세할 때도 있으나, 이 때 야기될 수 있는 산업계의 반발을 잠재우기 위해서는 정부의 부단한 노력이 요구되고 있는 실정이다. 어째든 관광산업 그 자체가 항상 환경보호방안과 대립할 것이라는 생각은 다소 이른 판단이 될 가능성이 있다는 것이다.

본 연구는 남유럽 해안지역관광의 지속가능한 개발을 위한 정책배경을 검토하고 있다. 특히 논의를 단순화하기 위해 관광부문에 영향을 미치고 있는 경제성장정책과 환경보호정책의 균형에 초점을 두고 있으며, 최근 몇 년에 걸쳐 관광과 환경에 영향을 미치고 있는 정책변화만을 평가하고 있다.

2 관광의 지속가능성에 미치는 정책의 영향력

본 논의는 남유럽 해안지역에서 지속가능한 관광정책들에 대해 영향력을 행사하고 있는 경제적 이해관계, 지역여론, 환경단체들, 중앙정부와 지방정부 그리고 유럽연합 등과 같은 다양한 주체들을 설명하고 있다. 하지만 광범위한 정성적 평가 외에 이 영향요소들의 영향력을 정확히 측정하기란 매우 어려운 일이다. 따라서 분석을 위해 다각적인 선행연구의 활용이 불가피 하였으며, 특히 Geoffrey Pridham의 그리스, 이탈리아, 스페인의 지속가능한 관광정책결정에 관한 연구가 이용되었다. 그리고 남유럽의

관광과 환경에 관련되어 있는 모든 잠재적 압력요소들을 고려하는 것은 사실상 불가능함으로 TV, 지역신문과 같은 대중매체 그리고 제도권 밖의 군소정당 정당들과 정부의 정치정당들 만이 고려되었으며, 다만 환경기준개선을 요구함에 있어서 관광객의 역할은 철저하게 고려되지 않았다. 왜냐하면, 아름다운 조망과 경관 같은 고품질 환경 그리고 매력적이며 편안한 목적지 분위기를 요구하는 관광객들이 점점 증가하고 있으며, 어떤 관광객들은 바다오염 또는 교통체증이 있는 지역이나 지나치게 발전된 지역의 방문을 보이코트(boycott)하기도 한다. 따라서 환경품질과 관련하여 관광업계가 그러한 상황에 대응하기 시작했음에도 불구하고(Blue Plan and UNEP, 1998: 3; Middleton & Hawkins, 1998: 32-3) 대다수의 관광객들은 휴가를 예약하기 전에 특별한 환경이슈에 대한 정보를 수집하기 보다는 비용에 매우 민감하고, 휴가기간 동안에 편안하고 즐거움만을 추구하기 때문에 아마도 그러한 생각을 망각하기 쉬울 수도 있기 때문이다.

1) 경제적 이해관계

　정부가 관광산업의 경영과 환경문제에 관여하는 이유는 매우 다양하다. 일부는 환경보다 경제적 이익을 우선시하는 관여이며, 다른 관여들은 환경적 관심에 보다 무게를 두고 있는 관여이다. 그러나 국가경제에 가장 밀접하게 관련되어 있는 주체는 자본가들로서, 그들이 정부관여의 형태와 범위를 제한하고 있는 것이 사실이다. 따라서 정부는 자본주의와 경제성장에 밀접하게 연관된 정책목표들을 지향하는 경향을 보이며, 필요시에는 지속가능성지향을 포기하면서도 축적된 자본을 그러한 정책구현비용으로 이용하고 있다.

　정부관여의 첫 번째 유형은, 관광목적지가 투자자들에게 상업적 이익을 제공하지 못하고 있다고 판단될 때, 그곳에 관광기반시설을 공급하는 경우이다(williams & Shaw, 1998a: 382). 그 기반시설들은 공항, 하수처리 시스템, 그리고 교통망과 도로 등을 포함하고 있으며, 특히 하수처리시스템은 친환경 관광산업을 위해 분명히 긍정적인 역할을 하고 있다. 정부관여의 두 번째 유형은, 관광목적지의 경쟁력이 부동산소유자에 의해 위협받지 않을 것이라는 것을 확신시키는 일이다. 그 이유는 간혹 건물소유자들이 비치를 오염시키고 비치접근을 방해하거나 또는 민감한 지역에 빌딩을 건축하는 등 지역자원의 훼손과 토지사용분쟁의 단초(端初)를 제공하고 있기 때문이다(Briassoulis, 2002:

1068). 토지소유자들의 이러한 행위를 제한하는 정책들은 관광산업의 장려뿐만 아니라 환경개선에도 큰 기여를 하고 있다. 정부관여의 세 번째 유형은, 관광산업의 경쟁력강화보다 본래의 환경을 보호하기 위해 관광산업의 부정적인 환경영향을 통제하는 경우다. 장기적으로 보면 정부의 이러한 통제는 관광지의 매력도 향상에 기여할 수도 있겠지만, 반면에 만일 관광업계가 정부의 그러한 통제를 자신들의 단기적 이익을 저해할 수 있다고 인식한다면 적극적인 반대에 부딪칠 수도 있다. 이점에 관해서, 그리스, 이탈리아, 스페인 등의 지속가능한 관광정책에 대한 평가사례를 인용한 Pridham(1996: 20)은 단기간의 경제적 이득에 몰두하면서 목적지의 장기적 환경품질에 무관심한 투어공급자들 그리고 수익성만을 강조하는 관광업계가 여전히 지속가능한 개발에 주요 장애요소가 되고 있다고 주장한 바 있다.

그렇지만 한편으로 최근에 그리스, 이탈리아, 스페인 등지에서 지속가능한 관광과 관련된 정책에 대한 관심이 증가하고 있는데, 그 이유는 만일 관광지의 환경품질이 제고되지 않는다면 관광업계가 경쟁력을 잃을 수 있다는 두려움 때문이라고 Pridham(2001: 379-80)은 설명하였다. 중요한 것은 특히 저렴하고, 환경악화로부터 덜 위협적인 초기개발단계의 새로운 관광목적지들의 경쟁력이 높아지고 있는 상황에서, 휴가공급자들이 더 이상의 낮은 환경기준을 용인해서는 안 된다는 것이다(Marchena Gomez, 1995: 28; Monfort Mir & Ivars Baidal, 2001). 왜냐하면 지출규모가 작은 관광객들의 점유율 향상을 위해 경쟁이 과열되면 관광사업자의 낮은 경제수익수준으로 이어질 수밖에 없으며, 결국은 관광업계와 관광지발전에 그리 큰 기여를 기대할 수 없기 때문인 것이다. 따라서 개선된 환경수준과 차별적인 대안관광상품에 대해 기꺼이 보다 높은 가격지불을 원하는 관광객들의 유치가 필요하다(Jenner & Smith, 1993: 13, 166; WTO/UNEP/ Blue Plan, 2000: 6). 예를 들면 그리스, 이탈리아, 스페인에서는 가까운 장래에 문제될 수 있는 수익성 악화에 대비하여, 이에 대한 대안마련의 필요성이 요구되고 있어 정부차원에서 압력을 행사하고 있는 실정이다(Pridham, 2001: 376). 그러한 요구는 이들 국가에서 차지하고 있는 관광산업의 경제적 중요성과 높은 위상 때문이기도 하지만(Pridham, 1999: 107; Pridham, 2001: 380), 단지 관광지 활성화를 위한 정책입안자들뿐만 아니라 환경악화를 위협으로 인식하고 있거나 환경보호정책을 지지하는 관광사업자들에게도 해당되는 경고성 메시지일 것이다.

2) 여론

관광지 여론은 관광산업에 긍정적인 영향을 미치는 환경정책을 도입하도록 정부를 촉구하는 또 다른 요인이 될 수 있다. 비록 관광산업이 대중이 우려하는 환경문제의 중심에서 벗어나 있지만 여론의 관심을 반영하지 않을 수는 없다. 환경에 대한 대중의 인식은 북유럽에 비해 다소 늦게 출현된 이슈로서 남유럽에서도 크게 관심을 받지 못했다(Pridham, 2001; Weale et al., 2000). 즉 환경에 대한 관심은 이탈리아에서 다소 일찍 부각된 반면에, 스페인과 그리스에서는 1990년대에서야 그 징후들이 나타났으며, 1980년대까지는 이슈화되지 못했다(Pridham, 2001: 382). Weale et al.(2000: 468)에 따르면, 북유럽의 후기물질주의가 환경에 보다 민감하다는 평가를 받고 있는 반면에, 남유럽 국가들은 여전히 개발문제들로 인한 갈등 그리고 경제근대화나 높은 생산성에 대한 고조된 관심으로 환경은 훨씬 후차적인 문제로 인식하고 있다고 하였다. 이렇게 남유럽에 비해 북유럽의 환경에 대한 높은 관심은 풍요함, 확대된 교육, 그리고 자연을 도외시하는 도시화 등 다양한 영향요인들에 기인하고 있었다(Bramwell, 2003: 594).

정부의 환경정책도입의 결정은 아마도 일반적인 환경문제보다는 관광으로 야기되는 부정적인 환경적, 사회적 영향에 대한 목적지 주민의 태도에 영향을 받기가 쉬울 것이다. 관광에 대한 남유럽의 많은 지역 커뮤니티주민의 태도에 관한 연구를 보면, 지역주민들은 관광으로 초래되는 많은 부정적인 결과를 인식하고 있음에도 불구하고, 그것이 주는 경제적 혜택 때문에 관광에 대해 꽤 호의적이거나 또는 적어도 중립적 입장을 취하고 있다고 말하고 있다(Akis et al., 1996; Haralambopoulos & Pizam, 1996; Tosun, 2001). Tsartas(1992)는 그리스 Ios섬에 대한 사례연구를 통해 주장하기를, 비록 관광으로 인해 섬 주민들은 여전히 주민간의 불신과 대립, 나체주의와 관련된 도덕적 문제, 그리고 젊은 관광객들의 성적인 행동 등과 같은 특수한 사회적, 부정적인 영향을 인식하고 있음에도 불구하고, 유발된 소득 때문에 어쩔 수 없이 관광을 용납하는 경향이 있다고 하였다. 유사사례로, Samos섬에 관한 연구에서 Haralambopoulos & Pizam(1996)은 대부분의 지역주민이 관광의 전반적인 효과에 대해 긍정적인 반면에 관광의 특별한 영향에 대해서는 혼재된 견해를 보이고 있음을 발견하였다. 예를 들면, 그들은 경제문제에 가장 긍정적인 견해를 보이고 있었으나, 상품과 서비스의 가격, 말싸움(분쟁)빈도, 야만행위(공공시설물 파괴) 그리고 성추행 등에 관해서는 부정적인 입장을 취하고 있었으며, 몰타에 관한 연구를 보면 1980년대 중반까지 많은 몰타주민들은 관광이 주는 상당한 경제적 혜택 때문에 관광의 부정적 영향을 인내하면서 사업을 이어가고 있다고 설명하고 있다(Boissevain, 1977: 532, 537; boissevain & Theuma, 1998: 97; Bramwell, 2003: 599).

3) 환경단체

환경압력단체들은 아마도 작금의 환경에 대한 관심을 가장 명백하게 표현하고 있는 요소일 것이다. 그 단체들은 저항행위, 로비 그리고 교육관련 일 등을 통해서 남유럽 환경정책에 대해 어느 정도의 영향력을 행사할 수 있는 정치적 집단이 되었음에도 불구하고, 몇 가지의 이유로 북유럽의 환경단체들보다 파워와 효율성면에서 다소 뒤처지고 있다는 평가를 받고 있다. 그리스, 이탈리아, 스페인에 관한 연구들을 보면, 이들 나라에서는 상당히 많은 환경단체들이 활동하고 있지만 정부에 미치는 그들의 정치적 영향력은, 약간의 변화는 있었겠지만, 다소 제한되어 있다고 설명하고 있다(Pridham, 2001: 385). 그 영향력을 제한하는 요인들 중의 한 가지가 바로 정책입안자에 대한 환경단체의 로비활동이 불가능한 폐쇄된 환경정책입안과정이었으며(특히 스페인과 그리스), 소수의 로비기회조차도 단지 1970년대 중반에 달성된 이들 나라의 민주화로 가능하게 되었던 것이다(Pridham & Konstadakopulos, 1997: 141). 특히, 그리스 환경단체의 경우, 그들의 영향력은 정치적 배경의 부족과 또한 환경 분야와 관련된 내각의 분열로 더욱 제한되었다(Close, 1999; Fousekis & Lekakis, 1997; Weale et al., 2000: 259). 하지만 비록 그들이 자신들의 역할효율성에 대해 상당한 제약을 인식하고 있음에도 불구하고, 관광부문과 같은 특별 분야에서, 특히 해안지역과 관련해서는 관광의 환경품질운동을 주도해온 대중매체나 정치정당 이상의 환경조직으로 인정받고 있다(Pridham, 2001: 388).

4) 정부

정부기관들은 지속가능성을 위한 관광업계의 대응에 영향을 미치는 정책결정의 권한을 갖고 있음으로 환경정책과 관광부문정책의 주요 생산자들이며, 집행자들일 것이다. 남유럽 일부 국가들의 정부정책에 관한 연구들을 보면, 최근 권위주의로부터 탈피하고 있는 변화의 일면을 보여주고 있다. 그 변화란 상대적으로 대규모이며, 방대한 이들 국가의 정부조직들이 타 경제와 사회부문단체들에게 어쩔 수 없이 자신들의 권한을 위임하고 있음을 의미하는 것이다(Ruzza, 2001: 117-9; Weale et al., 2000: 339-40). 다른 한

편으로, 정부기관들은 환경압력단체들, 대중매체, 정치정당들 그리고 관계단체들로부터 다양한 압력을 받고 있기 때문에 그들의 지배 권력이라는 것은 특정한 입장(立場)에서 발견된 많은 이해관계자들의 네트워크 사이에서 태동하는 특이한 관계구성으로부터 생긴다고 할 수 있을 것이다.

정부는 중앙, 지방, 그리고 지역차원의 정부로 구분될 수 있다. 어떤 연구자들은 이런 상이한 정부차원에 따라 정책의 중요성에 차이가 있을 수 있지만, 아마도 지속가능성의 보편적 목적의 실현측면에서 판단해보면, 누구보다도 지역정부가 더욱 용이하다고 설명하고 있다(Williams & Shaw, 1998a: 376). 중앙정부는 나라의 국제수지와 거시 경제적 목표, 예를 들면, 새로운 일자리 창출, 소득증대 그리고 국가총생산의 증진 등 관광개발의 경제적 효과에 역점을 두고 있는 반면에, 지방과 지역정부는 상대적으로 환경문제, 복지 그리고 고용문제 등 다양한 커뮤니티 욕구에 관심을 두고 있기 때문 일 것이다. 또한 지속가능한 개발의 개념은 지방 또는 지역정부에 적용되기가 보다 용이한데, 그것은 이해하기 쉬운 이슈들 그리고 지역의 견해가 지역정책에 보다 쉽게 반영될 수 있기 때문일 것이다. 이러한 맥락에서 보면, 유럽지중해의 많은 국가들의 중앙정부는 막강한 권력을 가지고 있으며, 지역정부의 권력은 상대적으로 미비한 것이 분명하다. 예를 들면 그리스 제도의 Crete 자치정부는 재정이 부족한 반면에, 아테네의 중앙정부는 토지이용계획이나 환경문제에 있어서 지방정부의 자문을 의무화함으로써 자신의 정책에 대한 지방정부의 반대를 교묘히 피할 수도 있으며, 특정 관광관련 프로젝트에 대한 자금지원도 결정할 수 있기 때문이다(Andriotis, 2001: 307; Fousekis & Lekakis, 1997: 144). 또한 터키행정부의 경우, 관광개발계획과 관련하여, 중앙정부로의 권력집중은 지역기관들이 중앙정부의 우선정책수행의 편이성을 위한 확대된 여당으로 이용되거나 다양한 경제적, 정치적 압력 때문에 어쩔 수 없이 중앙정부의 결정을 따르도록 만들고 있다(Tosun & Timothy, 2001: 353; Yuksel et al., 1999: 358). 그러나 일부국가들은 이탈리아와 스페인의 확립된 종교권력 같이 보다 분권화된 체재를 가지고 있는 경우도 존재하고 있다(Pridham & Konstadakopulos, 1997: 143)

중앙정부의 제도적 수정과 관계없이 지속가능한 정책을 관광에 적용하려는 지방정부의 노력은 관광부문의 기능과 관계된 제도적 약점으로 제한되고 있다(Williams & Shaw, 1998a, b). 그 약점들을 살펴보면 첫째, 지속가능성을 위해 요구되는 부문 간 통합이 이루어지기 어렵다. 왜냐하면, 관광은 많은 경제부문들과 정책이슈에 대한 관련성과 소규모 기업들로의 분산(Ruzza, 2001: 107), 또한 상이한 경제활동과 정책들 사이에 일 어나는 부작용이 매우 심각하고 다차원적이기 때문이다. 둘째, 관광목적지에서 관광이 슈를 둘러싼 조직들 간의 낮은 수준의 네트워킹과 관광산업을 위한 노동조합의 저성장 그리고 목적지의 정책과 장기적인 발전에 대해 단지 제한된 관심만을 보이고 있는 목 적지 외부에 위치한 대형여행사의 높은 지배력 등이다(Williams & Shaw, 1998a). 셋째, 유 럽의 지중해국가들은 환경정책의 도입과 적용을 저해하는 행정적인 약점을 갖고 있다. 즉, 정부의 행정문화의 특징이 제도적 분열, 미비한 협력, 장황한 관료주의 절차 그리고 약한 통제력과 집행 같은 모습들을 보이고 있어 비효율적이라는 평판을 듣고 있기 때 문이다(Pridham, 1994: 81; Pridham, 1996: 22; Pridham & Konstakopulos, 1997: 127). 마지막으로 일부국가들에서는 개인과 정치가의 친분관계 때문에 때때로 환경과 계획의 통제가 간 과될 수 있다는 점 등이다(Gunes-Ayata, 1994: 49; Koker, 1995; Mallia, 1994: 700).

3 관광과 지속가능성에 영향을 미치는 정책의 동향

초기개발기간동안 남유럽 해안지역의 대중관광정책에 대한 기대는 오로지 빠른 경 제적 대가였기 때문에 경제성장이 환경보호보다 우위에 있었으며, 개발에 대한 통제도 거의 없었다. 1960년대에 스페인의 많은 해안자치정부들이 허용했던 급속한 난개발은 프랑코시대의 정치와 경제상황에 의해 영향을 받았는데, 그 시대의 경제성장 동력은 중앙정부에 있었으며, 그 성장을 유지하기 위해서 상대적으로 사기업들에게 무제한의 자유가 주어졌던 것이다(Pollard & Dominguez Rodriguez, 1995 37; Priestley 1995a: 48; Priestley, 1995b: 192-3). 그 당시 스페인정부는 지역개발에 대한 계획을 갖고 있지 않았기 때문에 각 지자체들이 관광규모의 확대에 대한 자율결정권을 보유하고 있었으며, 건축규정을 준수함과 동시에 토지분류와 사회경제적 기반시설공급을 위한 필요조건의 회피가 가 능했던 도시계발계획을 가진 국가였다. 또한 지방정부들은 재정이 충분치 못해 일부지 자체들의 경우, 세입증대를 위해 건축허가를 인정함으로써 급속한 도시개발추진을 위 한 재정을 확보하고자 하였다. 이로 인해 소중한 자연 공간, 숲 그리고 농토가 유실되

고, 민감한 생태자원들이 훼손되었으며 장기적으로 많은 복원비용을 지불하게 되었다. 또한 몰타제도의 관광개발계획에 대한 통제부족은 경관훼손이 용이한 난개발의 허용으로 이어졌던 것이다.

하지만 환경문제에 대한 정책적 접근과 정치적 행위에 대해서 일부 질적인 변화를 보이고 있었다. 지속가능한 관광의 정책변화는 그리스에서 조금 먼저 그리고 스페인, 이탈리아 순으로 일어났으나, 여기에서 이탈리아의 환경정책이 지난 10여년에 걸쳐 다른 두 나라들보다 다소 빨리 진전되었음에도 불구하고 정책변화에 있어 지체된 것은 매우 놀라운 일이다(Pridham, 1996: 19). 그 이유에 관해서, Pridham은 몇 가지 영향요인들을 언급하였는데 첫째, 일반적인 환경부문에서 지속가능한 관광의 촉진정책들이 정치적 압력이나 정책시행을 통해서 추진되어 왔으며(Pridham, 2001: 388), 그리고 지속가능한 관광이 환경적 이슈와 관련된 여론과 실제의 보편적인 분위기에 의존하고 있었기 때문이다. 둘째, 보다 절박한 이유는 일부휴양지에서 환경악화에 대한 소비자의 관심이 이슈화됨으로써 경쟁력을 상실하고 있는 관광산업에 대해 우려의 목소리가 높아지고 있었기 때문이다. 그리고 기타 경제적 이유로는 비록 대안상품들의 지속가능성에 대해서 다양한 결과가 초래되었지만, 이용 가능한 관광 상품의 다각화를 통한 관광객의 지출향상에 대해서 관심이 고조되고 있었기 때문이다.

정책에 있어서 일부변화와 동시에 그 변화들은 서서히 그리고 급진적이지 않게 나타났으며, 나라와 지역특성에 따라 다양하게 드러나고 있었으나, 중요한 것은 그 변화들이 지속가능한 관광을 위한 장애요인들의 제거를 의미하지 않는다는 것이다(Pridham, 2001: 389). 왜냐하면, 현재의 스페인 관광정책을 인용해 보면, 아마도 20년 전보다 훨씬 더 환경에 대한 시장의 민감성이 중요하게 고려되고 있으며, 환경법과 같은 다양한 보호 장막이 출현한 것도 사실이지만 여전히 그 관심은 성장에 무게를 두고 있었기 때문이다(Robinson, 1996: 408). 또한 Garcia et al.(본 연구의 10장)은 스페인 해안지역의 유래 없는 과잉개발과 이미 도시화된 지역들의 일부 환경개선에 대해 정책통제가 늘어나고 있지만 현재의 법적인 틀 내에서는 새로운 신축공사가 크게 축소되지 않을 것으로 예상하고 있었다. 왜냐하면 이들 해안지역에서의 신축공사가 주거관광과 지역세원(tax base)의 확대를 도모하는 지방정부의 정책차원에서 시행되었기 때문이다. 그리고 몰타제도의 현행 개발계획프레임이 단지 지정된 지구에서만 새로운 관광개발을 허용하고 있다지만 이러한 개발도 여전히 환경에 심각한 위협이 될 수 있었다. 왜냐하면 그 개발

해양관광 개발계획 coastal mass tourism

의 공사속도가 여전히 빠르게 진행되고 있으며, 개발이 허용된 지구가 몰타제도의 광범위한 토지를 포함하고 있음은 물론, 많은 새로운 빌딩건축을 승인하는 지구계획정책(zoning policy)이 기존의 몰타휴양지의 과잉개발과 혼잡문제를 간접적으로 악화시키고 있기 때문이다(Bramwell, 2003: 597).

4 관광과 지속가능성에 영향을 미치는 유럽연합정책

과거 30년 동안 비록 상대적으로 관광부문에 대한 특별규제는 없었지만 유럽연합(EU)이 회원국들의 관광에 영향을 미치는 법과 제도의 원천이었던 것만은 분명하다. 그것은 간혹 EU의 특별관광정책들의 목표가 주로 경제성장과 관련한 내용이었기 때문에(Ruzza, 2001: 110), 결과적으로 지속가능한 관광을 위한 EU의 촉구는 간접적으로는 환경통합개발정책(environmental and integrated development policies)으로부터 비롯되었다고 볼 수 있다. 이 정책들은 개발프로젝트들과 하수처리에 대한 환경영향평가 그리고 교육, 농촌관광을 위한 교부금 그리고 농촌지역에서 수공예제품의 생산에 필요한 자금을 지원하는 통합된 농촌개발을 위한 LEADER 프로그램에 대한 EU의 지침내용을 포함하고 있다. LEADER 그리고 LIFE와 같은 EU프로그램들은 지속가능한 관광에 영향을 미칠 수도 있지만, 그것들은 농촌경제의 다각화, 농촌개발에 있어서 전시용 프로젝트의 개발, 또는 회원국가들 간의 증가된 상호작용과 상호이해의 도모 등 다른 목적들에 역점을 두고 있었다. 반면에, 간접적으로 관광과 관련되어 있는 많은 분야의 EU 정책들이 공식적인 파트너쉽의 활용과 역량구축 등과 같이 일부 지속가능성과 관계되어 있는 정책들을 점차적으로 보급시키고 있었다(Bramwell & Lane, 2000; Ruzza, 2001: 117-19). 그러나 유럽지역개발기금(European Regional Development Fund)과 같은 일부 EU정책들은 때때로는 지속가능성 원칙과 모순되는 개발을 촉진하고 있다는 비판을 받고 있다(Williams & Shaw, 1998b: 58). Crete에서 발견된 관련사례를 인용하면, 저 개발되고 옛 모습이 그대로 남아있는 만(灣) 개발을 위해 지원한 EU의 자금으로 건설된 도로가 비치의 '붉은 거북이' 양육을 방해하였다는 것이다(Andriotis, 2001: 308).

생태학적 근대화(ecological modernization)로 불리는 환경적 사고방식은 세계화에 따른 제약요인의 증가에도 불구하고 경제성장과 환경적 목표가 상호 조화될 수 있다는 명제에 기반하고 있다(Carter, 2001: 211–21; Redclift, 2001: 68–71). 생태학적 근대화의 논리로 보면, 환경문제가 자본주의사회의 구조적인 결과물로 인정되지만, 더불어 기존의 경제, 사회, 정치적 제도의 전복보다는 개혁을 통해 환경 친화적으로 될 수 있다는 자본주의의 정치적 메시지를 담고 있는 것이다. 따라서 세계자본에 대한 도전이 아니고 오히려 비즈니스들이 높은 환경기준을 준수함으로써 고가치, 고품질의 상품을 생산하여 경쟁력을 강화하고 수익을 향상시킬 수 있다는 것이다. 그 근거 중의 하나가 세계시장에서 점차적으로 부유하고, 섬세하며, 환경적으로 의식적인 소비자들의 수요가 증가되고 있으며(Weale et al., 2000: 78), 사업체들은 보다 효율적인 친환경적인 방법에 의한 영업비용 축소방안에 관심을 쏟고 있다는 것이다. 그러나 산업들을 이러한 유형의 상품생산에 전념하도록 만들기 위해서는 정부의 다양한 촉구가 필요하다(Harvey, 1996: 377–83). 비록 이러한 생태학적 근대화가 보다 친환경적인 상품과 서비스를 바탕으로 하고 있지만, 경제성장과 환경보호의 상호조화는 보다 높은 경제성장으로 성취될 수 있다는 '약한 지속 가능성(weak sustainability)'의 버전을 지향하고 있다. 비즈니스가 환경보호를 통해 수익을 향상시킬 수 있다는 실용주의 입장에서 보면, 이러한 생태학적 근대화의 사고는 지속가능한 개발에 대한 많은 견해들과는 차이가 있는 것이다(Hajer, 1995). 예컨대 환경자원의 이용으로 인해 필연적으로 초래되는 사회정의 문제를 등한시 하고 있다는 점에서 지속가능한 개발에 대한 많은 사람들의 이해와는 완연한 차이를 보이고 있다는 것이다.

생태학적 근대화에 대한 사고는 친환경 관광숙박시설과 휴양지 그리고 농촌관광과 문화관광과 같은 대안관광상품을 개발하는 지역프로젝트를 위한 EU의 지원에 큰 영향을 미쳤을 것이다. 이러한 프로젝트들은 개선된 환경수준을 충족하는 고품질 상품개발을 통해 이익을 향상시킬 수 있다는 가능성에 대하여 공리주의적인 입장을 내포하고 있으며, 이러한 사고는 경제성장에 대한 압력과 환경보호를 조화시키기 위하여 환경 친화와 경제성장에 대한 발전적 희망을 포기하지 않는다는 것이다. 또한 이러한 지역개발 프로젝트들은 수적으로 증가하고 있는 많은 관광객들이 보다 비싸지만 품질과 환경적으로 양호한 상품에 대해 지불할 준비가 되어 있다는 낙관적인 가정에 기초하고 있다. 따라서 생태학적 근대화는 비즈니스 경영자들과 지역커뮤니티들이 보다 높은 수준의 환경보호를 통해 수단적 우위를 점할 수 있다는 인식을 자극할 수 있도록 기대되고 있다.

5 지속가능한 관광을 촉진하는 정책수단

지속가능한 관광촉진을 위한 많은 정책수단들, 이른바 정부가 원하는 정책목표를 달성하기 위해서는 다양한 수단들이 강구될 수 있다. 정책과 정책수단의 선택에 있어서 경제적, 도덕적, 그리고 정치적 영향요인 등이 고려되고 있으며, 서로 이해를 달리하고 있는 관계자들 사이에는 자신의 이해와 근접한 선택을 위해 논쟁이 일어나기도 한다. 또한 정책과 정책수단이 채택되었을 때, 비록 정책이행수단이 지역 환경에 의해 영향을 받는다 할지라도 정책입안자들과 기타 이해관계자들은 그 정책수단의 이행실태를 반드시 파악해야 할 것이다.

정책수단은 정책수단의 운용 뒤에 있는 다양한 원칙들과 관련되어 있다. 말하자면, 이 정책수단들을 평가할 때, 지속가능성 목표를 달성하기 위한 그것들의 시행가능성, 효율성 그리고 교육성 등은 물론 목표시장의 행동을 변화시키는지? 명시된 정책목적을 달성할 수 있는지? 그리고 사회내부에 환경의 가치 확산에 대한 기여정도를 고려해야 한다는 것이다(Bramwell, 1998; Carter, 2001: 285; Jacobs, 1991). 본 연구에서는 자발적 행위의 촉진, 규제, 정부지출 등 3가지 유형의 정책수단들만이 논의되었다.

1) 자발적 행위의 촉진(Encouragement of voluntary action)

정책수단의 첫 번째 범주는 자발적 행위이다. 지속가능한 관광을 지지하는 많은 관계자들의 자발적 행위를 촉구하기 위해서는 정보, 교육 그리고 일반적인 설득 등의 방법들이 활용될 수 있다. 이런 자발적인 행위는 법에 의해서 강제되지도 않고 재정적 인센티브에 의해서도 유혹되지 않는 투어공급자, 관광객 또는 목적지 지역주민 등과 같은 개인 및 조직 등을 대상으로 촉진된다(Carter, 2001: 292-3). 정부는 적극적인 '환경경영 및 감사기구(Eco-Management and Audit Scheme: EMAS)'의 채택에 대한 촉구 같은 일종의 상호전략(communicative strategy)을 통해 이러한 자발적인 행위를 촉진 시킬 수 있을 것이다. 조직들은 자발적으로 EMAS에 가입하지만 이후에 그들의 환경성과(environment performance)의 특별한 변화를 소개해야하는 외부등록절차에 참여하도록 되어있다.

정부는 국가의 환경목표를 달성하기 위해 무엇보다 자발적인 행위전략을 선호할 것이다. 왜냐하면, 자발적인 행위전략은 환경에 대한 적절한 대응방법으로 조직이 스스로 결정할 수 있는 자유를 제공하고 있으며, 또한 직접적인 정치적인 반목을 피할 수 있기 때문이다. 만일 보다 광범위한 환경지향대책을 자발적으로 채택하는 비즈니스가 매출신장을 경험했다면 이런 유형의 정책수단이 부여하는 자유는 더욱 긍정적으로 평가될 수 있을 것이다. 자발적 행위전략은 아마도 국가로부터 조금의 감시도 요구받지 않고 저비용으로 채택할 수 있어 활용도가 높지만 자발적 행위를 촉진하는 전략 또한 약점을 가지고 있다. 특히, 만일 조직의 환경지향신념이 부족하다면 자발적인 행위전략의 효과는 장담할 수 없으며, 또한 새로운 행위를 강요하기 위한 절차나 구속력이 결여되어 있기 때문에 자발적 이행에 대한 어려움 또한 존재하고 있는 것이다. 따라서 자발적인 기구에 대한 기대효과는 확실히 저하될 것이며, 반면에 환경개선을 위해 정부의 보다 구속력 있는 접근방식이 요구될 것을 예상하여 자발적인 기구에 동의하는 집단들도 나타나게 될 것이다. 예를 들면, 그리스 휴양지호텔들 사이에서는 EMAS, ISO 14001, 그리고 생태 라벨(eco-label)과 같은 상대적으로 강요가 적은 자발적인 환경개선기구들이 선택되고 있지만, 많은 호텔들은 에너지를 절감할 수 있는 전구와 에너지소비가 적은 설비와 같은 저가이면서 직접적인 재정적 혜택을 볼 수 있는 친환경 방법을 채택하고 있다는 것이다. 이 밖에 특히 쓰레기처리, 물과 에너지 절감, 오염 통제정책 등을 보유하고 있는 Grecotel 호텔체인의 프로그램과 같이 보다 다양한 환경보호수단이 도입되기도 한다(Diamantis & Westlake, 1997). 대체로 그리스에서 이런 자발적 기구의 채택이 제한된 이유는 소규모 호텔들이 자발적 기구에 대한 장기적 영향 평가의 실패, 환경보존수단에 대한 지식결여, 그리고 시행비용 등과 같은 문제들을 안고 있었기 때문이다.

2) 규제(Regulation)

규제는 법조직의 힘을 바탕으로 특별한 환경기준을 규정함으로써 비즈니스나 시민의 행위에 영향력을 행사하려는 정부의 직접적인 모든 노력들을 의미하고 있다(Jacobs, 1991). 휴양지에서 가능한 규제들로는 토지이용지구설정을 위한 필요조건, 헥타르당 최대호텔객실수의 제한 그리고 호텔높이의 제한 등이 있으며, 토지이용제한과 더불어 오염원의 배출한계 그리고 투어공급자와 호텔경영자 간에 계약상의 제한조건 등을 들 수 있다(Nijkamp & Verdonkschot, 1995).

규제는 정책입안자들에게 분명히 호소력을 갖고 있으며, 정확성, 예측성 그리고 효율성 등을 포함하고 있다. 또한 정해진 기준 그리고 규제기관과 규제대상(the regulator and regulated) 양측 모두가 정책입안자들이 자신들에게 무엇을 기대하고 있는지를 인지할 수 있으며, 규제의 시행은 사법조직에 의해 지원된다. 규제는 문제에 대한 완벽한 정보를 요구하지 않기 때문에, 특히 완전히 금지된 어떤 행위에 적용될 때는 행정적으로 매우 효율적일 수 있다. 또한 높은 수준의 준수의무가 있는 경우에는 각 규제에 대한 선행사례를 조사할 필요가 없으므로 비용절감측면에서도 효과적일 수 있을 것이다. 그리고 규제는 규제를 준수하지 않은 모든 사람들이 이론적으로 동등한 처우를 받기 때문에 공정한 것으로 인지될 수 있다. 하지만 관광의 영향이 매우 심각하게 인식되거나 바람직하지 못한 것으로 평가될 경우에는 보다 강력한 규제수단이 도입될 가능성을 내포하고 있다(Caalders, 2001: 756).

그러나 규제는 때때로 비판의 대상이 될 수도 있다. 즉 그것은 법이 요구하는 것 이상으로 줄어든 환경 훼손행위에 대해 특별한 인센티브를 제공하지 않을 뿐만 아니라 규제기관의 감시활동에 많은 시간과 비용을 요구하기 때문에 비효율적일 수 있다는 것이다. 그리고 환경 지향적 신념이 보편적으로 인식되지 않았을 때는 심지어 강제적 규제일지라도 지지되지 않을 것이며, 특히 만일 규제가 정당하지 않을 시에는 아마도 묵살되거나 무시될 수 있다. 예를 들면, 거주제한지역 내에서 관광개발계획이 지역민의 반대에 의해 봉쇄되거나, 환경보호가 강조되는 특별지역개발계획이 공식적 그리고 비공식적 단체들로부터의 정치적 압력에 의해 차단될 수 있다는 것이다. 그리스 정부의 경우, 자국의 많은 섬들에서 관광규제를 시행하기 위해 필요한 메카니즘을 제정하는데 실패하였다.

3) 정부지출(Government expenditure)

지속가능성 달성을 위해 지불되어야 하는 개선비용에 대한 정부지출의 활용이 개인사업자 또는 시민들이 감당하기에 너무도 부담되는 지역을 지원하는데 선택되고 있다. 예를 들면, 정부가 지원하는 국립공원의 토지매입과 보존방안, 커뮤니티 개발방안 그

리고 하수관리 프로젝트를 위한 자금지원 등이다. 13장에서 Spilanis & Vayanni는 얼마나 많은 그리스 도서지역의 하수배관망과 처리공장들이 유럽연합, 지역정부 그리고 지방정부의 재원으로 건설 되었는지를 설명하고 있으며, 소규모 섬과 인구가 덜 집중된 에게 해 제도의 소규모 요트기반시설을 개선시켜, 요트관광객의 체류연장에 기여하고, 개선된 생태관광의 기회를 제공하기 위해 EU로부터의 재정을 확보하려는 공공부문의 노력을 언급하였다.

또한 대중관광을 위한 기반시설이 이미 갖추어져 있으면서, 소규모 대안관광상품을 개발하고 있는 지역은 관광마케팅차원의 자원재배치를 위해서 정부의 자금지원이 가능하다. 이것은 지역에 대한 외부인의 인식과 지역정체성(self identity)측면에서 중요한 역할을 하는 이미지 마케팅을 위한 일이다. 예를 들면 17장에서 정부출연으로 이행된 아드리아해 동부(Eastern Adriatic)의 관광마케팅 위해 활용된 이미지는 해상관광, 대안적인 농어촌 관광, 온천관광 및 문화관광 상품 등을 강조함으로써 다각화된 해안관광 상품 그리고 휴양지의 복원과 개선을 위한 노력들을 보여주는 것이었다. 또한 슬로베니아와 크로아티아의 재 이미지화를 위해서 발칸반도가 지닌 '비난'의 고정관념으로부터 이들 나라들을 격리시키고, 유고슬라비아의 정치적 과거로부터 분리시키기 위한 노력이 관광에 반영되기도 하였다.

6 결론

지금까지 해안지역의 지속가능한 관광에 영향을 미치는 일부 다양한 정책결정요인들을 논의하였다. 특히 경제적 이해, 목적지 주민의 여론, 환경단체, 상이한 정부차원들과 유럽연합 등에 관해 설명하였으며, 남유럽 국가들의 환경 및 관광과 관련된 정책입안에 대한 정부의 권한이 조사되었다. 그리고 적어도 이들 중에서 일부국가들은 1990년대 환경문제와 지속가능한 관광에 대한 정책적 접근에 있어서 제한된 변화를 보이기도 하였다. 지속가능한 관광을 촉진시키는 정치적 압력과 정책들을 보유한 국가들에 있어서 그것들은 대체로 환경과 관련되어 있었으며, 특히 관광환경보다는 보편적으로 지역커뮤니티환경과 관련된 내용들을 포함하고 있었다. 비록 그 변화가 급진적으로 이루어지지는 않았지만, 특히 보수주의, 반 규제정책, 경제적 대가에 대한 압력 그리고 지역불균형 등과 같은 지속가능성에 대한 많은 장애요소들이 여전히 존재하고 있다. 하지만 과거의 경향이 지속가능한 관광의 미래가능성을 낙관적으로 발전시키지는 못했지만, 그럼에도 불구하고 지속가능성 이슈에 대한 보편적 반응에 약간의 변화가 생길 것 같다는 점이 주목된다.

03

Crete: 천혜의 자연, 지리적 우위 및 관광의 위협

해양관광 개발계획 coastal mass tourism

03

Crete: 천혜의 자연,
지리적 우위 및 관광의 위협

Helen Briassoulis

Department of Geography, University of the Aegean

1 서 론

　　지중해에서 다섯 번째로 큰 섬이며, 그리스 제도에서 가장 큰 섬으로 알려져 있는 Crete는 1960대 중반부터 말까지 급격한 관광발전을 경험하였다. 따라서 관광은 Crete 경제의 선도 부문이 되었으며, 최근 지속가능한 개발의 성취를 목표로 하고 있는 그 섬의 개발계획에서도 관광의 역할이 강조되고 있다. 하지만 동시에 최근 섬의 지속가능성을 위협하고 있는 심각한 환경적, 사회경제적 문제를 유발하는 주범 중의 하나로 비난받고 있다. Crete의 관광개발 옹호자들은 관광을 성공적인 개발을 위한 용이한 수단으로 인식하고 자신들의 예상대로 개발이 진행될 것으로 전제하면서, 지속가능한 개발의 성취에 대해서 어떠한 의문도 갖지 않았다. 그러나 그렇게 주장하고 있는 이해관계자들은 국가와 지역의 관광개발의 통합된 분석을 고려하지 않았거나, 지속가능성을 판단하는 보편적 기준을 인용하지도 않았다.

Crete는 중간수준의 개발단계에 있는 나라의 주변에 위치하고 있는 크고 이질적인 섬 관광목적지이다. 또한 역사적으로 견고하고 지역적으로 다양한 경제부문들, 전략적 입지, 풍부한 자연자원과 문화자원들 그리고 시공으로 차별화된 관광개발패턴과 독특한 가치시스템 등을 보유하고 있다. 1980년대와 1990년대 사이, Crete의 눈부신 관광성장은 Crete의 경제와 관광이주 그리고 유럽연합자금의 유입 등을 촉진했던 광범위한 사회경제적 개발과 더불어 달성되었다. Crete의 관광개발의 분석에 있어서, 관광에 미치는 무수히 많은 요인들의 영향력에 대한 평가와 더불어 그러한 많은 요인들이 그 섬의 과거, 현재, 미래의 관광개발에 미치는 영향력을 완벽하게 파악하는 일은 불가능하다. 달리 말하면, 관광과 관광발전배경 그리고 쌍방의 관련성을 밝히는 일은 매우 어려운 일이며, 따라서 이 목적을 달성하기 위해서는 통합된 방법론적 프레임의 채택과 보편적인 지속가능성 판단기준을 적용하는 것이 필요할 것이다.

2 문헌 검토

관광개발에 대한 몇 개의 이론적 모델들이 존재하고 있는데, 대부분의 이 모델들은 목적지 라이프사이클의 각 단계가 의미하는 개념들을 이용하고 있다(Butler, 1980; Forster, 1964; Greenwood, 1972; Miossec, 1997; Noronha, 1979). Butler의 라이프사이클(1980)은 비록 적용에 있어서 몇 가지의 제약을 내포하고 있지만 그러한 모델들 사이에서 여전히 가장 영향력 있고 보편적인 기술적 개념의 디바이스(device)로 인식되고 있다. 특히 이 Butler 모델은 비록 대부분의 지역들이 단계가 있는 하나의 주기적 방식으로 발전하고 있다고 하지만(van den Berg, 1987; van der Borg, 1991), 일반적인 라이프사이클 이론이 모든 지역들과 공간에 동일하게 적용될 수 없다고 설명하고 있다(loukissas, 1982; Nash, 1977). 즉 어떤 지역에서는 관광개발의 특정단계가 나타나지 않을 수도 있으며 (de Kadt, 1979), 반면에 특정기간동안 어떤 한 목적지에서 여러 단계의 요소들이 나타날

수 있다는 것이다(Hovinen, 2001). 간단히 말하면 관광개발은 선형적, 순차적 그리고 결정적이지 않으며 비선형적이고 복잡하며 비결정적 과정이라는 것이다(McKercher, 1999; Russell & Faulkner, 1999). 왜냐하면 관광 상품은 '상이한 활동의 혼합물(Lundtorp & Wanhill, 2001: 962)'로서 대부분의 관광목적지들은 자신만의 라이프사이클을 보여주는 다차원적인 상품을 보유하고 있기 때문이다(Agarwal, 1994, cited in Hovinen, 2002). 특히 역사유적 도시와 같이 이질적인 특수목적지들에서는 더욱 그럴 것이다.

라이프사이클 모델들은 관광 상품에 무게를 둔 공급 지향적인 반면에, 관광수요 또한 일정치 않고 고정되어 있지 않아 더욱 중요하게 고려하고 있다(Lundtorp & Wanhill, 2001). 즉, 수요는 관광객 프로필, 시장의 진화, 정치적 결정, 사업결정, 국제적인 독과점과 관광기업가들의 관심, 타 목적지와의 경쟁 등의 변화, 그리고 생산 공간조직의 변화 등에 따라 변동이 심하다는 것이다(Debbage, 1990; Haywood, 1991, both cited in Lundtorp & Wanhill, 2001: 949; Russel & Faulkner, 1999; van der Borg, 1991).

관광객의 수 그리고 이용 가능한 인프라만을 이용하여 라이프사이클 단계와 라이프사이클의 터닝 포인트를 밝히는 것은 특히 이질적인 관광목적지의 경우에 정확하지가 않다. 따라서 다양한 지리적 배경, 분석단위, 목적지 국가의 관광정책, 지역의 사회경제적 구조, 환경, 문화자원의 양과 질, 비공식적 활동, 이주 및 장기간의 구조적 변화 등도 관광수요와 공급의 균형에 영향을 미치며, 결과적으로는 각 단계들의 터닝 포인트에 영향을 미치게 되는 것이다(Agarwal, 1997, 2002; Cooper & Jackson, 1989; Mckercher, 1999; Russel & Faulkner, 1999; Tsartas et al., 1995). 하지만 이와 같은 대부분의 내적, 외적요인들은 불분명하고 시장의 변화가 감지된 이후에 설명되기 때문에 현실상황에서 분석, 설명, 그리고 예측을 위한 라이프사이클 모델의 유용성은 매우 제한적이다(Hovinen, 2002).

결과적으로 대부분의 그런 모델들은 관광을 중요시하면서도 관광을 벗어난 기타 개발옵션과 기능적 변화들이 반드시 나쁘지는 않을 것이라는 가능성을 무시하는 관광 중심적 모델인 것이다. 대신에 그것들은 목적지의 지속가능한 개발을 위해서는 적합할 수 있을지도 모른다(Agarwal, 2001: 27; Collins, 1999; hunter, 1995). 사실상, 지속가능한 관광개발의 추구는 1990년대 초 이래로 관광문헌에서 자주 등장해왔던 주제로서 목적지의 다양한 사회경제, 정치 그리고 문화적 배경 내에서 목적지에 대한 포괄적 관점을 필요로 하고 있다.

지속가능한 관광개발에 대한 논쟁은 점차적으로 관광에 대한 협의의 관점으로부터 관광을 목적지의 경제구조를 구성하는 한 부문으로 여기는 목적지의 개발 상태에 대

한 광의의 관점으로 점점 변해가고 있다. 지속가능한 관광개발에 관해서, 서로 다른 이해집단들에 의한 다양한 개념과 설명들이 존재하지만 지속가능한 관광의 구성요소들과 그것들을 달성하기 위해 반드시 요구되는 것들에 관해서는 일반적인 합의가 이루어진 것 같다. 즉 그 필수요건들은 목적지 국가의 경제적 부, 자연과 인적자원의 신중한 활용, 세대 내와 세대 간의 형평성, 지역자생력, 관광개발과 의사결정에 있어서 지역의 통제와 참여, 부문 간 화합과 통합, 관광객 만족도 그리고 사회적, 경제적, 환경적 목표의 균형 있는 성취 등을 포함하고 있는 것이다(Ahn et al., 2002; Bramwell & Lane, 1993; Butler, 1991; Eber, 1992; hunter, 1995, 1997; Collins, 1999; Ko, 2001; Mowforth & Munt, 1998; WTO, 1996). 이것들은 관광개발의 정체단계를 제외한 모든 단계에 해당되지만 무엇보다 성숙된 관광목적지가 되기 위해서는 이것들을 성취하고 유지하는 일이 중요할 것이다.

3 방법론적 프레임

본 연구는 한 지역의 특별한 그리고 독특한 사회경제적 개발과정 속에서 통합적이고 전반적인 방법으로 관광을 조사하기 위해서 '개발단계(stages of development)'의 프레임을 채택하고 있으며(Massey, 1984; cf. Agarwal, 2002), 지속가능한 개발과 관련된 전략적 이슈에 초점을 두고 있다. 즉, 수요와 공급 간의 상호작용, 개발에 영향을 미치는 내·외부 요인, 국내·외 관광객과 기타 방문객의 역할, 공식적/비공식적 관계자들의 역할 그리고 국가의 역할, 또한 지역의 자연자원과 문화자원의 활용 등과 같은 이슈들이다.

〈그림 1〉에서 지역시스템(local system)은 연구의 대상인 Crete를 의미하고 있으며, 이 지역시스템은 다양한 공간적 계층 속에서 존재하고 있다. 그리고 외부시스템(external system)에는 그리스, 유럽연합 그리고 기타 국가들이 포함된다. 1960년대 후반부터 현재까지의 연구기간은 시간단위로 구분되며 각 단위시간 내에서 지역시스템과 외부시스템 그리고 그것들의 상호작용 등이 〈그림 1〉에 보여주고 있는 체계적 시스템에 의해 분석된다. 그리고 지역시스템의 지속가능성은 선택된 기준(criteria)을 이용하여 평가되고 영향요소들이 밝혀진다.

　　〈그림 1〉은 사회의 다양한 공간적 시스템 내에서 관광의 수요와 공급 간의 상호작용을 단순화 한 것이며, 단지 현재의 분석에서 중점을 두고 있는 구성요소들만을 묘사하고 있다. 지역시스템은 관광공급(tourist supply), 지역경제(local economy), 지역 환경(environment), 제도(institutions) 그리고 지역시스템의 사회문화적 특성의 벡터인 에이전트(agent)들을 포함하고 있다. 관광공급은 지역경제 그리고 환경과 교차하게 된다. 왜냐하면, 관광공급은 관광시설과 더불어 지역시설, 인프라 그리고 목적지의 자연자원과 인공자원 등으로부터 영향을 받기 때문이다. 지역경제는 모든 경제부문들과 경제활동 등을 포함하고 있으며, 환경은 관광에 어메너티를 제공하거나 서비스를 악화시킬 수 있는 목적지의 자연자원, 인공자원 그리고 사회문화적 자원 그리고 경제 등을 포함한다. 에이전트는 관광활동과 비 관광활동에 관여하는 개인들과 공적 또는 사적 집단들

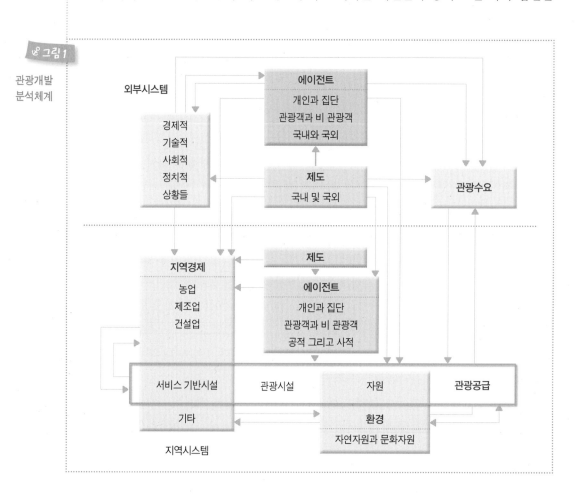

그림1

관광개발
분석체계

이다. 자원(자본, 노동, 토지, 자연자원)의 활용에 관한 에이전트의 결정은 공식적, 비공식적 지역제도(토지 보유조건, 소유권)의 영향을 받게 되며, 관광공급, 지역경제구조 그리고 이것들의 관계를 결정하게 된다.

외부시스템(external system)은 관광수요(tourist demand) 그리고 지역경제 외의 일반적인 경제적 상황, 기술적 상황, 사회적 상황, 정치적 상황 그리고 제도와 에이전트 등으로 구성되어 있다. 관광수요는 이중 나머지 세 가지 요소의 영향을 받으며 관광공급과 상호작용을 하게 된다. 세 가지 요소들 중에서 가장 중요한 요소로서 다른 목적지들과의 경쟁을 나타내는 국내 · 외 보편적 상황들(정치, 사회, 경제, 기술)은 국내 · 외 그리고 공식적, 비공식적 제도에 의해서 영향을 받으며, 관광수요와 지역시스템 그리고 다양한 형태의 에이전트들에게 영향을 미친다. 에이전트들은 국내 · 외 공 · 사적인 개인 또는 집단, 국내 · 외 투자가들과 투어공급자, 국가정책입안자 등으로 구성된다. 이들은 자원을 통제하고 관광공급 그리고 관광수요와 더불어 지역시스템과 외부시스템의 기능에 영향을 미치고 있다. 지역시스템과 외부시스템의 구성요소들 간의 관련성은 시기에 따라 다양하며, 관광을 포함한 지역개발의 지속가능성에 영향을 미친다.

지역시스템과 외부시스템 그리고 개발의 영향을 묘사하기 위한 몇몇 변수들은 채택된 지속가능성 기준(criteria)에 대한 조작적 표현〈표 1〉으로서 이전에 제시된 지속가능한 지역개발과 관광개발의 특징을 묘사하고 있다.

기 준	측정척도	
경제적 복지	• 경제상황-국내총생산, 고용률, 실업률(전체, 부문별, 관광)	
부문간 조화 및 통합	• 부문간 통합	• 부문간 상호보완성
경제적 다각화	• 제1, 2, 3부문의 소득분배율	• 경제적 단일경작
자연자원과 인적자원의 상태 (보존적 사용)	• 환경의 상태와 영향(오염과 자원부족)	
	• 사회문화적 상태와 영향	• 기반시설 - 유용성과 상태
세대 내-세대 간 균형	• 지역불균형	• 시간에 따른 불균형의 변화
지역의 자생력	• 외부자원과 지원에 대한 의존도	• 지역 및 외부투자
	• 공공 및 민간 투자	
개발 및 관광의사결정에 대한 지역의 통제 및 참여	• 지역 및 외래자본의 참여	• 의사결정에 대한 지역민의 참여
관광수요와 공급의 균형 - 전체적 및 공간적	• 관광공급(숙박시설)의 관광수요(방문객) 충족 정도	
	• 공간적 분산 정도	
관광객 만족도	• 관광객 만족도 평가(개인적/주관적, 설문결과, 인터뷰)	
균형된 경제적, 사회적, 환경적 목표달성	• 경제적, 사회적, 환경적 상태의 상대적 가치에 대한 비교 및 합동평가	

표 1

지속 가능한
지역(관광)개발기준

당시 본 연구의 방법론적 프레임의 적용은 자료의 이용가능성, 특히 과거자료의 접근문제로 많은 제약요소를 내포하고 있었지만(katochianou, et al., 1997; (national Statistical Service of Greece(NSSG), 2001; Regional Institute on Tourism, 1998; Regional Operational Plan, 2001; Tourism and Economy, 2001, 2002), 핵심정보제공자와의 인터뷰, 참여관찰 그리고 저자의 개인적인 지식과 경험을 바탕으로 한 분석으로 중요하고 유익한 정보를 제공할 수 있었다.

4 1960년대 후반·이후 Crete의 관광개발

Crete는 아름다운 자연미, 다양한 경관, 1040km의 긴 해안, 온화한 기후 그리고 Crete의 주요 관광자원을 구성하고 있는 다양한 문화자원(Minoan 궁전, 기타 고고학적 그리고 역사적 기념비와 유적지)을 보유하고 있는 국가로 유명하다. 또한 그리스의 최남단에 위치한 섬으로서 해발 200m에 위치하고 있는 8335km²의 면적의 국가로, 국토의 3/5을 차지하는 산맥과 2000m 높이의 산맥이 동서로 뻗어있는, 네 개의 행정구역으로 나누어져 있는 섬나라이다〈그림 2〉. 1971년과 2001년 사이에 평균 31.65%가 인구증가를 보였으며, 특히 Irakleion과 Rethymnon 지구는 각각 40.36%와 34.12%의 높은 인구성장률을 보인 지역이다. 이와 같은 인구의 변화는 자연적인 증가와 더불어 1950년대와 1960년대에 발생한 역이민추세에 기인된 것이며, 내부이동은 주요도시의 도시화가 그 원인이었다. 또한 중동, 발칸 그리고 동유럽으로부터의 이주자들이 이 섬에 정착하였기 때문이었다.

1971년 도시와 농촌의 인구구성비율은 농촌지역 55.76%, 반 도시지역과 도시지역이 44.24%였지만 1991년에는 농촌 46.2%, 반 도시와 도시지역이 53.8%로 변화하였으며, 그 기간 동안 Rethymnon 지구는 4개의 구역 중에 가장 농촌인구가 많은 지역이었다(70.23% in 1971, 52.17% in 1991). 하지만 1990년대 말까지 4개 구역의 도시와 농촌의 불평등한 인구구성비율은 지속적으로 감소되었다.

본 연구는 (a) 1960년대 중반과 말부터 1970년대 중반까지, (b) 1970년대 중반부터

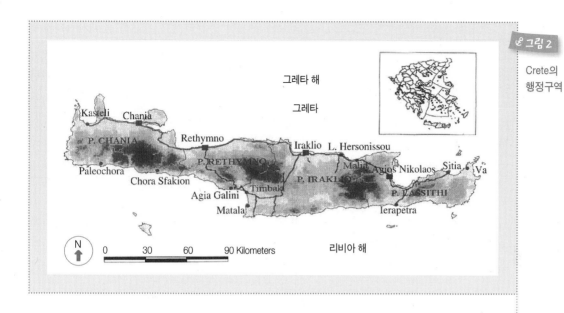

그림 2

Crete의
행정구역

1980년대 중반까지, (c) 1980년대 중반부터 1990년대 말/2002년 당시까지 등 세 기간으로 구분되어 진행되었으며, 이러한 구분에 대한 근거는 다음과 같다. 1960년대 중반과 말 사이는 Crete의 관광개발이 시작된 시기이며, 1970년대 중반은 관광성장이 가속화된 시기로서 그리스에 중요한 정치적 변화가 있었던 시기였다. 그리고 1980년대 중반은 그리스의 유럽연합 가입으로 경제발전을 지향하던 Crete에 많은 자금을 유치되기 시작하였으며, 1990년대 말부터 2002년 당시까지는 관광으로 초래된 많은 문제점들이 제기되던 시기로서 그것의 부정적인 영향을 검토하기 위해 다양한 방안들이 제안되던 시기였기 때문이다.

1) 1960년대 중·후반부터 1970년 중반까지

(1) 관광수요와 외부시스템

첫 번째 시기는 그리스의 독재정치시기(1967-1974)로서 그리스가 주로 상류층관광객만을 대상으로 한 대중관광목적지로서 대두되던 시기였다. 또한 이 기간은 많은 관광객들이 세계적으로 유명한 자연/문화적 매력물(Athens, Delphi, Kerkyra, Rodos)과 발전된 관광시설을 보유하고 있던 그리스로 유인되던 시기로서, 주로 전통관광지향의 관광

정책과 또한 개인투자자들에게 보다 많은 경제적 인센티브를 제공하던 국가관광정책들이 수립되던 시기였다. 따라서 1972년 전세항공으로 Crete를 방문한 국제관광객수가 국가전체의 단지 4.1%에 불과하던 것이 1975년에는 7.95%로 증가되었으며, 이들 중 81.1%는 발전된 관광숙박시설과 인프라를 보유하고 있는 Irakleion과 Lassithi 지구를 방문한 중·상류층 방문객들에 의해 점유되었다.

(2) 관광개발과 지역시스템

1971년, 4개 지구의 호텔침대의 분포와 거주자 1000명당 호텔침대 수에서도 알 수 있듯이 Crete의 관광개발은 동부로부터 시작되었다. 동부의 관광개발은 정부에 의해 제공된 경제적 인센티브의 활용과 각 지역의 수도인 Agios Nikolaos와 Irakleion 지구의 럭셔리한 대형호텔들에 투자된 지역자본을 기반으로 시작되었다(Papadaki-Tzedaki, 1999). 이 지역은 관광개발의 관여단계(stages of involvement)에 진입된 상태였으며, 북부 해안을 따라 미래 대중관광의 토대를 형성했던 곳이다.

1970년에 Crete의 국내총생산(GDP)은 그리스 GDP의 4.09%인 10.550million Drs(1970년 가치)였으며, 실업률은 단지 1.86%(3.135% in Greece)에 불과하였다. 1971년 182,644명의 고용인구들 중에 대부분은, 특히 Rethymnon과 Lassithi 지구에 있는 국가의 주력부문에 집중되었으며, Crete의 주요농산품으로는 올리브 오일, 포도, 그리고 낙농제품 등이었다. 또한 1970년대에 남부 Crete에 도입된 온실재배는 점차적으로 경쟁력 있는 농법으로 발전하게 되었다. 그리고 무역이 꽤 발달된 지역에 소유기반을 둔 대규모 선적회사와 해운운송회사들은 높은 시장점유율을 차지하고 있었지만, 내륙지역은 상대적으로 발달되지 못한 상태였다.

1971년에 관광분야에서 유발된 직접고용은 총 4206명으로 국가전체의 5%에 해당되었으며, Crete 제3부문 고용의 10.7%(국가평균, 8.2%)해당하는 수치였다. Crete의 개발은 지역자본과 국가자본을 토대로 하고 있었으며, 주요 경제적 이해관계자들로는 주로 호텔, 무역, 그리고 선박회사 소유주들이었다.

이 기간 동안 Crete는 오염과 자원부족과 같은 심각한 환경문제를 경험하지도 않았으며 문화적으로는 여전히 전통사회를 유지하고 있었다. 말하자면 높은 경제적 복지와 다양한 경제부문들이 상대적으로 잘 통합되던 시기로서 당시의 사회와 환경은 만족스러운 상태를 유지하고 있었으며 아직 위기수준은 아니었다. 반면에 기존인프라는 개선

해양관광 개발계획 coastal mass tourism

이 요구되었으며 대부분의 개발이 소수의 도심에 집중된 지역불균형 또한 존재하고 있었다. 그리고 자생력과 개발에 대한 지역통제는 만족스러운 수준을 유지하고 있었다. 즉 관광개발의 수준은 낮고 공간적으로 집중화를 보인 개발이었으나, 공급은 수요를 충족하고도 남을 만큼 충분한 공급이 이루어지고 있었다. 결론적으로 이시기는 전반적으로 경제, 사회, 그리고 환경적 상태 등이 비교적 균형을 이루고 있었기 때문에 개발은 지속가능한 궤도에 있었다고 볼 수 있다.

2) 1970년대 중반부터 1980년대 중반까지

(1) 관광수요와 외부시스템

1974년에 민주주의가 회복되면서 그리스는 1981년 EU의 가입으로 많은 자금이 개발목적으로 유입되기 시작하였다. 이 기간 동안에 그리스는 비록 유명한 전통관광목적지로서 지속적인 발전을 보이고 있었지만, Crete를 포함한 새로운 관광목적지가 출현하게 됨으로써 해외 투어공급자들이 관광수요에 실질적인 영향을 미치던 시기였다. 즉 1981년에 그리스 전체관광객의 20.7%에 해당하는 452,375명의 국제관광객이 전세항공을 이용하여 Crete를 방문하였으며, 1972년과 1982년 사이에 그들의 연 평균 방문객 증가율은 32.5%에 달하여 총 관광객 수가 무려 953,898명까지 이르게 되었다. 또한 1981년에 숙박관광객은 그리스 전체관광객의 14.72%인 6,042,583명으로 1975년보다 3배가 더 증가되었으며, 그들은 여전히 Irakleion과 Lassithi 지구에 가장 많이 집중되어 있었다. 하지만 증가율은 1975년과 1981년 사이 517.5%를 보인 Rethymnon 지구에서 가장 높게 나타났으며, 방문객들은 주로 중하류 소득층으로 구성되어 있었다.

(2) 관광개발과 지역시스템

이 기간 동안은 관광숙박시설의 공급이 최고조에 이르렀던 시기였다. 1981년까지 Crete의 호텔 침대수와 지역민 1000명당 호텔 침대수가 3배까지 증가하였으며, 관광개발은 서쪽방향으로 확대되고 있었다. 지역자본이 바탕이 된 Rethymnon 지구에서 가장 두드러진 증가를 보였으며, 그곳의 호텔침대 수는 6배 이상 증가하였고 지역민 1000명당 호텔 침대 수 또한 10배나 증가하였다. 그리고 Irakleion 지구에서는 호텔 침대수가 3배 이상 그리고 지역민 1000명당 호텔 침대 수는 5배로 성장하였으며, 등록되

지 않은 룸 임대도 상당히 증가를 보였다. 대중관광시설은 주로 북부 축을 따라서 그리고 주요도시 주변에 분산되어 있었으며, 중소규모의 가족단위 사업체로 운영되고 있었다. 또한 기타 잡다한 관광객 서비스회사들(렌트카, 여행사 등)이 두드러진 성장을 보였다. 전반적으로 동부 Crete는 개발단계(development stage)에 있었으며 반면에 서부 Crete는 관여(involvement)와 개발단계가 혼재하고 있었다.

Crete의 경제는 계속적으로 성장하여 1981년 GDP의 4.30%인 17,510million Drs(1970년 가치)를 기여하였으며, 실업률은 2.389%(전체평균, 4.382%)에 불과하였다. 고용은 1971년에 비해 3.23% 상승하여 188,560명이 더 많은 직업을 갖게 되었으며, 이것은 주요부문의 고용이 감소한 반면에 제3부문 고용이 증가한 결과였다. 한편 Crete는 지역특색을 여전히 간직하고 있었는데 특히 전통농산품을 계속적으로 생산하고 있는 Rethymnon과 Lassithi 지구에서 그러했다. 온실재배는 보다 확대되어 중요한 수출부문이 되었고, 농업은 EU로부터 보조금 혜택을 받았으나 이 보조금은 종종 관광시설의 건설과 도시아파트구매 등 다른 용도로 유용되고 있었다. 그리고 무역은 계속적으로 성장하여 지역선박회사와 해운회사들이 여전히 시장의 많은 점유율을 통제하고 있었으며, 관광과 다른 경제부문의 통합이 잘 이루어지지 않고 있어 해당지역에만 의존하고 있는 상태였다.

1981년 관광분야에 총 9670명이 직접 고용되었으며, 이것은 그리스 총 고용률의 7.67% 그리고 Crete의 제3부문 고용의 16.1%(전체평균, 9.2%)에 해당되는 수치였다. 관광생산은 8844 million Drs(당시가치)에 이르렀으며, 관광분야에서 창출된 일자리는 역이민의 원인을 제공하기도 하였는데, 특히 그리스의 농촌내륙지역에서 볼 수 있는 역이주가 이에 해당되는 사례이다. 또한 경제와 정치관련 새 이주자들은 비공식적 노동력의 증가를 가져왔으며, 다른 분야보다 관광, 농업, 건설 분야에 우선적으로 고용되었다.

1980년도에 Crete에서 이루어진 확정된 총 민간자본과 공적자본의 투자는 각각 국가전체의 4.47%와 3.61%에 해당되는 규모였다. 그리고 EU가 펀딩한 많은 자금은 물리적 사회적 인프라(항만, 마리나, 고속도로, 건강센터, 사업지원, 교육 등)의 공급을 위해 중요하게 사용하였다.

1980년대, Irakleion과 Rethymnon 지구에 위치하고 있는 University of Crete, Technical University of Chania 그리고 국내외 저명한 연구센터들의 설립은 학생들과

새로운 교직원들의 주택공급을 위한 주거지 개발을 유도하였으며, 학생들을 위해 공급된 주택은 비공식적으로 여름동안에 관광객들에게 임대됨으로써 연중 내내 주택소유주들의 세수(稅收)확보에 기여하였다.

EU의 자금지원과 더불어 1980년대 초반부터 중반까지 이어진 국내의 도시개발정책, 지역개발정책 그리고 관광개발정책 등은 지역관광개발의 분포, 양, 질에 매우 큰 영향을 미쳤는데, 특히 지역개발법을 근거로 외곽지역과 저 개발 우선지역에 지역사업체 설립대가로 제공된 경제적 인센티브는 관광객을 위한 새로운 시설들이 빠르게 들어서는 계기가 되었다. 따라서 Crete는 21.8%의 관광관련 투자를 받게 되었으며, 결과적으로 30,499개(국가전체의 23.2%)의 침대공급을 가져오게 되었다.

도시 그리고 준 교외지역의 난 개발 통제를 위해서 모든 도시지역에 마스터플랜을 요구하는 법령이 통과되었으며, 그 법령의 토지사용계획 특별수단인 주거통제구역(Zones of Residential Control)의 설정이 관광개발계획초안에 활용되었다(Kalokardou-Krantonelli, 1995). 하지만 지역의 저항과 반응은 마스터플랜의 비준을 연기시키거나 방해를 초래하였으며, 결과적으로 계획성 없는 도시 및 관광의 성장이 부정적 영향과 함께 지속되었던 것이다.

개발법, EU의 펀딩, 남용, 토지이용계획과 환경관련 법령의 집행과 시행의 위반 그리고 결여 등은 많은 지역들로 하여금 무분별한 도시개발, 준 교외지역개발, 관광개발 및 관광으로 유발된 개발로부터 자유롭게 만들었다. 결과적으로 바다오염, 해안오염, 그리고 수질오염 등을 포함한 환경적 그리고 물리적인 부정적 영향들이 가장 발전된 북부에 먼저 집중적으로 나타나게 되었던 것이다. 예를 들면, 성수기 때 가정용 수, 농업용수 그리고 관광객들을 위한 물 부족 갈등, 통제되지 않은 고체폐기물처리, 생태시스템의 파괴, 도시과 농촌경관의 훼손, 혼잡, 소음, 토지분할, 도시와 농촌외곽의 개발, 밀집된 고층빌딩, 인프라의 초과와 과용, 그리고 소규모 관광관련 시설의 확산 등과 같은 문제점들이 그러한 부정적 영향들로 초래되었다.

사회경제적 영향으로는 불법적인 호텔개발, 고생산성 농토의 유실, 획일화된 관광문화의 성장(변덕스러운 관광시장에 대해 의존도가 높아짐) 그리고 공식적이고 합리적인 개발에 대한 노력의 비효율성 등을 들 수 있다. 또한 관광이 주로 농업, 대학교 그리고 인프라 등과 강한 상호보완성을 고양시킬 수 있는 지역에 집중됨으로써 북부와 남부, 해안과 내륙, 도시중심과 그 외의 섬 지역들 간의 지역적 불균형이 심화되었다. 그리고 전

통적인 가치와 태도에 있어서 심각한 변화들이 일어났으며, 이것은 지역사회로 이동되어 특히 경제적 어려움을 해결하기 위한 만변통치약으로서 관광개발을 적극적으로 찬성하는 현상으로 이어졌다.

요약하면, 두 번째 시기동안 경제적 복지수준은 더욱더 성장한 반면에, 비록 Crete의 경제가 상대적으로 잘 통합되고 부문 간 상호보완이 잘 되고 있었다 할지라도 관광은 여전히 지역경제와 잘 융화되지 못했으며, 해안지역의 환경과 사회문화적 상황은 대체로 더욱 악화되었다. 하지만 인프라의 개선 그리고 지역불균형 또한 비록 많게는 아니지만 축소되었다. 관광과 더불어 비 관광개발 분야는 외부자원에 대한 의존도가 높아져 자생력과 개발에 대한 지역통제를 약화시켰으며, 관광개발은 확대된 반면에 공간적 집중화수준은 감소하였으나 여전히 심각한 상태를 유지하고 있었다. 또한 관광공급의 빠른 성장은 늘어난 관광수요를 충분히 충족시킬 수 있었지만 관광만족도는 하락되었다. 전반적으로 볼 때, 이 기간 동안은 개선된 경제적 상황들 그리고 악화된 환경과 사회문화적 현상 사이의 상대적 불균형으로 개발은 지속가능한 궤도로부터 이탈하기 시작했다고 볼 수 있다.

3) 1980년대 중반부터 1990후반과 2002년 현재까지

(1) 관광수요와 외부시스템

1980년대 이후에 Crete는 관광목적지로서 대중들에게 확실하게 인지되었다. 하지만 관광수요에 대한 외국 투어공급자들의 통제와 다른 지중해 연안의 관광목적지들과의 경쟁은 그리스나 Crete의 방문객 유입에 대한 위협요소가 되기고 하였다. 1981년과 2001년 사이에 전세항공을 이용하여 Crete를 방문한 국제관광객 수는 매년 9.08%씩 증가하여 2001년에는 그리스 전체의 30%에 해당하는 2,575,010명에 이르렀으며, 1994년까지 총 관광객 수가 1,423,987명으로 1981년 수준보다 50%를 상회하게 되었다. 1990년도까지 체류관광객은 그리스의 총 체류관광객 수의 19.86%에 해당하는 9,709,937명에 달하였으며, 이는 1975년에 비해 거의 다섯 배로 증가된 수치로 2001년에는 12,579,897명인 30%까지 상승하였다. Irakleion 지구의 체류관광객 수는 다른 3개 지구의 합친 수와 동등했지만, 1981년과 2001년 사이에 가장 높은 성장을 보인 지구는 Chania와 Rethymnon 였다. 1990년대 말부터 2002년 사이에 등록된 관광객 숙박시설의 점유율은 75%-80%였으며(Tourism and Economy, 2001, 2002), 이것은 많은 관광객들이 등록되지 않은 숙박시설에 체류하고 있었던 것을 감안하면 매우 높은 수치로 볼 수 있다.

(2) 관광개발과 지역시스템

비록 낮은 비율이지만 관광숙박시설의 공급은 계속적으로 증가하고 있었으며, 1990년대 말까지 호텔 침대수와 지역민 1000명당 호텔 침대 수는 1981년에 비해 거의 2배까지 증가되었다. 관광개발이 서부에 집중됨으로써 Rethymnon과 Chania 지구는 호텔 침대수와 지역민 1000명당 호텔 침대수가 3배로 증가하게 되었으며, 가장 드라마틱한 성장을 경험한 지역이었다. 그리고 비록 대안적인 다양한 형태와 품질의 숙박시설이 개인 또는 가족단위 휴가 관광객들의 변화된 관광선호도를 충족시키기 위해 제공되었지만 여전히 대중관광이 선호되고 있었다.

그리스와 외국기업가들은 고급스러운 관광단지를 건설하여 관광숙박시설과 서비스의 많은 부분을 통제하고 있었다. 기업 수에서 보면, 가족중심사업체들이 지배적이었으나, 그것들 중 일부는 섬 외부로 그들의 영업을 확대한 법인사업체로 전환하였으며, 소수의 나머지 가족중심사업체들은 세계화 그리고 경쟁에 밀려 외국 다국적기업들에게 그들의 경영을 양도하는 경우도 발생하였다. 외국 투어공급자들은 다양한 조정(arrangement)을 통해 관광숙박시설의 70%를 통제하고 있는 것으로 비공식적으로 추정되었다. 또한 등록되지 않는 관광객 숙박시설들이 상당히 증가하였으며, 현재는 골프코스, 마리나, 항구, 워터파크 등과 같은 다양한 오락시설과 잡다한 관광서비스가 공급되어 있다.

Crete는 전체적으로 성숙단계(consolidation stage)로 접근하고 있지만 지역마다 상이한 발전단계를 보이고 있었다. 북부중심축을 중심으로 서쪽은 성장단계(growth stage), 동쪽은 성숙단계(consolidation stage)로 나누어지며, 초과개발지역 내에서는 정체단계(stagnation stage)에 있는 소규모지역들이 존재하고 있었다. 북부중심축에는 총 관광활동의 4/5와 대부분의 호텔 및 교통 인프라가 집중되어 있으며, Crete의 관광관련 GDP의 79%가 생산되고 있는 지역으로서 지역인구의 74%의 일자리를 공급하고 있는 매우 혼잡한 지역이다(ROP, 2001). 반대로 남부중심축은 관여(involvement)와 개발(development)단계에 있으며 관광개발의 과속화로 새로운 인프라 건설이 촉진되고 있는 지역이다.

내륙지역은 대체로 관광측면에서 봤을 때 여전히 저 개발된 지역으로 남아있다.

Crete의 경제는 지속적으로 성장하였다. 1991년 GDP는 그리스 GDP의 4.77%에 해당하는 23,610 million Drs(1970년 가격)로 1981년보다 3.38%가 증가되었으며, 실업률은 5.545%(국가평균 8.085%)였다. 그리고 1997년에 실업률은 그리스 평균 실업률인 10.3%보다 훨씬 낮은 4.6%로 감소하였다. 또한 1996년에 Crete는 제1부문 31%(15% Crete), 제2부문 13%(25% Crete), 제3부문 56%(60% Crete)의 분포로 그리스 GDP의 5.7%를 생산하였다. Irakleion지구는 Crete의 GDP의 51.1%, Chania 23.4%, Lassithi 13.7% 그리고 Rethymnon 11.8%(ROP, 2001)를 생산하고 있었다. 고용은 1981년과 1991년 사이에 199,475명으로 5.79%까지 상승했으며, 제1부문의 고용은 오히려 감소되었지만 Lassithi와 Rethymnon 지구는 여전히 농업부문에서 가장 높은 고용을 보이고 있었다. 제3부문의 고용이 관광과 공공부문의 성장(지역지방행정, 대학, 군대, 등)으로 매우 증가하였으며, 경제에서도 최고의 고용률(총 고용의 50%)을 기록하였다.

1991년에 관광분야의 직접적인 고용은 국가전체의 9.49%에 해당되는 총 17,068명으로 파악되었다. 1990년도 Crete의 제3부문 고용에 대한 관광의 기여도는 더욱 향상(17.1%)된 반면에, 국가평균은 여전히 1981년 수준(9.2%)에 정체되어 있었다. 또한 1991년 13,863 million Drs이던 관광생산은 1994년에는 15,933 million Drs로 상승하였고(ROP, 2001), 공식보도에 의하면, Crete의 지속적인 경제와 정치관련 이주자들의 유입은 고용률의 50% 정도의 비공식 노동력을 증가시킨 것으로 추정되었다.

Crete는 개발을 방해하는 구조적인 문제를 갖고 있음에도 불구하고, GDP에 높은 기여를 하고 있었던 제1부문은 EU로부터 지속적인 재정지원을 받고 있었다. 또한 전통상품과 더불어 그리스의 약 50%에 해당하는 온실을 소유하고 있어 온실재배 같은 기능성 부문에 있어서 선두를 달리고 있었다. 그리고 관광과 농업사이의 강력한 상호보완성이 높아지고 있던 일부지역의 농부들은 소유주나 종사자로서 관광기업에 관여하고 있었으며(Tsartas et al., 1995), 비공식적 상호보완성 또한 이전 단계와 같이 여전히 발전하고 있었다. 그러나 관광은 여전히 지역경제와의 통합차원에서 약하게 유지되고 있는 것으로 조사되었다.

많은 EU재원(IMP, Regional Development Programs and other EU initiatives)과 국가차원의 펀딩은 Crete의 물리적, 사회적 인프라를 개선하는데 기여하였다. 즉 1994년에서 1999년까지 북부중심축의 인프라에 대한 투자가 56 billion Drs, 북과 남을 잇는 도로건설을 위한 투자가 13 billion Drs, 그리고 남부 중심축에 대한 투자가 2.8 billion Drs에 달하였으며, 관광기금은 경쟁력강화와 문화부문을 위한 EU프로그램의 통제 하에서 분배되고 있었다.

많은 개인투자와 개발법을 통해 제공된 자금은 비즈니스를 증가시켰으며, 그리고 기업들과 지역대학들 그리고 연구기관들 사이의 협력은 더욱 강화되어 높은 경제발전에 기여하게 되었다. 관광은 전자상거래, 광고, 재택근무, 의료관광 그리고 해상공원 과 같은 관광 상품의 질적 향상을 도모하는 혁신적인 첨단기술의 활용으로 더욱 발전하고 있었다. 또한 지역선박회사와 해운회사는 관광시설에 대한 투자와 더불어 Crete GDP의 7.6%를 생산하고 있어, 여전히 경제에서 강력한 영향력을 유지하고 있었다. 한편, 지역발전과 관광개발, 은행업과와 해운업에 관련된 공공부문과 민간부문의 파트너쉽과 더불어 다양한 비즈니스 관련단체가 조직되었으나 공공부문기관들, 특히 지방정부기관들은 종종 지역의 이해에 사로잡혀 보다 형평성 있는 장기적 지역개발의 성취를 저해하고 있었다.

무계획적인 관광개발로 인해 심화된 환경악화는 혼잡한 관광목적지의 추가개발을 제한하거나 심지어는 금지시키는 국가관광정책의 새로운 지평을 여는데 중요한 역할을 하였으며(Kaloardou-Krantonelli, 1995), 1980년대의 도시와 지역의 개발법 등은 경제적 제재수단들과 협력하여 이러한 목적으로 활용되었다. 또한 Crete의 많은 지자체에서 새로운 환경보호수단으로 지역특별법(special regional plans)이 이미 마련되었거나 마련되고 있었지만 공식단체(지역개발회사)와 비공식단체(소규모 토지소유주와 투자가 연합)들에 의한 정치적 압력은 입법과 실질적인 법 이행을 중단하게 만들었다(Vogiatzakis, 1995).

이전기간 동안의 대체로 무계획적이고 때로는 불법적인 개발들은 이 기간에 와서 보다 심각한 부정적인 영향을 야기하면서 더욱더 증가된 반면에, 환경의 보호와 관리는 향상되어 왔으나, 실제로는 단지 소수부문(생물학적 오물처리와 고체폐기물 처리)에서만 지속되고 있었다. 그러나 비록 그러한 많은 문제점들의 대부분이 북부해안에서 발생되었지만, 지역마다 뚜렷한 차이를 보이고 있었다. 왜냐하면 공간적 그리고 미적갈등이 때때로 개발정도가 매우 높은 지역에서 양립할 수 없는 토지사용과 함께 혼재하게 됨으로써 다양한 경제적, 환경적 외형(온실, 호텔, 바, 산업시설, 대학, 공항, 쓰레기 매립지, 생물학적 처리공장, 채석장, 연료저장탱크, 수도원, 군 주둔지 등의 혼재)을 양산했기 때문이다. 관광자원이 심각하게 훼손되어 있는 소규모 지역들은 직면된 지역이미지 개선문제, 남쪽지역에 건

설된 도로와 기타 인프라의 침해 및 균열 그리고 농촌관광으로 인해 생태적으로 민감한 지역으로 변질되고 있었다. 또한 내륙지역에서 발생한 화재, 가축방목과 농촌이탈 등으로 자연환경은 악화되었으나(ROP, 2001) 건축학적 문화유적지 등은 대체로 보존되고 있었다.

지역자본은 경제부문의 활성화에 많은 기여를 했으며 외국자본(개인/EU) 또한 Crete의 개발에 빠질 수 없는 중요한 역할을 하고 있었다. 관광객의 유동, 숙박시설, 서비스에 대한 외국자본의 지배는 관광혜택의 불공정한 분배와 자생력의 악화를 초래하였으며, 특히 관광만이 유일한 개발대안으로 여겨지고 있던 지역에서는 이러한 현상이 보다 심각하게 나타났다. 또한 관광지의 토지가치상승은 지역민들의 토지매매행위를 억제시켰으며, 전통적 가치와 고유성 상실, 문화의 상업화와 같은 문화적 변질 그리고 비용을 고려하지 않는 개발지향적인 태도가 만연되어 있었다. 하지만 비록 이러한 현상이 여전히 지역불균형을 악화시키긴 했지만, 동시에 경제적 다각화의 유발은 관광이 타 분야와 상호보완적으로 발전하고 있는 지역에서 보다 밝은 미래를 보장한다는 것이 사실로 입증되었다.

이 기간 동안 Crete의 경제적 복지는 특히 농촌내륙지역의 개선과 국내경제부문의 집중화와 더불어 여전히 높은 수준에서 유지되고 있었다. 비록 Crete의 경제가 여전히 다양하고 산업분야마다 높은 상호보완성이 존재하고 있었음에도 불구하고 관광에 대한 의존도가 높고 EU 보조금에 의한 농업생산품의 특화로 경제적 단순화(economic simplification)가 정착된 듯 보였으며, 환경악화와 경제적 단순화 그리고 공간적 갈등, 문화적 변질현상 등이 증가하고 있었다. 충분한 인프라는 지속적으로 개선되고 있었으며, 지역불균형은 과거보다 훨씬 축소되었지만 외부재원에 대한 자금의 의존도가 과거보다 높아져서 의사결정을 위한 지역참여에는 문제의 소지가 있었다. 또한 관광공급이 수요를 초과하고 있었으며, 비록 관광의 공간집중화가 감소되었다 할지라도 관광특구(觀光(特區)가 대신 존재하고 있었다. 관광객 만족도는 대체로 높은 편이었지만 보편화된 현상으로 볼 수 없었으며, 이전기간 동안에 시작되었던 지속가능한 개발목표들 간의 불균형이 보다 심화되어 개발에 대한 Crete 자치정부의 통제가 이루어지지 않는다면 이러한 동향은 지속될 것으로 예측되었다.

5 Crete의 지속가능한 미래를 위한 관광의 역할

Crete는 현재 고성장시기이다. 그러한 Crete의 성장은 전통적인 비공식부문의 활동 때문에 종종 공식적 시스템 외부에서 일어나고 있다. 또한 Crete의 개발궤도는 지속가능성으로부터 이탈을 하고 있는 것으로 판단되며, 그 이유는 급속히 발전하고 있는 경제가 심각한 환경적/사회문화적 문제점, 자금의 외부의존성 그리고 약해지고 있는 자생력 등과 더불어 공존하고 있기 때문이다. 만일 이러한 잠재적인 불균형이 억제되지 않거나 그 잠재력을 억누를 수 있는 무언가가 개입되지 않는다면, Crete의 지속가능성은 심각한 위협을 받게 될 것이며, 그것을 대체할 수 있는 자연자원, 문화자원 그리고 소중한 관광자원들의 돌이킬 수 없는 심각한 훼손으로 이어질 것으로 예상된다.

지방정부와 산업계는 Crete의 지속가능성 전망 그리고 그 전망 안에서 관광의 역할을 매우 우려하고 있다. Crete의 대규모 관광개발의 시기는 이미 끝났으며, 2010년에 예상되고 있는 3.5-4.5 million명의 관광객 수용에 필요한 개발공간은 거의 남아있지 않다는 의견에 대체로 공감하고 있다(ROP, 2001). 따라서 Crete의 관광시장과 틈새시장으로부터 지속가능한 소득을 확보하고, 계절적 편중(偏重)을 축소시켜 관광시즌과 체류기간의 연장 그리고 관광객 지출을 40%까지 증대시키기 위해서는 상품의 전환과 재편을 위한 대안(Agarwal, 2002)들이 제안되고 있다. 그 제안들은 새로운 시설개발, 새로운 목적지 확보(예를 들면 산악지역), 휴가패키지와 대안관광유형의 적절한 조화, 관광기업과 비 관광기업/지방정부기관들/법인/협회 등과의 연합, 관광시설과 관광사업체의 근대화와 개선, 개선된 교육과 개인훈련, 중소규모 관광사업체를 위한 컨설팅 서비스의 제공, 인프라의 개선, 자연자원과 문화자원의 보호와 고양, 그리고 특별관광유형을 위한 Crete의 집중적 홍보 등을 포함하고 있다(ROP, 2001; Tourism and Economy, 2001).

그러나 이것들은 관광수요와 다양한 사회경제적 배경의 역할을 경시한 공급측면의 해결책에 불과하며, 본질적인 원인과 메카니즘보다 공급측면의 비지속가능성 결과가 주로 표현된 것이다(cf. Agarwal, 2002). 시기별 분석으로부터 Crete와 Crete관광부문의 개발에 있어서 지속가능성 확보를 위한 두 가지 필수요건들을 제시하면 다음과 같다.

첫째, 현재 Crete의 불균형을 야기하는 개발요인을 제거하고 둘째, 장기적으로 지속가능한 개발지향적인 요인들을 활용해야 한다는 것이다. 이 요건들은 Crete의 상품, 서비스 그리고 자원의 수요를 결정하는 내부요인과 개발을 위해 필요한 재정, 인적자원, 그리고 기타자원을 제공하는 외부요인 둘 모두를 포함하고 있다. 특히 내부요인들은 선호된 개발패턴이나 절차에 있어서 지속가능성이 지역 자체의 선택으로 결정되기 때문에 특히 중요하다고 볼 수 있다.

비록 모든 개발의 타당성제공 측면에서 외부요인들이 항상 중요하게 고려되어야 하지만, 불확실하고 불안정한 또는 효율적인 지역통제를 벗어난 외부요인들 또한 반드시 제거되어야 한다. 그 외부요인들은 EU와 국가의 재원, 해외의 개인과 집단에 의한 사적(私的)투자, 섬으로의 이주, 관광수요, 투어공급자 그리고 기타 관광중개자 등이 포함될 수 있을 것이다. 또한 도시계획, 지역계획 그리고 환경계획 및 법률의 집행과 시행을 방해하는 내부요인들은 개발로부터 제거되어야 하는데, 그러한 내부요인들은 특별한 지역문화특성과 결부된 강력한 정치적 압력, 단기적이고 고수익을 창출할 수 있는(관광) 개발기회의 무조건적인 채택, 환경에 대한 무관심 그리고 대형투어공급자에 대한 무기력 등을 포함하고 있다. 대신에 Crete의 온화한 기후와 전략적 포지션, EU와 국가 재원, 해외 민간(개인, 집단)투자, 섬으로의 이주, 미래의 긍정적인 사회경제적 발전 같은 외부요인 등을 개발에 활용해야 할 것이다.

또한 Crete 자치정부는 과거와 현재의 성장에 있어서 수단이 되어온 내부요인들을 이용해야 한다. 따라서 Crete가 보유하고 있는 자연지리학적, 경제적 다양성과 이질성에서 기인된 Crete의 천부적 잠재력은 관광개발 이외의 다른 형태의 개발을 위해서라도 현재의 과잉개발에 맞서서 보호되어져야 한다. 그리고 경제와 관광부문을 통합하고 관광 상품의 차별화하는 개발관리가 요구되는데, 이것은 결국 타 관광목적지들과의 경쟁력과 부정적인 미래사회의 경제개발과 같은 외부요인들의 불확실성에 맞서는 장기적인 안전판을 제공하게 될 것이다.

기업가 정신, 지역자본 그리고 특히 기업과 교육기관 사이에 여전히 존재하는 협력과 파트너쉽 등은 장기적 개발을 지향해야하는 지역에 있어서 중요한 자산이 될 수 있다. 이런 자산들은 Crete의 미래의 위협요소에 대한 저항력과 복원력을 결정할 수 있는 자생력을 향상시키기 위한 것이다. 마지막으로 비공식적 전통(tradition of informality)은 만일 적절하게 조절될 수만 있다면, 소중한 관광자원으로 전환될 수 있을 것이며, 변화하는 사회경제적 환경에 대한 신축성 있는 적응을 위해 장래성 있는 수단이 될 수 있을 것이다.

본 연구는 단지 지속가능한 개발을 위한 필요조건을 충족시키는 방법에 대한 다양한 제안들만을 제공하고 있다. 무엇보다 가장 중요한 것은 Crete의 자연자원과 인적자원의 이성적인 그리고 효율적인 활용과 분배를 유도하고 관광수요의 변동에 대응하여 예측할 수 있는 중요한 정보제공을 가능하게 하는 통합적인 공간계획의 이행과 집행이다. 그러한 이상적인 공간개발계획을 위해서는 Crete의 환경과 사회문화적 특성을 조화시키고 개발과정에서 반드시 지역의 이해관계자들을 포함시켜야 할 것이다. 그리고 비공식 관광객과 기타 조정사항 및 개발을 제도화 하는 것은 현재의 '작은 결정에 대한 독재'(khan, 1966)를 견제하고 최소한의 이행을 확보하기 위한 행위인 것이다. 마지막으로 관광이 Crete의 타 경제부문들과의 조화로운 개발을 지향하는, 즉 지속가능한 개발을 선택하기 위해서는 아마도 가치관의 변화가 요구될 수 있을 것이다. 따라서 이를 위한 장기적인 메카니즘은 교육을 통해서만이 확보될 수 있다는 점을 명심해야 할 것이다.

6 결 론

Crete의 사례는 크고 이질적인 특수한 목적지관광개발모델이 단지 관광수요와 공급의 균형변화에 의한 결과이기 보다는 다양한 요인들의 결합으로 생긴 산물임을 보여주고 있다. 일반적으로 라이프사이클 모델은 이런 경우에 적용되지만, 특정 목적지 라이프사이클에 대한 묘사와 설명을 제공함에 있어서 목적지 본래의 다양성과 광범위한 배경은 반드시 고려되어야 할 요소인 것이다. 즉 규모(상대적 크기)와 이질성의 정도는 내부요인과 외부요인의 상대적인 기여도, 각 라이프 사이클 단계의 특성을 결정하는 관광관련요인들과 기타 사회경제, 문화적 요인들 그리고 관광개발속도와 라이프 사이클의 터닝 포인트 등에 영향을 미치고 있는 것이다(Agarwal, 1997, 2002; Cooper & Jacson, 1989).

어떤 이질적인 목적지가 관여단계에 진입하였을 때, 관광의 공간집중도는 매우 높게 나타난다. 개발이라는 것은 장소, 시간 그리고 사람을 이유로 관광투자를 위해 자본이 선택한 지역에서 시작되며, 목적지로 선택된 지역외의 나머지 지역은 반드시 훼손되지 않은 채로 남겨지게 된다. 그리고 관광이 다른 장소로 확산됨에 따라 자본은 투자수익이 가능한 곳을 다시 탐색하게 되어, 대체로 그 목적지는 개발단계(development) 그리고 그 이후의 단계로 진행됨으로써 공간집중도가 낮아지는 것이다. 그러나 Crete의 사례가 보여주고 있듯이 목적지의 발전단계는 지역마다 상이한 모습을 보이고 있으며, 보다 진전된 목적지 발전단계(development stage, consolidation stage)에 이를수록 각 지역에 따른 발전단계의 다양성은 증가하는 것 같다.

Crete는 개발단계(development stage)에 진입한 상태로 볼 수 있다. 이 단계는 그리스 전통관광목적지의 후퇴, 경제구조를 강화시킨 그리스의 EU가입 그리고 장소특화개발(place-specific development) 등과 맞물려 국제관광수요가 성장하던 시기였다. 더욱이 이 단계는 적극적인 지역금융자본(산업 자본에 접합된 은행 자본)과 사회적 자본(기업가 정신)의 축적 없이는 경험될 수 없었으며, 그 자본들은 농업, 상업 그리고 지역교육기관과의 상호보완성을 향상시킴과 동시에 관광투자로 전환되던 시기인 것이다. 이용 가능한 지역자본, 유망한 국내관광 그리고 지역정책과의 조화는 Crete의 관광공급을 결정함과 동시에 외국자본의 투자와 국제관광수요를 촉진시키고 있는 것이다.

강화(성숙)단계(Consolidation)에서, 이질적인 목적지들은 덜 이질적인 목적지들에 비해 보다 더 복잡한 개발패턴을 보이는 경향이 있다(Hovinen, 2002). 따라서 이런 개발의 원인과 결과들은 유사하면서도 복잡하게 나타나며, 만일 철저하고 정확한 분석을 통해 내·외부요인들뿐만 아니라 기타 부문들과 관광의 복잡한 상호작용이 조명되지 않는다면 관광의 역할 또한 분명하지 않게 될 것이다. Crete에서 관광공급은 현재수요에 대한 고려 없이 무계획적 또는 대부분 비공식적으로 지속적인 증가를 보이고 있었다. 그러나 지역의 관광관련 자본의 행태는 보다 다변적이며 초기에 비해 그 영향력은 하락되었지만 여전히 미래관광개발을 위한 수단으로 남아있다.

전반적으로 Crete의 자생력은 약화되었고, 투어공급자들의 압력과 타 목적지들과의 경쟁은 더욱 치열해져 그리스와 EU의 정책개발은 가까운 미래에 보다 더 엄격해 질 것으로 예상된다. Crete의 공간개발패턴은 전반적으로 공식적인 개발계획을 준수하지 않고 있기 때문에 기타 사회경제적 개발결과들은 관광이 그러한 다양한 배경 속에서 검

해양관광 개발계획 coastal mass tourism

토되지 않고 계속적으로 발전된다면 비지속가능성의 주범이 될 수 있다는 위험성을 제기하고 있다. 또한 통합된 분석관점에서 보면, 관광계획과 의사결정을 위해 보다 의미있고 유용한 토대를 제공하기 위해서는 목적지 라이프사이클을 목적지의 복잡한 개발역사에 대한 전반적인 설명과 연계시킬 필요성이 요구된다.

04

그리스 도서지역(島嶼地域)과 해안지역의 관광개발:

사회문화적 변화와 중대한 정책 이슈

해양관광 개발계획 coastal mass tourism

04

그리스 도서지역(島嶼地域)과
해안지역의 관광개발
: 사회문화적 변화와 중대한 정책 이슈

Paris Tsartas
University of the Aegean

1 서론

본 연구는 1970년-2000년도 사이에 그리스 도서지역과 해안지역 관광개발의 특성에서 나타난 두 가지 이슈를 분석하고 있다. 첫 번째 이슈는 빠르고 무계획적인 관광개발로 초래된 이들 지역의 사회경제적 변화와 문화적 변화이며, 두 번째 이슈는 지역과 지방 그리고 중앙정부차원에서의 관광과 관광개발정책에 관한 내용이다. 그리고 이 두 가지 이슈에 대한 분석은 다음 두 가지에 역점을 두고 수행되었다. 첫째는 가정의 역할, 사회적 유동성 문제, 특정집단의 사회적 역할, 지역주민의 풍습과 관례, 전통의 중요성, 관광과 관광객에 대한 지역커뮤니티의 견해와 반응에 관한 내용이며, 그리고 농업의 쇠퇴, 관광에 대한 많은 경제부문들의 의존성, 관광의 다양한 기능과 지하경제의 확대 등이 포함된 이들 지역의 새로운 생산구조에 대한 고찰이다. 둘째는 대중관광의 특징 그리고 관련 문제점과 현행관광정책에 대한 비판과 관련된 내용으로서, 각 지역의 생산적, 환경적 그리고 문화적 특징들이 통합된 관광개발모델의 설정을 위해 고려되었다. 그리고 마지막으로는 환경보호를 목적으로 한 지속가능한 개발프로그램이 직면하고 있는 절차와 문제점을 고려하였다.

2 1970년~2000년도 사이의 관광개발로 초래된 사회문화적 변화

여기에서의 분석은 세 가지 주요 분야들 즉, 사회문화적 생활, 관광생산 그리고 의사소통에 초점을 두고 있다.

1) 사회적 구조에 있어서 사회문화적 변화

가장 중요한 사회문화적 변화는 도시화된 새로운 사회구조 속에서 가정과 가족구성원의 역할, 젊은이와 여성과 같은 주요 집단들의 사회적 유동성과 선택에 관련한 내용이다.

첫 번째는 Mykonos(Loukissas, 1982; Stott, 1973), Crete(Kousis, 1989; Tsartas et al., 1995), Corfu(Tsartas, 1991; Tsartas et al., 1995), The Cyclades(Loukissas, 1982; Tsartas, 1992), Samos(Galani-Moutafi, 1993-4, part I & II; haralambopoulos & Pizam, 1996), 그리고 Rhodes(Kasimati et al., 1995) 등과 같은 지역에서 나타났는데, 이 변화는 일반가정의 독특한 특징과 역할에 관련된 내용이다. 가장인 아버지가 가족구성원들의 주요선택(직업, 교육, 저축 등에 관련해서)을 결정하게 되는 가부장적 모델은 점차적으로 그 입지를 잃어가기 시작하였으며, 관광수입으로 높아진 다른 가족구성원에 대해 증가하고 있는 사회적, 재정적 의존도는 점점 개인주의와 집단주의가 공존하는 새로운 유형의 가족형태를 출현시켰다. 이러한 맥락에서 볼 때, 관광개발기간 동안에 사회화 된 교육수준이 높은 가족구성원의 역할은 더욱 강화되었으며, 또한 가정은 관광화 된 사회구조로부터 파생된 기회를 잡기 위해 소규모 경제단위의 확대전략을 바탕으로 운영되었다.

과거와는 다른 사회구조가 형성되고 있으며, 그러한 구조는 관광에 의해 유발된 도시유형의 사회경제적 관계에 의해 전적은 아니지만 직접적으로 영향을 받은 것이다. 이런 구조 속에서, 특히 최초의 관광개발단계에서 아마도 피상적 근대화(superficial modernization)로 유도되고 있는 도심에 제한된 도시화된 소비모델과 공존하는 지중해의 전형적인 폐쇄된 농업구조와 같은 사회적 모델이 발견될 수 있을 것이다(Galani-Moutafi, 1993; Tsartas et al., 1995). 또한 지역의 전통과 역사를 재확인하는 요소로서 풍습의 역할(예를 들면, 축제)이 경시되기 시작했으며, 그것의 지위는 새로운 도시유형의 엔터테인먼트(예를 들면, 레스토랑에 간다든지, 작은 그리스 음식점, 바)로 대체되었다. 그리고 고용의 가속화와 이 지역에 살고 있는 모든 사람들의 새로운 생산관계는, 특히 젊은이들의 경우에 있어서, 일시간과 여가시간의 관계가 보다 균형을 이루고 사회적 유동성과 직업유동성이 덜 심한 생활양식에 대한 점진적 포기를 야기하는 주요원인이 되고 있다(Tsartas, 1991).

지역사회구조에서 새롭게 나타난 특징들 중에서 가장 중요한 것은 가속화되고 있는 사회적 유동성과 사회적 지위를 평가하는 지표의 변화이다. 즉 이들 지역에서 여러 세대에 걸친 부와 정치적 권력은 상대적으로 소수의 사회적 집단에 집중되어 왔기 때문에 사회적 유동성은 매우 제한적인(Tsartas, 1991, 1992) 반면에, 일반대중에 대한 관광소득의 확산은 높은 지출수준과 적극적인 투자성향을 가진 중산층을 확대시키는 특징을 보였던 것이다. 이러한 상황 속에서 사회적 지위는 사회적 지표(교육, 가족전통과 직업)가 아닌 소득수준을 바탕으로 평가되기 시작했으며, 그러한 동향은 사회적 이동수단으로서 교육과 남성의 역할축소를 양산했던 것이다. 따라서 변화된 사회적 현실 속에서 관광부문의 취업과 그로 인한 소득의 향상은 상향적 사회적 이동을 위한 보다 확실한 방법으로 여겨지게 되었다.

도서지역과 해안지역에서 점차적으로 중요한 역할을 담당하게 된 집단들은 특히 젊은이들과 여성들이었다. 예컨대, 젊은이들은 관광개발을 근대화로 가는 티켓이며 그리고 자신들의 생활방식을 변화시킬 수 있는 방법으로 여기고 있었기 때문에 급격한 관광개발에 적극 동의하고 있었으며, 관광에 의해 유발된 모든 사회경제적 변화과정에 적극적으로 참여하는 경향을 보였다. 더불어 최근에는 대중관광개발모델의 변화를 추구하는 집단형성을 주도함으로써 지역개발에 있어서도 문제 집단으로도 인식되고 있다. 또한 여성들 역시 관광개발로 인해 많은 혜택을 받았다. 즉 관광개발이 생산 분야뿐만 아니라 이들 지역의 사회구조 속에서 그들의 지위를 개선시켰던 것이다. 왜냐하면, 많은 경우에 있어서 여성들은 생애 처음으로 고용된 경우가 많았으며, 돈을 벌거나 창업에 있어서 상당한 역할을 하고 있었기 때문이었다. 그러나 또 다른 사회적 측면에서 보면, 비록 그들의 지위가 개선되었다 할지라도 나이든 여성들은 사회적 가족관계 속에서 종종 소외되고 있었다.

2) 관광객과 지역민의 만남: 문화, 관습, 선호도 그리고 고정관념의 변화

그리스는 물론 많은 나라의 연구자들은 관광이 지역의 관습과 풍습을 변화시키는 유일한 원인은 아니라고 주장하고 있다. 예를 들면, 대중매체의 확산, 도시화의 확대, 보다 나은 의사소통채널, 다양한 정보기술의 활용 등과 같은 사회적 변화들은 많은 국가에서 동일한 방향성을 보이지만, 반면에 관광이 발전된 그리스 해안지역, 특히 도서지역의 경우, 역사적 측면이 그러한 사회적 변화에 있어서 매우 중요한 영향요인으로 고려되고 있기 때문이다. 대부분의 경우에 있어서 관광개발은 위에 언급된 사회적 변화 이전에 발생하여(Galani-Moutafi, 1993; Labiri-Dimaki, 1972; Scott, 1973; Tsartas, 1992) 강력한 메시지 전달자 역할을 수행하였으며, 사회적 관계변화에도 기여를 해왔던 것이 사실이다. 현 시점에서 이들 도서지역이나 해안지역에 살고 있는 사람들의 관광에 대한 견해나 태도에 관해서는 1979-1986년 사이 Greek Tourism Organization과 1980-1989년 사이 EKKE에 의해서 수행된 연구를 통해 이미 탐색된 내용들을 고려하는 것이 매우 유용할 것이다. 그들의 견해와 태도에 대한 내용은 〈표 1〉과 〈표 2〉에 나타나 있다.

질문 지역에 초래된 관광의 영향은?

단위(%)

구분	Mykonus		Naxos		Kalymnos		Leros		Paros		Santorini		Kythira	
	1	2	1	2	1	2	1	2	1	2	1	2	1	2
소득과 고용	93.9	100.0	100.0	94.2	96.8	97.4	98.0	96.4	87.6	92.7	98.1	80.7	100.0	93.8
근대화	68.2	73.7	70.0	78.3	52.3	89.6	76.0	86.1	51.4	54.9	74.5	73.7	92.3	89.1
도덕적 해이(解弛)	40.9	52.6	46.7	59.4	25.4	53.9	24.0	33.3	67.6	74.4	60.8	47.4	57.7	62.5
고(高) 물가	51.5	52.6	36.7	47.9	42.9	57.4	18.0	35.1	37.1	23.2	41.2	70.2	53.9	56.3

표 1

관광에 대한
그리스 도서해안
지역주민들의 견해

※ 주의: 위 비율수치는 긍정적 응답비율을 의미한다. Mykonos와 Naxos에서의 연구는 1979년, Kalymnos와 Leros에서는 1980년, Santorini, Paros와 Kythira에서는 1986년에 그 연구가 수행되었음.
'1'은 영업장 근무자들의 응답이며, 반면에 '2'는 각 가정의 일반인들의 응답비율을 의미한다.
■ 출처: Stavrou(1979), p.3(Naxos), p.2(Mykonos). Stavrou(1980), Table V (Kalymnos), Table V (Leros); (1986)pp.13, 33, 65.

구분	제1차 연구(1980)		제2차 연구(1989)	
질문	Ios	Serifos	Corfu	Lasithi
1. 당신은 관광이 당신의 지역에 우호적인 영향을 미쳤다고 생각합니까?	15.7	60.3	22.3	42.0
2. 당신은 관광이 당신의 지역에 부정적인 영향을 미쳤다고 생각합니까?	1.4	9.5	4.5	3.8
3. 당신은 관광이 당신의 지역에 우호적 그리고 부정적 영향을 동시에 미쳤다고 생각합니까?	82.9	30.2	72.9	53.8

표 2

관광에 대한 Ios, Serifos, Corfu & Lasithi 주민들의 견해

※ 주의: 1989년 설문조사에서, '잘 모르겠다'와 '무응답' 비율(Corfu 0.3%, Lasithi 0.4%)

■ 출처: Tsartas(1989: 159-68), Tsartas et al.(1995: 166-73)

관광개발의 초기단계에 있는 섬의 주민들 사이에서 관광에 대한 견해는 보다 더 긍정적일 것이다(Naxos, kalymnos, Leros and Kythira in Table 1, and Serifos and Lasithi in Table 2). 그러나 관광이 이미 개발된 섬의 주민들은 상대적으로 회의적이며, 그들의 견해는 긍정적 또는 부정적인 평가로 구분되고 있다(Mykonos, Paros, Santorini, Ios and Corfu). 관광의 부정적인 영향에 대한 주민들의 평가에 관해 EKKE의 연구를 인용하면, 그것들은 윤리와 나체주의 문제점, 저수준의 관광품질, 젊은이들에게 미치는 부랑아 성향과 나쁜 영향, 관습과 예의의 변화, 가정파괴, 증가된 젊은이들의 자유, 논쟁, 그리고 주정 등으로 관광이 이미 개발된 섬의 경우에 보다 자주 접수되고 있었다.

그러므로 Green wood(1972: 90)에 의해 밝혀진 바와 같이 갈등하는 사회상황이 유발되었는데, 즉 관광시즌이 끝날 무렵에 지역주민들은 관광객들이 떠나는 것을 기뻐하기도 하지만 동시에 관광객들이 내 년에 재방문하지 않을 것을 염려한다는 것이다. 어째든 그러한 부정적인 영향은 사회관습의 변화를 초래하여 성별 그리고 가족구성원들 간의 관계를 포함한 사회적 관계에까지도 영향을 미치게 된 것이다. 예를 들면 Corfu와 Lasithi 두 관광지에서 지배적이던 개인주의와 근대화적 관점은 지역남성(제비족)과 관광객(여성) 사이의 짧은 동거현상(kamaki phenomenon)과 같은 성별 간의 문제를 야기시켰으며, 또한 젊은이들의 자율과 현대적 생활방식의 선택은 가족 내의 갈등문제로 이어지게 되었다. 또한 지역주민들은 특별한 국적의 관광객을 선호하는 것으로 나타났다. 이것은 의심할 여지없이 관광객을 스테레오 타입핑(정형화)하는 과정 또는 많은 지역에서 외국 관광객들의 경제적 역동성에 의해 영향을 받은 것으로 보이며, 다시 말하

면 관광객의 국적차별화에 대한 지역주민의 견해는 지각된 경제적 혜택과 사회적 이슈에 의해서 분명히 영향을 받고 있다는 것이다. 과거의 두 연구를 통해 밝혀진 지역주민의 견해를 예로 들어보자〈표 3, 4〉.

Leros, Kalymnos, Kythira, Serifos 그리고 Lasithi(Naxos는 제외) 등과 같이 관광이 덜 개발된 도서지역이나 해안지역의 주민들 대부분은 내국인 관광객들을 환영하고 있었지만, 관광이 매우 발달된 지역(Mykonos, Paros, Santorini, Corfu 그리고 Ios)의 지역민들은 외국인 관광객을 보다 선호하고 있는 것으로 파악되었다. 이들의 선호도는 다음과 같은 표현에서 확인될 수 있을 것이다. '그리스인들(내국인)은 조용하여 당신은 그들과 토론이 가능하다. 그리고 가정적이다', 반면에 '외국인들은 외향적이며 불평을 하지 않으며 씀씀이가 크다'. 이것은 주민의 관광객선호도에 있어서 가장 중요하게 고려되는 것이 관광객의 경제성임을 반증하고 있는 것이다. 국적에 따른 고정관념의 형성은 Cyclades에서 수행된 연구에서도 분명히 나타나 있는데(Tsartas, 1989: 166), 예를 들면 그곳의 지역민들은 '독일인과 스칸디나비아인은 단지 구매과정에서 좀 더 많은 소비를 하고, 프랑스인은 충분히 소비를 하되 종종 뭔가를 요구를 하거나 거만하다'고 말하고 있다는 것이다. 그리고 지역민들의 국적선호도에 있어서 경제요인이 매우 중요하게 고려된다는 또 하나의 적절한 예가 바로 Corfu의 사례이다. Corfu의 영국방문객은 Corfu 관광의 촉매제 역할을 하고 있지만(년 방문객의 50~70%) 지역민들 중 일부만이 그들을 선호

질문 당신의 관광객 선호도 순서는?

단위(%)

구분	Mykonus		Naxos		Kalymnos		Leros		Paros		Santorini		Kythira	
	1	2	1	2	1	2	1	2	1	2	1	2	1	2
그리스인 방문객	4.6	7.9	30.0	21.7	46.0	31.3	66.0	24.9	32.4	45.1	27.5	43.9	53.8	67.2
국제방문객	63.6	56.6	46.7	34.8	44.4	19.1	22.0	18.2	51.4	47.6	56.9	29.8	38.6	26.6
차이 없음	13.6	21.0	-	29.0	4.8	2.6	8.0	29.7	14.3	7.3	15.6	26.3	7.6	6.2
그리스와 국제방문객	18.2	14.5	23.3	14.5	4.8	47.0	4.0	27.3	1.9	-	-	-	-	-

표3

국제관광객에 대한 그리스 도서해안지역 주민들의 견해

※ 주의: Mykonos와 Naxos에 대한 연구는 1979년, Kalymnos와 Leros에 대한 1980년, Santorini, Paros와 Kythira에 관한 연구는 1986년에 수행되었음.
　　'1'은 영업장 근무자들의 응답이며, 반면에 '2'는 각 가정의 일반인들의 응답비율을 의미한다.

■ 출처: Stavrou(1979), p.5(Naxos), p.3(Mykonos); Stavrou(1980), Table VII (Kalymnos), Table VIII (Leros); (1986)pp.15, 35, 59.

단위(%)

구분	Ios	Serifos	Corfu	Lasithi
그리스인 방문객	22.2	8.8	27.7	32.4
국제방문객	20.6	58.8	30.8	25.9
차이 없음	57.1	32.4	40.4	41.6
Preferred nationalities				
	(Serifos와 Ios의 지역민들) 독일인 29 프랑스 12 영국과 아이리쉬 11 스칸디나비아 10 기타 17 차이 없음		독일 21 이탈리아 21 영국 14 프랑스, 네델란드, 벨기에, 미국, 일본, 스위스, 호주 10 스칸디나비아 9 차이 없음 24	독일 19 스칸디나비아 18 영국 16 프랑스, 네델란드, 벨기에, 미국, 일본, 스위스, 호주 14 이탈리아 4 차이 없음 29

특정국적의 관광객에 대한 선호도

■ 출처: Tsartas(1989: 165-6); Tsartas et al.(1995: 169-71)

하는 것으로 나타났다. 그 이유는 바로 영국 사람들을 소비를 적게 하는 관광객으로 간 주되고 있었기 때문이었다. 또한 지역민들 사이에서 관광객에 대한 선호도는 나이(젊은 이 그룹), 관광관련 직업 그리고 관광객과의 과거인연 같은 요인들에 의해 긍정적인 영 향을 받는 것으로 나타났다(Corfu와 Lasithi 지역의 많은 응답자들은 자신들이 관광객들과 친구가 되었으며 그들의 나라를 방문한 경험이 있다고 언급했다) (Haralambopoulos & Pizam, 1996; Tsartas et al., 1995).

3) 관광개발로 야기된 해안과 도서지역의 새로운 경제구조

지역생산구조에서 관광의 전반적인 실체는 대부분의 경우에 하나의 핵심적인 특징 을 포함하고 있다. 사실상, 거의 모든 사회계층을 망라하여 관광부문은 직업의 안정성 과 상관없이 직·간접적으로 그들의 주요소득원천이 되고 있으며, 이러한 변화는 다 른 모든 고용부문, 특히, 이들 지역에서 전통적으로 소득의 원천이었던 농업에 대한 점 진적 기피로 이어졌다. 이것은 소득원천으로서 강화된 관광의 역할을 의미하는 반면에 제1부문(농업)과 제2부문(수공업)의 약화를 말하고 있는 것이다. 이와 관련하여 Labiri-Dimaki(1972)가 Mykonos에 대해 묘사한 내용을 보면, Mykonos는 농업과 수공업을

유일한 직업으로 여기는 지역민들이 감소하고 있는 반면에 파트타임으로 농업 또는 소규모 관광 사업에 종사하고 있는 사람들은 증가하고 있는 지역으로서, 1970년대 초 농업경제에서 관광중심경제로 그 생산구조가 전환되었지만, 그 이후에는 더욱더 그 현상이 심화되었던 곳으로 묘사되고 있다. 이렇듯 관광은 지역경제의 변화와 제3부문 산업의 주도적인 역할에 직·간접적인 기여를 해왔던 것이다. 또 하나의 사례로 Corfu와 Lasithi 관광지에서 수행된 연구(Tsartas et al., 1995: 63-84)를 인용하면, 상인(82.6% in Corfu, 55.4% in Lasithi), 농부(55.7%, 11.7%), 건축가(69.6%, 17.9%), 육체노동자(48.3%, 38%), 과학자/자영업자(30.4%, 19.4%) 그리고 직장인(40%, 19.2%) 등의 직업군들이 관광으로부터 소득을 발생시키고 있는 것으로 나타났으며, 이는 관광이 소득원천으로서 역할향상과 지역경제의 주도적인 고용부문임을 시사하고 있는 것이다.

광범위하게 보급된 관광의 결과로 투잡, 쓰리잡을 가진 사람들이 많아졌으며, 그 직업들 중의 하나는 반드시 관광과 관련되어 있었다. 이런 다중직업(multi employment)현상은 남성과 여성 모두에 해당되고 있으며 개인의 성향과 가족전략으로부터 그 원인을 찾을 수 있을 것이다. 첫 번째 사례지역으로 Bidgianis(1979)가 언급한 그리스 북쪽의 Halkidiki 반도에 있는 Sithonia 지역을 살펴보면, 그곳의 농부는 주로 (1) 자신의 토지를 경작하거나 (2) 건설이나 Carras기업(농업생산품과 호텔을 소유하고 있는) 또는 (3) 제3부문(부동산 또는 상업)에 종사하고 있었다.

다중직업현상에 대해서는 그리스 도서지역을 조사한 많은 다른 연구들에서도 발견되고 있다. 예를 들면, Crete(Kousis, 1998), Samos(Galani-Moutafi, 1994; Haralamboupoulos & Pizam, 1996), Corfu와 Lasithi(Tsartas et al., 1995) 그리고 Rhodes(Kasimati et al., 1995)지역들에서, 특히 Corfu지역에서 서로 다른 부문에 고용된 모든 사람들의 60% 그리고 Lasithi지역에서는 35%가 관광과 직접적으로 관련된 직업(상점주인, 또는 부동산 중개인과 호텔에 종사)을 갖고 있었던 것으로 나타났다(Tsartas et al., 1995: 77-80). 이러한 다중직업은 그리스 섬 관광지주민들의 보편적인 특징이다. 하지만 Corfu와 Lasithi 지역과 같은 일부지역에서는 종종 불법고용(black economy)문제와도 연루되어 있었다는 연구도 존재하고 있다. 더불어, 특히 농업전통지역에서 농업부문의 비활성화로 농업부문의 고용이 심각하게 감소되었는데, 그것은 다중직업을 가진 지역민의 주요소득원천이 대부분 관광분야였기 때문이며, 예를 들면 제1직업으로 관광 그리고 2차 직업으로 농업에 종사하고 있었던 Corfu 지역의 Agios Matthais 마을사람들이 적절한 사례일 것이다. 즉 이

들은 생계보다는 가계자산을 보존하기 위한 전통과 취미목적으로 이러한 2차 직업을 유지하고 있었던 것이다(Tsartas, 1991: 128-32).

위에서 논의 된 사회적, 문화적 그리고 경제적 변화들은 이들 도서지역과 해안지역에서 매우 급속하게 일어난 변화들로서 매우 심각한 결과를 초래하게 되었으며, 이들 변화와 지난 30여년에 걸쳐 이 지역에서 이행된 관광관련 정책 간에는 쌍방향관계가 존재하고 있었다. 이를 테면, 이들 지역의 사회와 문화 분야에서 초래된 대부분의 문제점들은 대중관광모델을 활성화하려는 국가의 결정으로부터 시작되었으며, 지역민들이 그 모델을 자신들의 저개발지역에 대한 가장 적절한 대안으로 믿고 수용한데서 그 원인이 있었다. 그러나 이런 상황은 지역민들이 관련문제를 인식하기 시작한 최근 몇 년에 걸쳐 변화를 보이고 있으며, 그 변화는 (1) 계획과정에서 지역민의 참여를 허용한 새로운 제도적 틀(framework)과 (2) 관광개발에 대한 과학적인 토론방법의 개선 그리고 (3) 환경보호 필요성에 대한 욕구 등으로 나타났다. 또한 무엇보다 지역특성을 활용한 개발모델을 강조하는 정부의 관광정책에 대한 변화가 이런 변화에 영향을 주었던 것이다. 따라서 최근에는 지속가능성 원칙에 입각한 개발모델과 도서지역과 해안지역에 공급된 관광 상품의 품질을 개선시키는 개발모델에 대한 연구가 이어지고 있다.

3 지역 통합적 개발모델과 환경보호 그리고 지속가능한 관광을 위한 탐색

1) 성장모델로서 조직화된 대중관광 모델: 문제점과 위협요소

새로운 개발모델에 대한 탐색이 시작한 이래로 1980년대는 그리스의 국가관광정책을 위해 매우 중요한 시기였다. 그리스의 도서지역과 해안지역은 1960년대와 1970년대에 Rhodes, Corfu, Mykonos 지역 등에서 이용되었던 대중관광모델을 토대로 개발되었으며, 그 지역들의 경제적 성공과 더불어 시작되었던 대중관광은 그리스 거의 전역에서 발전하고 있었다. 그러한 대중관광의 발전원인은 국가에 대한 경제적 기여와 관광지 소득증가 그리고 대중관광수요를 충족시킬 수 있었던 많은 관광자원을 보유하고 있었기 때문이었다(Bouhalis, 1998; Tsartas, 1998a; Varvaressors, 1987). Greek Tourism

Organization(1985: 23-4)은 그리스가 외환보유고를 늘리기 위해 국제기구의 제안에 따라 이러한 대중관광모델을 채택하였다고 지적하였다. 그러나 투자는 모든 지역에 공평하거나 합리적으로 분배되지 않았으며, 계획통제 또한 동일하게 적용되지 않았다. 따라서 결과적으로 토지사용계획과 이 개발모델과 관련하여 많은 심각한 문제점들이 노출되었던 것이다.

첫째는 이런 관광유형이 보이는 수요의 심각한 계절적 편중문제이다(Arthur Andersen, 2002; SETE, 2002). 1970년에서 2000년까지 대부분의 관광객(35%-40%)들은 7월과 8월에 그리스를 방문하고 있었다. 따라서 대부분의 지역에서는 관광시즌이 2-3개월 정도밖에 지속되지 않아 인프라가 완전히 가동될 수 없었기 때문에 투자대비 수익률의 극대화가 어려웠다는 것이다.

둘째, 이런 유형의 관광이 제공하는 경제적 혜택의 심각한 감소이다. 지역차원에서 상당한 소득향상이 관찰되었던 초기단계에 비해 이후에는 축소 또는 정체단계로 이어졌던 것이다(EKKE, GNTO). 여러 지역에서, 이것은 지속적으로 내리막길을 걷던 많은 지역상품의 라이프사이클과(Anderson, 2002; Patsouratis, 2002; Tsartas, 1998a) 더불어 동일한 지역(동일한 섬)에 존재히는 서로 다른 분야의 기업들 사이에서 또는 한 국가의 상이한 지역들 사이 또는 나라와 나라 간에 야기된 과열경쟁과도 관련이 있었다.

셋째, 발전된 그리고 조직화된 기반시설을 보유하고 있는 대부분의 지역에서 토지사용계획과 도시계획규정이 상습적으로 무시되고 있었다는 것이다(Konsolas & Zaharatos, 2001; Spilanis, 2000; Zacharatos, 1989; Zacharatos, 2000a). 이러한 사실은 해안지역과 도서지역에서 지속되고 있는 빌딩건축 중심의 관광개발과 관계되며, 또한 합의된 관광정책수행을 위해 요구되는 메카니즘 수립에 대한 정부의 실패와도 관련되어 있었다.

마지막으로 자연환경과 인조환경의 훼손은 대중관광모델을 채택한 모든 지역에서 보다 더 심각하게 노출되었다. 즉, 그리스의 환경품질이 대다수의 유럽관광객들에게 중요한 매력요소로 작용하던 1970년-2000년 사이에 대중관광으로 야기된 자연환경과 인조환경의 훼손이 관광개발의 경제적 혜택감소에 원인이 되었던 것이다(Tsartas, 1998).

이러한 문제점들은 1980년대 초기이래로 대중관광에 대한 많은 의구심을 갖게 하는 단초를 제공하였으며, 이것이 다른 개발모델을 요구하거나 모델 업그레이드 정책을 모색하도록 강요했던 것이다. 그리고 그 의구심은 관광개발계획과정에 직간접적으로 관

련되었던 관광지 주민 또는 관광부문에 관여되어 있었던 많은 연구자들에 의해 제기되었으며, 그들은 무엇보다도 제약요소를 규정하거나 조직화된 대중관광의 성장을 관리하기 위한 관광정책의 무력함을 비판하고 나섰다(Buhalis, 1998; Konsolas and Zacharatos, 2001; Tsartas, 1998b).

1980년대와 1990년대에 걸쳐, 이런 형태의 관광개발로 야기된 사회적, 경제적 그리고 정치적 영향을 언급했던 많은 선행연구들은 지역차원에서 대중관광과 관련된 많은 문제점들에 대한 지역민들의 강력한 회의(懷疑)를 지적하였으며, 여러 해에 걸쳐 정부가 제공한 관광형태는 대중관광이 유일했었다고 주장하였다. 특히 많은 국가들이 새로운 상품과 서비스(주로 특수목적 그리고 대안관광형태와 관련되어 있는)로 자국의 관광 상품을 다각화 하고 있는 과열국제경쟁시대에 있어서, 이것은 그리스 스스로 관광후퇴의 원인을 제공한 셈이 되었던 것이다(Arthur Andersen, 2002; Patsouratis, 2002). 한편, 이와 같은 비판들의 공통적인 요소는 해안지역과 도서지역의 사회적, 경제적 그리고 환경적 현실을 통합하고자 하는 새로운 성장모델에 대한 욕구였으며, 또한 구체적인 수단과 개입을 통한 이 대중관광모델의 업그레이드에 대한 요구였다.

2) 지역 통합적 관광모델로의 진보된 변화

1980년대부터 그리스 관광개발은 지역특성을 홍보하기 위한 노력차원에서 비롯되었다(Tsartas, 1998a; Varvaressos, 1999). 수단(measures), 개입(intervention) 그리고 정책(policy)들은 지역차원에서 관광의 원만한 통합을 추구하고 대중관광을 특수목적관광 그리고 대안관광과 연계시켜 보다 균형된 관광개발의 달성을 목표로 하고 있었다. 정확히 말하면, 이것은 구체적이고 조화된 정책이 아니고 개별적인 차원(국가, 지방, 지역)의 정책들로 구성된 것이며, 특히 도서지역과 해안지역의 균형된 지역개발모델을 추진하는데 기여하였다. 많은 경우에 정책들은 새로운 방법의 채택과 개발프로젝트의 구체화를 유도한 반면에, 어떤 경우에는 합의부족으로 단지 부분적으로만 이행되는 경우도 있었다. 관광개발계획과 관리에서 처음 볼 수 있었던 지역특성지향으로의 변화는 주로 지역의 환경자원과 문화자원의 홍보를 통한 원만한 관광개발 프로그램을 강조하고 있는 것이다. 이를 테면 휴가형태가 문화관광, 농촌관광, 해양관광, 컨퍼런스 관광, 골프관광, 의료관광(건강관광), 전원관광, 모험관광, 생태관광, 스포츠관광 등과 같은 특별한 목적에서 비롯된 기반시설과 행위로 결합되어 나타나게 된 것이다(Anthopoulou et al., 1998;

Athanasiou, 2002; Installation for Naval Tourism, 2000; Spathi, 2000; Tsekouras, 1991; WWF, 2000).

지난 20여년에 걸쳐 많은 공적자금과 민간자금이 이런 유형의 관광개발을 위해 투자되었는데, 중요한 것은 개발 계획가들이 지역관광개발을 위한 기본수단으로서 특수목적관광과 대안관광을 채택해 왔다는 것이며, 이것은 지역관광자원에 대한 촉진욕구와 더불어 이들 상품에 대한 특별수요가 존재하고 있었음을 의미하고 있다. 그리고 과거에 그러한 자원들을 무시하고 경시했던 그리고 단지 3s만으로 구성된 관광 상품의 부수적인 요소로 간주했던 국가에서 나타난 휴가관광에 대한 인식의 변화를 의미하고 있는 것이다. 특히 해안지역과 섬 지역에서 이런 유형의 관광을 개발하기 위한 보다 조직적인 노력은 지역(지역개발프로그램을 통해) 또는 지방차원(도 또는 관광지)에서 잘 나타나 있다. 또한 1990년대부터 그리스의 모든 도서지역과 해안지역들이 특수목적관광과 대안관광 관련 상품의 조직적 제공을 위해 구축한 인프라와 그것의 양적증가는 매년 그리스의 주관 하에 주로 국내관광시장을 타겟으로 열리는 2개의 관광박람회(Panorama and Philoxenia)를 통해서도 목격되고 있다.

지역관광개발을 발전시켜온 두 번째 요인은 의사결정과정에서 지역이해를 대변하는 대표자의 직접적인 관여를 허용하는 지역차원으로의 적극적인 권한이양에 있다(Hatzinikolaou, 1995; Varvarressos, 1999). 제도적차원에서 보면, 이것은 지방정부의 역할강화의 의미로서 시, 읍(municipality) 그리고 도(prefecture) 등 지자체 정부가 지역관광 상품의 계획, 프로그램 개발 그리고 관리와 촉진에 있어서 보다 많은 권한을 보유하게 되었음을 의미하는 것이다. 결과적으로 1990년대 지역관광개발에 관여하고 있던 많은 전문기관과 법인대표자들의 수가 상당히 증가되었으며, 그리스 모든 관광지에서의 환경보호 또는 문화유적 홍보단체들 또한 엄청난 수적 팽창을 보이게 되었던 것이다. 이 단체들은 지역민들 그리고 주로 지역에서 제공하고 있는 관광 상품의 업그레이드에 관심을 두고 있던 지방정부와 젊은 과학자 대표자들의 활동을 통해 설립되었으며, WWF, MOM, ICOMOS와 같은 식물군, 동물군, 그리고 문화유적의 보호문제를 다루고 있는 최고의 지방단체들이 바로 그런 것들이다. 특히 민감한 환경자원의 보유지역에서 이 단체들의 존재와 개입은 새로운 그리스 환경문제에 대한 현실을 반영하고 있는 것이다.

세 번째 요인은 유럽연합에서 비롯된 개입과 정책들을 통한 지역관광개발의 강화이다(Sotiriadis, 1994; Tsartas, 1998a). 유럽연합은 지역관광개발과 생태관광, 전원관광, 그리고 문화관광 등과 같은 특수목적관광과 대안관광을 위해 요구되는 관광 상품들과 인프라 구축에 역점을 두었으며, 이를 위해서 1985년부터 자금융자기구(funding scheme)와

개발프로그램(development programmes) 등 많은 대안기구들을 등장시켰다. 그리고 많은 단체와 조직들은 유럽연합에 의해 만들어진 이러한 정책들을 촉진시켰으며, 그리스의 중앙정부 또는 지역정부차원의 많은 단체들이 그 정책들을 이행하였던 것이다. 이 프로그램들은 다양한 부문과 상품개발에 기여하였으며 직간접적으로는 지역관광개발에도 관련되어 있었다.

이러한 프로그램 개발에 있어서, 첫 번째 이점은 농촌지역개발프로그램의 계획과 실현에 대한 노하우의 전수에 있었다. 결과적으로 지도자 프로그램, 인생설계 프로그램, 지역 환경보호 프로그램 등과 같은 농촌지역 개선을 위한 프로그램들의 완성과 협력(공동연구) 등에 많은 진전을 이루게 된 것이다. 두 번째는 관광관련(특히 대안관광형태 관련된) 직업에 있어서 취업자와 실업자들을 위한 훈련과 교육이며, 그리스의 많은 관광지에서 누구보다도 이들 프로그램의 수혜자들은 바로 젊은이들과 여성들이었다. 그것은 European Social Fund(유럽 사회 기금: 유럽 연합 내에서 경제개발을 지원하기 위해 보조금을 제공하는 가장 오래된 유럽구조기금)와 특별프로그램(예, Leonardo: 유럽연합 회원국 간의 교육대상, 교육내용, 교육유형의 차이를 극복하기 위한 교육프로그램으로 직업교육훈련 협력 사업으로서 유럽 연합국의 직업교육훈련의 질을 향상시키고 각 회원국의 직업교육훈련의 성과 제고를 목적으로 하는 프로젝트) 그리고 대안적 기구들(예, NOW: 전(全)미국 여성 연맹. 여성의 권리 향상(向上)을 목적으로 하는 미국 최대의 여성 단체, Youthstart: 자연재능을 발견하는 방법과 최상의 학습으로 그 자연재능과 동기를 정렬하기 위해 청소년을 돕는 교육전략)에 의해 지원되고 있다. 세 번째는 문화유적과 환경보호, 고용유지, 지역발전 그리고 균형된 관광개발 촉진에 역점을 둔 지역개발 프로젝트다. 이들 프로젝트들은 개발과 계획이슈에 관련되어 있는 정부부처와 지방정부(시/읍(지방자치제), 도)에 의해 착수되었으며, 결과적으로 새로운 인프라와 서비스가 제공되어 생태관광, 보양관광, 농촌관광, 해양관광 그리고 스포츠관광 등과 같은 새로운 관광 상품들을 탄생시켰던 것이다.

그리스의 해안지역과 도서지역에서 새로운 유형의 관광개발을 출현시킨 이러한 모든 정책들과 정책수행이 사람들로 하여금 실행가능하고 통합된 관광개발의 새로운 모델에 대한 필요성을 깨닫게 만들었던 것이다.

3) 환경보호부터 지속가능한 개발까지

해안지역과 섬 지역에서 관광으로 초래된 많은 결과(findings)들 중에서 방문객들에게 제공된 관광 상품의 품질을 위해 가장 중요한 것은 다름 아닌 바로 환경이라는 사실이었다(자연환경, 인조환경). 이것은 이들 지역에서 채택된 전통적 대중관광개발모델의 특징을 통해 서도 잘 설명될 수 있는데, 그것의 특징은 자원소비와 대량관광객에 의해 노출된 공간점유와 환경훼손이었으며, 결과적으로 많은 오염과 미적후퇴와 같은 문제들이 그리스의 많은 해안 및 도서지역들에서 분명하게 나타나게 되었던 것이다(Briassoulis, 1993; Chiotis and Coccossis, 2000; Kousis, 2000; Loukissas, 1975). 또한 외국인의 그리스 방문선택을 위한 중요한 파라미터가 환경이라는 사실이 관련 연구에서 밝혀짐으로써 이런 개발이 그리스에 시사하는 바가 매우 컸던 것이다(see Tsartas, 1998a: 74-5, Table 20, calculations based on EOT data for the 1977-1994 period). 관광이 환경에 미치는 부정적인 영향은 관광지의 조직 활동을 형성하게 하는 이유들 중의 하나이기 때문에, 관광개발의 영향과 환경보호를 위한 지역차원의 관광개발정책들은 다음 2가지 중요한 이슈들을 포함해야 한다. 첫째는 민간부문과 공공부문의 특별조치와 정책에 의한 환경보호의 필요성이며, 둘째는 대안관광과 같이 쾌적하고 환경 친화적인 관광인프라와 관광상품에 대한 보호의 필요성이 바로 그것들이다.

예를 들면, 그리스의 해안지역과 도서지역에서는 환경보호를 위한 폐기물처리 네트워크건설에 상당한 투자가 진행되었으며, 심지어 호텔부문에까지 확대되고 있고, 또한 환경관리 및 보호와 관련된 품질관리기준을 적용하고 있는 기업들이 점점 늘어나고 있다. 그 전형적인 예가 호텔 내에서 구조화된 환경관리와 보호프로그램을 사용하고 있는 Grecotel 체인(Middleton & Hawkins, 1998: 155-60)으로서 환경품질기준의 이행과는 별도로 지방문화유적의 홍보와 더불어 종사원과 관광객교육까지 촉진하고 있다.

대안관광은 대중관광모델의 반대개념으로 인식되어 왔으며, 동시에 일종의 적극적인 환경보호개념으로도 고려되고 있다. 또한 대안관광에 대한 외국인과 내국인의 수요가 지난 몇 년 동안 지속적으로 증가하고 있기 때문에 보호가 필요한 특별한 환경자원을 보유하고 있는 관광지개발모델로서 대안관광이 제안되고 있는 것은 결코 우연(偶然)한 일이 아니다. 또한 이와 관련하여 Skopelos와 Naxos 섬들에 대한 연구들이 대안관광의 독특한 인프라와 상품을 위해 산길탐험(trekking trails), 탐조활동, 생태관광 정보센터, 환경교육 세미나와 특별지역 관리프로그램 등과 같이 생태관광을 기반으로 한 개발을 제안하기도 했었다(Vlami & Zogaris, 1997; Zogaris et al., 1996).

1990년대부터 환경보호의 필요성과 관련된 그리스 관광정책의 중요한 이슈는 지속가능한 관광개발목표를 위해 취해진 정책과 대응의 확대노력이었다(Andriotis, 2001; Coccossis & Tsartas, 2001; Pridham, 1999). 이 기간 동안 세계적인 과학적 논쟁들이 지속가

능성에 중점을 두고 일어났으며(Bramwell& Lane, 1999; Hunter, 1997), 그리고 그 지속가능성 이슈는 WTO나 EU(Ruzza, 2001; WTO, 1993)와 같은 단체에 의해 제안된 관광개발정책에 있어서 변함없는 파라미터가 되고 있다. 또한 이 시기에 수행된 지속가능한 개발이슈에 관한 연구와 분석에 있어서 그리스의 도서지역과 해안지역은 언제나 그 판단기준이 되고 있다. 그러나 지속가능한 관광을 위해 무엇보다 중요한 정책이슈는 관광개발과정의 통제와 관리프레임 구축에 필요한 적절한 과학적수단과 방법을 채택하는 것이다. 이러한 맥락에서, 상이한 특성과 개발수준을 보이고 있는 도서지역과 해안지역의 수용능력이 그리스의 중요한 과학적 연구를 위한 한 부문을 구성하고 있는 것이다(Coccossis & Parpairis, 1993, 1996, 2000). 또한 특별사례를 바탕으로 관광개발의 제약요소가 평가되었으며 그것의 지속가능성을 달성하기 위해 필요한 조치와 정책들이 지적되었다. 두 번째 이슈는 지역차원에서 민간부문, 공공부문 그리고 지역기관들을 위한 적절한 정책수단들과 관련되어 있으며, 그래야만 관광지가 점차적으로 지속가능한 특성을 획득하고 유지될 수 있을 것이다. 많은 연구들이 이러한 맥락에서, 대체로 관광개발이 상당히 이루어진 도서지역(Buhalis, 1999; Butler & Stiakaki, 2000; Spilanis, 2000; Stott, 1996)을 대상으로 수행되어 왔으며, 이들 연구들은 특히 개발계획, 교육, 제도적 프레임, 그리고 적절한 정책대안에 관련하여 많은 문제점들과 해결책을 제시하고 있다.

지속가능한 관광개발차원에서, 이들 분석의 기본적인 파라미터들은 환경보호, 지역문화촉진, 지역차원의 계획 그리고 마지막으로 관광개발과 기타 경제생산부문과의 연관성 등이다.

4 결론

도서지역과 해안지역에서 관광이 문화, 사회 그리고 환경에 미치는 영향은 두 개의 핵심 부문에서 야기되었는데, 그것들은 사회적 그리고 제도적 변화였다. 특히 1980년대의 그리스는 대중관광개발모델이 내포하고 있었던 지속적이고 기능적인 문제점들이 노출되던 시기로서 국가적 차원에서 매우 중요한 시기였다. 따라서 관광정책은 유연하고 지역적으로 통합된 관광개발모델을 모색해야할 시점에 이르렀으며, 이를 위해 환경보호의 필요성, 대안관광의 점진적인 확대 그리고 지역특성을 바탕으로 한 개발계획 등이 관광정책의 기본적인 우선사항이 되어야만 했던 것이다. 그러나 비록 관광영향에 관해서 과학적인 토론을 통해 도출된 사회적 수준의 정책들이 지역민들로 하여금 새로운 관광모델을 촉진해야만 한다는 사실을 깨닫도록 만들었지만, 조직화된 대중관광의 강력한 실체는 이 같은 지역차원의 노력을 심각하게 제한하고 있었다. 반면에, 지속가능한 관광개발에 대한 많은 도서지역과 해안지역의 성공사례는 개발의 긍정적인 측면을 보여주었으며, 그것은 관광지를 포함하고 있는 지역차원에서의 제도적 변화, 과학적 토론 그리고 사회적 변화 등이 결합되어 나타난 결과로 보여 진다. 다음 2가지는 향후 몇 년 내에 제기될 수 있는 중요한 관광정책이슈들로서, (1) 지역관광 상품의 기본구성요소로서 지속가능한 관광개발모델이 과연 언제까지 선호될 수 있는가? 그리고 (2) 지속가능한 관광개발모델과 많은 지역에서 볼 수 있는 전통적인 대중관광모델 사이의 운영연계성 등이 제기될 수 있을 것이다.

05

터키의 관광성장,
국가발전과
지역적 불균형

해양관광 개발계획 coastal mass tourism

05

터키의 관광성장,
국가발전과 지역적 불균형

Cevat Tosun
School of Tourism and Hotel Management, Mustafa Kemal University

Dallen J. Timothy
Department of Recreation Manaement and Tourism, Arizona State University

Yuksel Ozturk
Faculty of Trade and Tourism Education, Gazi University

1 서론

세계 2차 대전 이후에 관광은 후기산업사회의 일면과 미래의 주요동향에 대한 통찰력을 제시하는 하나의 지구촌 현상의 파라미터가 되었다(Eadington & Redman, 1991: 41). 또한 1950년대 이래 빠른 관광수요의 성장은 여러 나라의 많은 기업들과 정부로 하여금 비용과 편익에 대한 신중한 분석조차 이행하지 않은 채 관광산업에 투자하도록 만

그림1

터키 지도

※ 주의: 점선은 공공투자와 민간투자 우선지역으로 선포된 해안지구를 의미한다.

■ 출처: Duzgunoglu and Karabulut(1999)연구의 데이터

들었으며(de Kadt 1979a; Timothy, 1999; Tosun & Jenkins, 1998; Tosun & Timothy, 2001), 이런 관점에서 볼 때, 개발도상국인 터키도 예외가 될 수 없었다. 비록 터키는 보다 많은 고용창출을 목적으로 해외 지향적 경제개발정책을 즉각적으로 이행하는 모범을 보이고, 국제적 기착지에 대한 우호적인 이미지구축을 위해 국제기구(IMF, World Bank)가 추천한 새로운 수출지향 성장전략을 지원하는 대안적인 경제개발전략으로서 관광을 채택했지만, 그것은 1980년대 군사쿠데타 바로 직후라서 어쩔 수 없는 불가피한 선택이었다(Tosun, 1998a). 그러나 국제관광이 제 3세계 국가들의 경제성장에 높은 기여를 한 것은 사실이다. 하지만 많은 학자들은(Britton, 1982; Bryden, 1973; de Kadt, 1979b; Tosun, 1999) 관광이 계층과 지역의 불균형을 영속시키고 있으며, 그리고 그것의 경제, 환경, 사회에 미친 부정적 영향은 저개발국가의 신뢰할 만한 발전전략으로서 상당한 의구심을 갖게 한다고 말하고 있다. 그러나 지중해 만에 위치하고 있는 많은 개발도상국들 즉, 구 유고슬라비아, 터키, 이집트, 튀니지 그리고 알제리와 같은 나라들의 경우에, 1970년대 이래로 비록 관광이 지역, 계층, 세대 간과 특정세대 내부의 균형에 부분적으로 악영향을 미쳤지만 산업화와 경제성장에는 매우 중요한 역할을 해왔음을 알 수 있다(Allcock, 1986; Lea, 1988; Poirier, 2001). 이러한 맥락 속에서, 터키의 관광은 해안을 따라 조성된 특

권계층지역(privileged space)과 터키내부의 저특권계층지역(underprivileged space)에서 뚜렷한 공간적 분화의 모습으로 진화되었다고 Goymen(2000: 1030)은 주장하였다. 비록 발전된 지역에서의 관광개발이 터키의 국민총생산(GNP)에 더 큰 기여를 했지만, 그것은 지역과 계층 간의 불균형을 유도함으로써 많은 문제점을 양산했던 것이다. 반면에, Seckemann(2002: 91)은 현재 많은 관광사업이 지중해와 에게 해 해안지역에 집중되어 있어 터키의 서부해안지역들의 추가발전에 기여하고 있으며, 국가차원에서 터키의 동부와 비교해볼 때 이들 지역은 이미 보다 높은 사회경제적 지위를 유지하고 있는 것으로 인식되고 있다고 하였다.

주목해야 할 것은 본 연구의 저자들이 심화되고 있는 터키의 지역 간 불균형에 대해서 단지 관광에게만 모든 책임이 있다고 주장하고 있지 않다는 것이다. 또한 실제로 재정이나 통화수단을 통해 촉진된 관광개발과 국제 투어공급자들(예, 대규모 여행사)에 의해 공급된 관광형태가 해당국가의 지역 불균형을 악화시켰던 것이다. 터키는 터키만의 특징, 천연자원 그리고 관광개발의 잠재력을 보유하고 있는 지역들이 다양하게 존재하고 있다. 예를 들면, 3S로 촉진된 대중관광수요<그림 1>의 충족을 위해 필요한 천부적 자원이 부족한 북부의 흑해지역과 남동부와 남부아나톨리아와 같이 상대적으로 낙후된 저개발지역들에서는 관광산업이 제대로 성장되지 못했다. 지금까지 이러한 저개발지역에서의 관광은 발전을 위한 정책이 아니었던 것이다. 반면에 국제투어공급자들에 의해 공급된 대중관광의 수요를 충족시키기 위해 필요한 풍부한 어메너티를 본래부터 보유하고 있던 해안지역들은 지리적 불균형과 전반적인 발전에 미치는 장기적인 영향을 고려하지도 않은 채 관광발전만을 위한 특혜를 터키중앙정부에 요구하기도 하였다. 따라서 관광자체가 지역발전의 갭(gap)을 악화시킨 당사자는 아니었으며, 정부의 관광정책, 문화자원과 자연자원의 분배, 정치적 불안정 그리고 동부와 남동부지역의 쿠르디스탄 노동당의 테러활동 등을 포함한 많은 기타 영향요인들이 존재하고 있었기 때문이었다.

많은 국가들의 GNP에 대한 관광의 기여도는 물론, 또한 국가발전을 위해서 보다 높은 국민총생산과 빠른 성장률이 요구된다는 것도 분명한 사실일 것이다. 그러나 근본적인 이슈는 GNP를 증가시키는 방법뿐만 아니라, '이해관계자들이 GNP향상에 무엇을 기여하고 있느냐?'가 문제인 것이다. 만일 특정국가의 상대적으로 발전된 지역에서 관광부문에 대한 부유층의 투자가 GNP를 성장시켰다면, 그 지역은 부유층에 의해 전

유되기 쉬우며 기근과 지역적 불균형은 더욱 심각해질 것이다. 또한 역사적으로 볼 때, 상대적으로 높은 경제성장률을 경험했던 많은 개발도상 국가들에서 빈민층에게 분배된 혜택이 그리 크지 못했었다. 더불어 그 불공평한 소득분배는 해마다 점점 심각해져, 마침내 급격한 경제성장으로는 만연된 절대빈곤의 감소와 제거에 역부족이라는 사실을 많은 사람들이 인식하게 된 것이다. 다시 말하면 여러 해 동안 증가하고 있는 GNP가 기근과 불균형적인 지역개발을 제거해 줄 것으로 기대되었지만, 과거의 경험으로 볼 때, 때로는 반대현상이 초래될 수 있음을 의미하는 것이다. 결과적으로 기근과 지역적 불균형의 해소가 우선적으로 선행되어져야 만이 후차적으로 관광이 GNP에 미치는 긍정적인 영향을 기대할 수 있다는 것이다(Haq, 1971).

많은 개발도상 국가들에서 정치가와 미디어는 발전의 개념을 광범위하게 오용하고 있다. 더욱이, 그들은 관광과 기타 경제부문에 의해 유도된 경제성장과 전반적인 국가발전을 동일 시 하고 있다는 것이다. 이것은 잘못된 가정이다. 왜냐하면, 발전과 경제성장 둘은 분명히 상관관계에 놓여 있지만 별개의 현상이기 때문이다. 이런 점에서 본 연구의 주요목적은 관광이 지역의 균형적 발전, 터키의 전반적 발전 그리고 경제성장에 미치는 기여정도와 더불어 개발도상에 있는 해안지역, 해안배후의 농촌지역 그리고 내륙 지역에 미치는 기여도를 분석하는 것이다. 이것은 발전과 경제성장이 무엇을 의미하는지를 설명하는데 도움이 될 것이다. 다른 한편으로 관광성장과 국가발전에 대한 정보획득 시, 공적 그리고 사적정보의 활용에는 많은 어려움이 있기 때문에 이에 대한 개념적 논의를 온전히 할 수 있는 자료를 구하기란 불가능 할지도 모른다. 또한 거의 모든 정보가 비밀로 취급되는 많은 개발도상 국가들에서는 발전에 관한 이슈를 다룬 문서가 충분치 못할 수 있음으로 일부는 저자가 관찰 또는 직접적으로 얻은 정보를 활용하였다. 본 연구는 발전개념 그리고 관광이 터키경제에 미치는 기여도를 리뷰 한 후에, 해안지역의 공간적 집중과 지역불균형에 미치는 관광의 영향에 관해 논의 하였다. 결과적으로, 중요한 것은 터키가 휴양지개발과 많은 관광객유치에 성공한 반면에 빈민지역의 개발촉진을 위해 관광을 활용하는 데는 성공했다고 볼 수 없었다는 점이다. 또한 발전에 있어서 정치적 안정에 대한 이슈는 지역균형의 장애물로 간주되었으며, 그 이유 또한 다루어 질 것이다.

2 발전의 본질

　대부분의 학자들은 성장과 발전의 개념이 실수로 호환적으로 사용되었다는 것에 동의하고 있으며(Nafziger, 1990; Sharpley & Telfer, 2002; Todaro, 1989), 그리고 정치가들은 경제성장과 발전을 동등하게 여기는 경향이 있다. 비록 경제성장률이 정치가들에게 하나의 보편적인 척도로 인용되기 쉬운 지표로서, 초기경제성장 단계에서는 발전으로 보여질 수도 있지만 발전과 성장은 분명히 별개의 의미를 지니고 있다.

　대부분의 경제학자들은 경제적 성장이 실질국민소득의 성장 즉, 물가지수에 의해 계산된 화폐소득의 상승이라는 것에 동의하고 있다(Thirlwall, 1978: 23). 그것은 또한 1인당 평균소득의 증가와 1인당 평균생산량을 의미하고 있다(Herrick & Kindleberger, 1983; Nafziger, 1990). 그러므로 경제성장은 국민소득과 1인당 국민소득의 지속된 성장률로 정의될 수 있을 것이다. 그러나 비록 경제성장률이 소득분배와 빈곤을 고려하고 있다 할지라도 노동시장에 포함되지 않는 생산까지 설명하지는 못할 것이며, 이 외에도 국가회계시스템의 결여와 GNP 산출상의 조작은 경제성장이 발전의 적절한 척도라는 것을 지지하는데 장애요소로 작용하고 있다(Hicks & Streeten, 1995).

　발전이란 용어가 사용되어질 때, 종종 그것은 특정국가의 경제적, 사회적 변화단계들을 설명하고 있다(Thirlwall, 1989). Todaro(1989: 89)는 국가차원에서 발전에 대한 복합적 의미를 다음과 같이 제시한 바 있다. '발전은 경제성장의 가속화, 불균형 감소, 절대빈곤의 근절과 더불어 사회구조, 국민의 태도, 그리고 국가기관들의 주요 변화를 포함하고 있는 다차원적인 과정으로 이해되어져야 한다. 또한 본질적으로 발전은 전반적인 사회적 시스템에 의한 변화의 모든 영역에 해당되며, 그 시스템 내에 있는 개인과 사회집단의 다양하고 기본적인 필요 및 욕구와 결부된 불만족스러운 삶의 상태로부터 물질적, 정신적인 향상으로 인정되는 삶의 상황 및 상태로의 변화인 것이다'.

　따라서 발전은 특성상 명백하게 둘 이상의 분야에 관련되어 있기 때문에 경제학, 사회학, 인류학, 그리고 정치과학 등을 포함한 모든 영역들은 발전과 근대화 과정에서 일어나는 사회현상에 대해서 관련 명제를 구체화하는데 기여하고 있다고 볼 수 있다(Anderson, 1967). 한편, 근대화와 발전 사이에는 다소 개념적 혼란이 존재하는데, 근대화는 발전의 주요부분이며 결과라는 것을 유념해야 한다. Goulet(1971: 96)은 말하기를 발전은 단지 하나의 특별한 변화의 형태를 의미하지만, 근대화는 발전의 특별한 사례이며 산업화는 발전의 단순한 일면임을 지적하고 있다. 이것은 근대화, 산업화 그리고 발전이 하나가 아니며 동일한 것도 아니라는 것이다. 즉 이것들은 한 사회 속에서 사회적, 경제적, 문화적 그리고 정치적 변화의 과정을 구성하는 요소들로서 상호 독립적이며, 서로 다른 우위적 입장에서 변화에 대한 상이한 관점을 설명하고 있는 것이다. 그것은 아마도 국가가 산업화되었다 하여 반드시 발전 또는 근대화되지는 않을 것이라는 의미와도 일맥상통하고 있다 할 수 있다.

일부 개발도상 국가들에서는 GNP와 1인당 GNP의 높은 성장률에도 불구하고 가난, 지역 간 불균형 그리고 실업이 근절되지 않고 있다(Hicks & Streeten, 1995; Ladens, 1995; Seers, 1979; Todaro, 1989). 이런 맥락에서 판단할 때, 관광이 한 국가의 GNP에 미치는 기여도는 관광으로 혜택을 받은 이해집단과 그것의 지역분배를 살펴보지 않고는 발전에 대한 기여요소로 설명되어질 수 없다는 것이다. 그러나 일부경제학자들에 따르면, 불균형은 초기의 경제성장 단계에서 나타나는 필연적인 현상이라고 말하고 있다(Hunt, 1989). 그래서 발전을 기본적 욕구이론으로 설명하고 있는 것이다. 경제성장과 소수의 사람들만을 위한 보다 많은 그리고 보다 나은 일자리 창출로는 충분치 않다. 즉, 발전은 모든 국민의 기본욕구를 충족시키는 것을 목표로 해야 한다는 것이다. International Labour Organization(1976)은 인간의 기본욕구로서 적절한 영양, 쉼터, 의복, 깨끗한 물, 위생, 의료, 기본교육, 공공교통수단, 가계장비 및 가구 등을 규정하고 있으며, Singh(1979)은 발전과 산업화에 대한 기본욕구이론이 서로에게 장애가 되지 않는다고 주장하고 있다. 따라서 그것들은 밀접한 상호독립관계에 있고 사실상 서로에게 없어서는 안 될 존재임으로 성장률을 향상시키는 것은 개발도상국가국민들의 기본욕구를 충족시키기 위한 전제조건이 된다는 것이다.

국제발전위원회(ODC: Overseas Development Council)는 기대수명, 유아사망률, 그리고 문맹률 등을 발전의 지표로서 간주하고 있으며, 이것들은 이른바 물질생활의 품질지수 (PQLI: Physical Quality of Life Index)를 평가하는 구성요소라는 것이다(Wilford, 1979). 수준 높은 삶의 질을 구성하는 요소들과 PQLI 외에 기타 발전지표들로는 1인당 칼로리 공급에 의해 측정되는 영양수준, 에너지 소비, 1인당 생산된 철과 강철, 도시화, TV와 전화 소유권, GNP에서 서비스부문 생산의 점유율, 학교등록, 판매된 신문부수, 기타 등이 있다.

위에서 드러난 바와 같이 소수의 발전 또는 저발전 요인들은 존재하고 있지만 발전에 대한 고정된 그리고 최종적인 정의는 존재하지 않았다. 단지 발전이 특별한 배경에서 무엇을 함축해야만 하는지를 제안하고 있는 것이다(Hettne, 1993: 2). 그러나 발전의 기본원칙으로서 본 연구를 위한 지침역할을 하도록 다음의 리스트를 제공하는 것이 좋을 듯하다. 첫째, 빈곤층의 기본욕구 충족(Seers, 1979; Stewart, 1985) 둘째, 사회경제적 복지향상을 위한 노력(Bartelmus, 1986) 셋째, 지역적 불균형, 상대적 빈곤의 감소 그리고 절대빈곤의 근절(Todaro, 1989:89) 넷째, 사람들로 하여금 자아 존중감을 갖도록 하고 필요, 무시, 그리고 불청결 등과 같은 3가지 유해요소를 제거하기 위한 모든 필요조건을 만드는 것. 달리 말하면, 사람들이 물질에 얽매인 삶으로부터 그리고 자연, 홀대, 타인, 불행, 관습, 그리고 독단적 신념에 대한 사회적 구속요소로부터 부터 자유로워지고 해방되도록 돕는 것이다(Todaro, 1989: 90). 마지막으로, 경제성장의 가속화는 필연적(Seers, 1979; Todaro, 1989) 이지만 발전을 성취하기에 불충분할 수도 있다.

관광이 한 국가의 발전에 미치는 기여정도는 반드시 위에서 설명된 발전의 원칙과 범위 내에서 고려되어져야 하며, 이것들은 단지 관광수입, 관광부문의 고용, 그리고 총수출수입과 GDP에서 관광수입이 차지하는 비율 등보다 실질적인 관광기여도 평가를 위해서 매우 중요한 요소들이다.

3 터키경제에 대한 관광의 기여

다음의 자료는 1982년 이래 규모와 가치 측면에서 터키관광의 급격한 성장을 반영하고 있다. 〈표 1〉에서 볼 수 있듯이, 관광객은 1963년에 200,000명 그리고 1973년에는 1,341,500명으로 조사되었다. 이것은 10년 동안에 570%가 증가되었음을 의미하고 있다. 또한 국제관광객은 1974년-1984년 사이에 206%까지 가속화 되었고, 2001년에는 11,619,909명에 달하는 해외방문객들이 터키를 방문했던 것으로 파악되었다. 이것은 2000년도보다 11% 가량이 증가된 수치이다. 침대수용력(bed capacity)과 관광매출에서도 동반성장추세가 관찰되었다. 관광매출은 1963년에 US$7.7 billion이었던 것이

단위(백만불 $US)

년도	관광객수('000)	관광매출($US)	년도	숙박시설 수	공급침대 수
1963	200.0	7.7	1970	292	28,354
1970	724.2	51.6	1973	337	38,528
1973	1,341.5	171.5	1974	400	40,895
1974	1,110.2	193.7	1975	421	44,957
1975	1,540.9	200.9	1982	569	62,372
1982	1,391.7	370.3	1983	611	65,934
1983	1,625.7	411.1	1984	642	68,266
1984	2,117.0	840.0	1985	689	85,995
1990	5,389.3	3,225.0	1987	834	106,214
1994	8,000.0	4,700.0	1989	1,102	146,086
1997	9,689.0	7,000.0	1990	1,260	173,227
1998	9,752.0	8,300.0	1991	1,404	200,678
1999	7,487.0	5,203.0	1992	1,498	219,940
2000	10,428.0	7,636.0	2000	1,911	331,023
2001	11,619.9	8,090.0	2001	1,673	303,211

표 1

터키 관광객수와
관광매출
(1970-2001)

■ 출처: Devlet Planlama Teskilati(2002), 터키 관광부(1993, 2001a, 2001b)

단위(백만불 $US)

구 분	1994	1996	1997	2000
농업과 임업	2,301.4	2,454.7	2,679.1	1,965.4
수산업	22.2	26.5	33.2	24.2
광업과 채석	263.0	227.6	404.8	400.0
제조업	15,517.8	20,237.1	23,115.9	24,058.7
전기, 가스, 상수도	1.1	15.5	11.2	20.4
기타 기업상품	0.0	262.2	1.0	0.4
사회적 문화상품, 개인상품	0.4	1.0	0.4	16.2
총계	18,105.9	23,224.5	26,244.7	27,485.4
관광매출(수입)	4,616.6	5,962.0	7,000.0	10,428.0

표 2

수출상품과
관광매출
(1994-2000)

■ 출처: SPO(State Planning Organization)(2001)

2001년에는 약 US$8.1 billion에 이르렀으며, 1970년도에 공급침대수와 숙박시설은 각각 28,354개와 292개 이었으나 2000년도에는 각각 331,023과 1911개로 증가되었다. 간단히 말하면, 터키는 분명히 국제관광객 수, 매출, 공급침대 수 부문에서 급격한 성장을 경험했다는 것이다.

관광이 경제와 발전 전반에 미치는 영향력을 추정하기란 쉽지 않을 것이다. 왜냐하면, 공급과 수요측면의 다양한 산업구성요소가 경제의 다른 부문들과 밀접하게 관련되어 있기 때문이다. 더욱이 경제적 기여도를 평가하기 위한 신뢰할 만한 수단이 없다(Fletcher, 1989; Tosun, 1999). 또한 지역에 따른 관광편익에 관련한 자료는 존재하지만, 그것이 이해관계자들 사이에 어떻게 분배되었는지를 알 수 있는 자료는 찾을 수가 없었다. 그러나 위의 관련 통계수치는 외화수입, 고용창출 그리고 GNP를 위한 생산원천으로서 인바운드 관광의 역할 중요성을 분명히 보여주고 있다. 간단히 말해서 관광이 국가경제에 미치는 기여도를 평가하는 것은 가능하지만, 가난근절과 계층 간의 불균형을 포함하여 경제적으로 소외된 집단의 기본욕구를 충족시키는 전반적인 발전에 미치는 기여도를 추정하기란 어렵다는 것이다.

1) 터키경제에서 무역외 수출로서의 관광

국제수지의 적자는 터키경제의 만성적인 문제로서 터키가 해결하지 못한 국가채무의 변제, 경상계정에 대한 손실감소 그리고 경제적, 사회적 발전에 필요한 수입재원을 위한 외화의 절실함을 의미하였다. 이런 상황에서 내각조직(문화관광부)이 터키 관련정보를 바탕으로 관광발전이슈들을 다루기 위해 만들어졌지만, 지방정부와 커뮤니티를 지배할 권리까지는 갖고 있지 않았다(Tosun, 1998a; Tosun & Timothy, 2001). 따라서 한동안, 관광을 통한 외화수입이 터키의 경제악화를 저지할 수 있는 만병통치약으로 인식되었고, 또한 수출상품과 비유해 볼 때, 제조상품 다음으로 외화획득수준이 높았으며, 1994년-2000년도까지는 다른 어떤 수술상품보다 국가경제에 대한 기여도가 높은 부문으로 간주되었다〈표 2〉.

해외노동자와 외국인투자가로부터 들어오는 송금액이 터키경제의 통화흐름과 국제수지에 또 다른 기여를 하고 있었지만 국제관광수입과 이들 두 가지를 비교해보면, 외화소득의 원천으로서 관광의 중요성은 보다 극명해진다. 〈표 3〉이 그것을 입증해주고 있다. 달리 말하면, 해외노동자의 송금액과 외국인투자 대비 관광수입의 평균비율이 1990

년도와 2001년도에 각각 1.6과 2.8로 관광의 역할중요성을 증명하고 있는 것이다〈표 3〉.

관광의 수출소득(export earning)에서 차지하는 점유율은 경제부문에서 외화소득의 원천으로서 관광의 위상을 설명해주는 실질적인 판단척도이다. 〈표 4〉의 설명과 같이 터키의 수출경제에서 관광수입의 점유율은 1984년 5.6%에서 1995년 14.7%, 2000년에는 27.78%까지 증가했으며 기타 주요관광 국가들의 국제관광수입보다 훨씬 빠른 상승을 보였다.

〈표 4〉들은 국제관광객의 지출이 터키의 외화수입을 위한 소수의 대안적인 원천들

단위(백만불 $US)

구 분	1990	1992	1995	1996	1997	1998	2000	2001
(a) 관광매출	3308	3640	4957	5650	7000	8300	7636	8090
(b) 해외노동자 송금	3325	3074	3327	3542	4229	5240	4603	2837
(c) 외국인 투자	1784	1295	2938	3837	1678	1646	3060	3266
a/b	0.99	1.18	1.5	1.6	1.65	1.58	1.7	2.8
a/c	1.85	2.81	1.68	1.59	4.17	5.04	2.4	2.5

표 3

터키의 관광매출과 자본이동 (1990-2001)

■ 출처: 이스탄불 상공회의소(1997), SPO(1994a, 1994b, 2002)

년도	GDP (million $US)	수출소득 (million $US)	관광매출 (million $US)	GDP에 대한 관광매출분	수출소득에 대한 관광매출분
1963	7,422.4	368.0	7.7	0.1	2.1
1965	8,525.1	464.0	13.8	0.2	3.0
1970	9951.3	588.0	51.6	0.5	8.8
1975	37,598.0	1,401.1	200.9	0.5	14.3
1980	57,198.3	2,910.1	326.7	0.6	11.2
1985	52,597.6	7,958.0	1,482.0	2.8	18.6
1990	150,060.7	12,960.0	3,225.0	2.1	24.9
1991	147,367.5	13,593.0	2,654.0	1.8	19.5
1992	153,627.5	14,715.0	3,639.0	2.4	24.7
1995	170,081.0	21,636.0	4,957.0	2.9	22.9
2000	201,217.0	27,485.0	7,636.0	3.8	27.8

표 4

국내총생산(GDP)과 수출소득에 대한 관광매출 분 (1963-2000)

■ 출처: 터키 관광부(1993, 2001a), SPO(1994a)

중의 하나이며, 관광이 제조상품 다음으로 중요한 외화수입의 원천임에는 분명하지만, 사실상 경쟁관계에 있는 다른 지중해국가들과 비교하면 만족스러운 수준은 아님을 보여주고 있다(Tosun, 1999).

2) 국제관광객 지출이 GDP에 미친 기여도

산업의 범주가 잘 정의되어 있지 않고, 또한 심각한 자료부족은 관광 또는 특정관광부분들이 GNP에 미치는 기여도의 평가를 어렵게 만든다. 이런 상황에서 관광 상품과 서비스가 차지하는 GNP(gross national product)의 점유율이 관광의 경제적 중요성을 설명하기 위해 활용되는 것은 문제의 소지가 있다. 반면에 국제관광수입의 GDP(gross domestic product) 점유율은 국내경제에서 국제관광의 위상을 설명하기 위한 부수적인 척도로는 활용될 수는 있을 것이다. 터키 GDP에서 국제관광수입의 점유율은 1963년 0.1%였던 반면에 1995년에 는 2.9%, 2000년도에는 3.8%로 해마다 점점 증가되었다〈표 4〉.

3) 고용과 관광의 발전

관광은 노동집약적 산업임으로 고용의 주요원천일 것이다. 대부분의 OECD국가에서 관광은 일자리 창출을 위한 가장 큰 원천중의 하나이며, 관광에 의존하고 있는 고용부문은 대체로 평균이상의 고용률을 기록하고 있다(OECD, 1988, 1990, 1992). 또한 고용창출은 터키와 지중해의 많은 개발도상 국가들에서, 특히 실업이 하나의 실질적인 사회적 문제가 된 이래, 관광이 기여한 가장 중요한 긍정적 결과들 중의 하나로 인식되고 있다. 따라서 1980년대 이래로, 공적 그리고 사적 이해관계자들이 관광을 하나의 일자리 창출수단으로 인식하여 지지했던 것이다. 터키관광산업은 고용에 대한 다양한 통계를 제공하고 있다. 터키 관광부(Turkish Ministry of Tourism)와 국제노동기구(International Labour

표5

터키의 관광산업
종사자 수

구 분	1995	1992	1990
HR	189,855	152,709	140,363
V	5,993	4,822	3,249
A	2,500	1,950	2,368
O	1,484	1,264	1,456

• HR: 호텔과 식당종사자 • V: 여행사 종사자 • A: 국가관광행정종사자 • O: 기타 관광산업종사자
■ 출처: OECD(1992, 1997)

Organization)가 함께 진행했던 연구에 따르면, 1993년도에 등록된 숙박시설(58,325개), 레스토랑(5552개), 그리고 여행사(11,192개) 등에 의해서 약 75,069개의 일자리가 직접적으로 창출되었다고 보고하고 있다. 또한 OECD의 통계는 관광에 의해 창출된 일자리 수가 1990년에 147,435개, 1992년에 160,747개, 1995년에 199,732개로 점차 증가했음을 보여주고 있으며〈표 5〉, Economical Intelligence Unit(EIU)(1993)은 서비스 부문에서 총 고용의 약 4%에 해당되는 200,000-250,000개의 일자리 수가 제공되었다고 하였다.

4 관광발전과 지역적 불균형

한 국가에서 농촌지역 또는 상대적으로 빈곤한 지역에서 관광을 발전시키는 것은 저개발지역과 개발지역사이의 불균형을 완화시키는 방법으로 활용될 수 있다. 관광부문이 확대되면 새로운 수입이 목적지 경제에 유입되고, 결과적으로 일자리가 창출과 소득증대에 기여하게 된다는 것이다. 관광을 통한 지역발전수준은 일반적으로 그 산업이 지역경제와 통합되는 정도 그리고 유발된 경제적 누수정도에 달려있다. 또한 관광의 성장은 한 국가의 개발지역과 저개발지역 사이의 불균형을 감소시킴으로써 보다 균형된 지역발전을 촉진하기 위한 수단으로서 활용될 수 있을 것이다. 그러나 관광이 모든 상황에서 균형된 지역발전을 달성하기 위한 만병통치약으로 인식되어서는 안 된다. 사회경제적으로 불안정하고 기본적인 인프라가 부족한 저개발국가에서, 특히 발전전망이 어두운 지역들에서 종종 그 목적을 달성하기 위해 관광이 활용되는 것은 적절치 않을 수 있다. 왜냐하면, 목적지의 경제상황과 관계없이 대부분의 선진국 관광객들은 자국의 수준과 대등한 시설과 서비스를 요구할 것이며, 이를 위한 인프라의 개발은 종종 많은 자본투자를 필요로 하기 때문이다.

개발도상 국가들은 장기적으로 타 산업을 위해 지역외부경제를 모색할 수 있을 것이다. 하지만 자국의 저개발지역의 관광활성화에 필요한 인프라구축을 위해 충분치 못한 자본을 활용하기란 쉽지 않은 결정일 것이며, 행정가들의 입장에서 생각하면, 인프라가 이미 존재하고 있는 개발지역에 대한 자본투자가 훨씬 매력적인 일이 될 수 있다.

왜냐하면, 투자에 대한 가시적인 성과가 보다 빨리 감지될 수 있으며, 또한 개발도상국가에서 윤택한 지역에 살고 있는 사람들은 정치적 권력의 행사와 개발프로젝트 편성을 위해 보다 효과적인 로비를 할 수 있는 입장에 놓여있기 때문이다.

Dinler(1998)는 터키와 같은 국가의 환경에서 볼 때, 한 나라의 지역과 계층 간의 불균형은 역사적, 지리적요인과 정치경제적 이슈에 그 원인이 있다고 주장하고 있다. 그럼으로 관광과 같은 특정부문에 대한 정책들에는 지역과 계층들 간의 파워관계를 포함한 어느 정도의 현 사회경제적 상황이 반영되어 있는 것이며, 그 부문의 발전은 현재의 지역 또는 계층 간의 경제적 불균형을 인정하면서도 좀 더 힘 있는 계층이나 지역의 위상강화를 지향하고 있다는 것이다. 예를 들면, 관광혜택의 분배가 Kusadasi, Marmaris, Altinkum(에게 해 해안지역), Kas, Alanya, Fethiye(지중해 해안지역)지역들〈그림 1〉의 위상과 이들 지역에 거주하고 있는 지역유지들의 입지에 변화를 가져온 것이 아마도 적절한 사례가 될 것이다. 관광목적지 커뮤니티에 나타나는 공통적인 사례로, 많은 대중관광목적지에서 소규모 지역사업오너들은 관광개발의 초기기반을 구축하고 있어 단기간에 혜택을 볼 수 있으나, 관광개발 후기단계에 이르게 되면 이들이 대규모 외국 그리고 타지역자본가들로 대체되는 현상을 보이고 있다(Butler, 1980). 예를 들면 관광개발초기 당시, 터키의 Urgup 도시민들은 소규모 관광 사업을 개업하여 운영하고 있었으나, 기존의 후견관계(patron-client relationship)와 1982년 3월 의회에서 통과된 'Encouragement of Tourism Law No, 2634'에 의거하여 중앙정부로부터 재정지원을 받은 타 지역의 대규모 관광투자가들로 인해 야기된 불안정한 시장상황으로, 결국 자신들의 사업장을 폐쇄하게 되었다는 것이다(Tosun, 1998b).

지역민들이 정부의 많은 관광장려정책들로 받을 수 있었던 혜택들을 관리하는 법적인 통제장치는 부재한 반면에, 상대적으로 대규모 사업장운영을 위해 필요한 교육과 전문성이 결여된 지역민들이 극복하기에는 힘겨운 관료주의식 전통규칙은 그대로 남아있었다. 또한 지역민들이 전통사업을 지속적으로 운영하고 확대하게 하기 위해서는 반드시 지속가능한 관광개발원칙과 양립할 수 있도록 필요한 지원과 컨설팅 서비스가 반드시 제공되어야 했어야 했다. 그러나 불행하게도 그것들은 제공되지 않았으며, 이것은 부패한 정당정치, 만연한 정치문화 그리고 본 연구에서 자세하게 설명될 수 없는 다양하고 심각한 사회경제적 이유들 때문에 초래된 결과였다. 결과적으로 지역의 인적자원이 성장산업의 주요파트너나 수혜자들이기 보다는 값싼 노동자가 전락하고 만 것이다(Seckelmann, 2002; Tosun, 1998b; Yuksel et al., 1999).

터키의 발전지역은 국가경제의 확대속도를 가속화하고, 권력을 쥐고 있는 기업총수들의 이해를 극대화 하는 것은 물론, 중앙정부의 단기적 목표달성을 위한 성장머신으로 인식되었다. 그리고 관광은 이러한 성장머신의 가장 중요한 구성요소들 중의 하나로서 지역 또는 계층들 간의 차이를 확대하는데 기여해 왔다(Tosun, 2002). 또한 1982년 Tourism Incentives Act No. 2634에 따라 정부는 관광지역(tourism region), 관광지구(tourism zone), 그리고 관광센터(tourism center)를 정하였는데, 이것들을 정의하면, 관광지역은 관광발전을 목적으로 한 지역으로서 관광부가 추천하고 장관위원회에 의해 정의되고 선포된 지리적 구역이며, 관광지구는 관광지역 내에 위치하고 있는 구역으로서 관광투자에 있어서 비교우위에 있는 특별한 물리적 구역이다. 관광지구의 위치와 경계는 관광부의 추천에 따라 장관위원회에서 결정된다. 그리고 관광센터는 관광지 또는 관광지 외부에 있는 지리적인 구역으로서, 그것의 위치와 경계는 문화부장관의 추천에 따라 장관위원회에서 결정되며 관광발전을 위해 높은 잠재력을 보유하고 있는 지역이다(Resmi Gazete, 1982: 3).

위에서 결정된 관광지역, 관광지구, 관광센터를 벗어난 관광투자는 다양한 장려책을 제공하고 있는 Encouragement of Tourism Law No, 2634로부터 혜택을 받지 못하도록 되어있다. 그 혜택들은 다음과 같다. 투자가들에게 장기적인 공공부지의 할당, 정부의 주요 인프라 건설, 건설, 비품, 운영을 위한 장, 중, 단기 신용한도, 우선권이 부여된 지구와 센터에서 전기, 물, 가스 소비량에 대한 특혜비율, 통신설치를 위한 우선권, 관광관련 회사는 총 노동력의 20%까지 외국인의 고용을 허가, 관세의무로부터 일부 제외, 특별상여금 장려, 관광프로젝트를 위한 총 비용의 40%까지 정부보조, 중장기 투자 신용에 대한 세금 관세 수수료 면제, 빌딩 건축 의무로부터 제외, 부가가치세의 연장(Duzgunoglu & Karabulut, 1999: 12) 등이었다.

Encouragement of Tourism Law No, 2634에 따라, 관광지역, 관광지구, 관광센터 등의 구축은 관광을 위한 지리적 입지의 자연적, 역사적, 고고학적 그리고 사회문화적 매력성과 이들 지역들이 보유하고 있는 겨울스포츠와 수상스포츠 그리고 사냥을 위한 잠재력 등을 기준으로 구분되었다(Resmi Gazete, 1982: 4). 즉 이것들의 결정기준에 담겨 있는 논리는 외화수입을 최대로 유발시키는 방문객 수의 극대화를 위해 이들 지역들이 보유하고 있는 잠재력이었으며, 그것은 위기에 처해있는 경제를 위해 가장 필요한

지표였던 것이다. 또한 정부는 단기정책목적을 달성하기 위해 많은 화폐장려금과 기타 장려금을 할당함에 있어서, 대중관광을 목표로 삼고 있는 대규모 관광투자프로젝트에 우선순위를 부여하였다. 그것은 1980년대 군사쿠데타의 결과물로 나타난 좌익과 우익의 갈등으로 초래된 경제적 위기와 사회정치적 불안정 시기에 정부가 취할 수 있었던 대안으로서, 너무 늦기 전에 경제위기와 사회정치적 갈등의 해소를 위해서는 이러한 단기정책목표 외에 딱히 특별한 방법이 없었기 때문이었다.

〈표 6〉에서 볼 수 있듯이 발전된 지역들은(예를 들면, 마르마라, 에게 해 그리고 지중해 해안지역) 중앙정부에서 제공하는 대규모의 관광신용을 지원받을 수 있었으며, 낙후된 지역들은(동부와 남동부의 Anatolia)최소한도의 관광신용과 관광투자프로젝트만이 유치되었다 (Turkiye Kalkinma Bankasi, 1990). 달리 말하면, 마르마라, 에게 해 그리고 지중해 해안지역과 같은 상대적으로 발전된 지역들은 1985년-2001년 사이에 관광장려정책으로 평균 78.7%의 침대수용량과 평균 77.8%의 관광신용을 지원받았던 반면에 흑해, 중부 그리고 남동부와 동부 Anatolia 등과 같이 낙후된 지역들은 단지 22.1%의 관광신용만이 지원되었으며, 나머지 침대수용량인 21.3%만을 공급받았던 것이다. 그러나 2001년 이후에 이런 추이에 변화가 생겼다. 예를 들면, 동부와 남동부 Anatolia가 관광장려차원에서 주어진 관광신용의 33%, 30%를 각각 유치했던 반면에, 에게 해와 마르마라 해안지역들은 단지 3%, 1%만이 지원되었던 것이다. 이것은 결국 관광이 균형된 지역발전을 위한 중요한 수단으로 인식되고 있음을 의미하고 있다.

1963년-1989년 사이에 8개의 상이한 5개년 발전계획에 포함된 관광개발계획들의 내용 분석한 결과, 이들 계획들은 두 개의 핵심 관심사를 포함하고 있었는데, 첫째는 국제 방문객 수를 증가시키는 것이며 둘째는 국제관광수입을 증가시키는 것이었다 (Devlet Planlama Teskilati, 1963-2004; Ekinci & Dog여, 1992: 115). 더불어 관광을 위해 호텔, 상점, 레스토랑 등의 개선은 그 기간 동안의 관광발전계획의 가장 중요한 목표중의 하나였다. 그러나 1990년대 초기에, 이와 같은 관광시설의 물리적수용력의 확대는 보다 발전된 지역의 관광지역, 관광지구 그리고 관광센터에 대한 초과 공급으로 이어져, 결국은 개발계획목표에 차질을 빚게 되었던 것이다. 결과적으로 비록 중앙정부가 원하던 수준의 침대수용력을 달성했을지 모르지만 저 개발된 지역, 특히 동부와 남동부 터키의 관광투자유도에는 실패를 했다는 것이다〈표 6〉.

터키의 관광관련 통계가 위의 내용들을 더욱 지지하고 있다. 즉 관광은 보다 발전된 지역에서 성장하고 있었으며, 정부 그리고 정부가 지원한 대상이 정한 산업화의 목표를 달성하는데 있어서 중요한 수단이 되고 있었다. 〈표 7〉은 1997년-2000년 사이에 91%의 터키국제관광객들은 보다 발전된 지역을 방문하고 있었으며, 96%의 외국인 방문객숙박이 이 지역에서 발생되었음을 보여주고 있다. 그리고 평균체류기간 또한 상대

지역	1985		1986		1987		1988		1989		1990		2000		2001		평균	
	a	b	a	b	a	b	a	b	a	b	a	b	a	b	a	b	a	b
에게 해	13.45	20.15	14.17	25.18	41.25	40.41	27.90	39.74	43.00	51.34	25.80	-	93	82	3	4	32.99	37.50
흑해	0.86	2.29	4.31	4.72	2.09	2.16	0.71	1.04	2.28	1.72	4.30	-	3	6	12	7	3.99	3.56
아나톨리아 중부	11.88	9.19	32.05	12.66	2.93	5.68	3.39	7.01	6.53	7.86	5.70	-	0	0	1	1	7.94	6.20
아나톨리아 동부	0.08	-	0.10	0.71	0.46	1.25	0.30	0.78	2.58	1.93	0.31	-	4	12	33	29	5.10	6.52
지중해	64.70	52.49	35.26	40.47	42.22	37.50	35.85	36.91	35.20	30.05	43.36	-	0	0	20	30	33.40	32.48
마르마라 해	7.41	14.21	13.71	14.66	10.48	11.56	31.35	13.52	9.70	6.14	20.46	-	0	0	1	1	11.76	8.77
아나톨리아 남부	1.62	1.67	0.40	1.60	0.57	1.44	0.50	1.00	0.71	0.96	0.07	-	0	0	30	28	4.20	4.95
합계	100	100	100	100	100	100	100	100	100	100	100	-	100	100	100	100	100	100

표 6

지역에 따라 지원된 관광투자 신용장려금

※ 주의: a=지원금액, b=침대 수
■ 출처: Turkiye Kalkinma Bankasi(TKB)(1990, 2002)

지역	1997			2000		
	국제방문객 수(%)	숙박일 수(%)	평균체류기간	국제방문객 수(%)	숙박일 수(%)	평균체류기간
에게 해	2,530,900(27%)	11,077,200(31%)	4.38	2,256,103(21.6%)	6,788,307(25%)	4.3
흑해	114,206(1%)	160,708(0.4%)	1.41	221,466(2.1%)	161,336(3%)	1.2
아나톨리아 중부	735,440(8%)	1,404,036(4%)	1.91	195,844(1.8%)	937,620(7%)	1.9
아나톨리아 동부	63,360(0.7%)	88,379(0.2%)	1.39	312,049(2.9%)	55,072(1%)	1.6
지중해	3,332,782(36%)	7,175,868(20%)	2.15	3,670,904(35.2%)	4,419,277(18%)	2.2
마르마라 해	2,679,613(28%)	16,233,604(45%)	6.13	3,524,355(33.7%)	16,119,574(45%)	6.4
아나톨리아 남부	16,898(0.2%)	27,401(0.08%)	1.62	247,522(2.3%)	401,120(1%)	1.4
합계	9,443,199(100%)	36,167,196(100%)	2.71	10,428,243(100%)	28,510,906(100%)	

표 7

지역에 따른 국제관광객 수와 숙박일 수, 1997/2000

■ 출처: Ministry of Tourism(2001a, 2001b)

적으로 저발전지역들(중부 Anatolia, 동부 Anatolia과 남동쪽의 Anatolia)〈표 7〉과 비교하여 이들 발전지역들에서 상대적으로 길게 나타났다. 또한 〈표 8〉은 터키의 가장 발전지역인 마르마라 해, 에게 해 그리고 지중해 해안지역 등에서 등록된 관광 업소의 84%의 침대 점유율 그리고 등록된 관광시설의 침대를 위한 86%의 투자율이 기록되었음을 보여주고 있다.

1996년에는 보다 발전가능성이 높은 지역의 허가된 관광 업소의 침대점유율이 87%까지 증가하였으며〈표 8〉, 관광고용의 지역적 분포, 즉 대부분의 관광취업기회 역시 이들 지역에서 유발되고 있었다〈표 9〉. 이것은 상대적으로 발전된 서부지역의 공간적 관광 집중현상이 낙후된 비 해안지역으로부터의 노동력이동을 자극했기 때문이다. 이와 관련하여 Seckelmann(2002: 88)은 관광부문의 고용은 여름시즌에 해안지역으로 이동하여 시즌 후 타 지역에 있는 자신의 가정으로 돌아가거나, 또는 그 해의 남은 기간 동안 보다 큰 도시로 일을 찾아 이동하는 사람들과 같이 특별한 형태의 노동력이동을 초래했다고 언급하였다. 결과적으로 비교적 발전정도가 저조한 내륙지역은 보다 발전된 지역의 대중관광성장을 위해 저렴한 노동력의 제공처가 되고 있었으며, 관광소득은 관광부분의 고용과 침대수용량의 분배에 비례하고 있었다. 부연하면, 관광발전은 부유한 지역 내의 여러 지역들 중에서도 특히, 가장 개발이 잘 된 지역에서 일어나고 있었다는 것이다.

〈표 10〉에 나타나 있는 통계자료는 지역균형발전을 위한 관광의 역할중요성을 설명하고 있다. GNP에 기여도가 높은 지역들과 높은 비율의 전세기의 이륙과 착륙, 해외 방문객 수, 관광부문의 고용, 침대 수용량, 관광투자를 위해 유치된 신용규모 그리고 관광인프라를 보유하고 있는 지역들 간에는 상호긍정적인 상관관계를 보이고 있었으며, 그리고 지역발전의 불균형은 GNP 그리고 관광성장 지표들뿐만 아니라 터키 각 지역의 United Nations Development Programe(UNDP)에 의해 산정된 기대(평균)수명, 성인 문맹률, 1/2/3학년 총 교육등록비율, 1인당 GDP(UNDP, 1998: 30) 등으로 나타내어지는 인간개발지수(HDI: 일종의 행복지수)와 관련해서도 인지될 수 있었다. 이를 테면, 각 지역들의 HDI의 분석결과가 대체로 서부에서 동부 그리고 남동부로 갈수록 급격하게 감소하고 있었는데〈그림 2〉, 이것은 지역의 GNP와 HDI가 높을수록 그 지역의 관광관련 통계수치는 높게 나타날 것이라는 판단을 가능하게 하며, 터키의 관광개발방식이 저발전 지역의 경제보다 발전지역의 경제에 보다 큰 기여를 해왔다는 것을 의미하고 있는 것

해양관광론 coastal mass tourism

지 역	등록된 관광업소의 침대 점유율(%)		등록된 관광업소의 침대에 대한 투자율(%)
	1996	1991	1991
에게 해	31	28.42	39.88
흑해	1	2.74	2.74
아나톨리아 중부	7	9.83	5.74
아나톨리아 동부	4	1.50	2.60
지중해	21	24.43	12.83
마르마라 해	35	31.76	33.29
아나톨리아 남부	1	1.30	2.92

표 8

허가된 관광업소의 침대점유율과 그에 대한 투자의 지역적 분포(1991/1996)

■ 출처: Ministry of Tourism키(1993, 2001b)

구 분	숙박시설	식당	여행관련업	합계	%
에게 해	17,101	930	2,500	20,440	27.3
흑해	1,557	366	151	2,074	2.7
아나톨리아 중부	4,805	821	1,394	7,020	9.3
아나톨리아 동부	510	56	32	598	0.8
지중해	13,575	2,943	4,862	21,380	28.5
마르마라 해	20,341	329	2,213	22,883	30.5
아나톨리아 남부	525	108	41	674	0.9
합계	58,323	5,553	11,193	75,069	100

표 9

관광종사자의 지역적 분포(1993)

■ 출처: Ministry of Tourism(1994)

지 역	평균국내총생산 1992-98 (%)	1인당 국내총생산 1997	행복지수 1997	2000년 전세기 이착륙(%)	2000년 국제방문객 (%)	1993년 관광고용률(%)
에게 해	16	2,246,740	0.796	10	9	27
흑해	10	1,294,737	0.687	0.9	0.5	3
아나톨리아 중부	16	1,639,513	0.731	4	2	9
아나톨리아 동부	4	660,216	0.557	0.04	5	0.8
지중해	36	2,684,291	0.833	23	35	28
마르마라 해	12	1,706,976	0.765	62	47	31
아나톨리아 남부	5	986,350	0.554	0.2	2	0.9
합계	100	1,802,763	0.696	100	100	100

표 10

지역발전요소

■ 출처: Ministry of Tourism(1994, 2001a, 2001c), State Institute of Statistics(2000)

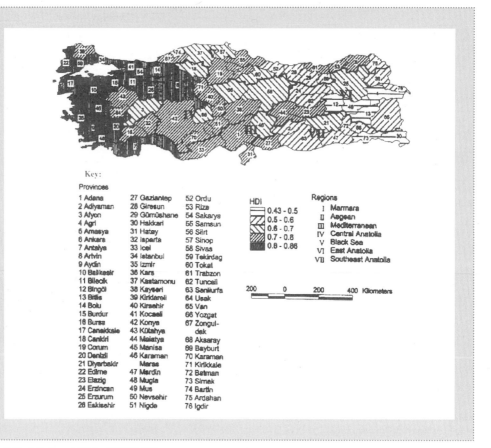

그림 2

터키 각 지역의
행복지수(HDI)

■ 출처: Selkelman(2002); UNDP(1998)

이다. 달리 말하면, 경제적 통계는 터키관광부문의 발전과 투자가 경제적 불균형을 분산하기보다는 더욱 강화시켰음을 보여주고 있는 것이다. 또한 이것은 관광은 대부분 가장 발전된 지역에서 성장해 왔기 때문에 관광으로 발전이 유발된 것이 아니고 발전이 관광을 초래했다는 사설(私設)에도 설득력을 제공하고 있다.

터키는 자연자원, 문화자원, 그리고 매력물 등의 불공평한 분배 때문에 관광발전이 편중될 가능성을 내포하고 있다. 터키관광수요의 프로파일을 보면, 아마도 관광발전의 지역적 분포에 있어서 3S와 인조매력물들이 핵심요소였음을 판단할 수 있을 것이다. 왜냐하면, 상대적으로 관광이 덜 성장된 일부 저개발지역들이 문화관광, 겨울관광, 그리고 농촌관광에 대한 높은 잠재력을 보유하고 있는 것은 사실이지만, 중요한 것은 이

들 일부지역들이 유럽의 선진관광객들이 요구하는 안락함에 대한 기준을 충족시킬 수 있는 기본적인 인프라와 시설들을 충분히 보유하지 못하고 있었으며, 더욱이 전통적으로 터키관광은 태양, 바다 그리고 모래(3s)를 이용한 특별관광유형의 촉진으로 비 해안지역은 상대적으로 관광개발대상에서 경시되었기 때문이었다. 또한 상대적으로 발전된 지역에 관광활동이 집중하게 된 주요요인들 중의 하나가 항공수단의 이용가능성이었는데, 국제수준의 공항시설이 오로지 대도시에만 갖추어져 있었으며, 대부분이 해안을 따라 위치하고 있었기 때문이다. 〈표 10〉은 전세기 이착륙의 62%가 지중해 연안, 10%는 에게 해 그리고 23%는 마르마라(Marmara) 해안지역 등 총 95%의 전세기이착륙이 이들 해안도시의 공항을 통해 이루어졌음을 보여주고 있다. 그래서 항공운송을 위해 요구되는 저개발지역의 적절한 인프라부족이 터키의 관광유동성을 제한하게 된 것이며, 이는 바하마, 말레이시아, 모로코, 그리고 튀니지와 같은 기타 개발도상 국가들에서 나타나고 있는 현상들과도 일맥상통하고 있는 것이다. 결국, 목적지국가내부에서 저수준의 관광유동성은 경제혜택의 확산을 제한하게 되고, 목적지국가의 경제적, 정치적 중심지의 가장 잘나가는 관광목적지에서만 그 혜택이 집중되는 현상이 증가하고 있는 것이다. 따라서 관광이 개발도상국가의 많은 지역들 중에서 특히, 발전되지 못한 지역의 경제에는 크게 기여하지 못하고 있음을 판단될 수 있다.

1) 정치적 불안정과 지역관광발전

한 나라 또는 전 세계에서 하나의 특정지역이 다른 지역들에 비해 보다 많은 관광의 혜택을 받아온 이유는 정확히 알려져 있지 않다. Britton(1979: 78)이 언급한 바와 같이, 시장과 목적지의 위치 그리고 사람, 자본, 상품의 유동성 그리고 아이디어는 관광의 핵심요소이지만, 관광개발의 공간적 분배에 있어서 이들 핵심요소들의 역할은 충분히 고려되지 않고 있다. 이런 맥락에서, Ricardian의 비교우위이론과 Hecksher-Ohlin의 요소부존자원이론(factor endowment theorem)의 가정 하에서, 터키의 서부지역이 3S를 바탕으로 촉진된 대중관광수요의 충족을 위해 필요한 자원을 천부적으로 부여받았다는 이유로 보다 높은 성장을 보이고 있다는 것은 아마도 논란의 여지가 있을 것이다.

관광과 불균형적인 지역발전의 관계가 요소부존자원이론과 비교우위이론에 의해 부분적으로 설명될 수 있을지는 몰라도, 그것은 정치경제 그리고 지역들, 국가들, 그리고 계층 들 간에 다양한 역사적, 경제적, 정치적 관계를 떼어놓고 생각할 수는 없는 것

파괴 또는 피습	명 수	사상자	명 수
우체국/회교사원	305	민간인	9,940
공공차량 및 기계설비	500	군인장교	1,554
경찰서	89	군인	10,025
교량	26	시장	6
학교	241	경찰 및 보안원	10,584
민간차량 및 기계설비	624	교사	141
병원	14	이웃의 가장	81
포장마차	85	기타 공무원	238 +
합계	1,884	합계	32,612

쿠르드 노동당(PKK*)의
테러활동, 1987-2001

※ +이것은 판사, 의사, 간호원, 관료, 기타 등을 포함한다

* PKK는 그 명칭을 Kurdish Freedom and Democracy Congress로 변경했다.

■ 출처: Eski Gundem(2002)

이다. 이러한 관점에서 보면, 지역관광발전차원에서 정치적 요인들은 반드시 고려되어져야 함이 분명하다. 즉 쿠르드 노동당(PKK: Kurdish Workers Party)의 폭력과 테러활동으로 야기된 정치적, 사회적 불안정이 지역, 국가, 국제투자가들로 하여금 터키의 동부와 남동부 지역에 대한 투자를 망설이게 했던 것은 분명한 사실이기 때문이다. 〈표 11〉은 1987년에서 2001년 사이에 쿠르드노동당에 의해 241개 학교, 14개의 병원, 305개의 우체국과 이슬람 성원, 500개의 공공차량과 기계설비, 89개의 경찰서, 26개의 교량, 624대의 민간차량, 그리고 85개의 포장마차 등을 포함하여 총 1884개의 사회복지 시설들이 부분적으로 또는 완전히 파괴되었음을 설명하고 있다. 또한 공공 또는 민간 소유 건물의 파괴는 물론 교육자, 의사, 그리고 시장들을 포함한 수천 명의 공무원들이 살해되거나 부상당했었다. 이와 관련하여 전 세계의 테러사건들에 관한 분석을 수행한 Johnson(2000: 27)은 '국내·외 테러사건은 1987년도 이래 지속적으로 감소하여 역사적으로 가장 낮은 수준에 접근하고 있으며, 1987년 665건의 국제 테러리스트의 공격으로 최고조에 이른 이후에, 1995에 다시 440건으로 감소되었다'고 발표하였다.

거의 대부분의 PKK 테러활동은 동부와 남동부의 Anatolia에서 발생되었다. 이런 테러사건들은 관광객, 투자가, 정부관료 그리고 지역민들의 심각한 보안문제를 야기했으며, 그리고 이런 상황에서 권력을 가진 정부가 단지 재정적 그리고 금전적 인센티브의 제공만을 통해 관광투자를 촉진시키는 것은 불가능했다. 더불어 PKK의 테러행위는 그

해양관광 개발계획 coastal mass tourism

지역에 유치될 수도 있었던 잠재적 투자가들의 동기부여를 억제했을 뿐만 아니라 기존 자원의 이상적인 활용도 방해했던 것이다. 이러한 정치적 상황은 관광분야에 특히 지대한 영향을 미쳤다. 왜냐하면 관광수요는 관광객의 안전이 보장되지 않은 사회문화적, 정치적 불안정시기에 더욱 민감한 변화를 보이기 때문이다(Pizam & Mansfeld, 1996; Ricuer, 1992; Sonmez, 1998).

만일 동부와 남동부 지역에 이 같은 사회정치적 불안정이 없었다면 발전수준은 아마도 그 이상이었을 것이며, 관광이 이들 지역경제에 미치는 기여도 또한 훨씬 높았을 지도 모른다. 따라서 터키정부는 지역불균형감소의 중요성을 인식하고 남동부 Anatolia 프로젝트(GAP: South-eastern Anatolia Project)라고 불리는 통합된 지역발전 프로젝트를 준비해 왔다. 전 세계의 다른 유사프로젝트와 비교해 볼 때, 이 프로젝트는 프로젝트에 포함된 지리적 면적, 물리적인 규모 그리고 목표차원에서 매우 획기적인 프로젝트였으며(Turk Tanitma Fonu, 2002: 1), 터키의 서부지역과 사회문화적, 정치적 문제가 노출된 동부지역 간의 불균형의 축소를 목표로 하고 있었다. 남동부의 인구가 국가전체의 단지 9%만을 차지하고 있었음에도 불구하고 그 지역에서 GAP으로 유발된 투자는 터키 총투자의 17.5%에 달하였다. 또한 년 간 투자는 그 지역의 세수(tax revenues)를 훨씬 초과하고 있었으며, 22개의 댐과 10개의 수력발전공장 그리고 37개의 관개시스템 등으로 구성된 이 프로젝트를 위해 매일 US$1.7million를 지출되었다. GAP에 의해 창출된 농업과 산업잠재력은 그 지역 소득수준을 5배로 증가시킬 것이며, 3.5million 사람들이 취업기회를 얻게 되어 교육 잠재력과 소득수준의 전반적인 향상을 이루게 될 것으로 기대되었다. 더불어 그 프로젝트의 주택부문관련 내용에는 많은 도시에 6795개의 하우스 건설과 PKK의 테러공격으로 집을 잃은 지역민들을 위한 새로운 하우스 건설 등이 포함되어 있었다. 그리고 이들 하우스들 중 약 5800채는 완성되어 소유주에게 양도되었으며, 2331채의 하우스와 오피스도 개선되었다(Turk Tanitma Fonu, 2002).

동부와 남동부의 지역발전은 PKK 테러공격으로 부정적인 영향을 받은 반면에, 정부는 GAP의 발주를 통해 그것을 만회하기 위해 노력해왔다. 이런 맥락에서 보면, 지역발전의 불균형에 대한 이해차원에서 터키의 지역발전과 지역관광발전 대한 PKK의 테러행위의 영향은 보다 세밀하게 연구되어져야 할 것이다.

1998년 터키관광부는 GAP Tourism Development Plan(GAP 관광발전계획)으로 불리는 지역관광개발계획을 준비하였다. 이 계획의 두 가지 핵심목표는 한 지역에서의 관

광투자를 효율적으로 조정하는 것 그리고 미래의 지역가치와 양립할 수 있고 지역민을 위한 일자리 창출이 가능한 유형의 관광을 개발하는 것이었으며, 그 계획이 지속가능한 관광개발이 되기 위해서는 지역민의 참여가 필요할 것이라고 공표하였다. 이 목적들을 달성하기 위한 전략들로 다음과 같은 내용들이 결정되었다. 관광의 유형과 대상(sources)의 차별화, 그 지역에서 장기체류를 위한 잠재적 영향요인의 개선과 개발, 서부지역으로부터 동부와 남동부지역으로 집중된 관광개발의 이동, 남동부 지역의 외국인 방문객 수의 증대 등이다(GAP 남동부 Anatolia Project, 2002).

이 계획은 또한 생태관광, 종교관광, 비즈니스 여행, 건강관련 활동, 그리고 오지탐험 등과 같은 대안관광 형태들을 특히 촉진시킬 것임을 분명히 하고 있었다. 또한 'GAP'와 'GAP 관광발전계획' 둘 모두는 터키의 지역불균형의 감소와 근절을 위한 엄청난 잠재력을 보유하고 있을 것으로 판단되었다. 그러나 GAP에 의해 향상된 발전수준이 보다 많은 관광투자와 관광객을 유치하고 지역발전의 불균형을 축소시킬 수도 있지만, 만일 계획적이고 신중한 정책과 대책이 강구되지 않는다면 지역내부의 사회계층 간의 차이에는 기여하지 못할 수 있음을 명심해야 할 것이다. 그리고 사회에 만연된 후견관계는 아마도 계속해서 영향력을 발휘 할 수도 있을 것이다. 따라서 불리한 입장에 있는 집단들은 아마도 GAP의 혜택을 받지 못할 것이며, 상대적인 관점에서는 보다 더 가난해 질수도 있음을 기억해야 한다.

2) 국내관광과 지역발전

단지 터키의 많은 인구 때문에, 국내관광의 활성화가 아마도 지속가능한 지역발전을 위한 하나의 중요한 수단이 될 수도 있다는 점에 대해서는 논란에 여지가 있다. 따라서 터키 관광부(1999)는 국내관광수요의 잠재력을 판단하고 그것의 프로필을 알아보기 위해 설문조사를 실시하였다. 분석결과를 바탕으로, 터키여행업협회(TURSAB)(1999)가 발표한 바에 따르면, 1997년에 US$ 5 billion이상이 국내관광에 의해 창출되었다고 보고되었다. 그러나 국내의 다른 공신력 있는 기관이 내놓은 관광수요구조에 대한 평가에 따르면, 터키의 국내관광역시 국제관광만큼 거의 해안지역에 집중되어 있음으로 지역불균형구조를 더욱 부축이고 있다고 하였다(Seckelmann, 2002: 89). 〈표 12〉에서도 볼 수 있듯이, 대다수의 국내관광객(66%)들은 에게 해(24%), 마르마나(25%), 지중해(17%)와 같은 해안지역들을 방문하였으며, 국내관광객들 중에 단 25%만이 중부(16%), 동부

지역	방문객 수 (터키 전체에 대한 비율)			숙박일 수 (터키 전체에 대한 비율)			평균체류기간			침대점유율(%)		
	외국인	터키국민	합계	외국인	터키국민	합계	외국인	터키국민	합계	외국인	터키국민	합계
에게 해	2,256,103 (21.6%)	2,191,647 (24%)	3,761,023 (23%)	6,788,307 (24%)	4,361,648 (26%)	11,149,955 (25%)	4.3	2.0	3.0	18.55	11.92	30.47
흑해	221,466 (2.1%)	771,608 (9%)	902,646 (6%)	161,336 (0.6%)	1,060,836 (7%)	1,222,172 (3%)	1.2	1.4	1.4	4.40	28.92	33.32
아나톨리아 중부	1,95,844 (1.8%)	1,409,820 (16%)	1,902,585 (12%)	937,620 (3%)	2,084,550 (13%)	3,022,170 (7%)	1.9	1.5	1.6	10.72	23.83	34.55
아나톨리아 동부	312,049 (2.9%)	346,079 (4%)	380,947 (2%)	55,072 (0.2%)	497,682 (3%)	552,754 (1%)	1.6	1.4	1.5	2.94	26.60	29.54
지중해	3,670,904 (35.2%)	2,218,813 (25%)	4,236,432 (27%)	4,419,277 (16%)	3,802,003 (23%)	8,221,280 (18%)	2.2	1.7	1.9	18.10	15.57	33.68
마르마라 해	3,524,355 (33.7%)	1,516,815 (17%)	4,054,613 (26%)	16,119,574 (57%)	4,159,065 (25%)	20,278,639 (45%)	6.4	2.7	5.0	35.74	9.22	44.96
아나톨리아 남부	247,522 (2.3%)	401,120 (5%)	421,732 (3%)	29,720 (0.1%)	509,915 (3%)	539,635 (1%)	1.4	1.3	1.3	1.67	28.70	30.37
합계	10,428,243 (100%)	8,855,902 (100%)	15,659,978 (100%)	28,510,906 (100%)	15,981,699 (100%)	44,986,605 (100%)	19.0	12.0	15.7	92.12	144.76	236.89

표 12

지역에 따른
방문객 수, 숙박일 수,
평균체류기간,
침대점유율, 2000

■ 출처: 터키 관광부(2001a:2001b) 자료를 바탕으로 저자 직접계산

(4%), 남동부(5%) Anatolia와 같은 비 해안지역을 방문하고 있는 것으로 분석되었다. 그러나 〈표 12〉는 중부(69%), 동부(90%), 그리고 남동부(94.45%)Anatolia에서의 숙박이 대부분 해외방문객보다 국내방문객들에 의해 발생되었음을 설명하고 있다. 이것은 해외방문객들 역시 실질적인 일일점유율에 대한 낮은 기여도를 보여주고 있는 것이다. 이러한 결과는 터키정부가 관광발전을 위한 소중한 기초자료의 확보차원에서 이들 지역에 국내관광수요를 반드시 고려해야 한다는 것을 암시하고 있는 것이다.

비록 저발전지역에서의 국내관광은 국제관광수요보다 더 많은 기대를 불러 모을 수도 있지만 국내관광은 절대적인 의미에서 여전히 너무 규모가 작다는 것이다. 그러므로 현재 상황에서, 국내관광은 균형적인 지역발전을 성취하기 위해 활용될 수 있는 적절한 선택이 아닐 수도 있다. 그러나 만일 국내수요를 촉진하기 위해 필요한 대안이 취해진다면, 국내관광은 동부나 남동부에서 지속가능한 발전을 촉진하기 위한 보조수단으로 이용되어 질 수는 있을 것이다. 이러한 맥락에서 몇 가지의 정책들이 제안될 수 있는데, 첫째, 터키의 소득분배가 재고되어야 하고 계층 간의 불균형 역시 반드시 축소되어져야 한다는 것이다. 대다수의 직장인들이 받는 월 US$115 정도의 최소임금으

로는 주거, 물, 전기, 그리고 전화요금 같은 기타 생활비조차 충당할 수 없으며, 기본적인 가계욕구를 충족시키기에 거의 불가능할 것이다. 따라서 적절한 임금상승이 요구된다. 비록 터키에서 소득분배와 관련된 자료가 거의 존재하지 않지만 개인의 정보, 참여자 관찰과 저자의 경험으로 판단해 볼 때, 대부분의 가정들은 숙박시설을 이용한 일반적인 단순휴가 정도도 즐길 여유가 없는 형편이며, 단지 소수의 가정들만이 서양기준(western standards)에 맞는 휴가를 즐길 여유가 있는 것으로 판단된다. 또한 부유한 일부 사회지도층만이 해외나 외국인들이 방문한 해안지역에서의 휴가가 가능했으며, 현실적으로 여행이 대중을 위한 프라이어티는 아니었던 것이다. 왜냐하면, 그들의 가장 큰 관심사는 그들의 기본적인 욕구에 있었기 때문이다(교육, 음식, 집). 간단히 말하면, 새로운 부의 분배, 사회복지정책, 사회보장정책 등이 선행되지 않는 한 국내관광에 대한 잠재력은 아마도 터키에서는 현실화 될 수는 없을 것이다.

둘째는 대출이자율을 낮추어 국민들이 동부나 남동부 지역에서 휴가를 보낼 수 있도록 재정적 여유를 제공해야 할 것이다. 터키여행협회(TURSAB)(2000)는 휴가목적대출이 가능하도록 이미 정부와 은행에게 권고했으나, 이러한 휴가목적의 대출정책의 실효성은 사회문화적, 정치적 그리고 경제적 요인들에 의해 결정되기 쉽다. 예를 들면, 현재의 경제위기와 정치적 불안정이 인플레이션, 이자율 그리고 환율상승으로 이어져 은행업계에 타격을 주고 있기 상황에서 그러한 휴가목적대출은 실행되기가 매우 힘들 것이다.

잠재적 국내관광수요가 좀 더 균형된 지역발전을 달성하고 대형투어공급자에 대항하기 위한 교섭력 향상을 위한 좋은 기회요소임은 사실이다. 이에 관해 Tosun(1999: 244)은 터키의 서양관광객들의 대중관광수요의 감소로 닥칠 수 있는 위기극복을 위한 마케팅 전술의 하나로 아마도 국내관광이 활용될 수 있을 것이라고 주장한 바 있다. 그러나 이 정책의 성공 또한 고학력 빈곤층을 포함한 중산층(교사, 간호사, 대학 강사, 등)의 구매력향상에 달려있다. 한편, 모든 정치가에 대한 비난이 난무하고 있는 이때에 경제에 대한 정치가들의 영향력 행사방식에 무엇인가 변화가 있어야 한다는 것이다. 그러나 정치가들은 터키 자국문제에 대처하기를 원치 않으며, 단지 돈만을 원하고 있다. 분명히 말하면, 터키는 개발목적을 성취하기 위해 본 연구의 서두에서 언급된 개발원칙을 이행하려는 정치엘리트들과 엘리트 관료들의 신중한 의지가 반영된 발전적인 정부로의 변모가 필요하다.

5 결 론

　본 연구는 터키의 특별사례를 들어 관광이 지역균형에 미치는 영향에 대한 조사와 논의를 통해 몇 가지의 종합적인 결과를 도출하였다.

　첫째, 관광이 터키경제에 있어서 중요한 위상을 차지하고 있는 것은 분명했으며, 따라서 중앙정부는 외화소득과 일자리 창출을 위한 중요한 수단으로 관광을 중요하게 인식하고 있었다. 하지만 지역균형, 계층 간의 평등 그리고 기근의 근절 등을 포함한 전반적인 발전을 이루지 못한 채 근대화를 목표로 한 경제성장과 국제관계를 위해 자본창출의 도구로서 관광을 이용했던 것은 불가피한 터키의 경제적, 정치적 선택이었던 것으로 보인다.

　터키는 관광을 대안적인 경제성장의 전략뿐만 아니라 유럽화를 촉진하는 사회적 변화의 수단 그리고 유럽인들의 눈에 비춰지는 이미지를 우호적으로 포지셔닝 하기 위한 국제적인 정치 전략으로서 채택한 것이었으며, 결국 이러한 노력은 터키의 유럽연합 정회원승인을 위해 많은 기여를 하였다(Tosun & Jekins, 1996: 519).

　다시 말하면 터키 관광개발의 현재수준, 형태 그리고 공간적 분배가 순수한 경제개발정책의 결과는 아니라는 것을 시사하고 있다. 논란의 소지가 있을지도 모르지만, 이러한 맥락에서 관광지역, 관광지구, 그리고 관광센터의 결정과 예정된 관광지에 대한 관광인센티브의 배분은 어떤 의미에서 중앙정부의 정치적 관심을 반영하고 있다고 볼 수 있다는 것이다. 특히 지역균형발전의 관점에서 볼 때, 이것은 많은 기본적인 개발이슈에 대한 근시안적이고 무지한 처사일 수도 있을 것이다.

　둘째, 터키와 같은 개발도상국가에서 지역균형발전을 성취하기 위해 관광을 활용하는 것이 정말 쉬운 일이 아닐 것이다. 왜냐하면, 첫째, 터키 그리고 기타 개발도상 국가들의 관광개발은 서유럽관광객들의 욕구를 매개로 추진된다. 따라서 개발도상국가에서 가장 덜 발전된 지역을 방문하는 이들 관광객들의 욕구를 충족시키는 일은 서양수준에 맞는 관광기반시설과 tourism superstructure(호텔)의 구축을 위해 많은 투자가 요구되며, 더불어 이것은 개발도상국가의 재정능력을 초과할 수도 있기 때문에 정치적으로 실행 불가능할 수도 있기 때문이다. 둘째, 터키의 관광발전은 국제투어공급

자들을 포함한 다국적기업에 의해 구체화되고, 유도되고 있었으며, 그들은 상대적으로 훨씬 발전된 해안지역에서 쉽게 접근할 수 있는 어메너티인 3S를 찾는 대중관광객들에게 터키를 저렴한 관광목적지로 마케팅 해왔다. 따라서 터키 관광당국이 비 해안지역에 있는 저개발지역으로 관광객을 유치한다는 것은 매우 어려운 일이 될 것이다. Oztruk(1996: 278)은 관광목적지로서 터키의 대중성이 관광부와 기타 관계기관의 의도된 그리고 계획된 마케팅과 홍보노력의 결과가 아니라고 할 수는 없다고 하였다. 또한 관광개발의 높은 시장의존성과 외환소득이 절실한 상황 하에서, 특히 단기간에, 터키가 현재의 관광개발패턴에 변화를 주기위해 급진적인 조치를 취한다는 것이 쉽지마는 않을 것이다. 따라서 정부는 관광이 국제투어공급자들의 높은 교섭력에 대항할 수 있도록 특별한 전략을 개발하고 외부요인이 원인이 된 변화에 맞게 정책을 수정해야 할 것이다(Tosun, 2001: 299). 또한 국제관광의 구조와 서유럽관광객(western tourists)의 욕구를 충족시키기 위한 자원 및 인프라들이 대체로 저개발지역에서는 쉽게 발견되기 어려울 것이며, 아마도 이점이 터키가 지역균형발전을 성취하기 위한 도구로서 관광을 이용하는데 장애요소가 될 것이다. 마지막으로 개발지역에 있는 대기업 경영자들이 의사결정권자들과의 후견인-고객관계(clientelistic relationship)를 이용하는 것은 정부가 저개발지역의 기반시설향상을 위한 자본투자에 방해요인으로 작용할 수도 있다. 왜냐하면 그들은 수익성 있는 사업투자와 경영을 위해 몇 가지의 조건을 충족시키는 개발지역에서의 사업경영수익과 비교하여 저개발지역에서의 사업경영수익을 거의 기대하지 않을 수 있기 때문이다. 따라서 그들은 단기수익확보가 불가능한 투자로 판단되는 곳에 정부의 부족한 자본이 사용되는 것을 원치 않을 것이며, 대신에 그들은 터키의 근대화 과정을 과속화하기 위해 보다 부유한 지역에서 자신들의 투자에 대해 세금과 금전적 혜택을 위한 로비를 촉진할 것이다.

셋째, 비록 터키정부의 정치적 관심과 터키의 수요구조가 터키 관광개발의 공간적 분배를 부분적으로 설명할 수도 있겠지만, 서부와 남서부 해안에서 관광개발의 집중화는 관광의 공급측면으로부터도 영향을 받았던 것으로 나타났다. 이것은 비교우위에 대한 리카도 이론(Ricardian theory)과 핵셔올린의 요소부존자원법칙(Hecksher-Ohlin factor endowments theorem)만으로 충분한 설명이 가능하지 않지만, 분명한 것은 이들 해안지역이 관광을 위해 필요한 문화유적지와 자연자원을 포함하여 많은 자원들을 보유하고 있기 때문이다. 이런 연유로 정부와 관광공급자들이 Anatolia 중부, 남서부 그리고 동부 그리고 흑해지역보다 터키의 서부지역 관광개발을 위해 보다 빠르게 움직여 왔던 것이다.

이러한 상황에서, 터키는 많은 관광객유치와 휴양지확대에 성공한 반면에 열악한 지역의 발전방안으로 관광을 활용한 것은 그렇게 성공적이었다고 볼 수는 없었다. 현재 대부분의 터키 관광개발이 집중되어 있는 서부지역과 해안지역들은 터키에서 가장 발전된 지역들이며, 심지어 이들 지역은 1980년대 초 관광이 성장하기 전부터 그랬던 곳이다. 따라서 오랫동안 만성적인 사회경제적 문제를 내포하고 있는 터키의 서부지역과 그 반대의 동부지역 사이에는 발전에 있어서 현저한 차이가 존재하게 된 것이다. 즉, 서부지역에서 대중관광의 성장은 발전에 대한 긍정적인 기대가 이들 지역의 헤게모니를 강화시켰던 것이며, 반면에 Anatolia 동쪽과 남서쪽은 훨씬 뒤쳐진 상태가 남게 된 것이다.

넷째, 앞에서 설명한 바와 같이, 터키는 지역불균형 감소문제의 중요성을 인식하고 있었다. 이러한 인식 속에서, 터키는 발전문제를 해결하기 위해 South-eastern Development Project(GAP)라 불리는 통합된 지역개발프로그램을 준비하였던 것이다. GAP 프로젝트에서 관광은 균형된 지역발전을 개선하기 위한 중요한 수단으로 강조되었으며, 이에 대한 보다 효율적인 정책수립을 위해 몇 가지의 정책제안이 이루어졌다. 첫째, PKK의 테러활동은 반드시 중지되어야 하며, 장기적인 안정과 안전이 보장되어야 한다. 장기적 안정이 구축되지 않는 한 타 지역의 자본을 유치하기란 불가능할 것이며, 더욱이 지역자본과 유능한 인적자원들을 지역 내에 잡아두기란 더욱 어려울 수도 있다는 것이다. 이것은 비록 PKK의 테러활동이 2002년에 최저수준으로 떨어진 것처럼 보일지 몰라도 장기적인 안정과 안보에 대한 관광객들의 확신이 여전히 부족했기 때문이다. 둘째, 국내관광의 발전 없이는 그 지역에 국제관광을 기대할 수 없다. 왜냐하면, 서양관광객의 욕구를 충족시키기 위한 사회문화적 이유와 어려움이 먼저 해결되어야 하기 때문이다. 따라서 동부지역의 국제관광을 발전시키기 위해서는 반드시 국내관광 상품을 우선적으로 촉진시켜야만 한다는 것이다. 국내관광의 발전은 아마도 자원부족을 겪는 지역이 점진적인 대규모의 집중적인 관광발전을 위해 스스로를 준비할 수 있도록 시간적 여유를 제공하는 수단이 될 수 있으며, 그것이 바로 지속가능한 관광개발을 위한 필요조건일 것이다(Timothy, 1998; Tosun, 2001; Tosun & Jekins, 1996). 아울러 다음과 같은 계획적인 방법들이 반드시 활용되어야 한다. 첫째, 지역민들은 중소규모의 관광사

업의 운영방법에 관해 교육과 훈련을 받아야 하며 둘째, 지속적인 컨설팅서비스가 관광공급자들에게 제공되어야 함은 물론 셋째, 갑작스럽고 급격한 관광개발은 반드시 피해야만 한다는 것이다.

추가로, 지역균형발전을 성취하기 위한 방법들 중의 하나로서 정부정책을 들 수 있는데, 예를 들면 3S로 추진된 대중관광이 활성화될 수 없는 낙후된 지역을 대상으로 대안관광을 발전시킬 수 있는 계획적인 정부정책수립이 요구된다. 이것은 지역균형발전 뿐만 아니라 해안지역에 밀집된 대중관광목적지의 부정적인 영향을 감소시키는데도 유용한 전략이 될 수 있을 것이다.

마지막으로 보다 발전이 기대되는 해안지역에서의 관광 집중화는 터키관광 상품의 국제수요구조를 반영할 뿐 만 아니라 터키의 관광발전과정과 정치적, 사회적 그리고 경제적 구성요소들 간의 지속적인 상호작용을 반영하고 있다. 따라서 개발도상국가에서 경제성장과 전반적인 국가발전에 대한 관광의 기여도를 보다 잘 이해하기 위해서는 국가 간의 비교연구가 요구되며, 그 연구결과를 바탕으로 보다 균형적인 지역발전과 절대빈곤의 근절, 상대적 빈곤의 감소, 빈곤층의 기본적인 욕구충족 그리고 지금까지 소외된 사람들이 자아존중감과 자립을 도모하고, 부족, 무지, 불결함으로부터 벗어나기 위한 수단으로서 관광을 활용하기 위한 보다 나은 일련의 정책제안들을 만들 수도 있을 것이다.

MEMO

06

섬 관광개발의
문제점:
그리스 도서지역

해양관광 개발계획 coastal mass tourism

06

섬 관광개발의 문제점:
그리스 도서지역

Konstantinos
Greek Open University & Technological Educational Institute of Crete

1 서론

최근 섬 관광목적지에 대한 관광관련연구들이 빠르게 급증하고 있다. 그 이유는 첫째, 많은 섬 관광목적지의 경제를 위한 관광의 역할중요성 때문이다. 예를 들면, International Scientific Council for Island Development(INSULA, 2000)는 유럽에 있는 70%의 섬들에서 관광은 그들 경제의 핵심이며, 50% 이상의 총 국내생산량을 차지하는 제3계정이라고 인식되고 있다. 둘째, 많은 연구자들에게 섬은 특별한 매력성을 지니고 있다. 왜냐하면, 국제관광의 성장과 관련된 연구를 위해 이론검증이 가능하고, 그 검증과정이 반 폐쇄적인 시스템의 상황에서 관찰될 수 있는 우수한 실험조건을 제공하고 있기 때문이다(Ioannides, 1995a; King, 1993).

섬 관광의 오랜 역사와 증가하고 있는 학문적 연구에도 불구하고 선행문헌에서의 강조는 다음과 같은 소규모 섬 국가의 관광에 초점을 두고 있는 경향이 있다. 예를 들면, 카브리 제도(Bryden, 1973; Chen-Young, 1982; Hills & Lundgren, 1977; McElroy & de Albuquerque, 1998; Seward & Spinard, 1982; Weaver, 1993; Wilkinson, 1987), 또는 태평양 군도(Choy, 1992; Crocombe & Rajotte, 1980; Farrel, 1985; Milne, 1992; Milne & Nowosielski, 1997) 그리고 관광연구들이 주로 몰타(Boissevain, 1977, 1979, 1996; Briguglio & Briguglio, 1996; Lockkhart, 1997a; Lockhart & Ashton, 1990; Oglethorpe, 1984, 1985; Young, 1983)와 키프러스(e.g. Akis et al., 1996; Andronikos, 1979, 1986; Ioannides, 1992, 1994, 1995b; Kammas, 1993; Lockhart, 1997a)에만 관련되어 있는 지중해 제도 등이다. 본국의 일부를 구성하고 있는 많은 섬들(예를 들면, 그리스 제도, 코르시카, 발레아레스 제도(지중해 서부의 스페인령 제도), 시실리(이탈리아 남쪽에 있는 지중해 최대의 섬; 행정적으로는 이탈리아의 특별 주)와 사르디니아(지중해 Corsica섬의 남쪽에 있는 이탈리아령의 큰 섬))에서 경제적 기반으로 관광이 중요함에도 불구하고 관광개발의 영향을 조사한 연구자들은 거의 존재하지 않고 있다는 것이다. 그 이유는 정치적으로 분리되어 있는 섬 민족국가에 관한 자료는 접근하기가 쉬운 반면에, 한 국가의 일부에 불과한 섬들에 관한 자료가 종종 국가로 통합되어 분리될 수 없기 때문이다.

따라서 본 연구는 사례연구를 통하여 경제적 빈곤 또는 사회문화적 그리고 환경적 황폐화 등과 같은 섬 관광의 위협요인들을 분석한 것으로서, 본토에 귀속되어 있는 섬 관광의 연구에 기여하기 위해 그리스 도서지역을 대상으로 수행되었다. 특히 관광으로 야기되는 문제를 축소하고 섬과 섬 거주자들을 위한 편익만을 과장하고 있는 도서관광목적지의 개발자들과 의사결정권자들의 행태에 대한 권고를 목적으로 하고 있다. 본 연구는 3가지 주요부분들로 구분되어 있다. 첫 번째 부분은 학술연구논문에 의해 보고된 섬 관광의 일반적인 특징에 대한 검토 그리고 경제활동으로서 섬 관광의 본질에 관한 논의를 위한 핵심요소들에 대한 설명들, 즉 섬 관광을 개발할 때, 섬이 갖고 있는 본질적인 약점, 섬 관광개발의 불가피성과 관광확대와 관련된 문제점 등을 논의 하였으며, 두 번째 부분은 그리스 도서지역의 관광개발을 검토하고 관광산업의 발전과 관련 문제점 즉 경제, 규모, 개발지표, 관광의 영향, 접근성, 교통비용과 외부의존성 그리고 관광산업의 제약 등을 논의하고 있다. 마지막 부분은 분석결과에 기초한 결론과 정책시사점을 제공하고 있다.

1) 섬의 본질적인 약점

섬은 본래의 속성상 천부적인 어려움에 직면해 있다. 즉 인구감소와 더불어 고립, 주변성, 외부의존성, 그리고 규모의 비경제성으로부터 어려움을 겪고 있으며, 농촌의 특성과 자원부족으로 근대화를 위한 대안과 자립성장에 제약을 받고 있다(Btler, 1993; Cross & Nutley, 1999; Pearce, 1995; Royle & Scott, 1996).

그러한 공통점에도 불구하고 섬들은 규모, 분리와 고립의 범위와 크기에 따라 매우 다양하다(Royle, 1989; Schofield & George, 1997). 일부의 섬들은 너무 규모가 커서 섬이라는 인식을 전달하지 못하고 있으며, 그리고 그 외 많은 섬들이 교량건설로 진정한 섬으로서 그 본성을 잃어가고 있다(Schofield & George, 1997: 5). 말 그대로 작은 섬들은 절대부존자원(賦存資源)으로 인해 주민들의 삶을 영위할 수 있는 방법 찾기에 골몰하고 있으며, 발전을 방해하는 물과 같은 필수자원의 부족과 부재문제에 직면하고 있는 것이다(Royle, 1989: 111). Milne(1992: 195)은 다섯 개의 남태평양 도서 국가들에 관한 관광영향의 비교조사를 수행하여, 이들 각 도서 국가들의 전통적인 경제개발형태를 통제하고 있는 일련의 제약요인들을 발견하였다. 그는 언급하기를, '각 국가들은 인구, 내륙면적 그리고 상대적인 고립도가 서로 상이한 반면에 많은 특성을 공유하고 있다. 즉 수입대체 개발전략의 적용가능성이 제한되어 있는 소규모 국내시장, 고립과 높은 선적비용으로 인한 수입가격 상승과 비교열세에 놓여있는 수출, 제한된 제1상품 수출에 대한 의존성, 저개발 문제 그리고 제한된 기술의 노동시장 등과 같은 작은 규모에 기인하는 경제적 어려움에 처해있다고 하였다(Milne, 1992: 195)'고 하였다.

본토의 많은 농촌지역들 역시 이와 같은 문제점들을 공유하고 있으며, 더불어 근해의 섬들은 해양장벽(marine barrier)과 같은 장애요소까지 내포하고 있다. Baum(1997a: 2)이 밝힌 바와 같이, 바다를 횡단하기 위해서는 매우 신중한 결정이 요구되는데, 따라서 본토로부터의 거리가 매우 중요하며, 또한 본토와 섬 사이의 최종도항은 주민과 내방객들에게 많은 불편비용(inconvenience cost)을 발생시키고 있다고 하였다(Royle & Scott, 1996: 111). 따라서 섬은 본토와 동등한 조건으로 경쟁할 수 없다는 것이다. 다시 말하면, 섬과 섬 그리고 섬과 외부와의 연결을 위해 매우 중요한 항공 및 해양 교통수단의 발전이 과거 불가능했던 관광시장유치에 기여한 것은 사실이지만(Abeyratne, 1997), 관광공급자들의 입장에서 보면 상품가격에 반영된 증가된 섬 방문 교통비용이 상품의 경쟁력을 약화시키고 있는 것이다(Royle &Scott, 1996). 즉 섬에 들어오는 상품은 보다 비싸고 나가는 상품은 여분의 비용 상쇄를 위한 프레미엄 때문에(Royle, 1989: 112) 섬은 절대로 이웃하고 있는 본토와 동등한 조건으로 경쟁할 수 없다는 것이다.

2) 섬 목적지를 위한 관광의 불가피성

그러나 만일 그러한 많은 결함을 보유하고 있는 섬들이 관광산업을 개발한다면, 무엇보다도 다음 2가지의 문제가 제기될 수 있을 것이다.

왜 섬 지자체는 공공과 민간개발을 통하여 관광산업을 촉진시키려 하는가? 그것은 증가하고 있는 관광수요가 섬 발전에 새로운 기회를 부여하고 있기 때문이다. 따라서 섬 정부는 관광을 섬 주민의 실질소득향상과 고용창출(비록 계절적이지만), 그리고 섬과 발전국가 사이의 차이를 감소시키기 위한 확실한 기회, 그리고 그들의 경제적 기반을 근대화하고 주민이주의 방지는 물론 주민복지를 위한 수단으로 여기고 있는 것이다. 더불어 섬 관광개발을 통해 유적지와 환경보존, 기반시설확충과 문화적 소통 그리고 정치적 안정 등에 긍정적인 영향을 초래할 수 있다고 보았다(Andriotis, 2000; Ioannides, 1995a; squire, 1996).

그리고 집 또는 본토의 해안휴양지로부터 가까운 곳에서 훨씬 값싼 비용으로 3S를 경험할 수 있을 텐데, 왜 그렇게 많은 사람들이 섬을 방문하는가? 관광객들은 일반적으로 섬 관광목적지가 도시생활의 긴장과 스트레스와는 뭔가 다른 이색적인 환경을 제공하고 있다고 여기고 있다. 그리고 본토와의 차단 같은 격리된 기분이 만족스러운 휴가를 위한 중요한 물리적, 심리적인 요소로 작용하고 있는 것이다(Baum, 1997b: 21). 즉 섬은 육지의 가장 유혹적인 한 형태이지만 육지와 물은 영원한 경쟁을 상징하며, 그리고 모든 다른 육지의 경계들이 다소 임의적인 반면에 섬은 육지와 떨어져 있어 경계가 분명한 자급자족의 실체이기 때문이다(King, 1993). Baum(1997a: 2)이 말하기를 방문객들에게 섬은 본토에서는 절대로 모방될 수 없는 장소이며, 살아있는 곳으로 특별한 매력을 지니고 있다고 하였다. 그것은 작은 섬에서 느껴지는 구속감과 같은 공간적 특성 때문이겠지만 때로는 도보로 섬 구석구석에 이를 수 있고, 또한 상대적으로 큰 섬의 해안

들은 본토와는 매우 차별화된 모습을 제공하고 있어 방문객들의 마음속에 섬에 대한 매력을 더욱 고양시키고 있는 것이다.

3) 섬 관광개발의 문제점

섬 관광목적지는 본토의 관광목적지보다 시장변화에 보다 민감하다. 그것은 제한된 교통수단에 대한 높은 의존도 때문일 것이다. 예를 들면, 많은 섬들은 자신들의 실제상황을 고려하지 못한 채 오로지 주주의 이해만을 고려하여 결정하는 항공과 선적회사의 서비스에 의존해야 하는 불행한 입지환경을 갖고 있다(Conlin & Baum, 1995: 6). 결과적으로 많은 섬들은 경제적 선택권을 스스로 갖지 못하고 있으며, 전통적인 관광의 확대(외부 관계자들과 대규모 시설에 의한 통제와 대중관광객의 특징을 가진)를 필연적으로 인정해야만 한다는 것이다(Wilkinson, 1989).

많은 섬 지역에서는 다국적 회사들(예를 들면, 투어공급자들과 국제호텔)이 종종 개발과정을 통제하고 관광의 촉진여부를 결정하고 있다. 왜냐하면, 섬과 격리되어 있는 정부가 종종 섬 주민이 생각하는 정책우선순위와는 다른 정책들을 우선순위로 생각하고 있기 때문이다. 관광개발에 대한 지역의 관여수준은 매우 낮고 외화소득에 대한 누수 또한 매우 높은 편이다(Wilkinson, 1989; Butler, 1996: 15; Lockhart, 1997b). 그리고 대부분의 섬 관광목적지들은 자원의 다양성이 결여되어 있기 때문에 절대적으로 3S(태양, 모래, 바다)에만 의존하고 있으며, 단지 규모가 큰 섬 관광목적지(키프러스와 자메이카)들만이 자원이 풍부하여 다양한 관광 상품을 판매하고 있다고 Butler(1993)와 Ioannides(1995b)는 지적하였다. 어째든 섬 관광(소수의 예외는 있지만)이 계절적소득과 고용창출에 기여하고 있는 것은 사실일 것이다(Andriotis, 2000; Baum, 1997a; Vaughan et al., 2000).

Warren(1978)은 어떤 커뮤니티에서 관광이 개발될 때 많은 일들이 일어난다고 밝힌 바 있다. 그것들은 이해관계자들이 공간 확보를 위해 서로 경쟁해야 하는 섬 커뮤니티의 경우에 서 보다 더 분명히 나타난다. 실제로 관광산업은 지역자원의 배분을 위해 섬 지역민들과 경쟁하고 있으며, 섬의 제한된 관광객 수용력, 환경훼손의 용이성 그리고 자급자족은 관광이 섬 주민의 생활과 민감하고 독특한 환경자원에 심각한 영향을 미칠 수 있음을 의미하고 있다. 관광의 영향은 대규모의 본토휴양지에서보다 작은 섬 사회에서 보다 넓게 확산되며, 섬 규모의 관점에서 대량관광객들의 유입은 섬 지역사회에 심각한 문화적, 사회적 그리고 환경적 영향을 초래하기 쉬울 것이다(Baum, 1997a: 3).

해양관광 개발계획 coastal mass tourism

결과적으로 Loukissas(1982)와 Wilkinson(1989)은 주장하기를, 관광객 대비 지역주민의 비율이 낮을수록 보다 부정적인 영향이 유발되기 용이하며, 그것은 관광개발의 결과를 흡수하고 관광개발의 본질을 통제하기 위한 무능력한 지역시스템의 문제로 인해 야기된다고 지적하였다(Wilkinson, 1989: 159). 또한 비록 관광이 모든 커뮤니티에 영향을 미칠지라도 특히 섬 커뮤니티는 그들의 폐쇄적인 본질 때문에 아마도 보다 더 강렬한 프레셔를 받기 쉽다고 하였다.

3 그리스제도

그리스제도는 훼손되기 용이하며, 소중한 자원을 보유하고 있는 유럽연합 중에서 가장 광대하고 큰 도서단지를 형성하고 제도이다(Macheridis, 2001)〈그림 1〉. 그리스는 15,000km의 해안선과 2000개 이상의 섬 그리고 다양한 규모와 형태의 작은 섬들을 보유하고 있다(Waters, 1993). 그러한 섬들 중에서 일부인 166개 섬에 그리스 인구의 12%가 수용되고 있으며 약 1.3 million 명이 거주하고 있다.

1) 관광산업과 그 경제

그리스제도에서 관광산업을 발전시키려는 첫 번째 시도는 1950년에 있었다. 특히 역사적 가치가 있으며 기본적인 인프라를 보유하고 있는 대규모 섬들(Crete와 Rhodes)에 그 관심이 모아졌다. 이후 일부 기반시설의 구축과 교통시스템의 개선으로 보다 많은 그리스 섬들이 자신들의 관광산업을 확장하기 시작하였으며, 오늘날 비록 농업부문이 여전히 낮은 수준으로 남아있긴 하지만, 많은 그리스제도의 지역경제는 관광활동에 집중화된 특징을 보이고 있는 것이다. 이러한 동향은 전 도서지역에서 관광관련 인프라의 증가와 촉진활동으로 유치된 공공투자와 민간투자에 의해 형성되었다. Giannias(1999)는 에게 해 군도(Aegean Islands)가 나머지 그리스제도의 섬들과 비교하여 관광산업을 위한 광고와 홍보를 위해 가장 많은 돈(120million GRD)을 Hellenic National Tourism Organization(HNTO)로부터 지원 받은 것으로 추정하고 있다. 더불어 도서지

역은 개발법을 통해 그리스 본토보다 많은 정부보조금을 지원 받았으며, 결과적으로 1982년-1995년 사이에 마련된 개발법으로 보다 많은 호텔들이 들어서게 되었고, 호텔부문을 통해 전국적으로 반 이상의 일자리 창출과 침대를 공급하게 되었다〈표 1〉.

1999년에 그리스의 국제관광객수는 12.6million명에 달하여, 외국인관광객들이 총 숙박관광객의 76%를 차지했으며, 관광수익은 그리스 GDP의 6%에 해당하는 US$3.9에 달했다. 또한 Moussios(1999)는 그리스에서 약 500,000명이 관광관련활동에 고용되었으며, 여름기간동안에는 그 수가 800,000명에 이르고 있다고 추정하였다.

비록 도서지역의 면적이 전 국토의 15%에 불과하지만, 1999년 그리스에 공급된 호텔침대의 약 57.6%가 도서지역에 위치하고 있었으며, 전국적으로 총 숙박자의 65%를 수용하였다〈표 2〉. 그 중에서도 특히, Crete와 남부에게 해에서 각각 21.8%와 29.4%를 차지했다. 도서지역 총 숙박객들의 90.1%가 외국인관광객들인 관계로 도서지역의 숙박자들은 주로 외국인관광객들로 구성되어 있었지만, 그리스 관광통계를 인용

그림1

그리스 지도

구 분	투자빈도	투자수준"	보조금 수준"	특별교부금	민간자본"	창출된 일지리 수	침대 수
그리스 중부	128	9.13	3.11	0.32	4.91	1,088	5,553
펠로폰네소스	149	9.34	3.30	0.41	4.80	1,517	6,646
테살리아	142	12.30	3.83	0.45	6.18	1,116	6,520
에피루스	53	4.12	1.78	0.14	1.88	435	2,118
마케도니아	260	33.65	10.98	1.30	16.26	3,043	18,131
트라키아	38	1.58	0.68	0.08	0.57	246	2,000
이오니아 제도	231	23.33	6.88	0.86	12.91	2,508	13,036
에게 해 북부	195	21.85	10.56	1.15	8.23	2,016	9,505
에게 해 남부	549	84.8	31.00	3.00	39.24	6,791	37,353
크레타	435	55.94	14.80	1.97	33.72	5,801	30,449
그리스	2,180	256.08	86.96	9.67	128.70	24,561	131,361

표1 개발법에 의해 호텔산업에 지원된 정부보조금 (1982년 1월 1일부터 1995년 10월 13일까지)

※ ": 백만, 드라크마(그리스 화폐단위)

※ 주의: 볼드체로 된 지역은 도서지역을 의미함

■ 출처: Pavlopoulos and Kouzelis(1998)

구 분	육지면적(m²) 2001년[a]		2001년 인구[a]		2001년[b] 1인당 GDP (백만달러)	2000년[b] 실업률 (%)	1999년[a] 호텔침대 수		1999년[c] 평균 점유율	1999년[c] 당일 숙박객					
										그리스인		외국인		합계	
	총 육지면적	비율	총인구	비율			총 침대 수	비율		총 숙박객수	비율	총 숙박객수	비율	합계	비율
마케도니아 동부및 트라키아	14,157	10.73	604,254	5.52	3.62	8.6	15,711	2.56	44.22	1,013,089	7.01	450,026	0.98	1,463,115	2.43
마케도니아 중부	19,147	14.51	1,862,833	17.03	3.96	10.7	61,964	10.10	58.61	1,813,591	12.55	2,827,047	6.17	4,640,638	7.70
마케도니아 서부	9,451	7.16	302,750	2.77	3.88	14.7	3,745	0.61	36.63	345,704	2.39	47,859	0.10	393,563	0.65
테살리아	14,037	10.64	754,893	6.90	3.56	12.4	23,550	3.84	42.06	1,117,061	7.72	598,455	1.31	1,715,516	2.85
에피루스	9,203	6.97	352,420	3.22	3.4	10.6	9,805	1.60	43.8	630,699	4.36	259,646	0.57	890,345	1.48
그리스 서부	11,350	8.60	742,419	6.79	3.39	10.2	15,068	2.46	44.45	741,844	513	527,245	1.15	1,269,089	2.11
그리스 중부	15,549	11.78	608,655	5.56	4.05	13.6	30,260	4.93	34.53	871,435	6.03	541,440	1.18	1,412,875	2.34
아티카	3,808	2.89	3,764,348	34.41	4.52	12.2	67,336	10.97	47.89	2,867,814	19.84	4,401,598	9.61	7,269,412	12.06
펠로폰네소스	15,490	11.74	632,955	5.79	3.41	9.3	32,513	5.30	37.58	1,158,273	8.01	874,609	1.91	2,032,882	3.37
이노니아 제도	2,307	1.75	214,274	1.96	3.97	5.1	65,232	10.63	76.43	951,355	6.58	5,409,134	11.81	6,360,489	10.56
에게 해 북부	3,836	2.91	200,066	1.83	3.53	7.4	22,326	3.64	61.40	560,812	3.88	1,426,546	3.11	1,987,358	3.30
에게 해 남부	5,286	4.01	298,745	2.73	4.74	10.5	145,810	23.76	82.32	1,515,816	10.49	16,189,278	35.35	17,705,094	29.38
크레타	8,336	6.32	601,159	5.50	4.07	6.7	120,316	19.61	82.27	866,049	5.99	12,250,477	26.75	13,116,526	21.77
그리스	131,957	100	10,939,771	100	4.04	11.1	613,636	100	6346	14,453,542	100	45,803,360	100	60,256,902	100

표2 그리스 각 지역의 육지면적, 인구, 1인당 GDP, 실업, 점유율과 당일숙박객

※ 주의: 볼드체로 된 지역은 도서지역을 의미함

■ 출처: [a]Epilogi(2001); [b]National Statistical Service of Greece(2001); [c]Hellenic National Tourism Organization(2002)

한 Leontidou(1998: 113)는 그리스국민들은 통계에서 제외된 전세방, 친척집, 별장 등을 선호하였기 때문에 정확한 국내관광을 통계에 포함시키기에는 다소 어려움이 있다고 주장하였다. 도서지역 호텔점유율은 에게 해 북부지역이 61.4%, 에게 해 남부지역이 82.32%를 차지하고 있었으며, 이는 본토의 호텔점유율에 보다 높은 수치였다. 그리고 호텔침대 수 또한 각 지역의 주민의 수에 비례하지도 않았으며, 예컨대 그리스도서지역의 지역민 대비 호텔침대 수의 비율은 본토의 1:0.027에 비해 1: 0.269로 훨씬 높은 편이었다.

그리스 도서지역의 실업률은 국가평균보다 낮으며, 가장 낮은 5.1%의 이오니아 제도(Ionian Islands), 다음으로 6.7%로 나타난 Crete였다. 비록 이오니아제도의 낮은 실업률이 대부분 관광활동의 증가에 기인하고 있었지만, Crete의 경우에는 높은 농업생산과 관광산업의 확대에서 그 원인을 찾을 수가 있었다.

그리스의 1인당 GNP는 유럽연합회원 국가들의 평균보다 낮은 편이었지만(Eurostat, 1999), 에게 해 남부지역 거주자들의 1인당 GNP 중에서는 가장 높게 나타났으며, 또한 Crete의 1인당 GNP는 국가평균 이상이었다. 그러나 남부에게 해 지역에서는 반 이상의 숙박관광객들이 Rhodes에서 집중적으로 체류했던 까닭에 지역불균형을 악화시키는 결과를 초래하였으며, 이러한 지역불균형은 다른 그리스 도서지역에서도 분명히 감지되고 있었다. Totsiou et al.(1999)에 의하면 심지어는 생활수준이 빈곤상태에 이르고 있는 섬들(예를 들면, Kassos, Nissyros, Lipsi, Agathonissi, Sikinos, folegandros, Kimolos)도 있다고 설명하고 있다.

2) 섬의 규모/개발지표

Liu & Jenkins(1996)가 주장한 바와 같이 섬의 규모에 대한 일반화된 정의는 없다. 그러나 큰 규모의 섬이 천부적으로 보다 많은 관광자원을 보유하고 있는 것을 보면 관광자원은 육지면적, 인구 그리고 경제적 다양화와 밀접하게 관련되어 있는 것이 분명하다. 마찬가지로 비록 큰 섬이 일반적으로 보다 많은 관광수입을 올리고 있지만, 반면에 작은 섬에서의 관광은 보다 많은 열정을 가지고 개발되는 경향을 보였으며, 관광객 수는 1인당 국민소득과 국민소득에 대한 기여부분에서 매우 중요한 역할을 하고 있었다.

섬마다의 관광개발수준과 그 규모에 있어서 차이를 감안한다면, 그리스제도 전체를 고려하는 것은 사실상 어려운 일일 것이다. 또한 경제적으로 낙후된 많은 소규모 외딴 섬들과 비교하여, 상대적으로 사회경제적 주요지표에서 큰 차이를 보이고 있는 발전수준이 매우 높은 섬 관광목적지들(Crete, Corfu, Rhodes, Kos, Myconos, Paros and Santorini)도 존재하고 있다(Totsiou et al., 1999: 1). Loukissas(1982: 536)의 보고에 의하면, 큰 규모의 그리스 섬들은 보다 다양한 숙박시설과 외부환경에 의한 영향을 제어할 수 잠재력을 보유하고 있는 반면에, 작은 규모의 섬들은 고립, 자원부족 그리고 낮은 발전수준 등과 같은 문제에 직면하고 있다고 하였다.

Tsartas(1992)는 그리스제도를 세 그룹으로 분류하여 각 그룹에서 발견된 관광개발 유형들을 설명하였는데, 그 그룹들은 A: 주민들이 관광개발로 초래된 어려움이나 이슈들에 대하여 적극적으로 대응함으로써 대중관광유치를 위해 필요한 인프라가 구축된 대규모의 섬들, 그룹 B: 관광사업체와 인프라부족으로 관광활동의 확산이 지연되고 있는 작고 가난한 섬들, 그룹 C: 경제구조가 혼재(관광과 농업 또는 관광과 광산업)되어 있는 섬들. 또한 일부는 조직화된 관광이 운영되고 있으며, 나머지는 적당한 개발이 혼재되어 있는 섬 등이다

3) 관광의 영향

관광개발을 통한 외화소득과 일자리창출에 관한 섬의 잠재력은 규모와 입지에 있어서, 소규모와 고립과 같은 섬 본래의 특성과 연련된 경제적 약점 때문에 심각하게 제한되어 있다. 예를 들면, 그리스제도, 특히 소규모 섬들은 관광산업에 필요한 많은 자원들을 수입에 의존하고 있는데, 이와 관련하여 Dana(1999: 63)는 Ios 섬에 관해 다음과 같이 기술하고 있다. '1986년에 The Sweet Irish Dream Bar가 방문객들에게 수입주류를 판매하기 위해 개장되었는데, 이전에는 지역에서 생산된 와인과 카다이피(Kadaifi: 꿀에 적신 밀로 만든 시리얼)가 주로 판매되었지만 이제는 맥주, 피자, 그리고 핫도그들이 팔리고 있다. 불과 몇 년 전만해도 양은 가장 선호되는 고기였으나, 이제는 포장되고 가공된 햄이 대신 수입되고 있으며, 또한 무화과, 오렌지, 배 등이 풍부하게 재배되던 섬에 이제는 잼과 쥬스가 수입되고 있다. 그리고 아마도 가장 대표적인 수입상품으로는 우유를 응고시켜 만든 페타치즈(feta cheese)일 것이다. 페타는 그리스에서 염소의 우유로 만들어지지만, 관광객들에게는 덴마크로부터 수입된 소의 우유를 이용하여 만들어진 제품으로서 페타 상표가 붙어 공급되고 있다.'

지역민의 소비패턴과 행태가 급격하게 변화된 것은 말할 것도 없다(Dana, 1999; Stott,

1996; Tsartas, 1992; Zarkia, 1996). 지역청소년들이 방문관광객의 패션을 모방하고 있으며, 문화와 전통 그리고 심지어 언어까지도 쇠퇴하고 있다(Dana, 1999). 또한 젊은이들은 자신들의 전통관습을 변화시키고 외국 관광객의 라이프스타일을 모방하고 있다(Tsartas, 1992; Zarkia, 1996). 관광은 주민과 관광객을 상업적인 관계로 변화시키고 있지만, 외부로의 주민이주를 정체시켰으며 고향에 돌아온 이주민들이 오히려 적극적으로 관광산업발전에 관여하고 있다(Andriotis, 2002b; Apostolopoulos & Sonmez, 1999; Galani-Moutafi, 1993; Kenna, 1993; Tsartas, 1992). Coccosis & Parpairis(1995)는 비록 Mykonos섬의 범죄율이 상승하기도 했지만 결과적으로 섬 인구 또한 증가하였다고 보고하였다. 이오니아제도(Ionian Islands)와 관련하여, Eurostat(1994)는 관광발전은 농업의 포기와 함께 마을인구감소 그리고 도시지역의 인구집중현상을 초래하였음에도 불구하고, 해당지역들은 꾸준한 인구증가를 보였으며 그것은 관광산업의 확대가 주원인이었다고 주장하였다.

　여름시즌에 섬들은 지나치게 많은 관광객들로 인해 그 스트레스가 심각한 수준에 이르고 있으며(Apostolopoulos & Sonmez, 1999), 관광산업의 확장 또한 민감하고 독특한 자연자원과 인공자원에 직접적인 영향을 미치고 있다(Coccossis, 1987; Coccosis & Parpairis, 1995). Coccosis & Parpairis(1995)의 Mykonos 섬에 대한 연구와 그리고 Nijkamp & Verdonkschot(1995)의 Lesbos 섬에 대한 연구에서, 섬들은 통제되지 않은 관광개발로 인해 보유자원에 대한 부정적인 환경영향들, 예를 들면 교통의 혼잡, 물과 토양의 오염 등과 같은 문제에 직면해 있으며, 특히 여름시즌에 그 현상은 더욱 두드러지고 있다고 보고한 바 있다. Zakynthos 섬의 해안에 휴가숙박시설을 건축하는 것은 위험에 처한 거북이 'caretta caretta'의 번식에 심각한 위협이 되고 있으며(Marinos, 1983; Prunier et al., 1993), 또한 Nijkamp & Verdonkschot(1995)는 Lesbos 섬의 경관이 새로운 관광기업의 건설로 심각한 영향을 받고 있다고 언급하였다. Kousis(1984: 55-6)는 Drethia(Crete의 해안커뮤니티의 필명)에서의 관광확대로 일어난 다양한 변화들에 관해서 다음과 같이 설명하였다. '1950년대와 1960년대 초 사이에 그 마을은 풍요로운 정원, 그림 같은 풍차 그리고 아름다운 경관 등으로 유명했었다. 그러나 1980년대에 집약농업(intensive agriculture)이 관광활동들로 대체되면서 지금의 경관으로 크게 변화된 것이다. 즉 해안의 끝과 마을을 연결하는 2킬로미터의 도로는 다양한 형태의 숙박시설이 들어섰으며, 모텔, 룸 대여 부대시설, 캠핑장, 다양한 크기의 호텔, 타베르나(taverna: 그리스 지방의 작은 음식점), 레스토랑, 커피숍, 디스코텍, 부주키(bouzoukia) 만드는 시설 등이 해안에 가장

해양관광 개발계획 coastal mass tourism

근접한 마을의 북쪽지역주변으로 집중되어 있다'. 그리고 Peterson & McCarthy(1990: 7)는 이 상황에 대해 '현재 Crete의 북부해안지역은 무분별한 개발결과로 많은 문제점들이 노출되고 있는데, 한 예로 관광을 지향하는 비치커뮤니티인 Stalida 마을에 작고 불규칙적인 형태의 건물들이 빽빽이 들어서 있으며, 대부분의 이 건물들은 비공식적인 도로나 비치로 가는 출구를 갖고 있다. 또한 토지대비 건물이 차지하는 비율이 높고, 건물들은 종종 창문을 통해 또는 발코니 넘어 몸을 기울여서 이웃건물에 닿을 정도로 너무 밀집해 있다. 따라서 Stalida 마을의 전반적인 모습은 하나의 군집이며 초과건축으로 인해 혼잡한 모습이다'라고 설명하고 있다.

실질적인 계획안의 부재로 발생된 건물밀집현상이 많은 섬 휴양지들을 도시공간으로 변화시켰던 것이다. 예를 들면 Crete의 Malia와 Agios Nikolaos 그리고 Rhodes에 있는 Faliraki와 같은 낚시마을들은 빠르고 손쉬운 수익을 기대할 수 있는 대중관광개발지향으로 인해 본래의 고유성과 건축양식을 상실하게 되었다는 것이다. 이렇게 제한된 공간에 방문객과 대중 매력물들의 집중은 그리스제도의 공통된 특징이며, 이것은 대중관광의 급격한 성장이 빠른 지가상승과 호텔, 쇼핑센터 그리고 콘도 등의 집중화를 가속화시키고 있기 때문이다.

4) 접근성 문제와 운송비용

그리스제도는 항공이나 선박을 통해서만이 접근이 가능하다. 하지만 단지 개발된 대규모 섬에만 갖추어져 있는 공항만이 유럽으로부터의 직항전세항공의 수용이 가능한 반면에(Buhalis, 1999: 346), 해양수송은 전 도서지역들과 본토의 연결이 가능하여 보다 중요한 역할을 하고 있다. 섬마다 적어도 한 개 이상의 항구건설로 많은 여객선들은 섬주민의 욕구충족을 위해 이용되고 있으며, 또한 모든 생산 활동을 지원하고 있음은 물론 각 섬들의 관광산업발전에도 높은 기여를 하고 있어 관광인프라의 하나로도 인식되고 있다(Alexopoulos & Theotokas, 2001).

그러나 섬 주민의 해상운송수요는 매우 저조하여 적절한 이용수준이 보장될 수 없다. 예를 들면, Alexopoulos & Theotokas(2001)는 겨울시즌에 Psara 섬으로 가는 페리호의 평균이용객수가 11명 이하로 보고하고 있으며, 결과적으로 선박회사는 단지 여름시즌에만 만족스러운 선박이용수준을 달성하고 있다는 것이다.

그리스 정부는 그리스제도의 지리적 분포, 수요의 계절적 편중, 별도의 운송비 축소 그리고 섬 주민들과 방문객들에 대한 보다 나은 서비스제공 등을 해결하기 위해 많은 개입(intervention)수단을 계획하고 있다. 그것들 중의 하나로 섬들 사이를 오가는 항공과 선박들(화물과 승객)에게 부과되던 부가가치세(VAT)를 30%로 인하시키고, 일부 섬들을 의무적으로 경유하게 하는 강력한 조치를 취하고 있다(Hache, 1996). 그러나 Hache(1996)는 서비스 공급자들에게 제공된 정부보조금은 단지 중개인들의 수익만을 증가시키는 결과를 초래하고 있다고 주장하였으며, Totsiou et al.(1999)은 유럽연합이 제공한 원조가 실제운송비용과 일치하지 않는 것을 비판하기도 하였다.

더불어 선박운송시스템은 특히 나쁜 기상조건 때문에 규칙성과 신뢰성이 결여되어 있다. 예를 들면, Darzentas(cited in Hache, 1996)는 1989년 Mytilini 항구에서 겨울시즌동안에 도착선박의 13.7%와 출발선박의 18.8%가 취소된 반면에, 나쁜 기상조건과 기술적인 문제는 그리 많지 않은 약 2%만이 항공결항으로 이어졌다고 했다.

현재까지 그리스의 근해운항규정은 단지 국영선박회사만이 그리스제도 내에서 운항하도록 허용되고 있다(Anastasiadou, 2001). 그러나 여객선은 유럽연합의 압력으로 자유경쟁체제를 도입하게 될 것이며, 이것은 경쟁을 심화시켜 보다 나은 운송시스템을 섬에 제공하게 될 것으로 기대되고 있다.

마지막으로 운송비용 때문에 그리스제도에 대한 시장행위(market behavior)는 실질적으로 본토의 시장행위와는 차이를 보이고 있다. 이와 관련하여 Totsiou et al.(1999)은 언급하기를, Lesvos의 섬에서 밀가루의 가격이 Athens과 Kalamata 등과 같은 본토도시에서의 밀가루 값보다 9%나 비싼 것은 상품에 부과된 운송비용 때문이며, 결과적으로 이것은 섬에서 판매되는 상품가격을 높게 형성시킴으로써 관광기업의 생산품가격과 관광패키지의 최종가격에 반영되는 악순환이 되풀이되고 있다고 하였다.

5) 외부의존성과 통제

그리스 관광산업은 전세항공을 이용하고 있는 외국인관광객이 59%를 차지하고 있은 것만으로도 짐작할 수 있듯이 해외투어공급자들에 대한 의존도가 매우 높다(Moussios, 1999). 그러나 문제는 많은 그리스제도에서 이러한 현상이 발생하고 있다는 것이다. 왜냐하면 대부분의 이들 섬들은 3S를 목적으로 한 관광객들에게 절대적 의존

하고 있으며, 다양한 형태의 관광객유치를 위해 요구되는 자원의 다양성결여로 상품다각화를 달성할 수 없기 때문이다. 그러나 종교관광목적지 Tinos, 고고학적인 관심의 대상인 Delos, 그리고 화산섬인 Santorini와 같은 대안자원이 풍부한 섬들 그리고 소수의 기타 섬들과 같이 예외도 존재하고 있다.

그리스제도는 비용이 저렴하고, 3S를 목적으로 한 대중관광객 유치지향의 대중관광목적지라 할 수 있지만 내부개발의 결여로 인해 외부개입이 증가하고 있다. Tsartas(1992)가 인용한 Ios의 사례를 보면, 외국투어공급자들이 전세항공을 이용하여 그리스제도와 서유럽 국가들을 연결하고 있기 때문에 관광산업의 발전에 미치는 그들의 필연적인 역할이 강조되고 있었으며, Apostolopoulos(1994)는 Rhodes의 사례를 인용하여 섬에 미치는 다국적 관광기업들의 영향력과 외국투자, 해외항공, 그리고 대도시 투어도매업자들에 의존하고 있는 Rhodes의 현실을 설명하였다. 또한 Zakynthos 섬에 대한 Apostolopoulos & Sonmez(1999)의 연구와 Skiathos 섬에 대한 Zarkia(1996)의 연구는 소유권(ownership)이 지역투자 그리고 그리스 은행들과 유럽연합을 통해 이루어진 융자에 기반을 둔 섬들도 존재하고 있다고 보고하고 있다. 또한 Apostolopoulos & Sonmez(1999)는 증가된 해외투어공급자에 대한 수요가 Zakynthos 섬을 공략하기 시작하였으며, 이것은 그 섬을 대중관광목적지로 변형시키는 결과를 초래할 것이라고 주장하였다.

Loukissas(1982)는 그리스제도에서 지역민보다 외부인들이 관광산업을 개발, 발전시키는데 앞장서고 있음을 발견하였으며, Tsartas(1992)는 그리스제도의 섬들 중에서 주로 대규모 섬들에서는 역 이민자들이나 아테네인들과 같은 특별한 촉매그룹들이 관광개발에 긍정적인 반응을 보이고 있다고 설명하였다. 반면에 Damer(2001)는 Symi 섬에 있는 대다수 관광기업들이 아테네인, 영주권자 또는 계절적 이민자들과 같은 외부인들보다는 내국인들에 의해 운영되고 있는 섬도 존재하고 있음을 발견하였다. 그러나 이것은 작은 규모의 섬이기 때문에 가능한 일이며, 규모가 큰 섬에서는 상황이 다르다. 이를 테면, Pettifer(1993: 76-7)는 Crete에서 아테네인들이 여름동안에만 섬으로 이주하여, 바 운영으로 많은 돈을 벌면 여름이 끝나는 무렵에 아테네로 돌아갔다가 이듬해에 다시 돌아와서 바를 운영하는 사이클을 반복하고 있다고 보고하고 있다. 결론적으로 말하면 대체로 외국인들이 그리스제도의 관광산업의 일면을 통제하고 있다는 증거일 것이다.

그리스제도에서 자율권을 가지고 있는 섬을 발견하기란 쉽지 않다. 비록 그 섬들이 지방정부와 지역정부를 가지고 있는 하나의 지자체이지만 관광개발의 계획과정은 주로 중앙정부와 같은 외부관계자들에 의해 통제되고 있다는 것이다(andriotis, 2001). 예를 들면, Hache(1996)는 섬 지역으로 가는 운송서비스제공에 대한 유럽연합법과의 관련성을 조사하기 위해 설문조사를 실시하였다. 이 연구에 따르면, 교통에 관한 한 그리스제도는 유럽의 섬들 중에서 가장 심각한 중앙집권통치하에 있는 것으로 나타났다. 특히 Piraeus 항구도시에 본부를 두고 있는 그리스 해운부(Ministry of Mercantile Marine)가 Attica 항구와 섬들 사이를 오가는 페리호나 여행자 그리고 차 페리호에 의한 상품과 여행객운송을 통제하고 있으며, 아테네에 본부를 둔 민간항공서비스(Civil Aviation Service)가 항공교통을 책임지고 있다는 것이다(Hache, 1996). 이것은 지자체정부가 있음에도 불구하고 섬 관광개발과 계획과정이 지역정부보다는 외부관계자들에 의해 통제되고 있는 것을 의미하는 것이다(Andriotis, 2001; Lekakis, 1995). 결론적으로, 섬의 미래에 대해 의사결정을 행사할 수 있는 자치권의 결여는 통합된 지방정책의 실현을 방해하고 있으며(Anagnostopoulou et al., 1996: 32), 또한 재무건전성의 결여는 지역 또는 지방정부의 정치적 의지, 행정처리 능력 그리고 외부조직과의 네트워킹에 크게 영향을 미치고 있는 것이다(Lekakis, 1995: 22).

그리스는 중앙정부가 수도 아테네에 위치하고 있기 때문에 공식적인 개발계획이 반드시 커뮤니티의 욕구를 반영하고 있다고는 말할 수 없다(EU, 2000). 즉, 관광 상품의 가장 중요한 구성요소인 지역커뮤니티의 견해는 의사결정과정에서 무시되고 있으며, 관광개발계획과정에서 지역주민의 관여를 필요로 하는 상향식 접근방식이 아닌 하향식 접근방식의 채택은 지역 커뮤니티의 요구를 간과하고 있음을 의미하고 있다(Andriotis, 2001, 2001a). 그러나 관광개발계획에 있어서, 지역커뮤니티의 욕구와 주민참여를 고려한 제한된 노력들을 찾을 수 있는데, 그것들은 도시환경과 생활환경의 개선, 기타 교통, 인프라, 건강과 관련된 프로젝트 등 공공부문 공무원들에 의해 만들어진 것들뿐이었다.

4 결론 및 시사점

계획된 내생적 행위 또는 외생적 힘의 결과로서 섬 커뮤니티에 관광이 도입되는 것은 사회문화, 환경 그리고 경제구조의 급격한 변화를 초래하고 있는 것이 분명하다. 그리고 관광이 섬의 실질적인 경제적 이득에 기여하고 있음에도 불구하고 제한된 관광객 수용력, 자원의 훼손용이성과 지역민의 자기억제성향 등은 관광활동이 섬 지역민의 삶과 민감하고 독특한 환경자원에 심각한 부정적인 영향을 미칠 수 있음을 의미하고 있다. 또한 전 세계적으로 섬 관광개발로 야기되었던 그런 문제들은 그리스제도에서도 분명히 나타나고 있다.

그러나 너무도 많은 섬을 포함하고 있는 그리스제도에 내재된 다양성은 그리스의 섬 전체차원에서의 상세한 분석을 불가능하게 만들기 때문에, 본 연구의 추정결과는 지역적 차원에서 얻어진 것이다. Macheridis(2001)가 주장한 바와 같이, 섬의 지리적인 불연속성은 통계적 지표활용이 불가능하고 신중한 경제적 평가가 요구되고 있음을 의미한다. 왜냐하면, 각 섬들은 각각의 난제와 특성을 가지고 있는 하나의 소우주이기 때문이다.

본 연구의 결과, 개발자나 의사결정권자들이 그리스도서지역 관광개발의 문제점들을 해결하고 섬과 섬 주민들의 편익증가를 위해 고려해야 하는 많은 문제점들이 노출되었다. 첫째, 접근성 향상은 각 섬들과 관광객들을 공급하는 국가들, 다른 도서지역들 그리고 본토와의 연결을 확보하기 위한 필수적인 요소이며, 개발지원정책은 그리스 제도의 섬들에 따른 차별성을 고려하여 수립되어야 하고, 특히 '이중적 섬 특징(double insularity)' 문제에 직면하고 있는 소규모의 섬들은 특별히 많은 관심을 받아야 한다는 것이다. 그러나 접근수단의 향상이 언제나 적절한 대응이 되는 것은 아니다. 왜냐하면 관광객의 증가와 이후의 접근성향상은 문화적, 사회적 비용발생과 같은 부정적인 결과를 양산할 수 있기 때문일 것이다. 그래서 접근성은 합리적인 방법으로 개선되어야 하며, 그것이 관광산업의 추가확대뿐만 아니라 건강, 교육, 농업 그리고 수공예산업의 개선을 지향할 수 있도록 해야 한다.

둘째, 재정과 투자문제다. 비록 개발에 필요한 필수선행조건들을 충분히 갖추고 있

는 섬들도 많이 있지만, 이들 섬 모두가 실질적인 발전을 달성할 수 있는 잠재력을 가지고 출발하지는 않을 것이다. 왜냐하면, 일반적으로 섬들은 개발을 위한 자원이 충분치 않으며, 관광산업의 발전과 인프라 그리고 숙박시설을 위해 요구되는 누군가의 투자의지가 부족하기 때문이다. 개인적으로 판단해 볼 때, 도서지역자원이 보존되어야 한다고 생각한다면, 개발부족이나 제한된 개발이 오히려 광범위한 관광개발보다 나을 것으로 본다. 따라서 보다 많은 섬에서 허용된 관광활동으로 부정적인 영향을 확산시키는 것보다 차라리 수적으로 제한된 섬에 관광활동을 집중시키는 방법이 부정적인 영향을 소수의 섬에 집중시키려는 정부전략으로 활용될 수 있을 것이다.

셋째, 관광관련개발을 탐탁하게 여기지 않는 섬사람들에게 있어서 공적자금의 유입은 부정적으로 비추어질 수도 있지만, 섬 경제는 사회적 부패를 피하고 경제 활성화를 위해 공공지출로 부양되고 있는 것이 현실이다. 그러나 섬에 유입되는 공적자금이 각 섬의 실질적인 욕구와 관심을 고려하지 않고 있다는 데에 문제가 있는 것이다. 많은 그리스 섬들이 재정적 지원을 필요로 한다는 것은 상식이지만 도대체 각 섬에 지원되어야 하는 돈의 한계는 어디인가? 라는 문제가 제기될 수 있다. 그 해결책은 계획하고 있는 대안들에 대한 현실적인 우선순위 목록을 작성하는 것이다. 지속가능한 관광의 관점에서 보면, 각 섬의 이용가능자원을 우선 개발하고 향후, 섬 경제의 활성화를 위한 노력차원에서 실질수요를 유치할 수 있는 해당자원의 잠재력을 개발하는 편이 나을 것이다. 아이리쉬 제도(Irish Islands)에 대한 Royle & Scott(1996: 111-12)의 제안에 따르면, 공공기관은 반드시 품질을 고려하고 제한된 자원으로 적정한 수의 최고상품을 제공할 수 있는 방법을 고민해야 한다고 하였다.

넷째, 통제되지 않은 관광개발은 심각한 환경문제와 사회문제를 야기 시킬 수 있다. 이러한 문제를 해결하기 위해서 관광개발계획은 미래 실행가능성과 경제적, 환경적, 그리고 사회문화적 지속가능성을 토대로 철저하게 평가될 필요가 있다는 것이다. 만일 관광이 지속가능성의 틀 내에서 개발되지 않는다면 결국에는 지지를 잃게 될 것이며, 또한 지속가능한 관광은 관광목적지사회의 욕구에 대한 신중한 고려 없이는 가능하지도 않을 것이다. 외부개발자들(중앙정부 또는 해외투어공급자)이 관광활동을 통제하고 있는 지역에서는 목적지주민들이 관광개발에 반대하는 갈등상황이 연출될 수 있다. 그래서 섬 의사결정의 자율권, 즉 지역커뮤니티에 의한 지역자원의 지배와 관광관련 활동은 자기유도 관광산업의 형성을 위해 매우 중요한 것이다. 또한 관광확대로 초래된 비용을 부담하는 주민들보다 혜택을 보는 사람들이 보다 많도록 노력함과 동시에 관광의 편익과 비용이 지역주민들에게 공평하게 분배되도록 노력해야 한다는 것이다(Brohman, 1996: 59). 섬 주민들이 관광개발로 혜택을 받도록 하기 위해서는 이들에게 관광개발에 참여할 수 있는 기회가 주어져야하며(Timothy, 1999: 375), 그러기 위해서는 지역민들을 위한 일자리 기회와 기업 활동이 촉진되어야 할 것이다. 또한 지속가능한 관광을 위해 요구되는 신중한 자원관리와 실현방법에 대한 계획대안을 마련하는 것은 주민들에게 관광산업으로 절대자원들을 오용하거나 고갈시키지 않을 것이라는 확신을 제공할 수 있을 것이다. 더불어 자원보전을 위해 차후에 만들어질 제안과 규정들은 반드시 지역 커뮤니티에 의해 이행되어야 하며, 지역민의 욕구와 필요를 포함하고 있어야 한다.

결론적으로 그리스 도서지역에서 보다 지속가능한 관광산업의 발전을 달성하기 위해서는 목록화된 우선순위와 전략들을 포함한 포괄적인 관광계획이 요구되며, 이 계획은 환경적으로 민감한 지역에 미치는 관광개발의 잠재적인 역효과에 대한 신중한 평가를 포함하고 있어야 할 것이다. 만일 섬 의사결정권자들이 주민들의 경제적 혜택과 생활수준을 개선하기를 원한다면, 무엇보다 그들이 해야 할 가장 중요한 일은 부정적인 관광효과를 제거하는 일이 되어야 한다. 또한 보존정책을 위한 계획과 투자를 통해 훼손되기 쉬운 섬의 문화적, 환경적 자원들에 대한 보호가 강화해야 한다. Dasmann et al.(1973: 5)이 주장하는 바에 따르면, 대부분의 다른 개발형태에 있어서 어떤 환경적, 사회문화적 가치들은 예상되는 혜택을 위해 희생되어야 하지만, 관광에 있어서 이러한 가치들은 관광객 수용목적지의 품질보호 측면에서라도 높은 수준에서 유지되어져야만 한다는 것이다. 따라서 섬 관광산업의 합리적인 확대를 추구하는 섬들에게 있어서 관광개발계획은 다른 무엇보다 중요한 요인인 것이다.

07

북 키프러스의
지속가능한
관광개발계획

해양관광 개발계획 coastal mass tourism

07

북 키프러스의 지속가능한
관광개발계획

Jon Sadler

Charles Sturt University, School of Environmental and Information

1 서 론

　　본 연구는 저 개발된 관광목적지인 북 키프러스(Northern Cyprus), 즉 Turkish Republic of Northern Cyprus(TRNC)를 대상으로 한 연구로서, 훼손되지 않은 자연자원들에 의해 제공되는 경제적, 사회적, 환경적 기회들이 어떻게 대안적 접근을 통해 극대화될 수 있는지를 평가하는데 그 목적을 두고 있다. 그 대안적 접근이라는 것은 바로 통합된 관광개발절차와 전략적 환경평가를 활용하는 것이다(SEA).

　　키프러스는 지중해에서 세 번째로 큰 섬이다. TRNC는 키프러스의 면적의 38%에 해당되는 3355km²를 차지하고 있는 영토로서 키프러스 최고의 자연자원과 문화자원을 보유하고 있다. 또한 날씨와 입지에 있어서 지중해의 전형적인 속성을 띄고 있으

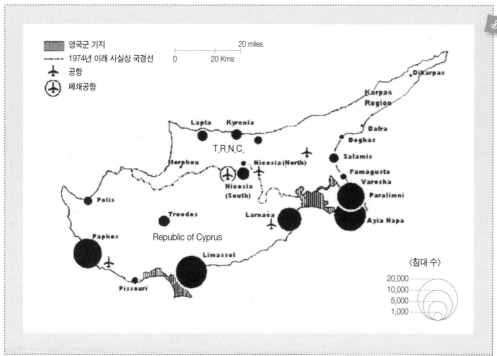

그림 1

키프러스
관광숙박시설의
분포, 1997년

■ 출처: Lockhart(1997)

며 키프러스 해안선의 55%를 포함하고 있다. 더불어 키프러스는 자연역사를 대표하는 웅대한 Kyrenian 산맥(Viney, 1994), Famagusta에 있는 전통도시 Kyrenia와 고대도시 Salamis에서의 역사·문화관광, 그리스 방위군과 그리스 키프러스인에 대항했던 터키 군대와 터키키프러스인 간의 갈등과 전쟁에 관한 다크 관광 그리고 친절한 터키키프러스인의 환대 등과 같은 많은 자원들을 보유하고 있다.

기타 지중해제도와는 달리 그러한 관광자원을 가지고 있는 키프러스 섬의 북쪽은 상대적으로 저 개발된 관광지이다〈그림 1〉. 정치적으로 TRNC는 점령된 영토로서 터키로 인식되고 있지만, 단지 터키로부터 경제적 지원만을 받고 있는 지역일 뿐이다. 즉 터키를 통해 모든 무역이 이루어지며, 국제항공기도 북키프러스로 오기 전에 터키를 경유해야만 한다. 그리고 안정을 위해 28년 동안의 교착된 협상이 이어지고 있는 반면에, 사실상 존재하고 있는 키프러스 공화국(Republic of Cyprus: 그리스 키프러스인 관할 하에 있는 키프러스 섬의 남쪽)과의 경계가 TRNC의 경제를 불안한 상태로 몰아넣고 있는 것이다.

표 1	단기지표	장기지표
장단기 관광경쟁력 지표	숙박비	경관가치
	관리	생태유적
	교통 및 기반시설	문화유적
	촉진	역사유적
	볼거리	자연환경가치

■ 출처: World Tourism Organization(1994)

　　과거에, TRNC와 키프러스 공화국의 관광경쟁력에 관한 비교연구에서는 호텔가격, 역사유적지, 행정기관, 상품품질, 교통과 인프라, 그리고 홍보 등의 요소들이 평가되었다. 처음 두 요소들을 제외하고 나머지 요소들에 있어서, TRNC는 키프러스 공화국보다 열세의 경쟁위치에 놓여있는 것으로 밝혀졌으나, 전통적인 경제적 접근방식만으로 TRNC의 경쟁력을 측정하기에는 불가능한 많은 장기적인 경쟁지표들을 보유하고 있었다. 예를 들면, TRNC의 소중한 관광자원들로서 영국과 독일소재의 관광기업들에 의해 '자연그대로의 상품'이라는 라벨을 부여받은 예술적 생태학적 경관과 황무지와 같은 문화적 지표들〈표 1〉이 그것들이다. 반면에 키프러스 공화국은 발전정도가 높은 관광목적지로서 관광시설의 과잉공급으로 인해 Larnaca와 Ayia Napa 지역이 밀집된 빌딩과 대상개발(ribbon development) 형태의 모습을 보이고 있었으며, 이와 관련된 환경문제들은 계획가들로 하여금 보다 지속가능한 관광개발방식에 관심을 갖게 만들었다. 또한 불확실하고 복잡한 정치상황과 관광개발에 대한 전략적 접근의 필요성은 많은 심각한 문제들을 야기하였다. 본 연구의 목적은 TRNC 관광개발에 대한 전반적 개요를 제공하는 것이며, 이를 위해 특히 다음의 내용들에 초점을 두고 있다. 첫째, 키프러스의 적절한 지속가능한 관광개발을 위한 이론적 절차 둘째, TRNC의 관광개발을 위한 기존의 프레임(framework) 셋째, TRNC와 키프러스 공화국의 보다 효과적이고 지속가능한 관광개발계획을 확보하기 위한 향후 연구 방향과 제안 등이다

2 지속가능한 관광개발계획에 대한 이론적 접근

1) 섬 패러다임

관광객들이 추구하는 섬의 이상적인 특징들은 아마도 지형적 고립, 정치적 독립, 문화적 차별성, 그리고 매력적인 기후와 환경 등일 것이다(Butler, 1993). 이러한 특징들은 영원한, 변함없는 그리고 환상적인 로빈슨 크루소 요소(Robinson Crusoe Factor: 고독한 표류자)의 원인이 되기도 한다(Lockhart, 1993). 북유럽방문객들에게 있어서 지중해 섬들은 어느 정도 이러한 특성들을 구현하고 있는 장소로 지각되고 있다. 하지만 아마도 목적지 차별성은 모래비치와 지역주민의 환대를 기반으로 한 대중관광휴양지의 자유로운 즐거움 보다는 덜 중요할 것이다(Butler, 1993; Dann, 2000). 따라서 섬의 독특함, 친밀감 그리고 휴먼 스케일(human scale: 인간이 쾌적함을 느낄 수 있는 공간) 등이 대안관광과 대중관광객들을 위한 필수구성요소라는 점에 대해서는 논란의 여지가 있을 수 있을 것이다.

대부분의 소규모 섬들은 경제 활성화를 위해 관광을 활용하는 어떤 대안을 가지고 있기는 힘들다. 왜냐하면 그것들은 공통적으로 특화된 소규모의 경제, 제한된 인적자원과 물적 자원, 국제시장변화에 대한 제한된 대응능력 그리고 해외투자가들과 주요 서비스공급자들이 행사하고 있는 외생적 의사결정 등과 같은 약점들로 어려움을 겪고 있기 때문이다.

2) 경쟁적 지속가능성 패러다임

대안관광형태에 대한 관광객들의 관심의 증가는 선행연구를 통해 충분히 입증되고 있다(Carey et al., 1997; Orams, 1995). Gilbertd 따르면, 독립적이고, 문화적이며, 자연을 기반으로 한 대안관광의 성장은 대중패키지관광의 감소를 초래하게 될 것으로 예상되었으며, 만일 이러한 추세가 인정된다면 보다 분별력 있는 관광객 유치에서 경쟁우위를 점하기 위해 무엇이 필요한지를 밝힐 필요가 있을 것이다. 그러나 대안관광에 대한 지속가능한 접근방식의 결여는 대중관광보다 더 많은 환경적인 손실을 초래할 수도 있다는 것을 기억해야 한다. 예를 들면, 새로운 장소와 경험을 찾기 위해 분산된 대안관광

그림 2

포괄적 환경영향평가
(Comprehensive
environmental
impact assessment)
시스템의 진행과정

정부수준	전략적 환경평가 형태			
	정책	계획	프로그램	프로젝트
중앙	중앙정부의 관광정책			
지방		지방정부의 전략계획		
지역			지역정부의 투자 프로그램	
현지				현지인프라 프로젝트

■ 출처: Wood(1995)

객들이 휴양지에 집중된 대중관광활동보다 환경적으로 보다 나쁜 영향을 미칠 수 있기 때문이다(Warner, 1999). 따라서 보다 장기적인 경쟁력강화를 위해서 관광에 대한 지속가능한 접근방식이 요구되고 있는 것이다. 그리고 이를 위해서는 경제지표와 수용력지표 그리고 그 이상을 초월한 어떤 것들이 고려되어야 하며, 보다 전반적인 접근방식을 채택하도록 계획가들에게 요구하고 있는 것이다. 경쟁력을 평가할 때는 장기구조계획과 단기운영계획의 수립이 필수적이다〈표 1〉.

본 연구는 장기적인 경쟁력 차원에서 TRNC의 관광개발계획방법을 조사하고 있으며, 그것은 관광에 대한 이론적 환경평가(EA: environment assessment)방식의 적용가능성과 함께 기존의 시스템을 고려하고 있다. 이를 위해서는 먼저 지속가능한 개발의 개념을 고려해야 한다. 지속가능성은 관광개발에 의해 발생하는 혜택이 지속적으로 한 지역에서 유지됨을 필요로 하고 있으며(Butler, 1993), 그 혜택들은 1인당 소비의 합리적인 향상, 환경보호, 그리고 의사결정과정에서 모든 지역 커뮤니티 구성원들의 관여를 필요로 하고 있는 것이다. 그러나 현실적으로 이 혜택들은 환경문제와 사회경제적 목표 간에 거래가 존재하고 있음을 의미하고 있으며, 달리 말하면 만일 대체될 수 없는 자연요소와 문화요소들의 보호가 지켜지는 관광이라면 지속가능한 관광이 가능한 것으로 해석될 수 있을 것이다. 따라서 이러한 요소들은 중요한 자연문화자본들로 알려져 있으며(Bond, 1995), 정책과 법률제정을 통해 정의되고 보호될 필요가 있다.

목적지 수용능력의 개념은 지속가능한 개발개념에 그 뿌리를 두고 있으며, 용인될 수 없는 물리적 환경의 변화와 경험의 질적 저하 없이 특정장소의 이용 가능한 최대 인원수로 정의될 수 있기 때문에 어쩌면 불확실한 개념일 수도 있다. 따라서 지속가능한 개발의 개념은 물리적, 심리적, 생태적 그리고 사회적 변수들을 활용하여 개발계획과정의 초기단계에서 설명되어지고 정량화되어질 필요가 있다. 또한 각각의 이들 변수들은 복잡한 이슈를 내포하고 있는데, 예를 들면, 그 중에서도 특히 생물학적 수용능력 지표에는 아마도 개별적인 종(種), 서식지, 유전적 다양성 또는 생태적 다양성 등의 허용될 수 없는 변질 또는 이것들의 혼합 등이 포함될 수도 있을 것이다. EA(Environment Assessment)의 기본은 이러한 환경적 수용능력이 관광프로젝트에 의해 초과 된 지역을 평가하는 것이다.

관광개발과 같은 프로젝트들은 단독으로 계획, 형성, 실행 그리고 취소되는 것은 아니며, 지역, 국가 그리고 국제적 변화의 차원에서 다른 프로젝트, 프로그램, 계획 그리고 정책들을 포함하고 있기 때문에(Morris & Therivel, 1995) 개발계획에 대해 전략적 접근을 요구하고 있다. 따라서 전략적 환경평가(SEA: Strategic Environment Assessment)는 각 정부(중앙, 지방, 지역)로 하여금 정책, 계획, 프로그램, 그리고 또한 프로젝트의 환경영향을 평가하도록 기회를 제공하는 것이다. 그리고 전략적 영향평가과정에 대한 정의는 '환경영향이 경제적, 사회적 고려사항들과 동등하게 의사결정과정의 초기단계에서 완벽히 포함되고 적절하게 제시되었는지를 확인하기 위해서 정책, 계획 또는 프로그램 등의 환경영향평가를 위한 조직적인 과정이다(European Commission, 1998: 1)'로 표현될 수 있을 것이다. 또한 Glasson et al.(1994)은 정책, 계획 그리고 프로그램에 대해 다음과 같이 정의하고 있다.

- 정책은 행동을 위한 영감에 대한 착상이며 길잡이이다.
- 계획은 정책수행을 위한 일련의 통합된 그리고 한시적인 목표이다.
- 프로그램은 특정지역에 내에서 계획실천을 위한 일련의 프로젝트들이다.

SEA과정은 용인할 수 있는 지속가능한 개발수준을 보장하는데, 그것은 SEA가 상위 수준의 정부에 의한 평가를 필요로 하고 있기 때문이다〈그림 2〉.

3) 환경평가의 문제점

Mlller & Szekely(1995)는 발전된 국가에서 개발프로젝트와 관련된 이해관계자들, 즉 국제사회, 재무상담사, 환경압력단체와 산업계들은 프로젝트의 평가를 위해 필요로 하는 시스템에 대해 불신을 제기하고 있으며, 그것은 다음과 같은 이유 때문일 것이다.

- 불충분한 과학적 지식: TRNC는 훈련된 인적자원 그리고 재원부족으로 프로젝트에 관한 정보를 획득하기가 매우 어렵기 때문에 불충분하고 다소 관련 없는 환경정책들을 모색하게 하고 있다(Camgoz, 1999; Eren, 1999).
- 프로젝트의 전체 라이프사이클에 걸쳐 환경영향의 감소가 주는 의미에 대한 통찰력의 결여: 예를 들면, 물의 수요와 공급과 관련한 TRNC의 환경상황이 미국과 유럽의 냉온지대에서 유래된 부적절한 어떤 생·물리학적 원인으로 잘못된 추정을 부를 수도 있다.
- 측정 가능한 목표나 목적을 가진 환경정책채택의 어려움.
- 보다 근본적인 변화보다는 감소, 재생, 회복, 그리고 재활용과 같은 가시적인 환경보존을 위해 지속가능한 원칙을 완화하는 정책을 강조하고 있음.
- 평가기준의 공정성과 지속적인 적용에 대한 확인시스템의 결여.
- 개발초기단계에서 환경성과(environmental performance)를 측정하고 비교하기 위해 활용된 방법.
- 가장 우수한 환경성과와 비교하는 것보다 업계내의 표준과의 비교를 바탕으로 한 모니터링 방법.
- 일반적으로 쉽게 관찰될 수 있는 것 또는 공개적으로 이용 가능한 정보에 의존하고 있는 EA시스템, 이것은 완전한 환경영향과 관계가 없을 수도 있다.

4) 관광개발계획의 문제점

비치 또는 산맥과 같은 개발대상지역 내의 모든 자연자원들은 관광 상품의 일부이기 때문에 지속가능한 관광개발계획을 수립한다는 것은 매우 복잡하고 어려운 일임이 분명이다. 또한 관광개발계획은 다차원적이고(정부, 지방, 지역) 공간적 그리고 조직적으로 분리되어 있으며, 다양한 경제적, 생·물리학적, 사회문화적 그리고 정치적 상호관계를 포함하고 있다. 그러므로 관광개발계획은 환경영향의 중요성을 측정하는 환경평가심사와 더불어 반드시 해결되어야 할 환경문제를 정의하기(scoping) 위해 복잡한 다중학제간의 접근을 요구하고 있다. 또한 관광개발계획은 역동적이어서 그 관련과정과 영향력은 필연적으로 변화에 매우 민감할 것이다. 역으로 말하면, 지속가능한 개발은 어느 정도의 안정성과 내구성을 필요로 하고 있음을 의미하는 것이며, 따라서 SEA과정은 서로 다른 이것들의 관련성을 하나의 운영계획의 틀로 만드는 과정으로 볼 수 있다.

3 연구방법

TRNC와 관련된 연구주제에 대한 관련문헌과 특정자료의 부재는 기타 섬 관련사례와의 비교연구는 물론, 현장조사를 불가피하게 만들었다. 따라서 TRNC가 지니고 있는 문제점에 대해 잘 알고 있는 핵심정보제공자 총 8명을 대상으로 심층인터뷰가 수행된 것이다.

인터뷰 대상자들은 공공부문과 민간부문에서, 그리고 중앙, 지방, 커뮤니티 정부차원에서 관광과 환경계획 그리고 관리(경영)의 관련성을 기준으로 선발되었으며, 이들은 관광책임자인 외무장관(국무장관), 환경청의 부장관, Famagusta 도시계획부(Famagusta Planning Department)의 환경국장, 마을이장, 지역기업가와 호텔투자가, 호텔매니저, Famagusta 항구도시에 있는 동부지중해 대학의 관광학과의 교수들로 이루어졌다.

정성적 연구의 틀은 비록 질문의 특수성이 문제점과 이슈에 맞춰진 응답을 요구하고 있지만 추론에 입각한 접근방법을 포함하였다. 연구의 제약요소로는 환경보고서와 같은 자료들을 TRNC 행정부로부터 제공받을 수 없었다는 점 그리고 의사결정권자와 기타 이해관계자들 그리고 일반대중 사이의 지각된 의사소통이 결여되어 있다는 점 등이었다. 또한 일부응답자들의 대답은 통역과정 때문에 어쩔 수 없이 그들의 진정한 의미가 반영되지 못한 경우도 있었다.

이슬람세계와 기독교 문명의 축에 위치하고 있는 키프러스는 중요한 전략적 가치를 지니고 있으며, 과거 오래 동안 20여명의 당대 권력자들은 자신들의 정권을 위해 갖은 책략을 써왔다(TRNC, 2000). 1960년도 키프러스 공화국으로 독립하기 전까지 Hellenic Minoans and Mycenaeans, the Assyrians, Egyptians, Persians, Phoenicians, Alexander the Great, Byzantines, Lusignans(Frankish), Venetians, Ottomans 그리고 마지막으로 영국 등 다수의 국가들에 의해 별 저항 없이 강제적으로 식민지화 되었던 국가이다.

1963년-1974년 사이에 키프러스의 80%를 차지했던 그리스출신 키프러스인(Greek Cypriot)이 보다 큰 권력을 요구하면서 터키출신 키프러스인(Turkish Cypriot)과의 종족분쟁이 발발되었고 그리스와의 연합 또는 합병을 원하는 Greek Cypriot EOKA(National Organization of Cypriot Fighters) 그리고 오늘날의 TRNC 행정부와 같은 이념을 가지고 분리를 원하는 Turkish Cypriot TMT(Turkish Defence Organization) 같은 극단주의자들이 긴장을 가속화 시켰던 것이다. 하지만 그러한 내부갈등에도 불구하고, 독립이후 키프러스 경제는 특히 오늘날 TRNC 지역의 관광개발과 관련하여 상당한 발전을 이룩하게 되었다.

1974년 7월, 아테네에 있는 그리스 군사정권에 의해 고무된 그리스인과 그리스 출신 키프러스인들에 의한 쿠데타는 터키가 지배하고 있는 키프러스 섬을 침공하여 섬의 약 38%까지 빠르게 점령하였다. 그 후 TRNC는 1983년도 터키출신 키프러스 행정부에 의해 탄생하게 되었으며, TRNC가 처했던 이러한 독특한 상황은 TRNC의 관광개발에 다양한 특징들을 내포하게 되었다.

첫째, 가장 중요한 것은 대다수의 국민이 대체로 교육수준이 높은 숙련된 기술자들로 구성되었던 터키출신 키프러스(Turkish Cypriot) 커뮤니티가 이제는 소수민족이 되어 영국, 터키, 호주 그리고 그 밖의 나라들로 이주를 도모하였으며, 대체로 교육을 잘 받지 못하고 비숙련 기능공들인 Anatolian(소아시아) 터키인 이민자들만이 초기 관광개발에 제한된 노력만을 제공하고 있었다. 그들은 주로 대규모 호텔직원으로 종사하고 있

으며, 1974년 재향군인회 가족들, 도시의 저소득층, 토지를 소유하지 못한 농부, 그리고 악질 범죄자와 정신 병력자 등으로 구성되어 있었다(Avci, 1999; Dubin, 1996). 그러나 이러한 상황은 점점 늘어나고 있는 능력 있는 고학력 터키사람들이 그 섬에 관심을 보이면서부터 변화를 보이기 시작했으며, 그들의 관심은 주로 터키와 중동사람들 그리고 고국으로 돌아오는 해외 추방자들을 만족시킬 목적으로 약 2000명의 학생 수용이 가능한 5개의 대학설립으로 표출되었다.

둘째, 키프러스에서 1974년 이전에 건설된 호텔들과 인프라의 대부분은 터키군사정권이 소유하고 있었으며, 모든 숙박시설의 82%, 건설 중인 호텔의 96%를 터키인들에게 박탈당한 상태였다(Andronicou, 1979). 하지만 비무장지대에 방치된 Varosha 이주민 정착지를 제외한 Kyrenia와 Famagusta 도시에 있는 관광시설들은 전후 10여 년 동안 수적으로 많지 않았던 관광객들을 만족시키기에 충분했으나(Mansfield & Kliot, 1996), 1973년 Kyrenia 도시에는 단지 1369개의 침대만이 제공되고 있어서 약간의 개발은 피할 수가 없었다(TRNC, 1997). 또한 터키와 유럽방문객들의 증가로 관광인프라의 확대가 필요하게 된 것은 단지 1980년대 후반의 일로(Lockhart & Ashton, 1990), 개발을 위해 선택되었던 Kyrenia의 동쪽과 서쪽 그리고 Famagusta의 북쪽에서부터 Boghaz까지는 상대적으로 규모가 작은 지역들이었다.

셋째, TRNC의 불안정한 연립민주주의정부는 터키에 의해 강한 영향을 받은 부족주의(tribalism)정당과 같은 분위기 속에서 지속적으로 변화하고 있었다. 관광개발과정은 국가전략차원에서 많은 개발도상 국가들의 특성을 답습하였으며, 의사결정이 소수의 전문가와 중앙에 집중되어있다는 점에서 터키와 유사하였다(Tosun, 1998, 2001). 또한 지역차원의 개발계획을 맡고 있는 도시계획부(Department of Town Planning)는 단지 주거지개발을 계획하는데 초점을 두고 있었다(lockhart, Drakakiss0Smith, 1996).

넷째, 비록 모든 지역이 관광개발을 위해 적합하지는 않았지만 대부분의 섬 커뮤니티들과는 달리, 키프러스 관광개발은 토지사용문제에 있어서 그리 큰 충돌은 없었으며, 육지의 8% 이상이 비 활용 지역이었고 이보다 훨씬 많은 비율이 목초지로 이용되고 있던 척박한 불모지였다(TRNC, 1995). 따라서 TRNC의 인구밀집도는 키프러스 공화국의 58%(Lockhart & Drakakis-Smith, 1996), 몰타의 21%(Godfrey, 1995)에 지나지 않았다.

마지막으로, 그리스 출신의 키프러스인들을 위해 과잉으로 공급되었던 이전의 주택재고는 새로운 주택건설을 위한 대규모개발 없이 최근까지 집 없는 터키출신 키프러

북 키프러스와
키프러스 공화국의
관광객 침대 수
(1987-1997)

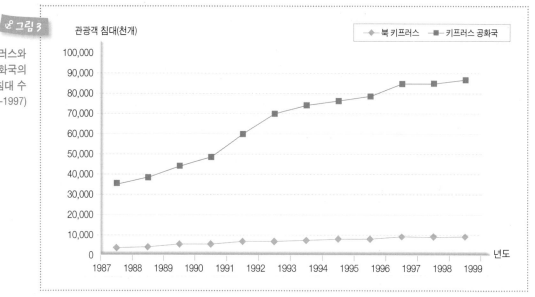

■ 출처: International Tourism Report(2000), TRNC Statistic and Research Department(1998)

스인들, 터키이민자들, 국외로 추방되었던 퇴직자들 그리고 비즈니스 여행객과 휴가여행객들을 위한 정착과 숙박시설로 이용되고 있다. 그래서 1987년까지 관광개발은 여전히 정체상태에 있었으며, 그 이후에 개발된 새로운 관광숙박시설도 키프러스 공화국의 약 1/10에 불과하였다〈그림 3〉. 진행되고 있던 개발은 Pearce(1995)가 지적한 것처럼 도심에 꽤 근접해 있는 일부해안지역을 따라 형성된 대규모 호텔군집은 섬의 특징을 내포하고 있었으며, 이런 경우가 바로 Famagusta와 Kyrenia 해안지역에 해당된다. TRNC 숙박시설의 약 95%는 거의 호텔과 호텔아파트 형태를 띄고 있었으며, 이 숙박시설의 2/3는 100개 이상의 객실을 갖고 있는 대규모 호텔이었다(TRNC, 1997).

한편, 농업, 정부행정 그리고 건설부문과 비교하여 관광이 고용에 미친 기여도가 상대적으로 낮았음에도 불구하고, TRNC정부는 관광을 경제의 근간으로 여기고 있었으며, 또한 상대적으로 빠르게 유발되고 다른 경제부문을 지원할 수 있는 파급효과를 지니고 있던 관광은 임시변통차원의 해결책으로도 고려되고 있었다(Altinay, 1998). 결과적으로 이러한 정치적 관점, 낮은 토지경쟁력, 기존거주지의 특별활용, 그리고 TRNC 행정의 재원 및 전문성의 결여 등이 관광을 위한 전략적 계획과 지역개발계획 모두를 불완전하게 만들었던 것이다.

5 TRNC 관광계획의 현실

많은 서양유럽 국가들에서 환경문제에 대한 성숙된 국민들의 인식은 법과 늘어난 소비자 압력에 반영되어 관광을 포함한 녹색상품의 경쟁적 우위에 대한 관심으로 표출되었다. 예를 들면, TRNC의 경우, 해마다 키프러스 그리고 터키학생들과 함께 영국의 Glasgow University Turtle Conservation Expedition(GUTCE)의 60명의 학생자원봉사자들이 거북이 보호를 지원하고 있으며, 거북이를 관찰하는 외국방문객의 50%가 이 목적을 위해 TRNC를 방문하고 있다는 사실이 GUTCE팀에 의한 설문조사로 밝혀지기도 했다(Bell, 1999).

그러나 지속가능한 관광개발방법의 채택이 지연되고 있는 데는 몇 가지 이유가 있다. 첫째, 그리스출신 키프러스인이나 터키출신 키프러스인들은 대체로 대중관광이 주는 혜택만을 신뢰하고 있다는 것이다(Akis, et al., 1996). 예를 들면 위에 제시된 관광동향 그리고 대중관광목적지의 초과수용 같은 기존의 문제점에도 불구하고, TRNC북부의 Dikarpas 지역이나 남부의 Laona 그리고 Paphos 같은 저개발지역의 지역민들은 대규모 관광개발을 선호하고 있는 것으로 보인다. 따라서 1997년에 TRNC의 객실점유율이 31.8%(Altinay, 1998)로 비록 그 점유율이 키프러스 공화국보다 높았지만, Ayia, Napa와 Limassol 같은 일부지역에서는 최근 약 30%의 점유율에도 어려움을 호소하고 있다는 것이다(Seeking, 1997). 심지어 이들 지역들이 관광개발에 의해 완전히 변모될 시점에서는 약 년 500,000만 명의 관광객들이 방문할 것으로 예상되고 있었음에도 불구하고(Cope, 2000) 별다른 불평 없이 목적지 커뮤니티의 적극적 수용이 기대됨으로써 사회적 수용능력이 초과될 것이라는 사실을 제기할 수 있는 증거는 어디에서 찾을 수 없는 것이다(Severiades, 2000). 그리고 특히 TRNC의 자연자원에 대한 관광의 영향이 낮게 지각되고 있었기 때문에 사회통념상, 자연자원의 보호가 거시경제의 절박성만큼 중요하게 보이지 않았다.

둘째, Ioannides(1995)가 설명한 바와 같이, 키프러스의 개발계획의 통합성이 결여된 것은 부분적으로 포괄적인 계획통제와 환경보존전략이 정치적, 경제적 편의주의(expediency) 그리고 성장목표 등과 상충되고 있다는 오해 때문이다. 환경보호청 부청장

은 TRNC 의사결정과정에서 이러한 진부한 오해가 정치가나 관료들에 의해 지역커뮤니티들이 의도적으로 무시되고 있는 이유라고 말하고 있다(Camgoz, 1999).

셋째, 관광개발의 당면과제들을 이해함에 있어서, 터키공화국과 TRNC의 정치적, 경제적 욕구가 정책입안자와 개발자들 모두의 견해에 영향을 미쳤으며, 정책입안자들의 입법구조와 환경영향평가를 위한 기술상의 능력부족 그리고 자원의 공간적 분포와 그 우선순위를 정하기 위한 정책결정과 정책수단의 결여 또한 많은 문제점들을 내포하고 있었다(Hunter & Green, 1995).

Tourism Incentive Law(1987)는 TRNC의 관광정책의 법적 틀을 제공하였으며, 〈표 2〉에 약술된 많은 인센티브에 관한 규정들은 주로 투자와 관광촉진에 중점을 두고 있었다. 그러나 현실적으로 판단할 때, 자신의 소득을 본국으로 송환하는 국외로 추방된 터키출신의 키프러스 투자가들과 비교할 때, 그 규정들이 TRNC 경제에 미치는 기여도는 매우 미비하였다. 이와 관련해서 Balgioglu(1999)는 '정부지원이 약속되어 있었지만 아무것도 지원된 것은 없었으며, 따라서 그 프로젝트는 완성될 수 없었다'고 강변하였다.

표 2

북 키프러스
관광활성화를 위한
투자 장려방안

1. 프로젝트와 관련된 투자상품에 대한 수입관세감면

2. 전세항공위험에 대한 정부의 손해분담

3. 브로셔와 광고비용 분담

4. 전세기 운항, 관광숙박시설에 대한 투자의 경우, 10년 동안 법인세와 소득세 면제.
   50명이 넘지 않은 주주로 구성된 주식회사의 경우, 3년이 늘어난 총 13년의 면세혜택이 주어짐

5. 외자에 대한 연이자와 원금분할의 양도가능

6. 호텔과 여행사의 과세대상소득에서 외화총수입 금액의 20%를 축소징수

7. 어떠한 제재 없이 수익의 본국송환

8. 투자회수의 경우, 무료전송

9. 특정지역에는 적합하지 않지만, 자격을 갖춘 외국인이라면 고용가능

10. 외국 노동자의 순소득 송금제약 없음

11. 건설 면허비용 지불불필요

12. 촉진과 마케팅을 위한 여행과 광고비용은 과세대상 수입에서 공제됨

■ 출처: 북 키프러스 재정경제부(1994)

Tourism Incentive Law(1987)는 선전을 위한 기획법안으로서(Getz, 1987) 관광촉진과 경제적 이윤의 극대화가 강조되는 관광개발의 초기단계에서는 중요할지 모르지만, '그것은 경제성장이 항상 촉진될 것으로 믿는 정치가들과 관광을 통해 경제적 이득을 얻을 수 있는 사람들에 의해 만들어졌으며, 그들은 아마도 개발할 자원들이 모두 소진되거나 장려정책 수행에 대한 실제비용 또는 기회비용이 너무 높다는 증거가 나타날 때까지 계속해서 그 법을 장려할 것이다'라고 Getz는 말하고 있다.

관광정책의 운영전략인 TRNC 관광마스터플랜초안을 보면, 역시나 Tourism Incentive Law가 대체로 홍보와 경제정책들만을 강조하고 있다는 것을 보여주고 있으며, 그러한 목표들은 실제로 전혀 실행될 수 없는 것들이었다. 한 가지 예가 바로 공간계획모델을 활용하여 1997년의 8940개의 침대 수용량(bed capacity)(TRNC, 1997)과 1998년 184,434명의 관광객 수를 2010년까지 각각 50,000개와 606,775명까지 향상시키겠다는 제안이다. Karpas 비치에 있는 Bafra에 적용된 그러한 토지이용기반의 계획모델은 어처구니없게도 Karpas 비치의 물리적 수용능력의 15%인 8000개의 객실을 추가로 할당하겠다는 것을 의미하고 있었다. 한편, 유럽연합은 TRNC 정부의 관광개발계획에 대한 투자로 인해 보다 책임 있는 의사결정을 위한 촉매역할을 TRNC정부에 요구할 위치에 있었다(Sertoglu & bicak, 1998). 하지만 비록 유럽연합 가입협상을 위해 두 커뮤니티 지도자들의 회동은 있었지만 TRNC 행정부의 참여성 결여는(European Commission, 2002) 유럽연합으로 하여금 TRNC의 행정부가 지속가능한 관광개발을 지지하지 않는 것으로 믿게 만들었다.

그러한 상황은 정치적 의사결정권자와 대기업의 이해가 강조되는 TRNC의 중앙집권식 사회정치구조에 의해 초래된 것이며, 그것은 관광개발에서도 그대로 나타나고 있다(Dubin, 1996; Kanol, 1999). 즉 비록 공직생활에 있어서 정치적 결단력이 정치인 개인의 위상을 격상 또는 격하시킬 수도 있기 때문에 매우 중요한 요소일 수밖에 없다고 할지라도, 정치인들과 정책입안자들이 정치적으로 실행불가능한 일이라는 잠정적 가정으로 지역관료들에게 귀를 기울이지 않는 것은 바로 TRNC의 사회정치구조에서 비롯된 것으로 볼 수 있다는 것이다(Kanol, 1999). 전략적 측면에서 해석해 보면, 이것은 국제자금이 지원된 대규모 호텔들은 즉시 일자리를 창출할 수 있지만 반면에 소규모 지역개발프로젝트는 그럴 가능성이 없다고 생각하는 것과 같았다(Kanol, 1999).

접근성 결여, 불충분한 교통수단과 서비스인프라, 비 표준화된 시설, 투자펀드의 부

족, 낙후된 기술, 경영기술의 부족, 유능한 직원의 부족 등은 개발도상국가로서 TRNC가 보유하고 있는 절박한 문제들이다. 무엇보다도 지역정부는 충분한 기본서비스를 제공하도록 모든 노력을 강구해야하며, 관광은 이후에 오는 부차적인 것이 되어야만 한다. 예를 들면, 파마구스타 환경부(Famagusta Environment Department)가 최근 UN의 재정적 지원을 받아 가장 우선순위에 둔 일은 하수오염이 되지 않은 안전한 급수확보에 있었다(Eren, 1999). 또한 계획가들은 관광개발의 위치, 형태, 크기 등을 고려함에 있어서 보다 적극적인 이해관계자들의 참여를 요구해야하며, 더불어 시장의 핵심소비자와 상품 등에 대한 명확한 이해가 필요하다.

전통적으로 지역기관들은 지역계획을 이행할 때 상호공조를 하지 못하고 있다. 예를 들면, Famagusta에서 자치단체, 역사박물관 관리소, 도시계획가 그리고 Famagusta의 도시 활성화와 레크레이션 협회 등이 옛 도시의 레크레이션과 관광시설개선을 위한 계획을 가지고 있었지만, 그들은 서로의 아이디어를 교환하거나 통합하지 않고 있어 비효율적 자원 활용, 지연, 그리고 계획수행을 위한 각개전투식의 접근을 초래하고 있다(Biyikoglu & Kursat, 1999).

한편, TRNC 방문객 동향은 최근 몇 년 동안 증가되고 있는 반면에, 지출수준이 낮고 단기 체류를 목적으로 하는 터키관광객들에게만 지나치게 의존하는 경향을 보이고 있으며, 이들이 해외방문객의 60-70%를 차지하고 있는 상황이다(Lockhart & Drakakis-Smith, 1997). 이들 관광객들은 품질불량의 숙박시설을 이용하면서도 환경계획과 기존 또는 새로운 시설과 서비스의 개선을 위한 어떠한 동기부여도 제공하지 못하고 있다.

반면에 TRNC를 찾는 유럽인들과 많은 터키인들은 자신들이 방문하는 휴가목적지의 상품과 환경에 대해 확실한 품질, 신뢰성 그리고 안전기준 등을 기대하고 있다. 대중관광차원에서 보면 비록 터키와 TRNC는 통화를 공유하고 있지만, 터키에서는 노동과 기타비용이 보다 저렴하기 때문이 TRNC에 비해 국내관광객과 국제관광객을 유치하는데 절대적으로 유리한 입장에 놓여있다(Warner, 1999).

6 TRNC의 지속가능한 관광개발계획

1) 과정

지속가능한 관광개발계획에 대한 접근방법은 반드시 포괄적, 반복적, 역동적, 조직적, 통합적, 지속적 그리고 목표 지향적 이어야 한다(Godfrey, 1995). 따라서 TRNC의 모든 관광개발단계에서의 자문(consultation)과 의사결정을 허용하는 국가적 마스터플랜에 대해 초점을 맞추어야 할 필요가 있다. 상향식이 내포하고 있는 커뮤니티 책임감을 자극하기 위하여 TRNC 내각의 하향식 환경정책과 계획에 변화를 줄 필요가 있으며, 이것은 지속가능한 개발계획에 대한 정부와 기업의 의식고양에도 기여할 것이다. 1997년 경제개발계획(Economic Development Plan)〈표 3〉은 지속가능한 개발계획과 대안관광으로

표 3

1997년
경제개발계획정책

1. 시설계획 및 관광기본계획 개발 수립
2. 역사문화환경보호, 자연보호구역과 국립공원의 환경오염방지, 법정대리기관의 설립. 그리고 이들 지역에서의 관광개발금지
3. 합법으로 집행력을 가진 통합된 관광환경정책마련
4. 성수기 연장, 겨울관광지원, 그리고 체류기간의 연장
5. 관광시설개선과 보양관광, 골프관광, 촌락관광, 범선관광, 3세대 관광, 청소년관광, 문화관광 과 컨퍼런스 관광 장려
6. 산업의 게인 소유화 촉진
7. 정부, 종사원 그리고 관광산업 간의 상호소통촉진
8. 여행사 그리고 숙박시설의기준의 도입으로 품질개선
9. 환경과 관광에 대한 인식고양을 위해 환경전공을 교육과정으로 도입
10. 출발국가로부터 북 키프러스까지 직항로 개설을 위한 지속적인 협상
11. 해외관광마케팅을 통해 북키프러스의 이미지를 개선
12. 국제박람회, 컨퍼런스, 축제 등의 참여와 개최를 통해 북키프러스의 가능성을 탐색
13. 지역경쟁자들에게 관광의 경쟁우위를 개선시키도록 함
14. 관광의 중요성을 인식하고, 개발과의 조화를 위해 지자체, 관광산업, 투자가 그리고 지역민들과 협력강화

■ 출처: Devlet Planlama Orgutu(DPOPKKTC(1996)

의 다각화에 필요한 일반정책들을 약술한 것으로서 반드시 상세한 전략적 계획과 더불어 실행되어야 함에도 불구하고, 불행하게도 1997년 이래 매년 마련되는 한시프로그램의 활용으로 정책의 지속성을 방해받고 있으며 정책이 계획과 프로그램으로 전환될 수 있는 기회를 차단하고 있다.

의사결정권의 분산을 위해 관광개발계획은 지역조직구조로 통합될 필요가 있으며, 반대로 지역정부(local government)는 지역커뮤니티와 관광산업의 욕구차이를 메워주는 가교역할을 해야만 한다. 또한 계획수립을 위한 필수요소의 하나로 지역기관들을 들 수 있는데, 이것들은 경제적, 사회적 그리고 환경적 인프라를 만들어 운영하고, 유지하며 또한 계획과정을 감독하고 있기 때문에(예를 들면, 개발허가 그리고 개발규제 등) 운영에 있어서 효율성이 강조되어야 하는 기관들이다. 더불어 지역민과 가장 친숙한 관리차원의 이 기관들은 지역정책과 규제(예를 들면, 투자지구, 호텔 그레이딩)를 수립하고 정책수행을 지원하는 역할을 하기도 하며, 지속가능한 개발을 추진하기 위하여 대중들을 교육하고, 동원하고, 의사소통하는 역할을 수행할 수도 있다(Quarrie, 1992). 하지만 반면에 이런 관리차원의 개발계획이 충분치 못하면 민간부문 지도자들은 지역자원의 지속가능성을 포기하고 단기적인 경제적 혜택만을 추구할 수 있는 개연성이 존재하고 있다(Buhalis, 1999). 다른 한편으로 관광호텔과 인프라를 위한 예산이 주로 터키로부터 제공되고 있는 상황에서, 지방정부는 때대로 목적지 커뮤니티를 재교육하기 위해 노력하고 있는 전문기술과학자 관료들의 영향으로 자신의 선택과 현안에 대한 변화를 시도하기도 한다. 이것은 개발계획에 대한 정치적 연루를 의미하며 의사결정과정에서 지역커뮤니티의 관여를 어렵게 만들고 있다.

지역개발계획과 관련된 이슈들은 정기적으로 관련부처와 지자체, 그리고 지역커뮤니티 간에 논의되어야 한다. 현재, 커뮤니티 구성원들은 지자체 의회와 만나 상호의견을 교환하며, 때로는 정부의회 의원들과도 1년에 5-6차례씩 만남의 기회를 통해 가로등, 도로, 전기와 물 공급에 영향을 미치는 커뮤니티의 이슈들에 관해 논의하고 있다(Gulu, 1999). 따라서 의사결정과정에 커뮤니티 참여를 위한 구조적 틀은 적절하다고 볼 수 있다. 또한 그것은 관심을 필요로 하는 목적지 커뮤니티와 기타 이해관계자들 사이의 의사결정과정을 위한 일종의 협의과정인 것이다.

지역의 환경영향측면에서 보면, 보편적인 관광의 본질 때문에 키프러스의 많은 대규모 관광개발이 지닌 의미는 매우 크다고 볼 수 있다. 키프러스 공화국은 국가관광전략(National Tourism Strategy)(1990)차원에서 지역의 문화와 자연을 바탕으로 한 상품의 다

해양관광 개발계획 coastal mass tourism

각화와 개선방법 등을 강구하고 있으며, 이것이 거주지 보존과 경관보존 그리고 농촌 커뮤니티의 활성화의 바탕이 되고 있다. 경제적 혜택을 위한 관광의 확대가 지속되고, 특히 군 주둔지에서의 농촌관광의 증가로 1997부터 1999년 사이 약 10%까지 총 관광이 증가하게 되었다.

기타 섬들 역시 지역개발계획의 수립을 매우 중요하게 생각하고 있다. 지중해의 가장 큰 섬, Sardinia의 지자체법은 지역차원의 새로운 관광개발을 위해 개발자, 지방정부 그리고 지방의회 간에 특별한 합의를 허용하고 있다(Master Plan Costa Smeralda, 1999). 또한 Malta제도는 상당히 진행된 관광개발로 이미 12개 지구로 나뉘어져 있으며, 육지 전체가 보존지역인 섬부터 기존시설을 업그레이드해야 하는 섬들까지 다양하게 존재하고 있다. 이러한 지구 구분은 관광정책제안과 유사지역에 대한 상대적인 조직적 분석을 제공하기가 용이하다(Ioannides, 2001).

분명한 것은 개발 도상국가들과 개발된 국가들이 서로 다른 방법으로 환경보호기조를 채택하거나 적용하고 있음으로, TRNC 역시 자신의 독특한 상황에 맞는 자신만의 관광개발방식을 계획해야 한다는 것이며, 다시 말하면 그 관광개발방식은 토지이용계획, 에너지, 쓰레기 처리, 교통문제에 있어서 SEA를 활용한 포괄적인 관광계획을 의미하고 있다. 〈표 4〉에는 TRNC에서 현재 수행되고 있는 전략적환경평가(SEA)과정과 제안내용들이 제시되어 있다.

〈표 4〉는 SEA가 단지 전문가들만의 비밀스러운 참여과정이 아니고 명백하고 투명하게 만들어진 의사결정을 바탕으로 한 참여과정이어야 함을 강조하고 있다. 관광에 대한 SEA는 정부가 환경정책을 가지고 있는 국가의 경우에 보다 효율적이다(European Commission, 1999). 왜냐하면, 정부가 관광마스터플랜을 위한 프레임을 제공하고 있기 때문이다. 요약하면, TRNC의 그러한 정책들과 계획들은 정부에 의해 분리되어 편집된 후 다시 통합된다는 것을 의미하고 있다. TRNC와 키프러스 공화국은 관광분야에 1인 장관급 대표자를 두지 않고 있다. 예를 들면, TRNC에서 최고지위에 있는 국가 차관급인 Bulent Kanol은 관광마케팅과 홍보직을 겸하는 장관의 지위에 있으나, 그는 국가계획과 시 계획의 보조자로서 다른 관련 책임을 맡고 있다(Kanol, 1999).

본 연구는 정국운영을 합리적이고 탈 정치화할 필요성이 있으며, 그래서 정부가 하나의 조정자, 코디네이터, 인프라 제공자 그리고 목적지의 홍보자로서의 역할을 이행할 수 있어야 한다는 것을 시사하고 있다(Buhalis, 1999). 1987년에 만들어진 Tourism Incentive Law에 의해 최근 설립된 Tourism Advisory Committee(TAC)가 이 역할을

표 4

북 키프러스에서 현재 실행되고 있는 전략적 환경평가내용	제안내용
• 프로젝트 수준에서만 환경영향평가(EIA)과정이 존재하고 있다.	• 환경영향평가는 계획과 프로그램, 그리고 정책에도 적용되어야 한다.
• 심사는 단호한 배제, 심각하지 않은 영향에 대한 기준치와 결과 등을 기준으로 활용하고 있다.	• 심사는 북 키프러스에 적절한 심사기준으로 보다 조직적인 과정을 통해 접근해야 한다.
• 관찰은 기준자료에 의해 국한되어 수행되지만, 사회경제적 우선순위를 강조하고 있다.	• 상호영향, 건강영향 그리고 수용능력에 대한 관찰이 개선되어야 하며, 대안평가를 위해 시나리오 계획법(scenario planning)이 활용되어져야 할 것이다
• 예측은 환경보호기관의 전문가들과 대학학자들에 의해 내려진다	• 추가로, 반드시 세계가 공유할 수 있는 예측방법과 평가기술 그리고 모델 등이 활용되어야 한다.
• 환경영향평가서(Environmental Input Statements)가 발표되지 않고 있다.	• 환경영향평가서는 반드시 대중이 접근 가능해야하며, 포괄적인 실행내용을 포함해야 한다.
• 공공의 협의가 이루어지지 않고 있다.	• 심사, 관찰, 목적과 목표 설정단계는 물론 결과에 대한 검토단계에서 반드시 대중참여가 이루어져야 한다.
• 환경영향평가가 요구되는 프로젝트에 대한 의사결정이 환경보호기관에 의해 일방적으로 내려지고 있다.	• 다른 계층의 의사결정과의 연계성이 확보되어야 하며, 많은 논쟁을 통한 논의가 있어야 한다.
• 완성된 프로젝트에 대한 모니터링과 평가가 1998년에 제정된 환경보호법(1998)에 의해 이루어지고 있다.	• 모니터링은 수용능력기준과 측정 가능한 지표를 통해 수행되어야 한다.

북 키프러스에서의
전략적 환경평가
(SEA)과정

그림 4

환경과 관광의
통합시스템

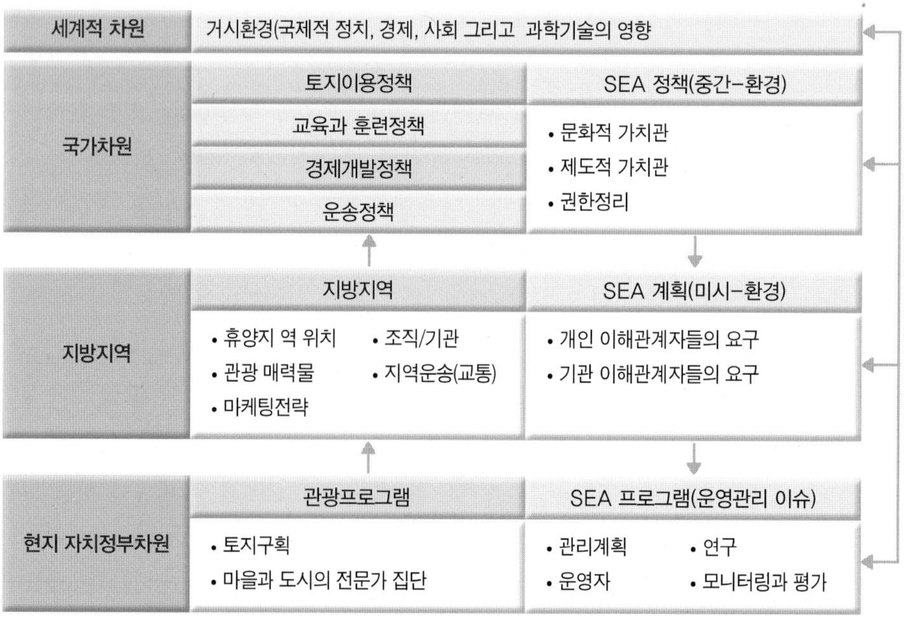

해양관광 개발계획 coastal mass tourism

수행할 수 있을 것이다. 비록 본 연구의 시점에서 TAC 구성원들의 최종구성은 아직 이루어지지 않았지만 National Tourism Organization(NTO) 그리고 교통, 병원, 여행사, 항공사, 대학에서 일하고 있는 매니저나 조력자들과 같은 씽크 탱크들이 필수구성원이 될 것이다. 또한 실제업무수행을 담당하는 하부 위원회가 카지노, 교통, 환경 등과 같은 테마를 파악하도록 제안될 수 있다. TAC는 최근 부칙(조례)이 정부의회의 각료회의의 승인을 받을 수 있도록 준비 중에 있다(Kanol, 1999).

강력한 행정지원을 받고 있는 TAC와 같은 준 자치기관은 정부에서 하달된 업무를 강력하게 전달 할 수 있다. 예를 들면, 관광개발의 과도기 단계에 있는 카리브 해의 St Lucia 섬에서 합법적인 관광위원회 그리고 커뮤니티 컨설팅 단체와 협력하고 있는 새로운 관광부가 지역의 소규모 민간부문에 대한 개발을 제안했었다(Wilkinson, 1997). 이 제안은 정부 그리고 기업의 총 수익률에 대한 세입으로 개발재원을 마련하고, 마케팅, 자금융자 그리고 교육 등을 통한 상품개발과 관련된 내용이었다. 이것은 그러한 관광상품으로 커뮤니티 소유감을 심어주고자 했던 제안으로서 지속가능한 관광개발을 위한 커뮤니티 교육과 훈련에도 기여하고 있다.

2) SEA 과정관리를 위한 제안

TRNC의 현 조직구조는 통합된 계획시스템을 위해 좋은 토대(foundation)를 제공하고 있으며, 〈그림 4〉는 이러한 다차원 조직이 어떻게 SEA를 통합할 수 있는지를 보여주고 있다. 이 시스템은 모든 수준(정부, 지방, 지역)에서 전문성 그리고 개방적인 의사교환 웹 시스템을 필요로 하고 있다(Torkildsen, 1999). 또한 이 모든 과정들의 효과를 위해서는 강력한 정치적 의지, 적극적인 재원마련, 그리고 대중의 관여 등이 요구되고 있다. 영국에서 지역차원(regional level)에서 만들어진 Local Agenda 21의 상세한 시행계획(action plans)이 아마도 TRNC의 관광과 환경계획은 물론 정부(national), 지방(regional) 그리고 지역(local)정책 간의 의사교환을 위해서 고려될 수 있는 하나의 효율적인 도구가 될 수 있을 것이다. 먼저 운영그룹(Working Group)은 카지노 관광과 특수목적관광을 위해 보다 비즈니스 지향의 그룹들과 더불어 교통과 오염, 쓰레기와 재생, 자연자원과 에너지, 유적지와 생물의 다양성, 그리고 교육과 인지도 등과 같은 핵심문제를 다루기 위해 만들어질 수 있다〈그림 5〉.

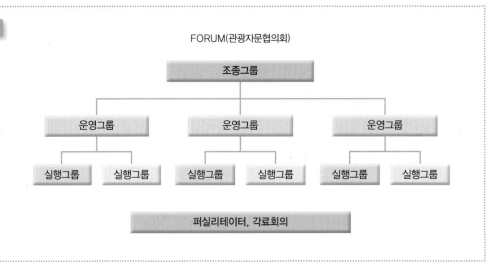

그림5

북 키프러스의
관광관련
하부위원회와
운영그룹을 위한
제안된 조직구조

FORUM(관광자문협의회)

조종그룹

운영그룹 — 운영그룹 — 운영그룹

실행그룹 실행그룹 실행그룹 실행그룹 실행그룹 실행그룹

퍼실리테이터, 각료회의

표5

북 키프러스에서
대안관광의 한 일면을
위한 운영그룹과 프로젝트
계획에 관한 사례

운영그룹 X: 교육과 인지도를 통한 대안관광					
프로젝트 #. Y: 인쇄매체와의 유대강화					
제기된 이슈/문제점	프로젝트에 대한 개요	수행에 대한 책임감	비용/재원	시간의 척도	지표/목표
대안관광에 대한 불충분하고 모호한 신문내용	투어공급자들의 효과적인 상품설명을 위한 훈련 워크샵	관광자문위원회와의 상담이 필요한 조종그룹	투어공급자들에게 적은 비용부과. 정부로부터 교부금확보	즉시	대안관광에 대해 잘 표현된 일일 기사 / 국제적 노출 증가

■ 출처: Hereford & Worcester County Council(1996)

TAC는 SEA과정에 관한 보다 다양한 논쟁을 위한 매개역할을 하며, 실행그룹(Action Group)들과 운영그룹들이 보다 다양한 의견을 개진할 수 있도록 기회를 제공하는 포럼 같은 역할을 할 수 있을 것이다. 조종(steering)그룹은 관광 및 환경시행계획(Tourism and Environment Action Plan)과정을 검토해야 하며, 더불어 추가개발을 필요로 하는 지역(분야)을 찾아내고 향후 해야 할 일을 권고하고 강조해야 할 것이다. 운영그룹들은 실행그룹들을 감독하고, 권한 내에서 실행그룹이 해야 할 일의 역할과 범위를 검토하고 모니터링하며, 조종그룹 그리고 다른 운영그룹들의 대표자를 임명하는 책임을 맡고 있다. 실행그룹들은 개인의 또는 제한된 범위의 업무수행과 연관될 수 있다. 운영그룹에서 관광정책이 어떻게 수행될 수 있는지에 대한 예가 〈표 5〉에 제시되어 있다. 운영그룹이 효율적인 조직이 되기 위해서는 강력한 리더쉽과 파트너쉽의 개발, 대중의 인지도와 임파워먼트의 향상, 그리고 이해관계기관과 개인 간의 네트워킹 등을 필요로 하고 있다. 그리고 이 모든 그룹들에 필요한 전문성은 젊고, 대학교육을 받은 터키계 키프러스 젊은이들이 활용될 수 있을 것이다.

또한 TRNC는 프로그램과 계획을 효과적으로 수행하기 위해 확실한 정책목적을 가진 제한된 토지이용계획(land-use zoning)을 필요로 하고 있다. 한 가지 방법은 관광계획수립을 위해 TRNC를 Karpas(northeast), Lefke(northwest), Kyrenia(northern), Famagusta(eastern), Nicosia(central) 등 다섯 개의 하부지역 또는 구역으로 구분하는 것이다(Yorucu & Jackson, 1996). 이들 각 지역 또는 구역들은 규모와 인구 관점에서 볼 때, 행정적으로 계획의 실행이 가능하며 차별화가 가능한 동질적인 특성을 지니고 있어야 한다. 그리고 운영그룹들은 프로그램과 계획을 통제하기 위해서 이들 하부지역에서 요구되는 주안점을 숙지해야 할 필요로 있지만 커뮤니티 중심의 지속가능한 계획모델이 개발되기 전에 통합된 다용도 계획의 철학이 마련되어 있어야 하며, 이 철학은 SEA를 통헤 발전될 수 있을 것이다.

7 결 론

TRNC는 정치적, 지리적, 경제적 불리함에도 불구하고, 독특하면서도 상대적으로 저개발관광 상품을 보유하고 있기 때문에 대안관광에 있어서 경쟁우위를 확보하고 있다고 볼 수 있다. 따라서 TRNC의 모든 형태의 전략적 관광개발계획과 마케팅이 지역자원을 기반으로 이루어진다면 터키공화국이나 국제적, 경제적 이해관계국들보다 분명히 더 큰 통제력을 갖게 될 것이다. 그러나 상대적으로 오랜 대중관광역사를 갖고 있는 목적지들 그리고 경쟁우위의 유지와 향상을 위해 장기계획을 갖고 있지 않은 관광목적지들은 상품의 품질향상과 지속가능성 지향의 개발정책을 재정비해야할 필요가 있는데, 스페인 해안지역과 최근의 키프러스 공화국이 이에 대한 좋은 사례일 것이다

(Seekings, 1997). 하지만 이들 지역의 대안관광 그리고 지속가능한 대중관광을 위한 일관성 있고 통합된 개발계획 프레임의 부재는 스페인 해안지역의 자연자원과 키프러스 공화국의 인조환경 그리고 자연환경의 품질저하를 야기 시킴으로써 관광산업의 미래에 악영향을 미치고 있는 것이다.

Tourism Incentive Law(1987)는 사회적, 환경적 영향보다는 경제적 측면이 강조된 법으로서, 많은 초기관광목적지 정부정책들의 한 특징이기도 하다. 하지만 비록 TRNC가 프로젝트수준 이상의 환경평가를 수행한 경험은 미천하지만 최근 환경보호법(Environment Protection Law(1998))을 바탕으로 환경평가정책을 세워놓고 있다. 그러나 공공부문과 관광산업부문에서 환경문제와 관광개발이 상호 상반된 이슈로 간주되고 있기 때문에 중앙, 지방, 지역 등 모든 차원의 정부들이 관광개발을 위한 다양한 조사에 필요한 정치적 의지와 전문성을 지각하지 못하고 있는 상황으로 판단된다.

관광정책과 그 이행을 위해서는 가능한 한 강력하면서도 적극적인 행정적 권한을 가지고 있는 그리고 정치적, 행정적 지도자의 열정은 물론 재원마련과 운영수단을 보유하고 있는 경험이 풍부한 국가관광기구(National Tourism Organization: NTO)를 필요로 하고 있다. 그러나 불행하게도 TRNC의 관광개발에 관여된 정치가와 의사결정권자들은 환경과 지역사회의 복지개선, 그리고 장기적인 경제적 번영을 보장하는 투명하고 신뢰할 만한 민주주의를 표방하는 것보다 고질적인 후견인관계에 더 관심을 두고 있다. 따라서 이를 차단하기 위한 독립기관을 세우고 모니터링과 평가가 수반되어야 할 것이다.

현재 많은 문제점들이 노출되고 있어, 정부는 의사결정권을 국가관광기구, 말하자면 TAC 그리고 운영그룹의 하부위원회 등으로 이관하고 있는 중에 있다. 이를 통해 파트너쉽, 네트워킹, 그리고 모니터링과 평가방법 등이 개선된다면 보다 정확한 의사결정을 만들어 낼 수 있을 것이다. 그러나 TRNC의 경우, 터키 이외에 국제적 거버넌스(governance)조직들로부터 어떠한 영향도 받은 경험이 없기 때문에 그러한 사고(思考)의 재편(再編)에 따르는 많은 문화적 영향과 저항은 해결해야 할 난제들 중의 하나일 것이다. 따라서 TRNC 장관에게는 미래를 위한 가장 큰 장애물로서 대중관광과 특수목적관광의 균형성취를 위해 제안한 문제들 중에 특히 시장과 고객의 선호도, 기호와 기대치가 고려된 대중관광 상품과 대안관광상품을 위한 확실한 전략개발이 요구되고 있다. 이를 위해서는 보호, 보존, 창조를 위한 보호구역제정과 토지이용계획과 공간구획화의 확대가 필요하며, 특히 지역기반의 대안관광을 지원하기 위해서는 소규모 농촌관광,

문화관광, 야생생물 관찰관광과 모험관광 등에 관한 많은 연구들이 요구된다.

지역기관들 그리고 환경과 관광부서들 간의 의사교환과 협력을 공고히 해야 함은 물론 프로젝트의 책임과 관련성에 있어서 보다 분명한 책임한계설정이 요구되고 있다. 이를 위해서는 구역토지이용과 쓰레기 처리, 교통과 관광전략 같은 분야의 의사결정과정에서 보다 정확한 그리고 통합된 틀이 도입되어야 할 것이다.

관광개발계획은 대중지식층의 견해를 고려할 필요가 있다. 그러기 위해서는 대중의 임파워먼트(empowerment)가 선행되어야 하는데, 이것은 중앙정부로부터 내려온 하향식 가이드라인에 대하여 지방정부와 지역커뮤니티의 보다 밀착된 관여가 전제되고 있다. 이러한 풀뿌리(grass-roots) 관여는 문화적, 환경적, 그리고 장기적인 경제안정의 고양(高揚)에 대해 보다 큰 연대책임감을 불러일으킬 수 있으며, 문제정의(scoping)와 검토단계(review stage)에 있는 국가정책, 지역계획과 관광프로그램 등의 발표전후에 이루어지는 것이 이상적일 것이다.

또한 이러한 관심을 유지하기 위해서는 관광과 환경관련 비정부조직(NGO)의 지원이 필요하다. 예를 들면, 거북이 보호와 그린피스협회(The Society for the Protection of Turtles and Greenpeace)는 환경법(1997)에 의해 가능했던 TRNC 최초의 특별보호구역 지정에 원동력이 되었으며, TRNC의 문화보호협회(National Trust of North Cyprus)는 Karpas 지역에 자연공원과 해양보존지역 지정을 위해 많은 로비를 진행하고 있다(National Trust of North Cyprus, 2001). 이것은 소규모 섬에서 지속가능성과 관련한 NGO의 활동과 상향식 의사결정의 중요성을 의미하고 있는 것이다.

마지막으로 가장 중요한 것은 여행사, 호텔, 숙박시설 운영자, 그리고 패키지 전문영행업자들을 포함한 기업형 국제관광 공급자들은 지속가능한 관광의 개념을 보다 신중하게 고려해야 하며, 특히 터키, 독일, 그리고 영국에 있는 약 50개 여행업자들 또한 훼손되기 쉬운 관광 상품의 보호와 홍보를 위해 보다 많은 지원을 제공할 필요가 있을 것이다(Ioannides, 2001). 하지만 그러한 노력들이 실제로 미행될지는 의문이다.

그 증거로 최근에 발표된 Turkish University of Boghazici에 의해 만들어진 마스터플랜이 경제관련 홍보에 무게를 두고 있는 것을 보면 유추될 수 있다. 이것은 단순히 외국투자가들의 사고방식에 대한 모방에 불과하며, 범세계적으로 그러한 접근방식은 결코 지속가능할 수 없을 것으로 판단되기 때문이다. 더욱 불행한 것은 정치적, 사회적, 환경적 영향요인들이 그런 정책들의 변화를 필요로 할 때는 이미 그 영향력이

발휘되던 시점이라는 것이다. 따라서 관광개발초기단계의 개발정책과 계획들부터 보다 지속가능한 접근을 지향하는 문화적, 구조적인 思考(사고)의 변화들이 반영되어야 한다는 것이다. 관광 그리고 호스피탈리티 교과과정을 제공하고 있는 TRNC의 다섯 개 대학들을 보면, 보다 지속가능한 사고(sustainable thinking)를 위한 교육과 훈련에 대한 변화의 가능성을 보여주고 있다. 또한 최근 키프러스는 화해와 정치적 안정에 대한 징후가 보이고 있음으로 장기적인 경쟁우위를 위해서, 또는 독특한 관광 상품들이 영원히 망각되기 전에 의사결정권자들의 이러한 접근방식의 채택은 무엇보다 중요할 것으로 판단된다.

MEMO

08

경험으로부터의 학습?
안달루시아 중부와
동부 연안지역 관광의 지속
가능한 미래를 향한 진전

해양관광 개발계획 coastal mass tourism

08

경험으로부터의 학습?
안달루시아 중부와 동부 연안지역 관광의
지속가능한 미래를 향한 진전

Michael Barke and John Towner

Division of Geography & Environmental Management, University of Northumbria at

Newcastle

1 Costa del Sol의 대중관광

1960년대부터 1990년대까지 코스타 델 솔(Costa del Sol)〈그림 1〉의 관광개발형태는
여러 면에서 보편적으로 인정되고 있는 지속가능한 관광유형과는 다소 동 떨어진 정
반대의 모습을 보이고 있었다. 엄청나게 빠른 성장속도, 상대적으로 통제되지 않았던
민간부문투자, 인프라개발과의 공조결여 그리고 기존의 자연적, 사회경제적, 문화적 환
경에 대한 놀랄 정도의 무관심 등이 거의 지난 50여 년 동안 나타난 이 지역 관광산업

해양관광 개발계획 coastal mass tourism

👣 그림1

(a) Andalucia,
(b) Costa del Sol의 위치

의 특징인 것이다. Costa del Sol의 방문객 수는 1959년 50,000명(Fradera. 1961)에 불과하였지만 1968년 약 1million 그리고 1975년에 2.5million명까지(Cuadrado Roura & Torres Bernier, 1978) 증가되었다. 1987년까지 스페인은 연안지역의 50%이상이 개발되어 도심지역, 항구지역, 산업지역 그리고 핵심관광지역 등으로 분류되었던 것으로 파악되고 있다(Secretaria General de Turismo, 1994). 특히 Costa del Sol 휴양지의 말라가 해변은 이보다 훨씬 많은 개발이 이루어 졌던 것으로 보이며, 대부분의 이런 개발은 불행하게도 무(無)계획적이며 자연과 조화되지 못한 개발들이었다(Pollard & Dominguez Rodriguez, 1995). 대부분의 관광업은 주로 외국투어회사들에 의해 통제되고 있었으며, 그들의 가격인하정책은 서비스 수준의 질적 하락과 규모의 경제에 대한 욕구로 과잉개발을 불러오고 있었다(Gaviria, 1974). 또한 Costa del Sol 휴양지의 일부지역에서 경험된 바와 같이, 대중관광에 대한 부정적인 평가와 더불어 대중관광의 쾌락주의를 공개적으로 추구하기 시작하였으며(Olano, 1974), 이것은 관광객 행동측면에서 불가피한 갈등으로 이어졌다(Pollad & Domingguez Rodriguez, 1993). 그리고 그러한 갈등들은 외국인관광객들과 전

통마을들의 몰락(swamping of traditional villages)으로 인해 더욱 악화되었던 것이다(Jurdao Arrones, 1990).

지금까지의 대중관광형태는 많은 부정적 측면을 영향을 유발하면서 지속가능하지도 못했다(Marchena Gomez & Vera Rebello, 1995)는 사실이 점점 현실로 드러났으며, 다양한 측면에서 이것은 버틀러의 정체단계와 일치하고 있었다. 비록 1974년-1976년 사이에 발생한 갑작스런 오일쇼크로 인한 침체(1973년 스페인방문객이 34.5 million에서 1976년에 30 million으로 감소)가 관광의 다각화를 위한 노력의 계기가 되었을지 모르지만 1989년-1991년 사이의 침체(1988년 54.2 million에서 1990년 52 million명)는 '규모의 확대'라는 관광정책개념을 다른 관점에서 조명할 수 있는 기회가 되었던 것이다.

1970년대 초 기존자원에 대한 대규모 분쟁들은 전제정권 그리고 토착민들의 극도의 빈곤으로 억제되었으나, 반면에 토지이용, 접근성 그리고 특히 물에 대한 갈등 등이 증가하기 시작하였다(Garcia Manrique, 1985-6; Gomez Moreno, 1983; Tyrakowski, 1986). 또한 비치나 샤워물의 질적 문제가 이슈화됨으로써(Jenkins, 1980) 일반적인 환경품질이 점차로 부정적으로 지각되기 시작했던 것이다(Vera, 1994). 이와 관련하여 Pollad & Domingguez Rodriguez(1993: 258)은 Torremolinos 지자체의 경우에 있어서, 과거 환경품질에 대한 무관심이 현재 관광의 발전가능성과 수익성에 시사 하는 바는 매우 크다고 주장하였다. 따라서 최근에서야 국가차원의 관광전략으로 '관광 상품과 관광목적지의 생존을 위한 필수조건으로서 환경의 지속가능성'이 강조되고 있는 것이다(Monfort Mir & Ivars Baidal, 2001: 36).

관광이 수반하는 환경문제에 대한 증가된 관심은 스페인 환경법에 변화를 일으킨 몇 가지촉매제 중의 하나였다(Fayos Sola, 1992; Keyes et al., 1993). 특히 환경과 관광에 관련하여 중요한 변화가 일어났는데, 그것들은 첫째, 도시계획법 변화로 지자체 도시 내에 열린 녹지공간과 보존지역지정의 증가 둘째, 새로운 해안법제정(1988)으로 인한 연안보호의 확대 그리고 셋째, 자연환경보호를 위해 발표된 일련의 특별계획 등 이었다. 그리고 이러한 진전들은 스페인 정부와 관광기관들이 환경을 심각하게 인식하기 시작했으며, 보다 지속가능한 관광형태를 촉진하기 위한 기본조건을 부분적으로 충족시키고 있었음을 보여주고 있는 것이다. 그러나 안달루시아(Adalucia) 해안지역의 경우, 특정개발에 있어서, 단지 일정 비율만의 열린 녹지공간의 지정으로는 지속가능성 원칙이 이행된 것으로 인정될 수 없음이 증명되었는데, 예를 들면 안달루시아에서 가장 척박한 지역들 중의 한 곳이며, 물 관련 분쟁이 일어나고 있는 Almerimar의 경우, 지역의 마리나 & 휴양지 조성으로 이식 잔디와 관목의 푸르름을 유지하기 위해 수천 개의 스프링클러 운영비용에 많은 지출이 발생되고 있었기 때문이었다. 이런 경우에 있어서, 단순히 특정개발에서 일정비율의 녹지공간의 확보나 보다 많은 자연보호구역의 지정이 지속가능성(sustainability)과 동일시되고 있다는 사실을 피하기는 어려울 것이다. 왜냐하면 환경보호를 위한 특별계획의 목적이 '모든 유형의 자연지역을 보호는 물론, 그들 지역을 훼손과 파괴로부터 격리시키고, Andalucia의 영토자원에 대한 재평가를 통해 자연보호지역과 보존지역을 반드시 규정함과 동시에 용도에 맞게 그것들의 자연자원을 관리한다(Autonomous Government of Andalucia, 1987).'라고 명시하고 있었기 때문이다.

그러나 여기에서 마지막 부분은 분명히 목적의 이중성을 함축하고 있는 것이 사실이다. 그리고 이와 유사한 모호성이 안달루시아의 관광계획과 관련된 가장 최근의 주요문서인 Plan Dia(Junta de Andalucia, 1993)에서도 분명히 발견되고 있다. Plan Dia는 본질적으로 경고의 메시지가 담겨있는 하나의 합의된 계획으로서 안달루시아의 핵심관광 상품의 다각화의 필요성에 의해 수립된 성장지향 전략이었다. 말하자면, Plan Dia에서 밝힌 '안달루시아의 지속가능한 관광개발'의 세 가지 전략 컨셉은 첫째, 지역 간의 조화된 성장속도를 필요로 하며 둘째, 새로운 개발에 있어서 ROI(return on investment)의 발생속도보다는 서로 다른 속도의 상이한 형태의 자본축적에 대한 평가에 보다 많은 관심을 두어야 하고, 마지막으로 셋째는 다양한 환경들 간의 생태학적 균형을 도모하여 사회적, 경제적 발전으로 전환시켜야 한다는 것 등이었다.

언뜻 보면, 이들 세 원칙들은 지속가능한 관광과 일치하는 것처럼 보이지만, Plan Dia는 관광자원으로서 오지(奧地)지역과 자연지역의 개발을 분명히 암시하고 있으며, 자연보호와 의식 있는 관광개발의 양립가능성을 슬그머니 언급하고 있는 것이다.

관광 상품의 다각화를 위한 이러한 전략에 내포되어 있는 가장 큰 우려는 바로 관광객을 오지로 유인하려는 선언된 의도(declared intention)라는 것이다(Galiano, 1991). 즉 농촌관광을 지속가능한 관광과 가장 부합된 형태로 보며, 농촌경제의 다각화를 위한 구세주로 여기고 있는 것이다(Barke & newton, 1997a; Garcia Cuesta, 1996). 보다 더 걱정스러운 것은 관광을 위해 늘어나고 있는 자연지역이용에 대한 경고를 경시하고, 또한 지속가능성 원칙의 실질적인 적용에 있어서 야기될 수 있는 문제에 대해서도 전혀 어려움을 인식하지 못한 채, 단순히 그러한 원칙을 적용하기만 하면 해결될 것이라는 확신에

차 있다는 것이다(Vacas Guerrero, 2001). 이것은 관광의 보편적인 지속가능한 원칙의 채택에도 불구하고, 실제 현실에서의 적용은 상당히 많은 제약을 동반할 것이라는 버틀러(1998)의 주장과도 일치하고 있는 것이다.

본 연구는 스페인 관광개발모델의 '경험의 학습(learning from experience)'를 평가하기 위해 지중해 안달루시아 해안의 두 지역, 말라가(Malaga)시 서쪽의 과거 Costa del sol 휴양지역과 Nerja에서 Almeria 지역까지 확장된 동쪽의 최근 현대관광 개발지역을 면밀히 대조하였다. 이러한 지역 간의 비교는 교통인프라에 대한 잠재력을 파악함으로써 가능해진다. 즉, 동쪽으로의 대규모 관광활동의 확대는 말라가시의 동쪽에 이르는 N340 고속도로의 확장을 계기로 추진된 시장다각화를 위한 스페인의 관광정책과 내수시장성장이 그 원인이 되었다고 볼 수 있기 때문이다(Instituto de Estudios Turistcios, 1995). 만일 1980년대까지의 스페인 관광개발모델로부터 드러난 보편적인 문제들이 인정된다면, 과거의 관광개발에 대한 최근 개발된 관광지역의 'learning form experience'의 여부를 평가할 수 있을 것이다. 이 비교평가를 위해서 여러 가지 공적자료들, 대중매체 보도 그리고 다양한 현장조사와 자료수집이 활용되었으며, 비교프레임으로는 지속가능한 관광의 단순모델이 이용되었다.

 ## 2 지속가능한 관광모델

지속가능한 관광의 구성요소에 대한 기본개념에 대해서는 보편적으로(예를 들면, Butler, 1991; De Kadt, 1994; Hall & Lew, 1998; Stabler, 1997) 그리고 스페인의 상황에서 (Hunter-Jones et al., 1997; Priestley, 1995; Rpbinson, 1996) 충분히 논의되어 왔기 때문에 더 이상의 상세한 논의는 필요치 않을 것이다. 그러나 관련문헌 내의 보편적인 합의내용을 보면, 지속가능한 관광개발 과정은 기존의 인공자원과 자연자원의 실질적인 재활용(재생)을 기반으로 하여 가능한 한 적인 양의 에너지 사용, 또한 지역문화, 서비스의 공정한 분배, 그리고 전통적인 사회적 가치와 관습의 유지와 복원을 바탕으로 민주주의 원칙에 따라서 운영되고 관리되는 과정으로 평가되고 있다. 그러나 이러한 요인들은

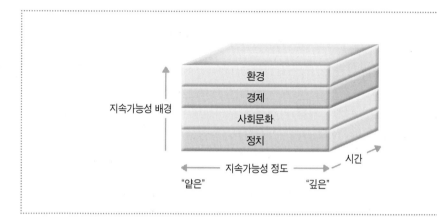

지속가능한 관광의 범위에 관련해서 만족스러운 정의에는 이르게 할 수 있을지 모르지만, 반면에 모든 지속 가능한 관광개발 모델에 있어서 그 개념에 대한 해석의 다양화는 반드시 검토되어야만 할 것이다(House, 1997). 즉, 어떠한 특정 관광시스템이 지속가능한 개발의 특징을 보이고 있는지, 아니면 그렇지 않은지에 대한 평가에 있어서 지속가능성이 내포하고 있는 이러한 다양한 차원들이 반드시 인지되어야만 한다는 것이다. 본 분석에서 이용된 지속가능성 단순모델은 3개의 차원을 내포하고 있다〈그림 2〉.

첫 번째 차원은 Turner(1992)가 제시한 스펙트럼 형태의 지속가능성으로 'weak' 또는 'shallow' 개념부터 'strong' 또는 'deep' 개념까지의 지속가능성 수준을 의미한다. 우리는 지속가능성 수준의 'Shallow의 끝점'에서 '지속가능성이란 특정한 목적지에 미치는 관광영향을 관리하고 그 영향을 최소화하도록 노력하는 것'이라는 하나의 믿음(신념)을 갖게 되며, 이 수준에서 그러한 견해가 지배적이라는 사실은 Loukissas and Skayannis(2001: 243)에 의해서도 설명되고 있다. 즉 이들은 만일 대중관광이 폐기물의 인정범위부터 적절히 체계화되었더라면, 즉 기술적이고 조직적인 인프라구축 프로젝트가 이를 방지할 수 있기 때문에 이 수준의 대중관광은 아마도 관리가 필요할 정도로 환경을 훼손시키지는 않을 것이라고 판단하는 것이다. 또한 관광이 야기하는 사회적, 문화적, 그리고 물리적 환경영향과정은 조사되지 않은 채 그것들을 축소하고 관리하는 것에 초점을 둔 수준으로 'shallow의 끝점' 개념을 설명하고 있는 것이다. 지속가능성의 수준이 'deep의 끝점'을 향해 스펙트럼을 따라 이동함에 따라 우리는 기존의 경제적, 사회적, 그리고 정치적 구조에 도전하고자 하는 훨씬 더 급진적인 접근을 발견하

게 된다(House, 1997). 그리고 이것은 전체적인 관광시스템이 반드시 지속가능성으로 통합되어야만 하며, 더불어 관광은 훨씬 더 다양한 환경적, 경제적, 사회문화적 그리고 정치적 배경 등에 대한 고려를 통해 발전되어야 한다는 것을 의미하고 있다. 바로 이러한 배경들이 지속가능성 모델의 두 번째 차원을 형성하고 있는 것이다. 현실적으로 그것들은 상호 연관되어 있으나 논의를 위해서는 분리설명이 필요하다. 즉, 환경적 요인은 주로 관광시스템이 매력물로서 그리고 전반적인 운영을 위해서 소비하는 물리적 자원에 초점을 두고 있으며, 경제적 요인의 경우, 관광산업은 아마도 다른 배경들과의 통합에 있어서 지속가능한 개발에 대해 훨씬 더 편협적일 수 있는 환경론자의 입장보다 단기적인 입장을 취할 것이다. 또한 사회적, 문화적 영향요인의 경우, 지속가능한 관광의 'weak'의 수준에서는 소비자만족과 호스트 커뮤니티의 묵시적인 대가와 관련하여 나타나며, 반대로 지속가능성의 'deeper' 수준에서는 장기적으로 개인의 삶의 질 그리고 문화의 혜택에 미치는 긍정적인 영향을 의미하고 있다. 그리고 정치적 요인은 관광시스템을 만드는 권력과 의사결정의 문제와 관련되어 있다. 즉, 개발의 통제가 목적지 내에서만 이뤄지는가? 아니면 주변지역까지 확대되고 있는가? 그리고 그 통제가 사회적 구조를 침투하는 정도 등을 의미하고 있다. 하지만 지금까지의 배경요인들이 지속가능하다고 여겨지는 정도는 그 모델의 마지막 차원에 달려 있을 것이다. 즉 시간이다. 지속가능한 관점에서 볼 때, 관광시스템의 성패는 다름 아닌 바로 지속성에 달려있는 것이다.

 ## 3 지속가능성 지표

어떠한 특정 프로젝트가 지속가능한 것으로 간주될 수 있는 정도 또는 지속가능한 연속체로 판단될 수 있는 것은 다양한 지표(척도)의 이용으로 평가될 수 있다. 보다 많은 지표들이 제공될 수 있지만 〈표 1〉은 현 시점에서 지속가능한 관광에 보다 부합하는 일부지표들만을 강조한 것이다.

〈표 1〉은 결코 완전한 리스트가 아니며, 분명히 보다 상세하고 측정 가능한 일련의 지표들로 개선될 수 있다. 이론적으로 보면, 비록 그러한 측정 가능한 지표들이 안달루시아 해안의 Gibraltar와 Almeria 사이에 위치하고 있는 모든 휴양지에 적용가능 해야

지속가능성 지표	지속가능성 특징
에너지	에너지 효율성의 극대화
	재생가능자원으로부터 에너지 생산
쓰레기	쓰레기 감소
	재사용 또는 수리의 장려
	재활용 장려
교통	자동차 이용자제
	도보 또는 자동차 이용 장려
	대중교통 이용 장려
오염	소음, 공기, 용수, 토지오염 등의 감소 또는 최소화
건축물과 토지이용	오래된 건축물의 보존 또는 재사용
	지역 어메니티 공급
	장애인을 위한 접근성 개선
야생생물과 공지(空地)	자연식물과 동물의 확대
	커뮤니티 편익을 위한 공지활용
경제와 고용	지역사회의 고용확대
	지역생산과 소비의 연계
	환경에 대한 지역산업과 다른 주요이해관계자들의 인식개선
지역사회	개발에 대한 지역커뮤니티의 관여
	지역의 소송 및 의사결정참여 권고
	소수그룹에 대한 인식

표 1

지속가능성
지표목록과
체크리스트

■ 출처: DETR(2001)

되지만, 만일 그것이 본 연구가 지향하는 바라면 본 연구는 연구 범위를 훨씬 넘어선 매우 큰일이 될 것이다. 따라서 비록 일부 자세한 실증데이터가 인용되겠지만, 본 연구에서 드러난 대부분의

결과는 〈표 1〉의 리스트들 중에서 한, 두 개의 측면에만 제한된 것이다. 예를 들면, 자원소비의 관점에서 보면, 우리는 해안관광을 '편협하게 맞추어진' 또는 '다양성에 기초한' 관광으로 간주할 수 있을 것이다. 다시 말하면, 초기해안개발은 호텔, 비치 등과 같은 제한된 매력물들과 북유럽 대중패키지 관광객들에게 제공될 서비스 그리고 외부로부터 들여온 식음료 서비스 등 서비스부문의 지원에만 초점을 두었었다. 따라서 해

안지역의 지속가능한 관광을 위해서는 보다 다양성에 기반 한 자원의 소비와 그 자원의 지속적인 實在(실재)에 대한 관심이 요구된다는 것이다. 따라서 해안의 매력물들은 그 배후지역, 특히 농촌지역 그리고 역사적 문화유적지 등을 포함해야 하며, 관광서비스 역시 이들 지역으로부터 제공되어야 지속가능성을 담보할 수 있음을 의미하는 것이다. 왜냐하면 지역에 있어서 식음료 부문은 소비와 고용의 주요 아이템으로서 그 지역의 문화에 대한 인식을 고취시키고 지역역량과 구조를 보완해 줄 수 있기 때문이다.

4 최근 관광관련 분야의 성장과 변화

Costa del Sol 휴양지에서 대중관광의 성장은 다른 곳에서도 나타나고 있다(Barke & France, 1996). 물론 최초의 성장은 말라가시의 서쪽지역에서 나타났으며, 이 지역은 1970년까지 15,000개 이상의 호텔침대와 더불어 아파트, 산장, 빌라 그리고 방갈로 등

남유럽 지중해 국가들과 터키

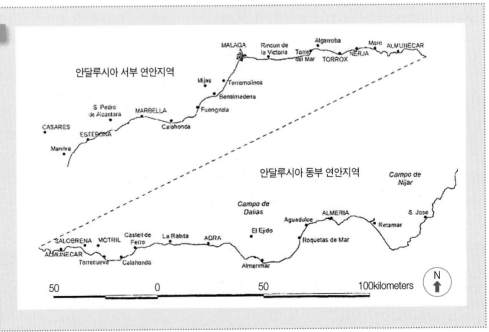

해양관광 개발계획 coastal mass tourism

70,000개의 침대수용력을 보유하고 있었다(Palop, 1970). 반면에 Nerja로부터 Almeria 시까지 해안선이 팽창됨에 따라 적어도 4000개 이상의 호텔침대가 증가하였으며, Almeria 도시에만 이것의 42%가 공급되었던 것이다.

  1988년, 지속된 서부지역의 성장으로 호텔, 아파트, 펜션 등에 66,267개의 침대가 공급되었으며, 1999년에는 전체의 20%로 79,000개까지 증가되었다(Junta de Andalucia, 2001). 또한 동일기간에 동부지역〈그림 3〉은, 비록 수적으로 작은 규모지만, 1988년에 17,200개였던 것이 1999년에는 30,500개로 약 77.5%의 성장을 보였다. 물론 공식적인 관광숙박시설이 관광활동의 증감을 측정하는 수단으로서 비록 여러 수단들 중에 가장 중요한 수단이기는 하지만, 그것은 단지 시장의 한 단면에 불과하였다. 그러나 지난 20년 동안 말라가시의 동부지역에서의 관광활동이 괄목할 만한 발전을 보였다는 동일한 결과를 보여주는 자료들이 발견되었는데, 동부지역의 별장 수가 1981년-1991년 사이에 54,000개 이상으로 72%까지 증가한 반면에, 동일시기, Costa del Sol 서부지역은 51,000에서 69,000개로 34.5%가 증가하는데 그쳤다는 것이다. 또한 1991년 서부지역의 호텔과 식당부문이 제공한 일자리는 약 58,000개로 취업자들의 27.2%를 차지하는 높은 수치였으며, 비록 서부지역보다 적지만 동부지역 역시 취업자의 21.2%에 해당되는 23,040의 일자리를 제공하고 있었다. 하지만 동부지역에서 특히 농업부문에 많은 일자리가 제공된 것을 감안하면, 이것은 최근 동부지역 관광(농촌관광)의 비약적인 성장을 시사하고 있는 것이다. 〈표 2〉는 동부의 일부주요지역들의 관광활동의 규모를 보여주고 있다.

도시 명	호텔 침대 수 (1970)	아파트, 호텔, 팬션의 총 침대 수(1988)	아파트, 호텔, 팬션의 총 침대 수(1999)	년간 변화율 (1988-99)	홍 별장 수 (1991)
Torrox	-	127	670	+ 42.8	45.2
Nerja	397	2225	5338	+ 14.0	41.8
Almuñécar	716	1713	3346	+ 9.5	60.2
Salobreña	177	295	444	+ 5.1	54.4
Motril[a]	132	871	1184	+ 3.6	29.1
Albuñol[a]	49	40	138	+ 24.5	8.8
Adra	60	110	231	+ 11.0	8.7
El Ejido[c]	52	2433	5496	+ 12.6	7.6
Roquetas de Mar[d]	322	6884	11521	+ 6.7	42.1

❢표 2

안달루시아 동부해안: 관광성장지표들

※ [a]: Calahonda와 Torrenueva를 포함. [B]: La Rabita도시를 의미. [c]: 주로 Almerimar도시를 의미. [d]: Aguadulce도시를 포함.

■ 출처: Junta de Andalucia(2001)

네르하(Nerja)에서 알메리아(Almeria) 항구도시까지 이르는 지역이 지난 20년 동안 비약적인 관광성장을 보인 것은 분명하다〈표 2〉. 그러나 이것은 과거 Costa del Sol 지역이 포함된 서부지역으로부터의 경험을 통해 지속가능한 관광개발모델에 대한 관심이 고조되었던 배경을 거스르고 있었다. 즉 어느 정도의 'learning from experience'가 있었을 것으로 예상 되었지만, 오히려 서부 관광개발의 발전과 관광개발의 본질을 보여주는 특징들이 동부에서도 반복되었던 것이다. 이것이 바로 우리가 논의하고자 하는 핵심 이슈인 것이다. 비록 우리는 새로운 관광개발지역으로서 안달루시아의 동부해안지방(Malaga 동부지역, the Granada 해안 그리고 Almeria 서부지역)을 사례로 들었지만, 사실 동부해안 방문이 시작된 것은 20세기 초반 1920년대에 Torre del Mar 지방의 Banos de Octavio 낚시마을에 있는 Merenderos(식당종류)와 같은 시설들의 개발과 Adra와 같은 소규모의 시골개발을 촉진하면서부터 시작되었으며, 점차로 도시중산층들에게 대중화되었던 것이다(Gathorne-Hardy, 1992). 이후 1930년대 중반에 처음으로 외국인소유의 작은 호텔이 Almunecar 지자체에 들어섰으며(Lee, 1969), 이후 1960년대까지의 증가된 수요는 Nerja에 새로운 국영호텔을 들어서게 만들었던 것이다.

동부의 연구사례지역이 보다 지속가능한 관광형태의 일면을 보이고 있는지 그렇지 않은지를 평가하기 위해서는 무엇보다 먼저 그 성장속도를 살펴볼 필요가 있다. 왜냐하면 모든 지속가능한 관광개발은 분명히 지역의 경제, 사회 그리고 환경 간의 조정시간을 허락해야 하는 핵심필요조건을 내포하고 있기 때문이다(Milne, 1998). 그러나 관광은 다소 유행의 영향권 내에 있음으로 단기간에 성과의 극대화를 모색하려는 경향이 있어, 어느 지역에서 갑자기 투자가 중단되거나 또는 다른 지역에서 새로운 투자가 빠르게 이루어 질 수도 있을 것이다. 따라서 이러한 특징들 때문에 많은 지속가능성원칙의 촉진이 그리 녹녹치마는 않을 것 같다. 어쨌든, 동부지역관광이 괄목할 만한 급속한 성장을 이룬 것만은 사실이다. 1968년도의 네르하는 낚시촌과 관광휴양지 사이에 위치하고 있는 과도기 단계의 도시였으며, 당시 그라나다(Granada)주의 작은 타운인

Salobrena는 막 발견되어 호텔조차 존재하지 않았고, 한 영국여인이 단지 한 구획의 땅을 매입했다는 사실 만으로도 세상에 회자되던 시기였으니 말이다.

또한 Motril의 시장은 그 지역 최초의 숙박시설건립을 계획하기도 했지만, Motril과 Almeria 사이에 있는 나머지 해안지역들은 불모지 상태였으며, 지역민들만이 군데군데 거주하고 있던 시기였다(Epton, 1968). 그러나 1970년대 중반부터 1990년대 중반사이에 La Herradura, Salobrena, Torrenueva 그리고 Calahonda와 같은 Granada 지방의 해안휴양지의 호텔객실 수가 2배 이상 그리고 Nerja에서는 5배로 증가되었으며, Aguadulce, El Ejido와 Roquesta del Mar와 같은 Almerian 휴양지에서는 그 이상으로 가히 폭발적이었다〈표 2〉. 또한 다양한 형태의 관광 상품과 숙박시설이 급격하게 확대되었는데, 예를 들면, Granada 지방에 있는 Costa Tropical 카운티에서는 별장이 매우 높은 비율로 증가되었다. 만일 전통호텔숙박시설부터 다양한 형태의 주거관광까지 그리고 그 밖의 관광 상품에까지 중요한 변화가 일어났다면, 개발속도와 관련된 또 다른 지표는 종종 블락형 아파트 또는 해변의 전통적인 도시형 거주지와 떨어져 위치하고 있는 고급빌라 같은 새로운 건설형태였을 것이다(Vera & Marchena, 1996). 이것들은 분명히 토지, 자원, 교통, 그리고 지역 커뮤니티와 관련하여 부편적인 환경 그리고 보편적인 지속가능성에 대한 어떤 시사점을 내포하고 있을 것이다.

〈표 3〉은 안달루시아 동부지역 그리고 서부해안지역 자원소비의 특징에 대하여 부분적인 정보를 제공하고 있다. 여기에서 Costa del Sol의 서부 해안휴양지역의 높은 부동산개발수준이 아직 동부의 많은 지역들과 정도의 차이는 있지만, 동부의 일부지역에서 두드러지게 높게 나타난 별장비율에 우리는 주목할 필요가 있다. 달리 말하면, 아직까지 새로운 거주유형이 그렇게 중요하지 않을 수 있지만, 건축시장(외부에 의해 조절되는)은 여전히 커뮤니티의 본 모습을 변화시키고 있다는 것이다. 또한 〈표 3〉은 일반적으로 동부지역 전기에너지의 소비가 여전히 낮게 기록된 반면에, 그것의 변화율은 안달루시아지역의 동부와 서부 두 지구 모두에서 높게 나타났음을 알 수 있다. 그리고 관광활동이 포함된 대부분의 서비스부문의 전기에너지 소비율이 두 지구에서 별 차이를 보이지 않은 반면에, 현재의 저장능력으로 볼 때, 물에 대한 유효수요(effective demand)는 오히려 서부지구 보다 동부지구의 일부자치단체에서 보다 높게 나타나고 있다. 이것은 아마도 발전된 관개농업이 이 유효수요의 중요한 일부분을 차지하고 있기 때문일 것이다.

안달루시아 동부,
서부해안지역환경의
지속가능성 지표

도시 명	거주자 1000명당 주택건설 (1994-2000)	1인당 한계용수 공급량(m²)(1995)	1인당 증발잔류물 생산량(톤)(1995)	1인당 전력소비량 (메가와트)(2000)	서비스부문의 1인당 전력소비율(%)	전력 소비율의 변화(%)
동 부						
Torrox	334.0	0.655	0.393	2.327	35.1	+167.6
Nerja	143.7	0.837	0.763	3.556	38.6	+106.7
Almuñécar	83.6	1.232	0.491	2.959	34.7	+152.0
Salobreña	153.1	0.427	0.265	2.615	36.7	+ 91.7
Motril[a]	55.6	0.598	0.329	3.332	29.0	+ 66.0
Albuñol[a]	24.5	1.155	0.209	2.141	29.0	+ 92.8
Adra	27.4	n.a.	n.a.	1.523	35.8	+114.0
El Ejido[c]	44.5	n.a.	n.a.	5.242	36.4	+220.6
Roquetas de Mar[d]	91.8	n.a.	n.a.	3.172	41.9	+172.1
서 부						
Benalmadena	498.8	1.544	1.267	5.125	29.0	+143.7
Estepona	277.6	0.178	1.248	3.664	29.0	+152.2
Fuengirola	224.5	0.099	1.032	3.517	40.3	+ 64.6
Marbella	550.5	n.a.	n.a.	5.206	29.0	+143.6
Mijas	442.3	0.275	0.622	4.400	42.7	+195.5
Torremolinos	236.4	2.136	1.194	4.814	43.5	n.a.

※ [a]: Calahonda와 Torrenueva를 포함. [B]: La Rabita도시를 의미. [c]: 주로 Almerimar도시를 의미. [d]: Aguadulce도시를 포함.

■ 출처: Junta de Andalucia(2001)

6 표현/홍보물

    최근에 일부 주요 패키지투어 전문회사들에 의해 제공되고 있는 브로셔가 말라가가 포함된 서쪽지역과의 차별화를 통해 중부와 동부 연안지역을 적절한 방법으로 홍보하고 있는지를 평가하기 위해 설문조사를 실시하였다. 그리고 적어도 그 지역의 다양한 자원과 관련된 생생한 이미지와 문구를 발견할 수 있기를 기대되었다. 예를 들면, '1996년 세계여행시장'에 관한 의견, 차별화된 배경을 활용한 생생한 이미지 제시, 그리고 매력물의 이용가능범위에 대한 정보와 다른 지역 휴양지들과의 차별성을 보여주는 내용 등이 있다.

말라가의 서쪽지역과의 차별화를 위한 한 가지 노력을 발견할 수 있었는데, 많은 패키지 투어전문회사들(예를 들면, First Choice, Thomson, Air Tours)이 Costa de Almeria지역을 홍보하면서, 그 지역의 대부분이 변화되지 않는 것처럼 표현하면서 브로셔의 전반적인 목적은 개발의 상이한 속도를 강조하고 있는 듯 보였다. 예를 들어 First Choice가 제작한 브로셔를 보면, 'Almeria는 아름다움을 간직한 훼손되지 않은 안달루시아 지방의 전형적인 목적지도시입니다. 삶의 속도는 스페인의 많은 휴양지들에 비해 훨씬 느리며, 또한 한가한 비치와 언덕위의 하얀 마을, 좁고 구불구불한 거리 그리고 산들과 광활한 평원으로 둘러 싸여 있습니다(First Choice Brochure, Summer 2002: 236).'라는 내용으로 그곳을 홍보하고 있었다.

또한 Thomson(Summer, 2002) 회사는 '편안한 분위기', '스페인의 잘 알려지지 않은 지역에 있는' 한적한 비치를 강조하고 있었으며, 휴양지들마다 보유하고 있는 특별한 특징들을 묘사하고 있었다. 예를 들면 Roquesta de Mar 지방은 '명확한 스페인 악센트'를 갖고 있으며, Nerja 시는 '전통적 분위기'를 즐길 수 있어 방문객들이 지역민의 삶을 직접 체험할 수 있다'(Thomson Brochure, Summer 2002: 295, 305) 등. 한편, Air Tours(2001-02: 50)회사는 개발에 있어서 그 지역 고유한 특징에 대한 보존노력을 강조하고 있었다.

그러나 비록 이러한 마케팅 문구들이 이 지역을 말라가 서부지역의 보다 활기차고 혼잡한 모습으로부터 차별화 하려는 노력을 담고 있지만, 반면에 현장사진은 좀처럼 독특함을 전달하지 못하고 있다. 왜냐하면, 브로셔에서 보여 진 동부지역에 대한 모습이 다른 휴양지들과 별 차이 없이 호텔단지, 수영장, 비치, 파란하늘, 황색모래 등과 같은 보편적인 이미지만을 제공하고 있다는 느낌만을 전달하고 있었기 때문이다. 따라서 독특하지도 않을 뿐만 아니라 실제로 이런 관광활동이 상이한 경제활동, 전통 그리고 라이프스타일을 지니고 있는 커뮤니티 삶의 한가운데서 일어나고 있다는 인상을 전혀 제공하지 못하고 있었던 것이다. 또한 휴양지 마케팅을 위해서 지역의 핵심 산업인 농업을 은폐하고 인접한 대규모 조형공장을 관광 매력물로 활용함으로써 그 지역의 실제 모습과 전혀 다른 사진과 문구를 제공하는 것은 기대된 그 지역의 관광 매력성을 제거하게 됨으로써 잠재방문객들에게 외면을 받게 될 것으로 판단된다. 결론적으로 말하면, 새로운 이들 휴양지들이 잠재수요자들에게 그런 식으로 홍보되는 한 지속가능성에 대한 관심이 마케팅 이점으로는 결코 작용하지 않을 것이다.

여기에서 4가지 지속가능성 핵심구성요소인 환경, 사회경제, 경제, 정치와 관련하여 연구지역들부터 몇 가지 최근 증거들이 조사되었다.

비록 다소 피상적일지 몰라도 환경관련 이슈에 대한 세간의 관심이 모아지고 있는 가운데 지역 내부에서도 관련 문제에 대한 보고가 잇따르고 있었다. 예를 들면, 최근 몇 년 동안에 Rio Chillar 하류지역에 방치된 건축공사잔해와 쓰레기의 투기를 막고, 그 지역을 오락(유흥)지역으로 변모시키기 위해서 조직은 물론 네르하(Nerja) 지자체에 의해서 많은 대안들이 추진되고 있었다(Sur in English, 27 December 1997－2 January 1998: 14). 더불어 네르하는 2001년 4월에 70million 페세타를 들여 도시내부와 비치청소 그리고 쓰레기수거를 위해 54명의 인부들을 추가로 고용할 것을 발표했었다. 또한 Almunecar 자치단체는 1998년 4월에 454million 페세타를 투자하여 'Tourism Excellence Plan'을 추진하였는데, 이 계획에는 비치, 해안산책로 그리고 정원의 개선, 로마시대 돌다리 Puente Romano의 복구와 Cerro Gordo에 새로운 공원마련 등이 포함되어 있었다(Sur in English, 3－9 April 1998: 22). 그리고 Almunecar의 전통해안휴양지 방문객들 위한 대안으로서 Costa Tropical에 최초의 '친환경농촌관광단지(environmental rural tourism complex)'를 건설하기도 하였다. 'environmental rural tourism complex'로부터 40분 떨어져 있는 Pena Escrita는 350헥타르에 이르는 광대한 지역으로서, 현재 통나무 오두막집과 전통적인 소규모 cortijos 그리고 캠프장 등의 숙박시설을 제공하고 있으며, 등산, 말 타기 그리고 행글라이딩 등과 더불어 농촌관광활동이 촉진되고 있다.

또한 많은 지방정부들은 다양한 형태의 재활용 시스템을 보유하고 있으며, 열정적으로 녹색정책들을 추진하고 있다. 예를 들면, 국부적이지만 태양에너지와 같은 재생자원에너지 활용을 위한 중요한 움직임들이 포착되었으며, 이것은 환경적 차원에서, 지속가능한 관광형태를 지향하는 움직임으로서 해석될 수 있을 것이다. 대부분이 지속가능성 스펙트럼의 'shallow 끝점'에 놓여있는 것으로 판단된다.

다른 한편으로, 동부지역은 마케팅 브로셔에 표현된 개성 없는 이미지에도 불구하고, 최근의 개발로 경제부문과 양립할 수 없는 많은 다양한 환경문제들이 야기되고 있는 것으로 확인되었다. 이에 관한 연구로 Motril에 대한 연구(Marino et al., 1980)는 도시 쓰레기와 더불어 식용유 정제공장, 문서업무, 제초제, 구충제, 살충제 그리고 비료 등의 사용으로 발생된 폐수의 혼합물로 초래된 치명적인 결과들을 제시하였다. 이 모든 결과들은 관광의 확대가 진행되고 있는 지역에서 노출된 현상들로서, 반드시 관광으로부터 직접적으로 기인되었다고 볼 수는 없지만, 관광활동의 증가가 이러한 결과에 일정 부분 역할을 한 것은 사실일 것이다. 부족자원으로서 물에 대한 갈등은 단지 양뿐만 아니라 품질문제에도 관련되어 있다. 이것은 집약적 농업이 매우 큰 원인이었지만 관광 또한 기여하지 않았다고 볼 수 없다(Smith, 1997: 230; Tout, 1990). 왜냐하면 물은 1차 목적으로 청결을 위해 소비되지만 관광개발 및 관광단지(complexes)와 연관된 골프코스와 많은 녹색공간들이 스프링쿨러를 이용하여 관리되고 있기 때문이다. 또한 지역의 수도물이 다량의 염분을 함유하고 있어 많은 관광객들은 수돗물보다 광천수 병물을 선호하고 있으며, 이들의 수요충족을 위해 요구되는 많은 자동차 수송은 연료소비를 야기하고 있는 상황이다.

경제적 지속가능성의 측면에서 보면, 비록 관광과 관련된 일자리가 증가하였다고 하지만 그 모든 일자리가 반드시 지역민과 지역커뮤니티에 기여해온 것은 아니었다. 왜냐하면 비록 지역의 생산 및 소비와 연관된 사례와는 다소 차이가 있을지 몰라도 새로이 건설된 대규모 Almerimar와 Roquetas de Mar 휴양지 방문객들의 국제적 소비패턴과 관광개발과 연관된 부동산 개발이 있었기 때문이다. 한편으로 비록 부동산의 과잉개발이 지속가능성의 어젠다(agenda)에 대한 인식변화를 불러왔다고 하지만, 무차별식 개발이미지는 여전히 보편적 인식으로 남아있다. 예를 들면, 2000년에 Nerja와 Frigiliana 지자체는 건설부지 매입비용으로 30,000 million 페세타 가치의 2000건 이상의 부동산 계약을 체결하였으며, 이것은 1999년보다 약 20%가 증가 한 수치였다(Sur in English, 20-26 April 2001). 그리고 2001년 초기 석 달 동안에 추가로 550건의 계약이 체결되었는데, 여기에서 중요한 것은 이들 중 95%가 비스페인사람들로서 대부분이 영국 또는 스칸디나비아 국적(60%)을 가지고 있었다는 사실이다. 이에 대해 지역의 비즈니스그룹의 회장은 자랑스럽게 우리지역에 붐이 일어나고 있다고 역설하였으며, Torrox에서 Frigiliana에 이르는 N340 도로의 확장의 중요성을 언급하기도 하였다.

다음은 지속가능성 모델의 3번째 구성요소인 사회·문화적 요소에 관한 내용이다. 여기저기에서 두드러진 외국인의 출현은 지속가능성과 관련하여 매우 중요한 이슈였

다. 비록 12,000명의 지역인구 중 40%가 독일인인 Torrox는 독일을 제외한 다른 어느 곳보다 독일인들이 많이 살고 있는 지역으로 추정되지만, 이러한 외국인의 출현은 서부지역만큼 흔한 일은 아니었다. 흥미 있는 것은 지방정부가 지역민으로 하여금 독일어를 배우라고 독려했다다는 것이다(Sur in English, 2-8 March 2001). 하지만 이들 외국주민들의 대부분이 중장년층으로 구성되거나 건강상의 이유가 주요이주동기가 되었을 때는 심각한 문제가 발생될 수 있는데(King et al., 2000), 이는 잠재적으로 취약한 인구세대가 늘어날 경우 재정적, 사회적, 심리적 문제들의 증가를 초래할 수 있기 때문이다(Jurdao Arrones & Sanchez, 1990; Rodriguez et al., 1998). 이러한 문제들은 자신들을 영주권자로 여기는 외국이주자들의 지역민과의 통합이나 정체성에 있어서 상당한 고민을 하게 될 때 더욱 심화될 수 있다(O'Reilly, 2000). 왜냐하면, 그들의 자연스러운 온정과 환대에도 불구하고 외국인에 대한 스페인 사람들의 태도는 그들이 여전히 손님이며, 사상적으로 관광객들과 거의 차이가 없다고 여기고 있기 때문이다. 또한 외국인집단이 자신들의 개발특권을 주장할 때, 예를 들면, 호화스러운 마리나와 Almerimar 휴양지에서와 같이 지역자원에 대한 통제의 문제가 발생할 수 있다. 분명한 것은 부동산개발과 관련하여(Jurdao Arrones, 1990) 이러한 일들이 대중관광의 체계나 통제차원에서(Gaviria, 1974; Valenzuela, 1991) Costa del Sol 휴양지 서부지역에서 대량으로 발생했었다는 것이다. 다시 말하면 서부지역 부동산개발문제와 유사한 일들이 동부의 연구대상지역 일부에서도 일어나고 있는 것이다. 더불어 이곳에서는 외국인들이 지역관광인프라의 일부를 공급하는 일에까지 참여하고 있다. 사소한 사례 한 가지를 얘기하자면, 한 영국인부부가 혼잡으로부터 벗어난 반나절 시골여행코스로 Frigiliana, Maro와 Nerja로 향하는 길을 안내하는 가이드를 양성하고 있다(Sur in English, 9-15December 1994).

지속가능성 모델의 네 번째 요소는 정치적인 요인과 관련되어 있다. 현재 상황에서 이것은 본질적으로 지역의 민주주의와 의사결정의 문제가 될 것이다. 이와 관련하여 지속가능한 관광의 많은 주요원칙들이 동부의 연구대상지역들에서 준수되지 않는 것에 관하여 권력분배(distribution of power)의 의사결정범위를 보여준 2가지 주요변화에 대한 사례들은 다음과 같다. 첫 번째는 네르하 동쪽에 있는 아름다운 마을 Maro의 대규모 리조트 개발에 대한 제안과 관계된 것이다.

Maro는 아파트식 전세방과 몇 개의 식당 그리고 지역민소유의 2개의 작은 호텔과 여섯 채의 전통시골집을 포함하여 제한된 숙박시설과 서비스만을 제공하고 있는 소규

모 휴양지였다. 지역민들이 여전히 낚시와 농업에 종사하고 있는 전통마을의 사회적, 지리적 구조와 잘 조화되어 있는 마을이다. 또한 이 지역의 호텔들은 지역생산을 도모함은 물론, Alpujarras와 같은 농촌지역으로의 여행프로그램을 편성하고 있었으며, 그 마을의 친환경식 냉난방시스템의 보유와 이것들을 몇 개의 언어로 홍보하고 있는 태양에너지 회사가 입지되어 있었다. 그리고 Maro는 관광기능을 수행함과 동시에 그 기능과 관련된 소규모 지역기업들을 보유하고 있었으며, 스페인의 작은 마을과 같은 분위기를 그대로 유지하고 있었다. 그러나 Maro의 미래에 결코 좋지 못한 영향을 미칠 수 있는 어떤 일이 일어날 것이라는 소문이 다른 지역에 이미 쫙 퍼져 있었다. 왜냐하면 그 마을의 동쪽과 서쪽으로 펼쳐져 있는 대부분의 해변과 더불어 네르하가 포함된 관광특구형성에 관한 대규모 관광확대 사업안이 계획되었기 때문이다. 정확히 말하면, 이것은 1970년대 Costa del Sol 휴양지의 서부지역에서 일어났던 일종의 구조적 변화와 동일한 것이다. 그 사업안은 주로 저층위주의 건축계획이었으며, 부동산, 휴가, 그리고 퇴직자 전용아파트와 관련 서비스시설들에 관한 계획이었지만, 처음 발표되었을 때 많은 지역민들이 분개하였고, 특히 공유지를 임대하고 있는 200명 이상의 지역농민들은 그 유명한 네르하 동굴(Caves of Nerja) 앞에서 연좌항의를 주도하기도 하였다(Sur in English, 20-26December 1996). 또한 4000명이상의 네르하 주민들은 연좌항의동안 그 동굴 문을 패쇄하고 언제든지 그 항의를 지원할 수 있도록 만반의 준비를 하고 있는 상태였다. 한편, Maro 개발을 지지했던 이해관계자는 주로 대지주들이었으며, 말라가의 주요귀족 중의 하나인 Larios 가문이었다. 그러나 아이러니 한 것은 1950년대 서부지역인 Torremolinos에서 최초로 도시화가 된 곳인 EL Pinar가 이 가문에 의해서 개발이 추진되고 소유되었었다는 것이다(Pollard & Dominguez Rodriguez, 1993). 여기에서 주목할 만한 것은 그 개발이 주민의 호응을 전혀 얻지 못한 채 기존의 소규모 관광과 기타 사회경제적 삶의 일면들 간에 조화로운 관계를 파괴할 가능성이 있는 관광개발이었다는 것이다.

두 번째 사례는 비록 Almeria 시의 관할구역 내에 위치하고 있지만, 실제로는 Almeria 시 동쪽방향으로 다소 황폐한 곳에 입지하고 있는 Retamar의 개발이다. 이곳은 2005년 지중해 올림픽이 열렸던 장소로서 당시에 어떤 스포츠 스타디움도 준비되어 있지 않았지만 기존의 아파트 블록에 인접하여 올림픽 타운이 조성 중에 있었으며, Almeria 최초의 5성급 호텔이 들어설 예정이었던 곳이다. 이곳에 호텔을 건립하는

목적은 스포츠 이벤트가 끝나면 Retmar가 아마도 메이저휴양지가 될 것으로 예상되었기 때문이다. 하지만 흥미로운 것은 Plan Dia안에 그 지역의 핵심기능으로 스쿠버다이빙이 가능한 Parque Submarino로 예정되었다는 것에 대해서는 아무런 언급이 없었다는 것이다. 여기에서 분명한 것은 이 개발이 Costa del Sol의 대중관광개발 초기단계에서 나타났던 기회주의의 특징을 보여주고 있으며, 당시 안달루시아 해안의 서로 다른 지역들 간에 존재했던 정치적 긴장과 경쟁의 일부가 반영된 개발이었다는 것이다. 다시 말하면 Almeria 시는 스스로를 멀리 격리되어 있어서 Seville 자치정부에 의해 다소 무시되어 왔다고 생각하고 있었으며(Barke & newton, 1997b; Hooper, 1995), 심지어 Muria와 같은 비 안달루시아지역과 동맹을 도모할 정도였다. 하지만 반면에 지난 10여 년 동안 안달루시아 지방의 다른 대부분의 도시들은 다양한 방법으로 자치단체로부터 많은 혜택을 받아왔던 것이다(Seville, Malaga, Cadiz). 따라서 Almeria가 다소 중요치 않게 여겨져 왔으며, 빅게임 개최장소로서 다소 부족한 입지성을 보이고 있었지만, 그러한 빅 이벤트의 개최를 통해 지역과 수도로의 대중의 이목을 유도하려는 정치적 필요성과 연관되어 있다고 할 수 있다. 달리 말하면, 거대(巨大)지방에서의 정치적 기대는 지속가능성을 위해 요구되는 고려사항들 그리고 이 밖에 다른 어떤 고려사항들보다 우선해 있다는 것이다. 결론적으로 현재 나타나고 있는 동부지역의 개발형태는 피상적인 미학적 관점을 제외하고는 서부의 Fuengirola 또는 Marbella 도시지역에서의 개발과 차이가 없다고 판단된다.

8 결 론

본 연구는 안달루시아 해안지역의 최근 관광개발이 스페인 관광당국에 의해 만들어진 지속가능한 원칙을 준수하겠다는 분명한 약속에도 불구하고, 그 원칙의 준수여부에 대한 확인을 목적으로 시도되었다. 지속가능한 관광을 위한 일부요소들이 많은 지역에서 확인되었을지 모르지만, 이 요소들은 옛날지역들과 비교하여 환경적, 사회경제적 특징에 있어서 광범위한 변화를 보이지 못하고 있었다. 남부스페인에서 지속가능한 관

해양관광 개발계획 coastal mass tourism

광 그리고 생태관광, 녹색관광, 자연관광 등과 같은 기타 대안관광형태들은 실제로 이행되기 보다는 이름만 채택되고 있는 것으로 판단되며, 심지어 이들 명칭들은 단순히 관광 상품의 다각화를 위해 사용되어지고 있거나 이미지개선과 홍보차원의 마케팅목적만을 위해 이용되어지고 있었다(Butler, 1998). 더욱이 동부의 일부지방에서 이루어진 관광 상품의 확대는 과거에 핵심시장의 방문이 없었던 목적지로서 관광의 공간적 확대정책에 불과했다. 근본적으로 그러한 접근은 자연보호의 실패가 예상됨으로 미래세대를 위한 지속가능한 관광의 목적과 상충된다고 볼 수 있을 것이다(hunter-Jones et al., 1997).

지속가능한 관광을 위한 단순모델이 말라가시 동부지역의 휴양지 개발에 적용된다면 환경적, 경제적, 사회문화적, 정치적측면의 지속가능성 징후를 보이는 곳은 거의 없을 것으로 판단된다. 지속가능성의 심오한 의미에서 보면, 우리는 많은 형태의 관광개발이 그 수준에 이를 수 있을지에 대한 의문을 갖게 될 것이다. 그리고 단지 자기만족을 위해 다른 곳으로 이주했다가 다시 돌아오는 사람들의 이동이 결코 순수주의자들(순수주의자: 뭔가가 전통적인 방식으로 이루어져야 된다고 생각하는 사람들)에게는 이해되기 어려울 수도 있을 것이다. 그러나 비록 이런 입장을 백번 양보한다 해도 지속가능성에 대한 어떠한 증거도 찾아 볼 수가 없었다.

환경적 관점에서 보면, 특히 태양전지판 같은 'clean' 에너지의 보다 많은 활용, 눈에 띄는 다양한 스타일의 저층주도의 개발, 재활용을 위한 노력, 인공적으로 만들어진 녹색 공간, 인조환경의 환경 친화적인 변화 등이 있었지만 이들 녹색공간들의 관리는 불가피하게 그 지역에서 가장 희귀한 자원 중의 하나인 물이용을 필요로 하고 있으며, 전반적으로 1인당 에너지 소비는 서부 Costa del Sol과 크게 다르지 않았다. 심지어 교통수단의 경우, 서부지역보다 개인자동차와 화물자동차 등이 더 많이 이용되고 있었다.

경제적 관점에서 보면, 연구대상지역은 대중관광객을 위해 식사를 제공하는 호텔들보다 아파트와 다양한 형태의 부동산개발이 지배적이었다는 점에서 서부지역과 차이를 보였다. 그리고 동부지역은 경제적 지속가능성에 대한 깊은 성찰보다는 단기적, 기회주의적 관광개발에 대한 사례들이 많이 존재하고 있었으며, 이런 현상에 대해 Haywood(1986)는 특별히 새로운 수요자 집단들을 목표로 하고 있거나 또는 특별한 자원개발에 목적을 둔 관광지는 다양성에 기반을 둔 관광목적지보다 짧은 라이프사이클을 가지고 된다고 주장하였다. 또한 동부지역이 서부지역보다 다른 틈새시장들에게

보다 크게 어필될 수 있을지 모르지만, 그것은 아마도 단순히 지중해의 기타 유사한 개발과의 경쟁을 의미하고 있을 뿐이며, 말라가시의 동쪽지역에서 발전된 농업/원예 그리고 관광과 같은 서로 양립할 수 없는 두 가지 형태의 경제개발은 토지이용에 대한 심각한 갈등으로 나타났다.

사회문화적인 관점에서 보면, 동부지역의 관광개발에서 많은 지역적 특색과 지역민의 견해가 반영된 증거는 거의 발견되지 않았다. 실제로 관광개발이 이루어진 곳에서, 그것들은 이질적인 지역자원 또는 사회자원이 되기 쉬웠으며, 또한 해안지역의 고유한 문화적 특성에 대한 인식부족 그리고 지역자원과 지역민의 의견을 활용하려는 마케팅 차원의 노력이 결여되어 있음을 반증하고 있는 셈이다.

마지막으로 정치적 관점에서 보면, 개발의 본질과 관계된 지역의 의사결정과 우선권의 부재(不在)가 존재하고 있었다. 결론적으로 중부와 동부 안달루시아 연안지역의 관광개발에서는 'learning from experience'에 대한 흔적이 거의 발견되지 않았다.

MEMO

09

대중관광목적지의
지속가능성 측정:
스페인 Torrevieja지역의
갈등, 인식 그리고 정책대응

해양관광 개발계획 coastal mass tourism

09

대중관광목적지의 지속가능성 측정:
스페인 Torrevieja지역의 갈등,
인식 그리고 정책대응

J. Fernando Vera Rebollo and Josep A. Ivars Baidal

Escuela de Turismo, Universidad de Alicante

1 서론

스페인의 해안관광은 'Sun & Sea' 휴가의 국제수요에 대응한 대중관광 형태로서 1960년대에 시작되어 광범위하게 확산되었으며, 호텔들은 주로 이러한 국제수요를 통제하고 있던 패키지여행 전문업체의 '포괄적 거래상품시스템(package-deal)'을 통해 들어온 방문객들의 숙박을 위해 이용되고 있었다. 특히 휴가기간 동안의 지역숙박수요의 비약적인 증가는 빌라와 아파트블록 같은 대규모 주거단지의 건설을 필요로 하였음으로 거대휴가도시의 개발이 용인될 수밖에 없는 상황이었다. 그리고 부동산측면이 강조된 이러한 최근의 관광개발은 해안을 따라 입지된 대규모 관광호텔단지가 갖고 있는 속성으로서, 올바른 지속가능한 관광개발을 위해 반드시 고려되어야 할 요소이다. 또한 이것은 훨씬 원거리까지 미치는 생태적, 사회경제적 영향력을 가지고 있는 대규모 국토확장과도 관련이 있었으며, 스페인의 거의 전체해안이 그런 식으로 개발되었던 것이다(Montanari & Williams, 1995).

본 연구에서 분석된 Torrevieja의 관광개발패턴은 연구주제에서도 엿볼 수 있듯이 다방면의 이해관계가 관여된 특징을 내포하고 있다. 또한 토레비야는 본질적으로 지중해해안의 전형을 보여주고 있는 도시로서 국제수준의 지속가능성 원칙과 지역도시 개발수준의 현실 사이에서 야기될 수 있는 모순과 관련하여 매우 적절한 사례지역이다. 스페인의 일부지역들은 상당히 많은 인구를 가지고 있다. 예를 들면, Torrevieja는 1960년 약 9,200명에 불과했던 인구가 2001년에는 70,000명 이상으로 증가되었다. 그러나 여름휴가객들과 같은 계절적 인구를 합친다면 Torrevieja의 8월 인구는 약 400,000명 정도로 추정될 수 있을 것이다. 더불어 90,000채의 주택들 중에 75,000채가 휴가철 별장으로 사용될 정도로 고용과 상품 및 서비스에 대한 수요의 증가는 주목할 만한 현상이었다.

Torrevieja 지자체의 정책은 약간의 모순을 내포하고 있다. 한편으로는 물의 순환과 자연보호지역의 관리 그리고 문화프로젝트의 계획과 같이 환경 분야에 대해 많은 노력을 기울이고 있으면서도, 다른 한편으로는 기존의 개발모델에 의해 추진된 급격한 주택공급과 인프라의 성장이 초래한 저 품질 부동산에 대한 투자를 묵인하고 있다는 것이다. 또한 지역시스템의 원동력이 투자대비 높은 수익 및 지역사회가 선호하는 추가 소득제공이 가능한 건설부문에 전적으로 의지되고 있다는 것이다. 이것은 일반적으로 이런 유형의 정책에 대한 지역커뮤니티의 지원수준, 특히 직·간접적으로 그 과정에 관여된 사람들의 지지수준을 보여주고 있는 것이다. 럭셔리 호텔들 또는 도시의 견실한 통신망에 대한 투자와 같이 보다 높은 부가가치를 유발시킬 수 있는 프로젝트를 위해 새로운 전략들이 수립되고 있으나, 지속적인 별장건설을 추구하고 있는 대량생산모델의 현실이 그러한 전략들을 더욱 심각하게 제한하고 있다.

경쟁력강화를 위해 새로운 방법을 모색하고 있는 지중해 관광목적지들의 재건차원에서 볼 때, 대중관광과 지속가능한 관광의 조화는 절실하다. Clarke(1997)는 점진적인 변화 속에서 지속가능성의 반대개념으로서 대중관광을 고려하는 것이 근거 없는 주장은 아니지만, 그것은 훨씬 더 복잡한 현실과 과정을 단순화하여 표현된 것이라고 언급하였다. 본 연구는 성숙한 관광목적지의 계획과 관리에서 지속가능한 개발원칙이 강조되어야 할 필요성에 대해 언급하고 있다. 지속가능한 개발의 개념은 모든 형태의 관광목적지가 취할 수 있는 질적인 변화과정으로서, 그것이 대중관광과 지속가능성의 수렴가능성을 배제하는 비현실적인 상태로는 간주되지 않을 것이다.

따라서 지속가능한 개발을 모든 형태의 관광목적지가 채택할 수 있는 질적 변화의 과정으로서 인식한다는 것은 지속가능성을 조작적(operative)이며, 측정 가능한(measurable) 패러다임으로 변화시켜야 함을 의미하고 있는 것이다. 그리고 그 과정 속에서 지표시스템(system of indicators)의 구축은 공공부문과 민간부문개발에 대한 분석, 평가, 그리고 모니터링을 위해 반드시 필요한 작업이다. 여기에서 우리가 지표를 제안하는 것은 기존 모델의 재설계를 의미하고 있으며, 관광 상품의 특성에 맞추어 수정되는 것은 물론, 전반적인 지속가능한 개발차원에서 문제점과 기회가 가장 잘 인식될 수 있도록 지역차원의 노력과 수준에 그 포커스가 맞추어져 있는 것이다.

그 지표시스템이 Torrevieja 지자체를 위해 개발되었으며, 그리고 그것의 개발을 위해 고려된 3가지 요소들은 (1) 지역 환경에 대한 갈등 (2) 주민과 관광객의 인식 (3) 정책에 대한 지역차원의 대응들 등이다. 지표시스템의 설계를 위해 이용된 다양한 정보들은 다른 분야에서(사회와 경제, 환경, 관광 등) 이용 가능했던 통계자료, 지역 대표자들과의 심층인터뷰, 여름기간동안 관광객 수요설문조사 등으로 수집되었다. 특히, 지리정보시스템(geographical information system)의 응용으로 1차, 2차 자료의 지형실현화작업(georeferencing: 영상에 담겨 있는 대상물에 관하여 좌표 설정, 각 형상의 가시화 및 속성 정보를 해석하는 작업)과 다양한 공간과정분석이 가능했다.

3 관광과 휴가거주지: 급격한 지역모습의 변화

 Torrevieja의 관광서비스는 달라진 게 없다. 즉, 주변지역 커뮤니티들을 위한 보양과 휴양지라는 그곳의 평판은 19세기부터 지속되고 있으며, 그로 인한 관광소득은 전형적인 어촌으로서 지역주민의 주요경제활동에 대한 보조수단에 지나지 않고 있다. 그러나 관광이 지역민들과 방문객들 간의 전통적인 관계와 지역주민들의 캐릭터에 영향을 미친 것만은 분명한 것 같다. 왜냐하면, 그 지역주민들이 최근 몇 년 동안 지역의 갑작스런 변화로 생긴 새롭고 복잡한 사회적 구조에 동화되기 위해 노력하고 있기 때문이다.

 또한 1970년대 초, 특히 1980년대, Torrevieja의 여름철 휴가방문객들은 대규모 부동산 회사에 의해 공급된 저렴한 하우스와 아파트공급에 유혹되었던 내국인들이 주를 이루었지만, 몇 년에 걸쳐 급격한 도시성장을 추진한 부동산회사들과 정책들이 그 도시의 경제적, 사회적, 문화적 그리고 생태시스템의 급격한 변화를 불러오게 되었다.

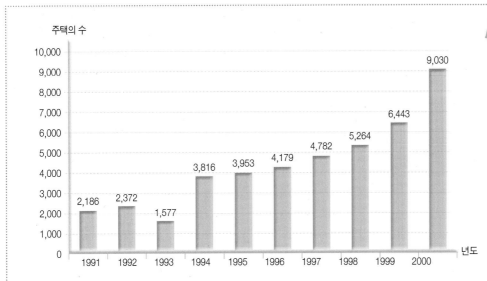

그림1

Torrevieja에 건설된
새로운 주택의 수
(1991-2000)

■ 출처: Torrevieja 자치도시

그림 2

토레비야
국토이용용도

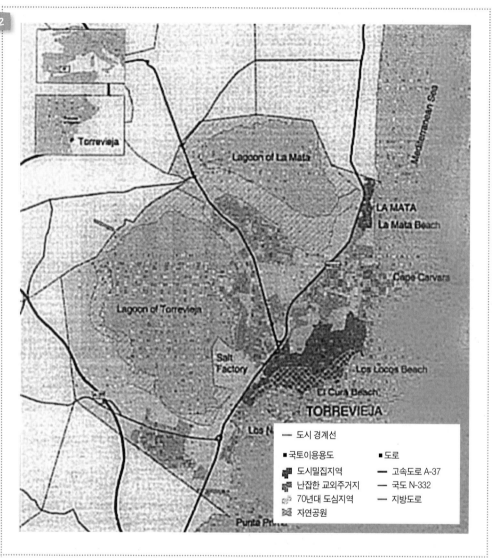

토레비야 국토이용용도

범례	
—— 도시 경계선	
▪국토이용용도	▪도로
🏙 도시밀집지역	—— 고속도로 A-37
🏘 난잡한 교외주거지	—— 국도 N-332
🏙 70년대 도심지역	—— 지방도로
▨ 자연공원	

 Torrevieja 지자제의 도시구조는 뚜렷하게 차별화 된 2개 지역으로 구분된다. 첫 번째 지역은 규모가 크고 인구가 밀집된 도심지역으로서, 이곳은 처음에 해안을 따라 퍼지기 시작했으나 최근에는 내륙까지 확대되기 시작했던 지역이다. 또한 수천 채의 휴가별장과 아파트가 집중되어 있는 특이한 도시개발모델에 의해 상대적으로 규모가 작은 지역 내에 100개 이상의 관광휴양 거주지들이 형성되어 있다. 그러나 Torrevieja는

과밀화된 도시지역과는 반대로 소금물로 이루어진 2개의 대규모 석호가 포함되어 있는 자연보호구역도 존재하고 있다. 이곳은 국립공원으로 지정된 구역으로서 소중한 생태적 가치와 자연적인 아름다움을 보유하고 있어 Ramsar 국제습지목록(Ramsar List of Wetlands of International Importance)에도 오를 정도이다. 요약하면, 여기에서 묘사된 토지이용관광(Land Use−Tourism)모델은 두 가지 분명히 상반된 현실을 반영하고 있는 것이다. 말하자면, 그 두 가지 모델은 첫째, 소금공장이 있는 작은 지역만이 상업적으로 개발된 대규모 자연보호구역과 둘째, 주변이 불규칙적으로 확대 개발되고 있는 혼잡한 도심지역이다〈그림 2〉.

4 지속가능한 관광의 분석과 관리를 위한 지표

지속가능한 관광은 관광정책과 관리를 위한 중요한 이슈가 되고 있으며, 그것에 대한 보편적인 사회적 인정이 그 중요성을 더욱 강조하고 있다. '지속가능한 관광'이라는 용어의 다각적인 활용과 제안된 학계의 많은 정의에도 불구하고 개념에 대한 본질적인 모호함과 지나친 강조 그리고 종종 부적절한 활용 등은 여전히 풀어야 할 과제로 남겨져있다(Ivars, 2001). Brundtland 보고서에서 내려진 최초정의의 보편적인 수용과 리오데 자네이로에서 열린 지구촌 정상 회의(1992)의 지대한 영향력, 이후에 지속가능한 관광에 관한 많은 다양한 견해들이 컨퍼런스, 문서 그리고 국제적 선포에서 발표되었다. 바로 이러한 행위들이 관광에서 지속가능성의 이론적 원칙을 상세히 설명하고 명확히 하는데 중요한 역할을 하고 있는 것이다. 몇몇 두드러진 관련선포에 대한 예로는 Lanzarote(1995)의 Charter for Sustainable Tourism, the Travel and Tourism Industry의 Agenda 21 그리고 the Worldwide Code of Ethics in Tourism 등이 있다(Santiago de Chile, 1999).

지속가능한 관광에 대한 논의와 더불어 그러한 행위들은 지속가능성 패러다임의 본질을 경제성장, 환경보호 그리고 사회적 정의 간의 균형으로 설명하고 있다(Bramwell et al., 1996; EEAa; Butler, 1993; Coccossis, 1996; Hall, 2000; OMT, 1993). 관광의 관리측면에서 직

면하고 있는 중요한 난제가 바로 이러한 균형의 달성인 것이다. 따라서 이런 맥락에서 Vera Rebello and Ivars(2001)는 지속가능한 관광을 '기존의 자연자원과 문화자원의 보존, 관광의 경제적 역할수행능력 그리고 사회적 평등 간의 균형을 바탕으로 한 관광개발을 성취하기 위하여 제도적, 법적 체제(framework) 그리고 계획과 관리수단을 목적에 맞게 조화시킴은 물론, 지역민의 필수적 참여를 포함한 정치주도의 운영으로 발생하는 질적 변화의 과정이다'라고 정의하고 있다.

이 정의는 지속가능한 관광의 정체성을 이상적 그리고 유토피아 상태로 보는 시각을 부정하고 있는 것이다. 지속가능한 관광의 정체성을 단지 이상(理想)으로 생각하는 것은 Torrevieja와 같은 대규모 'Sun-and-Sea' 목적지에 지속가능성 원칙의 적용가능성을 배제시키는 논리적 논쟁을 야기할 수 있기 때문이다. 또한 그러한 목적지에 지속가능성 원칙을 적용함에 있어서 많은 난제(難題)들이 존재하고 있는 것은 분명하지만, 여기에는 환경에 대한 거대한 압력과 균형된 관광발전을 중요시하는 사회경제적 구조 때문에 즉각적 조치의 필요성 역시 내포되어 있는 것이다.

지속가능한 관광을 위한 세 가지 기본원칙들(자연문화자원보호, 경제적 역할수행능력, 사회적 정의)은 각 목적지의 특수한 상황에 맞게 적용 가능한 그리고 환경, 사회경제 그리고 관광객 변화가 고려된 지표(indicators)들을 이용하여 평가되고 분석될 수 있다. 그러한 지표들의 정체성 그리고 그 지표들에 의한 지속가능성의 모니터링과 통제는 지속가능한 관광을 위해 노력하고 추진할 때, 공공부문과 민간부문의 의사결정에도 도움이 될 것이다.

1) 지표시스템을 위한 개념적 틀

국내총생산(Gross Domestic Product)과 국민총소득(Gross National Product)과 같은 보수적인 개발지표들의 한계는 1970년 이래 계속적으로 논란이 되어왔으며, 사회적 또는 환경적 내용의 지표들을 정의하고 적용하는 측면에서도 상대적으로 거의 진전이 없었다. 반면에 지속가능성 지표활용을 위한 Agenda 21의 도입과 리오 정상회담의 지대한 영향은 그 분야에서 많은 이론적 연구를 촉진시켰다. 다음은 지속가능성 지표들과 관련된 비정부조직들(NGOs)과 더불어 국제조직과 국내조직들의 리스트이다. Organization for Economic Cooperation and Development(OECD), the United Nations Organization(Environment and Development Programmes and the Commission for Sustainable Development), the World Bank, the European Union's General Directorate XI, the European Environmental Agency, The International Council for Local Environmental Initiatives, the World Watch Institute of Sustainable Development(Canada), the World Tourism Organization, the World Wide Fund, 등이 있다.

관광에 대한 지속가능성 지표의 적용은 관광부문정책에서 환경문제에 대한 고려가 요구되었기 때문이며, 이러한 필요성은 the European Commission's Programmes V on Politics and Action in Environment Matters에서도 강조된 바 있다(COM(92)23final, 1992). 또한 환경의 중요성은 프랑스, 스페인, 영국 등의 지속가능성 지표에 관한 유래를 통해서도 분명히 감지되고 있다. 그럼에도 불구하고 그 조직들의 견해는 지역차원의 목적지에 대한 관광계획이나 관리에 있어서 환경문제와 더불어 경제적, 사회문화적인 지속가능한 개발요인들까지도 포함시키는 보다 포괄적인 관점을 채택하는 쪽으로 확대되고 있다.

International Federation of Tour Operators(IFTO)에 의해서 추진되고 EU 재원으로 발기된 ECOMOST 프로젝트는 지속가능성을 토대로 한 관광계획과 지속가능성지표의 활용을 다루었던 초기연구들 중의 하나이다. 이 프로젝트의 목적은 Mallorca와 Rhodes 섬의 관광개발 분석을 토대로 지속가능한 개발을 위한 모델을 만드는 것이었으며, 지표시스템이 그 섬들의 심각한 문제들을 분석하고 밝혀냄으로써 보다 높은 수준의 지속가능성의 성취를 위해 필요한 조치와 관련제안들을 모색하기 위해 활용되었던 것이다.

또한 지속가능한 관광개발계획을 위한 World Tourism Organization(WTO)의 제안은 지표활용의 필요성으로 이어졌으며, 따라서 그러한 지표들을 정의하는 일이 많은 조직들에게 공유된 목적이 되었던 것이다. 예를 들면, 프랑스에서 the Institut Francais de l Environment(IFEN, 2000)과 the Agence Francaise d'Ingenierie Touristique(AFIT)가 흥미 있는 일을 수행했었는데, The IFEN은 국가차원에서 목적지를 유형(산, 해안 도시 또는 농촌)에 따라 분류하고 관광정책에 있어서 환경과의 조화를 추구하는 일련의 지표들을 발표하였으며, AFIT는 몇 개의 예비조사지역에서 검증된 관광목적지의 지속가능한 관광관리를 위한 일련의 기준들을 요약하여 발표하기도 하였다(Ceron & Dubios, 2000).

비록 발레아레스 제도(Balearic Islands)와 같이 자치권이 있는 커뮤니티들이 이미 자신들의 지역만을 위한 지표시스템을 개발하고 있지만, 스페인의 환경부는 국가차원의 환경지표시스템의 일부로서 관광부문만을 위한 환경지표시스템을 정의하기 위해 노력하고 있다(Blazquez et al., 2001). 또한 지역적 차원에서, Calvia(Mallorca) 또는 Sitges(Barcelona)와 같이 발전된 해안휴양지에서는 Agenda 21의 이행을 통해 지속가능한 관광을 위한 지표개발노력을 더욱 가속화하고 있다. 그리고 지속가능한 개발지표의 설계에 관해서, 영국의 Department of Environment, Transport and the Regions(DETR)는 관광만의 특별지표의 개발필요성(DETR, 1999)과 차후에 지역의 특성을 유지하면서 향후 국가시스템으로 편입되어 통합될 수 있는 목적지 지속가능성지표를 제안하였다(Allin et al., 2001).

본 연구에서 제시된 지표시스템은 책임 있는 관광지운영을 위해 채택된 모델로서 OECD의 pressure-state-response(PSR)모델(1978, 1980, 1993)과 유럽환경위원회(EEA: European Environmental Agency)의 Driving forces-Pressure-State-Impact-Response (DPSIR)모델 (EEA, 1998b)을 반영하고 있으며, 도시환경을 위해 고안되었던 것이다〈그림 3〉. 또한 이 지표시스템은 인간행동이 지역의 환경에 미치는 영향과 그것들을 방지하고 완화시키기 위한 정치적, 사회적 대응을 평가하는 인과조직모델에 기반을 두고 있으며, 관광개발에 미치는 환경적, 경제적, 사회문화적 요인들을 고려함으로써 지속가능성에 대한 전체적 관점(holistic perspective)을 포함하고 있다.

지표들은 상호상관관계에 놓여있는 4개의 그룹으로 구성되어 있다. Land Use-Tourism model(토지이용-관광모델), pressure indicators(갈등지표), state-quality indicators(상황지표) 그리고 political and social response indicators(정치적, 사회적 대응지표) 등이 바로 그것 들이다. '토지이용-관광모델'은 관광지의 유형들(해안, 도시, 시골, 산악지역)을 확인하고 그것들의 상이한 개발단계를 이해하며, 그리고 관광의 발전에 영향을 미치는 요인들과 또한 그 관광발전이 지속가능한 개발을 지향하도록 유도할 수 있는 요인들을 밝혀내기 위해 반드시 필요한 것이다. 그리고 이들 요인들은 지속가능성 원칙의 직접적 적용이 가능한 지역차원에서 보다 쉽게 인식될 수 있을 것이다. '갈등지표'는 관광활동이 목적지의 자연환경과 사회경제적 구조에 미치는 갈등들을 반영하고 있다. 반면에 '상황지표'는 현재의 환경적 상황, 지역민이 지각하고 있는 삶의 질 그리고 관광객 만족도 등을 나타내고 있으며, '정치적 그리고 사회적 대응지표'는 '국

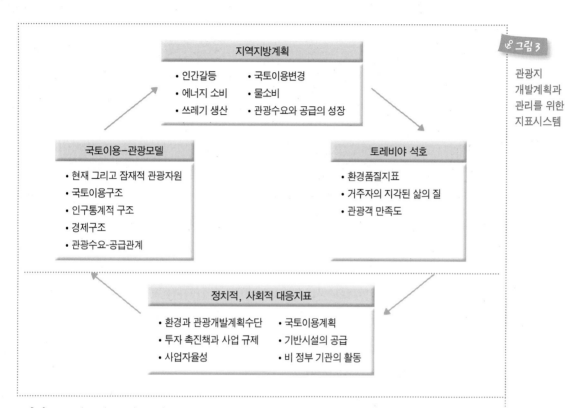

그림3

관광지
개발계획과
관리를 위한
지표시스템

■ 출처: OECD(1993), EEA(1998b)

토이용-관광모델'에서 약술된 상황, 기존의 갈등과 더불어 개발과정의 상황을 의미하는 상황지표의 구성요소들과 관련하여 취해진 수단을 의미하고 있다. 그리고 그 관리수단이 상관관계의 마지막에 놓인 이유는 지표들의 정기적인 개정으로 예방책과 사전대책을 위한 유용한 정보제공을 이행하기 위함인 것이다.

2) Torrevieja에 대한 지표시스템의 적용

(1) 토지이용 관광모델의 지표들(Indicators in the Land Use-tourism Model)

'토지이용-관광모델'에 포함된 지표들은 해당지역자원들의 상태에 어떤 심각한 변화가 있는지를 평가하기 위한 지역상황분석에 적용된다. 그러한 변화들은 새로운 경쟁환경의 출현으로 인한 수요의 변화 또는 관광목적지의 새로운 전략채택 등과 같은 요

인들에 의해 초래될 수 있다. 따라서 관광목적지의 지속가능한 계획과 관리는 변화에 민감하고 의사결정과정에 쉽게 포함될 수 있는 그리고 목적지에 대한 기존의 실증적 지식을 단지 보완하되 대체하지는 않는 지역차원의 지표들에 대한 적절한 정의를 필요로 하고 있다.

Torrevieja에서 이용된 '토지이용-관광모델'은 '3S' 관광개발을 위한 매력적인 모래 비치해안과 쾌적한 기후를 보이는 이상적인 장소특성을 바탕으로 하고 있으며, 이러한 전통적인 요소들은 Torrevieja에서 발전해온 관광유형의 기반을 제공하고 있다. 또한 고품질 관광의 촉진과 지중해해안의 다른 목적지들과의 차별화된 경험제공을 위해 (Morgan, 1994) 잠재력이 검증된 기타 관광활동자원들까지도 포함하고 있지만 이들 자원들과 관련된 관광유형들은 단지 전통관광의 공급에 대한 보조역할로서만이 인식되지 말아야 할 것이다. 왜냐하면 이들 자원들을 바탕으로 새로운 관광 상품과 서비스의 개발이 추진될 수 있기 때문이다. 예를 들면, 현재 Torrevieja 국립공원에 있는 석호에서 제공되고 있는 자연관광과 보양관광이 바로 기타자원을 활용한 전형적인 사례로 볼 수 있다. 또한 그 지역의 약 40%에 해당되는 석호외부지역은 3개의 골프코스와 시 의회가 지원한 프로젝트를 활용하여 새로운 상업적 유흥센터가 있는 통관항을 재건축하고, 직업선원과 소금제조와 관련된 문화역사적 전통관광 상품과 해안의 생태 지향적 오솔길 등을 제공하고 있다.

하지만 이러한 자원 활용은 결과적으로 석호이외의 육지전반에 걸쳐 개발이 진행되는 계기가 되었으며, 특히 해안지역 도시개발에 대한 높은 관심은 심각한 후유증을 불러왔다. 〈표 1〉은 과도하게 밀집된 주거지역 그리고 거주 또는 휴가용도의 도시개발로 농업과 같은 전통구조에 불가피한 변화가 초래되었으며, 다른 한편으로는 이러한 변화가 공공서비스(물 공급, 쓰레기/오물 처리, 내국인 보호 등)의 확대와 인프라에 대한 보다 많은 수요의 창출로 이어져 그것들의 관리 및 유지(maintenance)비용이 지속적으로 증가했음을 보여주고 있다.

급격한 부동산거래의 증가 그리고 그것의 주기와 강도는 지역정치가의 지시에 의해 시급격한 부동산거래의 증가 그리고 그것의 주기와 강도는 지역정치가의 지시에 의해 시행되는 다른 어떠한 정책보다도 주택수요에 대한 경제 사이클의 영향을 보다 많이 받고 있는 것으로 보이며, 그것이 결국 지역경제구조에서 건설부문의 중요성을 증대시키고 있었던 것이다. 그리고 지역경제는 이미 서비스부문에 종사하고 있는 영주권자들

해양관광 개발계획 coastal mass tourism

지표	구성요소
관광자원 /매력물	
기본관광자원	• 섭씨 18도의 평균기온 • 년간 약 3000일조시간 • 18km의 해안선 • 1500척의 보트계류장을 갖춘 2개의 마리나 • La Mata와 Torrevieja의 석호자연공원 • 8km내에 3개의 골프장 • 관광이벤트(국제민요 컨테스트, 5월의 행사 등)
잠재관광자원	• 특수목적관광을 위한 자연공원 활용 • 항구의 도시기능재개발 • 석호에서의 보양관광(진흙목욕, 등) • 반대여론은 있지만 공원주변 내의 호텔스파건설 프로젝트 추진
국토이용	
주거용도	지자체의 22.3%에 해당하는 16,000,740m2의 면적이지만, 만일 석호표면을 빼면 33.5%에 달한다.
난 개발된 외곽지역 대비 주거목적의 도심지역	이용할 수 있는 주거용 토지의 면적은 도심지역의 2배이며, 지자체 총면적의 약 15.3%에 해당된다.
해안의 물리적 변경	해변으로부터 최고 500m까지 이르는 해안지대는 도지지역(74.7%)과 도시화될 수 없는 지역(9.9%)으로 구분된다.
경제활동	
경제 전문화	기업의 66.7%는 적어도 다음부문들 중의 하나와 관련되어 있다: 무역, 식당 그리고 숙박(51.45%), 건설(15.2%)
부문별 고용	최근 조사(1991)에 의하면, 서비스부문이 가장 많은 수(65%)의 노동력을 고용하고 있다.
공식적인 실업수준	거주자들 중 실업자 비율은 2.9%(2000)(La Caixa, 2002)
인구통계학적 구조	
인구의 증가	공식적 인구는 총 70,262명으로 1970년도와 2001년도 사이에 엄청난 증가(622%)를 보였으며, 같은 기간 동안 약 53%의 증가율을 보였던 그 지방의 평균보다 훨씬 높게 나타났다.
거주자 출신지	새 거주자의 유입으로, 출신지에 상당한 변화를 보이고 있다. 24.4%가 Torrevieja에서 출생했으며, 13.8%는 Torrevieja와 동일한 지방(Alicante)출신이며, 36.6%는 다른 스페인 지방 그리고 24.2%가 외국출생자들로 구성되었다(1996년 자료)
인구의 노령화	65세 이상의 노인인구는 총 인구의 20.8%에 이르고 있다. 하지만 1991년도 이 연령집단이 총인구의 15.8%였던 점을 고려하면 분명한 노령화 추세를 보이고 있다.
관과지향구조	
통제된 숙박시설의 공급	2000년도에 5,504개의 침대가 제공되었으며, 이것들은 아파트(46.5%), 호텔(26.8%), 야영장(25.2%) 등에 분배되었다.
잠재관광숙박시설로 이용 가능한 개인소유 홈	비공식적으로, 방문객들에게 임대된 별장과 아파트의 침대 수는 300,000개로 추정되고 있으며, 방문객들에 게 단독으로 임대된 주거지는 전체의 78.9%에 해당된다.
수요자 프로필	대부분의 방문객들은 휴가가족들, 중간소득계층, 스페인국적, 별장소유자 또는 임대자, 주로 여름에 방문하고 해당목적지에 높은 충성도를 보이고 있는 사람들이다.

🎋 **표 1**

국토이용-
관광모델

■ 출처: METASIG Project(Vera Rebollo, 2002)

과 압도적 규모의 계절방문객들의 욕구충족을 위해 매우 전문화 되어 있었다. 특히 부동산 거래의 증가와 제3 경제부문(서비스)의 성장은 두드러진 외국인의 출현과 더불어 스페인 타 지방으로부터의 인구이동을 자극하여 결국 지역의 인구통계적 구조변화를 가져왔다. 또한 국내·외 연금수령자들의 유입은 서서히 인구통계적 피라미드의 점진적인 노령화의 원인을 제공하고 있었다.

제한된 관광숙박시설 공급으로 인한 낮은 침대수용력은 Torrevieja의 관광모델이 갖고 있는 가장 근본적인 구조적 특징이다. 하지만 호텔과 숙박시설로 등록된 관광객 아파트 그리고 캠핑장 등의 제한된 공급과는 달리 휴가별장과 아파트들은 대규모로 공급되어 현재 약 300,000개 이상의 침대가 공급된 것으로 추정되고 있으며, 이는 관광지향 별장과 아파트들에 대한 부동산거래가 확산되고 있음을 의미하고 있는 것이다. 다른 말로 하면, 전통관광 상품(패키지 휴가여행)을 위한 상업용 숙박시설 대신에 매매와 임대를 위한 주택과 아파트의 공급증가를 의미하며, 이것은 오늘날 Torrevieja를 찾는 핵심방문객유형에 대한 정보를 제공하고 있는 것이다. 즉, 방문객의 핵심유형은 주로 여행사를 통하지 않고 스스로 휴가계획을 세우는 스페인의 중·소득층 가족단위 방문객들로서 자신들이 소유하고 있는 집에서 휴가를 보내기를 원하는 사람들이라는 것이다. 이들은 자신의 자동차를 이용하는 방문객들로서 주로 여름시즌동안 평균 체류기간이 21일이나 되고 있다. 그러나 이들의 연중 방문은 목적지와 맺은 부동산 매매약정 즉, 일정기간 해당지역에 체류해야 한다는 계약조항 때문일 수도 있을 것이다. 여기에서 묘사된 수요와 공급의 상호작용은 스페인 지중해 연안의 많은 해안지역도시에서 흔히 볼 수 있는 현상이지만 Torrevieja에서 정말 특별한 것은 관광을 위한 부동산의 공급규모가 상대적으로 작다는 사실이다.

(2) 갈등지표(Pressure Indicators)

최근에 건설된 많은 주거지는 시가지의 급격한 팽창을 초래하였으며, 지역의 경관을 변화시켰을 뿐만 아니라 관광 붐이 일기 전에 농토였던 많은 토지를 잠식하기도 하고, 또한 가용(可用)토지의 거주 방문객들은 물과 전기의 소비와 쓰레기 수거에 매우 큰 영향을 미치고 있었다. 휴양지에 미친 다양한 갈등요인들 중 가장 중요한 두 가지는 새거주지의 급격한 증가와 계절관광의 극대화에 있다. 〈그림 4〉는 1996년-2000년 사이에 지속되었던 주택수의 증가를 보여주고 있으며, 그리고 비록 비례적으로 증가하지는 않았지만 물의 소비와 쓰레기 수거량도 늘어나고 있었다. 또한 실제인구의 증가는 급격한 도시팽창정책과 가능한 한 많은 거주자를 등록시키려는 시 의회의 노력이 아마도 직접적인 원인이 되었을 것이다. 비록 70%까지 숙박시설의 공급을 증가시키려는 프로젝트가 현재 진행 중에 있지만 등록된 숙박시설의 공급이 완만한 성장세를 보이고 있었다. 부동산 공급과는 반대로 호텔의 증가는 새로운 관광 상품(헬스스파, 컨퍼런스, 수상경기, 골프 등)개발을 위해 반드시 필요한 요소이며, 종국에는 새로운 일자리 창출과 부동산 부문과는 다른 유형의 비즈니스를 통합하는데 기여하게 될 것이다.

Torrevieja 관광객의 정확한 계절적 편중을 측정하기란 쉽지 않다. 왜냐하면, 사실상, 공식적인 호텔공급보다 훨씬 많을 걸로 예상되는 개인숙박시설에 대한 정확한 자료가 없기 때문이다. 이것은 비록 간접적인 지표들이 내포하고 있는 분명한 제약에도 불구하고 왜 그 지표들이 왜 활용되어져야만 하는지를 설명하고 있는 것이다. 한편, 월별 물 소비량과 수거된 쓰레기양이 여름철에 가장 높게 나타났으며 다른 한편으로 〈그림 5〉에서 제시된 바와 같이 등록인구의 증가와 맞먹는 수준의 증가가 비성수기 방문객 수에서도 보여 지고 있다. 그리고 1997년-2001년 사이에 수거된 쓰레기의 월평균 증가가 휴가객들이 가장 선호하는 두 달(7,8월)동안 가장 높지 않았다는 것은 주목할 만한 일이다.

(3) 상태지표들(State-quality indicators)

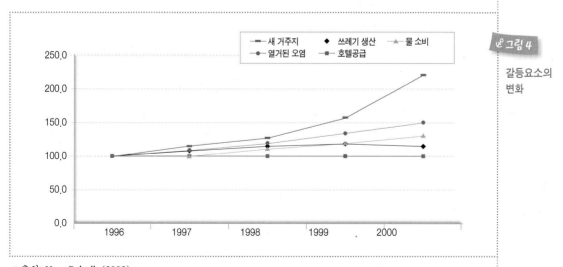

그림 4

갈등요소의
변화

■ 출처: Vera Rebollo(2002)

그림5

도시 쓰레기 수거량,
월별 분포(2001)와
월평균 증가율
(1997-2001)

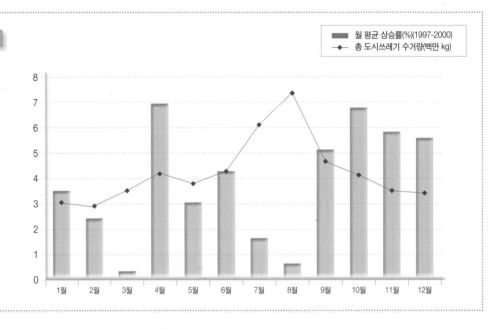

범례:
- 월 평균 상승률(%)(1997-2000)
- 총 도시쓰레기 수거량(백만 kg)

(x축: 1월 2월 3월 4월 5월 6월 7월 8월 9월 10월 11월 12월)

표2

갈등 지표

지표	구성요소
인간갈등	성수기(8월)동안, 375,000명의 인구증가와 약 km2당 5252명의 인구밀도를 보이고 있다.
인간갈등의 계절성	간접지표로서, 도시쓰레기 수거량은 여름성수기 동안 분명히 피크를 보이고 있으며, 즉 7월, 8월, 9월에 연간 쓰레기 수거율(36.7%)이 가장 높다. 물 소비량을 보면 여름시즌의 인간갈등을 확인할 수 있는데, 가장 높은 물 소비를 보이고 있는 8월은 가장 낮은 1월의 3배에 해당된다.
주거용도의 토지이용증가	비록 주거밀집지대는 여전히 안정적이지만 주거지 건설에 몰두된 이용 가능한 공지가 2001년 4월부터 2002년 1월까지 10%나 증가했다.
거주지 증가	1996년-2000년 기간 동안 거주지 수의 연 평균증가율은 16.6%이다.
공식적 관광숙박시설 공급의 증가	그 기간 동안(1996-2000) 공식적인 숙박시설의 연 평균 공급률은 13.8%로서 비록 그 공급률이 초기 공급량에 기반하고 있다고 할지라도 대부분의 증가는 2000년도에 발생했다.
도시쓰레기 수거량의 증가	동일기간 동안, 연 평균 도시쓰레기 수거율은 2.4%로 증가되었다.
물 소비의 증가	동일기간 동안, 연 평균 물 소비량의 증가율은 4.9%로서 쓰레기 수거율의 두 배에 해당된다.
전력소비의 증가	최근 자료에 의하면, 서비스부문의 연평균 국내전력소비량은 동일기간 동안 6.3%가 증가되었다.

■ 출처: METASIG Project(Vera Rebollo, 2002)

이 지표는 지역주민 및 방문객의 삶의 질에 대한 인식과 같은 보다 주관적인 측면과 바닷물과 대기(atmosphere)의 품질 등과 같이 쉽게 평가될 수 있는 특성들의 상태와 관련되어 있다. 대기품질지표로서 가장 적절한 공기는 관광객의 계절적 편중으로부터 부정적인 영향을 받지 않는다고 할 수 있지만 이것을 확신하기 위한 공식적인 측정수단은 존재하지 않았으며, 대신 주로 혼잡한 도시지역에서 나타나는 현상으로 교통과 나이트클럽, 디스코텍 등으로 인한 소음공해가 있었다. 하지만 전체 물 공급을 외부에 의지하고 있음에도 불구하고 도시용수의 품질은 공식적인 보건관리규정을 충족하고 있었으며, 지중해 해안을 따라 위치하고 있는 많은 다른 휴양지들의 상황과는 달리 용수의 품질과 공급에 있어서도 지금까지 야기된 문제는 없었다. 2000년 한 해 동안 그 지역에 수여된 여섯 개의 blue flags(Foundation for Environmental Education(FEE)이 요구하는 비치나 마리나 품질을 준수함으로서 수여된 인증서)로 증명될 수 있듯이 바닷물은 상대적으로 최고 수준의 품질로 유지되고 있었다. 이 상황지표들은 폐수의 처리와 정화를 위한 정책들과 직접적으로 관련되어 있으며, 현재 물 정화공장의 수용능력을 향상시키기 위한 프로젝트가 진행 중에 있다.

지각된 삶의 질에 대한 설문조사가 지역의 사회계, 정치계 인사들(정치정당, 비즈니스와 문화단체 등)과의 인터뷰를 통하여 수행되었다. 이들은 Torrevieja와 주변지역의 경제적 역동성 그리고 고용에 미치는 긍정적인 효과를 강조하였으나 부동산, 관광객 행동 그리고 인구의 증가와 직접적으로 관계된 그러한 역동성이 도시의 안전과 정체성 훼손에 대한 우려를 증가시켰고, 또한 지역민의 핵심관심사인 의료서비스, 교통(혼잡과 주차문제)과 같은 지역민의 삶의 일면에도 부정적인 영향을 미쳤다고 하였다. 그러나 이러한 문제점에도 불구하고 그런 상황을 개선하기 위한 면접자들의 제안에는 도시발전이나 관광에 놓여 진 제약요인들을 담고 있지 않은 반면에 주민과 방문객의 삶의 질, 바닷물과 대기의 품질 등은 다른 어떠한 부문에 의해서도 성취될 수 없는 지역발전과 번영을 위한 핵심요소이며, 그것의 성취는 필연적이고 결코 회피될 수 없는 것으로 인식되고 있었다. 결과적으로 이들의 견해에 따르면 무엇보다도 공공투자영역의 모든 부문(새로운 병원, 주차장, 보다 좋은 도로 등)에 대한 시급한 조치가 취해져야 된다고 생각하고 있었다.

관광객들의 만족도 평가를 위해, 표본의 연령, 성별, 국적 등이 고려된 비교적 기본적인 내용의 설문조사를 2001년 여름 Torrevieja의 방문객 240명을 대상으로 수행하

지표	구성요소	
기본적인 환경척도	• 과거의 기준에 의하면, 대기오염은 존재하지 않는다. • 특정지역이 소음공해로 어려움을 겪고 있다. • 바닷물과 수도물 모두의 품질이 양호하다.	
지각된 삶의 질	• 사회적 이해관계자들을 대상으로 한 인터뷰는 일자리 창출부문에 대해 우호적인 결과를 보여주고 있다. • 관심을 요하는 분야는 건강, 교통, 주차분야이며, 기타로는 공공안전문제와 지역정체성 훼손에 관심을 보이고 있었다.	
관광객 만족도	**중요하고 만족한다** • 기후 • 숙박시설의 품질 • 상품공급 • 놀이공원과 오락 • 식당과 바의 품질 • 공공장소의 청결 • 품질대비 가격 • 스포츠시설 • 경관의 매력성 • 공공안정 • 비치품질	**중요하지만 불 만족한다** • 도시개발과 건설의 품질 • 공원과 자연보호지역 • 역사적, 문화적 매력성 • 보행자 유동성 • 공공의료서비스 • 소음수준 • 고요함과 비 대중화 • 교통, 주차

표3 상태지표

■ 출처: METASIG Project(Vera Rebollo, 2002)

였다. 설문지는 크게 2개 부분으로 구성되었으며, 첫 번째 부분은 관광객이 휴가목적지를 결정할 때 일반적으로 가장 중요하게 고려하는 요소들과 관련된 문항들로 구성되었으며, 두 번째는 Torrevieja가 이러한 속성들을 수행하는 정도를 평가하는 부분이었다. 분석결과, 비록 목적지에 대해 꽤 만족스럽다(74%)는 전반적인 평가를 받았지만 중요도와 만족도 관계에 있어서 속성들 간에는 분명한 차이가 존재하고 있었다. 즉 관광객들이 매우 중요하다고 여기는 속성들에 대해서는 높은 만족도를 보였는데, 그것들은 주로 그 지역의 핵심 관광자원들, 즉 개인부문 서비스 시설들로서 상업, 식당, 숙박, 엔터테인먼트 등과 더불어 Sun-and-Sea 구성요소들이었다. 반면에 거리의 청결함과 공공안전과 같은 기타 서비스들에 대해서는 방문객과 주민간의 상반된 견해를 보였다. 즉, 방문객들은 양호하다고 평가하였으나 주민들은 이들보다 낮게 평가하였던 것이다. 결과적으로 역설적일지 모르지만 시가지 경관의 변화가 목적지에 대한 관광객의 인식

해양관광 개발계획 coastal mass tourism

에 부정적으로 영향을 미친 것 같지는 않으며, 이것은 아마도 해안과 대규모 석호국립
공원의 매력성이 더욱 크게 어필되었기 때문인 것 같다.

그러나 부정적인 측면을 말하자면, 관광객들이 중요하다고 여기는 일부속성들에 대
해서 만족하지 못했다는 평가들이 있었다. 그것은 급격한 인구증가, 도시개발, 그리고
잘못된 도시개발계획 등이 직접적인 원인이 된 것으로 보이며, 더불어 여름철 관광객
의 집중이 교통 혼잡, 주차난, 보행자 혼잡, 소음, 녹지공간의 부족, 부족한 의료서비스
등이 문제점으로 인식되었기 때문인 것으로 판단되었다. 이런 수요자 중심의 평가는
Torrevieja의 '토지이용-관광모델'이 내포하고 있는 문제점들을 확실히 규명하고, 그
것들의 통제를 위한 새로운 전략적 비전을 제시하기 위해서는 무엇보다도 공공정책의
필요성을 시사하고 있었다.

(4) 대응지표들

위에서 언급된 요소들에 대한 정치적 대응으로 마련된 특별 조정안은 이러한 개발
방향을 바꾸고 보다 많은 공공지출을 통해 주거방문객 기능과 삶의 질 간의 균형적 발
전을 도모하기는커녕 급격한 도시성장, 관광 확대 그리고 인구 증가에 대한 현행정책
에 대해서도 어떠한 수정안을 제시하지 못하고 있었다. 하지만 Torrevieja는 이러한 급
격한 성장으로 인한 세수증가로 이제 Alicante 지역에서 3번째로 많은 지방정부예산을
보유하게 된 지자체가 되었던 것이다. 그러나 대규모 투자를 통해 특정지역에 대한 환
경과 사회문화적 손실을 줄일 수 있는 기회가 있었음에도 불구하고 그러한 손실들을
그저 회피할 수 없는 정치사회적 비용으로만 용인하고 있는 듯 했다. 이러한 비 선언
전략(undeclared strategy)은 그 지역 지표의 40.5%에 대한 보호평가, 녹색예산의 단계적
증가, 폐수처리, 쓰레기의 선택적 수거 그리고 환경에 대한 감독과 통제 등에 관한 다
양한 환경프로젝트에 대한 투자로 유실된 자연자본을 대체될 수 있다는 '약한 지속가
능성(weak sustainability)'의 개념과 비유될 수 있을 것이다(Hunter, 1997; Pearce & Atkinson,
1998).

Torrevieja의 지역정책들은 관광지향 지자체에 알맞는 견실한 개발계획을 기반하
고 있지 않았다. 그리고 Torrevieja의 토지이용계획(Land Use Plan)은 구시대적 발상이
며 'Plans for Excellence in Tourism'과 'The Green Municipality' 같은 프로그램 대
상지역으로서 갖게 된 기회마저 정부시행을 통한 구체적인 계획으로 전환되지 못했다.

지표	구성요소
관광자원에 대한 조치	도시재건축과 새로운 상업과 여가센터 조성. 이 프로젝트는 전통적으로 소금저장과 운송시설로 이용되었던 시설들의 복구를 포함하고 있다. Torrevieja 해안을 위한 '전반적 계획'
도시계획	'전반적 도시계획'에 대한 통제는 1986년에 승인되었다. 그 계획이 도입된 이래 오랜 시간의 경과, 빈번한 특별개정과 부동산 거래 등 이 모든 것들은 자치단체의 도시계획에 대한 수정이 필요함을 암시하고 있다.
도시화 불가능 지역의 보호	2,906 헥타르의 자연지역(자치단체 지표면적의 40.5%)은 보호되고 있으며, 대부분은 1994년에 승인된 관리이용계획에 의해 운영되고 있는 자연공원에 포함된다.
관광계획	Plan of Excellence in Tourism(2000)과 '녹색도시계획'을 위한 시험 목적지로서 Torrevieja를 선포하였다.
자치단체예산	이전에 Alicante지방에서 여덟 번째로 많았던 Torrevieja의 예산은 이제 1990년에서 2000년도 사이에 354.7%의 엄청난 예산증가를 보인 지방에서 세 번째로 많은 예산을 운용하는 도시가 되었다.
녹색화 예산	환경보호목적(다른 부서로부터 이관되는 환경비용과 투자는 해마다 변한다)으로 그 예산의 일부를 확보하는 어려움에도 불구하고, 확보된 예산이 전체의 20%에 이르고 있는 것으로 추정된다. 그 예산의 주요용도는 쓰레기의 수거, 제거, 처리에 사용되며, 거리청소(녹색화 예산의64%), 공원과 정원(23%), 그리고 비치와 수영장(7.6%) 등을 위해서도 활용된다.
오수처리	폐수처리장은 활성화된 늪 시스템을 이용하여 6,419,231m3의 물을 처리했다. 시 의회는 그 폐수를 정원, 거리청소 그리고 농업관계용수로 활용하였다. Juarez(2001)은 지난 2년에 걸쳐 분배네트워크에서 엄청난 손실의 감소로 현재 100%의 재생수가 이용되고 있는 것으로 추정하였다.
분리수거	쓰레기 분리수거는 이제 연간 총 6,780,480kg에 이르고 있다. 그것은 지자체에서 발생된 총 쓰레기의 12%에 해당되는 양으로서, 2000년에 비해서 1.4% 증가된 양을 의미한다. 분리 수거된 주요 쓰레기는 유기적 잔존물로서 대부분의 그것들은 나무의 전지작업(37.7%), 종이와 마분지(19.2%), 그리고 유리(11.8%)에서 추출된다.
환경감시와 통제	지자체는 환경관련 조례와 환경감시단을 보유하고 있다

■ 출처: METASIG Project(Vera Rebollo, 2002)

그러나 항구의 리모델링, 해안을 따라 조성된 두 개의 생태길, 문화유적지 복원 등과 같은 지역쇄신과 가치상승을 위한 한시적인 프로젝트와 특별프로그램들이 어느 정도는 유치되고 있었던 것은 사실이다. 이것은 바다와 비치 같은 매력적인 환경자원을 이용한 관광을 통해 재평가된 지역문화요소의 활용이 점점 확대되고 있음을 시사하고 있는 것이다.

5 지방정부정책의 평가

관광의 개발과 관리를 위한 지역차원의 정책분석에 있어서 '지속가능성의 통합'을 이해하는 것은 매우 중요한 일이다. 지방분권화 국가인 스페인은 각 지자체들마다 관광정책, 도시정책, 그리고 생태관련 정책들을 개발하고 있으며, 더불어 각 지방정부에서는 지역프로젝트의 수행권한을 가진 몇 개의 기관들이 존재하고 있다. 사실상, 기존의 스페인정부의 관광정책이란 단지 관광개발초기부터 각 자치단체들이 자발적으로 채택했던 다양한 전략들에 대한 승인과정에 불과했으며, 또한 동일한 자연자원을 공유하고 있으면서도 관광관리를 위한 관광구조와 활동에 있어서 전혀 다른 시스템을 보유하고 있는 주변휴양지들 간의 불균형을 설명하기란 매우 어려운 일이었다. 그래서 지속가능성원칙을 관광에 적용하려는 모든 노력은 반드시 지역차원에서 개발된 전략의 다양성과 30년 이상 스페인에 널리 퍼져 있는 관행에 대한 고려가 있어야 한다는 것이다.

즉, Torrevieja의 경우, 비록 지난 20년 동안 Torrevieja 지자체의 관광개발의 근간이 주택건설의 촉진과 휴양객에 집중되어 있었지만, 관광개발에 대한 각 지자체의 접근방식은 다음 두 가지로 요약될 수 있다. 첫째, 그것은 국내외 시장에서 비즈니스의 성공을 광범위한 상업적 네트워크에 의존하고 있는 대규모 부동산 회사들에 의해 추진되고 판매되는 저비용 상품 전략이며 둘째, 상당이 진행된 도시포화의 관점에서 볼 때, 저품질 대중관광휴양지의 이미지를 피하기 위하여 훼손지역의 복원하고 지역스타상품인 자연공원과 관련하여 새로운 지역이미지 형성을 위한 환경보호정책의 이행이다.

1) 개발정책

1980년대에 승인된 현행 토지이용계획(Land Use Plan)은 지역차원에서 마련된 정책으로서, 당시 지역의 경제, 사회 그리고 도시개발전략을 위한 필수산업으로서 건설부문에서 요구되었던 신축건설에 대한 허가를 용이하게 만들었으며, 이것이 저렴한 대량주택건설을 위한 계기가 되었던 것이다. 이에 대한 증거로 〈그림 1〉은 부동산 투자가 감소했던 일시적 기간을 제외하고, 휴가목적의 별장과 아파트의 수가 압도적으로 증가했

음을 보여주고 있다.

드디어 1990년대부터 녹지 공간, 인프라 그리고 공공편의시설 등의 부족현상이 뚜렷이 나타나기 시작했으며, 이러한 부족을 해결하고 새로운 공공공간과 보다 나은 도시서비스를 위한 프로젝트의 필요성이 제기되었다. 그럼에도 불구하고 급격한 성장모델은 수정되지 않았으며 심지어 문제 시 되지도 않았기 때문에 새로운 프로젝트들은 단지 그러한 문제점을 해결하기 위한 비상수단에 불과하였다. 따라서 원래 8개년 개발계획으로 계획되었던 도시개발계획이 지난 15년 동안 오히려 비상수단에 가깝게 운영되어 왔다는 것이 그렇게 놀랄 일만은 아닐 것이다. 그러나 가장 염려스러운 것은 그 계획이 고층빌딩 또는 과거의 개발에 부적절하다고 평가되었던 공간들의 침해를 가능하게 함으로써 보다 많은 도시개발을 지향하고 있었다는 것이다.

간단히 말하면, Torrevieja의 도시정책은 도시경제를 위해 꼭 필요한 수단으로서 빠른 주택공급을 지속시키려는 욕구의 산물이라 할 수 있으며, 사실상 이러한 방식은 스페인의 지중해해안을 따라 위치하고 있는 대부분 관광휴양지들 사이에서 흔히 발견될 수 있는 정책이다(Lopez Palomeque & Vera Robello, 2001).

2) 관광활성화정책

빠른 성장과 부동산 거래를 옹호하던 개발계획 이후 몇 년이 지나서도 비록 부동산 거래가 감소되지는 않았지만 일부에서 변화가 감지되기 시작했다. 그 새로운 패러다임이 바로 혼잡함을 희석시키기 위한 필사적인 노력차원에서 나온 이미지의 단순화였다. 이것은 매년 Madrid에서 개최되는 국제관광 박람회에는 더 이상 참석하지 않고, 기존의 개인숙박시설에 대한 투자축소와 더불어 호텔의 품질향상을 위한 투자를 강조함으로써 관광시설의 선택적 공급을 촉진하는 등 보다 제한된 관광촉진으로 해석된다. 국립공원은 기존의 혼잡했던 현실과는 다른 새로운 도시이미지 형성을 위한 수단으로 홍보되고 있었으며, 또한 중앙정부는 지방정부와의 협력을 통해 고품질 관광을 위한 계획을 이행하고 있다(Excellence Plan). 더욱이 Torrevieja는 'Green Municipality(친환경 지자체)'라는 스페인 정부프로젝트를 위한 시범지역으로써 선정되기도 하였다. 그러나 여전히 자연공간의 보존과 지속되는 도시개발의 상반된 현실사이에서 균형을 이룰 수 있는 방법을 모색해야 하는 해결되지 못한 문제를 안고 있다.

220

3) 문화정책

도시개발과정에서 파생된 혜택과 발전하고 있는 관광목적지에 대한 새로운 이미지
창출의 필요성은 시의회의 문화정책에 지대한 영향을 미쳤다. 즉 문학상 수여식과 같
이 지역의 이미지개선을 위해 마련된 문화프로그램과 이벤트의 공연 등은 Torrevieja
를 매년 며칠 동안 국내신문들의 문화면을 장식하게 만들었으며, 또한 이것은 몇몇 TV
쇼의 경품으로 후원함으로써 지역의 값싼 부동산을 홍보하던 지역의 과거이미지를 극
복하기 위한 이성적인 노력차원에서 구상되었다. 그러나 그 문화정책이 건설부문과 방
문객의 지속적 증가만을 위한 것이라면 가까운 장래에 문화정책에 대한 회의가 일게
될 지도 모른다.

4) 환경정책

환경정책은 지속적인 도시화과정으로 그 지역에 부여된 이미지를 개선하기 위한 노
력으로 취해진 것이다. 물의 순환과 쓰레기처리 같이 특정지역에서 이루어진 상당한
진전이 상대적으로 스페인 지중해 해안에 위치하고 있는 관광휴양지들 사이에서 흔히
있는 일은 아니다. 국립공원과 환경가치에 대한 프로모션은 Torrevieja의 새로운 관광
프로그램을 위한 또 다른 고려요소 일 것이다. 하지만 국립공원 바로 접경지역에 허용
된 건축허가는 분명히 그 지역을 보존하려는 의지와 상반되는 일임에 틀림없다. 따라
서 가장 중요한 것은 성공적인 환경관리와 비 차별화된 'Sun-and Sea' 관광객 공급 사
이에 균형을 이루는 일이 될 것 같다.

5) 사회정책

Torrevieja의 현행 관광촉진모델과 도시개발모델이 환경보호를 위해서 비생산적일
것 같지만 그것들은 분명히 고용과 1인당 소득의 관점에서 볼 때 매우 긍정적인 모델
들이다. 많은 새로운 이주자들이 대중적인 'Sun-and-Sea' 휴가환경을 도모하거나 일
자리와 사업기회를 위해 찾아들었으며, Torrevieja 시 의회는 이들을 포함한 모든 거주
자들의 공식적인 주민등록을 적극적으로 추진하고 있었다. 그 이유는 등록된 거주자의
수가 세수(稅收)증대와 스페인 정부와 EU로부터의 보조금 수위를 결정하기 때문이었
다. 하지만 다른 한편으로, 시 의회는 거주자를 위한 사회적 서비스(social service)의 규

모를 증가시켜야만 했다. 예를 들면, 무료공공교통수단 그리고 학생들과 적은 연금을 받고 있는 퇴직자들을 위한 정부 보조금 등이었으며, 반면에 여기에서 보다 중요한 것은 현재 지방정부의 재원으로 이행되고 있는 도시개발과정이 마무리 되었을 때 그러한 사회적 정책들이 어떻게 유지될 것인가에 대한 대안의 필요성이다.

6 결론

지표시스템의 정의는 지속가능한 관광개발의 보다 정확한 의미의 제시와 지속가능성 원칙에 따른 관광목적지의 진화를 이해하는데 있다. 또한 그러한 지표들은 관광목적지를 위한 전략적 환경평가(strategic environment assessment), 도시계획, 그리고 환경관리 시스템 등과 같이 지속가능한 관광개발계획과 관리를 위한 접근방식들과 수단들을 쉽게 통합시키게 된다. 그러나 지속가능성 지표들이 보다 효과적이기 위해서는 신뢰성에 근거한 개선방안과 더불어 많은 정보들이 필요하다. 왜냐하면, 보다 높은 수준의 과학기술적 노력은 지표들의 과학적인 일관성, 대표성, 비교 가능성, 그리고 정치적, 사회적 인정을 강화시킬 수 있기 때문이다.

본 연구에서 Torrevieja 지자체에 적용된 지표시스템에 의한 평가결과들은 휴양지 관리와 관련된 의사결정을 위한 유용한 기준으로서, 분석과 진단목적에 있어서 매우 중요하며, 또한 제안된 지표들의 인과구조(causal structure)는 지속가능한 개발원칙의 지역정책으로의 통합수준과 지역관광체계의 상호작용연구를 가능하게 할 것이다. 한편, 증가된 관광객 거주지의 수와 인구조사를 위해 등록된 인구의 증가로 판단해 보면, Torrevieja 지자체는 부동산과 관광개발에 기반을 둔 모델이 계속적으로 보급되고 있는 것으로 보인다. 그리고 건축부문의 성장이 저조한 시기는 단지 외부의 정체주기와 관련되어 있으며 성장을 억제하려는 일부 지방정부의 의지가 반영된 결과만으로는 볼 수 없다. 사실상, 그 반대일 것이다. 왜냐하면, 만일 지방정부의 정책이 부동산개발의 발전과 더불어 인구팽창을 도모한다면, 그것은 건축회사나 지방행정부 모두에 득이 될 수 있기 때문이다. Torrevieja 지자체의 전략은 단지 별장으로 특화된 목적지라는 컨셉

해양관광 개발계획 coastal mass tourism

에 기반 하지 않고 남쪽 Valencian 지역보다 다양한 도시서비스시스템을 제공하는 센터가 되어 거주관광객을 대량생산하는 지역으로 발전하는 것이었다. 그러나 대규모 건축모델의 유지와 별장의 우세가 Torrevieja의 도시기능을 제한하는 필연적인 결과로 이어진 것이다.

성장은 도시지역의 품질개선, 녹색공간의 개발, 해안지역의 재건축과 같은 대규모 프로젝트의 추진, 그리고 환경관리의 개선(물의 순환과 쓰레기 처리) 등과 같은 가이드라인 하에서 가능함으로 경제 활성화와 충분한 지역세입 없이는 실현될 수 없을 것이다. 하지만 이러한 방안들은 특히 여름철 혼잡으로 인한 관광객들의 불만족과 더불어 거주자의 부정적인 인식(공공의료서비스, 교통정체, 악화되고 있는 안전)을 극복하기 위해서라도 반드시 시행되어야 할 것이다.

Torrevieja는 대규모 관광인프라와 많은 관광객들을 보유하고 있지만 지중해의 다른 많은 발전된 관광목적지들이 내포하고 있던 환경훼손과 관광객 타락의 악순환단계로는 진입하지 않았다. 그럼에도 불구하고 지속가능한 개발의 관점에서 보면, Torrevieja의 지역관광시스템은 비록 부정적인 영향감소를 위해 특별투자(처리된 폐수의 재활용, 잔해처리, 경관이 훼손된 지역의 복원)가 이루어지고 있지만 특정 자연자원의 훼손과 소비를 용인함과 동시에 경제성장을 지지하고 있는 '약한 지속가능성(weak sustainability)' 개념이 반영된 관광유형으로 볼 수 있다. 그러나 지역행정부의 투자능력은 지속적인 경제성장에 달려있기 때문에 영원히 계속될 수는 없을 것이다. 비록 지금까지 경제성이 지역개발모델에서 우위를 점하고 있었지만 만일 현 경제성장이 정점에 도달하게 된다면 환경적, 사회문화적 영향과 경제적 혜택 사이의 균형을 회복하기 위해서는 지금보다 훨씬 많은 보호정책들이 필요하게 될 것이 분명하다. 그리고 이를 위한 재원 또한 얼마나 상상을 초월하는 정도의 규모가 될지 모를 일이다.

10

남부스페인의
해안지구
관리계획과 실행

해양관광 개발계획 coastal mass tourism

10

남부스페인의
해안지구 관리계획과 실행

Gonzo Malvarez Garcia and John Pollard
School of Biological and Environmental Sciences, University of Ulster

Rafael Dominguez Rodriguez
Departamento de Geografia, Universidad de Malaga

1 서 론

지속가능한 개발을 추진하는데 있어서 정부의 역할은 매우 중요하고도 다양하다. Shaw & Williams(2002)는 주장하기를 그 역할의 토대는 경관과 생태시스템을 포함한 공공재화시장의 부재에서 찾을 수 있으며, 따라서 전반적인 환경관리를 제공하기 위해서는 국가의 개입이 요구된다고 하였다. 지속가능한 관광개발 맥락에서, 지중해 내만의 해안은 가장 다양한 경관자원을 제공하고 있으며 북유럽 방문객들뿐만 아니라 다

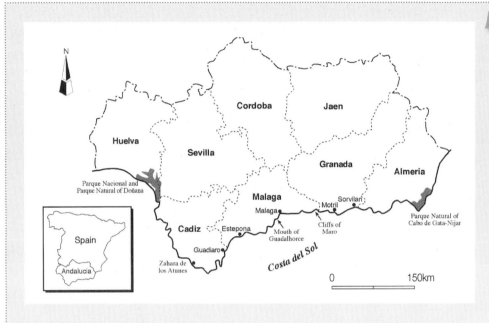

그림 1

안달루시아
자치지역

수의 지역민들에게도 소중한 관광자원으로 평가되고 있다. 또한 외국인 방문객 수에서 세계 2위에 랭크되어 있는 스페인은(Travel and Tourism Intelligence, 2001) 대부분 이들 방문객들의 해안지역 방문을 적극 지원하고 있는데(Bote Gomez & Sinclair, 1996), 이것은 연안지역의 경제 활성화와 나아가 스페인 경제 및 일자리에 큰 영향을 미치고 있기 때문이다.

스페인 국민들은 소비자의 한사람으로서 자신의 권리를 점점 깨닫기 시작하고 있다. 그 권리들 중에는 공기, 물, 그리고 경관에 대하여 질 높은 환경을 제공받을 권리가 포함하고 있으며(Lash & Urry, 1994; Williams & Shaw, 1998), 또한 이것은 해안환경관리를 위한 스페인 정부차원에서도 특별한 중요성을 내포하고 있다. 여기에서 지속가능한 관리의 필요성은 사회적 가치와 물, 숲, 그리고 대지 등 기초자연자원에 대한 현재 그리고 미래세대의 이용 권리에 대한 보장을 위한 묵시적인 염려와 연관되어 있다(Harrison, 1996). 그리고 미학적인 문제 그리고 수질과 이용시설에 미치는 잠재적인 악영향의 관점에서, 스페인 해안의 급격한 개발은 그러한 국민의 기본적인 권리에 대해 분명한 시사점을 제공하고 있는 것이다.

이용 권리와 훼손되지 않은 해안경관에 대한 향유는 그 지역방문객들 모두의 가장 큰 바람일 것이다. 하지만 의사결정과정에서 환경요인이 매우 중요한 요소로 분명히 인식되고 있음에도 불구하고(Robinson, 1996), 현실적으로는 대중관광개발로 유발된 심각한 환경영향이 관광성장률의 둔화에 기여하고 있으며(Barke & France, 1996; Vera Robello, 2001), 비록 대안관광시장에 대한 수요와 개별여행 그리고 자가 공급형 휴가계획의 증가현상이 뚜렷함에도 불구하고 해안휴양지 대중관광의 위상은 스페인경제를 위해 지속될 것으로 인식되고 있다(Williama & Shaw, 1998). 따라서 이렇게 점진적으로 세계화되고 있는 과열경쟁시장에서 자국의 경제적 이해를 위해서라도 그러한 소중한 자원들에 대한 지속가능한 관리의 필요성은 더욱 강조되어야 할 것이다.

전후초기의 스페인 경제개발은 지속가능한 관리원칙을 수행함에 있어서 전혀 효율적이지 못했었다(Morris, 1996). 따라서 1960년대와 1970년대의 해안자원의 악화는 경제성장위주의 패러다임이 대체로 인정되던 시기의 고정화된 현상이었으며, 이는 자연보호에 대한 책임이 주어지지 않는다면 환경적 후퇴는 피할 수 없을 것이라는 Butler(1998)의 견해를 확인케 한 것이었다. 그 기간 동안의 해안관리는 부동산 확대를 보호하기 위한 한시적인 계획에 불과하였다. 비록 1975년 민주정부의 출범이후에서야 보다 효율적인 개발계획과정을 이행하려는 가시적 노력으로 적절한 해안개발순위가 정해지긴 했지만, 1988년이 되어서야 비로소 Ley de Costas(해안법)(Ministerio de Obras Publicas y Urbanisma(MOPU, 1989))가 만들어져 해안개발에 대한 관리가능성의 비전을 제공하게 된 것이다. 그때부터 해안개발에 대한 보다 많은 통제가 이루어진 동시에 본래의 해안모습을 유지하기 위한 유사한 조치가 이행되었던 것이다.

본 연구의 목적은 해안환경에 대한 보다 공감적이고 지속가능한 대책을 위해 이론적으로 견고한 틀(framework)을 제공함에 있어서 Ley de Costas 해안법의 역할을 강조하고 해안정책의 전후 발전과 그것의 영향을 규명하는 데 있다. 그러나 스페인에서 정책의 공식화 및 수행에 있어서 역사적으로 차이가 인정됨으로 특별히 안달루시아(Andalucia)지자체 남쪽지역의 도시개발통제를 위한 최근입법의 효율성에 관해 논의하였다. 세계적으로 유명한 남부휴양지, Costa del Sol〈그림 1〉이 그 지역에 위치하고 있으며 호텔고객만 매년 2million 이상을 수용하고 있는 지역이다(Junta de Andalucia, annual). 사실상 1980년대 말까지 지속적으로 확대된 이 Costa del Sol 지역에 포함된 에스타파냐(Estepona)에서 네르하(Nerja)까지의 집중적 도시개발은 이 지역에서의 새로운 정책수행을 매우 어렵게 만들었다. 당시까지만 해도 말라가(Malaga) 국제공항으로부터 걸리는 시간은 에스타파냐 항구도시의 서쪽으로의 개발에 대한 제약요소가 되고 있었다. 그러나 1990년대 N340 도로의 개선 그리고 2000년도의 내륙 자동차전용도로의 건설은 그 해안을 대중휴가목적지의 범주에 포함시켰으며, 심지어 말라가의 지방자치단체들 중에서 가장 서쪽에 있는 카사레스(Casares)와 마닐바(Manilva) 시까지의 신속한 도시화를 가능케 하였다〈그림 2〉. 대부분의 이 개발들은 Ley de Costas 해안법 이후에 이루어졌기 때문에 법의 효율성을 시험하는 지역으로서, 본 연구의 마지막 부분에서 이들 지역행정구역들 중의 한 구역인 Manilva 지자체에 대한 조사를 포함시켰다.

2 해안정책과 입법에 대한 역사의 개요

역사적으로 볼 때, 해안개발계획의 배경에는 두 가지의 주제가 관련되어 있었다. 즉, 그것들은 해안보호 그리고 해안주변지대(coastal margin)에 대한 토지사용통제이다. 하지만 해변산책로의 건설을 휴양과 해안보호의 기능차원에서 판단해보면, 그 두 주제는 공통성을 기반하고 있다고 말할 수 있겠지만 1980년대까지는 대체로 분리된 이슈로서 다루어졌다. 따라서 이 주제들은 각각 해안보호를 위한 보호대안의 효능성(efficacy)과 도시개발자들이 직면하고 있는 경쟁적 이해관계 차원에서 많은 논쟁거리를 제공 해 왔던 것이다. 요약하면, Costa del Sol 지역의 해안보호의 이행은 일반적으로 20세기 후반 패키지 휴가산업과 함께 성장했던 도시커뮤니티들의 초기성장을 효과적으로 통제하기 위한 개발계획과정의 실패와 더불어 보다 오랜 역사를 지니고 있다고 볼 수 있을 것이다.

1) 해안의 물리적 보호와 관리

해안보호의 이행은 해안의 도시화 그리고 레스토랑, 바, 아파트, 호텔, 그리고 주거용 단지 등이 어촌의 촌락과 정원채소밭에 들어섬으로써 유발된 해안부동산 가치의 상승

그림 2

말라가 지방과
그 자치도시

과 함께 병행되었었다. 즉 Costa del Sol 지역의 당시 마을에 영향을 미친 최초의 두드러진 토목공사가 휴양도시 마르베야(Marbella)와 포레몰리노스(Torremolinos)에 만들어졌던 산책로 건설로 1960년대에 시작되었으나〈그림 2〉, 때때로 폭우기간동안에 침수피해를 입기 일쑤였기 때문에 추가적인 보호와 새로운 산책로에 대한 보완 강화를 필요로 하게 되었던 것이다.

산책로의 해안보호와 여가의 역할은 이것의 필요성을 더욱 증대시켰으며, 동시에 비치에 있는 chiringuitos(비치위의 오두막) 또는 레스토랑/바에 접근성 향상에도 기여하였다. 제방을 마주하고 있는 산책로는 가장 그럴싸하고 적절한 보호정책으로 여겨졌으나 Costa del Sol 서부지역 산책로의 경우, 구조적인 특성으로 인하여 해벽화(海壁畵) 산책로가 건설되었던 이후인 1970년대에 점점 많은 침식(侵蝕)문제를 경험하기 시작했다. 가장 심각한 경우 중의 하나는 에스타파냐(Estepona)에 있는 산책로로서 1960년대 당시 광활한 비치풍경을 배경으로 한 산책로가 건설된 이후에 침식이 너무 심각해져 그 비치는 높이와 넓이가 축소되는 경험을 하게 되었으며, 결국 그 산책로는 파괴의 위험에 처하게 되었다(Fernandez Ranada, 1989).

따라서 침식하고 있는 해안을 안정시키고 산책로보호를 위한 노력의 일환으로 해변과 직각을 이루는 비치에 방사제(防砂堤: 해안선으로부터 먼 바다 쪽으로 돌출하여 해안선의 흐름을 약화시켜 표사를 저지함으로써 해안의 침식이나 항만이 표사에 의해 얕아지는 것을 방지하기 위해 설치된 구조물)가 설치되었다(Fernandez Ranada, 1989). 그러나 비록 방사제가 해안을 따라 이동하는 물의 흐름을 통제하는 데는 기여했을지는 몰라도 앞바다에 유인된 퇴적물의 운송까지는 막지 못하였기 때문에, 결과적으로 비치의 침식과정을 저지할 수는 없었다. 방파제에 나타난 그러한 현상들은 에스토파냐 뿐만 아니라 말라가 동부에서도 나타난 공통된 특징이었다〈그림 2〉.

다른 한편으로, 방사제들은 현재 해안인프라의 번듯한 모습을 형성하고 있는 새로운 마리나 주위의 퇴적물들을 통제하고 부식을 최소화하기 위한 노력으로도 활용되어, 만(灣)을 형성하고 있는 모래를 보존하는데 기여했기 때문에 영구(永久)비치를 보유하고 있는 Puerto Banus, Marbella 그리고 Benalmadena Costa 같은 도시에 있는 마리나에 값비싼 콘도가 공급되는데 일조하였던 것이다〈그림 2〉.

그러나 그러한 대규모 투자에도 불구하고 방사제들은 1990년대에 제거되어야만 했다. 왜냐하면, 실제로 기대된 기능이 원활이 수행되지 못했을 뿐만 아니라 인공적으로 형성된 만(灣)안에 있는 해수의 오염이 증가했기 때문이었다. Benalmadena Costa 항구도시가 바로 그 경우로서, 방사제의 잘못된 공간배치가 주원인이 된 부적절한 설계로 방사제에 대한 추가손실은 물론 가끔 일어나는 산책로의 붕괴를 야기했던 것이다.

따라서 보호에 대한 새로운 접근방법의 하나로 비치영양화(beach nourishment)가 도입된 것이었다. 그러나 부분적이긴 하지만 해안생태계의 침전물 고갈문제를 해결해야 하는 근본적 어려움 때문에 사빈매축(沙濱埋築: 해안의 해빈을 조성하는 양빈의 한 가지로 준설토사 등으로 전빈이나 외빈을 메워서 사빈을 만드는 것)의 적용은 전적으로 만족스러운 결과를 얻지는 못했음을 Costa del Sol 지역은 또다시 경험하고 말았다. 근해의 침전된 퇴적물이 항상 충분하지도 또는 이상적인 성분도 아니었지만, 내륙의 침전물공급이 댐건설에 의한 유속감소로 제약을 받고 있는 상황에서 그것이 유일한 현실적 대안이었던 것이다(Malvarez Garcia et al., 2002). 그리고 비치의 거칠고, 조가비 껍질로 덮인 모래, 그리고 높은 석회질 내용물 등은 오락목적으로는 적절치 못한 부식된 비치표면을 양산했으며,

Marbella의 비치의 경우, 표면아래까지 부식이 이어져 내구성 검증을 통과하지 못했던 것이다. 반면에 Malaga 비치의 경우, 비록 사빈매축 이후에 재발한 폭풍의 영향으로 지속된 모래유실은 재공급을 위한 추가비용을 발생시켰지만, 비치영양화를 위해서 활용된 퇴적물들은 이상적인 특질을 지니고 있었다. 따라서 하드웨어구조부터 소프트웨어 구조까지 완벽한 기술의 반전에도 불구하고 지난 50여년에 걸쳐 해안보호방안들의 성공정도는 뭐라 말할 수 없는 미결의 문제로 여전히 남아있는 것이다.

2) 도시계획과 해안

한편, Franco 시대와 초기 민주정부시기 때, 스페인 도시계획이 내포하고 있던 해안개발 통제에 대한 효율성 결여가 종종 언급되곤 했었다(Naylon, 1986; Wynn, 1984a,b). 1956년 Ley del Suelo y Ordenacion Urbana(Land and Urban Planning Act)에 의해 제공된 계획규정이 있었음에도 불구하고 경제성장을 우선시 하는 통제 불가능한 시장의 힘 때문에 통일된 계획과정 또는 환경지표들에 대한 고려가 만성적으로 무시되고 있었다(Morris, 1996). 더불어 개인개발자들에게까지 확대된 개발의 자유가 필연적으로 북동부의 Catalonia에서부터(Morris & Dickinson, 1987) 남부에 있는 Costa del Sol까지(Pollard & Dominguez Rodriguez, 1993, 1995) 이르는 스페인 지중해 연안지역에 전형적인 난 개발을 야기했던 것이다. 즉 간소한 절차, 빽빽이 들어선 고층호텔, 그리고 해안을 마주하고 있는 아파트 블록들은 경관을 훼손하는 원인이 되었으며 반면에, 산책로, 비치접근수단, 적절한 교통순환과 주차 시설, 공원과 정원시설 그리고 쓰레기 처리 시스템 등의 결여는 방문객이나 거주자들의 불만의 실질적 원인을 제공하였던 것이다.

하지만 1975년 Franco의 서거 이후에 도입된 새로운 정치적, 행정적 구조는 개발계획법안의 변화를 반영하고 있었다. 가장 대표적인 법안으로는 각 지방자치단체에게 고유의 도시개발계획을 보유하도록 하는 the Reforma de la Ley del Suelo y Ordenacion Urbana(Reform of the Land and Urban Planning Act)였다. 비록 과거 1956년 법안이 유사한 계획을 요구했던 사례가 있었지만 시청(市廳)의 반응은 어떤 경우에는 불응이라고 여겨질 만큼 그 시행을 지체했었다. 그런 상황에서, Costa del Sol지역에서 Marbella가 가장 빨리 시작하여 1959년에 처음으로 그 계획을 만들었고 1968년에는 두 번째 도시계획을 세우게 되었다. 그 밖에 1969년까지 Fuengirola, 1970년 1월까지 Malaga, 1973년까지 Manilva와 Casares, 1975년까지 Benalmadena, 1980년대까지

Estepona와 Mijas 등이 지자체 고유의 도시개발계획을 보유하게 되었다.

the Reforma 이후의 새로운 계획들은 초기법안이 안고 있었던 문제들을 인식하여 환경보존과 사회적, 경제적 인프라의 개선을 위한 추가규정들이 만들어졌다. 더불어 세 가지의 개괄적인 토지계획 카테고리인 '도시화지역(urban)', '도시화가 가능한 지역(urbanizable)', '비 도시화지역(non-urban)' 등도 보다 확고히 구축되었다. 하지만 비록 기존문제점들이 보편적으로 인식되고 있음에도 불구하고 많은 문제점들이 여전히 해결될 수 없었으며, 반면에 경제발전이 갖는 특권은 계속적으로 유리한 입장으로 고수되고 있었다(Morris & Dickinson, 1987). 그러나 과거 휴양지들이 추구했던 이미지에 대한 관심은 점점 그 강조 부분에 있어서 변화를 가져오게 되었다. 그래서 20세기 말경 경제적, 사회적 인프라에 대한 대규모 개선이 이루어졌던 것이다(Robinson, 1996).

동시에 1980년대부터 물리적인 해안보호와 해안 어메니티(amenity)를 고려한 해안개발계획이 보다 통합적이고 전반적인 접근방법을 통해 수립되었다. 비록 해안법제정을 위한 일부 노력으로 1969년 Ley de Costas(해안법)가 제정되었었지만 1956년 또는 1975 법안 어느 것도 해안을 필요조건(requirements))이 요구되는 특별지역으로 인식하지는 못했다. 따라서 공공사업 및 도시계획부(MOPU: Ministry of Public Works and Urban Planning)로 하여금 항구와 해안행정(Ports and Coasts Administration)에 의거하여 마리나 건설에 착수하도록 재량권을 부여하게 되었는데, 항구 및 해안행정의 검토과제는 다음 3가지 요소들을 포함하고 있었다. 즉, 해안의 물리적인 보호, 공공재산의 회복, 공공재산을 위한 법과 공공재산의 관리 등으로 주로 보호하는 일에 제한되었다.

1982년에는 해안지자체로 하여금 서비스를 통합하고 투자를 늘릴 수 있는 권한을 부여하는 법적인 토대를 마련하기 위해서 보다 더 발전된 프로그램이 도입되었다. 즉 높아진 해안보호 관련비용에 대해서는 이의가 없었지만, 해안에 위치한 사업의 운영과 부지에 관한 새로운 규제의 시행은 매우 어렵게 되었다는 것이다. 그리고 1980년대 말에서야 이루어진 비치관리에 대한 약간의 진전은 상업적 서비스의 갯벌허용에 대한 합법화에 관한 내용으로 제한되었었다.

그러나 1988년도 새로운 Ley de Costas의 통과 그리고 1993년-1997년도 사이에 관련법안인 Plan de Costas의 공식화는 효율적인 비치관리에 신기원의 장을 마련하게 되었다. Ley de Costas와 Plan de Costas는 공공해안지대를 보호하기 위한 법적인 권한을 제공함과 동시에 비치재생, 산책로와 해안거리 복원, 비치접근시설 등을 위한 공

공사업에 있어서도 대규모 투자확대를 지원하였다. 특히 Ley de Costas는 공유지와 그 배후지역 활용의 관점에서 새로운 권리와 의무를 확립하였으며, 미개발지역(또는 이미 도시화된 지역의 재개발)에서 모든 미래개발에 대해서는 토지이용에 대한 보다 이성적이고 민감한 시스템의 준수를 요구했던 것이다.

그 법안은 스페인 국민의 환경향유의 권리를 밝힌 것이며, 개발 계획가들이나 일반 국민들에게 환경보호를 인식시켰다. 또한 그러한 환경을 제공하기 위하여 정부는 경과된 시간에 관계없이 해안공공재산의 소유권 회복을 위해 조목조목하게 정부의 권리를 강조했으며(MOPU, 1989: 15), 경우에 따라서는 방문객활동으로 심각한 부정적 영향을 미치는 곳이 개인소유의 해안일지라도 정부의 권리는 반드시 이행되어져야 함을 강조하였다. 이러한 배경 속에서 다음과 같은 몇몇의 경우에 필요한 정부의 특별조치가 고려되었다. (a) 바람에 의한 모래의 이동방해 저지, (b) 건축물에 의한 그림자 그리고 병풍효과에 의한 조망권의 폐쇄에 대한 통제, (c) 쓰레기 처리통제, (d) 해안퇴적작용을 방해하는 강 하류로부터 자갈, 모래, 돌의 추출 통제 등이다(MOPU, 1989: 6).

특별조치로 그 법안에 명시된 지리적 범위는 4개 지역으로 지정되었으며〈그림 3〉, 그것들 중에 두개 지역은 공공지역으로 지정되었다. 그것들은 첫 번째, 연안해와 영해 두 번째, 바닷가와 비치이다. 비치의 육지 쪽 맨 끝에서부터 내륙지역은 두 개의 개인 소유지역으로 나뉘었다. 첫째는 100m-200m지역은 효과적인 'buffer zone(완충지역)' 으로서 보호지역이지만 포장된 보행자 산책로와 더불어 최초 20m까지는 공공서비스 이용시설 등이 포함될 수 있도록 하였다. 또한 이 지역을 캠핑이나 골프 같은 레저용도로도 허용하는 'zona verde(녹색지대)'로 지정하였다. 비 도시화지역(non-urban) 내에 있는 이 완충지대(100m-200m)를 넘어서면 개발이 제한되어 있는 500m의 좁고 기다란 지구(strip)가 있다. 추가적인 제약과 금지사항들이 각각의 이 지역에 적용되며, 그 내용으로는 거주빌딩, 도로들(접근용 도로와는 별도의), 발췌행위, 머리위의 전선 그리고 광고 홍보물 등이 포함되어 있다. 더욱이 상업적인 비치서비스 시설은 해안으로부터 20m까지로 제한되었다. 물론 대부분의 Costa del Sol 해안을 포함하고 있는 스페인 해안을 따라 길게 쭉 뻗은 도로에는 많은 빌딩들이 위치하고 있으며, 더 이상의 건물들이 들어설 수 없는 지역에 위치하고 있는 기존건물의 소유주들은 20m 지역권을 계속해서 행사할 수 있도록 하였다. 이 법안은 20m 지역을 넘어 1988년 7월전에 이미 도시화된 땅에 대해서는 적용되지 않는데, 단 합법적인 건축물이어야 한다는 조건을 포함하고 있

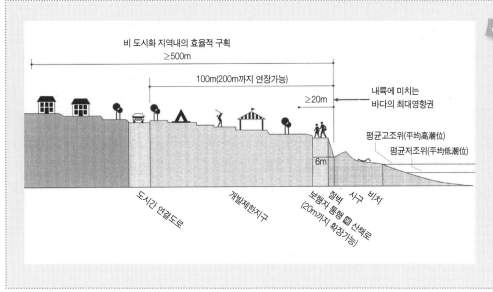

그림 3

Ley de
Costas(해안법)에
의해 설계된 지구

다. 즉, 비록 빌딩건축 확대가 인정되지 않을지라도 획득된 권리는 리스기간동안 침해받지 않는다는 것이다(Ministerio de Obras Publicas y Transports(MOPT), 1991). 그러나 만일 그 건물이 공익목적이라는 것을 증명하지 못한다면 불법적 입지사유로 인해 건물철거를 피할 수 없게 되어 있다.

가장 최근의 행정조직개편은 한때 Direccion General de Costas(Coasts Administration)로 바뀌었었던 환경부가 1996년에 새로운 환경부(Ministry for Environment)로 창설된 것이다. 공공사업 및 도시계획부(MOPU: Ministry of Public Works and Urban Planning) 내에서 일어난 이러한 이동은 인프라 구축을 넘어 광범위한 해안환경감독의 중요성을 인식한 변화이며, 해안개발계획의 최소화에 대해서 보다 민감한 접근의 필요성을 감안한 것이다. 이제 환경적 측면은 중요한 사안이 되었으니 역점을 두어야 할 것은 해안의 복구 또는 회복 중의 한 가지가 될 것이다. 처음으로 공공해안선경계(public shoreline fringe)가 공식적으로 정부의 지도와 계획에서 지정되었고, 물리적으로는 육지에 설치된 포스트 판으로 표시되기 시작했다. 동시에 Ley de Costas는 통제구역 내에서 토지사용에 대한 필수적인 제약을 명시하였으며, 또한 해안지자체들이 도시계획을 실행할 때, 그들에게 새 규정의 준수를 강력히 요구하고 있다. 현재 해안과 관련된 5가

지의 분명한 행위들이 Direccion General de Costas(Coasts Administration)의 감독 하에 있는데 이것들은 M.O.P.T(1998)에 의해서 다음과 같이 묘사되고 있다.

(1) 경계선지정: 앞서 설명된 바와 같이, 이것은 Ley de Costas에 따라 일부 공유지를 형성하고 있는 해안지역들을 정의하는 일과 관련이 있으며, 법률상의 요구로서 이것은 훼손되기 쉬운 지역의 보호와 방어를 위한 시작을 의미하고 있다. 하지만 비록 1997년 이래 해안활동이 급격하게 가속화 되었음에도 불구하고 Ley de Costas의 입법시점으로부터 10년 내에 완공하기로 처음에 계획되었던 것처럼 경계선지정은 쉽게 이뤄지지 못했다. 남부스페인의 경우, 경계선 지정작업은 스페인 서남부 항구도시인 우엘바(Huelva)와 카디즈(Cadiz)〈그림 1〉지방 일부에서 눈에 뜨게 두드러졌으며, 이 지역들은 주로 말라가 동쪽지역의 초기관광지향 도시화로부터 벗어났던 지역들이다.

(2) 제재(制裁)권한: 이 권한은 직접적으로 해안의 물리적인 보호와 여가활동을 침해하는 다양한 활동에 있어서 특히 공유지 남용행위에 대하여 필요한 조치를 취하도록 Direccion General de Costas(Coasts Administration)에게 허용한 것이다. 따라서 해양개발과정에서 타협될 가능성이 존재하는 허용 되지 않는 모래, 자갈 등의 채취 그리고 주차장과 캠핑장 등이 통제될 수 있도록 한 것이다. 처음 2년 동안만 해도 거의 6000건의 고발이 발생하였으며 위반자들에게는 벌금이 부과되었다.

(3) 도시계획의 감독: Direccion General de Costas(Coasts Administration)는 도시계획이 Ley de Costas 정한 규정을 준수하는지를 확인해야하는 책임을 가지고 있음으로 임해지구의 다양한 토지사용, 접근 규정, 빌딩 제한 등과의 조화여부와 관련해서 지자체의 의도가 파악될 수 있다.

(4) 공유지 사용에 대한 자격부여: 특히 건강과 공공안전과 관련하여, 어떤 행위들은 해안에 근접을 필요로 하고 있으며, 이 경우에 Direccion General de Costas(Coasts Administration)는 자격을 부여할 권한을 가지고 있다. 위생시설이 이 범주로 분류되며, Granada지역의 Sorvilan and Motril 타운에 있는 개선된 시설들이 이 자격을 부여 받았다〈그림 1〉. 또한 Marbella 휴양지의 공유지 내에서 충분하고 깨끗한 물 공급에 대한 문제를 해결하기 위해서 탈염공장입지에 대한 허가가 지지되고 있다.

(5) 해안프로젝트: 마지막으로, 만일 Ley de Costas가 포함하고 있는 통과권에 대한 규정과 공유지 인정이 존중된다면 그리고 그 프로젝트가 도시팽창을 추진하지 않는다면 Direccion General de Costas(Coasts Administration)는 인프라를 개선하기 위해 개발을 지지할 것이다. 해안산책길 개선에 관한 프로젝트가 여기에 포함된다. 즉, 전통적으로 지자체가 책임지고 있는 해안보호에 대한 다양한 사업들 즉, 모래언덕, 늪, 습지대 보존과 훼손된 해안의 복구에 대한 철저한 환경적 관심과 더불어 방파제 건설, 절벽보호 그리고 비치 안정화 등이 이것과 관련되어 있다.

3 법시행

여러 해 동안 Costa del Sol 지역의 비치에는 비치나 물위에서 상용될 목적의 레크리에이션 임대장비로 인해 많은 상업행위뿐만 아니라 식당과 바가 즐비하게 입지하고 있었다. 이것들 중 대다수는 법적권리를 갖고 있지 않았으며, 공공재산의 이용, 접근제한 그리고 잠재적 건강위험과 관련하여 심각한 문제를 야기하고 있었다. 특히, 대중에게 개방된 비치에서의 규정위반, 미적 또는 경관자원의 감소 그리고 쓰레기매장과 모래 속에서 유출된 오수 등 건강에 해를 미치는 것들에 대해서는 공식적인 제재가 이루어졌다(MOPT, 1993).

Costa del Sol 비치에서 대중통제를 재구축하기 위한 MOPU의 활동보고서(MOPU, 1988)에는 스페인 비치들을 따라 위치한 통나무 오두막과 상업적 건물의 '불법적 확산'에 대한 언급이 있었다. 즉 그나마 어촌의 오두막집들은 Cadiz와 Huelva 항구도시 서쪽지역의 전형적인 풍경을 만들고 있었지만, 반면에 불법적으로 입지된 편의점과 그리고 기타 상업적 업소들은 관광을 주산업으로 하고 있는 Almeria, Granada, Malaga 지역에서 야기된 심각한 문제의 주범이 되고 있었던 것이다〈그림 1〉. 말라가 지역에 있는 거의 400여개의 편의점들은 관광이 확대되던 시기에 들어섰던 것들로서, 그것들의 분포는 그 지역에서의 비즈니스 기회를 의미했음으로 Torremolinos, Marbella, Fuengirola 그리고 Estepona와 같이 관광이 성행하던 지역에 자연스럽게 밀집되었던

표1

Malaga지방
내의 편의점

지자체 명	개수	지자체 명	개수
Algarrobo	2	Mijas	17
Benalmádena	17	Nerja	13
Estepona	26	Rincón de la Victoria	22
Fuengirola	43	Torremolinos	85
Málaga	53	Torrox	21
Manilva	10	Vélez Málaga	39
Marbella	47	All municipalities	395

■ 출처: MOPU(1988)

것이다〈표 1, 그림 2〉. 또한 그것들은 평균 325m² 정도의 크기로 이들 지자체들이 보유하고 있는 비치공간침범의 실질적인 주범이었다. 따라서 15개 업소를 제외한 모든 경우가 대부분 불법이었기 때문에 거의 1/4(23%)이 완전히 제거되었으며, 추가로 42%가 강제로 비치외부지역으로 추방되었다(MOPU, 1988). 조립식 건물을 제외한 나머지는 매년 리스계약을 갱신하는 조건으로 남도록 허가되었지만, 비 성수기에는 조립식 건축들도 제거되도록 했다. 하지만 사실상, 제거는 일반적으로 건물의 이전에 어려움을 호소하는 소유자들에게 적용되기 어려웠으며, 동시에 최근의 시즌연장으로부터 원래의 위치에 남아야 하는 충분한 사업타당성을 제공받고 있었다. 또한 비록 비즈니스 커뮤니티의 새 규정에 대한 강요된 준수(遵守) 때문에 적대감이 유발되기도 했지만, 정기적인 청소작업 그리고 상업과 비상업적 용도의 공간계획은 분명히 모든 대규모 휴양지들의 비치환경개선에 기여했던 것이다(Malvarez et al., 2002).

4 도시개발 통제

비치지역에 대한 효율적인 관리가 Ley de Costas의 통과시점까지 이미 적절하게 잘 진행되고 있었던 반면에, 해안선 후면에 대한 조치는 보다 제한된 성공만을 이루고 있었다. 말라가 지역의 극 서쪽에 위치하고 있는 지자체들은 새로 제정된 법과 관

리구조가 해안개발에 미치는 영향연구를 위한 매우 적절한 대상지역이다〈그림 2〉. 최근 몇 년까지 Casares와 Manilva 두 지자체는 모든 해안도시개발의 영향권 밖에 있었다(Marchena Gomez, 1987). 부분적으로 이것은 아마도 개발에 우호적이지 않는 소규모 건물의 복잡한 토지소유구조와 스페인 좌파연합(United Left)이 통치하던 초기 몇 년 동안의 관광에 대한 무관심으로 설명될 수 있을 것이다. 그러나 보다 타당한 이유는 Costa del Sol을 방문하는 외국인 관광객들의 주요 입국공항인 말라가 국제공항으로부터 멀리 위치하고 있어 접근성이 좋지 않았기 때문이다. 주요 해안고속도로인 N340〈그림 2〉은 Estepona까지 중앙분리대가 설치되어 있는 도로로서 대략 공항으로부터 85km 떨어져 있다. 심지어 극 서부지역까지의 여행은 1990년대 말 무렵 Torremolinos와 Estepona 사이에 건설된 일련의 우회도로가 공항으로부터 Estepona 리조트까지를 1시간 이내로 단축시켰을 때까지 중간에 지나야 하는 도시거주지의 불가피한 혼잡을 피할 수 없었다. 하지만 해안선과 평행하게 추가로 건설된 자동차도로는 서쪽으로의 접근성을 향상시켜 2001년에는 Estepona까지 연결되었으며〈그림 2〉, 도로기반시설에 있어서 마지막으로 남아있는 주요 간극은 Estepona와 Guadiaro 사이에 놓여있는 원래의 N340도로에 중앙분리대 시스템을 설치함으로써 이어지게 될 것이다. 그것은 2003년에 완공되며, Casares와 Manilva 두 지자체를 Costa del Sol 휴양지의 연계 관광지역으로 포함시키게 될 것이다. 이러한 개발을 예상하고 Casares와 Manilva 시의 해안을 따라 전개된 도시화는 이미 상당히 진행되었다. 이 두 지자체들 중에 보다 긴 해안선의 보유로 도시화 영향을 많이 받았던 Manilva는 Las Arenas, El Negro, Los Toros, La Duquesa 그리고 Sabinillas의 비치들로 이루어진 긴 모래해변을 상당히 포함하고 있다〈그림 4〉. 이 비치들은 Manilva 해안의 80%를 차지하고 있으며, 그 지역의 마지막 남은 미개발자원이다. 하지만 여러 측면에서 그것들의 미래 개발은 Costa del Sol 지역의 초기 휴양지개발형태를 반영할 가능성이 높다.

Carihuela(Torremolinos), El Palo(Malaga) 그리고 Marbella 등의 초기해안점유는 Manilva의 내륙에 위치하고 있는 푸에블로 농촌마을에서 주요경제활동을 하고 있는 San Luis de Sabinillas와 Castillo의 소규모 어촌커뮤니티들만으로 제한되어 있었다. 1981년 그 지자체의 인구는 3,779명으로 20세기 동안에 약간의 변동을 보였지만, 그럼에도 불구하고 1990년도의 인구보다 단지 520명 높은 수치에 불과하였다(Diputacion Provincial de Malaga, 1989).

그림4

Manilva 지자체의
도시개발

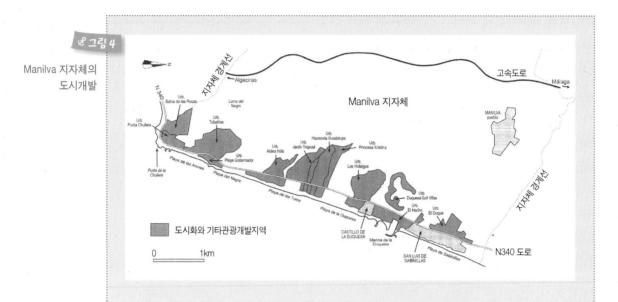

그리고 21세기 초반의 인구가 벌써 40%까지 증가되기도 했지만 호텔이나 요식업소와 같은 인프라는 단지 초기휴양지 성장단계의 전형적인 초기개발 상태를 보여주고 있었다. 고작 234명을 수용할 수 있는 2개의 호텔 그리고 부대시설이라고는 고작 43명의 방문객들에게 식사를 제공할 수 있는 4개의 게스트 하우스와 더불어 숙박시설을 갖춘 2개의 야영지가 전부였다. 이 개발의 초점은 La Duquesa에 있는 마리나와 골프코스에 맞추어져 진행된 것이었다〈그림 4〉. 하지만 호텔부문은 여전히 빈약한 반면에 많은 개인 또는 주택들이 퇴직자 주택, 별장 또는 방문객 임대를 위해 건설되었으며, 주로 1970년대와 1980년대에 지어진 부동산들로서 1973년 개발계획(Plan General de Ordenacion)에 의해 건설된 것들이었다. 그러나 비록 1980년-1985년에 사이에 특히 큰 변화가 있었지만, 당시 도시개발과정은 대규모도 아니며 지속적이지도 않았다. 2002년도 초반 7km의 Manilva 비치는 해안공지(strip)의 10% 이하만이 농업목적으로 매매되고 Puenta Chullera부터 동쪽의 Casares 자치단체의 경계선까지 실질적인 도시개발이나 계획된 도시개발을 위해 지속적으로 지원되었으며〈그림 4〉, 결과적으로, 비록 Manilva 해안의 개발패턴이 극동의 고층개발보다는 Estepona의 도시화와 유사했지만 해안점유의 차원에서 보면 Costa del Sol 휴양지의 다른 지역들을 답습하고 있었다 (Barke & France, 1996).

이전에 미개발지역에서 지정되어야 했던 200m 녹색지대 또는 500m길이의 가느다
란 공지(비 개발지역)는 물론이고 100m 완충지대의 구축도 없었으며, 실제보호구역 역
시 산책로와 비상시를 포함한 공공이용시설 제공을 위한 법 규정 최소 20m로 축소되
었다. 그러나 여기에서 법에 대한 왜곡은 없었다. 왜냐하면, 이곳은 오래전인 1973년의
Plan General de Ordenacion(Development Plan)에서 이미 도시화 가능지역(urbanizable)
으로 지정되어 있어서 당시 시청이 해안의 이러한 확장가능성을 두고 극동지역을 답습
하게 될 가능성을 예견하여 미래 개발자들의 욕구를 충족시키는 결정을 했기 때문이
다. 하지만 비록 그 곳이 초기에 그렇게 계획되지 않았더라도 도시계획법에 농촌지역
부터 도시화가능지역까지 재 구획(rezoning)을 금지하는 내용이 포함되어 있지 않아서,
대부분의 경우에 지중해 해안 어느 곳에서도 광대한 완충지역은 존재하지 않고 있었
다. 또한 환경적으로 민감한 지역으로 공식적으로 지정된 유일한 곳만이 타당하게 제
약과 금지를 강제할 수 있었지만, Manilva 해안을 따라 그러한 곳은 단 한곳도 없었다
는 것이다. 이렇게 해안이 도시화된 이후, 새로 건설된 자동차도로와 평행하게 위치하
고 있는 광활한 농업지역과 골프코스, 주제공원, 빌라 등의 개발기반을 제공하고 있는
내륙 쪽으로 이제 관심이 돌려지고 있다.

비록 Manilva 해안을 따라 진행된 건설이 Ley de Costas의 정신을 전혀 반영하지 못
했다 하더라도 사실상, Ley de Costas는 공유지개발을 통제하고 바꾸는 데는 효과적이
었다. 이전에 언급된 Chiringuitos(식당과 바)가 바로 그러한 경우이며, 또한 말라가 지역
은 Direccion de Costas(Coastal Administration) 수장의 강력한 리더쉽 하에서 비치청결
을 위해 앞장서고 있다. 보다 더 잘 알려진 경우로는 공유지회복을 위한 환경부(Ministry
of Environment)의 노력과 관련된 사례로서, 유명한 재판이 있었던 Cadiz 지방〈그림 1〉
의 Tarifa 지자체의 Zahara de los Atunes 마을 근처의 El Gran Hotel de Atlanterra의
사례이다. 2002년 초기 그 호텔의 철거는 도시화 촉진에 대한 중요한 상징물을 파괴한
것으로 묘사되어 도시화의 해안침범에 제동을 건 사건이었다(ABC, 11 January 2002: 38).
45,000m²의 9층 호텔의 철거(환경부 장관의 단독결정에 의해)는 Ley de Costas의 적용측면
에 있어서 어떤 상징적 가치를 지니고 있는데, 예컨대 점점 높아지고 있는 법의 적용의
지를 반영하는 측면에 있어서 매우 중요한 일이었다(El Sur, 18 January 2002: 68).

그러나 El Gran Hotel의 철거가 해안의 도시화를 촉진하는 개발이 현재 통제되고 있
다거나 법에 의해서 건축이 제한될 것이라는 것을 의미하는 것은 아니며, 그 호텔이 공

유지에 입지하고 있는 불법건물이었기 때문이었던 것이다. 결과적으로 그 호텔은 개장되지 못했지만 철거를 통해 받은 보상으로 원래의 빌딩으로부터 200m 떨어진 곳에 새로운 최고급 호텔로 재탄생하게 되었다. 하지만 그 호텔위치가 최근에 Atlanterra에서 확산되고 있는 아파트 블럭 그리고 개인 또는 주택들과 조화를 잘 이룰 것으로 예상되었지만, 눈에 띄는 해안입지와 빌딩건축이 부도덕한 계획과정으로 이루어졌다는 주장으로 비난의 대상이 되고 있었다.

 5 결 론

20세기의 마지막 20년은 스페인의 모든 지역에 적용되는 개발계획과정에 환경이 고려되고 있던 시기였다. 특히, 해안환경에 대한 고려는 1950년대에 시작되어 권위주의 정부의 종식 이후까지 연장된, 개발시대의 급격하고 통제되지 않은 도시화의 여파로 요구되었던 것이다. 불행하게도 이러한 초기개발은 개발지역내의 주요환경에 대한 개선의 기회를 제한함으로써 개발의 선의(善意)를 좌절시켰던 것이다. 그럼에도 불구하고 환경개선과 관련된 실질적인 투자 또한 존재했었다. 예를 들면, 산책로 건설, 비치환경개선 그리고 보다 엄격한 유럽연합기준에 맞는 서비스의 개선 등을 들 수 있으며, 이것들은 Torremolinos와 Marbella와 같은 대중적인 Costa del Sol 휴양지들과 스페인의 지중해 대륙의 해안 그리고 발레아스 제도(Balearic Islands)의 해안환경의 품질을 개선시키는 결과를 낳았다. 또한, 비록 부식(腐植)의 영향을 통제하기 위한 수단에 대해서는 아직도 논란이 되고 있지만(Malvarez Garcia et al., 2000), 해안보호를 위한 막대한 지출로 해수의 품질 역시 확실히 개선되었다(Kirkby, 1996).

해안관련 업무행정에 책임을 맡고 있는 정부부처의 활동과 더불어 Ley de Costas의 법안은 분명히 해안에 대한 공식적인 대중의 태도에 있어서 현저한 변화를 반영하고 있었다. 초기의 개발계획규정과 사회적 인프라 건설을 위한 필요조건의 공공연한 남용은 억제되었고 공유지내의 불법건축은 더 이상 방관되지 않았다. 그러한 진전(進展)은 최악의 환경문제에 관한 법 태도의 변화와 개발특권에 맞서는 공식적인 관용이 감소하고 있음을 반영하고 있으며, 마침내 '지속가능성의 메시지'에 귀를 기울이고 있다는 증거를 보여주고 있다(1997).

환경의 품질과 경제적 효율성 간의 보다 높은 균형을 촉진함에 있어서 이러한 확실한 결과에도 불구하고(Robinson, 1996), 공공연히 해안 바로 근처까지 지속된 해안도시개발을 효율적으로 저지하기는 어려운 일이었다. 개발시대의 대부분의 건설은 도시건축이 허용되지 않는 토지(또는 개발자들이 원하는 대로 따르는 자치단체에 의해 재 구획된)위에서 완전히 합법적으로 이루어졌다. 그러한 상황에서 Ley de Costas가 적극적으로 대응하기에는 다소 무리가 있었다는 것이다. 그러나 미래지향적인 관점에서 볼 때, 도시계획을 재편하기 위해서 간단한 편법을 이용하면서 구속도 거의 받지 않는 개발이 계속해서 발생 가능하다는 것은 매우 걱정스러운 일이 아닐 수 없다. 또한 지속적으로 경제적 이해가 우선하는 지역에서 최종승인을 위해 지방정부에 제출된 개발계획들은 만일 그 지역이 국립공원 또는 기타 환경보호구역으로 지정되어 있지 않는 한 쉽게 거절되지 않을 것이다. 현재 그러한 지역들은 지중해 남부스페인 해안지역으로 지극히 제한되어 있으며, 주요지역으로는 Guadalquivir 어귀에 있는 Donana 국립공원의 습지와 the Cabo de Gata-Nijar 국립공원 등이다〈그림 1〉. 말라가 지방은 Costa del Sol의 중심에 위치하고 있으며 그 지방의 유일한 보호구역으로는 Nerja의 동쪽에 있는 Cliffs of Maro, Malaga와 Torremolinos 사이에 있는 Rio Guadalhorce의 어귀 등이 포함되어 있다〈그림 1〉.

현재의 법적인 틀 내에서는 기타 지역에서 도시개발에 대한 어떠한 제재도 쉽지 않으며, 심지어 건축제한선과 해안 가장자리 사이에 있는 완충지대(buffer zone)의 설치범위까지도 쉽지 않다. 그러므로 적어도 스페인의 그런 지역에서는 Ley de Costas의 영향력을 기대하기란 어려울 것이며, 결과적으로 시민과 방문객의 향유(享有)를 위한 품질 좋은 환경을 유지하기 위해서는 지속적인 제재가 필요할 것이다.

더불어 아마도 남부스페인 방문객들과 지역관광에 대한 이해의 차원에서 해안보호를 위한 추가압력이 가해질 수도 있을 것이다. 그리고 잠재방문객의 의사결정과정에서 남부스페인이 지상최고의 아름다운 해안이라는 점에는 논쟁의 여지가 있을 수 있으나, 지구촌에서 스페인경제의 경쟁적 입지를 유지하기 위해서 관광이 수행하는 절대적인 역할필요성은 부정될 수 없는 사실일 것이다. 따라서 스페인은 그러한 우수한 자원을 훼손시켜가며 국가의 이미지를 손상시킬 여유 있는 나라가 아니라는 것이다. 현재까지

국가의 이미지 고양을 위해 투자된 많은 노력들이 지리적으로 휴양지 자체에 국한되는 경향도 없지 않았지만, 그 노력들이 지속적인 지역투자에 대한 관심을 유지시켜 환경회복에 대한 강력한 경제적기반이 되고 있는 것이다. 이것이 Patronato Provincial de Turismo에 의해 지원된 Costa del Sol 지역의 지자체들이 기울인 노력의 전형적인 형태이다(Barke & France, 1996). 그러나 저 개발된 해안도로를 따라 형성된 환경을 보호하려는 그러한 사고(思考)는 계획의 책임을 지고 있는 시청의 충분한 지지를 받지 못하고 있다. 비록 수용력이 지역차원의 결정을 기각시키기 위해 존재한다고 하지만 지방계획이 합법적으로 문제가 없다면 각하되는 경우는 매우 드물다. 그러므로 경제적 이해의 우위와 개발특권이 여전히 지배적이라는 것이다. 사실상, 대중관광의 확대로 저개발지역들에 대한 환경영향이 그리 크게 유발되지는 않을 지라도 줄어들지는 않았다. 대신에 그러한 영향들은 별장소유권, 해안의 퇴직자 하우스, 골프코스, 그리고 지원서비스시설에 대한 수요를 통해 '해안으로의 인구의 중력이동(gravitational shift)(Buswell, 1996)'을 촉진시키는 주거관광형태의 팽창으로 대체되었던 것이다. 이 모든 것들은 다양한 용도의 토지사용을 보여주고 있으며, 또한 고품질 해안입지에 대한 수요를 분명하게 증가시킬 것이다. 그리고 그 수요의 증가는 지역세수의 극대화를 희망하는 지방정부를 충족시키는 결과를 낳게 될 것이다. 과거에 비해 개발은 질서 있고 미적 측면이 강조되고 있지만, 반면에 현재의 경제적, 사회적 압력을 통제할 수 있는 보호구역의 확대 없이, 도시개발계획에 대한 태도의 변화와 해안 바로 앞까지 이르는 도시팽창으로는 해안법에서 구현된 베스트 컨셉이 충분히 인지되지는 못할 것이다.

MEMO

11

지속가능성을 지향하는 도구로서 EMAS and Local Agenda 21의 활용:

Catalan 해안휴양지를 중심으로

해양관광 개발계획 coastal mass tourism

11

지속가능성을 지향하는 도구로서
EMAS and Local Agenda 21의 활용:
Catalan 해안휴양지를 중심으로

Xavier Campillo-Besses,
Gerda K. Priestley and Francesc Romagose
Escola Universitaria de Turisme I Direccio Hotelera, Universitat Autonoma de Barcelona

1 서 론

1992년 지구촌 정상회담 이래, 많은 유럽 지방자치단체들은 Aalborg 헌장의 원칙에 따라 지속가능한 개발목적과 양립할 수 있는 관리수단을 확립하기 위한 방법의 하나로 LA21을 채택하였다(Hewitt, 1995). 이에 대해서는 관광목적지들이 특히 더욱 적극적이었는데, 그것은 자신의 생존이 대체로 그들의 자연환경과 인조환경의 지속가능성에 달려있다고 생각했기 때문이었다. 에를 들면 Mallorca에 있는 Calvia 자치단체의 경우

(Echenagusia, 1995; Segui Llinas, 1998), LA21의 채택은 매우 흥미 있고 성공적이었다. 한편, 원래 산업부문에서 환경성과향상을 위한 수단으로서 개발된 EMAS(Eco-Management and Audit Scheme)는 유럽공통체(European Community)의 규정 No 761/2001이 승인됨에 따라 그것의 적용범위가 서비스조직들까지 확대되었는데, 결국 이것이 EMAS를 지방정부에 적용 가능하도록 만든 것이다.

본 연구는 LA21과 EMAS의 강점과 약점을 밝히고, 각 지방정부에 따라 그것을 적용함에 있어서 목적, 원칙, 절차 그리고 통제에 관한 내용을 조사하는데 있다. 부연하면, 이 연구는 Mallorca에 있는 Catalan 해안에 위치하고 있는 오래된 관광휴양지인 Sitages를 사례를 통해 지속가능한 개발을 성취하는 수단으로서 그것들의 기여정도를 평가하고, 직면한 실질적인 어려움과 커뮤니티 적용차원에서 요구되는 정치적 결단에 관해 약술하고 있는 것이다.

2 환경관리시스템의 목적과 특징

환경관리시스템의 개괄적인 목적은 조직들로 하여금 스스로 환경성과의 평가와 개선을 통해 대중에게 관련정보를 제공하도록 함으로써 환경성과의 지속적인 향상을 촉진시키고자 한 것이다. LA21 또는 EMAS와 ISO 14001과 같은 환경관리시스템 (Environmental Management System: EMS)들 모두가 조직에 의해서 선택된 계획기구들로 볼 수 있을지 몰라도, LA21과 비교하여 환경관리시스템들이 훨씬 더 포괄적이고 명확하게 정립된 방법에 의존하고 있어 국제적 표준으로 발전하게 된 것이다. 더욱이 이 시스템들은 외부등록절차를 밟도록 되어 있는데, 그 기구들에 가입된 지방정부로 하여금 스스로의 환경성과에 있어서 실질적이고 중요한 변화를 고지하도록 의무화하고 있다. 또한 이것은 단기적인 정치적인 공약이 아닌 장기적 기반위에서 실행되도록 장려되고 있으나 지방정부기관의 정치적 본질과 그것의 영역 내에 있는 정치조직의 환경성과를 등록해야만 하는 어려움 또한 내포하고 있다.

EMAS와 LA21의 관계는 그 과정에 있어서 방법론적으로 일치하고 있으며〈그림

1〉, 실제로 LA21 또는 EMAS와 ISO 14001과 같은 환경관리기구들은 환경프로그램(environmental programme)의 설계와 개발로 구성된다. 이 둘의 경우에서, 환경프로그램은 최초의 환경검토(initial environmental review) 또는 환경감사(eco-audit) 그리고 이른바 여행(Travel)과 관광산업(Tourism Industry)을 위한 Agenda 21과 같은 이른바 환경정책과 철학이라고 하는 개념적 틀에 대한 합의에 기반하고 있는 것이다(WTO, 1997). 비록 LA21가 보다 참여적인 접근방식을 내포하고 있는 반면에, EMAS는 보다 조직적인 접근방식을 내포하고 있긴 하지만 이 둘은 다이나믹을 추구하는 피트백 과정을 포함하며 일반대중의 참여를 요구하고 있다.

두 기구의 중요한 절차적 차이가 있다면 LA21은 기본적으로 상향식인 반면에, EMAS는 하향식이지만 상향식요소와 중간관리직의 의견을 포함하고 있다는 점이며, 또 다른 차이점은 두 기구의 내용에 있다. 즉, EMAS는 이름에도 함축되어 있듯이 단지 환경요인만을 다루고 있지만 LA21은 환경뿐만 아니라 경제, 사회분야까지 지속가능한 개발의 구축을 목적으로 하고 있는 것이다.

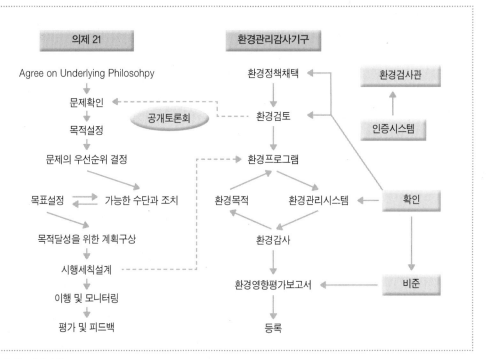

그림 1

의제 21(Local 21)과 환경관리감사기구(EMAS)의 관계

■ 출처: 저자작성

한편, 그 기구들은 서로에게 자양분이 되어 보조적인 기능을 수행할 수 있는 두 개의 유사한 과정으로서 설명될 수 있다. 예를 들면, EMAS의 최초의 단계인 환경적 검토는 LA21을 위한 시발점 역할을 하며〈그림 1〉, LA21을 위해 고안된 시행 안(Action Plan)은 EMAS의 환경프로그램에 편입이 가능하다. 따라서 이러한 두 기구가 내포하고 있는 본래의 유사성은 상호 통합을 가능하게 하고 서로에게 도움이 되고 있다. LA21의 중요한 기여는 참여적 접근방식이다. 왜냐하면 그것은 일반대중, 그리고 그 시스템 내에서 도시계획과 관광정책과 같은 사회와 경제의 본질적 측면과 관련되어 있는 모든 이해관계자들의 관여를 요구하고 있기 때문이다. 다른 한편으로, EMAS는 LA21보다 조직적인 접근방식을 소개하고 있으며 접근 과정에서 보다 독립적이고 객관적인 통제를 요구하고 있다. 따라서 EMAS는 지방의회선거의 결과에 의한 정치적 향방의 변화에 개의치 않고 장기적으로 보다 용이하게 그것의 독립성을 유지할 수 있다는 것이다. 더욱이 광범위하게 인식되어온 EMAS가 지닌 사회적 특권과 집중된 대중매체의 관심은 그 기구의 견고함과 장기적 타당성을 제공하고 있는 것이다.

3 Sitges에서 EMAS와 LA21의 이행

2000년도에 Sitges 시의 지방기관들은 혁신적인 접근방법으로 환경관리프로그램의 도입과정을 제안하였다. LA21 과정은 EMAS의 이행과 더불어 시작되었다. 이렇게 EMAS의 견고하고 다이나믹한 절차는 LA21에 함축된 참여과정과 결합되며, 동시에 전체과정은 외부의 객관적인 감사를 받게 된다. 이 프로젝트의 목적은 EMAS와 LA21 두 기구의 통합에 있으며, 그 통합시스템의 영역은 그 지역의 자연환경체계 또는 환경정책방향에 직·간접적인 영향력을 행사하는 행정적 행위에 대한 자치정부들의 책임의 한계로 결정된다.

이 'Sitges Towards Sustainability(STS)' 프로젝트는 환경계획과 관리를 위한 실험프로그램(pilot program)로서, 그 프로그램을 개발하기 위하여 지방의회는 지방정부의 환경부 그리고 바르셀로나 자치대학의 Tourism and Hotel Management 학과 등과 협

그림 2

Sitges 지자체의
EMAS 인증절차단계

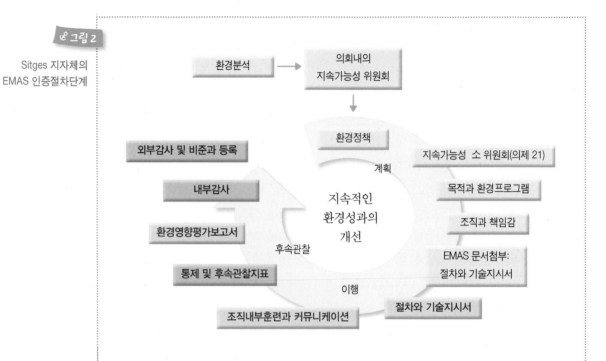

환경분석 → 의회내의 지속가능성 위원회

환경정책

외부감사 및 비준과 등록

내부감사

환경영향평가보고서

통제 및 후속관찰지표

조직내부훈련과 커뮤니케이션

계획

후속관찰

이행

지속적인 환경성과의 개선

지속가능성 소 위원회(의제 21)

목적과 환경프로그램

조직과 책임감

EMAS 문서첨부: 절차와 기술지시서

절차와 기술지시서

■ 출처: ARC 연구팀

약을 체결하였다. 두 조직으로부터 만들어진 여러 전문분야에 걸친 기술팀은 의회기술 팀과 협력하여 그 프로그램의 설계와 수행에 대한 조정과 방향을 주도하였다.

〈그림 2〉는 제안된 STS 프로그램의 제안된 단계를 보여주고 있으며 요약하면, 환경 검토(environmental review), 환경관리시스템의 설계와 이행, 지자체 직원의 훈련과 내부 감사, 외부감사를 통한 공인인증 등의 내용을 포함하고 있다.

이 프로그램은 특정단계에서 대중의 참여 그리고 대중의사소통과 인식을 위한 캠 페인을 필요로 하고 있다. 최초의 단계로는 환경적 검토인데, 이 단계는 환경의 품질 을 평가하고 기존의 문제와 위험의 원인을 밝히는 것이다. 또한 지자체의회(municipal council)는 의회 내에 지속가능성 위원회(sustainability commission)를 창설하고 환경정책을 만들기 위하여 지역민의 대표자들로 지속가능성 소위원회(sustainability committee)를 구 성해야 한다. 그 정책은 환경검토와 지역민참여의 과정에 기반하고 있으며 구체적인 목적(goals)과 환경프로그램(environmental programmes)을 확립하기 위한 토대역할을 한다. 이것은 조직의 구조와 다양한 책임감(responsibility)의 구축 그리고 절차(procedures)와 ISO 14001기준에 맞는 기술지시서(technical instructions)에 대한 서류준비(documentation)를 수반한다. 또한 그 프로그램은 구체적인 목적에 대한 정의, 각각의 환경요인들을 위한 일련의 지표들과 기준, 실행 안의 수립, 그리고 그 시스템의 모니터링을 용이하게 하기 위해서 상응하는 통제와 수정 메카니즘의 도입을 필요로 하고 있다. 다음 단계는 자치단체의 기술진의 조직 내의 훈련(internal training)과 더불어 정해진 절차와 지침의 수행으로서, 필수적으로 내·외부 동시적인 커뮤니케이션(communication) 캠페인을 실행하는 것이다.

이후, 이미 구축된 지표들을 통해 과정운영의 효율성을 모니터하고, 환경개선의 결과보고를 위해 환경보고서가 매년 만들어지며, 그리고 그 지표들은 이른바 '지역의 지속가능성을 위한 관측소(Observatory of Local Sustainability)'로서 개발될 것으로 기대된다 (Romagosa & Cuetara, 2001). 이 단계는 내부감사 및 권한이 부여된 외부감사관에 의한 외부감사까지 최종적으로 수반되며, 마지막으로 EMAS에 대한 지자체 의회의 비준과 등록에 이르게 된다.

따라서 이 프로그램의 궁극적인 목적은 지속가능성 철학에 대한 최초성명을 바탕으로 지자체구조 내의 환경성과를 지속적으로 개선하는 시스템을 구축하는 것이다. 또한 EMAS의 등록을 획득하기 위해서는 권한이 부여된 감사관에 의해 수행되는 외부감사의 투명성과 대중 참여가 필수적임을 기억해야 한다.

환경검토는 주로 충분한 자격이 있으며 객관적인 기관으로 기대되는 외부의 기술연구팀에 의해 수행되지만, 그럼에도 불구하고 어느 정도의 주관성이 개입되는 것도 사실이다. 예를 들면 연구팀이 다양한 환경적 일면들을 분석할 때, 자문에 필요한 이해관계자들을 임의적으로 결정해야 하는데, Sitges에서 비치관리의 환경적 측면을 검토 할 경우 관광객, 지역주민 그리고 환경압력단체의 견해를 참고하고 있다는 것이다. 다시 말하면 환경지표들이 지자체 기술진들과 연계된 연구팀에 의해 선정되고 객관적으로 계량화가 가능한 자료를 바탕으로 매년 각 환경요인의 변화를 측정할 수 있지만, 이에 대한 개선은 당연히 지속가능성을 지향하는 것처럼 해석될 수 있다는 것이다. 예를 들면, 연안 해역에서 고체침전물의 출현이 감소하는 것을 질적 개선으로 설명하는 것처럼 말이다.

환경검토방법은 해당지역에 미친 환경영향에서부터 원인이 되는 환경요인들은 물론, 환경과 상관관계에 있는 의회활동 같은 요소들까지 역으로 추적하는 것을 포함하고 있다. 따라서 문제가 되는 환경요인들에 대해 책임을 지고 있는 센터들(centres), 분야들(areas) 또는 부서들(departments)과 같은 지자체의 다양한 행정수준들까지 추적이 가능하다〈그림 3〉. 자치행정 내에 있는 부서들은(도시계획, 관광 등) 메인센터로 고려될 수 있으며, 반면에 마이너 센터(minor center)들은 메인센터에 달려있는 보조센터들을 의미한다. 그리고 독립 센터(independent center)들은 자치관리체계(스포츠 시설과 같은)를 가지고 있는 것들을 말한다.

분석된 환경요인들은 '직접적으로 환경에 미치는 영향요인(direct environmental aspects)'들로서 EMAS의 규정, Annex IV에서 규정된 것들이다. 이 요인들은 조직의 관리통제권을 초과하는 것들을 포함할 수 있지만, 반드시 이것들만으로 제한하지는 않는다. 예를 들면 대기방출, 방류, 고체와 다른 폐기물, 특히 유해폐기물의 방지, 재활용, 재생, 수송과 처리, 토지의 사용과 오염, 자연자원과 원자재의 활용(에너지를 포함하여), 지역이슈들(소음, 진동, 악취, 먼지, 시각적 외향 등), 운송문제들(상품과 서비스 그리고 종사원), 사건과 사고 그리고 비상상황으로 확대될 수 있는 환경사고와 영향에 대한 위험 및 생태다양성에 미친 영향 등이다.

환경요인들이 그 시스템의 핵심요소라면, 환경검토는 일련의 조사보고서에 해당되며, 각각의 보고서는 특정요인들의 상태를 묘사하거나 의회의 관리와 관련법령의 수행을 평가하고, 또한 초래된 영향을 묘사함은 물론 관여된 이해관계자들에 대한 설명까지도 제공하고 있다. 그러므로 환경요인들의 확인과 분석과정을 통해서 환경영향과 시정(市政) 간에는 직접적인 상관관계가 구축된다는 것이다. 동시에 환경요인들은 직간접적으로 지자체의 다양한 이해관계자들과 사회 경제 제도들과도 관련이 있을 수 있다〈그림 3〉. 따라서 관광분야에서 이들 스테이크홀더들을 확인하는 일은, 부문별 기술위원회(Sectorial Technical Commission)의 구축을 통한 참여과정 속에서 각 부문의 통합을 목적으로, 부문별 관점의 환경검토에 대한 상호조사(cross-examine)를 가능하게 할 것이다.

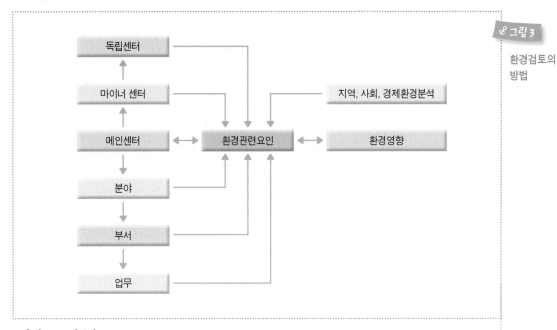

그림 3

환경검토의
방법

■ 출처: ARC 연구팀

이미 약술된 바와 같이 이러한 절차는 결과적으로 각각의 환경요인들을 위한 전략적 목표가 무엇인지를 알게 함으로써 도입해야 할 특별수단의 제안을 공식화할 수 있다는 것이다. LA21과정을 따른 이러한 제안들은 대중 참여과정으로부터 제기된 제안들과 더불어 환경프로그램을 구성하게 된다.

5 참여과정

EMAS의 규정은, 그 규정을 준수하고자하는 조직들의 환경성과(environmental performance)에 의해 영향을 받은 모든 사람들과 요소들에게 참여의 문이 열려있어야 한다는 것을 분명히 명시하고 있다. 그러므로 지속가능성을 위한 하나의 중요한 조치를 취하기 위해서는 다양한 스테이크홀더들(stakeholders)의 행위에 있어서 변화가 요구되

일반대중

시 의회

지역위원회 1
2
3
4

지속가능성 위원회

환경위원회

기술위원회

지속가능성 사무국

지역지속가능성 위원회

부문별 위원회 1
2
3
4

■ 출처: 저자작성

며, 이미 언급된 바와 같이 모든 지역민들의 적극적인 참여가 있어야 만이 성취될 수 있다. 그렇지 않으면, LA21에서 숙고된 시행 안은 지방행정기관들이 취할 수 있는 조치들로 제한될 수 있으며, 비록 그 실행 안이 상당한 또는 근본적인 기여를 할지는 몰라도 지속성이 결여되고 불충분한 단지 부분적인 해결책에 불과하게 된다는 것이다. 궁극적인 목적은 EMAS가 그 자체로 강렬하고 다이나믹한 수단이 되는 것이며, 새로운 제안의 공식화를 통해 발전을 기대할 수 있는 것이다. 그러한 제안들은 건설적의 합의의 분위기에서 시의회뿐만 아니라 지역민들에 의해 발의 되어야 한다. 이 참여과정 동안에 반드시 해결되어야 하는 중요한 문제들로는 첫째, 우리의 지자체가 미래에 어떻게 되기를 원하는가? 둘째, 우리가 어떻게 환경을 보다 지속가능하게 할 수 있겠는가? 셋째, 우리가 환경에 기여하기 위해 무엇을 할 수 있겠는가? 등이다.

참여과정은 내부기관(통치기관: governing body)과 외부기관(대중: general public)의 형태로 조직화 된다〈그림 4〉. 지역의 정치구조 내에서, 정당들의 지원을 확보하기 위해서 지역의회의 모든 정치정당비례대표들이 참여된 의회의 지속가능성 위원회(Sustainability Commission of the Council: SCC)가 창설된다. 그리고 그 위원회는 1인의 각 부서대표로 구성되는 환경위원회(Environment Commission: EC)를 창설해야만 하는데, 이것은 부분적으로 EMAS에 영향을 미치는 시정(市政)의 내부구조의 변화에 대한 소개를 용이하게 하기 때문이다. 또한 많은 지속가능성 위원회 부서들의 기술진들로 구성되는 기술위원회 (Technical Commission: TC)가 만들어 지는데, 그 프로젝트에 관여된 사정관과 전문가들을 임시적으로 통합하여 구성된다. 이 기술위원회는 진단과정 동안에 의견수렴과 결점 규명 등과 더불어 통계치의 제공과 상황진단 그리고 기술적 수단이 채택되도록 제안을 공식화하는 적극적인 역할을 하며, 개인의 참여초청범위는 특정단계에서 논란이 되고 있는 문제 때문에 가장 심각하게 영향을 받는 지역의 이해관계자들까지 확대될 수 있다. 또한 그 시스템에 대한 미래의 기술 관리에 대한 책임까지도 져야한다.

대중은 부문별 위원회들(sectorial committees: SC)에 참여하도록 촉구되며, 이 부문별 위원회는 특정한 문화, 사회, 경제부문들과 관련 있는 많은 기관, 협회, 조합 등의 대표자들이 자신들에게 전략적 또는 기술적으로 영향을 미치는 주제를 논의하기 위하여 기술진들과 모임을 갖는 곳이다. 부문별 위원회의 수는 각 자치단체의 필요에 따라 다양하며, 모든 자치단체에서 흔히 볼 수 있는 분야들로 도시계획, 교육, 상업과 문화 부문 등의 위원회는 분명 존재하고 있지만, 특히 Sitges에서 관광부문은 없어서는 안 될 필수부문으로 역시 해당위원회를 보유하고 있다. 이 위원회의 역할은 직접적으로 해당 부문에 영향을 미치는 주제에 관해 논의하고 결정하며, 또한 반드시 타 위원회와 논의할 주제를 준비해야만 한다. 또한 관련 실행 안의 집행과 모니터링에 대한 책임을 진다. 비록 위원회의 전체 수와 빈도 그리고 주제들이 각 케이스에 있어서 다양할 수 있지만 특정주제로 테마화 된 세션이 열리게 되며, 그 회의가 효과적이기 위해서는 반드시 소규모이어야 하고, 논의 될 주제는 시 의회(하향식)와 각 지역기관의 대표자들(상향식)에 의해서 제안되어 질 수 있어야한다. 논의되는 내용은 주로 각 요인에 대한 환경 검토의 완료, 전략적 목표의 규명, 적용되어야 하는 수단의 정의, 그리고 적용될 방법들과 그 방법들의 적용에 있어서 각 그룹의 역할 등을 포함 한 주로 기술적인 것들이다. 논의 될 각 주제들을 위해 적어도 두 개의 세션이 반드시 열려야 하며 그 세션들은 첫째, 정보를 교환과 예비토론회의 성격을 가지며 둘째는, 합의를 이끌어 내는 세션이다. 그리고 그 합의기간 동안에 각 지역기관의 대표자들은 반드시 자신이 대표하는 그룹의 의견을 수렴해야만 한다.

또한 대중의 참여는 각 지역을 대표하는 지역위원회(neighbourhood committee: NC)의 설립을 통해 보장되며, 토론회를 풍성하게 만들기 위해서 논의 될 각 주제의 상태에 대한

간단한 기술 분석이 이 위원회에게 제공된다. 이 위원회의 목적은 합의를 통해 환경적 우선순위를 정하는 것이지만, 가장 의미 있는 역할 중 한 가지는 특별한 제안을 하기보다는 지자체와 주민들 간의 만들어진 시너지(synergy)이다. 결과적으로 지역민은 환경보호의 실행 안을 기꺼이 채택할 것이며, 이러한 지역민의 태도는 개인들 간의 상호협력에 달려 있다.

또한 각 지역위원회의 대변인들로 구성되는 지역지속가능성위원회(Municipal Sustainabiity Committee(MSC))가 만들어지며, 이것은 LA21 기구의 필수구성요소로서 의회위원회들(council commissions) 그리고 지자체 지속가능성 사무소(Municipal Sustainability Office(MSO))와의 연결고리 역할을 하고 있다. 외부전문가들과 환경문제에 책임을 지고 있는 자치단체의 기술진으로 구성되는 이 MSO는 LA21 기구의 운영센터이다. 참여기간 동안에 합의를 통해 결의된 제안들은 마지막으로 시 의회에 의해 비준되어 LA21을 구성하게 되며 EMAS의 시행 안(Action Plan)에 통합된다. 그리고 대응조치들의 집행이 계획되어져야 하지만 이과정은 여전히 결정된 것이 아니며 수정될 수도 있다.

6 지중해 카탈로니아(Catalonia) 해안에 있는 관광휴양지의 역할변화

Catalonia 해안의 광범위한 관광확대는 1950년대 중반부터 시작되었다. 이전까지, 바르셀로나까지 철도로 연결된 타운들만이 여름휴가 휴양지〈그림 5〉역할을 하면서, 매년 여름 3달 동안 그곳에서 가정을 꾸리는 가족형태의 방문이 주를 이루었다(Barbaza, 1966). 다른 한편으로 3S 휴양지의 이미지를 선호하던 국제대중관광객들은 작은 규모의 마을이나 과거에는 인적이 드물었던 골짜기나 비치에 몰려들기 시작했다. 1980년경, 비록 국제관광의 추세는 일반적인 수준에서 지속되고 있었지만, 경기침체의 징후가 이미 'Coasta Brava'로 알려진 북부해안지역에서 감지되었고(Butler, 1980), 1973년 이후 그것의 팽창이 누그러진 것만은 분명한 사실이다. 반면에 별장선호현상은 1980년대에 두드러졌다. 상대적으로 소수의 목적지에서만 붐을 이루는 대중관광발전과는 달리, 이 별장들은 비치는 물론 절벽의 정상과 가파른 경사 그리고 기존도시의 변두리로

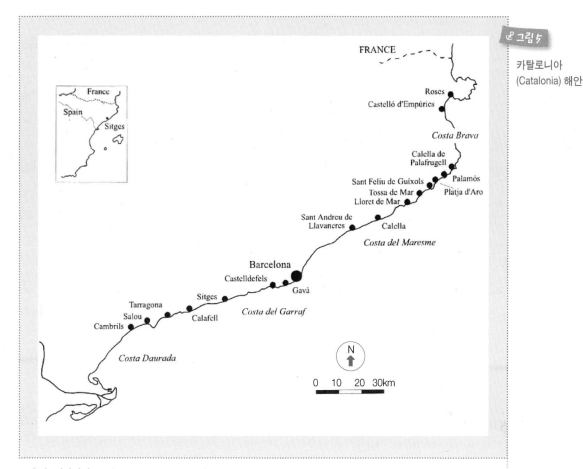

그림5

카탈로니아
(Catalonia) 해안

■ 출처: 저자작성

지칭되고 있는 모든 해안을 따라 가득 차 있었다(Priestley, 1996). 그러나 지난 10여 년 동안에 영구거주자들의 증가로 바르셀로나 인근 휴양지에는 새로운 현상이 나타났는데, 일부 별장들이 영구거주지로 변화되고 있으며, 나머지는 새 거주자들이 비록 그들 중의 대부분이 도시에서 일을 하고 있지만 영주거주목적으로 이용되고 있다. 이것은 도로나 철도를 이용한 도시로의 접근성 향상, 도시외곽의 낮은 집값과 지각된 삶의 질의 향상 그리고 추가적인 여행비용과 거리를 보상해주는 해안휴양지의 뚜렷한 매력성의 때문이다. 많은 해양휴양지들은 이제 복합기능도시 역할을 하고 있으며 다양한 집단의 욕구를 충족시키고 있다.

- 지역에서 삶을 꾸리고 있는 오래된 영주권자들: 비록 이들 중 일부는 관광이 붐을 이루던 1960년대와 1970년대에 스페인의 산업화가 덜 된 지역으로부터 이주해 왔지만 대부분은 여러 세대에 걸쳐서 그 도시에서 살아가고 있다.
- 최근에 바르셀로나로부터 이주해 온 거주자들: 이들 대부분은 여전히 바르셀로나에서 직장을 가지고 있으며, 그 도시와의 관계를 계속 유지하고 있다.
- 여기저기의 많은 휴양지에서 다양한 규모의 단기체류 관광객
- 여름뿐만 아니라 주말마다 방문하는 당일 여행객: 여름동안 이 집단들은 자신들의 직접지출에 의해 보상되는 것 이상으로 초래되는 부정적인 영향(쓰레기 잡동사니, 혼잡, 소음)에 책임이 있다. 그러나 겨울방문객들은 지역경제에 중요한 기여를 하는 캐더링과 레크레이션 부문에 경제적 혜택을 가져다주고 있다.

이러한 맥락에서 볼 때, Sitges와 같은 해안지역의 도시와 마을들은 영구거주자들이 기대하는 도시생활의 질과 또한 거주자들과 방문객들이 요구하는 환경수준의 충족을 위해 계획과 관리가 요구되고 있다.

 7 Sitges에서 관광의 성장과 특징

바르셀로나에서 서쪽 38km에 위치하고 있는 Sitges는 스페인 지중해 해안을 따라 가장 길쭉하게 자리 잡은 관광휴양지들 중의 하나로서 지난 1세기에 걸쳐 방문객들의 발길이 끊이지 않고 있다〈그림 6〉. 그곳은 20세기 초, 유명한 지역예술리더인 Santiago Rusinol의 지원으로 세계적으로 유명한 예술가들과 작가들을 유인할 만한 최신식 고품격의 풍요로운 휴가리조트가 되었다. 1919년도, 마을이 없었던 해변지역의 저밀도 건축개발계획에 따라 대저택들이 비치 옆 긴 산책로에 들어서기 시작했다.

비록 국제대중관광의 최고성장률은 1956년에서 1967년 사이에 기록되었지만, 사실상 국제대중관광 시대는 1950년도에 시작되었다. 1960년까지 Sitges는 Lloret de Mar와 Benidorm과 더불어 스페인 동부해안의 중요한 3대 국제관광목적지였다

해양관광 개발계획 coastal mass tourism

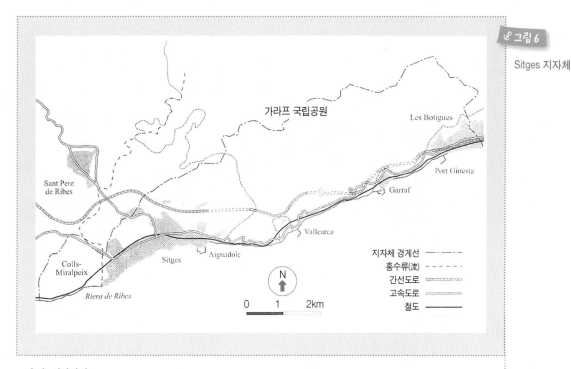

■ 출처: 저자작성

(Miguelsanz-Arnalot & Higueras-Miro, 1964). 이 기간 동안 그리고 당시까지, Sitges는 주로 바르셀로나 거주자들이 방문하던 아름다운 휴가목적지로서 그 지위를 유지토록 허용하는 대중관광수용을 위한 대규모 변경 안은 받아드려 지지 않았다(Priestly & Mundet, 1998). 따라서 최고성장기간 동안 늘어난 관광객들은 대체로 도심에서 숙박하게 되었고, 하지만 대규모 저택들은 소규모 호텔로 변형된 반면에 대부분의 해변을 따라 위치하고 있던 소수의 단독주택들은 본래의 모습을 유지하고 있었다. 1973년 오일파동의 여파가 1974년과 1975년까지 이어졌을 때도 대다수의 투어공급자들은 단지 Sitges만을 제외하고 대규모 호텔이 있는 휴양지에 관광객들을 집중시켰다. 대중관광개발에 저항했던 추가적인 사례로는 1960년대에 해안에서 멀리 위치한 장소에 마리나 건설을 위한 야심찬 프로젝트가 제기되었었는데, 마을의 외관과 특성을 변화시킬 수 있다는 이유로 취소되기도 하였다(Priestly, 1984). 따라서 Sitges는 1974년 이후에 상대적으로 까다로운 국제관광구성요소를 가진 상류층 별장휴양지로서의 초기모습으로 회귀하게

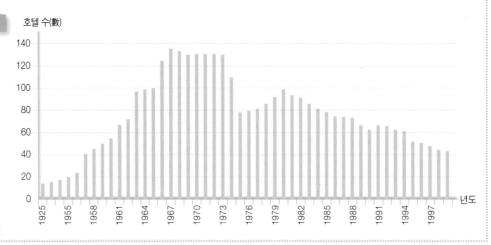

그림 7

Sitges의 호텔 수
(1952-1999)

호텔 수(數)

■ 출처: 저자작성

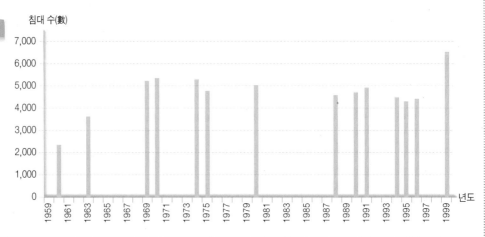

그림 8

Sitges의 숙박시설
(1960-1999)

침대 수(數)

■ 출처: 저자작성

되었던 것이다(그림 7, 8).

　　하지만 1992년 올림픽 선수촌건설을 위한 특별수정안의 도입이 Sitges에게는 전환점
이 되었다. 즉 올림픽게임동안 대도시의 값비싼 호텔숙박시설에 대한 예상수요가 대형
호텔의 건설과 많은 다른 호텔들의 개장과 업그레이드를 촉진시켰으며, 이것은 방문객
들의 높은 기대품질수준을 충족시키고 해당부문의 경쟁력 강화를 위해 매우 필요했던

해양관광 개발계획 coastal mass tourism

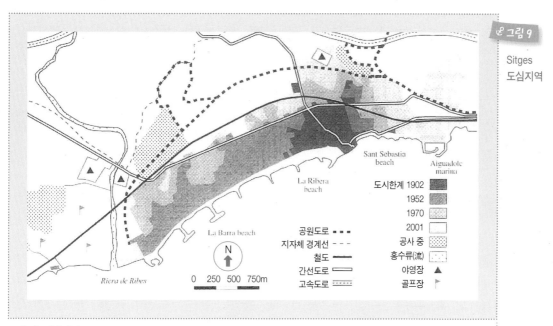

그림 9

Sitges
도심지역

■ 출처: 저자작성

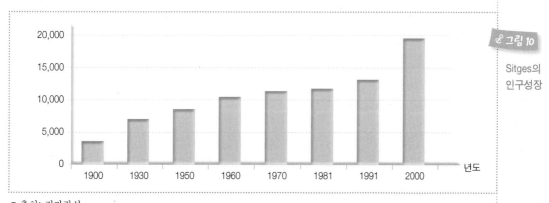

그림 10

Sitges의
인구성장

■ 출처: 저자작성

것이다. 그리고 올림픽게임으로 유발된 경제성장은 주변지역에 간접적 영향을 미쳤으며, 이러한 영향은 1992년 바르셀로나에서 Sitges까지의 여행시간을 45분에서 25분으로 단축시킨 유료고속도로의 개통 때문에 Sitges에서 특히 높게 나타나게 되었다. 결론적으로 Sitges는 대도시 바르셀로나로 병합되었으며 경제, 사회, 그리고 도시환경 측면에 있어서도 심오한 구조적 변화를 경험하게 되었던 것이다. 즉 지난 20년에 걸쳐 2배

표1	영구가정	영구거주자 (영주권자)	별장	계절적 거주자	총 주택 수*	총 인구
1991	4,408	13,109	6,934	20,802	11,342	33,911
2000	6,569**	19,707	10,333	31,000	16,902	50,707
GC	2,383	7,149	3,755	11,265	6,138	18,414
200+GC	8,952	26,856	14,088	42,265	23,040	69,121

Sitges의 인구와
주책(1991) 그리고
미래예측

※ * : 빈집은 포함되지 않음 ** : 이탤릭 숫자는 도시계발계획에 따른 GC의 예측추정치이다.
■ 출처: GC(2002), IEC(2002)

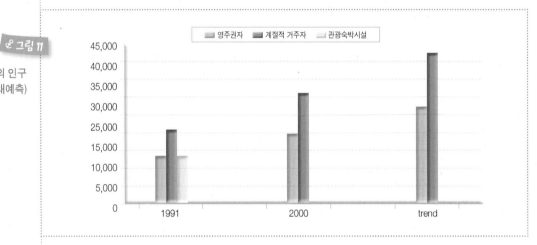

그림11

Sitges의 인구
(1991, 2000, 미래예측)

■ 출처: GC(2002)와 IEC(2002)에 따라 저자작성

로 증가된 거주인구, 물리적 한계에 도달된 도시성장 그리고 시 당국의 사회문화적 구조의 급격한 변화 등이 초래되었으며〈그림 9, 10〉, 이러한 현상들은 도시를 둘러싸고 있는 도시의 유적과 소중한 자연환경에 상당한 영향을 미치게 되었다. 결과적으로 본 연구에서 제시된 사례연구는 환경관리에 대하여 이 새로운 방법론적인 접근을 검증하기 위한 흥미로운 실험인 것이다.

현행 도시개발계획에 의하면, 6100가구의 새로운 주택이 건축될 것으로 예측되고 있다〈표 1, 그림 11〉. 만일 1991년도 영구주택과 별장(first/second home)의 비율을 적용하면, 이것은 추가로 7000명의 영주권자들과 11,200명의 별장거주자들의 증가를 의미하는 것이다. 이를 바탕으로 계산하면, 2000년 인구센서스에 따른 전체 거주자 수가 이미 19,707명이었고, 개발계획이 완료되었을 때, 총 영주권자와 별장거주자들이 각각 27,000명과 42,000명에 이를 수 있기 때문에 결과적으로 거주자는 1991년의 2배가 되

는 전체 70,000명에 이를 것으로 예상되는 수치이다. 현재의 추세로 보면, 이러한 통계는 수정이 필요할 수도 있을 것이다. 왜냐하면, 자치 단체들이 영주권자가 별장인구보다 더 비례적으로 증가하고 있음을 보고하고 있기 때문이다. 비록 수용력 확대가 계획되고 있긴 하지만, 2000년에 추가로 6959개의 침대가 호텔들과 기타 관광숙박시설에 공급되었으며, 결과적으로 여름성수기에는 총 거주자들이 80,000명까지 증가될 것으로 예상될 수 있다.

8 Sitges를 위한 환경관리 프로그램

설명된바와 같이 '지속가능성 지향의 Sitges(The Sitges Towards Sustainability(STS))' 프로젝트는 EMAS와 LA21을 융화시키고 있다. 그 프로젝트는 아직 완성되지 않았기 때문에 여기에서는 3부분으로 제한하여 분석하고 있다. 첫째, Sitges의 자연유산을 분석하여 주요환경문제를 규명하는 환경검토 둘째, 환경검토를 통해 수립된 전략적 목표와 셋째, 이행되고 있는 또는 이행될 주요시행 안(principal actions) 등에 관한 부분들이다. 그리고 그 전체시스템(EMAS+LA21)은 그 지역의 모든 환경요인들을 고려하도록 의도되고 있지만, 본 연구에서는 관광과 가장 관련이 깊은 환경요인들만이 강조되고 있다. 그러나 Sitges는 중요한 관광휴양지이기 때문에 부정적 영향의 원인이 되는 대부분의 모든 환경요인들을 포함하고 있다.

1) 자연유산

비록 Sitges는 분명히 바르셀로나의 대도시권에 포함되어 있지만 그곳의 자연유산은 지역과 심지어 유럽차원에서 상당한 가치를 지니고 있다.

(1) 해안선, 바다 그리고 비치

장엄한 절벽들이 많은 소규모 비치들(Garraf, Vallcarca, Cala Morisca)을 포함하고 있는 만에 의해 끊겨지곤 하지만, 그것은 16.5km 해안선의 중간까지 길게 펼쳐져 있다. 게

	Beach	Star 분류 (1999)	Star 평균 (1999)	품질 증서 (1999)	친환경 인증 (2000)
표 2	Les Botigues	**** 양호	3.65	보유	없음
Sitges의 비치들의 품질	Garraf	*** 만족	4.12	보유	획득
	Aiguadolç	*** 만족	3.65	보유	획득
	Balmins	*** 만족	3.59	보유	없음
	Sant Sebastià	**** 양호	4.06	보유	획득
	Ribera	**** 양호	4.06	보유	획득
	L'Estanyol	**** 양호	4.41	보유	획득
	La Barra	*** 만족	3.94	보유	획득

■ 출처: GC(2002), FEE(2002)

다가 해안의 1/4이 모래비치로 이루어져 있으며, 그 중 가장 긴 비치는 Sitges의 메인도 시센터(main urban centre)에 의해 보호되고 있다. Directive 92/43 EEC에 의해 밝혀진 바에 의하면, 그 해안은 유럽사회의 관심사로 분류된 카르스트지형으로 된 Garraf Massif 산맥의 식물군을 포함하여 다양한 생태적요소를 보존하고 있다. 해수품질이 좋아 해수욕에 적당하고 모든 비치들이 법령 76/169/CEE 기준을 준수하고 있어서, 6개의 비치가 환경교육재단의 Blue Flag를 받을 정도다〈표 2〉. 해안 감시보고서에 의하면 적어도 Sitges 비치들과 해안의 환경품질은 INCAS index에서 6점을 받아 '만족스럽다'로 평가되었다고 한다. 그래서 연안지역의 다양한 구성요소들의 품질은 전반적으로 별 다른 무리가 없는 것으로 판정하는 것이 적정하지만, 특히 비치와 모래의 품질 면에서는 여전히 개선의 여지가 남아 있다.

(2) 초목식물, 토지사용 그리고 동물군

카르스트지형인 Garraf Massif 산맥은 자연보호지역이다. 전체보호지역 중에서 27%(2.865 ha)가 Sitges의 경계선 내에 위치하고 있으며, 그 지자체의 지표면적의 65%에 해당된다. 이 때문에 Sitges는 환경보호에 관한 법률의 통과보장과 바르셀로나 공원 공사(Barcelona Park Authority)로부터 기술적, 재정적 지원 등 특별한 혜택을 받고 있다.

Massif에서는 석회지층과 건조기후 때문에 지표면에 운하가 존재하지 않으며, 이것은 메마른 관목지의 식물풍경과 빈번한 화재의 원인이 되기도 한다. 또한 Massif가 보

유하고 있는 식물군과 동물군의 높은 생태적 가치는 그것들의 보호지위에 타당성을 제
공하고 있다.

Sitiges 지자체 내에서는 소수의 농부들만이 여전히 그 곳에 거주하며 농사일을 하
고 있으며, 비록 많은 포도원들이 여전히 도시 남서쪽의 풍경을 지배하고 있지만 그들
은 주로 양, 염소 그리고 건지(乾地)농업에 관여하고 있다. 그리고 지역상품인 Malvasia
sweet 와인은 과거에 핵심경제상품이었지만 이제 주로 선물로 팔리고 있다.

2) 중요한 환경문제와 관광과의 관련성

관광부문에서 가장 중요한 환경문제라면 아마도 다음 두 가지 유형일 것이다. 첫째,
현재 또는 잠재적인 관광자원들(경관, 동물군, 식물군, 그리고 문화유산)과 도시와 농촌의 관
광환경(유동성, 환경적 유해)의 환경품질에 부정적인 영향을 초래하는 요인들, 그리고 둘
째는 관광기업 또는 관광시설물, 대수층(지하수를 내장한 침투성 지층)의 과잉개발 그리고
공공해안지역의 개인유용 등과 같은 관광행위와 직접적으로 관련되어 있는 환경영향
을 유발시키는 요인들이다.

분석을 위해 이러한 환경문제들은 핵심이슈를 바탕으로 도시계획과 관리, 지하수년
의 고갈, 해안침식, 비치관리, 자연위험, 자연보호지역과 지방의 접근성, 경제행위에 대
한 환경관리 등 7개 부문으로 분류될 수 있다.

(1) 도시계획과 관리

급격한 도시팽창기간 동안, 도심주변에 옛 모습이 그대로 남아있는 마지막 공간
을 보존하는 것은 매우 중요하다. 더불어 도시개발로 야기되는 주변의 가파른 경사면
에 대한 다양한 위반사례는 시각적 영향의 완화를 위해 관심을 가져야 할 필요가 있
다. 또한 도심내부에 있는 개방공간 그리고 보행자를 위한 포장도로와 횡단로의 부족
(Ajuntament de Sitges, 2001) 그리고 도심이나 비치로 가는 접근로에서 개인차량으로 인한
교통체증이 야기되고 있다.

(2) 지하수면의 고갈

대체로 지중해 연안지역에서 물은 매우 귀중한 자원이다. 하지만 여름철 관광목적의
대수층(帶水層)의 초과사용은 염도를 증가시키는 원인을 제공하고 있다. 따라서 비록

267

골프장에 폐수를 공급하여 재활용 할 수 있음에도 불구하고, 심지어 폐수처리 이후에도 높은 염도를 유지하고 있어 재활용을 어렵게 하거나 불가능하게 만들고 있다. 그래서 물 부족과 용수의 품질은 매우 난해한 문제가 된다.

(3) 해안침식

과거 50년에 걸친 스페인 해안의 심각한 변형은 해안역학(coastal dynamics)을 심각하게 방해하고 있으며, 해안침식이나 비치유실의 원인이 되고 있다. 또한 Sitges는 해안침식의 증가나 비치의 자연적 재생감소 때문에 어려움을 겪고 있는 많은 관광휴양지 중의 하나이며, 가끔 발생하는 폭풍의 영향으로 그 상황은 더욱 악화되고 있다. 폭풍은 비치뿐만 아니라 도시의 기반시설과 심지어는 개인가정에 까지도 악영향을 미치고 있으며, 동시에 비치의 인공적 재생은 심각한 부정적 환경영향을 야기하고 있다. 왜냐하면 비치를 위한 해저로부터의 모래굴착은 보호식물과 어장에 피해를 주기 때문이다 (Ros & Serra, 1996). 더불어, 경제적 비용 또한 매우 높다. Costa del Maresme에 대한 비(非)출간 리포트(Breton et al, 2000b)에 의하면 그 비용이 일의 양에 따라 다양함을 기술하였다. 예를 들면, 앞바다에서 추출된 모래를 비치에 옮기는 해안당국의 비용은 입방미터 당 3유로이다. 그러나 엔지니어링 회사가 무거운 기계장비를 가지고 모래의 상층과 비치를 수평으로 만드는 작업을 한다면 가격이 9유로로 상승하며, 심지어는 그 작업을 위한 사전조사와 모니터링이 필요할 때는 12유로까지 비싸진다. 문제는 자연환경의 변화뿐만 아니라 호텔, 바, 산책로와 같은 관광 부대시설과 기반시설들이 해안 가장자리를 점유함으로써 해안의 경관에 심각한 시각적 영향을 미친다는 것이다.

(4) 비치관리

Sitges 비치는 상대적으로 높은 품질을 유지하고 있는 것으로 조사되었다. 그러나 해안 감시(coastwatch) 보고서(Greenpeace, 1999)는 Sitges 비치의 고체폐기물에 의한 오염 평가에서 그렇게 썩 호의적이지 않게 설명하고 있다〈그림 12〉. 이 보고서는 비록 Sitges의 오염수치가 일반적으로 바르셀로나 지방의 평균과 비슷할지라도, Catalonia의 평균을 상회한다고 보고하고 있으며, 더욱이 배설물, 양철(통조림), 종이와 목재, 플라스틱, 위생제품, 폴리에스테르 섬유 그리고 유리와 같은 종류의 상황은 최악으로 파악하고 있다. 하지만 이 해안 감시(coast watch) 보고서의 작성이 비치의 유지보수가 좀

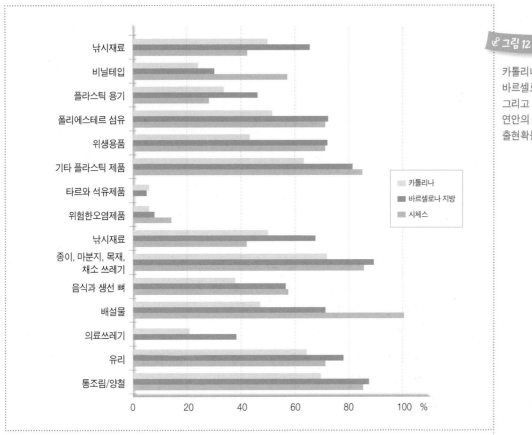

그림 12

카톨리나,
바르셀로나 지방
그리고 시체스
연안의 잔류물
출현확률

■ 출처: Greenpeace(1999)

처럼 발생하지 않고 고체 폐기물이 폭풍으로 해변에 밀려오는 비수기에 이행되었음을 주목해야 한다. 그러나 보고서 내용의 정확성에 관계없이 현장조사로 판단하건데, 이 지역은 개선의 여지가 있는 것이 분명하다. 더불어 지방당국의 비치 모니터링프로그램 (beach monitoring programme)은 주차장 쓰레기, 비치접근로와 비치경계지역에서 유발되고 있는 문제점, 모래속의 많은 담배꽁초, 그리고 비치위의 고체, 유체 잔류물의 문제 등을 강조하고 있다. 분명한 것은 그러한 문제들이 관광환경품질에 부정적인 영향을 미칠 뿐만 아니라 인간의 건강과 해양식물에도 위협이 될 수 있다는 것이다.

소중한 자연자원인 비치의 사용만으로도 문제는 야기될 수 있다. 그러한 경우가 바로 Sitges 해안의 북동한계에 위치하고 있는 Platja de les Botigues 이다. 이곳에서는

모래언덕이 'salicornia'와 같은 호염균과 사지간극생물의 성장을 촉진하는 소규모 습지들과 함께 존재하고 있다. 현재 비치의 접근은 어떠한 환경적 기준도 지켜지지 않고 있어 비치를 밟는 행위는 식물군의 훼손의 원인이 되고 있으며, 동시에 기계를 이용한 청소는 추가적인 모래언덕의 발달을 방해하고 있다.

(5) 자연재해

지중해 환경에 있어서 범람과 산불은 재난을 되풀이되게 하고 있다. 홍수로 인한 물질적 손해와 인간의 죽음은 종종 물길(river course)의 잘못된 관리의 결과로 발생한다. 현재 Sitges의 도시팽창은 예전에 아무런 제재 없이 비치로 유출되던 홍수의 흐름을 방해하고 있으며, 어떤 관광시설(캠프장, 골프장)들은 주변의 홍수가 흐르는 주변 지층을 관입하고 있다(Riera de Ribes).

산불과 관련하여, 자연지역접근에 대한 통제부족은 상황을 악화시키는 요소가 될 수 있으며, 그 불은 방문객들에게 심각한 위험이 되고 있다. 예를 들면, 가라프 자연보호지역(Garraf Nature Reserve)은 평균 10년마다 발생하는 화재로 Massif의 식물군과 동물군에 미치는 심각한 영향은 물론, 700ha까지 훼손되는 피해를 입고 있다. 화제통제를 위한 법적수단들이 이미 동원되고 있지만 심각한 화재손실을 피하기에는 불충분한 것으로 증명되었다.

(6) 시골의 자연지역에 대한 접근성

기본적인 화재통제시설도 없이 통제되지 않은 자연보호지역의 접근과 잦은 방문은 산불발생의 위험을 증가시키고 토양침식, 식물파괴, 그리고 쓰레기 축척문제를 야기한다.

(7) 경제적 행위의 환경관리

경제활동의 분야로는 호텔, 레스토랑과 바, 캠프장, 골프장, 그리고 3개의 마리나 등과 같은 도시의 관광시설들이 포함될 수 있다. 그러한 기업들은 물과 에너지 소비, 폐수처리, 고체 폐기물 생산과 처리, 대기방출, 그리고 소음 등 다양한 환경영향문제에 책임을 져야한다.

3) Sitges에서 대중 참여과정

Sitges에는 비록 출석률은 일정하지 않지만 전체 14개의 지역위원회들(Neighbourhood Committees)이 조직되어 있다. 토론의 이상적인 참가자 수는 8명에서 10명이 적절하며, 이는 참여를 독려하고 효율성을 보장하기 위해서다. 하지만 보다 많은 지역민이 참석했을 시에는 소규모 집단으로 나뉘어 토론이 진행되고 있다.

현상에 대한 인식차이에서 발생하는 갈등 또한 존재하고 있다. 대체로 사람들은 정원이 딸린 저밀도 연립형 타운 하우스 도시개발을 선호하지만, 반대로 기술전문가들은 동일한 주거용량의 고밀도아파트 블록의 건설이 지속가능성 파라미터를 준수하는데 훨씬 용이하다고 판단했으며, 그렇게 되면 대규모 친환경지역의 보호가 가능하게 됨으로써 보다 나은 기반시설과 서비스의 제공은 물론 물과 에너지소비의 축소가 가능하다고 생각하였다. 또한 해변시설에 대해서도 서로 다른 견해를 보이고 있다. 길고 넓은 해변산책로는 Sitges의 중요한 매력요인으로서 관광객과 지역주민들에 의해 선호되고 있지만, 기술전문가들은 이를 해안역학을 방해하는 문제요인으로 보고 있는 것이다.

위에서 묘사된 참여시스템의 틀 내에서, Sitges Towards Sustainability(STS) 시스템에 있는 관광부문의 대중 참여를 위한 주요수단은 해당 부문별 위원회이다. 관광부문의 대표자들은 숙박시설부문(호텔과 캠프장), 캐더링, 마리나 그리고 기타 관광유원지와 골프장과 같은 기반시설로부터 참여되고 있다. 지자체 대표자들은 도시계획, 행정, 지역문제, 환경과 비치 등 4개의 부서들과 이 중 3개 부서에 관련된 1개의 '관광 및 경제활성화' 사업부로 부터 참여된다.

4) 시행을 위한 전략적 목적과 제안

환경검토는 주요문제들과 문제의 원인들을 규명한 이후, 다음단계로 전략적 목표를 세우고, 이어서 이들 목표를 성취하기 위한 필수적인 조치들을 정의하는 것이다. 많은 자치단체에서는 관광 그리고 관광시설과 특별히 관련 있는 전략적 목표를 이미 정확히 수립하고 있다. 그리고 그 전략적 목표 달성을 위해 다양한 제안들이 만들어지고 있으며, 그것들은 직간접적으로 관련이 있는 3개의 지자체 행정구 분야에 따라 그룹화 되었다. 3개의 분야들로는 도시계획과 관리, 정부/내무/환경과 비치, 그리고 관광과 경제

표 3

Sitges의 환경관리를 위해 제안된 전략적 목표와 조치

분야	환경관련요인	주요 전략적 목표	주요 조치	현재상황
도시계획, 프로젝트, 공공사업과 공익사업	토지분류	지자체의 경관품질에 기여하는 자연지역보존을 보장	Colls-Miralpeix 해안 숲의 확보	1
			가라프 자연공원의 한계를 연장	1
			Malvasia와인생산을 위한 농업지역보호	1
	토지사용 범주	관광정책의 정의	미래 관광시설을 확인할 수 있도록 도시계획수정	1
			전략적 관광계획 작성	1
		주변경사면에 부도산 개발 공사의 제약과 밀도 축	도시계획수정	1
	시스템	유동성 패턴의 변화	고속도로 접속도로의 개선	2
			비동력 교통수단의 활용촉진	2
			주변의 새로운 주차장 네트워크 조성 (비치 접근성을 위해)	2
			새로운 도시공원 조성	2
		녹색공간확대	환경관리시스템 도입	1
		마리나와 항만의 환경개선	마리나에 EMAS의 도입	1
	건축과 건설	환경관리방안의 수립	예비시연(試演)모델정착 촉진	2
	유동성	공공교통서비스를 관광객의 욕구에 맞게 수정	관광객 유동성에 대한 연구의 수행	2
정부, 내부문제, 환경과 비치	지하수 자원의 추출	대수층(帶水層)의 과잉개발 금지	총 우물 수(數)를 조사하고 통제계획작성	2
	홍수	위험 최소화	공공용수로(路)의 경계표시	2
			하수배출장치의 변경	1
	해안침식과 비치관리	해안법의 엄격한 적용	해안가의 공용재산을 침해하는 빌딩철거	2
		연안해역의 품질과 비치품질의 개선	해안역학에 대한 연구와 친환경 모래재생시스템을 위한 제안 이행	1
			연안해역과 비치의 잔존물 수거수단 변경	
	교외접근성	자동차 접근의 제한과 보행 및 자전거의 접근장려	통행권 목록의 작성	2
			도로표지가 표시되어 있는 트레일 네트워크의 개발	2
			자동차 접근 규제	
	Les Botigues 비치의 이용과 접근성	자연적 비치 역학의 작동을 촉진할 수 있는 수단구축	접근성 조정, 보호 식물와 사구지 역 규정, 환경교육시설 설치	2
관광 그리고 경제촉진	경제활동의 환경성과	관광부문의 환경관리방안 도입	호텔, 야영장, 마리나, 항만, 골프장 등에 에코라벨과 환경관리시스템 도입	1
		추가적인 화재통제 법의 도입	부동산 개발에 대한 자기방어계획의 채택	2

※ 1 = 현재 이행되고 있음, 2 = 계획 중

■ 출처: 저자작성

활성화 등이며, 각 분야와 관련된 환경요인(environmental aspect), 설정된 목표(objectives)와 필요한 조치(actions)들 그리고 맨 마지막 칼럼은 각 조치들의 이미 이행여부를 보여주고 있다〈표 3〉.

(1) 도시계획과 관리

주요관심사는 접근성과 유동성 문제를 유발시킬 수 있는 주변지역의 잠재적 침해위험과 고밀도 도시건설로 인한 급격한 도시성장이다. 이런 상황에서 가장 선행되어야 할 2가지는 주요도심의 주변지역의 품질을 보장하게 될 Colls-Miralpeix 해안의 숲을 보호하는 일 그리고 도시주변지역으로 가라프 자연보호지역(Garraf Nature Reserve)의 한계를 연장시키는 일을 보장하는 것이다. 도시계획방법은 반드시 평원지역의 와인생산 가능성을 향상시키는 방향으로 진행되어야 하는데, 그것은 높은 상징성과 문화적 가치를 가진 Malvasia 와인의 생산을 유지함과 더불어 아름다운 경관혜택을 제공하기 때문이다.

더불어 주변의 가파른 경사지역에서의 도시개발로 초래되는 시각적 영향을 완화시키는 수단들이 요구되며, 또한 녹색 공간의 지정을 확대하고 계획된 밀도수준으로 줄이는 것이 필요하다. 이러한 문제점들은 이미 확인되어 관련 조치들이 현행 도시개발계획 개정안에 포함되어 있으며, 그 관련 조치들은 소수의 개방 공간의 창출과 의사소통 망에 대한 실질적인 수정안 등으로 이행되고 있다. 새로운 횡단간선도로(Parc를 경유하는)는 내부유동성을 위한 대안적인 노선을 제공하고 도심과 기존의 산책로가 연장되어질 주변지역과 연결될 것이다〈그림 9〉. 그리고 시가지내에서는 자전거 이용자와 보행자의 욕구충족을 위해서 보다 많은 관심이 모아질 것이다.

또한 관광을 위한 상세한 개발계획과 지속가능성 목표가 반드시 필요하다. 이 목표들은 개정된 도시계획에서 향후 호텔과 기타 관광시설계획을 위한 토지배치 때, 반드시 주목되어야 하는 것들이다. 더불어 호텔부문은 현재 자신만의 전략적 계획을 개발하고 있으며, 그리고 이 제안들이 그 계획에 포함되도록 고려되어 질 것이다. 이런 식으로, 공공부문과 민간부문은 Sitges의 미래 관광구조를 정의하기 위해 함께 협력할 수 있다.

(2) 정부, 지역문제, 환경 그리고 비치

지하수면의 고갈은 주요 관심사 중의 하나로 거론되어 왔다. 따라서 기존의 많은 우물을 대상으로 전수조사를 수행하고 통제계획을 세우는 것이 꼭 필요할 것으로 보인다. 비록 그것의 성공이 주로 관광부문과 기타 민간부문의 협조에 달려있을 지라도 말이다. 현재 진행되고 있는 오물처리시스템에 대한 수정으로 도심에서 발생하는 관련문제점이 극복될 것으로 기대되고 있지만, 그것은 또한 Riera de Ribas 강을 따라 입지되어 있는 공공 프라퍼티와 민간 프라퍼티 사이의 보다 분명한 경계구분을 위해서라도 반드시 필요할 것이다.

해안과 비치지역은 관광 상품의 필수적인 구성요소로서 그것들의 관리는 다른 무엇보다도 우선되어야 함으로 비치의 장기적인 지속가능성을 위한 보호전략의 수립이 반드시 이행되어야 한다. 하지만 현재의 심각한 문제점들이 단순히 단기적인 특별조치를 통해 해결되고 있다. 따라서 과거에는 언제나 엄격하게 집행되지 않았던 1988년 Coast Act(Ley de Costas)를 준수함으로써 위험지역에 있는 건물들을 철거하여 즉각적인 개선이 이루어진다는 것이다. 한편, 비치관리의 문제점을 해결하기 위한 노력의 일환으로, Sitges 지자체는 부유쓰레기를 모으기 위한 배를 취득하여, 운영첫해인 2000년 한 해 동안의 고체폐기물 수거에 대한 보고서를 제출하였는데(Ajuntament de Sitges, 2000), 그 문제의 심각성을 확인할 수 있었다. 왜냐하면, 6월 중순부터 9월 말까지의 관광성수기 동안에만 2톤이나 되는 잔유물이 수거되었기 때문이다.

Platja de les Botigues는 소중한 자연자원이 위치하고 있는 유일한 비치지역으로 인식되어왔다. 이 비치의 폭은 상당히 넓기 때문에 여가활용과 더불어 자연잠재력(natural potential)의 보존이 가능하며, 복원계획의 설계와 이행, 접근통제 그리고 환경교육 등은 비치의 활용가능성 및 자원보호에도 기여하게 될 것이다. 그리고 자연보호지역과 시골지역의 접근성에 대한 중요한 제안(조치)은 자동차의 접근을 제한하고 보행자와 자전거의 접근을 촉진하기 위한 것이다. 이 제안의 이행을 위해서는 무엇보다도 기존의 공공도로와 개인도로에 대한 상황파악을 필요로 하며, 자연지역의 개발과 이용계획에 대한 설계를 위한 것으로서 자동차의 접근을 제한하고 자전거 이용자와 보행자를 위해 표식 된 트레일 네트워크를 만드는 대안적 방식을 장려함으로서 수행될 수 있다. 또한 이 계획은 비록 고위험지역에 입지하고 있는 프라퍼티들에게 자기보호계획을 요구할지 몰라도 화재위험통제에는 부차적인 기여가 가능할 것이다.

(3) 관광과 경제 활성화

경제활동과 관련된 환경관리를 위한 기본적인 목표는 훌륭한 환경관리 수행방법을 이식(移植)하여 모니터하는 것이다. 부연하면, 기업이나 시설물들은 관광부문에 의해 야기되는 환경영향을 통제하기 위해서 환경안전라벨과 환경관리시스템의 채택을 선호하고 있다는 것이다(UNEP, 1999). 여기 카탈로니아 지방정부(Catalan Government)는 호텔, 캠핑장, 그리고 지방숙박시설을 위해 환경안전라벨(eco-labels)을 자체적으로 창안하였으며, 지금까지 Sitges에 있는 3개 야영지(전체수용력의 22.5%) 중의 하나는 관련인증을 획득하였고 한 개의 호텔이 ISO14001과 EMAS 인증 둘 모두를 취득하였다. 그리고 또 다른 한 호텔은 EMAS 인증만을 받았다. 더불어 2개의 호텔들이 그것을 이행하는 과정을 시작했지만 추가적인 확대가 요구되고 있다. 왜냐하면 이것은 Sitges에 있는 32개 호텔들과 13개의 게스트하우스에 비하면 수적으로 낮은 비율을 의미하고 있기 때문이다. 그럼에도 불구하고 그 과정은 원래 규모와 서비스 품질 면에 있어서 수준 높은 숙박시설에 초점이 맞추어져 있었기 때문에 위의 4개의 호텔들이 총 숙박수용력의 24.5%를 차지하고 있는 셈이다.

Sitges 지자체 내에 있는 3개의 마리나는 이미 Blue-Flag 환경안전라벨을 인증 받았다. 왜냐하면 비록 EMAS와 같은 보다 효과적인 수단을 정착시키도록 권고되었지만 마리나에 적용되는 이 라벨의 환경기준이 매우 낮았기 때문이었다. 실제로 그 마리나들 중의 한 개는 EMAS와 ISO 14001 인증을 획득하기 위해 필요한 절차를 밟기 시작했다. 최근 카탈로니아의 골프장에 도입된 환경관리계획은 그 지역골프장에 EMAS 또는 'Committed to Green'과 같은 다른 환경관리평가기구의 도입을 촉진하는 것이다.

9 결 론

Sitges는 현재 고품격 관광휴양지라는 대중의 인식에 기여하는 최적의 매력요소들을 잃지 않은 채 바르셀로나 대도시권으로 Sitges의 도시개발과 기능의 통합을 완성해 가고 있다. 그럼에도 불구하고 Sitges는 많은 성숙된 목적지들, 특히 지중해 지역에 있는

관광목적지들이 직면하고 있는 환경, 사회 그리고 경제적 문제점들을 내포하고 있는 것도 분명하다. 그리고 비록 Sitges가 세계 최고의 비치들을 따라 펼쳐진 아름다운 도시해안길과 더불어 잘 조화된 건축과 문화유산의 도시로 유명하지만 도심환경 역시 많은 자연적, 경관적 가치를 지니고 있다. 그것들의 고유 가치는 바르셀로나 대도시권내에 있기에 더욱 대단하며, 더욱이 Sitges 주변의 자연유산은 관광목적지로서의 재(再)적응과 상품의 개선에 중요한 기여를 해야 하는 고품질의 관광자원의 구성요소이기 때문에 높은 부가가치를 지니고 있다.

이러한 맥락에서, STS 프로그램은 일반적인 도시시스템과 특별한 관광목적지에 환경기준을 적용시키는 어려움에 대해 EMAS와 LA21을 결합시킴으로써 혁신적인 접근방법을 보여주고 있다. 관광부문과 관련하여 EMAS와 LA21이 결합된 시스템의 채택은 그 부문에 영향을 미치고 있는 주요 환경문제들에 대한 개선을 유도해야만 하는데, 아마도 가장 중요한 제안들로는 첫째, 특히 유동성 패턴에 있어서, 지속가능성 지표의 도입목적이 반영된 도시계획의 개정 둘째, 환경안전라벨과 환경관리시스템의 도입을 통해 관광기업과 시설의 관리에 있어서 환경기준의 채택 셋째, 훼손되기 쉬운 자연보호지역의 접근통제 넷째, 해안선에 위치하고 있는 공공장소에 악영향을 미치는 관광관련건물들의 철거 등으로 요약될 수 있을 것이다. 직면하고 있는

한편, 비록 그 프로젝트가 열렬한 열정을 가지고 참여하는 대다수 대중의 관심을 끌고 있는 것은 사실이지만, 현시점에서 참여과정의 실질적인 효율성에 대해 대중의 회의(懷疑)라는 가장 큰 어려움에 봉착해 있다. 왜냐하면, 그들은 그들의 제안이 실행됨에 있어서 근본적으로 지자체의 능력과 의지를 불신하고 있기 때문이다. 그럼에도 불구하고 STS 프로젝트가 일부 지역정부와 사회에서 지속가능성을 지지하는 성명서인 것만은 분명할 것이다. 또한 개발모델을 재 정의하고 재정립하는 기회가 될 것이다. 더욱이 환경과 목적지 이미지 사이에 직접적인 관련성이 존재한다고 가정한다면, 세계적인 환경안전라벨(여기에서는 EMAS 인증을 받는 것)을 확보하는 것은 아마도 관광시장에 의해 적절하게 평가되고, 존중될 일이 될 것이다.

또한 최초의 단계인 환경검토결과를 환경관리시스템에 적용하는 일은 환경요인의 분석과정을 통해 환경영향과 지자체 행정사이의 관계성확립을 가능하게 하며, 결국에는 목적지환경의 개발방향과 정도에 대해 보다 전반적이고 통합된 이해를 제공하게 될 것이다. 그렇게 되면 환경의 개발방향과 정도를 사회적, 경제적 맥락에서 바라볼 수 있

게 된다는 것이다. 동시에 그 절차가 환경영향과 관광행위 사이에 존재하고 있는 어떤 교차점을 밝혀낼 수도 있을 것이다. LA 21과 환경관리시스템들이 공유하고 있는 선행 조건인 개방적이고 참여지향적과정의 본질은 환경프로그램의 설계와 적용에 있어서 관광부문의 통합을 가능하게 한다. 그러나 초기단계에서 그 프로그램의 성공여부를 평가하는 일은 불가능하며, 그것이 이행된 이후 몇 년이 지나야만 가능할 것이다.

12

그리스 호텔부문의
환경기구: 'Green Flags'
프로젝트 사례연구

해양관광 개발계획 coastal mass tourism

12

그리스 호텔부문의 환경기구:
'Green Flags' 프로젝트 사례연구

Artemios Chatziathanassiou,
Daphne Mavrogiorgos and Konstantinos Sioulas
Centre for Renewable Energy Sources in Greece

1 서 론

지속가능한 개발을 위한 지중해위원회(Mediterranean Commission for Sustainable Development(MCSD))에 따르면, 1990년 지중해 해안지역을 방문한 135 million 명의 방문객들이 2025년까지 235million-350million 명으로 증가할 것으로 추정되었다. 관광은 그리스와 같은 대부분의 지중해연안 국가들의 중요한 경제부문이지만 부정적 환경영향의 주범이 되고 있는 것도 사실이다. 그리스는 관광객 수에 있어서 전 세계의 관광목적지들 중에서 15번째로 랭크되어 있는 국가로서(WTO, 2001) 방문객이 12.6million

명에 이르고 있으며, 관광산업을 가장 역동적이고 생산적인 국가경제부문의 하나로 인식하고 있다. 특히 관광은 국내총생산의 7%에 해당되는 US$9.2million(2000)의 매출을 발생시켰으며, 전체노동력의 약 10%의 일자리를 공급하고 있다(Greek National Tourism Organization, 2001). 비록 이러한 관광의 역동성이 중요하긴 하지만 경쟁적 차원에서 보면, 지난 20여 년 동안 진행되어온 급격한 개발은 환경에 불가피한 결과를 초래하게 되었다(Golphi et al., 1994).

관광의 궁극적인 목적이 자연환경과 인조환경 조화 속에서 고품질 서비스를 제공하는데 있지만, 반면에 그것의 역동성은 가장 큰 환경적 위험을 보유하고 있는 부문중의 하나로 인식시키고 있다. 오늘날 관광의 계절적 편중, 특정지역에 집중된 방문객과 기반시설의 불균형, 그리고 지속적으로 증가하고 있는 개발 등으로 획득된 대중관광의 지배력은 지중해 연안에 위치하고 있는 그리스와 그 밖의 나라들의 자연자원, 사회자원 그리고 문화자원의 훼손원인이 되고 있다는 사실은 이미 잘 알려져 있을 것이다.

지속가능성의 컨셉이 바로 이러한 상황에 대응하여 적용되었던 것이다. 비록 관광부문이 Local Agenda 21(Earth Summit, 1992)에 포함되지는 않았지만 관광산업에서 인식되고 있는 지속가능성의 중요성은 국제관광위원회(World Travel and Tourism Council), 세계 관광기구(World Tourism Organization) 그리고 유럽이사회(Earth Council) 등으로 하여금 1997년에 'Agenda 21 for the Travel and Tourism Industry'의 공식화를 선포하게 만들었던 것이다. 이것은 의사결정에 있어서 지속가능한 개발의 중요성을 포함시키는 시스템과 절차를 확립함으로써 지속가능한 관광을 실현하기 위한 필요조치들의 규명을 목적으로 함과 동시에 정부, 국가관광기구들 그리고 대표적인 통상조직들의 책임감을 담고 있는 하나의 시행 안이었다(WTTC et al., 1997).

2 호텔부문의 환경기구

다른 어떤 생산부문보다 생산성이 높은 관광은 주로 환경과 고품질 서비스의 유지를 기반으로 하고 있으며, 이를 위한 다양한 수단들이 관광산업의 지속가능성을 성취하기

위해 활용되고 있다. 예를 들면 호텔관련수단들로는 아마도 규정, 경제적 수단, 호텔리어의 동기부여를 위한 보조금 그리고 국제표준화기구(ISO), 환경관리 및 감사체계(Eco-Management and Audit Schmes: EMAS)와 친환경라벨기구들(eco-label schemes) 같은 자발적인 방법들이 포함될 수 있다(UNEP, 1998).

자발적인 방법은 국제호텔 외식경영교육협회(Hotel Catering & Institutional Management Association), 국제관광위원회(World Travel and Tourism Council) 그리고 국제연합환경계획(United Nations Environmental Programme) 등과 같은 다양한 국내·외 단체들에 의해 발전되었다. 1990년대 초에 출현한 이 단체들의 목적은 환대산업에서 환경정책이행과 관련된 문제의 인식을 고양(高揚)시키는데 있었으며(Kirk, 1995), 그 의도는 다양한 이해관계자들에게 견실한 환경정책과 관리시스템을 인지시켜(Goodall & Stabler, 1997) 기업관행과 태도를 변화시킴으로써 호텔경영에 대한 환경적 위험을 감소시키고자 했던 것이다(IHRA & UNEP, 1996; IHEL, 1996). 이들의 접근방식은 주로 보다 적은 자원, 적은 원자재, 적은 에너지, 적은 쓰레기와 오염 등을 지향함으로써 지속적으로 보다 많은 부를 창출하는 방법들에 관심을 갖고 있었다(Iwanowski & Rushmore, 1994).

ISO 14001과 EMAS와 같은 국제기구들은 경영 또는 기술적 실행을 통한 환경정책의 이행과 더불어 호텔이 수행하고 있는 환경정책의 존재를 증명하는 환경경영시스템(Environmental Management System: EMS)으로의 발전을 추구하고 있으며, 그 EMS의 궁극적인 목적은 지속적으로 호텔의 환경성과(environmental performance)를 개선하는 것이다(Hillary, 1994; Kirk, 1995).

친환경라벨기구(Eco-label scheme)는 높은 수준의 환경기준에 도달하기 위한 가장 비전 있는 자발적 접근방법 중의 하나로서 호텔과 같은 중소기업들이 선호하고 있다(UNEP, 1998). 이 친환경라벨은 환경영향의 억제와 완화를 위한 최고의 기술적 해결방안을 채택하고 있다는 점이 EMS 기구와 다른 점 일 수 있지만, 친환경라벨과 EMS는 상호 동시에 적용될 수 있기 때문에 서로 배태적인 경쟁관계에 있다고 말할 수는 없다.

숙박시설부문에서 사용되는 친환경라벨기구들은 지구촌 전 지역에서 개발되고 있으며, 대략 그것들 중의 20개는 유럽 전 지역에 걸쳐 지역, 국가, 지자체차원에서 사용되고 있다(Hamele, 2001). 유럽연합 회권국가들 사이에서 친환경라벨은 대체로 현실적 수준에서 관광기업들이 개선된 환경방안의 현실화를 가속화하고 환경성과의 효율적 관리와 모니터링이 수행 되어야 하는 시점을 결정하도록 지원하고 있다(CREM & CH21-

HILL, 2000). 그러한 기구들의 사례로는 the Emblem of Guarantee of Environment Quality(spain), The environmental Seal of Quality in Tyrol and South Tyrol(Italy and Austria), the Gites Panda(France), 그리고 the Blue Flag Campaign(EU)(Font et al., 2001) 등이 있다. 비록 이것들은 최소의 환경훼손만으로 상품의 시장침투를 요구하는 사회적 수요를 충족시키기 위해 취해진 수단이었지만, 2000년도에 유럽공동체위원회(European Commission)는 친환경라벨수여시스템(Eco-labelling award system)(880/91/EEC)을 위한 새로운 규정을 채택함으로써 이전의 규정을 수정하게 되었다. 현행 규정에 의하면 유럽공동체위원회의 목적은 어떠한 형태의 경제행위를 막론하고 그리고 특히 호텔과 같은 서비스부문에 이용될 수 있는 친환경라벨시스템을 유럽 전역에 적용하는 것이다.

3 그리스의 환경기구

지속가능한 개발의 실질적인 촉진을 위한 많은 기구들이 국제수준에서 뿐만 아니라 유럽연합 내에서도 출현하고 있다. 하지만 유럽과 더불어 세계적으로 광범위한 인정을 받고 있는 몇몇 경우를 제외하고 그리스에서 이러한 환경프로그램의 실질적인 적용 사례는 소수에 불과하다. 왜냐하면 개선 가능한 수단을 적용하여 환경문제를 해결하려는 호텔리어들의 적극적인 노력이 부족했기 때문이었다(Stylianopoulou, 1998). 더불어 섬 지역의 공공부문은 지속가능성의 실행을 촉진하거나 지지하지 않았으며, 그리고 산업을 지배하고 있는 소규모 관광기업들이 종종 관광경영과 마케팅에 대한 불충분한 이해와 그들이 취한 조치에 대해 장기적인 영향을 평가하지 못하였기 때문이다(Buhalis & Diamantis, 2001).

Grecotel은 그리스에서 주로 휴양지 호텔의 환경적 경영을 호텔의 기업철학에 반영한 선도적인 호텔 체인이다. 이 호텔은 모범적인 관광기업으로 언급되고 있으며, '친환경전략(green strategy)'을 공식화하여 동일분야의 관광산업으로부터 1997, 1998 그리고 1999년에 'the Umwelt Champion Award by the TUI Group' 같은 국제적인 상을 수상하기도 하였다. Grecotel의 환경관리프로그램은 쓰레기관리, 물과 에너지 절약, 오염

통제와 구매정책 분야를 위한 시행과 방법들을 포함하고 있으며, 2000년 3월에 Maris Hotels group인 Candia Maris는 Hellenic Standards Organization(ELOT)에 의해 ISO 14001 경영이 인증된 지중해 연안에 있는 3개 호텔 중의 하나였다. 오늘날 그 Maris 체인은 유럽의 모든 체인호텔들이 ISO 14001 경영시스템을 이행하고 있는 유일한 3대 호텔체인 중의 하나이다(Falirea, 2001).

1996년 그리스 북부에 위치한 Chalkidiki 반도에 있는 많은 호텔들은 EMAS를 이행하기 위한 하나의 시험프로젝트를 Chalkidiki 호텔리어 조합의 후원으로 실행하게 되었다. 시험프로젝트의 주요목적은 관광업계에서 환경경영시스템(EMS) 확립을 위해 EMAS의 규정이 이용될 수 있도록 EMAS 규정(1836/93)을 수정하는 것이었다. 첫 단계로 Chalkidiki 반도에 있는 호텔 중 자발적으로 지원한 7개의 호텔을 대상으로 환경검토(environment review)가 수행되어 그들의 환경성과(environmental performance)가 평가되었다. 이 검토결과에 따르면, 일부호텔들이 비록 적절한 계획과 체계가 결여되어 있었지만 부정적 환경영향을 줄이기 위한 개별적인 조치들을 취하고 있는 것으로 나타났으며(Christophoridis et al., 2000), 그 프로젝트의 일부로서 개발되었던 분석적 방법에 따른 평가에 의하면 모든 호텔들이 중간정도의 환경성과를 달성하고 있는 것으로 파악되었다. 또한 이 프로젝트는 많은 호텔들이 EMAS의 이행을 위한 가이드라인을 공표하도록 만들었다. 이 프로젝트에 참여한 호텔들(Virginia) 중 한 호텔은 1998년도에 자신의 환경보고서를 인정했던 독립된 공인감사관에 의해 감사된 EMS를 보유하게 되었으며, 이 호텔은 유럽연합 회권국가들 중에서 EMAS에 입각하여 인증된 30객실을 보유한 최초의 소규모 호텔이었다.

4 신규호텔을 위한 'Green Flags' 프로젝트

신규호텔을 위한 'Green Flags' 프로젝트, ENV/F 000338은 26개월 동안 유럽공동체 위원회(European Commission)의 the LIFE1998 프로그램의 틀 내에서 수행되었다. 주요목적은 'Green Flag' 환경라벨을 받기 위해 신규호텔에 반드시 적용되어야 하는 환경지표를 결정하는 것이었다.

세계에서 가장 유명한 관광목적지로 인식된 많은 유럽연합 회원 국가들로부터 6개의 파트너들이 그 프로젝트에 참여하였으며, 그 파트너들은 ADEME(France-the project co-ordinator), ICAEN(Spain), SOFTECH(Italy), ARCS(Austria), IER(Germany) 그리고 CRES(Greece) 등이었다. 그리고 그 프로젝트의 목적달성을 위해 관광기반시설의 변화, 호텔리어들의 태도와 경험, 호텔과 관련한 친환경라벨의 개발, 그리고 관광부문의 정책적 우선순위 등을 포함하고 있는 각 나라 호텔부문의 특성이 고려되었다.

다음의 논의는 프로젝트 진행방법, 그 방법의 적용을 위해 취해진 조치 그리고 그리스 사례를 바탕으로 조치에 대한 결과 등을 설명하고 있다. 그리고 그 프로젝트는 6개 국가의 호텔부문에 환경라벨의 적용가능성을 평가하였다.

5 연구방법

'Green Flags' 프로젝트의 주요목적은 여섯 개의 파트너들이 이미 유럽호텔들을 위해 개발되었던 친환경라벨의 철학과 관련된 Pan-European Environment Label Scheme에 합의하는 것이었으며, 그 파트너들에 의해 적용한 방법은 다음의 단계들로 구성되었다(ADEME, 2001a):

- 호텔경영으로 유발되는 환경영향을 최소화하기 위한 기술적, 관리적 필요조건의 결정
- 6개 국가들의 호텔속성을 바탕으로, 수여기준(award criteria)으로 정의된 필요조건에 대한 공식화
- 기존호텔들의 환경검토를 통해 그 라벨시스템 수여기준의 적용가능성에 대한 검토

전형적인 호텔경영의 환경적 업그레이드를 위하여 CRES(Greece)가 시행한 방법은 다음의 단계들로 구성되었다.

- 고객접촉분야(front), 지원 분야(back), 주변 분야(surrounding areas) 같은 다양한 부문들과 그것들의 레이아웃〈그림 1〉을 바탕으로 호텔영업을 경험한다.
- 〈그림 2〉에서 나타난 각 분야와 영업을 통해 초래된 쓰레기, 더위, 소음 등 환경영향을 밝히고, 그러한 환경영향을 최소화하기 위한 기술적, 경영적 필요조건의 형태로 적절한 환경수단의 결정.
- 앞서 언급된 환경필요조건과 최종적인 'Green Flags'의 수여기준을 정의하기 위하여 환경 분야별(쓰레기, 에너지, 물, 대기방출, 그리고 상품구매)로 그룹화 된 질문지 작성.

이와 같은 방법은 호텔부문과 환경보호문제에 있어서 관련 경험을 보유하고 있는 그리스 국가 실무단(Greek National Working Group)에 의해 지원되었다. 이 그룹의 구성원들은 '친환경라벨 수여를 위한 합법적인 국가기관(National Competent Body for Eco-

그림 1

일반적인 호텔의
부문들 그리고
서비스 및
환경분야의 배치

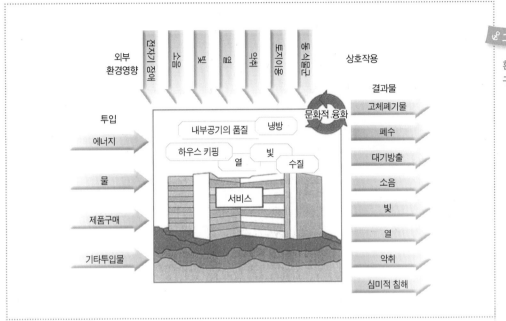

그림 2

환경관련요인들의
구조(ADEME, 2001b)

labelling(ASAOS))', 'the Greek National Tourism Organization(GNTO)', 호텔그룹의 환경전문가들, 그리고 EMS에 대해 사전경험이 있는 개인기업 등으로 구성되었다.

Spittler과 & Haak(2001)은 친환경라벨의 품질과 잠재관광객이 인지하는 품질에 대한 지각은 이행되어야 하는 지표(criteria)의 수와 인증을 받기 위해 필요한 각 지표의 점수에 달려있다고 언급하였다. 그리고 그 지표들은 높은 품질수준으로 설정되어야할 뿐만 아니라 그것들의 현실성과 적용가능성이 반드시 검토되어야 한다. 결정된 일련의 지표들의 적용가능성에 대한 이러한 검증(verification)은 호텔들의 환경검토를 통해 확인되었으며, 관광 상품의 잠재적 특성과 선택된 환경지표를 준수할 수 있는 호텔의 능력을 밝히기 위한 것이었다.

예비환경검토는 4개의 제한된 수의 호텔현장에서 조사된 설문들을 포함하였으며, 설문지의 내용은 선택된 환경지표를 기초로 하였으며, 11개의 주제(일반적인 이슈, 폐기물, 유해 폐기물, 에너지, 물, 폐수, 대기방출, 소음과 구매정책)와 124개의 문항으로 구성되었다. 질문형식은 예/아니오, 그리고 매년 에너지 소비량과 같은 정량적 문항, 때때로 설명과 보충을 위한 개방형 등으로 구성되었다.

그림3

표본호텔의
지리적 분포

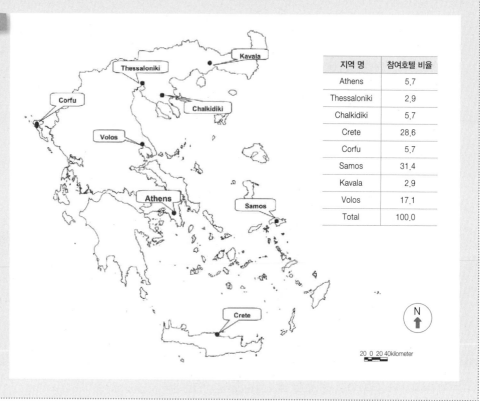

지역 명	참여호텔 비율
Athens	5.7
Thessaloniki	2.9
Chalkidiki	5.7
Crete	28.6
Corfu	5.7
Samos	31.4
Kavala	2.9
Volos	17.1
Total	100.0

표 1

환경검토에
참여한
호텔과 특징

특징		호텔 수(數)	합계
위치	본토	12	35
	섬	23	
한계침대수용량	< 99	9	35
	100−499	19	
	>500	7	
등급(GNTO에 따른)	Luxury	3	35
	A	14	
	B+C	18	
영업시기	계절적	10	35
	연중	25	

최종환경검토는 23개의 섬 호텔, 12개의 육지호텔에서 수행되었으며, 이것은 Samos, Crete, Corfu, Athens, Thessalonia 그리고 Kavala 등을 포함하여 그리스 전체의 많은 관광지에서 수행되었다〈그림 3〉. 그 호텔들은 등급, 지리적 위치, 침대수용력(bed capacity) 그리고 영업기간(계절적 또는 년 중) 등과 같은 기준들을 고려하여 호텔부문의 대표성이 확보될 수 있도록 선정되었다〈표 1〉. 설문조사는 2000년 여름에 호텔오너(주로 100객실의 소규모 호텔) 또는 이사들을 대상으로 평균 90분에서 120분간 인터뷰 방식으로 진행되었다.

6 환경검토결과

호텔샘플(35개)만을 대상으로 환경검토가 수행된 결과, 이 호텔들은 저수준의 친환경경영을 하고 있었으며, 그것은 관광목적지에 있는 기존의 기반시설, 지리적 위치 그리고 호텔리어들의 환경에 대한 인식 등과 관련된 내용들이었다. 그리고 그러한 결과는 라벨링 수여를 위해 사용된 기준리스트(criteria list)를 만드는 원천되었다.

호텔들은 호텔경영으로 야기되는 환경영향에 대응할 때 가능한 한 저 비용방법을 적용하고자 하는 경향을 보였으며, 이것은 〈그림 4〉에서도 잘 나타나 있다. 즉 육지에 있는 호텔에서, 에너지절약전구(energy saving light bulbs: E2), 에너지 소비가 적은 가전제품(low energy consuming appliances: E5), 그리고 이중유리(double glazed windows: E4)와 같은 단순한 에너지절약기술들이 에너지절약시스템(예를 들면, 중앙냉난방식(central heating/cooling), 마그네틱 카드(magnetic cards), 빌딩에너지 관리시스템(building energy management systems: E3))과 재생에너지 자원의 활용(renewable energy sources: E6) 등과 같은 보다 선진화된 방법들보다 선호되고 있었다. 섬에 입지해 있는 호텔들은 때때로, 특히 주요영업기간인 여름시즌에 전원부족을 겪을 수 있기 때문에 본토에 있는 호텔들보다 에너지절약기술이나 재생에너지 같은 과학기술을 적용하도록 기대될 수 있을 것이다. 그 설문조사는 섬 호텔들이 육지호텔들보다 5개의 지표들 중에서 3개의 지표들(E2, E5, E6)에 있어서 높게 조사되었음을 설명 해주고 있다. 특히 물을 데우기 위해 사용하는 태양에너지

그림 4

표본호텔의
에너지
절약기술과
재생에너지

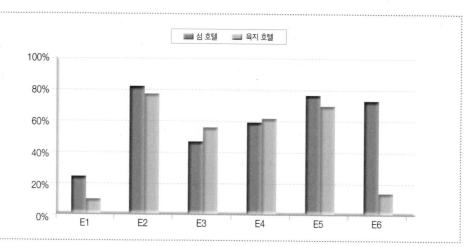

※ 주의: E1=자체전기소비량측정, E2=에너지 절약 전구, E3=에너지 절약 시스템(예 마그네틱 카드, 중앙에너지 시스템),
E4=이중유리, E5=저소비 에너지 가전제품의 사용, E6=재생에너지자원

그림 5

표본호텔의
물 관리

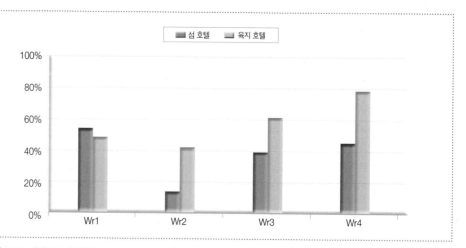

※ 주의: Wr1=자체물소비량측정, Wr2=물 절약기술(예 혼합밸브, 배터리, 조절된 물탱크),
Wr3=수영장가 빗물을 위한 재활용 시스템, Wr4=자동화 관개시스템

와 관련한 재생에너지 자원의 활용에 있어서 본토보다 큰 차이로 우위를 보이고 있었
다. 이는 섬 호텔리어들이 주로 여름시즌에 한정된 영업기간으로 달성될 수 있는 재정
절감효과가 그리 크지 않았기 때문에 기술적으로 정교한 에너지절약시스템(E3)의 적
용을 꺼려했던 것이며, 또한 이중유리 같은 경우에(E4)는 정보의 부재로 그 효과는 기
대할 수 없었기 때문이었다.

해양관광 개발계획 coastal mass tourism

〈그림 4〉는 대부분의 호텔들이 그들의 환경 분야를 조직적으로 모니터하지 않았음을 보여주고 있었으며 자체에너지소비(E1)에 대한 측정 또한, 단지 소수의 호텔에서만 이행되고 있었음을 보여주고 있다. 그리고 〈그림 5〉는 거의 절반에 가까운 호텔리어들이 그들의 물 소비수준(water consumption levels: Wr1)을 인지하지 못하고 있었다는 것을 보여주고 있다. 물 관리는 종종 신선한 물 공급문제가 발생하는 섬 호텔에 있어서 분명, 가장 중요한 문제임에도 불구하고, 그 설문조사는 주로 육지호텔들만이 물 절약방법(water saving techniques: Wr2), 재활용 시스템(recycling systems for swimming pools and rainwater: Wr3) 그리고 자동화된 관개시스템(automated systems for irrigation: Wr4) 등을 이용하고 있음을 반영하고 있다.

대도시 중심에서 멀리 위치한 호텔들일수록 폐기물 관리와 같은 환경에 부정적 영향을 미치는 요인을 처리하기 위한 기반시설이 부족하였다. 〈그림 6〉은 섬 지자체의 고체폐기물의 비효율적인 분리(W1)와 육지호텔들보다 낮은 고체폐기물 수거율을 보여주고 있다. 또한 섬 호텔 경우, 음식물 지꺼기나 잔유물 등이 두엄과 같은 유용한 물질임에도 불구하고 그것들의 수거율은 육지호텔에 비해 저조하였다(W2). 그리고 유독성폐기물(W3)과 화학폐기물(W4)의 관리 역시 매우 저조하였으며, 심지어 섬 호텔들은 독성폐기물을 전혀 관리하지 않고 있었다.

구매정책과 관련된 〈그림 7, 8〉를 보면 친환경 자재들의 이용이 거의 없었음을 추정할 수 있다. 〈그림 7〉에서 볼 수 있는 친환경배달음식(ecological food in catering: Pp1), 친환경 복

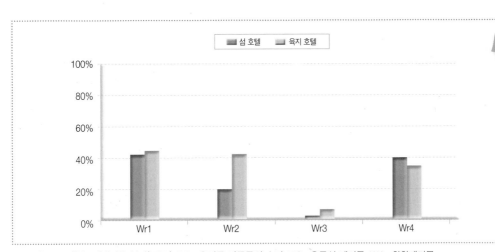

그림 6

표본호텔의
쓰레기 관리

※ 주의: W1=지역고체폐기물 분리(MSW), W2=유기물 잔존물의 수거, W3=유독성 폐기물, W4=화학폐기물

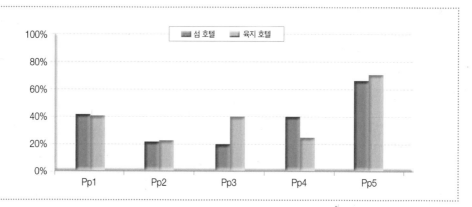

그림 7

표본호텔의 제품구매선호도

※ 주의: Pp1=친환경 배달음식 , Pp2=친환경 복도바닥 보호재, Pp3=친환경 건축자재, Pp4=재활용 포장재료, Pp5=친환경 비누

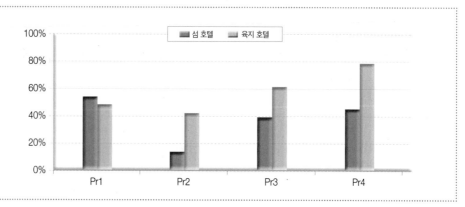

그림 8

표본호텔의 재활용 재료구매

※ 주의: Pr1=화장지 , Pr2=업무용 종이, Pr3=플라스틱 컵, Pr4=포장재료

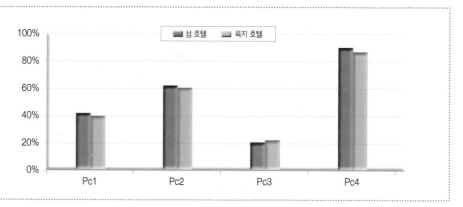

그림 9

표본호텔의 화학제품 구매정책

※ 주의: Pc1=친환경 세제 , Pc2=프레온 가스를 사용하지 않은 냉장고, Pc3=저 환경영향 농약, Pc4=친환경 수영장 청소

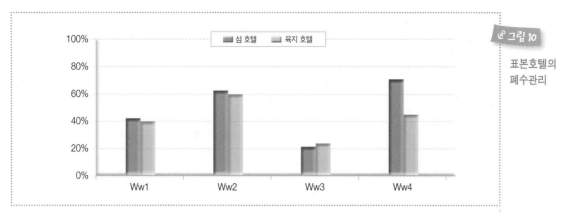

그림 10

표본호텔의
폐수관리

※ 주의: Ww1＝폐수처리장, Ww2＝절수 세탁기, Ww3＝주방과 세탁물의 분리, Ww4＝가정폐수의 관개(灌漑)

도바닥보호물(ecological corridor floor covering: Pp2), 친환경 건축자재(ecological building material: Pp3) 그리고 재활용 포장재료(recyclable packaging material: Pp4) 등과 같은 제품들은 호텔리어 구매리스트에 반드시 포함되지는 않았을 것이다. 또한 〈그림 8〉은 특히 섬 호텔에서 재활용할 수 있는 플라스틱 컵(plastic cups: Pr3)과 사무용지(office paper: Pr2) 등의 사용률이 매우 낮았음을 보여주고 있으며, 〈그림 9〉는 친환경세제(environmentally friendly detergents: Pc1)와 환경영향이 낮은 농약(low impact agrochemicals: Pc3)에 대하여 호텔리어들의 마지못한 구매의지를 보여주고 있는데, 이것은 그들이 주로 환경과 인간의 건강에 심각한 영향을 미칠지도 모르는 제품의 사용가능성을 짐작하게 하였다. 더욱이 적어도 40%의 섬 호텔들이 9개의 제품구매지표들 중에서 단지 5개(Pp1, Pp4, Pp3, Pp5, Pr1, Pr4)지표에 대해서만이 환경우호적인 선택을 하였다. 그것은 아마도 호텔리어들이 단기수익을 위해서는 섬 생태시스템의 보존보다 운송비용을 고려하지 않을 수 없었기 때문이었을 것이다.

호텔경영의 부정적인 환경영향을 감소시키기 위한 응용기술들은 특별히 개발되지 않았으며, 이것은 폐수처리경우를 통해 분명히 짐작 될 수 있는 추정이다〈그림 10〉. 즉 단지 소수의 호텔들만이 생물학적 처리수단을 적용했으며 나머지는 기존의 자치단체가 이용하고 있는 하수처리장(wastewater treatment plants: Ww1)과 심지어 주방과 세탁을 통해 방류되는 물 분리시스템(separation of kitchen and laundry slops: Ww3)은 거의 보유하지 않고 있었다는 것이다. 또한 Ww3의 비율은 육지호텔들에 비해 섬 호텔들에서 약간 낮게 나타났으며, 이것은 섬 호텔에서 폐수관리의 중요성이 낮게 인식되고 있음을 의미하고 있는 것이다.

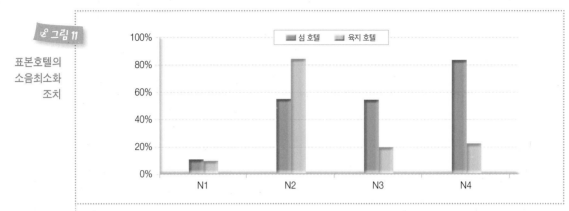

그림 11

표본호텔의
소음최소화
조치

※ 주의: N1=에어컨으로부터 소음 침해, N2=세탁과 건조지역의 격리, N3=레스토랑과 바에서 소음최소화, N=외부의
소음원천으로부터 호텔의 격리

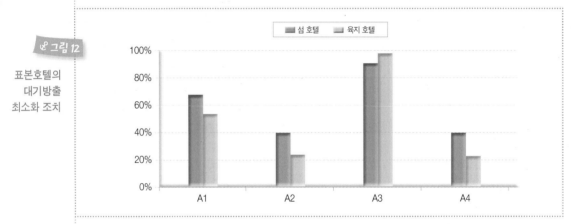

그림 12

표본호텔의
대기방출
최소화 조치

※ 주의: A1=저 배출 버너, A2=건조기 환기시스템, A3=주방환기시스템, A4=흡연구연지정

또한 〈그림 11〉은 에어컨에서 발생하는 소음의 최소화(noise intrusion of from air-conditioning: N1)가 매우 저조했음을 보여주고 있으며, 이것은 많은 호텔들이 여름동안 에어컨의 사용률이 매우 높은 그리스의 경우에 매우 실망스러운 일일 것이다. 육지호텔의 경우에도 레스토랑이나 바에서 소음의 최소화에 대한 조사결과 역시 다소 실망스러웠다(minimization of noise in restaurant/bar: N3). 그리고 많은 육지호텔들이 섬 호텔들보다 세탁소나 건조지역을 격리하여 위치시켜 놓고 있었으며(isolation of laundry/drier: N2), 이것은 이용가능한 공간의 제한 또는 제한된 자본투자 때문이었을 것이다. 마지

막으로 〈그림 12〉는 건조기부터 발생하는 공기의 방출을 최소화(ventilation systems in driers: A2)하려는 노력이 매우 저조하며, 대부분의 호텔들이 흡연 장소를 지정해놓고 있지 않았기 때문에 공기의 품질이 우려되고 있었음을 보여주고 있다(designated smoking areas: A4).

7 제안된 라벨링 기구

그리스 표본호텔들에 대한 환경검토의 결과는 〈표 2〉에서 제시된 라벨수여기준을 구성하며, 그 기준지표들은 적용의 용이성과 높은 효율성 그리고 관리수단과 저비용의 기술적 해결책을 강조하고 있다.

환경검토결과를 바탕으로 'Green Flag' 라벨의 수여기준은 의무지표(mandatory)와 선택지표(optional)로 구분되어 결정되었다. 의무지표는 환경검토의 대상이었던 모든 호텔들에 있어서 가장 중요하게 판단되는 요소들로서, 에너지와 물 절약 방법, 환경인식 과정, 친환경제품구매, 폐기물 관리, 기타 등과 같은 일련의 주요 필요조건들을 바탕으로 한 최소한의 환경준수의 확보를 목표로 선정되었다. 그리고 선택지표는 덜 중요한 요소들로서 환경검토에서 드러난 장애요인이나 약점의 극복과 호텔리어들에 의한 환경개선의 촉진을 목표로 선정되었다. 즉 물과 전기부족 같은 기존의 제약요소들, 빗물과 수영장물의 재활용 시스템 그리고 유수감속기(세탁소와 주방) 같은 것들이다. 폐수에 관련해서, 선택지표는 광범위한 녹색녹지를 보유하고 있는 호텔들을 위한 관개시설(irrigation)이 될 수 있으며, 이것으로 발생되는 소음의 최소화를 위해서는 이웃기업과 상호 협력할 수 있을 것이다. 또한 호텔들은 대기방출오염 방지를 위해서 임대자전거와 관리자를 위한 유지보수 매뉴얼을 제공할 수 있으며, 중앙냉난방과 마크네트 카드와 같은 에너지 절약 메카니즘의 설치를 통해 에너지 분야에 기여할 수도 있을 것이다. 더불어 물을 데우기 위한 생물자원버너(biomass burners) 등도 설치할 수 있을 것이다. 구매정책과 관련된 또 다른 선택지표로는 반환 가능한 포장지와 환경안전라벨제품 등의 이용과 지역요리법권장 등이 선정될 수 있을 것이다.

'Green Flags' 라벨은 자발성, 객관성과 투명성, 소비자와 고객에 대한 지속적인 업데이트, 범유럽(Pan-European)의 적용(ADEME, 2001b) 등의 원칙들을 포함하도록 되어있다.

국가실무단(National Working Group)은 허용 가능한 총 성과점수, 조사방법 그리고 라벨유효기간 등을 비롯하여 라벨수여과정을 결정하였으며, 이러한 결정사항들은 국가권한기관(National Competent body(NCB))의 감독 하에서 이루어졌다. NCB는 라벨을 수여하고 펀딩하는 기관이며, 운영특성은 다음과 같이 요약될 수 있다.

- NCB의 운영은 기존의 관련 회원국가의 표준화 기관(Standards Organization)의 운영 프레임을 토대로 할 것이다. NCB는 비영리기관이지만 재원은 재정적 기여를 하는 호텔을 참여시키는 방법으로 확보될 수 있을 것이다.
- NCB의 감독은 유럽위원회와 각 회권국가가 인증서발급을 위해 설치하고 있는 규제위원회(the Regulatory Committee)에 의해 수행될 것이다.
- NCB의 집행위원회는 관광에이전트의 대표, 정부, 소비자, 그리고 관광부문이나 대학들의 전문가들로 구성될 것이다.
- NCB는 확인, 훈련, 보급(유포), 마케팅 등과 같은 일들을 하부위원회들에게 할당할 것이다(그림 13).

'Green Flags'는 시장침투, 재정 그리고 대상 확대에 관련하여 다음의 사항을 고려해야만 한다.

- 'Green Flags' 라벨수여기구는 다른 시스템과 관련된 분야에 침투하려는 노력을 하지 말아야 한다.
- 검증, 시장침투 그리고 사무행정 등의 비용과 같은 'Green Flags'의 운영비용을 평가하는 것은 장기적인 경제적 실행가능성을 위해 반드시 필요하다.
- 환경인증기준을 낮추려고 하지 말아야 한다. 많은 소규모 호텔들은 그들의 이윤이 유지될지라도 그들에게 인증기준을 맞추기 위해 요구되는 혁신적인 기술에 대한 투자비용을 확보하기란 어려울 수 있다. 따라서 이점을 고려하여 환경기준을 낮추어 대상 집단을 확대하지 말아야 한다는 것이다(Salzhauer, 1991). 제안된 'Green Flags' 라벨기구의 구조는 〈그림 13〉에 제시되어 있다.

분야	의무지표	선택지표
쓰레기	1. 쓰레기 관리시스템(위생법과 규정에 따른 구매, 수거, 교통, 저장) 2. 상이한 쓰레기의 분리 3. 유해 폐기물의 기록과 분리수거	1. 대형 식음료 쓰레기 저장소 2. 공급자에게 포장재료 반환 3. 기업환경개선을 위한 기름잔반 저장
에너지	1. 조명에너지 절약 2. 자체에너지 소비량 측정 3. 국가규정에 따른 새 건물의 필수적 단열	1. 재생 에너지 적용 2. 중앙냉난방, 마그네틱 카드 같은 에너지 절약 시스템
물	1. 송수관의 규칙적 점검과 보수 2. 자체 물 소비량 측정 3. 신중한 물 사용 알림판	1. 유수감속기와 검지장치(세탁, 주방) 2. 수영장과 빗물 재생 시스템
폐수	1. 91/271/EEC의준수(개인폐수처리장의 경우) 2. 규칙적인 생화학폐수의 분석	넓은 정원 또는 재배지를 소유하고 있는 호텔의 'Grey' 관개
대기 방출	1. 저 방출 버너 2. 환기시스템(세탁소와 주방의) 3. 고객전용구역의 금역구역 지정	1. 자전거 대여 2. 직원을 위한 유지보수 매뉴얼
소음	1. 소음방출측정 2. 제대로 숙지된 직원	소음최소화 대책
구매 정책	1. 재생 가능한 포장재로 2. 대용량 포장 3. 신환경 세제와 농약	1. 반환 가능한 포장 2. 현지 요리법 3. 친환경 리벨상품과 효소기 포함된 음식

표 2

제안된 환경라벨기구의 정선된 수여기준

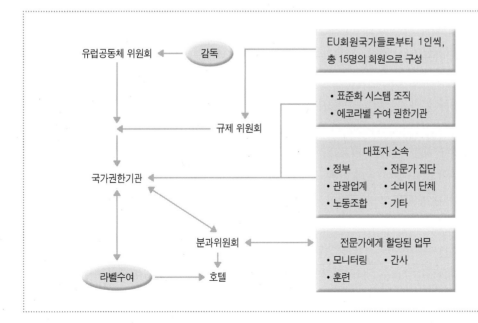

그림 13

제안된 'Green Flags' 라벨수여기구의 구조

그리스 호텔업계는 호텔경영의 환경개선과 관련하여 자발적인 방안을 거의 강구하지 않고 있다. 이것은 호텔리어들이 환경적으로 우수한 영업과 절차를 확립하기 위한 필요비용 때문에 관련 분야에 대한 투자의지의 결여에서 그 원인을 찾을 수 있을 것이다. 또한 이러한 경향은 본 연구에서뿐만 아니라 기타 연구에서도 입증되었다. 특히 Damasiotis et al(1999)의 연구를 보면, 물집열방식(solar water heating system)과 달리 에너지절약시스템과 재생에너지의 적용에 있어서 그리스의 낮은 참여의지를 엿볼 수 있다. 이렇게 낮은 보급률은 그런 방법의 실행에 대한 제한된 지식과 전문가의 부족 탓이다. 또한 Stylianopoulou(1998)는 키프러스에서, 환경훼손을 줄이기 위한 개선방법의 부재에 주목하였으며, 더욱이 환경영향을 완화하기 위한 부적절한 조치(Christophoridis et al., 2000)는 장기적인 마케팅 전술의 부재와 국가의 관심부족(Buhalis & Diamantis, 2001)으로 더욱 악화될 수 있음을 보여주었다. 'Green Flags' 라벨 수여를 위한 환경검토의 결과는 단순히 저비용의 이행과 방법을 채택하려는 호텔리어들의 경향과 환경문제에 있어서 느슨한 모니터링과 친환경 원자재의 제한된 이용 역시 문제가 되고 있음을 보여주었다. 위에 언급된 내용들은 지리적 위치, 기존의 인프라 그리고 자신들의 행위에 관련된 구속요소와 제한요소들을 고려하여 호텔리어들에게 환경성과의 개선을 지향하도록 동기부여방식으로 제안된 'Green Flags'의 최종수여기준으로 정의되었다.

그러한 라벨기구의 수여를 이행하는 것은 많은 것들에 의해서 그 가치가 감지되고 있다. 예를 들면, 그리스에 관한 최근 OECD(2000) 보고서는 관광업계 내의 훌륭한 환경관리에 대한 선례의 활용과 최고선례의 보급, 관리자 교육프로그램, 환경감시와 자발적동의 등을 통한 보다 나은 환경관리가 관광산업 내부에서 촉진되어야 한다고 주장하면서, 관광관련 결정에 있어서 환경적 관심을 반영하기 위한 보다 많은 지표들을 요구하였다.

Miller(2001)에 따르면, 중앙정부가 이해관계자들을 지도하고 지원하며, 그리고 이후 규정에 대한 그들의 대응을 심사숙고함으로써 관광분야의 환경보호방안에 대한 관여를 독려하는 주도적인 역할을 해야만 한다는 것이다. 이것이 정부가 획기적인 변화를 만들어 낼 수 있는 유일한 방법으로 사료된다. 그렇다고 호텔리어들이 자발적인 방안 개발에 대한 책임을 면할 수 있는 것은 아니며, 비록 섬의 특수성과 관련지역당국의 환경문제에 대한 부족한 조사가 때로는 허술한 정책프레임과 기반시설부족의 원인이 될 수 있지만 그들은 반드시 수단을 강구해야만 할 것이다. 그러나 기존의 환경보호방안들(EMAS, ISO 14001, Eco-labels)이 호텔부문의 지속가능성을 위한 유일한 방법으로 생각하는 것은 옳지 않을 것이다.

환대산업계는 경제상황을 이유로 주로 직접적인 재정혜택이 주어지는 분야(에너지와 쓰레기 관리) 그리고 법적요구조건으로 선호되는 분야의 환경이슈에만 대응을 하고 있다(Kirk, 1995). 따라서 분명히 말하지만, 그리스 관광업계의 호텔들이 지속가능성을 촉진하고 있다는 확신을 보여주는 효과적인 행위수단을 강구해야 할 필요성이 여전히 존재하고 있다.

13

지속가능한 관광:

이상이냐 아니면 반드시 필요한 것인가? 에게 해 군도의 새로운 관광형태의 역할

해양관광 개발계획 coastal mass tourism

13

지속가능한 관광:
이상이냐 아니면 반드시 필요한 것인가?
에게 해 군도의 새로운 관광형태의 역할

Ioannis Spailanis and Helen Vayanni
University of the Aegean, Department of Environmental Studies

 1 서 론

관광은 특히 20세기 후반 이래 가장 중요하고 빠르게 발전하고 있는 경제행위 중의 하나이다(Fayos-Sola, 1996: 405; Koutsouris & Gaki, 1998). 그리스에서 그리고 특히 에게해 군도(Agean Islands)에는 많은 중소규모의 유인도(有人島)들이 존재하고 있으며, 지난 30년 동안 관광은 그들 섬 경제의 토대로서 경제활동뿐만 아니라 그들의 인구구조 그리고 환경상태에까지 영향을 미치고 있다(Coccossis, 2001: 55-6; Haralambopoulos & Pizam, 1996: 504-6; Loukissas, 1982: 530-4; Mantoglou et al., 1998:87).

빠르고 통제되지 않은 유동관광객의 증가는 자연자원과 인공자원에 치명적인 부정적 영향을 초래하였으며(Mathieson & Wall. 1982), 특정지역에서는 복원이 어려울 정도의 서비스 품질저하와 더불어 관광 상품의 지속적인 질적 하락 그리고 관광목적지 커뮤니티와 국가의 경제적 이윤창출을 축소시키는 원인이 되고 있다. 만일 이런 추세가 지속된다면 관광산업의 지속가능성은 요원해질 것이며, 이것은 섬 전체의 개발과정에 대해서도 지속가능성 이슈를 확대시킬 것으로 판단된다(Wall, 1997: 483). 왜냐하면, 관광이 그들의 경제구조에서 가장 중요한 위치를 차지하고 있기 때문이다.

이러한 상황에서, 새로운 관광목적지의 출현은 기존하고 있는 3S 중심의 대중관광목적지들 간의 과열경쟁은 물론 현저한 관광수요차이로 인해 특수목적관광과 같은 새로운 형태의 관광 상품을 유행시켰으며(Maroudas & Tsartas, 1998: 601), 그러한 형태의 관광(농촌관광, 문화관광, 컨퍼런스관광, 해양관광, 식도락관광, 자연관광)들은 각 지역의 독특한 특성과 자원을 바탕으로 형성된 것 들이다(Lagos, 1998: 598; Mantoglou et al., 1998: 87; WWF Hellas, 2000: 8).

또한 지난 20년 동안 환경에 대해 높아진 관심과 정책들은 환경 친화적인 상품과 서비스의 증가를 촉진해 왔다. 따라서 '지속가능성'과 '지속가능한 관광'이란 단어는 이제 연구문헌이나 대부분의 개발프로그램에서 흔히 발견될 수 있으며, 심지어 그 단어들의 의미와 호칭에 대해서 많은 혼선을 빚고 있는 상황에 직면해 있다(Wall, 1997: 483). 따라서 본 연구는 에게 해 군도에서 새로운 형태의 관광개발에 대한 대안들을 밝히고 이전의 전통관광 패턴과 비교하여 그것들의 지속가능성을 평가하는데 목적을 두고 있다.

2 지속가능성과 새로운 관광형태

문헌고찰을 통해 목격된 가장 큰 문제점은 지속가능한 관광에 대한 정확한 조작적 정의(operational definition)의 부재로 인해 지속가능한 관광의 실질적인 의미와 성취방법에 대한 혼란이 가중되고 있다는 것이다(Swarbrooke, 1999: 13). 일반적으로 지속가능한 관광은 대안관광의 형태와 일치하는 것으로 간주되고 있으며, 특히 생태관광과 동일한

관광형태로서 가장 선호되고 대중적인 새로운 관광형태로 간주되기도 한다.

WTO(2001)는 지속가능한 관광을 '미래를 위한 기회의 보호와 향상은 물론, 관광객과 목적지 둘 모두의 욕구충족, 그리고 본래의 문화, 필연적인 생태적 과정, 생물학적 다양성과 생명유지시스템을 보호함과 동시에 경제적, 사회적, 미적욕구가 실현될 수 있는 방식으로 모든 자원의 관리를 유도하는 것이다'라고 정의하고 있다. 비록 이 정의의 실질적 적용을 위해서는 보다 구체적인 설명과 명확성이 요구되고 있지만, 지속가능한 관광이란 '관광 상품의 상태'라고 정의될 수 있음을 시사하고 있는 것으로 판단된다.

Swarbrooke(1994: 14)에 따르면, 비록 지속가능한 관광이 책임관광(responsible tourism), 대안관광(alternative tourism), 생태관광(ecotourism), 친환경관광(environmentally friendly tourism), 최소영향관광(minimum impact tourism), 연성관광(sound tourism) 그리고 녹색관광과 같은 용어들과 관련되어 있지만 그 의미에는 엄연한 차이가 존재하고 있다고 제안하였다. 즉 대부분의 이들 용어들이 환경우호적인 관광임을 암시하기 위해 인용되고 있는 반면에, 목적지 커뮤니티에 미치는 관광의 경제적, 사회적 영향을 언급한 것은 소수에 불과하다는 것이다.

위의 목록에서 생태관광의 포함은 매우 큰 혼란을 야기할 가능성이 있다. 왜냐하면 생태관광은 보존을 지향하고, 방문객의 영향이 심각하게 초래되지 않으며, 지역민들에게 적극적인 사회경제적 참여를 요구하는 관광유형으로서, 자연과 문화적 특성에 대한 감상은 물론 상대적으로 훼손되지 않은 자연지역으로의 환경적 책임을 동반한 여행과 방문으로 정의될 수 있기 때문이다(as proposed b Boo, 1990: xiv, and also accepted by Ceballos-Lascurain, 1993; Fennell, 1999; Yunis, 2001). 다시 말하면 생태관광의 정의가 생태관광이라는 '특정관광 상품의 상태'를 설명하고 있는 것이 아니라, 단순히 농촌관광, 문화관광, 컨퍼런스 관광 등과 같은 새로운 관광형태로 함께 분류될 수 있음을 의미하고 있다는 것이다. 여기에서 그 혼란은 생태관광이 내포하고 있는 환경과 지역커뮤니티에 대한 우호적 이미지로부터 기인되었으며, 따라서 지속가능한 관광과 동일할 것이라는 오해(誤解)로부터 초래된 것으로 보인다. 〈표 1〉은 문헌고찰에서 인용되었던 다양한 관광 상품의 유형들과 상태에 따른 분류를 보여주고 있다.

이러한 관점에서 보면, 관광활동은 '전통관광'과 '새로운 형태의 관광' 등 2개의 주요 카테고리로 나누어 질 수 있을 것이다. '전통관광'이란 용어는 시장의 중요성과 자원의 가격 그리고 환경과 다양한 외부효과에 대한 관심의 부족으로 강조되는 '전통경제

접근법	전통관광		새로운 형태의 관광	
관광의 유형	• 태양, 바다, 모래 (3S) 관광		• 대안관광유형 • 생태관광 • 트레킹	• 농촌관광 • 문화관광 • 자연관광
	• 산아(겨울)관광		• 특수목적관광 • 비즈니스 여행 • 종교관광 • 교육관광 • 모험관광	• 컨퍼런스 관광 • 해양관광 • 보양관광 • 스포츠관광
구성형태	• 대중관광 • 복지관광	• 개인 • 별장	• 소규모 관광객 • 복지관광	• 개인
관광행동	• 무관심	• 높은 소비(자원고갈)	• 책임감	• 자원활용(非소비성)
관광상품의 상태	비(非) 지속 가능한 관광		• 녹색관광 • 지속 가능한 관광	• 경제적 지속가능관광

표1

관광상품의
유형과 상태

학'이란 용어와 유사한 의미로 사용되며(Turner et al., 1994), 그것은 대중관광에 가깝다. 그 이유는 대중관광이란 대중화, 표준화, 저비용 그리고 투어공급자들의 통제에 의해 조직화되기 때문에 하나의 특정 관광형태나 개념적 접근으로 볼 수 없기 때문이다. 반면에 '새로운 형태의 관광'에는 대안관광과 특수목적관광의 등이 포함되며(Varvaressos, 1998: 76), 특수목적관광은 여행을 유인하는 특별한 동기에 의해 그 범위가 한정되지만, 대안관광은 여행이 조직화되고(상대적 자율성) 목적지에 대해 뭔가를 배우려는 관광자의 의지와 환경친화적상품의 소비와 관련되어 있다.

'새로운 형태의 관광'은 경제적 효과의 유발과 친환경, 또는 둘 모두를 지향하는 여행으로 정의 되고 있으며, 비록 '전통관광'보다 지속가능한 것으로 간주 될 수 있을지는 모르지만, 모두가 동일한 환경적 영향을 야기하지는 않는다. 예를 들면, 컨퍼런스관광이나 스포츠관광 등은 높은 부가가치를 창출하고 있지만 자원소비율(이용 가능한 공간, 물 그리고 에너지)이 높으며 복원될 수 없는 환경적 영향을 초래하고 있는 어마어마한 시설들을(대형 컨퍼런스 센터, 호텔리조트, 스포츠 분야들, 수영장, 마리나 등)필요로 하고 있기 때문이다. 더욱이 지역에 돌아가야 하는 경제적 혜택 또한 누수(漏水)의 가능성으로 확실치가 않고 있다.

'전통관광'은 지금 이 순간까지도 많은 다양한 문제들을 양산하고 있기 때문에 지속가능한 관광으로 인정되지 않고 있다(Butler, 1991; Mathieson & Wall, 1982; Swarbrooke, 1999). 또한 과학자, 정치가, 기획가, 대중매체 그리고 대중들은 '지속가능한 개발'과 '지속가능한 관광'이란 용어의 상이한 용도로 인해 보다 더 큰 혼란을 겪고 있다. 이것은 예를 들면, Calvia 지자체의 기업, 지방정부, 지역민 등이 관심을 두고 있는 물과 에너지소비의 감소 그리고 폐기물과 환경적으로 취약한 지역의 관리행위를 '지속가능한 관광'으로 간주할 것인가? 아니면, 국립공원이 목표로 하고 있는 수백 명의 관광객 관리와 훼손되기 쉬운 생태시스템의 보호행위를 '지속가능한 관광'으로 간주할 것인가? 의 문제와 같은 수준의 혼란이다. 하지만 이 둘은 행위의 범위와 개입의 목적차원에서 차이가 있지만, 모든 지역의 동일한 상황이 아닌 서로 다른 상황으로 인정된 특정지역의 경제적, 사회적, 그리고 환경적 성과의 개선을 위한 합의과정을 지향하고 있다면 동일한 의미로 해석될 수 있을 것으로 본다. 따라서 목적지의 경제적, 사회적 환경개선과 더불어 환경적 위험의 감소와 균형유지에 기여하는 모든 노력들과 조화를 이루는 관광은 지속가능한 것으로 간주될 수 있다는 결론이다. 왜냐하면 서로 상이한 수준의 지속가능성(sustainability)이 존재하고 있기 때문이다(Swarbrooke, 1999: 7). 지속가능성의 스펙트럼은 '매우 약한 지속가능성'(very weak sustainability: 자원소비와 폐기물 생산을 감소하려는 최소한의 환경보호노력)부터 '매우 강한 지속가능성'(very strong sustainability: 개발모델과 사회적 행위의 변화까지 포함)까지(Loinger, 1995: 10-15) 다양하다(Hunter, 1997: 853; Turner et al., 1994: 31).

이런 의미에서, Inskeep(1991: 166)에 따르면, 모든 관광형태는 그것들이 존재하고 있는 각 지역사회와 지역 환경을 존중한다는 조건하에서 지속가능해질 수 있으며, 특히 생태적으로 민감한 지역과 보존되고 보호되어야 하는 소중한 문화적 기념물이 있는 지역에서는 발전된 대안관광 형태가 이에 해당될 수 있다고 하였다.

WTO는 모든 관광이 휴가, 비즈니스, 컨퍼런스, 컨그레스, 박람회, 보양, 모험 또는 생태관광 그 자체와 연계되기 위해서는 지속가능성이 전제되어야 한다는 입장이다. 이것은 관광기반시설의 계획과 개발, 운영 그리고 마케팅 등이 환경적, 사회적, 문화적, 그리고 경제적 지속가능성 기준과 부합됨으로써, 목적지 커뮤니티의 자연환경뿐만 아니라 사회문화적 구조 등 어떠한 것도 훼손시키지 않아야 함을 의미하고 있다. 즉 관광을 통해 반드시 경제적, 문화적 혜택이 지역커뮤니티에 제공되어야 함을 뜻한다. 따라

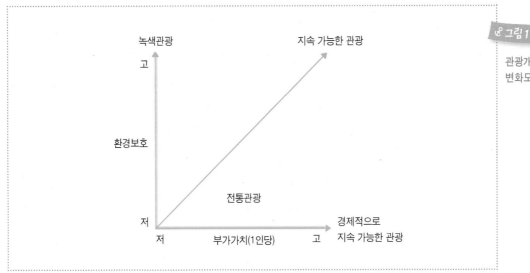

그림 1

관광개발패턴의
변화모델

서 지속가능성은 기업과 커뮤니티가 관광으로부터 무엇인가를 얻을 수 있을 때 비로소 가능하다는 것이다(Yunis, 2001).

에게 해 군도는 '전통관광'을 중단하고 새로운 형태의 관광을 적용하려는 모든 시행안(action plan)들을 현재 적극적으로 수용하고 있다. 왜냐하면, 그것이 조금이나마 지역의 지속가능성에 기여할 수 있기 때문이다. 〈그림 1〉은 관광개발패턴의 이러한 변화에 내재되어 있는 3가지 범주를 보여주고 있으며, 단 여기에서 사회인구 통계학적시스템의 영향은 고려되지 않았다. 첫 번째 유형은 관광기업들의 환경성과의 개선 그리고 관광성장에 대한 한계를 부과(附課)하는 녹색관광(green tourism)을 의미하며, 두 번째 유형은 지역의 자연/문화적 특색의 개발을 지향하는 특수목적관광을 의미하며, 이런 유형의 관광형태는 무엇보다도 창출된 1인당 부가가치를 목적지 내로 흡수하는데 기여한다. 세 번째 유형은 환경적 영향이 적으며, 동시에 벽지문화유산의 보존과 개발 그리고 지역민의 이주방지 및 경제활동에 기여하는 관광형태인 대안관광이다.

'전통관광'을 변화시킨다는 것은 쉬운 일이 아닐 것이다. 왜냐하면 그것은 강력한 시장 메카니즘에 그 뿌리를 두고 있기 때문이다. 그러나 만일 휴가유형에 대한 관광객 선호도, 소비자의 환경에 대한 인식, 친환경 기술의 발전에 있어서 최근의 변화를 고려한다면 불가능한 것만도 아닐 것이다.

본 연구에서는 특정지역에서 전통관광 상품으로부터 변화된 어떤 관광유형이 경제적으로 보다 수익성 있고 환경 친화적인 상품이라면 지속가능한 관광으로 간주되고 있다. 그리고 그 관광 상품에 대한 평가는 두 가지 기준에 근거하고 있는데, 첫 번째 기준은 관광객 1인당 관광성과로 1인당 물과 에너지 소비와 폐기물 생산 그리고 창출된 부가가치와 고용에 관련되어 있으며, 둘째는 목적지의 수용능력에 대한 관광상품규모에 대한 비교로서, 비록 1인당 관광성과가 개선되었다 하더라도 모든 지역은 초과해서는 안 되는 그 지역만의 환경적, 사회적, 그리고 경제적 한계와 관련되어 있다.

3 세계 해 군도의 전통관광의 영향과 제약

17장에서, Agenda 21의 환경과 개발의 측면에서 보면 섬들은 하나의 특별사례지역으로서 지속가능한 개발계획과 관련하여 독특한 문제점을 내포하고 있음이 언급되고 있다(Gortazar & Marin, 1999). 즉 자연자원, 경제발전, 사회와 문화, 라이프스타일, 경관 그리고 거주환경 등이 대륙지역에 비해 독특하며(Coccossis, 2001: 54), 연약한 환경으로 인한 훼손의 용이성 또한 매우 높은 편이다. 더불어 규모가 작고 제한된 자원, 지리적인 분산과 고립 같은 고유한 특징들은 섬 발전의 장애요소로 인식되고 있다(EURISLES, 1997; European Parliament, 1996). 이것이 바로 보상수단이 확립된 유럽입법(European Legislation)에서, 섬이 '비 선호지역'으로 간주되고 있는 이유이기도 하지만, 반면에 섬을 매력 있는 관광목적지로도 만들고 있는 것이다(Coccossis, 2001: 54).

그리스는 112개의 유인도들과 수백 개의 무인도들, 약 15,000km 길이의 해안선, 좋은 기상조건, 지중해에서의 지리적인 위치 그리고 풍부한 역사와 고대그리스 문명(Buhalis & Diamantis, 2001; Chiotis & Coccossis, 1992) 등 많은 자원들을 보유하고 있으며, 이러한 그리스의 보유자원환경이 그리스 관광의 급격한 성장을 가능하게 만들고 있는 것이다. 또한 여러 해 동안 3S 관광모델이 적용된 섬들 중에서도 가장 번성한 곳으로서(Mantoglou et al., 1998: 87), 섬의 '전통관광'은 주로 해외관광객들을 위한 조직화된 전세항공기를 기반으로 성장했으며, 개별여행을 추구하던 내국인 관광객들이 그 시장의 주요구성요소였다. 그리고 특히, 여가선용과 별장공급지역으로서 점점 대도시시스템 내의 영향권으로 편입되고 있으면서 방문객 소유의 별장들이 무수히 많이 공급되어 있다(Coccossis, 2001).

규모차원에서 보면, 관광숙박시설과 관광객 수와 같은 다양한 지표들이 그리스의 관광발전을 위한 섬의 중요성을 반영하고 있다. 예들 들면 그리스 관광숙박시설의 54%가 6개의 지구에 몰려있는데 그들 중 4개가 섬지역이며, 그리스의 전체 52개의 지구들 중 관광숙박시설의 73.8%가 공급되어 있는 12개 지구들 중에서도 9개가 역시 섬 지역에 해당된다(NSSG, 1999). 더욱이 전체 호텔침대의 27.6%(597,855개의 침대)가 에게 해 군도에 공급되어 있으며, 다음으로 19.6%가 Crete에 그리고 이오니아제도에는 10.2%가 공급되어 있다. 국가전체의 호텔침대 공급량의 57.3%를 차지하고 있으며, 전체 숙박일수의 65.0%를 섬 지구들이 차지하고 있는 것이다(에게해 군도 32.7%, 그중에 61.4%가 Rhodes, 21.8%가 Crete, 10.6%가 Ionian Islands).

심지어 남부 에게 해 지역과 같은 다소 동질적인 지역에서도 관광발전의 패턴은 각 섬마다 다르게 나타나고 있으며, 그 차이는 관광개발의 규모 그리고 형태와 관련이 있다. 예를 들면, 대규모 호텔들과 해외관광객들이 몇몇 섬들(Rhodes, Kos, Thira, Mykonos, Paros)에 집중되어 있는 반면에 내국인 관광객들은 대부분의 섬들을 방문하면서 호텔보다는 전세방 등에서 체류하고 있었다〈표 2〉.

'전통관광'은 농업과 제조업에서의 실업과 비슷한 수준의 새로운 일자리를 창출하고 있었으며, 국내생산과 소득향상을 통해 과거의 경제적 문제점을 해결하고, 주민이주를 억제하는데도 일조하였다(Coccossis, 2001: 55; Lagos & Gkrimpa, 2000). 그리고 관광부문 종사자의 증가는 물론 과거 수십 년 동안 에게 해 군도에서 매우 높은 비율을 보여 왔던 이주감소에도 상당한 기여를 하고 있었다(Sophoulis & Assonitis, 1998: 141)〈표 3〉.

타 부문들과의 고용비율을 비교해 볼 때도 관광부문이 가장 높게 나타났으며 그리스 전체에서 특히 Cyclades와 Dodecanese(에게 해 남부지역)이 1981년 3.69%, 1991년 4.95%에 비해 1981년 11.97%와 1991년 26.08%로 가장 높은 증가를 보였다(Coccossis & Tsartas, 2001: 216). 더욱이 Buhalis & Diamantis(2001: 146)에 따르면, 비록 승수효과를 통해 관광의 영향이 확대되어 지방과 국가경제 모두를 촉진시켰다고 하지만, 제 3부문(주로 관광)이 섬 지역생산의 50%이상을 유발시켰다고 언급하였다. 이 자료는 특히, 에게 해 남부지역에서 관광만이 거의 유일한 경제적 역동상품임을 보여주고 있는 것이다.

표2

에게 해 남부의
관광객 흐름

지명	총 침대 수	년간 호텔 숙박일 수			내국인 vs 국제관광객	호텔체류기간(일수). 1997		
		합계	내국인 관광객	국제관광객		합계	내국인 관광객	국제관광객
에게 해 남부지역	214,959	14,782,963	1,455,741	13,327,222		7.78	3.69	8.84
Dodecanese	120,629	13,329,605	892,410	12,437,195	6.3	8.77	4.37	9.39
Agathonissi	0	3,004	432	2,572	2.45	7.02	3.48	8.46
Astipalea	297	2,176	1,425	751	0.56	4.01	4.11	3.85
Kalimnos	2,243	59,372	10,636	48,736	1.31	6.09	2.51	8.83
Karpathos	4,280	210,006	8,867	201,139	14.27	8.8	5.68	9.02
Kassos	32	606	536	70	0.21	4.3	4.58	2.92
Kos	35,115	4,158,247	152,324	4,005,923	10.94	9.76	4.27	10.26
Lipsi	205	1,268	393	875	2.38	4.58	4.79	4.49
Leros	1,845	9,811	5,695	4,116	0.36	4.76	3.76	7.58
Megisti	32	2,568	946	1,622	1.38	4.82	4.22	5.25
Nisiros	225	12,901	9,153	3,748	0.45	5.16	5.32	4.83
Patmos	2,182	45,567	23,012	22,555	0.74	3.79	3.33	4.4
Rhodes	73,080	8,802,027	673,558	8,128,469	5.76	8.69	4.5	9.42
Symi	687	21,459	5,244	16,215	1.64	4.16	2.68	5.06
Tilos	276	593	189	404	1.26	2.36	1.7	2.89
Cyclades	94,330	1,453,358	563,331	890,027	1.13	3.6	3.07	4.15
Amorgos	2,183	641	531	128	0.43	4.22	4.84	2.78
Andros	4,196	53,981	37,349	16,632	0.33	3.12	2.86	3.92
Antiparos	1,689	5,585	1,315	4,270	2.45	4.97	4.03	5.35
Ios	5,228	52,343	6,238	46,105	5.34	3.67	2.78	3.84
Kea	989	4,966	4,654	312	0.04	2.54	2.49	3.76
Kythnos	1,283	17,427	16,996	431	0.05	7.44	7.6	3.99
Milos	3,136	32,554	22,678	9,876	0.36	3.63	3.43	4.16
Mykonos	13,785	704,518	155,532	548,986	2.53	3.91	3.04	4.25
Naxos	8,633	58,556	23,786	34,770	1.16	3.88	3.41	4.28
Paros	18,236	191,464	84,353	107,111	1.27	3.91	3.91	3.9
Serifos	1,455	9,176	7,196	1,980	0.21	3.31	3.15	4.06
Sifnos	3,190	13,108	9,665	3,443	0.28	2.95	2.79	3.5
Syros	3,966	104,760	87,869	16,891	0.16	2.91	2.82	3.49
Thira(Santorini)	20,688	105,069	21,682	83,387	2.75	3.98	3.08	4.31
Tinos	3,607	99,210	83,505	15,705	0.11	2.26	2.1	3.65

■ 출처: 그리스 통계청(National Statistical Service of Greece)

	총 면적 (km²)	총 인구					총 관광객 수		총 숙박일 수	
		1951	1974	1981	1991	2001*	1981	1991	1999	표3
Greece	131,957	7,632,801	8,768,641	9,740,417	10,259,900	10,939,605	10,332,301	9,700,693	60,256,902	
Lesvos	2,154	154,795	114,802	104,620	105,082	108,297	35,983	62,172	685,150	
Samos	778	59,709	41,709	40,519	41,965	43,574	46,424	59,877	1,088,960	
Chios	904	66,823	53,948	49,865	52,184	52,290	23,089	26,792	213,248	
Dodecanese	2,714	121,480	121,017	145,071	163,476	190,564	735,314	1,051,164	16,111,383	
Cyclades	2,572	125,959	86,337	88,458	94,005	111,181	180,179	247,751	1,593,711	
Crete	8,336	462,124	456,642	502,165	540,054	601,159	956,898	1,147,458	13,116,526	

에게 해 제도의 면적, 인구 및 관광의 성장

■ 출처: 그리스 통계청(National Statistical Service of Greece): Annual socio-economic magazine NOMOI 2001. 임시자료

구 분	거주자 1000명당 자연인구이동	1인당 GDP (해당지역평균에 대한 비율)(백만불)	1인당 예금비율(백만불)	1인당 소득 (해당지역평균에 대한 비율)(백만불)
	1998	2001	1998	1999
Greece	0.16	100	1.57	100
Lesvos	−3.93	84	1.63	80
Samos	−6.52	100	1.91	88
Chios	−4.67	83	1.91	97
Dodecanese	5.53	127	1.78	88
Cyclades	−0.29	102	2.22	103

표4

도서지방의 주요지표

■ 출처: Annual socio-economic magazine NOMOI 2001

경제성장은 관광개발의 강도와 지속기간에 따라 정비례관계를 보이고 있었지만 그리스의 섬 지구들 사이에서 정도의 차이는 존재하고 있었다. 이를테면 가장 많은 관광객들이 방문하고 있는 Dodecanese 지구는 거의 모든 지표들(예를 들면, 인구통계적, 경제적, 그리고 기타 복지 지표들)에서 국가평균을 상회하고 있었으며, 에게 해 군도에서 가장 발전된 지구로 분류된 것이다〈표 4〉.

다른 한편으로 에게 해 군도의 지속가능성에 부정적인 영향을 미친 변화들이 다수

발견되었는데, 첫째, 물리적 자본(하드웨어)과 지역생산능력의 향상을 위해 관광활동으로부터 파생되는 수익재투자에 대한 불능(inability) 둘째, 자연/문화적 자본의 품질의 악화와 양의 감소 셋째, '전통관광'이 기술습득 또는 혁신의 적용을 위한 기회제공을 수행하지 않아 초래한 종사원(인적자본)의 낮은 교육수준 등이 가장 중요하게 인지되었다(Maroudas & Tsartas, 1998: 606). 경제적 문제점의 주요원인들은 주로 관광시장의 독과점, 관광객들의 낮은 지출, 동일상품(3S)을 제공하고 있는 목적지들 간의 과열경쟁, 외부요인에 의한 수요의 불안정으로 초래된 낮은 관광객 1인당 부가가치, 그리고 지역경제로부터의 소득누수와 지역으로부터 원산지국가로의 잉여가치의 이동 등이 파악되었다(Aisner & Pluss, 1983: 247; Deprest, 1997: 28-30). 또한 대규모 기반시설건설, 관광객들로 인한 도시화와 증가된 혼잡도, 호텔경영비용, 그리고 에너지/물 소비의 증가와 늘어난 고체폐기물의 양산 등 다양한 환경문제점들이 유발되고 있었으며, 이와 같은 문제점들은 전반적인 개발과정이나 관광부문의 지속가능성을 위태롭게 하는 주요요인으로 인식되었다.

그리스관광공사(Greek National Tourism Organization)와 계획경제연구센터(the Center of Planning and Economic Research)(GNTO & CPER, 1994: I.3.2-translation)의 보고서에 따르면, 관광부문의 경제적 문제점을 다음과 같이 지적하고 있다. '그리스 관광 상품은 활기를 찾지 못하고 있으며 답보상태에 놓여 있다. 또한 지속적인 가격하락으로 경쟁력은 있지만, 매출이 감소되어 많은 경우에 관광 상품의 가격이 심지어 원가를 감당하지 못하고 있으며, 이와 같은 현상은 지난 15년에 걸쳐 그리스의 여러 지역에서 일어나고 있다.'

이와 같은 내용들은 국가차원의 경제데이터의 분석(1인당 지출, 관광으로부터 유발된 GDP와 유럽의 기타 관광목적지들과의 GDP비교 그리고 그 밖의 지중해 연안지역들과의 GDP비교)을 통해서 추정될 수 있다. 하지만 '전통관광'의 긍정적 효과의 한계와 지속가능성 문제점들을 설명해주는 상당한 정성적 정보에도 불구하고, 불행하게도 섬 차원의 경제적 파라미터(관광객지출, 소득승수 등)와 환경적 파라미터(식수의 양과 소비량, 목욕물의 품질)를 비교분석할만한 통계적 자료가 존재하지 않았다.

4 관광공급의 차별화 노력

1990년대 초기 이래 그리스에서는 관광의 지속가능성 문제가 중요하게 인식되기 시작했으며 국가적 차원보다는 지역차원의 노력을 통해 확대되었다. 그리고 이러한 지속가능한 관광을 위한 노력은 대중적이고 표준된 관광서비스 대신에 고품질의 차별화된 관광 상품의 공급을 지향하는 쪽으로 그 방향을 전환하고 있었다. 여기에서 대중적이고 표준화된 관광서비스란 근본적으로 숙박시설, 캐터링, 그리고 엔터테인먼트와 같은 서비스를 말하며, 저비용과 저 부가가치 그리고 교육수준인 낮은 종사원들에 의해 제공되는 서비스로서 아무런 제재 없이 자연자원을 소비하는 서비스를 의미하는 것이다. 반대로 고품질의 차별화된 관광 상품이란 지역의 특성을 바탕으로 통합된 상품을 말한다. 즉 부가가치가 높은 상품으로서 고학력 관광객들을 유인하고, 최신연구와 혁신기술을 응용함은 물론 훈련된 유능한 종사원을 고용하여 높은 환경기준을 달성하고 있는 상품을 의미하고 있다.

많은 섬들에서 '전통관광'을 중단하고 '새로운 형태의 관광'을 지향하기 위해 쏟고 있는 노력은 앞서 제시된 3가지 카테고리로 분류된다. 첫 번째 카테고리는 관광시설의 환경영향 감소를 위해 노력하는 녹색관광이며, 두 번째 카테고리는 환경적 기여보다 경제적 이윤이 보다 큰 특수목적관광의 형태이다. 그리고 마지막으로 세 번째 카테고리는 지역경제를 위해 '전통관광'보다 높은 이윤창출이 가능하며, 보다 환경 친화적인 활동을 의미하는 대안관광의 형태이다.

1) First category: 녹색(green)관광

비록 사회과학문헌에서 관광이 섬 환경에 미친 부정적인 영향은 여러 번 밝혀진 바 있지만 정치적 수준에서 보면, 그리스제도의 관광활동의 녹색화를 촉진하기 위해 취해진 조치는 민간부문과 공공부문 모두에서 제한되어온 것이 사실이다.

예를 들면 민간부문의 경우, 소수의 기업들만이 ISO 14000(국제표준화기구) 또는 EMAS(환경관리 및 감사체계)와 같은 환경관리시스템들 중의 하나를 선택하여 녹색화를 시도하고 있는 한편, 그리스 본토에는 단 한 개의 호텔만이 EMAS 인증을 보유하고 있

었다(INEM, 2002). 하지만 헬레닉 표준화기구(Hellenic Organization for Standardization)에 따르면 그리스에는 서비스 품질과 관련된 ISO 9001 인증을 받은 9개의 호텔들 중에서 모두가 본토가 아닌 Crete 섬에 위치하고 있으며, 그 중 4개는 ISO 14001 인증까지 소유하고 있다고 밝히고 있다(HOS, 2002).

또한 위와 같은 특별표준화과정과 관계없는 다른 조치들 역시 취해져왔는데, 예를 들면 그리스의 가장 큰 호텔기업인 Grecotel은 22개의 4-5스타 호텔들 대부분을 섬에 위치시키고 있으며, 1992년에 지중해연안에서 환경문화부를 설립한 최초의 호텔그룹이었다(Buhalis & Diamantis, 2001). 그리고 개발법(the Law of Development)의 효력이 미치는 지역 내의 일부의 호텔들은 리모델링을 위해 확보된 재원의 활용으로 자원(주로 물과 에너지) 소비축소방안을 강구했으며, 또한 유독성 폐기물 감소를 위한 비 염화세제 사용과 고체 폐기물을 줄이기 위해 대용량 음식물 패키지를 사용하는 방안을 마련하기도 하였다.

공공부문의 경우, 1987년 이래 유럽구조기금(EU는 경제통합에 따른 회원국·지역 간 불균형을 해소하고자 유럽구조기금(European Structural Fund)을 마련)으로 후원된 많은 환경보호 프로젝트들이 중앙정부와 지방정부에 의해 도입되었다. 하지만 폐수처리를 통한 바다오염감소를 위해 많은 하수도망과 공장들이 도서지역에 건설된 반면에, 고체폐기물의 관리와 재생을 위한 프로젝트는 거의 계획되지 않고 있었다(Arapis et al., 1996; EC Structural Funds, 1995).

마지막으로 환경영향감소에 기여할 수 있는 LA 21의 적용이 그리스에서는 성공적이지 못했으며, 현재 그것은 유일하게 Zakynthos 섬의 고체폐기물관리에만 적용되고 있다. 결론은 관광객과 투어공급자들이 환경관련문제에 대한 잘못된 관리에 관해 많은 불만을 제기하고 있었음에도 불구하고, 공공부문 또는 민간부문 그 어디에서도 그렇게 높은 관심을 보이지 않고 있다는 것이다.

2) Second category: 특수목적관광의 성장

에게 해 군도에서 조사된 특수목적관광유형들이다.

(1) 컨퍼런스 관광(Conference tourism)

이런 특수한 형태의 관광은 적절한 시설을 보유한 럭셔리 호텔들이 있는 Rhodes, Kos 그리고 Crete와 같은 섬들에서 발전되었다(Lagos & Gkrimpa, 2000). 부정적인 환경영향과 관련하여, 이런 형태의 관광은 많은 기반시설, 지역생산물의 낮은 소비, 그리고 지역문화와의 연계성 부재 때문에 '전통관광'과 크게 다르지 않다. 반면에 컨퍼런스 관광이 주는 혜택을 살펴보면, 연중 내내 특히 오프시즌동안에 활용될 수 있기 때문에 호텔리어들과 지역일자리 창출 면에서 그것의 비중은 상당하다고 볼 수 있다.

이런 유형의 관광형태는 소규모 컨퍼런스 기반시설들을 보유하고 있는 Santorini, Samos, Chios, Lesvos 그리고 Limnos와 같은 섬들의 관광발전에 일조하고 있다. 왜냐하면 컨퍼런스 관광은 규모가 작을수록 환경에 보다 적합하기 때문이며, 또한 이들 섬에서 오래된 건물의 리모델링 통해 대체되고 있는 컨퍼런스 센터가 지역의 전통적인 건축스타일의 유지와 문화유산의 보존 그리고 인공적인 환경의 재활용에 기여하고 있기 때문이다.

(2) 해양관광(Maritime tourism)

에게 해 군도에서 특정지역의 연간 요트방문객 수의 증가를 위한 대형마리나 건설프로젝트가 성공하지는 못했지만, 기타 많은 섬들에서 선박의 수리·보수·하역 등을 위해 항만에 만들어진 기존의 독(dock)을 개량함으로써 요트정박시설(계류장)로 공급하는 소규모 프로젝트들이 수행되고 있다.

에게 해 장관은 소규모 요트기반시설 개발을 위해 다양한 유럽의 재정지원 프로그램(European Programmes)들로부터 재정을 확보하여, 특히 거주자가 거의 없거나, 아예 없는 소규모 섬들의 해양관광 활성화를 위해 주력하고 있다. 즉 요트항해와 같은 특수목적을 가진 방문객들의 보다 많은 유치와 동시에 체류기간 연장을 위한 여건조성에 몰두하였으며, 더불어 항구로부터 멀리 떨어져서 독특한 동식물관찰이나 오염되지 않은 경관감상과 같은 상품의 다양성 확보에 주력했던 것이다. 따라서 에게 해 장관은 에게 해 군도의 작은 섬들 사이에서 개최할 수 있는 근해요트경주를 정착시켰으며, 경주기간동안에는 참가자들과 지역민 그리고 관광객들을 위한 많은 문화적 이벤트들을 개최하고 있다.

(3) 해양스포츠관광(Sea sport tourism)

비록 그리스는 이런 유형의 관광에 있어서 의심할 여지없이 최고의 위치를 점하고 있지만, 사실상 어떠한 핵심방안도 마련된 적이 없으며, 단지 매년 여름동안 바람과 파

도조건이 환상적인 파로스(Paros) 섬에 몰려드는 서퍼들만이 공식/비공식 경주에 참여하고 있는 실정이다. 한편, 비록 정부의 고대문화원(National Archaeological Service)이 불법적인 고대유물 거래의 통제를 목적으로 이런 유형의 해양관광을 불허하고 있지만, 스쿠버다이빙은 여전히 발전하고 있으며, 에게 해 남부의 Mykonos, Paros, Rhodes, Kos 그리고 Kalimnos 섬들에서는 다이빙 스쿨도 운영되고 있다.

(4) 종교관광(Religious tourism)

많은 섬들(Tinos, Patmos, Lesvos, Chios, Paros, Amorgos)은 국가문화유적지의 일부로서 전 세계 방문객들을 유인하고 있는 수많은 종교적 기념물들을 보유하고 있다(Lagos & Gkrimpa, 2000). 이런 형태의 관광으로부터 얻을 수 있는 추가혜택은 오프시즌 방문수요는 물론 지역생산물 소비수요의 증가와 전통보존에 대한 기여 등이다.

(5) 보양관광(Therapeutic(health) tourism)

이 관광은 많은 섬들(Ikaria, Kythnos, Lesvos, Rhodes, Kos)에 개발되어 있는 수많은 스파(spa)들을 중심으로 이루어진다(Didaskalou, 2000). 그러나 현대적 시설 그리고 자연과 건강 라이프스타일을 접목시킨 제휴프로모션의 부재는 소수의 관광객들만을 유치하는 결과를 초래했으며, 더욱이 이들 스파가 위치하고 있는 대부분의 지역들은 자신들의 지역상품을 다각화하지 못하고 있어 많은 관광객들이 감소되는 불가피한 상황에 직면해 있다(Didaskalou, 2000).

(6) 교육관광(Educational Tourism)

에게 해 대학(university of the Aegean)과 EU의 자금조달 잠재력은 교육관광의 발전을 위해 Lesvos, Serifos 그리고 Milos에서 여름학교와 Pserimos와 Megisti에서 여름캠프를 촉진시키고 있으며, 노르웨이 학생들이 자발적으로 매년 Lesvos를 방문하여 4월부터 10월까지 유학을 하고 있다.

3) Third category : 대안관광활동의 성장

이런 형태의 관광은 자연문화자원과 관련된 관광형태들을 포함하고 있으며, 다음의 몇몇 유형들이 존재하고 있다.

(1) 농촌관광(Agrotourism)

이것은 그리스의 농촌발전을 위해서 유럽재원이 조직적으로 적용된 최초의 대안관광형태로서 그리스의 농촌관광 숙박시설의 약 2/3 정도가 섬 지역에 공급되어 있으며 (NSSG, 1999), 에게 해 남부에 있는 키클라데스(Cyclades) 제도에 3개, 도데카니사제도 (Dodecanese)에 14개, 하지만 대부분의 숙박시설들은 북에게 해 섬들에(Lesvos에 56개, Chios에 16개, Samos에 39개)에 위치하고 있다(Hellenic Ministry of Agriculture, 2002).

농촌관광은 첫째, 농가의 보조소득 둘째, 농촌의 정주환경과 노동환경의 개선 셋째, 지역농산물과 장인세공품의 생산의 홍보 넷째, 환경보호 다섯째, 문화적, 건축학적 유물의 보존, 홍보 및 활용 그리고 마지막으로 연계관광형태로의 개발 등을 지향하고 있다. 그러나 사실상 농장이 제공하기로 한 서비스, 상품 그리고 체험거리 등은 제대로 제공되고 있지 않았으며, 새로운 숙박시설들만이 농촌지역 주변에 공급되어 있는 상황이었다. 방문객들은 농장에 체류하지 않았고 농부의 일상생활을 경험할 수도 없었으며, 심지어 제안된 서비스를 비롯하여 음식마저도 제공되지 않는 경우가 다반사이다. 만일 제공될 때면, 그 마저도 그 농장으로부터 생산된 재료를 활용하지 않고 있으며 근본적으로 농촌관광객들을 위해서가 아니고 단지 호텔이나 전세방에 대한 보조시설로서 운영되고 있었던 것이다. 이러한 사실은 다수의 농촌관광 숙박시설을 보유하고 있는 Lesvos에 대한 조사를 통해 확인되었으며 결과적으로 보면, 비록 농촌관광프로그램이 농업활동을 유지하려는 농부의 의지와 소득향상의 측면에서 긍정적인 영향을 미쳤을지 몰라도 Lesvos에 있는 대부분의 농촌관광객 숙박시설은 대중관광의 영향권 내에서 운영되고 있다고 볼 수 있다.

(2) 문화관광(Cultural tourism)

오늘날 문화관광을 발전시키기 위한 노력은 세계적인 유적지의 정적인 고대문화관광(archaeological tourism)에서부터 지역의 당대문화(지역특별요리법, 마을, 그리고 전통적인 활동과 관습)의 적극적인 탐사까지 확대하는 것을 목표로 하고 있다. 많은 섬들은 지역의 독특한 자연적, 문화적 특성 또는 전통적 활동들을 바탕으로 한 주제박물관을 보유하고 있다. 예를 들면, 올리브박물관(Andros, Lesvos), 비누와 우조(술)박물관(Lesvos), 공업과 광산활동의 박물관(Syros, Milos), 그리고 해양관광박물관(Chios, Crete, Andros, Symi) 등이 그것들이다(Carley & Antonoglou, 2000).

(3) 생태관광(Ecotourism)

보호지역에서 자연과 관련된 생태관광활동은 1990년대 초에 매우 성공적이었다. 그리스에서 생태관광으로 가장 잘 알려진 지역들은 the forest of Dadia, the Prespes, Kerkini and Plastira lakes, the mountain of Pindos and the deltas of many rivers(e. g. Evros, Nestos, Galikos 등) 등으로(Koutsouris & Gaki, 1998), 이들 지역에서 할 수 있는 주요 활동들은 탐조활동, 카누타기, 카약, 등산, 산악자전거와 트레킹 등이다(WWF Hellas, 2000).

섬의 자연자원은 매우 높은 다양성을 내포하고 있다. 가장 널리 알려진 곳들 중의 하나는 Crete의 사마리아 협곡으로서 유네스코의 기념물 목록(UNESCO's monument list)에 오른 보호지역이다. 여름시즌 내내 이곳을 찾는 수많은 방문객들은 방문가능시간과 날씨에 대한 사전정보도 없이 7시간 동안의 협곡체험을 통해 주된 오염원 역할은 물론, 자연환경의 훼손과 동시에 관광객 자신들의 소풍도 즐길 수 없게 만들고 있다.

이와 유사한 상황이 Rhodes에서도 벌어지고 있다. 자연보호지역인 나비계곡(Valley of Butterflies)에는 수천마리의 나비들이 독특한 생태계 속으로 몰려들고 있지만 비록 보호의 문제를 야기할 수도 있지만 관광자원으로서 그 활용도가 매우 높다. 하지만 그러한 장관을 감상하기 위해 매일 이어지고 있는 수많은 관광객들이 지역의 독특한 동물군과 그것의 서식지 등에 해를 끼치고 있다는 것이다.

한편, 비록 잘 알려지지는 않았지만 생태관광의 성공적인 사례들도 있다. 하나의 예가 바로 Lesvos의 탐조활동이다. 이 섬에는 많은 희귀종의 새가 서식하고 있는 다수의 습지와 2개의 염수호(salt lake) 등이 위치하고 있다. 조류에 특별한 관심을 가지고 있는 수많은 관광객들이 비 관광시즌동안 단지 탐조와 사진촬영을 목적으로 그 섬을 방문하고 있으며, 또한 새들의 이주기간동안(3월에서 5월, 10월에서 11월)에도 개인 또는 소규모 그룹별 방문객들의 방문이 끊이지 않고 있다. 그들은 환경보호에도 매우 민감한 사람들이다. 그리고 이런 유형의 관광은 관광시즌 연장에 기여하고, 이윤을 향상시키며, 더불어 대규모 특별한 기반시설도 필요로 하지 않는 장점을 가지고 있다(Spilanis, 1995).

북부지역에 비해 관광이 덜 발전된 Crete 남부에도 유사한 경우가 있다. 관광객들이 단지 돌고래와 고래만을 관찰할 목적으로 방문을 하고 있으며, 그들은 소규모 보트로 지중해 바다에서 이런 희귀종들을 탐구하면서 여행을 하고 있다.

마지막으로 또 다른 생태관광의 성공사례는 Lesvos 섬의 '페트러파이드 포리스트 국립공원(Petrified Forest National Park)'에 있는 자연역사박물관(Natural History Museum)으로, '페트러파이드 포리스트 국립공원'을 보호하고 지역의 인지도 향상을 목적으로 운영되고 있다. 생태관광과 지질관광의 발전을 위한 다양한 상품들이 박물관에 의해 만들어지고 있는데, 예를 들면 'lava trails'이라 불리는 오솔길 네트워크가 있으며, 지질학을 위한 컨퍼런스도 개최되고 있다. 또한 많은 해외대학들과의 교육활동과 연구 활동 등도 함께 이루어지고 있다(Zouros, 1996: 179-92). 트레킹(trekking activity)은 많은 섬(Lesvos, Chios, Kea, Andros, Syros, Amorgos, Naxos, Folegandros and Serifos)에서 흔히 볼 수 있는 상품이며, 섬의 숨겨진 아름다움을 찾고자 하는 관광객들을 돕는 이정표와 가이드북 등을 제공하고 있다.

생태관광개발에는 많은 성공스토리가 있는 반면에, 문제점들도 함께 상존하고 있다. 그리스에서 대부분의 성공사례들은 본토의 농촌지역과 산악지역 또는 보호지역 등에서 발견되고 있으며(WWF Hellas, 2000), 그 이유는 대도시 방문객들로 구성된 '주말관광'의 발달에서 그 원인을 찾을 수 있다.

섬은 지리적으로 고립되어 있고 본토로부터 격리되어 있으며, 다소 높은 방문비용지출 때문에 섬을 방문한다는 것은 그리 쉬운 일 만은 아니다. 특히 기상악화 때문에 겨울시즌에는 더욱더 그러하다. 따라서 생태관광이 섬에서 성공할 확률은 기대이상으로 훨씬 낮다고 봐야 할 것이다. 또한 대부분의 섬들은 너무 규모가 작고, 육지지역과는 달리 독특한 환경을 보유하고 있기 때문에 다양한 형태의 관광(climbing, rafting, canoeing)을 위해 필요한 큰 산들과 산림, 습지, 강 그리고 호수 등과 같은 생태계의 존재가 불가능할 수도 있을 것이다. 따라서 섬에서 그러한 관광유형들의 발전 잠재력은 매우 제한적이라고 볼 수 있다.

정리하면, 대중관광과 대안관광의 '상존'은 섬 같이 지리적 한계가 있는 지역에서 발전되기란 다소 어려우며, 당장은 대중관광의 내용을 풍부하게 만드는 약간의 자연관광상품의 개발이 용인될 수 있을지 모르지만, 이것이 개발패턴의 변화와 대안관광상품의 출현을 절대적으로 필요로 하는 것은 아니라는 것이다.

그리스에서 관광은 특히 섬들에서, 매우 중요한 역할을 수행하고 있다. 하지만 최근 10여 년 동안 섬 관광의 발전이 지역의 불황과 인구감소를 줄이는데 기여해 온 반면에, 3S 관광을 기반 한 대중관광모델이 관광객 욕구를 충족시키지 못하고 있기 때문에 지역사회의 지속적인 경제적 기여를 위해서라도 현 관광모델의 변화가 요구되고 있다 (Lagos, 1998:593; mantoglou et al., 1998: 87, 90). 더불어 섬의 지속가능한 개발을 결정하는 자연자원과 문화자원의 가치를 심각하게 하락시키고 있는 관광의 부정적 환경영향 또한 그 원인이 되고 있다.

대중관광의 문제점을 해결하거나 적어도 줄이기 위해 본 연구에서 제안된 정책이란 새로운 관광유형들의 적용이었다. 그러나 그러한 관광유형들이 언제나 경제적으로, 환경적으로 지속가능한 것은 아니라는 것이다. 왜냐하면 대부분의 관광유형들이 섬이 지닌 독특한 특성(지리적, 인구통계학적, 경제적 등)으로 본토에서는 성공적으로 적용되어온 반면에, 섬에서는 그렇지 못했기 때문이다.

그리스제도에서 새로운 관광유형들의 지속가능성 평가를 위한 자료는 매우 제한적으로 제공되고 있다. 하지만 현재까지의 지속가능한 관광개발을 위해 투입된 노력을 요약하면, 친환경 관광활동(녹색화 과정), 특수목적관광 그리고 대안관광개발 등 세 가지 카테고리로 정리될 수 있다. 특히, 이것들은 에게 해 군도에서 상대적으로 최근에 출현하였으며, 중앙 또는 지방정부차원에서 아무런 전략적 계획 없이 개발되고 있어, 뚜렷하고 가시적인 결과를 기대하기가 매우 어려운 상황이다. 더욱이 그러한 관광유형들은 상호연관관계에 놓여있기 때문에 구체적인 설문조사 없이는 유형들 간의 효과를 차별화한다는 것은 사실상 불가능한 일일 것이다.

이런 관광유형 지향에 대한 국제적 동향은 각 국가의 현실과 특성에 대한 고려 없이는 반드시 모든 경우에, 또는 모든 지역에 적용될 수 없다는 견해가 지배적이다. 또한 이런 관광유형들의 궁극적 목적은 지속가능한 관광으로서, 이것이 지향하는 'strong sustainability(환경보호와 경제발전 둘 모두)'는 모든 지역과 관광유형에서 관광부문의 녹색화와 환경개선 그리고 경제적 성과의 향상을 목표로 하기 때문에 성취하기가 매우 어렵고 장기적인 문제임으로 실용 가능한 전략적 접근을 통해서만이 가능할 것이다.

달리 말하면, 이미 관광목적지로서 개발된 섬들에 있어서, 관광 상품의 제한과 동시에 서비스와 환경의 품질향상이 강조된 관광개발전략이 채택되어야 함을 의미하고 있는 것이다. 반면에, 관광이 아직 핵심 상품이 아닌 섬들의 경우에는 부분적으로 대안관광의 형태가 선호되어야 하며, 이것은 소규모의 섬보다 Lesvos, Chios, 그리고 Ikaria 같이 보다 규모가 큰 섬들에서 그 적용이 보다 용이할 것이다.

대중관광은 대안관광보다 특수목적관광과 함께 보다 쉽게 상존할 수 있을 것이다. 왜냐하면, 섬의 내륙배후지역이 전혀 생소한 관광패턴의 개발을 쉽게 허용하지 않을 것으로 예상되기 때문이다. 하지만 관광으로 인한 갈등이 이미 극에 달한 섬들에서는 특수목적관광의 발전을 위해 지역특성을 발굴하고 더불어 친환경 지향의 관광 상품이 우선적으로 고려되어야 할 것이다. 결과적으로 현 관광패턴의 지속가능한 패턴으로의 변화는 만일 적절한 개발계획 메카니즘만 확립된다면 그렇게 어려운 문제가 아닐 수도 있다는 것이다.

마지막으로 관광전략은 관광개발의 집중도와 유형을 고려하여 지역특성과 자연 및 사회경제학적 특성을 바탕으로 수립되어야 할 것이다(mantoglou et al., 1998: 93). 그리고 이러한 전략들은 보편적인 지속가능한 개발목적차원에서 각 섬의 구체적인 관광개발 목적의 설정은 물론, 관광개발의 역동성을 반영해야만 한다(Coccossis, 2001). 또한 보다 보편적인 지역개발계획과정차원에서 섬의 특수성을 고려하고, 특수목적관광을 토대로 한 관광전략과 정책의 수행을 촉진시킬 수 있는 새로운 개발모델이 필요할 것이다(Lagos, 1998: 593).

14

Malta의 관광,
문화 그리고 문화관광:
Valletta의 재건

해양관광 개발계획 coastal mass tourism

14

Malta의 관광, 문화 그리고 문화관광: Valletta의 재건

Nadia Theuma

University of Malta

1 서론

　문화, 역사 그리고 관광은 본질적으로 서로 상관관계가 있다. 문화 그리고 그 문화의 현시(顯示)는 관광지 매력성에 기여함으로써 관광객경험의 질적 향상을 도모할 수 있으며, 또한 그 문화의 관리가 잘 되어 있다면 그것을 바탕으로 다른 경쟁관광목적지들과 차별화를 시도할 수도 있을 것이다. 더욱이 문화관광은 지역정체성을 강화하는 수단으로 간주되고 있을 뿐만 아니라 특정지역의 부활을 도모하는데도 기여하고 있다.

　몰타제도〈그림 1〉는 전통적으로 온화한 지중해성 기후와 바다로 유명한 대중관광목적지이며, 더불어 다양한 역사적, 문화적 유산을 천부적으로 부여받은 제도(諸島)이다. 지난 10여년 이상 동안 몰타정부의 관광부는 지중해의 많은 지역경쟁자들로부터 몰타

해양관광 개발의 혜택 coastal mass tourism

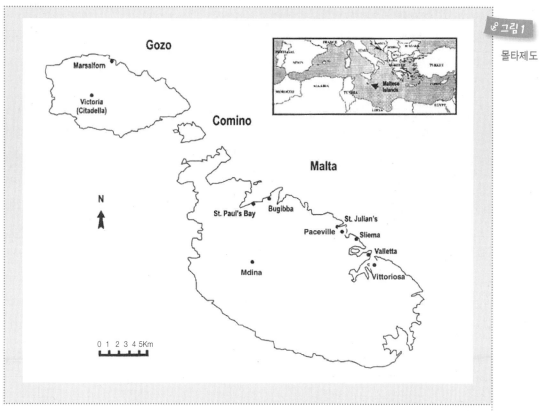

를 관광목적지로서 차별화할 수 있는 속성으로 문화를 염두(念頭)해 두고 있다. 따라서 최근 몰타정부는 시장다각화 수단으로서 역사적, 문화적 유산을 활용한 문화관광을 통해 지속가능한 관광개발정책을 추진하기 위해 노력하고 있는 것이다.

2 몰타군도의 관광개발

관광은 Lm271.4 million(Lm 1.00=2.4유로)에 달하는 2001년도 총 관광소득을 올린 몰타경제의 근간이며(MTA, 2001), 또한 40,000여개 상근 직 일자리를 창출하는데 기여하

고 있다(Mangion & vella, 1999). 몰타의 관광개발은 관광개발주기의 전형적인 고전모델로서(cf. Butler, 1980), 1950년대 말경 소규모 관광으로 시작된 이후에 급격한 양적성장단계(mid-1960s to the 1970s)를 거쳐 1980년대에 쇠퇴하였으며, 1990년대에 다시 부활하였다.

초기의 관광개발계획은 무엇보다도 관광객의 양적증가와 관련되어 있었다. 즉, 부분적이지만 무계획적인 난개발과 불충분한 관광계획과정은 물과 전기의 부족과 폐기물 과잉양산 등 지역기반시설과 관련된 많은 문제들을 야기하였던 것이다. 따라서 Malta는 빈약한 기반시설로 저비용휴가목적지의 이미지로 포지션 되었으며, 그 이상의 매력적인 관광목적지로는 어필되지 못했다. 그리고 이러한 몰타의 문제점은 1980년 몰타제도 총 방문객의 77%를 차지하고 있던 몰타의 유일시장(single market)으로서 UK관광객들에 대한 높은 의존도로 인해 더욱 악화되었다(Lockhart, 1997). 이들은 대체로 가족단위 방문객들로서, 주로 콘도 같은 휴가용도의 숙박시설에 체류하였으며, 지출수준이 낮고 계절적 편중이 심한 관광객들이었다(Callus & Bajada, 1992). 이러한 성향의 단일시장에 대한 과잉의존도는 몰타경제에 크나 큰 영향을 미쳤으며, 특히 1980년대 초(1981-1984) 영국의 경제적 후퇴로 40%의 방문객 수의 감소를 경험했던 시기에 UK의 영향력은 더욱더 심각하게 인식되었던 것이다(MTA, 2000).

따라서 1988년 몰타정부는 최초 몰타관광개발계획을 수립하기 위해 몰타의 전문가 집단에 의해 지지된 UK 컨설턴트 Horwath & Horwath를 고용하게 되었다. 그 계획은 시장의 다각화, 관광 상품의 품질강화와 관광시장개선 그리고 관광시즌의 연장 등을 성취하기 위해 7가지 마케팅 전략에 역점을 두고, 1980년대 말경에 몰타관광의 위기를 극복하기 위해 시도 된 계획이었으며, 그 계획에서 제안된 전략들 중의 하나가 바로 문화관광개발이었다.

1) Malta의 문화, 관광 그리고 문화관광

몰타제도의 관광 매력물로서 문화의 역할은 여러 단계를 통해 경험되었다. 1970년대에 이 섬들은 3S상품으로 매우 유명한 관광목적지였으며, 그 당시 간행된 관광관련 문헌들은 몰타의 전통적인 휴가상품인 3S외에 추가적인 매력물로서 문화와 역사를 제안했었다(Boissevain, 1996a). 몰타관광개발계획의 첫 번째 단계(1990-1994)가 시작되었던 1990년대 초기 때까지도 이러한 문화와 역사에 대한 강조는 지속되고 있었는데, 그것들은 몰타제도가 기타 지중해 연안의 관광목적지들과의 차별화를 위해 활용할 수 있었던 핵심매력물로서 특별히 고려했던 것이다.

Horwath & Horwath(1989: 25) 컨설턴트는 지적하기를, 몰타의 문화관광은 개선된 유적지관리, 몰타기사단(the Knights of Malta)과 같은 유적에 대한 마케팅, 지역축제와 음악회의 도입 그리고 몰타의 역사도시와 유사한 규모의 유럽도시와의 자매결연 등을 통해 발전될 수 있을 것이라고 제안하였다. 따라서 몰타관광부는 시장기반(market base)확대에 기여하는 문화상품을 구축하고 비수기(12월에서 2월)와 shoulder months(성수기와 비수기를 제외한 기간: 10월−11월, 3월−6월)동안에 방문객유치를 위해 이 제안의 일부를 이행하기 시작했던 것이다. 그 결과 종교와 민속색채를 띈 기존의 지역고유의 활동들을 보완하여 축제형태의 문화이벤트로 승화시켰으며, 특히 몰타관광부에 의해 시작된 그 축제들 중에는 성 요하네 기사단 시대(Knight of St Jonh era)에 개최되었던 이벤트들이 묘사된 역사적인 축제행렬도 고안되었다. 최초이벤트가 몰타의 중세도시인 Mdina에서 열렸지만 지역주민의 반대(Boissevain, 1996b; Boissevain & Sammut, 1994)로 Valletta와 Vittoriosa 도시로 개최장소를 옮겨 개최되기도 하였다. 그리고 기타 이벤트들로는 음악축제(Choir Festival), 몰타째즈축제(Malta Jazz Festival), 2002년에 처음 열린 불꽃축제(Fireworks Festival) 그리고 지중해 음식축제(Mediterranean Food Festival) 등이 있었다. 더불어 몰타관광부(MTA)는 지역 카니발 그리고 부활절축제 등과 같이 보다 원시적인 문화활동들도 추진하였다.

문화가 몰타관광부가 주관한 마케팅 캠페인의 주요이슈가 되면서 문화와 역사는 해외 관광마케팅문헌에서도 보다 자주 등장하게 되었다. 또한 몰타관광부의 가장 최근의 마케팅문헌에서는 다른 문화적 측면들, 특히 몰타환경의 경험적 측면 그리고 특정도시와 마을의 분위기를 강조하였는데, 네델란드에서 발간된 몰타에 대한 한 광고문안의 사례를 들면 '몰타의 방문은 당신을 과거로 거슬러 올라가게 할 것입니다. 지중해 유적과 유산을 경험하고, 몰타인의 친절함과 온화함을 즐길 수 있는 우리의 축제와 이벤트에 참여하세요. 그리고 모든 것을 떨쳐버리고 마을들로부터 격리된 비치의 고요함을 만끽하세요. 당신은 아마도 눈으로 볼 수 있는 것 이상으로 많은 것들이 몰타에 있다는 것을 발견하실 수 있을 겁니다(Verkeersbureau Malta, 2001)'라는 내용이었다.

몰타관광부의 전략적 계획(MTA, 2000)은 몰타의 독특한 관광전략으로서 문화의 역할을 강조하였으며(MTA, 2000: 22), 또한 몰타관광부의 상품계획 관리자들이 Malta와 Gozo에서 문화이벤트와 유적지에 대한 지원과 촉진에 역점을 두고 있었다(MTA, 2000:

50). 하지만 많은 시설들을 포함한 몰타의 관광산업이 해안대중관광에 보다 적합했기 때문에 몰타의 문화관광개발이 쉽지만은 않을 것으로 보인다.

3 연구방법

    본 연구를 위한 조사는 대체로 정성적 연구방법을 채택하고 있으며, 특히 인터뷰와 관광관련 문헌들이 이용되었다. 일대인 인터뷰의 대상은 Valletta 거주자(20)와 Valletta 지역협의회에 속해있는 거주자 대표, 그리고 Valletta에서 관광관련 상품에 종사하고 있는 사람들, 특히 문화이벤트 공급자(7), 가이드(2) 그리고 몰타관광부의 대표자(3) 등이다. 그 인터뷰는 Valletta가 지닌 특색, 관광과 문화관광의 역할, 그리고 관광이 Valletta의 재건을 지원하고 있는 방법과 관련하여 진행되었으며, 특히 Valletta의 미래 관광발전에 포커스가 맞추어졌다. 최종결과는 안내서, 관광브로서, MTA 문헌 등에 대한 고찰들로 보완되었으며, 그 이유는 그것들이 Valletta에 대해 방문객들 갖고 있는 이미지를 판단할 수 있는 통찰력을 제공할 수 있기 때문이었다. 그리고 Valletta에 관해 발표된 데이터나 연구들도 인용되었는데, 왜냐하면 종합된 이들 자료들이 관광 상품으로서 Valletta의 현재 상태에 대한 구체적인 그림을 제공할 수 있기 때문이다.

4 Valletta: 개요

    몰타의 수도 Valletta는 2개의 자연 항구를 측면에 두고 바다 쪽으로 돌출된 모양의 육지로, 3면이 바다로 둘러싸여 있다〈그림 2〉. 약 400년 동안 Valletta는 몰타인의 삶의 중심지이었으며, 그러한 Valletta의 중요성은 그 도시가 수행하고 있는 많은 기능들(거주, 상업, 행정, 여가와 여행)뿐만 아니라 지역에서 통용되는 Valletta의 지명에도 뚜렷이 나타나 있다. 예컨대 일상의 대화에서, Valletta는 지명이 아니라 농촌지역의 반대개념이

그림 2

몰타의 수도,
Valletta

며, 활동의 중심지, 또는 사건이 발생하는 장소라는 의미를 함축하고 있는 'the City'로
인식되고 있다.

그러나 최근에 몰타인의 삶의 허브(hub)로서 Valletta의 중요성에 대해 논란이 일고 있
다. 즉, 몰타제도의 사회경제학적 구조의 변화로 Valletta는 더 이상 활동의 주요중심지
가 아니며 수 십 년 동안 쇠퇴일로를 걸어온 도시로 간주되고 있다는 것이다. 따라서 지
난 10년(1990년대)에 걸쳐 Valletta를 부활시키려는 노력이 진행되었음에도 지방정부와
지역민들은 여전히 Valletta를 '활력을 주입시킬 필요가 있는 지역(injection of life)'으로 생
각하고 있었다. 중요한 것은 Valletta가 낮에는 활동적이지만 밤에는 비활동적이라는 것
이다. 그 점에 대해 인지도가 높은 한 가이드북은 'Valletta는 정신분열증 도시이다. 낮에
는 번성하고 분주한 도시이지만 밤에는 칙칙한 가면을 쓰게 된다. Valletta에서 모험을
경험해 보세요. 석양이 진후, 모든 상점들의 문이 닫히고 비즈니스맨들이 가정으로 돌아
간 그곳에서 당신은 전혀 다른 장소의 느낌을 갖게 될 것이다'라고 묘사하고 있다.

Valletta의 상황, 특히 Valletta가 수행하고 있는 많은 기능과 문화관광개발이 가장 직
접적으로 연관되어 있는 당면 문제점은 다음과 같다.

2001년 12월, Valletta는 7029명의 인구를 가진 거주중심의 도시로서(NSO, 2003), 도시민의 고령화에도 불구하고 Valletta 커뮤니티는 번성하였으며, 몰타제도 대부분의 타운과 도시들이 그러하듯 Valletta 역시 자기만의 고유한 생활방식을 가지고 있다. 또한 Valletta 도시민들은 교구 커뮤니티들(parish communities)에 따라서 2개의 주요정치정당에 대한 충성도에 따라 나누어지지만 도시풋볼팀에 대한 열정만은 함께 공유하고 있다. 그리고 그 커뮤니티는 강력한 대중문화를 천부적으로 물려받았으며, 도시민들의 보편적인 일상생활과 축하행사는 그 도시의 문화적 경험에 대한 색깔과 깊이를 한층 더해주고 있다.

Valletta는 몰타정부의 중심지로서 몰타의회와 법원이 위치해 있으며, 증권거래소, 그리고 주요 기업들과 은행들의 본사가 입지하고 있는 도시로서, 1970년대 말까지 주요 상업, 여가 그리고 엔터테인먼트 중심지로 인식되었던 곳이다. 비록 20세기 초반 이후 Valletta의 인구가 감소하고 있지만 당시까지만 해도 낮과 밤이 활동적이었으며 정열이 넘치던 곳이었다(Schembri & Borg, 1997). 그러나 거주도시민 생활양식의 지속적인 변화, 경제의 다각화 그리고 Valletta로부터 옮겨져 휴양과 여가활동지역으로 새로이 조성된 St Julian's와 Paceville의 엔터테인먼트 산업의 재배치 등은 결과적으로 야간활동의 중심지로서 Valletta를 서서히 후퇴시키는 결과를 낳았던 것이다.

Valletta의 또 다른 측면은 Valletta가 지니고 역사적 특징이다. Valletta는 본토의 수도인 Mdina를 대신하기 위해 16세기에 성 요하네 기사단에 의해서 건설된 계획된 군사도시였기 때문에 몰타제도의 섬들은 오스만제국(Ottoman Turks)의 잦은 공격으로부터 보다 안전할 수 있었다. Valletta는 바로크 건축양식과 도시계획의 훌륭한 사례도시로 인식되고 있으며, 이 두 가지 특성으로 Valletta는 세계문화유산도시의 명칭을 얻기도 하였다. 또한 바로크 건축양식과 몰타역사의 상징인 주요건축물들을 볼 수 있는데, 그것들은 바둑판무늬의 묘비 같은 독특한 마루를 가지고 있으며 Caravaggio가 그린 'Beheading of St John' 그림이 소장되어 있는 성 요한교회(St John's Cathedral)와 더불어 기사단이 만든 여인숙과 건축물, 유럽에서 가장 오래되었지만 여전히 이용되고 있는 바로크양식의 극장, 그리고 유럽에서 가장 긴 지지대 없는 천장으로 된 신성한 진료소(the Sacra Infermeria) 등을 포함하고 있다. 또한 정원과 수많은 교회와 궁전, 박물관들이 입지하고 있으며, 도시는 요새화된 벽으로 둘러싸여져 있다. 그리고 내륙의 가장 위쪽에 있는 세인트 엘모성(Fort St Elmo)은 몰타의 변화무쌍한 역사를 나타내는 하나의 중요한 랜드마크이다〈그림 2〉. 이와 같은 유적지들과 더불어 Valletta의 독특한 입지는

해안관광 개발계획 coastal mass tourism

2개의 자연 항구를 가로질러 펼쳐져 있는 드라마틱한 경관을 제공하고 있다. 항구로부터 보이는 Valletta 도시와 교회경관은 몰타제도를 소개하기 위한 이미지로서 관광문헌에서 자주 활용되고 있으며(Theuma, 2002), 더불어 Valletta가 보유하고 있는 역사적 요소들은 문화도시로서 Valletta의 위상을 보여주는 매우 중요한 것들이다. 이미 설명된 대중문화(popular culture)를 제외하고도 그 도시는 박물관들(개인, 공공, 교회박물관)과 4개의 극장 그리고 한 개의 시네마 단지를 보유하고 있으며, 지역음식을 제공하는 레스토랑들이 있어서 몰타문화의 또 다른 모습들에 대한 예지(叡智)를 가능하게 하고 있다.

Valletta는 또한 관광도시로서 매년 평균 100만 명의 관광객을 유치하고 있는 것으로 추정되고 있다. 몰타제도를 방문하는 거의 모든 관광객들은 적어도 한번은 Valletta를 방문하고 있으며, 일부는 체류기간 동안에 재방문을 하고 있다(mangion & Zammit Trevisan, 2001). 그리고 Valletta 동쪽의 자연항구인 Grand Harbour를 경유하는 정기 크루즈 승객들의 주요 여정지이기도 하다〈그림 2〉. 그 도시와 관련된 기사는 국영항공사에 의해 출판되고 있는 기내잡지에 정기적으로 기고되고 있으며, 안내서와 관광브로셔로서 같은 홍보책자들은 상당한 공간을 할애하여 Valletta를 홍보하고 있다. 요약하면, Valletta는 몰다 총 관광생산의 핵심적인 역할을 하고 있는 것이다.

그러나 관광도시로서 Valletta의 역할은 주로 Valletta가 지닌 관광명소들과 어메너티가 전부다. 좀 더 구체적으로 언급하면, Valletta는 몰타제도의 총 침대수용력(bed capacity)의 1.5%만을 제공하고 있으며, 이것은 5개 호텔과 5개 게스트하우스가 전부인 Valletta의 적은 침대공급비율을 의미하고 있는 것이다〈표 1〉.〈표 1〉은 Valletta의 숙박시설들이 대부분이 3스타 호텔들과 단지 1개의 5스타 호텔만으로 구성되고 있는 범주

시설구분	수 량	위 치	침대 수
호 텔			
5	1	Floriana	254
3	2	Valletta	201
2	1	Valletta	80
1	1	Valletta	44
게스트 하우스			
3급	5	Valletta	84
합계	10		664

표 1

Valletta의 호텔, 게스트하우스 그리고 침대의 수

■ 출처: MTA(2003)

의 단조로움을 보여주고 있다. 그리고 이것들이 도보거리 내에 있다지만, 실제로는 대부분이 Valletta가 아닌 Valletta 입구의 Floriana 읍에 위치하고 있다. 최근 몇 년 동안 Valletta는 숙박시설부문에 어떠한 투자도 유치하지 못하고 있으며, 특히 야간활동은 관광숙박시설과 근접하여 유발되기 때문에 숙박시설의 부족은 Valletta의 지속가능한 관광을 위한 치명적인 약점이 되고 있는 것이다.

반면에, Valletta는 방문객들에게 총 48개의 고급레스토랑과 비교적 저렴한 음식점(MTA, 2003), 문화적 명소(공공, 개인, 교회 박물관, 시청각 센터, 그리고 4개의 극장), 여가와 엔터테인먼트 시설(1개의 시네마 센터, 쇼핑 시설) 등 많은 어메너티를 제공하고 있다. 이러한 많은 어메너티들이 지역의 고유한 특성과 역사유적지 그리고 건축물 등과 함께 Valletta를 관광객들에게 어필될 수 있는 상당한 잠재력을 지닌 중요한 문화적, 역사적 중심지로 만들고 있는 것이다.

숙박시설은 지난 10년에 걸쳐 감소하고 있는 반면에(Mangion & Zammit Trevisan, 2001: 12), 문화상품과 음식을 제공하고 있는 사업체의 수는 증가하고 있다. Valletta 시장에 따르면, 캐더링부문은 2배로 증가하였다고 한다. 그러나 가장 중요한 약점은 문화상품과 레스토랑이 도시의 특정지역과 특정시간, 즉 Valletta의 배면(背面)에서 하루 중 아침시간으로 제한적으로 운영되고 있다는 것이다. 따라서 Valletta는 하나의 관광도시라기보다는 단순관광지로 여겨질 수밖에 없다는 것이다.

다시 말하면, 이 모든 특징들이 Valletta를 하나의 박물관으로 만들고 있다는 것이다. 왜냐하면, 관광객들이 체류보다는 단지 방문을 위한 곳으로 생각하기 때문이다. 비록 일부 투어공급자들이 Valletta를 휴식을 위한 장소로서 홍보하고 있음에도 불구하고, 그 도시에 대한 관심은 여전히 저조한 수준으로 유지되고 있는 것이다.

도시박물관이 제공하고 있는 자료와 가이드, 여행사, 거주도시민 그리고 Valletta 지방의회의 견해를 분석해보면, Valletta의 전형적인 방문객들은 가이드를 동반한 반나절 투어관광객들로 파악되었다. 가이드를 동반한 이러한 도시 관광은 종종 '어퍼 바라카 가든(Upper Barracca Gardens)', '성 요한 대성당(St John's Co-Cathedral)', 의회의 의석과 대통령 집무실(the Palace State Rooms) 그리고 오디오비주얼 쇼(audio-visual show)를 필수코스로 돌고 있으며, '어퍼 바라카 가든(Upper Barracca Gardens)', '성 요한 대성당(St John's Co-Cathedral)', 의회의 의석과 대통령 집무실(the Palace State Rooms)을 제외한 다른 도시 관광의 코스는 80년 동안 변하지 않고 있다(Theuma, 2002). 때때로 일부 여행사들이 미술박물관 또는 고고학박물관, 일요마켓(Sunday market) 또는 성 주변의 드라이브코스를 방문일정에 포함시키고 있지만, 단지 1곳의 여행사만이 도시의 올데이 투어(all day tour) 프로그램을 제공하고 있는 것으로 나타났다. 또한 Valletta를 방문하고 있는 개인관광객들은 위에서 묘사된 패턴을 따르기도 하지만 익숙한 코스 외에 모험가이드북을 참고하여 종종 예정된 투어를 넘어 모험을 추구하기도 한다. 외래관광객들이 Valletta에서 보내는 평균시간은 가이드 동반 방문객을 기준으로 5시간을 조금 넘기고 있으며, 개인관광객 기준으로는 6시간을 약간 상회하고 있(Mangion & Zammit Trevisan, 2001). 이렇게 상대적으로 짧은 관광객체류가 도시경제에 미칠 수 있는 이들의 영향력을 감소시키는 주요원인이 되고 있는 것이다. Mangion & Zammit Trevisan(2001)은 Valletta 방문객들이 1인당 평균 Lm13.95를 지출하고 있으며, 이것은 매년 Lm15 million에 이르고 있는 것으로 추정하였다. 그리고 비록 이 수치는 휴가기간 동안 몰타관광객 1인당 1일 지출의 거의 두 배에 해당되는 금액이지만, 정치가와 문화상품 공급자들은 Valletta가 보다 높은 방문객지출을 유발할 수 있는 충분한 잠재력을 보유하고 있음에도 불구하고, 보유매력물의 양에 비해 관광객들의 지출수준이 너무 낮다고 평가하고 있다고 주장하였다. 하지만 비록 기념품과 장인세공품의 품질악화로 보다 많은 지출을 위한 충분한 동기부여를 제공하지 못하고 있지만 그 정도라도 유지되고 있는 것은 음식, 유적지, 그리고 기념품 등에 대한 관광객들의 지속적인 지출에 기인하고 있다. 그리고 현 장인산업의 무능력(inability)은 보다 많은 관광객소비의 잠재력을 갖고 있는 크루즈 산업에도 영향을 미치고 있다. 반드시 그렇지는 않지만, Valletta는 크루즈 승객들에게 중요한 매력물이기 때문에 만일 그들에게 양질의 기념품 또는 장인세공품이 제공될 수 있다면, 그들의 지출수준은 개선될 것이다. 따라서 장인산업의 무능이 잠재적으로 도시경제에 피해를 주고 있는 것이다.

5 Valletta의 재건

Valletta의 재건문제는 지난 10년 동안 논란의 중심에 서왔다. 정부나 관광기업들 모두가 그 도시를 재건하여 과거의 찬란했던 시절을 회복하기 위해 노력하고 있으며, 그러한 노력은 역사적 기념물이나 건축물을 대상으로 이루어졌다. 그리고 관광보다는 대

체로 Valletta 도시자체와 주변 환경의 복원에 중점을 두고 있었다. 따라서 Valletta의 도시민들, 대체로 몰타국민들, 그리고 방문객들 모두는 정도의 차이는 있겠지만, 모두가 유사한 수혜자들이라고 할 수 있을 것이다. 다음은 Valletta의 재건을 위해 취해진 다양한 조치들을 요약한 것이다.

도시의 다기능적인 용도와 특성 같은 상이하면서 특정한 일면들을 표현하는 Valletta 재건을 위한 많은 노력들이 진행되었으면서도 'Valletta 재건위원회(the Valletta Rehabilitation Committee(VRC)', 'Valletta 지방협의회(the Valletta Local Council(VLC))' 그리고 '몰타관광부(the Malta Tourism Authority(MTA))'는 보다 평범한 Valletta의 재건을 추진하고자 하였다.

VRC는 1992년에 방문객에게 관심을 받을 만한 본래의 외관으로 Valletta를 복원시키자는 목표를 가지고 '자원시설부(Ministry for Resources and Infrastructure)'의 일부로서 설립되었다. VRC의 취지는 즉각적인 관심을 필요로 하는 지역을 위해 마련된 다양한 특별프로젝트들을 활용하여 도시의 건물과 환경을 복원시키는데 있었다. 이 프로젝트들은 도시의 특성과 조화된 역사기념물의 복원, 주요 보행지역의 도로포장, 店頭(점두)의 복원 등과 그리고 거리를 지저분하게 만들었던 노출된 전선과 전화 케이블의 제거 등을 포함하고 있었다. 또한 VRC는 도심의 대로인 'Republic Street'과 성 일부의 조명을 밝히기 위한 프로젝트를 계획함으로써 Valletta를 야간에 보다 매력적이고 안전한 도시로 만들고자 하였지만 이 프로젝트는 재원부족으로 완성되지는 못했다.

지방정부의 가장 작은 규모인 지역협의회(Local Council)의 설립은 도시의 재건을 도모하는 또 다른 수단이었으며, 1993년 처음 설립된 그것의 핵심목적은 각 지역의 특성을 유지하고 보존하는데 있었다. 오랫동안 지역협의회들은 몰타타운들과 마을들의 정체성 강화를 위해 노력해왔으며, 인공유적의 부분적 복원, 지역예술가, 시인, 그리고 봉사주의자 대한 중요성 인식 그리고 아름다운 자연환경조성 등을 추진해 왔다. 그리고 이것들의 활동은 Valletta의 도시민들로 하여금 점점 그들의 주위환경과 유산을 보다 더 중요하게 인식하도록 만들었다. 또한 관광은 엄밀히 말해 지역협의회의 업무검토사항으로 분류되지는 않았지만, 주요관광중심지인 Valletta와 같은 지자체의 지역협의회들은 제한적으로 관광에 대하여 영향력을 행사하기도 하였다.

Valletta 지역협의회의 업무는 도시의 부활과 도시의 주요문제점들의 규명을 지원하는 것이었다. 그중에서도 특히 거리청결의 문제는 Valletta가 상업센터로서 매일 노천

해양관광과 개발계획 coastal mass tourism

시장이 열리고, 30,000명의 통근자가 유동하고 있었기 때문에 매우 중요한 사안이었다. 상당부분의 협의회예산이 쓰레기수거를 위해 지속적으로 지출되고 있었으며, 오늘날 Valletta가 청결도시 된 것도 바로 이 때문이다. 한 여성은 말하기를, 지금의 그 도시는 과거보다 훨씬 청결해졌으며 그 도시에 살고 있다는 것에 자부심을 갖고 있다고 말하기도 하였다. 또한 Valletta는 시각적으로 거슬리고 방치된 채 황폐화된 건물들 때문에 몸살을 앓고 있었다. 따라서 지역협의회는 그 건물들을 정리하여 Valletta의 저지대를 재건하는 프로젝트를 이행하였으며, 관광활동과 비즈니스가 촉진될 수 있도록 캐더링 업소들의 보다 많은 대중공공공간의 활용을 장려하기 위해 해당업체들과 공조하기 시작했다. 지역협의회의 자료에 따르면, 지난 10년 동안 두 배로 증가된 캐더링 업체들은 도시 본래의 분위기에 악영향을 미치고 있다고 보고하고 있다. 한편, 지역협의회는 자금난으로 일에 어려움을 겪고 있었으며, 그것은 각 지역협의회의 예산이 거주민의 수에 기초를 두고 편성되고 있었기 때문이었다. 하지만 Valletta는 매일매일 도시인구의 4배에 해당하는 방문객들과 통근자들을 수용하고 있었음에도 불구하고 그러한 상황이 고려되지 않고 있었던 것이다.

Valletta의 재건을 지원하고 있는 세 번째 조직유형은 몰타의 관광기관들, 특히 몰타관광부이다. 앞서 논의 된 바와 같이 몰타관광개발계획(Malta Tourism Development Plan)의 권고에 따라 NTOM(MTA의 전신)은 몰타의 도심에 역사이벤트를 계획하기 시작했다. 1996년에 'the Valletta Historical and Elegance Festival'이 처음 개최되었으며, 이 축제가 Mdina에서 개최되었을 때 일었던 Mdina 내륙타운의 거주자들의 비난이 Valletta에서는 야기되지 않았다. 그 이유들 중의 하나는 Mdina와는 달리 Valletta에서의 축제가 상업지구와 대규모 빌딩이 집중된 도시거주지역과 떨어져 개최되었기 때문에 도시의 문화 활동은 증가된 반면에 거주민에 미친 영향은 제한적이었기 때문이다. 이 문화적 이벤트들은 콘서트, 리사이틀, 민속음악과 춤, 미술전시회 그리고 야외구경거리 등을 포함하고 있다. MTA는 콘서트와 전시회를 위한 장소로서 대체로 일반인에게 패쇄(閉鎖)된 기존의 건축유적과 빌딩들을 활용하고 있었으며, 결과적으로 그와 같은 장소에 방문객의 접근을 허용함으로써 그들의 문화적 경험을 고양시켰던 것이다.

축제이벤트는 관광객들이 그 도시를 방문하는 낮 시간에 열리도록 계획되었다. 즉, 관광객들을 붙잡기 위하여 아침 10시부터 이른 오후 사이에, 그래서 그 주에 관광객들이 Valletta에 올 때마다 뭔가를 볼 수 있도록 기회를 제공했던 것이다. 그러나 이러한

포맷은 비즈니스 커뮤니티로부터 비난을 받기도 했는데, 왜냐하면 어떤 점포주인은 방문객들이 아침시간의 혼란을 가중시키고 있기 때문에 비즈니스를 위한 그런 시간대는 효율적이지 않으며, 오히려 방문객의 활동을 필요로 하는 저녁시간의 한산함을 불평하였다. 따라서 Valletta의 축제는 관심을 유발시키긴 했지만 반면에, 훨씬 수요가 많은 오후와 저녁시간동안에 도시부활을 위한 성공적인 이벤트가 되지는 못했던 것이다.

또한, MTA는 축제와 더불어 격주 일요일마다 세인트 엘모성(Fort St Elmo)에서 성 요하네 기사단시대의 요새생활의 재현을 구성하고 있었다. 이 이벤트는 외래방문객들 사이에서 상당한 관심을 유발시키고 있었으며 몇 년 전까지만 해도 한가했던 일요일 아침에 일부 상점들이 오픈되도록 만들기도 했다.

Valletta의 야간시간을 활기차게 만들기 위한 노력차원에서, 비즈니스 커뮤니티의 지원을 받은 MTA, VLC 그리고 박물관관리부는 2001년 4월에 'Valletta Evenings'이라 불리는 시범사업(pilot project)에 착수하였다. 이것은 4월 한 달 내내 Valletta의 여러 지역에서 저녁에 개최하는 문화축제들을 포함한 프로젝트로서 축제가 끝난 이후에도 비즈니스 커뮤니티로 하여금 영업을 지속하도록 유도함으로써 지역식당들을 지원할 수 있을 것으로 기대되었던 사업이었다. 비록 이 사업의 효과가 즉시 감지되지는 않았지만 반면에, 개발을 위한 다른 시범사업들이 착수되기에 충분한 관심을 유발시켰던 것이다. 실제로 2001년 말경에 Manoel 극장, 몰타대학, MTA 그리고 VRC 등이 야간음악프로그램 시리즈를 계획하게 되었으며, 이 음악프로그램들을 때때로 대중들에게 개방되지 않은 빌딩에서 개최함으로써 상품의 지속가능성을 확보할 수 있도록 지원하였다.

Valletta의 다양한 문화단체들은 도시의 재건에 기여하고 있는 4번째 유형의 에이전시(agency)다. 그 도시는 광대한 문화적 자산을 보유하고 있음에도 불구하고, 현재 저녁시간동안에만 이른바 음식과 시각 및 행위예술 등 단지 2가지 분야에 관련해서 문화행사들을 개최하고 있었다. 따라서 이 야간문화행사들은 수요자욕구 해소에 일익을 담당하고 있었지만 아직은 매우 초기단계에 불과했다. 한편, 지난 10년 동안 캐더링 업체수가 두 배로 증가 된 반면에 저녁시간에 오픈하는 곳은 극소수에 불과했으며, 일부는 단지 그 주의 특별한 날에만 오픈하고 있는 형편이었다. 그리고 시각예술과 행위예술분야는 극장 쇼부터 미술전시회, 토론, 극장과 음악까지 다양한 이벤트 일정을 포함하고 있었으며, 이런 상품들은 현재 Paceville와 St Julian에서 엔터테인먼트를 즐기지 않는 특정연령층의 몰타국민들의 지지를 받고 있다. 그러나 부분적이긴 하지만 음식 그리고 시각 및 행위예술 등 두 가지 문화상품이 상호보완관계에 놓여 있다고 볼 수 없기 때문에, 아마도 수요자들의 욕구가 완전히 충족되기는 어려울 것이다. 따라서 대부분의 영업이 11시까지 허가가 되어있음에도 불구하고 대부분의 레스토랑들은 이벤트 행사가 끝나는 시간 즈음에 영업을 마치고 있는 실정이다.

6 분석결과에 대한 논의

Valletta의 재건을 평가할 때, Valletta가 이행하고 있는 다양한 기능들과 그 기능들의 이행방식은 반드시 관찰되어야 했지만, 지금까지 논의 된 내용들 중에서 도시민의 주거분야 는 고려되지 않았다. 그러나 도시재건을 위한 노력들이 비즈니스와 주거커뮤니티 모두에 긍정적인 영향을 미친 것으로 여겨진다. 왜냐하면 Valletta가 과거 사회문화적 품질악화로 얻었던 나쁜 평판으로부터 벗어나고 있었기 때문이다. 이에 대한 근거를 제시해보면, 환경개선이후 도시민들은 자신들의 도시가 살기 좋은 곳이라고 느끼고 있었으며, 더불어 늘어난 비즈니스는 Valletta 도시민의 취업기회에 간접적인 영향을 미치고 있었다. 부연하면, 비록 거주시민들이 운영하는 점포들이 단지 전체의 15%에 불과했지만, 많은 도시민들이 소매보조원으로서 일자리를 제공받고 있었던 것이다.

Valletta의 도시민들은 보다 활기 찬 도시를 열망하고 있지만, 반면에 도시재건이 많은 문제점들을 가져올 것이라는 예상 또한 하고 있었다. 그 문제점들 중에서 도시민들에게 종종 회자되고 있는 한 가지는 바로 주차문제였다. 주차문제는 이미 심각한 수준에 이르렀으며, 특히 도시로의 통근자들이 많은 공간을 차지하는 낮 시간 동안에는 더욱 그러했다. 그리고 부족한 주차공간은 야간활동이 증가하고 있는 지역에도 악영향을 미치고 있었다. 또 다른 문제점은 여러 해 동안 남용되어 현재는 저장창고나 차고로 이용되고 있는 빌딩들과 관련되어 있다. Valletta의 재건위원회와 지역협의회는 빌딩들의 상태와 관련하여 보다 많은 일들이 필요할 것으로 판단했으며, 비록 빌딩등록이 착수되었다고는 하나 그 일을 끝마치기에는 필요한 돈과 시간이 부족한 상태라는 것을 인식하고 있었다.

당시, 정부에 지나치게 의존적이던 Valletta의 개선은 재원(財源)마련의 어려움으로 지속적으로 진행되지 못하고 있었다. 이에 관련해서 인터뷰에 응했던 도시민과 비즈니스 커뮤니티의 멤버들은 Valletta의 분위기와 활력을 복원하기 위해 계획된 프로젝트들, 예컨대, 세계 2차 대전 당시 심각하게 훼손되었던 낡은 오페라 하우스의 리모델링, City Gate 프로젝트, 그리고 등 많은 소규모 프로젝트들의 보류를 아쉬워하고 있었다. 또한 도시개선을 위해 보다 많은 조정과 연계프로젝트들이 요구되었는데, 한 정보제공자에 의하면, 정부가 대규모 프로젝트에 많은 양의 돈을 지출하는 것보다 현재 진행 중인 프로젝트를 완료하거나 특정 기간 내에 완성될 수 있는 규모가 작고 실행 가능한 프로젝트에 좀 더 많은 노력을 집중해야만 한다고 말하고 있었다. 또 다른 응답자는 말하기를, Valletta는 완성되기 어려운 대규모 프로젝트보다 특정지역에서 수행되는 소수의 작은 프로젝트로부터 더 많은 혜택을 받았다고 주장했으며, 심지어 어떤 응답자는 일정에 맞추어 끝나지 못하는 프로젝트에 대해 페널티제도가 도입되어야 한다고 제안하기도 하였다.

Valletta의 정치대표자들과 관련하여 나타난 이슈로는 관광당국이 Valletta를 3S 관광 상품의 일부로서 홍보하고 있으며, 차별화된 도시상품으로는 어필하지 않고 있다는 점이다. 이것은 Boissevain & Sammut(1994)에 의해 보고된 몰타의 Mdina와 같은 특히 소규모 역사도시로부터 비롯된 문제점이었다. 그리고 비록 MTA가 몰타의 전략적 개발계획에서 3S 관광 상품이 더욱더 문화관광을 촉진할 것이라고 주장했지만, 실제로 그것은 Valletta를 문화관광목적지로서 인지시키지 못하고 있었던 것 같다. 또한 MTA 그리고 Valletta 홍보와 관련된 다른 어떠한 단체에 의해서도 홍보인쇄물에 대한 주문은 거의 없었으며, 게다가 지도에는 도시의 주요관문으로 표시된 것 외에 관광객이나 지역민에게 Valletta가 정말로 세계적인 문화유산도시로 짐작될 수 있는 어떠한 내용도 실리지 않았다. 응답자들 중에는 몰타가 아직까지 문화이벤트 유치를 위해 Valletta의 잠재력을 적절하게 개발한 적이 없다고 주장한 사람들도 있었다. 그러나 Valletta는 여가, 엔터테인먼트 그리고 문화적 경험의 환상적인 조합을 보유하고 있음으로 다른 어떠한 몰타의 매력물보다 문화에 관심을 갖고 있는 많은 관광객들을 유치할 수 있는 잠재력을 갖고 있는 것으로 판단된다.

만일 Valletta의 개선을 위해 보다 전반적인 접근이 채택되었더라면 Valletta의 재건은 아마도 보다 빨라졌을지도 모른다. 하지만 현재, Valletta는 상호간의 협력이 제한된 채로 독립적으로 활동하는 단체들이 너무나 많이 난립하고 있다.

문화의 중심지인 Valletta의 브랜드로서 세계문화유산도시를 활용했다면 그 잠재력은 훨씬 효과적으로 개발될 수 있었을 것이다. 왜냐하면, 실제로 대다수 몰타인이나 방문객들은 Valletta가 이러한 위상을 갖고 있었다는 것조차 인지하지 못하고 있었기 때문이며, 만일 인지도가 높았다면 도시에 대한 더 큰 관심이 기대되었기 때문이다. 그리고 사람들의 기대와 경험 또한 달라졌을 것이다. 이러한 맥락에서, 한 시민의 말을 인용하면, 최근 많은 길거리 악사들이 다양한 상품들을 팔면서 도시입구를 점유하고 있는데, 그들이 도시의 캐릭터와 조화를 이루지 못하고 있다는 이유로 그들의 상행위허가가 철회되어야 한다고 주장되고 있다는 것이다.

한편, Valletta의 문화단체들은 비록 행위예술이 전달하는 메시지에 대해 서로 이견(異見)을 보이고 있었지만, Valletta의 매력물로서 행위예술 같은 특별한 문화상품들을 발굴하는데는 서로의 힘을 아끼지 않았다. 그러나 문제는 현재의 행위예술들이 지역문화를 대표한다거나 지역예술가들의 작품을 홍보하지 않고 있다는 것이다. 이에 대해 한 극장 책임자는 '우리는 과연 어떤 형태의 퍼포먼스를 창조하고 있는가? 우리는 방문객들이 자신들의 나라에서 이미 경험했던 것들을 단지 재생산 하는 일에만 몰두하고 있는 것은 아닌가? 지역상품과 지역음악은 어떨까? 우리들은 이것들을 좀 더 홍보하도록 노력해야만 한다.'고 언급하였다.

이런 견해는 현재 제공되고 있는 문화상품 전체에 대해 반향을 일으킨 하나의 중요한 이슈가 되고 있다. 다시 말하면 비록 Valletta의 재건이 Valletta의 문화자산개발을 포함하고 있었지만, 지역문화가 반영되지 않은 문화자산을 제공할 가능성이 충분하다는 것이다. 이것은 Valletta의 재건이 문화의 과도한 상업화를 부추길 수 있다는 위협에 대해 경계하고 있던 문화상품 공급자들에게는 매우 중요한 일이 아닐 수 없었다. 따라서 Valletta의 재건은 반드시 지역문화의 정체성과 인식에 대해 자부심을 갖도록 지역민에 대한 독려가 수반되어야 할 것이다.

도시재건에 중요한 또 다른 핵심요소는 바로 그곳에 살고 있는 지역민들이다. 현재 Valletta는 거주자가 없는 목적지로 알려져 있지만, 사실상 지역민은 굉장히 가치 있는 자산임에는 틀림없다. 그 이유는 관광객들이 도시의 전반적인 분위기나 지역민의 행위가 반영된 도시의 정취에 관심을 갖고 있기 때문에 지역민들의 행위가 관광객 유치에 매우 큰 영향요인으로 작용할 수 있기 때문이다.

한편, 교통은 Valletta의 매우 큰 문제점이다. 낮 시간에는 모든 지역으로부터 대중 교통수단을 이용하여 쉽게 접근될 수 있지만, 특정지역으로 오가는 교통서비스가 저녁 9시면 중단되는 까닭에 야간에는 그렇지 않다는 것이다. 이것은 관광목적지로서 Valletta에게 제약요인으로 작용할 수가 있다. 비록 몰타의 다른 2개의 주요 엔터테인먼트 센터인 Paceville와 St Julian's도 동일한 문제로 어려움을 겪고 있기는 하지만, 이들 센터는 대규모 관광객 숙박시설로부터 도보거리에 위치하고 있기 때문에 상대적으로 유리한 입장에 있다고 볼 수 있다. 또한 Valletta는 심각한 주차공간의 부족문제를 안고 있기 때문에 주차를 위해서는 도로이용 수수료에 추가요금을 지불해야 하는 부담을 안고 있었다.

효과적인 관광경영을 위해서는 소수의 영향력 있는 이해관계자들이 상호 유리한 방식으로 특정장소 또는 행위에 대한 관리방법의 합의에 관여를 해야만 한다. Valletta에서 관광과 관계된 이해관계자들 사이의 유대관계는 다양한 프로젝트에 대한 방관적 입장부터 적극적으로 공조하는 입장까지 매우 다양하지만, 보다 더 많은 상호공조가 요구되고 있는 것이 사실하다. 예를 들면 특정시설에 대한 마케팅차원에서, Valletta에 있는 모든 레스토랑이 한꺼번에 소개된 단일출판물이 존재하지 않으며, 보다 구체적으로 말하면, 각 도시의 매력물들과 시설들이 함께 묘사된 포괄적인 정보지가 필요하다는 것이다. 또한 도시재건은 Valletta에 대한 모든 정보를 갖고 있는 전용관광안내소를 통해 촉진될 수도 있으나, 현재 도시입구에 위치하고 있는 안내소는 일반적인 평범한 안내소로서 Valletta에 대한 포괄적인 정보를 제공하지 못하고 있는 실정에 있다.

 7 결론

Valletta의 재건은 대체로 일반적인 환경개선과 기념물복원 그리고 야간비즈니스를 활용한 '문화적인' 엔터테인먼트를 촉진함으로써 외부인들을 유인하는데 초점을 두고 있었다. 그리고 이를 위해 커뮤니티들과 관광관련단체들이 시행했던 조치들은 점차적으로 Valletta에 대한 몰타인들의 인지도를 상승시키는 긍정적인 결과를 낳았다. 하지만 Valletta의 르네상스가 문화이벤트의 확대 또는 빌딩장식만으로 반드시 도래될 수는 없었으며, 따라서 Valletta가 지금까지와는 다른 포괄적으로 조명되어야 한다는 견해가 대두되었던 것이다. 하여 Valletta의 관광촉진에 기여할 수 있는 몇 가지 방법을 제안하면 다음과 같다.

첫째, 관광의 맥락에서 볼 때, Valletta는 역사 깊은 예술과 문화의 목적지로서 인식될 필요가 있으며, 빌딩, 공지(空地) 그리고 도시의 독특한 특성을 지닌 Valletta의 도시민들 간의 조화에 보다 많은 관심을 가져야 할 것이다.

둘째, Valletta는 지리적으로 '배면지역'과 '후면지역', 그리고 문화적으로 '귀족문화', '대중문화' 등 4개 부분으로 구분되어 있지만, Valletta 재건을 위한 문화적 대안들은 다양한 관광매력물들을 보유하고 있는 Valleta의 '후면지역'을 대상으로 이행되어야 할 것이다. 이 지역은 정원, 성채, 빌딩, 최근에 다시 개장한 전쟁박물관, 그리고 Grand Harbour 맞은편에 위치하고 있는 세 도시들의 경관 등을 포함하고 있지만, 무엇보다도 Valletta 생활양식에 관한 방문객들의 경험을 위해 풍부한 기회를 제공할 수 있기 때문이다. 예를 들면, 오래된 채소상인, 다방, 경쟁관계에 있던 오래된 교구와 풍부한 종교적 구경거리 그리고 자신들의 일상생활에 대해 수다 떠는 사람들 등 다양한 모습들을 발견할 수가 있다. 또한 많은 비즈니스로 이문(利文)을 창출했던 낡고 비어있는 바와 작은 레스토랑 등도 볼 수 있다. 그러나 문제는 일요일 아침 세인트 엘모성(Fort St. Elmo)에서 열리는 'The InGurdia Event'를 보기 위해 이 지역을 찾는 방문객들이 가벼운 식사를 할 수 있는 곳은 현재 어디에서도 찾아볼 수 없다는 것이다. 따라서 그러한 문제점들이 개선만 된다면 '후면지역'은 다른 어느 지역보다 더 많은 관광 상품들이 촉진될 수 있는 잠재력을 보유하게 될 것이다. 마지막으로 커뮤니티단체들은 충분한 재원을 갖고 있지 않기 때문에 많은 사업들이 여전히 답보상태에 있다. 따라서 이런 문제들을 해결하기 위해 보다 많은 관심이 요구되고 있다.

15

커피숍갬블과 카지노:

북 키프러스의 카지노 관광에 대한 문화적 반응

해양관광 개발계획 coastal mass tourism

15

커피숍갬블과 카지노:
북 키프러스의 카지노관광에 대한 문화적 반응

Julie E. Scott

International Institute for Culture, Tourism and Development, London metropolitan

University

 1 서 론

광범위하게 확산된 도박문제와 카지노가 조직화된 범죄 및 부패정치인과 연루되어 있다는 보도가 증가함에 따라 터키정부는 1997년에 마침내 국민과 정치적 압력에 못 이겨 상업카지노부문을 폐쇄하게 되었다. 따라서 카지노산업의 대부분이 즉시 Turkish Republic of Northern Cyprus(TRNC)로 그 운영이 이관되었던 것이다. TRNC는 영국의 지배로부터 키프러스가 독립된 지 14년이 되었을 때인 1974년 키프러스 대통령 Makarios에 대한 그리스의 군사정부의 대항결과로, 키프러스의 분리로부터 독립하게

된 소규모의 잘 알려지지 않은 국가이다. 당시 터키는 단호한 군사개입으로 터키계 키프러스 국민들에 대한 위협에 적극 대응하였으며, 터키군대는 그 이후로 계속 그 섬에 주둔하게 되었다. 1974년 이전에는 타운과 마을에 이웃하여 있거나 또는 서로의 마을들이 각각 따로 떨어져 키프러스 섬 전체에 분포되어 있었지만, 이제는 UN에 의해 통제된 'Green Line'의 남쪽과 북쪽을 맞바꾸어 그리스계 키프러스인들과 터키계 키프러스인들이 다시 정착하게 되었던 것이다. 1974년 이래 독립된 키프러스 공화국 정부는 키프러스 섬의 남부 2/3로 사실상 제한되었지만 국제적으로 승인을 받은 반면에, TRNC는 터키에 대한 정치적, 경제적 의존도의 강화로 국제적 보이콧이나 통상금지를 받기 쉬웠으며, 여러 차례의 협상라운드에도 불구하고 지금까지 키프러스 분쟁에 대한 정치적 협의를 이끌어 내지 못하고 있는 상황에 놓여있는 것이다.

비록 상업적 카지노도박이 북 키프러스의 빈약한 관광 상품을 다양화하고 투자유치 촉진을 위한 노력의 일부로서 1975년 초에 정착되긴 했지만, 지난 10년에 걸쳐 북 키프러스 관광경제의 카지노에 대한 의존도는 점점 높아져 오히려 그 의존도는 터키에서 상업적 갬블링이 금지된 이래로 한층 더 강화되고 있었다(Scott, 2001a). 또한 카지노시 장수요의 측면에서, 비록 이스라엘 방문객들의 역할을 무시할 수는 없지만 가장 큰 수요자는 터키관광객들로서 대부분이 주말패키지여행(all inclusive weekend trip)으로 이스탐불(Istanbul), 앙카라(Ankara), 또는 이즈미르(Izmir)로부터 짧은 비행시간을 이용하여 지속적으로 TRNC 의 카지노를 방문하고 있다(Scott & Asikouglu, 2001). 한편, 1997년 이래로 카지노 수는 20개가 넘는 4배 이상으로 증가되었으며, 또 다른 20개의 카지노가 허가를 기다리고 있는 중이다. 반면에 야기될 수 있는 사회적 영향에 대한 지역의 우려 또한 배로 높아진 상태이다.

터키계 키프러스시민들은 물론 TRNC에서 유학중인 다국적 학생들은 비교적 적은 벌금형보다는 법원소송이라는 사회적 오명을 씌우거나 갬블참여자의 공표(公表) 등과 같은 효율적인 방법으로, 카지노뿐만 아니라 사실상 그 섬에서 운영되고 있는 모든 형태의 도박에 참여할 수 없도록 제제를 받고 있다. 그러나 북 키프러스의 카지노관광에 관한 본 연구기간동안(Scott, 2001a; Scott & Apykolu, 2001), 저자는 친구나 지인들과의 일상적인 대화 속에서 터키계 키프러스인 가족의 도박중독에 관한 많은 사례를 듣고 놀라지 않을 수 없었으며, 심지어 보다 더 놀라운 것은 내가 들었던 많은 사례들이 상업적 카지노 갬블링이 도입되기 훨씬 오래전부터 존재했었다는 사실이었다. 한 여성정보

제공자는 말하기를, 터키계 키프러스인 남편과 가족이 그 섬에서 살아온 지난 5년 동안 그러한 사례들은 결코 외부에 알려지지 않았으며, 따라서 도박은 여전히 지속되고 있고 상대적으로 널리 퍼져있어 때때로 문제의 원인을 제공하고 있음에도 불구하고 사회적으로 관리되고 수용되는, 피할 수 없는 삶의 기본적인 현실로 인정되고 있다고 하였다. 그러나 카지노개장과 더불어 제공된 도박의 기회가 변화를 몰고 온 것이다. 왜냐하면 그 도박의 기회는 긴장악화 그리고 사회와 가정을 위협하는 심각한 결과를 초래하였기 때문이다.

그러한 문제들이 비단 북 키프러스에만 존재하고 있는 것은 아니었다. 지난 10년에 걸쳐, 상업적 도박은 그러한 문제점들을 양산해 왔으며, 앞으로도 계속 발생될 것이며, 전 세계로 급격하게 확대될 것으로 예상되고 있다(Thompson, 1998). 일반적으로 상업도박의 영향은 카지노의 경제적 영향과 도박문제의 사회적, 심리적 영향에 관해 협의의 관점에서만 설명되고 있으며, 바로 그러한 관점이 실증적 연구의 틀과 정량적 연구의 바탕이 되고 있는 것이다. 한편, South Oaks Gambling Screen(SOGS)과 DSM-IV criteria(Diagnostic and Statistical Manual of Mental Disorders)와 같은 진단테스트(diagnostic tests)의 보편적 적용은 북아메리카 모델에 의해 형성된 다양한 문화적 배경에 의해 나타난 도박행동을 위해 의료화가 지향되고 있음을 보여주고 있다(e.g. Becona et al., 1995; Duvarcy et al., 1997). 그리고 연구단위를 한 개인에 두는 것은 McMillan(1996a)이 주목한 바와 같이 '전통적인' 도박문화의 다양성을 합법적 또는 불법적인 이분법적으로 축소시키는 것이며, 상업적 카지노도박 이전에 뿌리내린 '전통적' 도박문화에 대한 중요성에 어떠한 관심도 두지 않았다는 것을 의미하고 있다. 그러나 McMillan의 계속된 관련연구를 보면, 비록 도박이 오늘날 금전거래를 포함하는 위험감수 행동(risk-taking behavior)의 한 유형으로 이해되고 있지만, 그것이 수행하고 있는 다양한 사회적 기능은 인정하면서도, 그 중 경제적 기능의 중요성은 저 평가되고 있으며, 지금까지 그리고 앞으로도 전 세계 어디에서도 다양한 형태로 노출될 가능성을 내포하고 있는 행위라고 지적하였다(McMillan, 1996a:7). 따라서 전 세계 카지노산업의 그러한 역동성을 이해하기 위해서라도 우리는 현대도박이 세계와 국가에 미치는 영향에 대해 논의할 필요가 있다고 하였다(McMillan, 1996b:264).

본 연구는 글로벌 카지노산업이 어떻게 기존의 지역도박문화와 연계되어 있으며, 어떻게 기존의 지역도박문화를 중재하는지, 그리고 어떻게 기존의 지역도박문화

해양관광과 세계의 coastal mass tourism

에 의해 중재되는지를 탐색하기 위해서 카지노관광에 대한 영향연구를 초월한 인류학적 관점을 제시하고 있다. 본 연구를 위해 채택된 연구방법은 카지노관광의 이해를 위해 사회문화적 배경의 중요성을 강조하고 있으며, 동시에 특히 Harrison(1996: 69)이 관광개발을 위한 사회문화적 요인들에 대하여 '지속가능성 유사 패러다임(sustainability quasi-paradigm)'이라 칭한 것을 인용함에 있어서 개념적 어려움을 강조하였다. Harrison(1996)은 Brundtland(WCED, 1987)의 지속가능성에 대한 정의(현재와 미래세대의 욕구를 충족시키는 개발)가 어떻게 관광목적지의 사회문화적 관습과 제도차원에서 이해되어야 하는지는 당장에 분명해 지지 않을 것이라고 지적한 바 있다. 또한 그 개념을 목적지 커뮤니티의 사회문화적 구조에 적용하려는 노력은 사회학적인 의미에서 적절치 않으며 특히, 지역적으로 일반적인 사회적 응집(social cohesion) 수준만을 너무 중요시하고(Harrison, 1996) 있는 반면에, 분명하지 않은 문화적 경계의 본질 그리고 세계와 국가 그리고 현대와 전통, 기타 내부세계와 외부세계의 상호침투 등을 간과하기 쉬웠다(Scott, 1995, 2001b). 보다 심각한 문제는 Harrison(1996)이 지적한 바와 같이, 문화적 지속가능성에 대한 접근방식 그 자체가 비논리적이거나 매우 불평등한 구조에 놓일 수도 있는 '전통의 표현들(현시)'을 기반으로 하고 있다는 점에 있다. 영국에서 도박자율화로 인해 발생 가능한 결과 그리고 특히 관련범죄와 도박중독의 가능성을 염두에 둔 대중의 우려(Gambling Review Body, 2001)가 영국의 문화적 지속가능성에 대한 위협의 관점에서 생기지 않았다는 것은 매우 큰 의미를 지니고 있다. De Kadt(1990)이 지적한 바와 같이, '문화적 지속가능성'은 고유성 문제와 결부되는 경향이 있으며, 그것은 일반적으로 호스트(지역, 국가)보다 관광객들에 대해서 더 큰 관심을 두고 있는 것이다.

북 키프러스에서 카지노관광개발의 사회문화적 배경에 대한 초기의 탐색적 연구는 1999년 4월 한 달 동안의 현장조사로 수행되었으며, 750명의 터키카지노관광객과 비카지노관광객에 대한 설문조사와 함께 다양한 방법이 활용되었다. 즉 20개의 카지노 중에 10개 카지노를 포함한 다양한 도박 업소에서의 참여자 관찰, 그리고 7개의 지역 카지노와 호텔매니저들, 터키계 키프러스인들의 식당협회회원들(월례회가 열리는 동안), 터키계 키프러스인들의 호텔리어협회대표, 그리고 Kyrenia와 Famagusta와 같은 관광타운의 많은 상공인과 소규모 자영업자들을 대상으로 반 구조화된 인터뷰를 실시하였다. 더불어 본 저자는 6명의 핵심정보제공자와 인터뷰를 수행하였으며, 그들은 도박전주(錢主)로서 닭싸움과 커피숍도박을 즐겨했고, 가정을 갖고 있는 사람들이었다. 획득

된 정보들은 지역신문을 통해 제공된 정보에 대한 자세한 조사 그리고 2개의 주요관광 타운인 Kyrenia와 Famagusta에 있는 4개의 외딴마을 거주민의 모든 연령대의 남녀노소들과의 수많은 대화 등을 통해서 보완되고 분리되었다. 대화와 인터뷰는 터키어로 진행되었으며, 민감한 이슈에 대해서는 많은 정보제공자들과의 자유로운 논의를 위해 녹취되지 않았다. 대신 간편한 수기를 이용한 상세한 메모가 인터뷰 도중 바로 이행되었다(cf Ellen, 1984: 178-85; Sanger, 1996: 65-72).

2 터키계 키프러스 문화 내에서의 도박의 성장

도박은 카지노가 출현하기 오래전부터 잘 정착되어진 키프러스인들의 삶의 일부이다. 그러나 정보제공자들에게 키프러스의 다양한 도박유형들과 발전에 관해 알고 있는 내용을 대답하도록 요구했을 때, 그들의 설명은 주로 사교적인 비금전적 관계에 기초한 오락에서부터 베팅이 큰 내기 그리고 현대 카지노부문 같은 상업화된 도박 등과 관련된 내용들이었다. 이슬람 국가에서 도박은 하나의 도덕적 죄로 인정되며 불법임에도 불구하고, 영국의 키프러스 식민지 통치기간동안 그리고 그 직후에도 다양한 형태의 도박들이 횡행했으며, 정도에 따라서 묵인되었음을 의미하고 있다. 1960년대에 터키어로 상영되던 극장의 휴식시간에 진행되곤 했던 가족빙고게임이 있었으며, 그리고 현재에도 여전히 존재하고 있는 영국의 축구도박은 실로 매우 대중적이었다. 또한 복권과 제비뽑기 등은 과거 또는 현재에도 지역박람회나 모금행사(fund raising event)에서 여전히 흔히 볼 수 있는 것들이며, 닭싸움은 30대, 40대, 그리고 그 이상 세대의 많은 정보제공자들에게 매우 흔한 오락으로서 노름꾼들을 위해 타운이나 마을 한 중앙에서 벌어지곤 했던 하나의 추억으로 간직되고 있었다. 더불어 북 키프러스는 국립복권(lottery)을 판매하지 않았지만, 많은 현금이 걸려있는 터키의 국립복권이 중개인들에 의해서 팔리고 있었다(see Duvarcy et al., 1997).

카드놀이는 전통적으로 남성만을 위한 놀이로서 남성들은 커피숍에서 주로 포커버전인 gonga와 pokerize 놀이를 즐겼으며, 1950년대 이전에는 금전거래가 없었음을 의

해양관광 개발계획 coastal mass tourism

미하는 '터키식 도박'은 존재하지 않았다고 들었다. 말하자면, 마을카페에서 벌어지는 카드게임에서 진 사람은 다른 사람들에게 커피나 전통적인 lokum 또는 sudam 같은 캔디나 사탕과자를 대접하곤 하였으며, 'Sosyete'라는 중산층 도시엘리트 여성들은 서로의 가정을 방문하여 'konken' 또는 기타 카드놀이를 하면서 시간을 보냈었다는 것이다. 그러나 이것은 분명히 도박을 금전적 요소가 내포되어 있는 그리고 뿌리 깊게 박힌 사회문화적 행위로 설명하면서도, 약간 다른 그림으로 그것을 묘사하고 있는 것 같았다. 하나의 흔한 일화하나를 소개하면, 영국의 식민정부가 마을카페에서 도박금지를 강화했을 때, 남성이 지나가는 차 색깔을 걸고 내기를 하곤 했었다는 것이다. 또한 저자는 키프러스 북부해안에 위치한 Kyrenia 지역의 대형 터키부동산이 카드게임에서 그리스인들에게 패하여, 그 대가로 일정부분의 부동산을 양도했었다고 들었다. 이것은 도박이 전통적으로 비 금전적인 특성을 지니고 있었다는 오늘날의 주장과 그리스계 키프러스인과 터키계 키프러스인 사이에 도박이 존재하지 않았다는 주장, 모두를 반박하고 있는 것이다.

마을의 커피숍과 스포츠클럽은 예컨대, 특별한 지역연고의 풋볼 팀을 지지하기 때문에, 키프러스의 남성성(masculinity)에 있어서 중요한 문화사상인 경쟁적 평등주의의 표현을 위한 중요한 장소였다(Herzfeld, 1985; Peristiany, 1965). 즉 마을 커피숍에서의 만남, 카드놀이, 그리고 비밀리에 열리는 마을 닭싸움 등에 참여하는 일은 사회적, 직업적 스펙트럼에 상관없이 남성들에게 집단적 형태의 농담 그리고 통제되어 있지만 경쟁적인 남성다운 모습을 표출할 수 있는 기회로서 즐기도록 허락되는 행위들이었다. 또한 환경에 따라 다소 차이는 있지만 'gentlemen's club'과 유사한 'town clubs'인 'sehir kulubleri'의 경우, 키프러스의 정보제공자의 말을 인용하면, 이 클럽에서 갬블에 사용된 베팅금액에 관한 얘기가 Duvarci et al.(1997)의 터키의 유사클럽들에 대한 기록과 일치하고 있었다. 그리고 마을의 커피숍 그리고 스포츠클럽들과는 대조적으로 높은 소득집단만이 가입이 허용되고 스스로 선택할 수 있는 보다 사회적으로 동질적인 멤버쉽을 설명한 내용과도 일치하고 있었다.

키프러스에서 남성들의 도박은 문화적으로 인정된 남성성 가치의 표현을 위해 과거부터 장소가 제공되고 있었던 반면에, 여성들의 도박은 이와는 별개의 문제로 인식되고 있었으며, 그러한 태도는 매우 흥미로운 일이었다. 대부분의 남성 정보제공자들은 말하기를, 여성들의 카드놀이가 가정방문과 같은 여성들의 주요사회활동에 있어서 흔

하게 수반되는 것은 아니었다고 주장하고 있었다. 그러나 1930년대 어린 시절을 보낸 한편의 회고록이 작가의 아내가 어떻게 종종 오후 카드세션에서 돈을 잃었는지를 자세히 설명하고 있었는데, 즉 그 카드세션은 상습적인 여성카드 중독자들의 가정에서 순번에 따라 열렸으며, 이후에 그 여성들은 심지어 클럽을 만들어 그들이 남편이나 칭얼대는 아이들로부터 자유로이 도박하기 위해 Nicosia의 Arab Ahmet 지구에 있는 하우스를 임대까지 하게 되었다는 것이다(Baybars, 1970: 49). 유명한 여성주의자이며 기자인 Uliviyw Mihat가 쓴 시가 1936년 12월에 'sea' 신문에 게재되어 그러한 여성카드 써클에 대한 매혹적인 견해를 제공한 적이 있었다. 'Rami-Fantazi'(Rummy-Fantasy)라고 불리는 그녀의 시에서 중국의 마작게임과 유사한 러미게임(Rummy)을 정열, 변덕스러운 애인 그리고 남편들의 라이벌 등으로 묘사하였으며, 또한 속임수, 논쟁 그리고 플레이어들에게 주어진 별명들을 묘사하고 있었다.

'적절한(appropriate)' 여성의 행동차원에서 볼 때, 여성들의 카드도박은 전통적인 규범을 무시해도 될 만한 사회적 지위와 그런 행위를 위한 모든 물질적인 수단을 갖고 있는 상류사회의 엘리트들에게만 제한되었던 것이다. 따라서 다른 보통의 여성들에게만 규범을 강조하는 것은 모순이라는 것이다. 결과적으로 도박은 남성행위의 하나로서 사회계급을 초월하여 일반적인 남성의 정체성을 촉진시키는 반면에 전통적으로 성별에 따른 계급차이의 인식을 반영하고 강화하는 관습이라는 관념 속에 여성들을 구속했던 것으로 볼 수 있다.

3 '전통도박'에 관한 이야기들

전술(前述)된 도박에 관한 내용에서 계급과 성별의 차이가 분명히 내재되어 있었다. 그러나 그러한 차이는 도박과 관련한 사회적 지식의 분배 그리고 분배목적과 방법에 있어서도 존재하고 있었다. 남성의 친목과 비금전적 관계를 강조하고 있는 전통도박의 이상(理想)이 키프러스 마을의 전통적 생활양식의 훼손 그리고 키프러스 섬 외부와 주로 터키에서 유래된 현대적, 도시적, 상업적 기반의 생활양식에 의해 대체되었다는 것을 부분적으로나마 이해하는데 아래의 이야기가 도움이 될 것이다. 1998년 7월 터키계 키프러스(Turkish Cypriot)의 매일신문 'Kibris'에 연재된 '우리들 중의 하나'라는 시리즈에서 두 페이지 분량의 특집기사로 다루어 진 'Sevket Kismet(터키남성의 운명)'에 관한 내용은 '전형적인 키프러스인의 성향'을 보여주고 있는 터키남성의 '보통사람(평민) 삶'의 이야기를 다루고 있었다. 그리고 그 이야기 속에서 '전형적인 키프러스인의 성향'은 천민출신으로 열심히 일하며, 복수민족으로 구성되어 있는 항구도시 Limasol에서의 억눌려진 과거, 인생의 기복으로 점철된 삶의 욕망, 상처받았던 부정과 극복된 역경, 그리고 '운명' 또는 '기회'를 의미하는 'Kismet' 이라는 가족을 위해 선택된 이름에 반영된 삶의 철학 등에 나타나 있다.

이 이야기 속에는 섬의 문화적 가치와 '키프러스인의 성향'에 관한 사회적 통념 속에서 존재하고 있는 도박의 양면성 또한 담겨져 있다. 즉, '키프러스인의 성향'은 반사회적 그리고 특히 반 가족주의 성향을 띄고 있는 불명예스럽고 다소 부끄러운 행위로서 묘사되고 있으며, 도박과 삶의 흥망성쇠는 '내 남편은 수년 동안 커피숍에 간적이 없다'고 말하는 강한 캐릭터를 가진 아내의 헌신적인 내조에 의해서 극복되고 있다. 그러나 다른 한편으로 도박과 관련하여 위험감수, 대담성과 무모함, 반항적이고 독립적이며 개인주의적인 키프러스 남성성의 특성을 찬양하고 있으며, 여성의 타고난 분별력과 억제력으로 질서와 안정을 회복하는 Sevket Bey의 아내를 문화적 이상으로 표현하고 있는 이 이야기 속에서 상호보완적인 성별역할도 표현되어 있다. '키프러스인의 성향'과 같이 향수를 불러일으키는 이 이야기 이외에도 전통적 도박에 대한 이야기들은 현대 카지노에 대한 맹목적인 비판과 도박의 새로운 많은 유형들을 포함하고 있다.

4 카지노 이야기들

카지노는 도박에 관한 새로운 이야기들의 핵심이 되고 있다. 관련 이야기들은 상이한 사회적 공간을 배경으로 하고 있으며 전통적인 도박이야기와는 분명히 다른 사회적 도덕성을 반영하고 있다. 특히 성 역할 관점에서 그렇지만, 문제는 이런 변화들이 얼마

나 실질적으로 존재하는가 아니면 단지 표면적인 변화에 불과한 것인가이다.

대체로 북 키프러스의 카지노는 국제적인 기준으로 볼 때, 그 규모가 매우 작으며, 1 개 카지노 당 평균 10개의 테이블과 70개의 슬롯머신을 보유하고 있다. 가장 작은 규모 의 카지노는 7개의 게임테이블과 18개의 슬롯머신만을 제공하고 있으며, 반면에 가장 큰 카지노는 22개의 테이블과 377개까지의 슬롯머신들을 갖추고 있다. 이 카지노들은 호텔, 휴양마을, 또는 기타 관광숙박시설 내부 또는 옆에 부대시설로 존재하고 있으며, 비록 Salamis Bay에 가장 큰 대형호텔이 최근에 개장되었지만, 그 카지노는 상당히 규 모가 작은 편이며, 대부분의 카지노들은 타운의 외곽, 해안 또는 어떤 경우에는 산에도 위치하고 있다. 또한 지금까지도 북 키프러스는 해안공지(coast strip)의 개발이 거의 이 루어지지 않아 대부분의 카지노들은 휴양단지주변에서 따로 떨어져 격리되어 있는 상 황이다.

마을의 중심에서 주변관광지역으로의 카지노의 이동은 도박장소의 물리적위치의 변 화 이상의 의미를 내포하고 있다. 전통도박에 대한 이야기들이 지역과 지인(친구)들을 주 소재로 이용한 반면에 카지노 스토리들은 매혹성, 극단성, 생소함 등을 강조하고 있 다. 즉, 카지노를 방문하는 방문객 행위부터 그곳에서 일하는 외국인 물주의 성적유혹 과 위험 등이 포함되어 있는 것이다(Scott, 1995). 예를 들면, 터키카지노에서 발생한 사 건들 중에서 가장 유명한 한 것은 총기에 의한 어떤 도박군의 공개자살사건이다. CCTV 에 녹화된 그의 죽음은 터키의 TV에 방영되었으며, 이 사건은 북키프러스 거주자들에 게 카지노 도박이 초래할 수 있는 극단적인 위험에 대한 경고로 작용하게 되었다.

보다 세속적인 수준에서 판단해 볼 때, 카지노도박과 관광부문, 카지노 도박과 근대 화와 경제발전을 위한 지역관광협회 간에 공유된 공감대가 특정부류의 사람들 사이에 서 새로운 여가활동으로서 그것을 용인해 왔다는 것이다. 따라서 휴양단지 내의 카지 노들은 해마다 클럽, 노동조합 그리고 전문가협회와 무역협회 등의 디너 댄스파티를 개최하여, 참여하는 키프러스인 커플들로 하여금 카지노에 들러 자신들의 운수를 보면 서 그 밤을 마무리하도록 독려했던 것이다. 이런 방식을 통해 카지노들은 과거의 전통 적인 성 차별적 사교패턴과는 반대로 새로운 형태의 커플중심의 사교적모임을 위한 장 소가 되고 있었으며, 특히 젊은 중류층의 커플에게 선호되었다. 실제로 북쪽의 가장 현 대적인 휴양지인 Kyrenia에서는 과거에 많은 사람들이 방문하던 타운의 커피숍과 스 포츠클럽문화가 사라져 가고 있다고 말하고 있다.

대부분의 카지노들은 패션쇼를 후원하거나 터키로부터 초일류 연예엔터테이너들을 초청하여 분위기를 조성하고 고객들을 위해 음식과 술을 무료로 제공함으로서 현대적인 핵심여가상품으로서의 이미지를 조성하였다. 그리고 그러한 엔터테인먼트, 음식 그리고 술 등에 대한 무료제공은 높은 물가인상률(70%)과 낮은 지역소득수준에 머물러 있는 북 키프러스의 경제상황 속에서 매우 특별한 매력요소로 작용된 것이다. 즉 북 키프러스의 Kyrenia에 있는 현대적인 대형 Emperyal 카지노에서 드나드는 사람들을 보면서 즐겼던 저녁시간이 산책, 친구와의 만남, 수다, 술과 음식을 즐기기 위한 장소로서 유명한 그림같이 아름다운 Venetian 타운항구보다 더욱 매력적인 장소로 카지노를 지역커플들에게 어필했던 것이다. 하지만 그 항구는 여전히 관광객들과 유학생들에게 인기 있는 장소로 남아있으며, 반면에 항구의 작은 바(bar)나 식당오너들은 지역주민의 삶의 수단차원을 넘는 높은 가격으로 장사를 하기 시작했다.

이러한 변화가 터키계 키프러스인의 사회생활과 가정에 미치는 영향에 관한 스토리들이 넘쳐나고 있으며, 자신을 카지노의 단골손님이라고 말하는 Kyrenia에 사는 한 이발사는 '야간에 유흥을 즐기는 지역젊은이들의 최소 80%는 먹고, 마시고, 놀기 위해서 카지노에 가며, 무엇보다도 그들은 무료로 제공되는 음식과 술을 위해서 여자 친구들과 함께 방문하고 있다. 만일 그들이 취하기를 원한다면, 그들은 먼저 카지노에 가서 위스키와 맥주를 마시며, 젊은 세대는 더 이상 가정에서 식사를 하지 않는다.'라고 역설하였다. 그는 2년 동안이나 집에서 식사를 하지 않았다고 스스로 단언하였다.

성 역할의 전도(顚倒)는 또 다른 주제의 이야기이다. 예를 들면, 여성도박중독과 아내의 빚을 변제하기 위해 땅을 매매해야만 했던 남편에 대한 일화(逸話)가 있는 반면에 전통적으로 보수적인 성 규범의 지속성을 강조하는 사례도 있다. 어떤 카지노 매니저에 따르면, 심지어 아내들은 남편들의 단(斷)도박을 위한 하나의 제동장치역할을 한다고 하였다. 예를 들면, 진정한 도박꾼들은 돈의 가치를 알지 못한다. 즉 디너 댄스 또는 리셉션 이후에 그들은 칩을 가지고 계속적으로 플레이하기를 좋아하지만, 돈의 가치를 아는 아내가 '이제 그만하자, 오늘밤을 위해 쓸 돈을 땄다, 가자!.'라고 한다면 남편들은 아마도 게임을 멈출 수 있다는 것이다.

카지노 매니저들은 도박의 중독성 본질에 대해 인정하고 있었으며, 많은 정보제공자들은 카지노의 화려한 장식을 어리석고 경솔한 사람을 유혹하기 위한 미끼로 생각하고 있었다. 예를 들면 '카지노는 매력적인 곳이며, 짧은 스커트를 입고 있는 딜러들의 모

습을 보기위해 남성들은 자주 방문하고 있다. 이스탐불에서 카지노가 금지되기 전에는 약 2000세대가 가정에서 식사를 하지 않았었으며, 그들은 카지노에서 무료식사를 하는 대신 찬거리 살 돈으로 도박에 참여하였으며, 종국에는 하우스머니까지 유용하고 있다. 똑같은 일이 여기에서도 지금 일어나고 있는 것이다'라고 한 그들의 응답이 카지노에 대한 자신들의 그런 견해를 반영하고 있는 것이다.

커플을 동반하여 카지노를 방문하는 새로운 트렌드에도 불구하고, 남성들만의 도박은 여전히 보편적이었다. 즉, 타운 외곽에 위치하고 있는 소규모 카지노에서 이행된 참여자관찰 동안, 도박에 참여하고 있던 여성은 단지 관광객들뿐이었으며 지역마을로부터 온 모든 남성들은 다른 테이블에서 함께 모여 게임을 하고 있었다. 그러나 4 또는 5 스타 호텔이 입지하고 있는 타운의 중심가에 있는 카지노에서는 커플들을 포함한 보다 세련된 도시중상류층의 키프러스 단골고객들이 발견되었다. 이것은 앞서 제시된 바와 같이, 도박에 대한 성별과 계급차별화에 대한 추가증거가 될 것이다.

여가선용을 위한 장소로서 카지노에 대한 인기가 높아지고 있음에도 불구하고, 도박은 터키계 키프러스인들에게 있어서는 여전히 불법적인 행위로 존재하고 있다. 비록 그들은 게임동안 경찰의 갑작스런 단속을 알려주는 알람덕택에 뒷문을 통해 탈출할 시간을 벌기도 하지만, 때로는 도박이 불법이라는 사실을 시민들에게 상기시키기 위해 이루어지는 경찰의 불시단속을 받기도 한다. 비록 이름뿐인 벌금이 부과되고 있지만, 상호 긴밀한 터키계 키프러스 커뮤니티에서 평판은 여전히 중요하며, 각 개인들은 친구, 이웃, 그리고 많은 친척들의 네트워크를 통해 상호 지인관계에 있기 때문에 누군가의 고소로 법정으로 이송된 사람들에 대한 '회자(膾炙)와 망신(亡身)'을 여전히 가장 무거운 처벌로 여기고 있다. 정보제공자들은 '대중망신'이 카지노도박에 대한 진정한 억제력을 가지고 있다고 강조하고 있었으며, 수도 Nicosia의 타운중심에 있는 한 카지노의 매니저에 따르면, 그것이 특히 여성들의 카지노 방문을 주저하게 만드는 이유이며, 카지노에 대해 터키계 키프러스 사회가 갖고 있는 양면성의 증거라고 하였다.

지금까지 본 연구자는 사회적 담화를 중심으로 전통도박과 카지노도박에 대해서 논의하였으며, 도박의 양면성, 성 관념과의 강력한 결속 그리고 전통적 성 규범의 파괴, 강화, 그리고 변화에 대한 모순된 성향에 관해 들었던 이야기들 속에서 많은 상호유사점들을 인지할 수 있었다. 또한 전통도박에 대한 많은 얘기들이 그리스계 키프러스인들과의 과거의 접촉 그리고 공통성을 상기시킨 반면에, 카지노는 현대의 대도시 터키

문화와의 대조와 비교를 위한 배경으로 제공되었을 뿐 터키계 키프러스인의 민족정체성 확립을 위한 참고기준으로서 이러한 도박스토리들은 전혀 중요하지 않았다.

5 카지노 그리고 도박공간의 변화

많은 정보제공자들에 따르면, 카지노 도박과 커피숍 도박의 유일한 차이점은 규모라고 말하고 있다. 그리고 카지노와 관련하여 정보를 제공한 한 마을학교 선생님은 카지노는 도박이 현대화 된 것이라고 말하고 있다. 그러나 도박중독은 카지노뿐만 아니라 커피숍에도 존재하고 있다는 것이다. 이와 관련하여 한 카지노 매니저 말을 인용하면, '빅머니'는 당신이 지출할 수 있는 만큼의 돈이다. 많은 양이나 적은 양이 될 수 있으며, 그것은 개인마다 차이가 있다고 하였다'.

많은 정보제공자들이 도박은 이혼과 가정폭력의 주요원인들 중의 하나라고 입을 모으고 있었으며, 다음의 설명은 한 마을에서 그 문제를 해결하기 위한 노력과 관련된 내용이다. '나는 X마을에 있는 한 스포츠클럽의 오너였다. 당시 몇몇의 여성들은 자신들의 남편이 도박으로 돈을 잃고 가정에 돌아와 자신과 아이들에게 폭력을 행사하고 있다고 나에게 불평을 하기 시작했다. 커피숍오너는 수수료를 받고 있었으며, 거기에는 6-7개의 도박 테이블이 놓여 있었다. 나는 도박꾼이었던 마을의 몇몇 남성들과 그리고 그 마을에 살고 있던 지역경찰서장 등과 함께 자리하고 있었으며, 경찰서장은 도박 때문에 자신의 관할구역내의 마을에 있는 카페에 도저히 갈 수 없어서 단(斷)도박을 희망하고 있다고 하였다. 우리들 모두는 한 동안 도박을 중단하기로 결정하고 카페에 pool 테이블과 몇 개의 테이블 테니스 테이블들을 설치하였다. 마침내 그 카페 내부에서는 도박 할 수 있는 공간이 하나도 남지 않게 되었다. 그러나 내가 런던에 갔다가 8달 만에 돌아왔을 때, 그들은 이미 도박을 다시 시작한 상태였으며, 종종 경찰의 불시단속으로 돈과 테이블 그리고 의자 등이 제거되어도 그들은 그것들을 다시 가져다 놓곤 하였다'

위의 내용은 앞서 제시된 성역할 그리고 불법도박에 대한 경찰의 비공식적 관용과 효과 없는 정기적 현장급습 등으로 제기될 수 있는 양면성에 관해 설명하고 있다. 그러

나 흥미로운 것은 마을남성들의 사회적 유대관계의 중심지로서 가장 잘 보이는 카페에 도박시설을 위치시킴으로서 남성들의 도박을 억제하기 위한 여성들의 비공식적 사회적 네트워크의 유동성에 있다.

카지노와 마을커피숍과 같은 사회적 공간의 조성은 상호대칭관계가 존재하고 있다. 커피숍은 아직도 마을의 성차별적인 장소, 즉 본래의 남성공간으로 여전히 존재하고 있다. Reiter(1975: 257)의 연구에 따르면, 남프랑스의 한 마을에서도 여성들과 소녀들이 서양주사위 놀이를 하면서 카페 밖 대로에 앉아있는 남성들을 피하기 위해 그곳을 우회하곤 한다는 것이다. 반대로 카지노는 우리가 본 바와 같이 남성, 여성 그리고 커플들을 위한 여가공간으로서 제공되고 있으나, 마을의 사회적 구속으로부터 멀리 떨어져 지각될 수 없는 관광지역에 입지되어 있다. 카지노에서의 도박은 주로 야간에 밀폐된, 창문 없는 공간에서 이루어지며 그리고 술 반입이 원활 한 반면에, 커피숍도박은 모두가 활동하는 마을의 삶과 함께 밤에는 물론 대낮에도 벌어지고 있다. 또한 게임의 유형과 방법에 있어서도 상호 대조적인 측면이 존재하고 있다. 카지노도박은 도박자와 슬롯머신 사이에 일대일 관계로 구성되며 또는 룰렛을 돌리고 카드를 나눠주는 딜러에 의해서 중재되고 이끌어 진다. 반대로 커피숍도박은 피할 수 없는 지역주민들 간의 관계 속에서 이루어진다는 점이다. 이것은 특히 도박을 위한 신용연장(extension of credit) 문제에서 극명한 차이점을 내포하고 있다. 현재 북 키프러스에서 최소 또는 최대배팅이나 카지노에서 이용 가능한 다양한 대부(노름돈) 등을 관리하는 규정이 전혀 없다. 현장참여조사동안에 본 저자는 도박 빚을 변제하기 위해 차 또는 일부 토지를 어쩔 수 없이 매매해야만 했던 가정과 심지어 도박 빚에 대한 상환능력 부족으로 섬을 탈출한 개인들에 관한 보고서를 우연히 접할 수 있었다. 또한 신용대부는 커피숍 도박에서도 확대된다. 커피숍 오너들은 테이블에 있는 각 도박꾼들에게 시간당 수수료를 요구하거나 게임마다 딴 돈의 일정비율을 지불하게 함으로써 게임을 연장시키고자 한다는 것이다. 한 정보제공자는 말하기를, 어떤 마을에서의 커피숍게임은 여러 날 동안 지속되기도 한다고 하였다. 그러나 신용규모의 확대는 커피숍 오너들의 융자에 대한 변제기대, 개인에 대한 정보와 상황 등에 따라 달라질 수 있으며, 도박꾼의 빚을 아내에게 알린다는 협박과 같은 사회적 압력이 빌려준 돈을 회수하기 위한 유일한 수단이 될 수 있었다. 이 빚들은 때때로 상당한 금액이었을 것이며, 비록 이 액수가 카지노에서 탕진한 수천 파운드와 같지는 않겠지만 하루 밤에 2백, 3백 파운드 정도에 이르며, 이 정도의 금액은 비숙련공의 한 달 월급에 해당되는 돈이다.

반대로 일부 예외가 있을 수도 있지만, 북 키프러스에서의 도박은 대체로 남성들에 있어서는 하나의 행위로, 여성에게 있어서는 문제로 인식되고 있으며, 이런 문제는 틀림없이 카지노에서 보다 마을의 커피숍에서 훨씬 분명히 나타날 것이다. 왜냐하면 카지노는 남성과 여성 둘 모두를 위한 여가공간으로서 제공되고 있지만 마을커피숍은 여전히 남성만을 위한 공간으로 남아있기 때문이다. 또한 비공식적 사회적 압력은 그 지역출신이 아닌 카지노오너나 매니저들에게 효과적으로 이용될 수 없다. 그리고 종종 남편의 도박을 일시적으로 중단시키기 위해 적절한 타이밍에 마을 커피숍에 대한 불시단속을 경찰에게 요구하는 것은 카지노에서는 허용되기가 쉽지 않다. 왜냐하면, 빈번한 불시단속은 카지노관광객들의 방문을 지연시킬 수 있기 때문이다.

6 결론

오늘날 카지노관광의 보급은 로또의 성장, 기존의 제한적인 도박규제의 철폐, 그리고 높아지고 있는 인터넷도박의 대중성 등과 더불어 나타난 다양한 글로벌 트렌드의 일부분이다. 도박은 원래 유럽에서 관찰되었기 때문에 도박과 관련된 거대 금융흐름의 촉진은 통제되어야 하는 부도덕이 아니라 현대와 세계의 여가관광 상품으로서 도박이 재조명되고 있는 문화적 변화인 것이다(McMillan, 1996b; Gambling Review Body, 2001; Lemon, 1998). 여가소비자로서 하나의 문화적 개인의 자유와 권리를 강조하고 있는 도박의 개인주의화란 이런 변화에 반드시 요구되는 요소로서 전 세계의 미국의 '기업형 카지노' 모델의 촉진과 밀접한 관계가 있다고 볼 수 있다. 즉, Thomson(1998: 16-17)에 따르면 '유럽에서 정책을 지배하고 있는 기본적인 정치철학은 공동체적 책임에 그 뿌리를 두고 있는 반면에, 미국에서, 특히 미국서부에서는 사람들이 자신의 행동을 스스로 통제하도록 기대되고 있다'는 것이다.

본 연구에서 저자의 목적은 북 키프러스에서 카지노 관광개발의 지역화를 중재하고 있는 기존의 사회적, 문화적 특성에 대해 관심을 유도하는데 있었다. 북 키프러스에

서 카지노 관광개발에 대한 문화적 반응은 터키계 키프러스 사회의 전통과 현대 및 세계와 자국 간의 상호침투 그리고 터키계 키프러스인의 삶의 불안과 모순에 대한 도박의 양면성을 확실하게 보여주고 있다. 다시 말하면, 카지노, 커피숍 그리고 기타 형태의 도박에 관한 응답자들의 대답들이 사회가치를 강화하고, 파괴하는 상호반동적인 표현들이었다는 것이다. 예를 들면, 한편으로는 커피숍도박과 여성들의 카드써클로 확립된 성과 계급규범 그리고 비공식적 친목 등을 내포하고 있는 키프러스의 과거를 확실히 재현하고 있었으며, 또 다른 한편으로는 카지노의 사치성, 공식성, 그리고 현대성은 경제적, 사회적 지위향상에 대한 열망을 호소하고 있었다. 그리고 이러한 속성들은 특히 도심의 대중문화와 같이 호흡하고 있는 젊은 세대들의 마음을 움직이고 있다. 세계카지노산업에 의해 촉진되고 있는 도박참여자의 개인주의 모델은 키프러스 남성성과 같은 특정문화의 이상과 잘 조화되고 있으며, 더불어 이 도박스토리들은 키프러스의 전통적인 남성주의 문화의 한 요소인 가정폭력 또는 터키계 키프러스 사회에서 카지노부문을 매개로 한 터키의 문화적, 경제적 지배확대 등에 관해서 키프러스 사회에 대한 다양한 비판을 표현하고 있는 것이다.

일반적으로, 기회주의적이고 의존적인 개발형태인 카지노 관광개발은 주로 다른 개발옵션을 포함하고 있지 않은 덜 개발된 지역에 집중되며, 기존의 의존적 관계를 강화하고자 하는 경향을 보인다. 이러한 의미에서 장기적인 카지노관광의 실행가능성은 매우 낮으며, 더불어 어느 정도는 타 지역관광 상품을 훼손시키고 약화시킬 개연성이 있으며, 관광목적지의 지속가능성에 대하여 보다 다양한 문제를 일을 킬 수 있을 것이다(Scott & Asykoglu, 2001). 그러나 문화는 제한된 지역자원에 포함되지 않기 때문에 본 연구자는 문화적 지속가능성이 그 문제를 해결하는 적절한 수단이 아님을 제안하고자 한다. 도박의 접근가능성이 반드시 도박중독을 촉진시키는지에 대한 의문은 여전히 논란의 여지가 되고 있으며(see Bellringer, 2001; Gambling Review Body, 2001), 그것은 도박기회가 언제나 풍부한 북 키프러스의 사례를 보면 보다 분명해질 것이다. 변화된 것은 도박이 발생하는 사회적, 도덕적 공간의 조성이며, 눈에 잘 띄는 마을중심에서 멀리 떨어져 지각되기 어려운 장소로의 이동은 새롭게 근대화된 도박형태에 대한 전통적 관리전략의 효율성에 있어서 그 한계를 보여주고 있는 것이다. 도박의 민영화 그리고 지역이 대처하는 메카니즘의 필연적인 약화가 지역도박에 대한 중요한 변화를 야기 시키고 있는 것이며, 어떤 사회적, 문화적 자원이 이러한 변화에 영향을 받게 될는지는 두고 봐야 할 일이다.

16

키프러스 섬의 관광,
근대화 그리고 발전:
난제와 정책대응

해양관광 개발계획 coastal mass tourism

16

키프러스 섬의 관광, 근대화
그리고 발전: 난제와 정책대응

Richard sharply

Centre for Travel and Tourism, University of Northumbria

1 서 론

관광은 일반적으로 그리고 특히 섬 같이 작은 영토에서 개발의 효과적인 수단으로 여겨져 왔다. 또한 섬 개발수단으로서 관광에 대한 의존적 성향은 일반적인 현상으로 관찰되어 왔으며, 최근통계 또한 GDP에 미치는 관광의 기여도에 따른 세계 탑 20위 내에 랭크된 국가들 모두가 섬 관광목적지임을 보여주고 있다(World Travel and Tourism Council, WTTC, 2001a). 관광이 사회경제학적 발전에 주도적인 역할을 하고 있으며, 지중해 연안에 있는 모든 섬들의 주요 경제 분야인 것만은 분명한 사실일 것이다. 더불어 제 3세계 개발도상에 있는 섬들에서 관광매출은 총 수출액보다 훨씬 많은 것으로 기록되고 있다(King, 1993:28).

그러나 사실상 섬 관광개발의 편향성이 많은 문제점을 수반하고 있는 것 또한 부

해양관광 개발체회 coastal mass tourism

인할 수 없을 것이다(Conlin & Baum, 1995; Harrison, 2001; Lockhart & Drakakis-Smith, 1997; Wrangham, 1999). 섬 관광은 섬의 매력성을 관광객들에게 제공해야 하는 물리적 그리고 사회경제학적 특수성 때문에 자연자원 또는 인적자원에 많은 영향을 미치게 되며, 결과적으로 자원훼손의 가능성을 더욱 증가시키고 있다. 또한 섬 관광개발의 외부의존성향이 섬 개발을 보다 정형화시키고 있는 것이다(Bastin, 1984; MacNaught, 1982; Milne, 1992). 즉, 섬 경제가 관광분야에 지나치게 의존하고 있음으로 종종 해외여행사, 항공사 그리고 호텔체인 등 외부의 주요 관광공급자들로부터 영향을 받을 수밖에 없는 상황이라는 것이다(Sastre & Benito, 2001). 실제로, 어떤 학자들은 섬 관광개발이 의존의 악순환을 수반하는 '중심-주변 종속개발모델(centre-periphery' dependency model of development)'을 반영하고 있는 것은 피할 수 없는 현실이라고까지 말하고 있다. 따라서 최근 섬 관광개발의 근본문제를 해결하는 수단으로서 지속가능한 관광에 대한 관심의 증대가 놀랄 일만은 아닐 것이다(Briguglio et al., 1996; Ioannides et al., 2001b).

그러나 본 연구는 반대 입장을 취하고 있다. 즉 외부의존은 섬 관광개발을 위한 불가피한 결과물이 아니며, 또한 그 의존에 대한 해독제로서 지속가능한 관광개발이 가장 적절한 정책대응으로 대표되지는 않는다는 것이다. 이것은 지속가능한 관광이 목적이 되지 말아야 함을 의미하는 것이 아니라, 일례로 키프러스의 관광개발을 인용하면, 어떤 상황에서는 보다 전통적이고 대중적인 관광형태가 근대화를 달성할 수 있는 경제적 성장점으로서 섬과 같은 작은 영토에 미치는 기여도를 극대화 할 수 있는 효율적인 수단이 될 수도 있다는 것이다. 따라서 본 연구의 목적은 기타 섬 관광목적지들과 관련하여 키프러스의 개발경험에서 얻은 교훈을 밝히는 것이다. 그러나 무엇보다 먼저 키프러스의 관광분석을 위한 이론적 프레임으로서 근대화, 종속성 그리고 지속가능한 개발과 대조되는 개발패러다임에 관한 간단한 검토가 요구된다.

2 진화론: 근대화, 종속성(의존성) 그리고 지속가능한 개발

앞에서 말한바와 같이, 관광은 발전의 수단으로서 널리 보편화 되어 있으나 발전의 의미와 목적은 여전히 분명하지 않다. 전통적으로 발전은 경제성장 그리고 일인

당 소득의 증가에 대한 필연적인 결과로 나타나는 사회경제적발전과 동일시 되어왔다 (Mabogunje, 1980). 그러나 발전은 흔히 경제뿐만 아니라 사회, 정치, 문화 그리고 환경적 요인 등을 포함하는 다차원적인 과정으로 여겨지며, 그것은 '인간의 총체적인 경험 속 에서 지속적인 그리고 긍정적으로 평가된 변화인 것이다(Harrison, 1998; xiii).' 그렇다면 어떤 과정을 통해서 발전이 성취될 수 있는가?

1) 근대화 이론(Modernization theory)

근대화 이론의 핵심전제는 모든 사회는 발전으로 가는 진화의 경로를 밟고 있으며, 발전수준에 따라 전통으로부터 근대로 가는 경로에서 서로 상이한 위치나 단계에 놓 여 질 수 있다(Telfer, 2002: 40). 일단 한 특정사회가 이른바 도약단계(take-off)에 이르 게 되면 근대화 또는 발전은 경제성장 그리고 확산의 결과로 유발될 수 있는데, 근대 화의 관점에 보면 발전과 근대화는 동의어이다. 비록 경제성장이 관광관련 개발과 가 장 관계가 있는 '성장의 중심(poles of growth)' 개념이지만, 그 '성장의 중심'은 도심 또 는 경제부문이 될 수 있으며, 그러한 경제성장은 균형된 로젠슈타인-로단(Rosenstein-Rodan)의 'big push' 전략 등과 같은 다양한 방법으로 유도될 수 있다. 말하자면, 관광 은 후퇴하는 연계산업에 대한 프로모션이나 소득승수효과 그리고 기타 등을 통해서 경 제적 혜택이 경제전반에 걸쳐 확산되도록 경제적 '성장의 중심' 역할을 한다는 것이다. Wall(1997)에 의해 조사된 것과 같이 칸쿤(Cancun)같은 대규모 휴양지 개발에 대한 멕시 코의 정책은 이러한 접근방법을 적용한 예 중의 하나이다. 그러므로 근대화는 사실상 서구스타일의 사회문화적 발전을 토대로 경제적 성장을 이룬 서구화의 과정인 것이다.

근대화 이론은 서구의 자기민족중심주의와 경제성장, 기본정책 그리고 개발과정에 서 외부투자에 대한 의존뿐만 아니라 지역자원의 절대적 배제의 불가피성에 대한 가정 으로 비난받고 있다. 그럼에도 불구하고 근대화는 관광개발과정을 가장 밀접하게 반영 하고 있으며, 그것의 혜택은 주로 경제적 측면으로 평가되고 있는 것이다.

2) 종속이론(Dependency theory)

종종 저개발이론으로 언급되는 종속이론은 근대화 패러다임의 비평요소로서 1960 년대에 출현하였다. 마르크스이론(Marxist theory)을 바탕으로 한 종속이론은 특정국가

해양관광 개발계획 coastal mass tourism

의 경제가 다른 국가경제의 발전과 팽창에 의해 통제된다는 조건적 상황으로 정의된다 (Dos Santos, 1970:231). 바꾸어 말하면, 자본주의 체제에 있는 서구의 부국(富國)들은 약소국인 주변국들을 개발하기 위하여 종종 초기의 식민지계약을 반영시킴으로써 자신들의 지배력을 활용한다는 것이다. 따라서 후진국들은 대국(大國)에 대하여 자신들의 종속성을 유지하는 대외적인 정치와 경제구조를 보이고 있음으로 서구가 허용하지 않은 개발을 할 수 없다는 것이다.

국제관광에 대한 보다 근원적인 정치경제를 고려하면, 특히 섬 국가에서 관광개발과 종속이론사이에는 유사성이 분명히 존재하고 있다. Lea(1988: 10)에 따르면, 관광은 역사적 식민주의의 패턴과 경제적 종속을 조화시키는 방법으로 발전되고 있다고 하였으나 여기에서 포커스는 종속성의 결과로 초래되는 잠재적 저개발에 두고 있다.

3) 지속가능한 개발(Sustainable development)

근대화이론과 대조를 이루는 지속가능한 개발은 비록 경제성장이 여전히 기본적인 선행요건이긴 하지만, 음식, 주거, 건강 그리고 교육 등 인간의 기본적 욕구충족을 제일 중요시하고 있다. 이것은 개발이 이루어지기 전에 빈곤의 문제(pollution of poverty)가 우선적으로 해결되어야 한다는 의미이며, 지역의 욕구가 반영 된 개발 그리고 지역의 선택기회와 정치적 자유의 촉진 등 두 가지 모두를 확보하기 위해 지역상향식(bottom-up) 또는 풀뿌리 접근방식(grass roots approach)을 지향하고 있다. 더욱이 개발 그 자체는 반드시 환경적으로 지속가능해야 한다는 것이다. 따라서 지속가능한 개발과정은 평등, 선택, 정치적 자유, 문화 보존, 그리고 환경지표를 준수하는 개발을 옹호하는 장기적이며 전체론적인 관점(holistic perspective)으로 설명되고 있는 것이다.

관광형태가 지속가능한 개발에 대한 기여정도에 대해서는 여전히 열띤 토론이 필요할 것으로 판단된다(Butler, 1998, 1999; Sharpley, 2000a; Sharpley & Telfer, 2002). 사실상, 근본적으로 불균형적인 권력관계를 내포하고 있는 관광생산의 특성과 자기중심적인 관광소비행위의 본질을 가정하면, 실제로 지속가능한 관광개발이 지속가능한 개발의 세계기준에 거의 관계가 없는 소규모의 지역프로젝트에 나타나고 있는 것은 아마도 당연한 일일지도 모른다. 그럼에도 불구하고 Hall(2000)에 따르면, 지속가능한 개발은 일반적으로 관광개발계획의 의무이지만 반면에, 특히 지중해 제도의 경우, 관광개발의 속도와 영향, 국제여행사에 대한 의존도 그리고 경쟁력 상실 등으로 종종 '양질의 관광'

추구와 같은 지속가능성이 절박하게 요구되고 있다고 하였다(Ioannides et al., 2001).

키프러스의 경우, 1980년대 중반까지 관광개발의 속도와 규모가 지속가능하지 않은 것으로 평가되었으며(EIU, 1992), 결과적으로 키프러스 관광공사(Cyprus Tourism Organization)는 비록 성공은 못했지만, 보다 양질의 지속가능한 관광형태의 개발을 목표로 하고 있는 일련의 정책이행을 위해 노력했었다. 그럼에도 불구하고 관광은 1974년 이래 키프러스의 괄목할만한 경제발전의 근간이었으며, 현재에도 관광을 활용한 경제성장과 발전을 지속적으로 추진하고 있다(Ayers, 2000; Sharpley, 2001a). 이와 같이 전통적인 대중관광개발이 섬의 광범위한 근대화와 발전의 토대를 제공함으로써 키프러스의 효과적인 경제적 '성장의 중심'이 될 수 있음이 증명되고 있다.

 3 키프러스: 관광과 발전

키프러스가 영국으로부터 독립했던 1960년 이래, 키프러스의 관광발전은 두 개의 단계로 뚜렷하게 구분되어 진행되었다(Andonikou, 1987; Cope, 2000; Ioannides, 1992; Seeking, 1997).

1) 키프러스 관광발전: 1단계

1974년까지인 그 첫 번째 단계는 관광개발의 중심이 Troodos 산맥의 전통적인 힐리조트로부터 Kyrenia와 Famagusta 지역의 해안휴양지로 이동됨으로써 지중해의 여름철 휴가목적지로서 키프러스의 변화가 시작된 시점이었다〈그림 1〉.

이 기간 동안, 특히 1960년대 말부터 키프러스의 관광은 빠르게 성장하여 1960년에 년 간 총 방문객이 25,700명에 불과했던 것이 1973년에는 264,000명을 넘어섰으며, 년 평균 20%의 성장률을 기록하였다. 더불어 관광총생산도 연 평균 22%로 성장하였다〈표 1〉. 또한 키프러스 관광개발의 특성은 비록 초기단계였지만 해안휴양지 중심 개발, 특정계절에 편중된 수요 그리고 핵심시장으로서 UK의 부각 등 지중해연안의 다른 많은 관광목적지의 전형적인 패턴을 따르고 있었다(Andronikou, 1987; Lockhart, 1993).

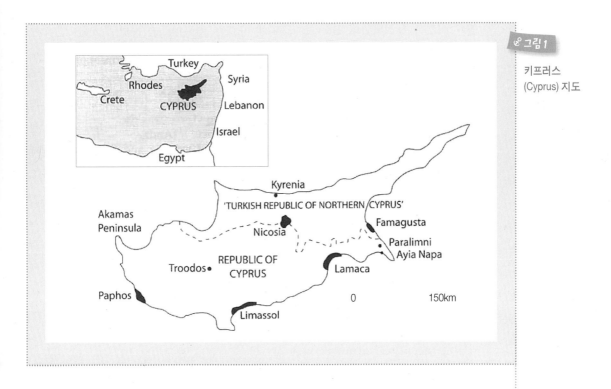

그림 1

키프러스
(Cyprus) 지도

구 분	관광객 수/소득				성장률(%)			
	1960	1966	1971	1973	1960-66	1966-73	1960-73	
관광객 수('000s)	25.4	54.1	178.6	264.1	13	25	20	
외화 가득액(CY £m)	1.8	3.6	13.6	23.8	12	31	22	
GDP에 대한 소득의 기여율(%)	2.0	2.5	5.2	7.2				

표 1

키프러스의
관광성장률
(1960-1973)

■ 출처: PIO(1997:251), Ayers(2000)

1960년도에 키프러스는 상대적으로 미개발 국가였기 때문에 이 1단계 관광개발기간 동안 키프러스가 급속한 경제성장을 이룬 것은 어쩌면 당연한 일일지도 모른다. 예를 들면 농업이 전체고용의 절반을 수용하고 있었지만, 불과 GDP의 16%만을 생산하였을 뿐이며, 제조업(10% of GDP) 또한 지역에서 생산된 농작물가공에 국한되어 있었다 ((Andronikou, 1987). 따라서 키프러스의 최초개발계획의 주요목표들 중의 하나는 키프러스의 자연자원을 이용한 보다 높은 산업화와 경제성장을 달성하기 위한 수단으로서 수입대체정책이 필요했었다(kammas, 1993:71).

물론 이것은 성취되었다. Brey(1995:92)에 따르면, 키프러스는 독립 후 14년 만에 무역과 농업을 바탕으로 한 자유기업경제로 이스라엘을 제외한 다른 모든 주변 국가들에 비해 보다 높은 생활수준에 도달했다고 하였다. 괄목할 만한 경제성장은 물론, GDP에 대한 관광의 기여도 또한 약 1960년 2.0%에서 1973년에는 7.2%로 성장하였으며 〈표 1〉, 동시에 취업인구의 약 3.8%가 관광분야에 고용되었다(Ayers, 2000). 따라서 심지어 그때 당시에도 관광은 키프러스의 경제성장과 근대화를 지원하는 효과적인 경제성장의 중심이었던 것이다.

2) 키프러스의 관광발전: 2단계

1974년, 터키 침공은 대체로 키프러스의 경제 그리고 특히 관광분야에 심각한 영향을 미쳤다(Andronikou, 1979; Gillmor, 1989; Lockhart, 1993). Nicosia에 있는 키프러스 국제공항과 많은 관광시설뿐만 아니라 기존의 많은 숙박시설들이 파괴되었으며, 1975년 방문객은 단지 47,000명 정도에 불과했었다.

그러나 키프러스가 직면한 그러한 심각한 문제에도 불구하고 1975년부터 키프러스 관광개발의 두 번째 단계는 다시 괄목할 만한 성장을 보였는데 예를 들면 1976년에서 1989년 사이, 년 간 방문객이 700%까지 상승하였으며(Witt, 1991), 관광총생산 또한 빠르게 성장되었다. 실제로 1973년의 CY£23.8million이 1977년에 다시 달성되었으며, 전체적으로 1980년대에 관광총생산은 연 평균 23%의 성장을 보였다(CTO, 1990). 1990년 이래 관광객과 총생산에 대한 통계는 다소 이례적이었는데 그 이유는 2000년에 2.6million명 이상의 관광객들의 방문으로 CY£1,194million의 총생산이 유발되었기 때문에(CTo, 2001), 당연히 2001년에는 이보다 많은 2.8million명의 방문객이 키프러스를 찾을 것으로 예상되었으나(Kattamis, 2001) 그렇지 못했기 때문이다. 더불어 2002년에는 중동의 긴장고조로 10-15%의 방문객이 감소되었으며, 2001년에는 9.11테러로인해 일부여행사의 공급력이 감소되었다.

전반적으로 그러한 키프러스의 드라마틱한 성장의 원인은 특히 해외전세항공의 운행이 처음 허용 된 1980년대 중반 이래 키프러스가 지중해 연안의 핵심적인 여름휴가목적지로서 빠르게 등장했기 때문이며, 이러한 성장은 숙박시설의 빠른 성장에 의해 더욱 촉진되었다. 숙박시설의 발전은 먼저 Paphos, Limassol, Agia Napa 그리고 Paralimni 등의 해안휴양지에서 추진되었으며, 그 중 Agia Napa 그리고 Paralimni 휴

해안관광 개발계획 coastal mass tourism

년 도	방문객 (000s)	수입(CY£mn)	관광객 평균지출(C£)	GDP에 대한 관광수입비율	허가된 총 침대 수	표 2
1975	47	5	n.a.	2.1	5,685	키프러스의
1980	349	72	200	9.4	12,830	관광(1975-2000)
1985	770	232	299	15.7	30,375	- 주요지표
1986	828	256	308	16.0	33,331	
1987	949	320	334	18.0	45,855	
1988	1,112	386	344	19.4	48,518	
1989	1,379	490	350	21.7	54,857	
1990	1,561	573	364	23.4	59,574	
1991	1,385	476	343	18.4	63,564	
1992	1,991	694	351	23.8	69,759	
1993	1,841	696	379	21.4	73,657	
1994	2,069	810	389	22.3	76,117	
1995	2,100	810	383	20.5	78,427	
1996	1,950	780	382	19.0	78,427	
1997	2,088	843	393	20.4	84,368	
1998	2,222	878	380	20.2	86,151	
1999	2,434	1,025	400	22.0	84,173	
2000	2,686	1,194	n.a.	21.7	85,303	

■ 출처: CTO 보고서: Department of Statistics and Research; Ayers(2000)

양지에는 현재 키프러스 숙박시설의 40% 이상이 공급되었으며, 2000년도에는 총 방문객의 32%까지 수용하였다(CTO, 2001). 실제로, 비록 2002년 초까지이긴 하지만, 지중해 연안의 상류클럽과 야간유흥센터로서 Agia Napa의 유명세는 최근 키프러스의 방문객 증가의 주요 원인이었다. 그러나 Agia Napa는 가족단위방문을 억제하는 나이트클럽 이미지로 인해 야간유흥의 중심지로서 그 인기를 유지하지 못했기 때문에 2001년에는 예약률이 40%까지 하락하게 되었던 것이다(Machalepis, 2002). 1975년 이래 키프러스 관광개발의 주요지표들이 〈표 2〉에 제공되었다.

3) 키프러스 관광의 경제적 영향력

관광은 불가피하게 키프러스 경제에 점점 더 중요한 영향을 미칠 것으로 예상되고 있다. 예를들면 1975년에 키프러스의 관광총생산은 GDP의 약 2%에 불구했지만 현재는 GDP의 약 20%를 차지하고 있는 상항이다. 그러나 Ayers(2000)는 이러한 통계가 관광이 키프러스 경제에 미치는 실질적인 영향력을 나타내지는 못하고 있다고 지적한 바 있다. 말하자면 빠른 관광의 성장은 투자정보서비스, 커뮤니케이션 그리고 교통과 같은 관련 산업뿐만 아니라 특히, 건축부문의 현저한 성장과 다양한 지역생산제품의 수요를 증대시켜 농업과 제조업분야까지 호황을 불러왔기 때문이다(Ayers, 2000). 더불어 와인과 레이스(lace) 같은 기타 제품과 수공제품의 생산 또한 관광수요에 의해 활성화되었다. 따라서 관광에 의존도가 높은 키프러스에서 관광의 전반적 가치에 대한 지표를 제공하는 어떠한 통계나 출판물을 보유하고 있지 않다는 것은 매우 유감스러운 일이라 할 수 있을 것이다. 그럼에도 불구하고 세계여행관광위원회(World Travel & Tourism Council)의 위성회계연구(satellite accounting research)에 따르면, 키프러스의 관광은 2001년 GDP의 31%를 기여했으며, 2011년에는 34.2%까지 증가할 것으로 예측하고 있다(WTTC, 2001b).

관광은 키프러스에서 일자리 창출의 중요한 원천이 되고 있다. 즉, 2000년 40,500명이 관광분야에 직접적으로 고용되었는데, 그들 중에 약 18,000명이 호텔분야 종사자들 이었으며(Department of statistics and Research, 2002), 전체고용인구 중에 약 25%가 직·간접적으로 관광분야에 의존하고 있었다. 따라서 사회발전맥락에서 보면, 관광은 사실상 키프러스의 완전고용을 유지하는데 획기적인 기여를 해왔으며, 지난 20여 년 동안 약 3%의 실업률을 유지하는데 지대한 공헌을 했던 것이다. 이것은 또한 여성의 노동시장진출을 촉진시켜 1976년 29% 이하였던 여성의 사회참여율을 현재 50%까지 향상시켰다. 그러나 사실상, 일반적으로 낮은 수준의 호텔 일을 기꺼이 하려는 키프러스 국민들은 거의 없기 때문에 노동시장의 부족한 노동력을 채우기 위해서는 상당수의 외국인 노동자 고용이 불가피하였다.

더욱이 많은 종사원을 대표하는 강력한 노조와 높은 고용수준의 결합은 관광분야의 빠른 임금상승결과를 초래하였는데 예를 들면, 호텔의 평균인건비가 1992년에서 1997년 사이에 94%까지 상승했으며(karis, 1998), 이는 생산성과 고용수준 그리고 궁극적으로는 서비스 수준에서까지 심각한 후퇴를 초래하게 되었다. 비록 키프러스의 유럽연합

구 분	관광수입 (CY£mn)	~의 백분율로 표시된 관광수입					
		상품수출	무형수출	총 수출	상품 수입	총 수입	
1980	72	41.5	29.2	17.2	18.8	14.4	
1985	232	90.8	39.8	27.7	32.7	24.0	
1990	573	147.6	52.8	38.7	49.9	36.8	
1995	810	158.8	51.0	38.6	54.0	37.3	
1996	780	130.6	49.4	35.8	46.8	32.6	
1997	843	139.3	49.5	36.5	49.4	33.9	
1998	878	169.2	48.7	37.8	48.6	33.3	
1999	1,025	203.3	49.8	40.0	57.0	38.2	
2000	1,194	228.3	48.4	39.9	53.9	36.5	

표 3

외화가득액에 대한 관광의 기여도

■ 출처: Department of Statistics and Research; Ayers(2001)

(EU)의 입회가 값싼 해외노동자 유입을 용이하게 했을지 모르지만, 문제는 그러한 외국인노동자의 높은 고용비율이 키프러스의 유명한 전통적인 환대(hospitality)와 나아가 키프러스의 경쟁력을 약화시킬 개연성이 있다는데 있었다.

관광은 또한 외화가득 측면에서도 중요한 역할을 해왔다. 왜냐하면 대부분의 소규모 섬 국가들과 마찬가지로 키프러스는 많은 원자재와 기성품을 수입해야 했으며, 만일 그러한 필수수입품목이 수출소득으로 충당하기 어렵게 되면, 경제성장과 발전이 억제될 수 있었기 때문이다. 하지만 1980년 이래, 무역외 소득부문에 미친 관광의 기여도는 점점 높아져 2000년도에는 총수출의 40%에 해당되는 무역외 수입의 48%, 기성품수입의 54%를 감당하게 되었다〈표 3〉.

4) 관광, 경제성장 그리고 발전

관광은 지금까지 키프러스의 경제성장을 추진하는 엔진이었으며, 이후에도 계속해서 그 역할을 담당하리라는 것은 의심할 여지가 없다. 그러나 그러한 경제성장이 과연 섬의 전반적인 발전에 어느 정도 기여할 수 있을까? 바꾸어 말하면, 근대화 이론은 경제성장과 발전이 서로 동의어로서 경제성장이 반드시 발전을 촉진시킨다는 의미를 내포하고 있다. 이것이 키프러스의 경우에 해당되는가?

이에 대한 증거는 관광이 괄목할 만한 경제성장 그리고 또한 기초경제의 구조적 근대화에 기반 한 효과적인 '성장의 중심'이라는 것이다. 더욱이 1인당 소득이 1980년도 약 US$3000에서 2000년도에 약 US$13,125로 증가(PIO, 2001)하였으며, 이는 모든 지중해 연안 국가들 중에서 3번째로 높은 소득수준이다. 키프러스는 사실상 완전고용국가로서 기근이 거의 존재하지 않는다. 또한 보건의료에 대한 접근성, 기대수명, 유아사망률, 문맹률 그리고 최종학력 등과 같은 기타 대표적인 발전지표에 의하면, 키프러스는 '높은 수준의 인력개발'을 성취한 나라로 분류되고 있다. 실제로, 1999년도에 키프러스는 유엔개발계획(UNDP)의 인력개발지표(Human Development Index)에서 포르투칼, 싱가포르 그리고 몰타보다 높은 25위로 랭크되었다. 그래서 경제성장과 사회발전의 맥락에서 보면, 키프러스는 이제 다른 선진국들과 필적할 수 있는 나라가 되었으며, 그러한 성취가 키프러스의 대중관광의 성장과 밀접한 관련이 있다는 것은 부인할 수 없는 사실일 것이다. 중요한 것은, 앞에서 언급된 바와 같이, 키프러스 관광발전을 저해하고 방해할 것으로 보이는 상황, 즉 종속성의 특성을 지니고 있음에도 불구하고 그러한 빠른 성장을 이루었다는 것이다.

이러한 성공적인 키프러스 관광개발에도 불구하고, 개발비용에 대한 우려가 오랫동안 가시지 않고 있다. 바꾸어 말하면, 키프러스의 지속가능한 개발에 기여해온 관광의 공헌이 관광개발의 본질과 영향 때문에 의심을 받고 있다는 것이다. 따라서 1980년대 초기이래로 관광정책은 관광개발에 대한 좀 더 균형적인 접근방법을 도모하고 있으며, 최근 2000년부터 2010년까지의 전략은 확실히 지속가능한 관광개발을 강조하고 있다. 그리고 그 지속가능한 관광개발은 관광객 체험, 환경 그리고 모든 지역민들의 삶의 질의 보호를 목표로 하고 있다(CTO, 2001b: 6).

그러나 이러한 최근의 정책들이 비록 일부의 문제들을 해결해줄지 몰라도, 특히 키프러스 발전에 대한 관광의 지속적인 기여의 관점에서 볼 때, 그것들이 반드시 키프러스의 관광개발문제에 대한 가장 적절한 대응이라고는 볼 수 없다는 것이다. 가장 중요한 것은 관광정책(즉, 전통적인 대중관광에 대한 반대개념으로서 지속가능하고 질 높은 관광의 촉진)이 아니라 관광개발의 관리인 것이다. 따라서 지속가능하고 질 높은 관광을 위해 새로운 정책을 모색하고 있는 키프러스의 관광이 직면하고 있는 현재의 난제들을 검토하는 것이 무엇보다도 중요할 것이다.

4 키프러스 관광: 난제

키프러스 발전에 대해 관광의 명백한 기여에도 불구하고 키프러스의 관광은 보다 장기적 지속가능성을 위협하는 많은 난제들을 갖고 있다.

⑴ 방문객 수: 1980년대는 방문객수의 급격한 상승이 있었지만 1994년부터 1998년까지의 년 방문객수는 국제수준의 절반도 안 되는 7% 상승에 불과했다. 또한 2010년까지 4million명의 방문객을 목표로 하고 있는 CTO의 계획이 달성될지는 아직 확신할 수 없지만 Agia Napa의 인기로 가장 최근의 년 간 방문객 수는 다시 증가하고 있는 상황이다〈표 2〉.

⑵ 목표시장: 1970년 초반에 정착된 추세가 지속된다면, 영국은 여전히 키프러스 관광의 핵심수요시장임이 분명하다. 1970년도 영국방문객들은 전체방문객의 47.4%를 차지하였으며, 1999년까지 새로운 시장다각화를 위한 정책적 노력에도 불구하고 이들의 시장점유율은 여전이 높은 수준으로 유지되고 있다. 또한 2000년도에는 50.7%까지 상승하였다. 반면에 스칸디나비아와 독일과 같은 키프러스의 오랜 수요시장은 대략 10%의 방문객만을 공급하고 있다〈표 4〉. 특히 2002년 키프러스에 대한 영국의 대형여행사들의 공급량 축소정책(10-20%)은 영국에 대한 수요의존성을 특별문제로 고려하게 만들었다(Pyrillos, 2001). 그러나 비록 이것이 2001년 9.11테러 이후 초래된 수요의 감소 때문이었을지는 몰라도, 많은 사람들은 단지 일부투어공급자들이 초과 공급시장에서 호텔가격을 강제로 낮추기 위한 전략으로 보고 있다(Evangalides, 2002).

⑶ 교통수단: 키프러스 관광의 빠른 성장에 있어서 가장 중요한 영향요소 중의 하나는 특히, 1980년대 중반 이래, 전세항공에 의한 패키지여행(inclusive tour)의 확대다. 비록 이 전에는 키프러스 항공사와 같은 국내항공사를 보호하기 위해 비 전세항공정책(no-charter flight policy)이 시행되었지만, 그러한 패키지여행의 확대에도 불구하고 특히 전세기의 티켓전용판매와 관련한 심각한 문제점들이 많은 노선에 걸쳐 여전히 존재하고 있다. 하지만 결과적으로 현재 총 방문객의 2/3가 패키지

구분	1990	1991	1992	1993	1994	1995	1996	1997	1998	1999	2000
United Kingdom	44.3	49	54.6	51.6	46.9	40.5	36.9	38.3	45.7	47.6	50.7
Scandinavia	17.6	14.1	12.1	8.6	9.9	10.9	12.1	10.8	10.9	10.9	9.8
Germany	6.4	4.8	5.1	6.5	8.4	11.2	12.3	11.9	9.4	9.8	8.7
Greece	4.5	4.3	3.3	3.0	2.7	3.1	4.5	3.2	3.2	3.4	3.7
Switzerland	2.9	2.8	2.6	4.1	4.7	5.2	5.4	4.6	3.8	3.6	2.9
Russia/other ex-USSR	-	-	-	-	2.9	4.5	6.7	10.6	8.9	5.5	5.4

8표4

핵심시장에 대한 방문객 비율 (1990-2000)(%)

■ 출처: CTO(1990~1999), CTO(2001)

여행을 이용하고 있으며, 영국 방문객의 2/3와 100%의 스칸디나비안 방문객들도 패키지휴가를 통해 방문하고 있다. 이것은 대형여행사들에게 거대한 시장지배력을 제공할 뿐만 아니라 잠재적으로 수익성 있는 독립시장을 억제하는 결과를 초래하고 있다. 그러나 키프러스 정부는 2003년까지 Easyjet와 budget airline같은 항공사로 하여금 키프러스에 운행할 수 있도록 허용하라는 EU의 요구에 따라 항공자유화정책을 시행할 것으로 예상되고 있다. 따라서 EU 회원국들은 대형여행사의 파워를 축소시킬 뿐만 아니라 독립시장을 번성 시킬 수 있는 방법을 모색하고 있는 것이다.

(4) 계절성: 키프러스 관광은 계절적 편향이 심하다. 성수기인 7월과 8월에 총 방문객의 1/4이상이 방문하고 있으며, 여름시즌(7월~9월)에는 총 방문객의 40%가 방문하고 있다. 거꾸로 말하면, 년 간 방문객의 15%가 11월과 2월 사이에 방문하고 있는 것이다.

(5) 숙박시설 현황: 앞에서 설명된 바와 같이, 급격한 관광의 성장은 동일한 속도로 성장하고 있는 숙박시설의 공급에 의해 탄력을 받고 있으며, 그 숙박시설의 대부분은 키프러스의 기업 또는 개인들이 소유하고 있다. 중요한 것은 숙박시설의 성장이 키프러스 관광의 본질과 규모에 직접적인 영향을 미치고 있다는 것이다 (Sharpley, 2000b). 특히, 많은 숙박시설들이 공간적으로 해안지역에 밀집되었으며, 1980년대 후반에는 자취시설이나 아파트의 빠른 성장이 두드러지게 나타났다. 따

라서 비록 최근에는 숙박시설이 최고급호텔을 중심으로 성장하고 있지만, 반면에 3S를 위한 대중관광목적지로서의 그 입지를 공고히 해주는 중간규모의 호텔과 자취숙박시설이 해안휴양지에 광범위하게 퍼지고 있다는 것이다. 또한 이러한 숙박시설의 초과공급은 높은 비율의 할인적용이 가능한 대형여행사의 지배력을 강화시키는 결과를 초래했으며, 그것은 키프러스를 지속가능한 관광수요자보다 대중관광시장에게 홍보를 확대하고 있는 셈이다.

(6) 사회적/환경적 영향; 무분별한 관광의 확대로 인한 키프러스 자연환경의 훼손은 피할 수 없었다(Kammas, 1993). 그것의 결과는 많은 문헌(Akis et al., 1996; Apostilides, 1995; Mansfeld & Kliot, 1996)에서 논의되고 있는데, 그것의 전형적인 모습들은 건축오염, 동식물군의 손실, 농토의 손실, 해안부식, 공기/물/대지 그리고 소음오염, 자연자원에 대한 초과수요 등이다. 가장 많이 논의된 자원문제로는 물 부족문제로서 관광에 의해 그 문제가 더욱더 악화되고 있다. 또한 Mansfeld & Kliot(1996:197)가 언급한 바와 같이, 물 부족은 관광개발의 심각한 제약요소임이 분명하지만, 흥미롭게도 Department of Water Development에 의해 이행된 설문조사에 의하면, 미터기로 계산된 물소비의 77%가 농업용수로 사용되고 있으며, 가정에서 21%, 그리고 단지 25%만이 관광분야에서 소비된 것 파악되었다(Metaxa, 1998).

사회문화적 영향의 관점에서 보면, 비록 Agia Napa와 같은 대중휴양지에서 관광객들에 대한 분개(憤慨)가 어느 정도 존재하기 마련이지만, 키프러스 관광개발은 예상보다 그리 많은 문제점을 내포하고 있지 않았다(Akis et al., 1996). 즉 대부분 지역민들이 높은 수준의 관광관련 고용과 소득제공 같은 관광의 혜택이 그 지불비용보다 크다고 느끼고 있다는 것이다(Akis et al., 1996).

요약해보면, 1980년대 초반 이후 키프러스는 상대적으로 비싸지만(핵심시장으로부터 거리 때문에) 전통시장에 대한 의존도가 높은 3S 대중관광목적지로서 등장했었다. 그러나 최근 관광이 불규칙적인 수요, 낮은 수익률 그리고 지배력이 강한 해외 대형여행사에 대한 높은 의존도 때문에 애를 먹고 있음에도 불구하고, 관광분야에 대한 키프러스 경제의 의존도는 더욱 높아지고 있다. 간단히 말하면, 많은 기타 관광목적지와 마찬가지로 키프러스는 본 연구의 서론 부분에서 언급된 지속가능할 수 없는 '중심-주변 종속개발모델(centre-periphery' dependency model of development)'을 따르고 있는 것이다.

물론 키프러스 관광당국은 이와 같은 문제점들을 간과하지 않았다. 사실상, 사회경제적 발전에 대한 관광의 기여와 관광개발을 효율적으로 통제하고 관리해야할 필요성은 오래전부터 인식되어 왔으며, 마침내 1975년 이후, 관광개발의 범위, 규모, 속성 등에 관한 제안들이 포함되어 있는 국가발전계획에서 관광은 매우 중요한 부문을 차지하게 되었다.

최초의 관광정책은 전후(戰後)직후, 관광개발 촉진을 위한 다양한 형태의 재정적 지원과 인센티브를 기반으로 산업적 리빌딩을 목표로 하였다(Ioannides, 1992). 그러나 1980년대 초반까지만 해도 관광을 활용한 재개발은 너무도 성공적이었으나, 이후 숙박과 기타시설 그리고 방문객의 급속한 성장으로 기반시설과 보조적 관광시설의 공급이 부조화를 초래했으며, 환경보호를 위한 통제계획 또한 부적절했던 것으로 입증되었다.

따라서 환경보호와 품질향상에 대한 높은 관심과 더불어 해안지역의 대중관광개발을 통제하기 위한 다양한 방안들이 도입되었으며(Andronikou, 1986), 이 방안들은 키프러스 내륙지역에서 호텔과 기타 관광관련 개발을 촉진하기 위한 다양한 재정적 인센티브와 특정 해안지역 내에서 제한된 럭셔리호텔 개발 등을 포함하고 있다. 또한 마케팅 정책으로 증가하고 있는 키프러스의 대중관광, 즉 3S 관광시장에 대한 의존도를 축소시키기 위해 관광의 규모보다는 가치를 고양시키고 지출성향이 높은 격 있는 방문객을 유치하는데 초점을 두었다. 그리고 이를 위해서 컨퍼런스/인센티브 관광, 특수목적관광 그리고 겨울관광과 같은 틈새시장을 유인하는 노력들이 취해졌으며, 달리 말하면, 그 정책은 관광에 대해 보다 균형된, 지속가능한 접근을 요구했던 것이다(Andronikou, 1986).

그러나 현실에서는 반대상황이 일어났다. 이미 언급된 바와 같이, 악화되었던 년 간 방문객수가 1986년부터 전세항공의 도입으로 1980년대에 대체로 엄청나 증가를 보였으며, 좀 더 자세히 말하면, 1985년-1990년 사이에 해안휴양지에 공급된 새로운 아파트들이 키프러스 숙박시설의 30%를 증가시켜 거의 두 배 가까운 성장에 이르게 했던 것이다. 그럼에도 불구하고, 만일 지금과 같은 관광개발과정이 지속된다면, 결국에는

국제시장에서 우리 관광 상품의 경쟁력에 심각한 악영향을 미칠 것이라는 견해가 지배적이었다(Central Planning Commission). 따라서 많은 정책목표들이 이후의 경제개발계획과 관광정책에서 나타나게 되었는데, 그 목표들은 첫째, 관광개발의 성장률 감소 둘째, 키프러스의 환경과 문화적 매력성을 활용한 관광 상품의 다각화와 업그레이드 셋째, 키프러스의 주변에 대한 관광혜택의 분산 넷째, 좀 더 다양하고 질 높은 수요자 유치 다섯째, 비성수기 관광수요증가 여섯째, 관광객 1인당 지출수준 향상 등이었다.

과잉개발로 인한 환경영향을 줄이기 위해 많은 노력들이 취해졌다. 예를 들면, 1989년에는 새로운 호텔건축이 금지되었으며, 더욱이 1990년도에 건축승인을 위해서는 모든 지자체들이 지역개발계획안을 의무적으로 제출해야 하는 도시계획법이 시행되었다. 더불어 CY£1million 이상의 비용이 소비되는 대규모 호텔개발은 환경영향평가를 받아야만 했다.

지난 10여년에 걸쳐, 비록 제한적이기는 하지만, 이들 정책목적들이 부분적으로 달성되고 있었다. 그러나 골프관광은 사계절 내내 부족한 물로 인해 부적절한 개발이라는 의견도 있었지만, Paphos 지방에 공사 중인 3개의 골프장과 더불어 2개의 골프장이 더 개장되었고, 또한 최근에는 잠재적수익성이 높은 요트관광개발을 위한 기반시설로서 6개의 마리나 건설이 승인되었으며, 해안으로부터 멀리 떨어진 곳까지 관광혜택을 확산하기 위해 농촌관광개발을 위한 많은 노력들도 투입되고 있었다. 그리고 약 60개의 전통건물들이 숙박시설로 재개발되어 많은 마을들이 혜택을 받았지만, 단지 약 450개의 침실만이 새로이 공급된 것에 불과했으며, 점유율 또한 여전히 낮은 편이었다.

이와는 반대로, 비록 2002년 예상되고 있는 방문객 수의 감소가 가격인하에 대한 압력과 외부영향요인에 대한 이러한 관광유형들의 민감함을 보여주고 있지만, 키프러스의 전통적인 3S관광의 수요는 여전히 높게 나타났다. 바꾸어 말하면, 키프러스가 바라던 관광정책을 완벽하게 수행하는데 실패했던 것이다. 좀 더 정확히 말하면, CTO가 관광개발을 효과적으로 관리하지 못했다는 것이다. 여기에는 다음과 같이 다양한 원인들이 기인하고 있다.

첫째, 계속된 영국시장의 지배력이 상류층 관광객지향의 목적지로서 키프러스를 다각화하고 리포지셔닝 하려던 기회를 감소시켰다. 영국시장의 지배력에 대한 배경을 설명하면, 무엇보다도 영국관광객들에게 키프러스의 매력성을 설명하기가 매우 용이했다는 것이다. 왜냐하면, 키프러스는 대체로 영어가 사용되고 있었고, 안전이 보장된 목

적지로 인식되고 있었으며, 자동차의 좌측운행, 동일한 통화사용, 그리고 이들의 과거 역사와 문화가 이들을 상호 의존적인 관계로 만들었기 때문이다. 따라서 1991년 걸프 전쟁 이후, 관광의 붕괴에 따라 CTO의 주요 마케팅노력과 지출이 영국을 타겟으로 수 행되었던 것이며, 결과적으로 1993년 키프러스를 찾은 영국 방문객이 기록적으로 높은 비율을 차지했다는 것은 결코 우연이 아니었던 것이다.

둘째, 상대적으로 높은 패키지여행방문객의 비율, 늘어나고 있는 유럽여행업계의 소 유권 집중화 그리고 키프러스의 숙박시설의 과잉공급 등이 대형여행사들에게 심각할 정도의 큰 권력과 영향력을 제공하게 되었다. 예를 들면, 독일기업인 Preussag가 현 재 30%의 키프러스 방문객들을 통제하고 있는 것으로 추정되며, 결과적으로 여행사들 이 키프러스 관광의 본질과 흐름뿐만 아니라 가격통제까지 가능했다는 것이다. 따라서 CTO는 보다 높은 지출수준의 방문객유치를 위한 방안을 모색했던 반면에, 메이저 여 행사들은 관광의 규모(volumes)유지가 가능한 가격선에서 패키지여행을 촉진시키고 있 었다는 것이다.

셋째, 키프러스의 정치구조가 중앙정부의 통제를 촉진시키지 못했다(Sharpley, 2001). 즉 국제수준의 정책수행을 위한 공직적인 구조는 존재하지 않았으며, 오히려 정치가와 기업가 사이의 비공식적인 접촉과 합의에 의존하고 있었다. 또한 정부의 정책을 기만 하는 정치적인 거래가 용인되었고, 이해의 갈등이 허용되고 있었던 것이 분명하며, 복 잡하고 다양한 민주적 시스템은 많은 권한을 지방정부에 위임하게 만들었던 것이다. 결과적으로 계획의 적용, 기반시설을 위한 투자와 개발, 기타 관광관련 행위에 대한 결 정은 지역정치가들에 의해 이루어졌지만, 그 결정들이 선거 또는 기타의 이유 때문에 반드시 국가와 지역의 이해차원에서 내려지지 못하고 있었던 것이다.

넷째, CTO, 그 자체는 법령에 근거한 권한을 거의 갖지 있지 않았다. 예를 들면, 비록 CTO가 새로운 숙박시설의 등급을 평가하고, 숙박업을 허락하는 권한을 보유하고 있 긴 했지만, 그런 시설이 처음 건설될 때 입지의 적합성을 결정할 수 있는 위치는 아니 었다는 것이다. 반대로 말하면, 상대적으로 노조와 키프러스 호텔협회 같은 다양한 정 치단체의 파워가 막강했을 것이라는 의미이다.

관광통제에 대한 이러한 분명한 실패에도 불구하고, 당국은 지속적으로 양질의 지속 가능한 관광개발정책을 추구하였으며, 2000년-2001년의 정책들은 그러한 품질관광개 발이 중점을 두고 있는 많은 목표들을 제시하였다. 그것들은 다음과 같다.

첫째, 방문객 수 그리고 방문객들의 체류기간 및 지출을 서로 조화롭게 증가시켜 관광소득을 극대화 한다. 둘째, 성수기의 점유율을 년 간 방문객수의 40%에서 33%까지 감소시켜 계절적 편중을 줄인다. 셋째, 키프러스를 관광목적지로서 리포지셔닝함으로써 경쟁력을 증대시킨다. 특히 3S관광에 역점을 덜 두고 반면에, 농촌관광과 같은 키프러스의 문화, 환경, 그리고 사람을 바탕으로 한 상품을 개발하는데 관심을 쏟는다. 넷째, 좀 더 효과적인 목표설정과 시장세분화를 통해 문화와 환경에 대한 인식이 높은 노인과 상류층 방문객들과 같은 양질의 관광객을 유치한다.

6 관광과 발전: 지향해야 할 것인가?

앞선 논의를 바탕으로 판단해 보면, 키프러스 관광개발은 개발상의 모순을 갖고 있는 것이 분명하다. 즉 한편으로, 키프러스는 섬 관광개발에 있어서 전형적인 많은 어려움들에 직면하고 있는 것으로 판단된다. 예를 들면, 관광분야에 대한 경제적 의존성, 핵심시장과 해외 투어공급자에 대한 지나친 의존 그리고 대중관광시장에 대한 호소와 경쟁력 감소, 제한된 자연자원과 인적자원에 대한 초과 수요, 기타 등. 공통적으로 이들 문제점들은 관광 그리고 결과적으로 경제성장의 장기적 지속가능성의 결여를 지적하고 있음으로, 지속가능한 개발 명령이 관광정책과 개발계획에서 채택되어져야 함은 당연한 일일 것이다.

다른 한편으로는 사실상 관광을 근대화의 '성장의 중심(poles of Growth)'으로서 이용하는 대중관광개발은 키프러스 경제성장과 발전에 엄청난 기여를 하였다. 또한 타 경제부문을 촉진하고 지원하였으며, 실질적으로 완전고용을 가능케 했음은 물론, 키프러스가 상대적으로 부유해지고 현대화된 국가로 변모하는데 직접적인 기여를 했던 것이다. 불행하게도 이러한 대중관광은 환경적 영향 없이는 성취가 불가능하며, 따라서 키프러스 대중관광 역시 비록 해안지역의 과잉개발, 기반시설개발의 부족 그리고 1980년대 이래 키프러스를 괴롭혀온 많은 문제들을 내포하고 있었지만, 그럼에도 불구하고 계속적으로 성장해왔다.

따라서 높은 품질의 지속가능한 관광개발에 다시 집착하는 것은 재고해 볼 여지가 있다고 판단된다. 즉 키프러스의 문화, 환경, 국민을 촉진시키는 틈새상품은 미래의 키프러스 발전을 촉진하기 보다는 제한할 수 있다는 것이다. 이러한 입장을 지지하는 세 가지 견해는 다음과 같다.

첫째, 정부의 관리와 통제: 대규모 투어공급자들의 지배가 키프러스 관광당국에 심각한 문제점을 시사하고 있는 것이 분명하다. 예를 들면, 2002년 호텔의 점유율과 수익률 감소 그리고 총생산의 전반적인 하락은 계획된 수용량의 축소와 대폭적인 가격할인을 초래하였다. 그러나 국제관광, 그것이 대중관광시장이든 아니면 틈새관광시장이든, 그것은 본질적으로 의존적이어서, 키프러스의 의존성문제는 대중관광개발에 의해서가 아니고 대중관광의 효과적 관리를 위한 당국의 무능력에 의해서 악화되었다고 볼 수 있다. 달리 말하면, 그것은 대체로 투어공급자의 파워를 강화시킬 수 있는 수요에 대한 숙박시설의 과잉공급을 의미하며, 모든 이해관계자들 간의 협력부족, CTO에 부여된 권한부족, 국제수준에서 정책을 실행하기 위한 정치적 메카니즘의 부재 등이 통제되지 않은 관광개발을 초래했다는 것이다. 예를 들면, 관광정책의 핵심요소가 질 높은 문화관광을 개발하는 것이라면 Agia Napa가 어떻게 지중해에서 클럽문화가 발전된 수도들 중의 하나로 허용이 되었는지에 대해 의심을 갖는 것은 당연할 것이다. 그러므로 다소 정책을 서투르게 정비하는 것보다는 국제수준에서 관광의 발전에 대한 기여도를 유지하기 위한 통제구조와 메카니즘의 이행에 대해 관심이 모아져야만 할 것이다.

둘째, 관광 상품: 최근 CTO의 정책에 따르면, 지속가능한 관광은 품질관광과 일맥상통한다. 그러나 품질관광은 양질의 상품 그리고 예상된 방문과 지출을 충족시키는 충분한 양질의 관광객들을 필요로 하고 있다. 따라서 Ioannides & Holcomb(2001)가 관찰한 바와 같이, 대중관광의 영향을 개선하기 위해서 CTO가 보내는 상류층 지향의 관광 상품에 대한 맹목적 신뢰는 많은 결함을 내포하고 있다는 것이다. 그 이유는 첫째, 통제 그리고 계획과 기반시설에 대한 투자부족은 충분치 못한 공항시설, 형편없는 차도와 인도, 그리고 휴양지 내의 공공공간과 녹색지대의 결여 등과 같은 많은 기본적인 문제점들이 여전히 해결되어야 할 난제로 남아 있다. 예를 들면 비록 Paphos와 Agia Napa 사이의 자동차도로가 사실상 완공되었다고 하지만 기본적인 기반시설에 대한 많은 개선이 요구되고 있는 것이다. 둘째, 키프러스의 문화적, 고고학적 유적지들이 허술한 상태로 관리되고, 잘못 이해되고 있으며 수요 역시 많지 않은 상황이다. 심지어

Paphos에 있는 왕들의 무덤과 같은 주요유적지에는 그늘진 곳에 앉아서 쉴 수 있는 시설조차도 결여되어 있다. 셋째, 실제로 키프러스는 다른 지중해연안의 관광목적지들과 비교하여 양질의 관광객들을 유치하기에 충분한 문화유적지를 보유하지 못한 반면에, 대중관광 형태인 3S 관광목적지로서 확고한 이미지를 갖고 있다. 예를 들면, 농촌관광 개발이 아직까지 성공적이라고 평가되지 않고 있으며, 농촌관광 방문객들 대부분이 외국과는 달리 국내관광객들이라는 것이다. 따라서 Ioannides & Holcomb(2002)는 양질의 상품을 제공하고 있는 상류층지향의 다른 많은 경쟁적인 관광목적지가 존재하고 있음에도 불구하고 품질관광객들이 제1의 관광목적지로서 키프러스를 방문하기를 원하는 이유는 어디에 있을까? 라고 묻고 있다. 더불어 상대적으로 핵심시장으로부터 멀리 떨어져 있어 높은 휴가비용에도 불구하고 2.5 million명이 훨씬 넘는 대중관광객들이 매년 키프러스를 방문하고 있는 상황이다.

셋째, 관광의 발전적 역할: 아마도, 가장 중요한 것은 지금까지도 키프러스의 해안대중관광이 키프러스 경제를 추진하는 엔진역할을 하고 있으며, 앞으로도 그것은 변하지 않을 것이라는 점이다. 경제성장, 높은 고용수준, 부의 증가 그리고 다른 경제부문의 성장 등은 모두 관광의 발전으로 유발된 것이며, 관광은 또한 근대화와 발전을 위한 효과적인 에이전트로 입증되고 있다. 어느 정도, 그 근대화와 발전이 관광으로 제공된 기회를 이용하려는 키프러스 국민들 본래의 욕망과 능력에 의해서 촉진되기는 했지만, 사실상 그것은 관광개발의 규모에 의해 구현된 것으로 볼 수 있다. 이와는 반대로 품질관광이 보다 높은 1인당 방문객지출과 환경영향의 감소를 유도할 수 있을지는 모르지만, 방문객의 수적증가를 제한하는 그것은 틀림없이 고용수준, 타 경제부문의 성장 그리고 궁극적으로는 지속적인 발전에 부정적인 영향을 미칠 것이다.

따라서 현재의 대중관광 상품의 강화와 유지를 강조하는 정책들이 키프러스의 관광과 미래발전에 대한 관광의 기여를 보다 높게 실현시킬 수 있음을 지적하고 있다. 이것은 결국 국가차원에서 개발에 대한 보다 효율적인 통제, 인프라에 대한 보다 많은 공공투자, 방문객 체험의 질적 향상을 위한 휴양지의 환경개선 그리고 투어공급자들의 지배력 축소를 위한 방법으로 항공규제완화와 같은 관련정책 등을 통해서 실현될 수 있을 것이다. 달리 말하면, 그것은 키프러스의 관광환경에서 지속가능한 관광개발에 대한 CTO의 잘못된 해석으로서 관광을 통한 지속가능한 발전은 성취될 수 있으며, 그것은 기존상품의 수준, 품질 그리고 관리의 개선을 통해서도 가능해질 수 있다는 것이다.

　이것은 키프러스가 관광의 혜택을 널리 보급하고, 계절성 문제의 해결을 위해 틈새 상품, 즉 품질상품개발에 대한 노력을 소홀이 하라는 의미는 아니다. 하지만 실제로 9.11테러 이후, 투어공급자들에 의한 방문객수용량의 의도된 축소는 그들에 대한 키프러스의 의존도를 축소시킬 필요성을 함축하고 있는 것이다. 따라서 키프러스의 관광정책은 대중관광, 즉 3S 관광목적지로서, 향후에도 변함이 없을 거라는 사실을 바탕으로 수립되어져야 한다는 것이다. 그래서 관광계획은 환경적 한계 내에서 현재의 대중관광 상품을 유지하고 개선하는데 초점을 두어야 하며, 추가적으로 오프쇼어 뱅킹(offshore banking) 또는 첨단산업(hi-tech industries)과 같은 경제발전방안을 모색하는데 중점을 두어야 할 것이다. 이렇게 하여 다양하고 지속가능한 경제를 구축하기 위한 건전한 환경을 제공한다면, 관광은 지속적으로 경제성장과 근대화를 촉진하게 될 것이다. 간단히 말하면, 관광정책이 지속가능한 관광개발로 지향되지 말아야 한다는 것이 아니라, 키프러스의 장기적인 지속가능한 발전을 위한 기반으로서 대중관광을 유지시켜야 한다는 것이다.

MEMO

17

복원, 다각화 그리고 이미지: 동부 아드리아 해⁽海⁾ 관광정책의 지속가능성 갈등

해양관광 개발계획 coastal mass tourism

17

복원, 다각화 그리고 이미지:
동부 아드리아 해⒣ 관광정책의 지속가능성 갈등

Derek Hall
Leisure and tourism Management Department, The Scottish Agricultural College

① 목적과 목표

　　본 연구의 목적은 아드리아 해 동부에 접경하고 있는 3개의 구 유고슬리비아 국가들로서 슬로베니아, 크로아티아, 몬테네그로의 전(戰)후 관광정책을 평가하는데 있다〈그림 1〉.

　　요약하면, 첫째, 2차 세계대전 이후 아드리아 동부해안의 관광개발배경을 설명하고 둘째, 1990년대 5년 동안의 지역적 갈등과 불안정 속에서 구 유고연방에 포함된 세 국가들의 해양관광정책에 대한 고찰은 물론, 관광목적지 그리고 국가적 차원에서 구조적, 공간적 다각화의 필요성에 비추어 그 정책들을 평가하며 셋째, 이후 국가정체성과 이미지 개선을 위한 정책적 시사점에 대한 고찰과 그러한 정책들로부터 초래된 지속가능성 난제(難題)들을 평가하는 것이다. 비록 본 연구의 실증적 배경이 문화적 환경차원은 덜 강조된 채 자연환경과 인공 환경 그리고 경제적 차원만을 중시하고는 있지만

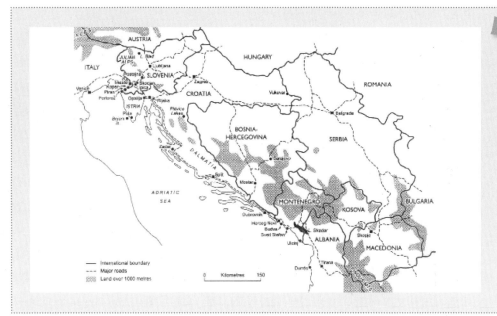

그림 1

동부 아드리아 해
그리고
구 유고슬라비아

지속가능성에 대한 다양하고 전반적인 해석이 제공된 것만은 사실이다. 따라서 본 연구는 목적달성과 관련하여 다음과 같은 중요한 이슈들을 제기하였다. 첫째, 지중해 관광의 본질과 역할 둘째, 해양관광목적지의 재건과 다각화 셋째, 국가사회주의 그리고 분쟁으로부터 이탈하는 과정 속에서의 관광의 역할과 영향 넷째, 관광과 외국인의 직접투자를 위한 신생독립국의 이미지 프로모션의 어려움 다섯째, EU가입을 위한 필요조건, 그리고 여섯째, 지속가능성의 어려움 그리고 갈등과 긴장 속에서 나타난 유사성(similarities)과 대립(contrasts) 등이다.

2 배경

지중해관광과 관련한 최근의 영문문헌에는 구 유고슬라비아의 해안이 그리 자주 등장하지는 않는다(e.g Apostolopoulos et al., 2001). 실제로 구 유고슬라비아 해안은 비

록 1970, 80년대에 지중해관광 상품구성에 대한 높은 기여도 그리고 1990년대 5년 동안의 지역적 갈등과 불안정으로부터 재등장 했지만, 소수의 크로아티아와 슬로베니아 학자들과 더불어 저명사회학자인 John Allcock(e.g. 1983, 1991)과 지리학자인 Peter Jordan(e.g. 1982, 1989, 2000) 등 몇몇의 영어권 연구자들만이 관심을 보이고 있었다. 또한 남부 알바니아 역시 연구자들의 관심으로부터 소외되어 왔는데, 낮은 수준의 발전과 계속되고 있었던 상대적 불안정을 고려한다면 아마도 그 이유에 대한 이해가 보다 용이할 것이다(e.g. Hall, 2000b; Holland, 2000). 따라서 EU회원국가인 이탈리아와 그리스 사이에 입지하고 있던 중요한 이 하부지역들은 유럽 내에서 깊은 문화적 단층선에 걸쳐져 있는 곳으로서 당대 지중해관광에 대한 우리의 인식 속에서 공허한 공간으로 남아있는 것이다.

제2차 세계대전 말 무렵 유고슬라비아의 아드리아해안은 경제적 침체상태에 있었다. 하지만 1948년 소련 주도의 코민포름(공산당 정보국(Connunist Information-Bureau)의 약칭)에서 제명된 이후에 동·서양 간에 민감한 정치적, 경제적 통로로서 자신의 역할의 극적변화를 추구하였다. 또한 1950년대 경제적, 정치적 개혁으로 유고슬라비아 시민의 해외거주 및 노동을 허가하는 새로운 헌법을 1963년도에 제정하였으며, 관광과 같은 경제부문에서도 이전에 비해 훨씬 많은 개인투자가 허용되었다. 더욱이 연방공화국을 구성하고 있던 6개 공화국과 2개의 자치지역에 대한 광범위한 권한이양과 함께 1974년에는 헌법개혁이 단행되기도 하였다.

1961년-1965년 사이, 유럽의 원조를 기반으로 유고슬라비아의 거의 전체해안을 연결하는 아드리아의 고속도로가 건설되었으며, 비록 그러한 주요 인프라의 건설이 고립된 커뮤니티를 통합시키려는 의도에서 비롯되었다고 하지만 부분적으로는 해안관광개발을 촉진시키는 결과를 가져오게 되었다(Allcock, 1991). 그러나 많은 주요도시들과 100년의 역사를 가진 동부슬라브의 민족문화를 보유하고 있는 유고슬라비아의 미개발된 내륙지역들이 대체로 유럽관광객들의 관심을 받지 못했다. 따라서 비교적 안정된 1988년 한 해 동안에 크로아티아 총 숙박시설의 96%와 총 외국인체류관광객의 97%가 아드리아해안에 집중되었지만(Republicki Zavid za Statistiku, 19889), 내륙지역개발을 위한 노력은 거의 성공을 거두지 못했던 것이다. 반면에 해안관광에 편중된 계절노동자의 약 90%가 비(非)해안지역으로부터 유입되고 있었다(Jordan, 1989; Poulsen, 1977).

해안주도의 관광과는 달리 흔치는 않지만, 슬로베니아의 호수들과 산맥을 이용한

관광 또한 존재하고 있었는데, 이는 오스트리아인, 북서부 이탈리아인, 남부독일인 관광객을 유치하는 결과를 가져왔으며, 1984년 사라예보 겨울올림픽게임과 같은 홀 마크 이벤트(hallmark event)에 대한 접근을 가능케 만들었다. 하지만 비록 1980년대 말까지 유고슬라비아는 나머지 모든 유럽중동부 공산주의국가들보다 높은 관광통화소득(tourism hard currency income)을 기록한 반면에(Hall, 1998a), 1인당 관광객지출은 일반적으로 스페인과 이탈리아 같은 서부지중해 관광목적지 국가들보다 훨씬 저조했다. 그리고 이어서 일어난 유고슬라비아의 정치적 분열과 구 유고연방국가들 사이의 분쟁은 긍정적인 통일이미지를 훼손시켰으며, 이로 인해 적어도 5년 동안은 관광발전과 근대화가 정체상태로 머물게 되었던 것이다.

3 해·안·관·광·정·책: 구 조 적 변 화

1990년대 초 유고슬라비아가 겪었던 분쟁은 1989년-1992년 사이의 후기 공산주의 시기 직후에 새로운 그리고 상대적으로 분명한 국가, 종교 그리고 특수목적지의 이미지를 촉진시켰던 중·동부 유럽 국가들(CEECs)과는 매우 대조적인 결과를 초래하게 되었다.

프라하와 같은 일부지역들에서는 유행을 경험할 수 있는 곳으로 인식되어 관광수요의 증가가 비록 가시적이었지만, 상대적으로 이전에 개방되었음에도 불구하고 남동부 유럽 국가들의 방문을 희망하는 국제관광객들에게 있어서, 유고슬라비아의 격렬했던 분쟁은 강력한 장애물로 인식되었던 것이다.

결과적으로, 1990년대까지 관광정책입안자들은 관광 및 투자수요자들을 위한 목적지안전에 대한 신뢰회복, 1980년대 말경 개발주기 상 임계점에 이른 휴양지들의 재건 그리고 내륙지역으로의 다양한 고가치 관광개발의 확대 등에 관심을 돌리게 되었다. 이러한 당면문제점들을 해결하기 위해 슬로베니아, 크로아티아, 몬테네그로 국가들은 잃었던 분쟁의 세월을 재건축, 다각화 그리고 재 이미지화 과정을 통해 극복하고자 노력하였으며, 또한 물리적인 건축물과 기반시설의 재정비와 개선, 그리고 상품의 개혁

과 품질개선은 물론 이전의 수요회복과 신규수요 등을 도모하고자 하였다.

먼저, 비교적 작은 영토의 슬로베니아는 국가관광개발과 촉진에 대한 틈새전략으로 국가 관광자원 포트폴리오 중의 한 요소로 해안관광을 고려하였으나, 이것은 단지 Izola, Pirin 그리고 Portoroz 등 3개의 주요 관광중심지에만 국한되어 있었다. 이 중 Portoroz는 100년의 역사를 자랑하는 전통적인 스파휴양지로서 2001년, 비록 Koper 항구도시의 외곽에 새로운 주거스파단지가 개장되었음에도 불구하고 산업발전시설을 갖춘 슬로베니아의 주요해양무역의 출구로서도 그 역할을 다하고 있다(Slovenia Tourist Board, 2001b). 그러나 단지 40Km에 이르는 해안선과 크로아티아 남부에서 흔히 볼 수 있는 해안상품만을 보유하고 있던 슬로베니아 입장에서는 해안상품의 다각화를 위한 보다 다양한 노력이 절실하게 요구되었다. 예를 들면 첫째, 해안 자전거타기와 해안으로부터 이어지는 산책로걷기(e.g. Maher, 2000) 둘째, 스파관광의 재건과 같은 비(非) 3S 관광활동 셋째, 슬로베니아 국내유람 넷째, 수중익선(hydrofoil)을 이용한 베니스나 크로아티아의 브리유니 군도(Brijuni Islands)까지의 유람 다섯째, 해상관광을 활용한 고소득 방문객유치(Logar, 2000) 등이다.

한편, 크로아티아는 1777Km의 육지해안과 1185개의 섬들 그리고 구 유고슬라비아의 관광객의 80% 이상을 점유하고 있었으며, 재건을 위한 당면문제와 기회의 양면성을 지니고 있었다. 즉 수요가 낮은 저가치 상품과 동부아드리아 해와 같이 다소 불안정한 시장위치를 반영하고 있던 초기단계의 달마티아해안(Dalmatian coast) 개발을 통해 중부유럽 국가들과 러시아로부터의 대중수요의 회복이 매우 중요했던 것이다. 그러나 1995년-1997년 사이, 서유럽관광객 유치에 집중된 크로아티아의 대중관광마케팅은 국제관광객의 방문과 체류에 있어서 이탈리아, 오스트리아 그리고 독일인들의 비율이 190%까지 증가되는 방문객편중현상을 초래하였으며(WTO, 1998), 그러한 추세는 2000년도까지 이어지게 되었다〈표 1〉.

따라서 크로아티아는 구 유고슬라비아의 대중관광 상품으로서 핵심적인 기능을 수행했던 해안관광의 재건과 개선 그리고 틈새관광(문화관광, 농촌관광)개발과 다각화정책을 추진하게 되었으며, 비록 자국의 매력물들이 슬로베니아의 것과 비슷했지만, 양적으로 보다 많은 다양한 종류의 매력물 제공이 가능했다. 즉 온천관광을 매개로 19세기 오스트리아 귀족과 예술가들이 선호했던 Opatija 휴양지에 대한 재투자 그리고 사파리공원, 카지노, 그리고 경마장 등과 더불어 Brijuni 섬에 있는 Tito, 전 유고슬라비아 대통령의 은신처 등이 재개장되었으며, 또한 Pula에서는 크로아티아 영화축제와 같은 문화이벤트 행사들을 확대했던 것이다.

가장 중요한 것은 1990년대 후반부터 크로아티아 정부가 해양관광에 관심을 보인 부유층 고객유치에 특별한 노력을 기울이고 있었다는 것인데, 예를 들면 크로아티아 관광청(The Croatian National Tourist Board)이 48개의 마리나 방문프로그램을 촉진하면서 럭셔리 요트항해이용객들로 참여했던 유럽왕족들과 국제연예산업(international show business) 관계자들을 대대적으로 홍보하였다(Croatian National Tourist Board, 2001e). 또한 외국의 대형선박 유치를 위한 20,000개의 정박시설의 건설을 통해서, 75개의 허가된 선박임대회사들은 매년 1백만 이상의 선상체류자들과 더불어 150,000명 이상의 관광객들에게 서비스를 제공할 수 있는 14,000척의 보트를 보유하게 되었다. 결과적으로 이것은 크로아티아의 해양관광 수용능력에 대한 관심을 유인하는데 기여하게 되었던 것이다(Croatian National Tourist Board, 2001d).

반면에, 몬테네그로는 전통적인 접근방식으로 해안대중관광을 어필함으로써 1987년 400,000명 이상의 외래방문객들을 유치하기도 했으나, 1998년 유고내전으로 인해 36,000만 명으로 극감하게 된 방문객들은 1999년 코소보사태(Kosova conflict)로 인해 그 수는 또 다시 감소되는 경험을 하게 되었다(Balmer, 2000). 또한 몬테네그로의 한 작은

구 분	관광객 수		숙박일 수	
	Nos.(000s)	% of total	Nos.(000s)	% of total
Germany	1,300	19.9	9,686	25.2
Italy	1,060	16.6	4,724	12.3
Slovenia	877	13.4	5,119	13.3
Czech Republic	742	11.3	4,921	12.8
Austria	687	10.5	3,601	9.4
Poland	392	6.0	2,514	6.6
Hungary	280	4.3	1,534	4.0
Slovakia	203	3.1	1,335	3.5
Bosnia and Hercegovina	172	2.6	802	2.1
The Netherlands	125	1.9	1,059	2.8
Other countries	706	10.8	3,069	8.0
Total	6,544	100.0	38,384	100.0

∂표 1

크로아티아: 국적에 따른 국제관광객 수 및 숙박일 수(2001)

■ 출처: 크로아티아 공화국 관광부(2002: 4)

해안도시인 Ulcinj는 코소보를 탈출한 알바니아 피난민들의 해안정착과 약 40,000명의 추방된 코소보인들로 넘쳐나게 되어 도시의 호텔은 물론 캠프장들이 그들의 임시거처로 제공될 정도였다. 그러나 아이러니한 것은 몬테네그로 정부가 293Km에 이르는 해안과 117여개의 비치에 국제관광객을 다시 유치하기 위해 1999년을 '관광의 해'로 선포했다는 것이다(Republic of Montenegro, 2001). 따라서 약 30,000개의 침대를 제공할 수 있는 호텔수용력, 100,000개의 아파트 유닛과 캠프장 등의 개발은 국내·외 대중관광 시장으로부터 높은 지지를 얻게 되었으며, 122개 침실을 갖고 있는 스베티 스테판(Sveti Stefan) 호텔단지는 왕족 그리고 소피아로렌과 리처드 볼튼 같은 유명연예인들을 호스팅하면서부터 1970, 80년대에 특별한 국제적인 명성을 얻게 되었다. 또한 이곳은 소규모 국제회의와 Budva의 비즈니스 관광 그리고 Herceg Novi의 보양관광을 위해서도 활용되었다.

4 다각화: 공간적 이동

획일적인 대중해안관광에서 벗어나 관광 상품을 다각화하고 문화/자연자원의 독특함을 강조하려는 노력들은 내전국가라는 과거이미지로부터 벗어나려는 탈출전략의 일부였다(Hall, 1999; Jelincic, 2001; Meler & Ruzic, 1999). 이러한 노력들은 내륙지역촉진을 위한 절대적인 공간적 변화의 필요성과, 특히 지역에 기반을 둔 문화관광, 비즈니스 관광, 온천관광, 틈새지향의 농촌관광과 자연관광(e.g. Slovenia Tourist Board, 2000; Stifanic, 2000) 그리고 전 유럽의 보편적인 추세로서 지속가능성을 함축하고 있는, 전통적인 전원풍경을 이용한 농촌지역의 재 이미지화 등을 포함하고 있었다(Robert & Hall, 2001).

짧은 해안선의 이유로 오랫동안 내륙지역의 매력물을 강조해 해온 슬로베니아 경우, 그것들의 개발은 오스트리아 헝가리 시대부터 시작되었는데, 그 까닭은 오스트리아, 남부독일, 이탈리아북동부 등으로 로부터 접근이 용이했었기 때문이다. 이러한 자연/문화적 매력물들은 슬로베니아북서부 율리안(Julian)알프스산맥에 위치한 빙하호인 블레드 호수(Lake Bled), Skojan, Postojna 그리고 기타 광대한 카르스트 동굴, Radenci

와 Dobrna와 같은 스파타운들 그리고 비엔나(Vienna)에 있는 스페인승마학교(Spanish Riding School)에 Lipizzaner 말들을 공급하는 유명한 Lipica 말사육장 등을 포함하고 있었다. 작은 국토의 슬로베니아에서 대부분의 이러한 매력물들은 국가와 해안관광목적지차원에서 해안휴양지 방문객들의 일일유람코스에 포함되어 상품다각화를 위해서 활용되기도 하였다.

사실상 이러한 슬로베니아의 관광자원홍보를 위해 해안과 카르스트, 산과 호수, 보양관광, 도시와 타운 그리고 농촌지역 등 5개 부문의 클러스터로 구분된 공간적 분산이 1995년의 마케팅전략에 포함되어 있었던 것이다. 이로 인해 슬로베니아는 구 공산주의 중동부 유럽국가들 중에서 가장 높은 1인당 국제방문객 매출을 기록하게 되었는데, 그것은 국경을 통과하는 높은 지출수준의 유람객들 그리고 슬로베니아방문객의 약 60%를 공급하고 있던 이탈리아, 오스트리아 그리고 독일에 대한 슬로베니아의 접근성과 안전성을 강조함으로써 가능했던 것이다. 또한 보양관광이 자연/문화적 속성요소들과 결합되어 이웃 서양 국가들의 부유층방문객유치에 기여하게 됨으로써 중동부유럽의 후기공산주의 국가들 중에서 가장 중요한 보양관광목적지로서 그 입지를 구축하게 되었다.

반면에, 크로아티아는 관광을 촉진하기에는 농촌기반시설이 턱없이 부족한 상황이었다. 예를 들면, 서양관광객들의 기대수준에 못 미치는 도로, 교통 그리고 숙박시설의 품질, 산책로, 트레일(오솔길), 이정표, 공원시설물, 소매업소 그리고 야간 엔터테인먼트시설 등에 대한 공급 등이 상품다각화를 위한 제약요소가 되었던 것이다. 게다가 비록 자연자원으로서 해안내륙지역의 높은 산맥들이 있었지만 산악등반, 동굴탐험, 패러글라이딩, 사냥 그리고 다이빙과 같은 모험스포츠를 위한 시장잠재력은 기반시설의 부족으로 여전히 실현되지 못하고 있었으며, 방문객을 무기력하게 만드는 높은 기온과 같은 환경요인은 문화유적지방문, 하이킹, 사이클링, 그리고 자연명소방문 등과 같은 내륙상품의 다각화를 위한 주요제약요인이 되고 있었다. 하지만 해안으로부터 약 100Km 떨어져 있는 세계문화유산인 Plitvie Lakes 국립공원(16개의 호수와 7Km가 넘는 92개의 폭포) 같은 상대적으로 저 부가가치상품이었던 자연명소들이 촉진되고 있었으며, '문화관광'목적지들, 특히 그 나라의 수도인 자그레브(Zagreb)는 '유럽의 유산과 발전'이란 컨셉으로 그 목적지를 방문객들에게 기억되게 함으로써 상대적으로 돈벌이가 되는 컨퍼런스와 비즈니스 관광 방문객들의 유치를 위해 노력하고 있었다.

한편, 비록 몬테네그로의 해안이 베네치아제국과 합스부르크 왕가의 일부였지만 몬테네그로의 해안배후지역에서는 서양유적과 과거왕조의 특색을 거의 찾아볼 수 없었다. 따라서 몬테네그로는 19세기 내내, 즉 1878년까지 바다에 이르지 못했던 불안정적인 국경을 가진 국가로서 초기군주시대의 유적과 자국의 우수한 자연환경의 품질을 촉진시키기로 결정했던 것이다(Pounds, 1985: 28). 1992년에 10월에 비준된 몬테네그로의 헌법은 몬테네그로를 '친환경국가(ecological state)'(e.g. Montenet, 1997)로서 인식시키기에 충분했으며, 그러한 국가정체성은 자연관광 상품의 촉진을 위해 활용되었는데, 예를 들면 아드리아 해에서 가장 큰 피요르드(fjord)로서 유네스코 세계문화유적인 코토르 만(the Bay of Kotor)과 같은 해안지형 그리고 알바니아와 몬테네그로의 경계지역에 위치하고 있으며 펠리칸, 황새, 그리고 왜가리를 포함한 희귀동물군의 서식지인 발칸반도 최대의 호수, 슈코더르 호(Lake Skadar)와 같은 내륙지역의 매력물 등이 자연관광 상품들로 촉진되었다.

5 국가정체성과 이미지를 위한 시사점

남동부 유럽의 끝자락에 위치하고 있는 신생독립국가들의 재 이미지화(re-imaging)는 투자확보는 물론, 유럽인들의 인식 그리고 관광개발을 위해 반드시 필요한 전략이었다. 적어도 슬로베니아와 크로아티아의 경우에 있어서, 자신들을 '발칸반도의 나라들'이라는 조롱 섞인 개념으로부터 격리시키는 것은 매우 중요한 재 이미지화 전술이었을 것이다(Hall & Danta, 1996; Todorova, 1994, 1997). 이것은 이들 나라가 1980년대 유고슬라비아 관광시장을 재현하고 새롭게 진화하는 중부유럽시장의 역사·문화관광 상품과 지중해시장의 해안관광 상품 모두의 소유를 강조하기 위한 노력차원에서 뿐만 아니라 유고슬라비아의 정치적 과거로부터 자신들을 멀리하려는 역설적 차원에서 특히 중요하였다. 예를 들면, 이들은 마케팅차원에서 동부아드리아 해의 가장 발전된 지역으로서 자신들이 공유하고 있던 이스트리아 반도(Istria peninsula)의 '서양적인(western)' 특징을 강조하였는데, 예를 들면 대체로 우뚝 솟아있는, 그리고 건축물 상부에 석재교회(towered stone church)구조물이 얹어져 있는 베네치아 건축양식들과 그 사이의 미로들로 형성된 좁은 거리의 해안거주지의 그림 같은 풍경을 종종 남프랑스의 프로방스(Provence)지역과 이 탈리아의 토스카나(Tuscany)지역에 비유했던 것이다(Balkan Holiday, 2002: 46).

슬로베니아는 재 이미지화 과정에서 국가관광의 컨셉을 '알프스의 양지(The sunny side of the Alps)'로 채택했으며, 이것은 서유럽시장으로부터의 접근성과 더불어 기후와 지형으로 여름과 겨울철 매력물의 이용가능성에 대한 메시지를 전달하고자 했던 것 이다. 하지만 이에 대해 이탈리아인들은 이것이 규모의 소형화와 친환경 인식을 강조 하면서, 단지 관광만을 위한 것이 아닌 어떤 중요성을 시사했던 1990년대 중반의 'the green piece of Europe'를 대체한 것으로 오인하여 그 컨셉에 반대하기도 했었다. 또 한 1996년 새로이 설립된 슬로베니아 관광위원회의 사명선언문(mission statement)에는 국가발전에 있어서 관광의 분명한 역할이 처음으로 명시되기도 했었는데, 그것은 '슬 로베니아를 분명하고 확고한 정체성을 가진 나라로 프로모션하고 뚜렷한 비교우위와 경쟁우위의 확실한 지위를 홍보하여, 이를 바탕으로 슬로베니아 관광을 구체적인 방법 으로 마케팅 함으로써 슬로베니아의 경제를 활성화 시키겠다'는 내용을 담고 있었다.

결과적으로 이러한 슬로베니아의 국가이미지와 관광을 위한 프로모션전략은 외국인 의 투자유치와 유럽의 많은 정치커뮤니티들을 만족시킬만한 모습을 연출하기 위한 국 가적 차원의 노력을 반영하고 있었으며, 더불어 다음과 같은 네 가지 핵심요소들이 강 조되었다. 첫째, 현대적 감각과 정치적으로 올바르게 정의된 친환경의 개념과 둘째는, 합스부르크 유산, 알파인 협회(Alpine Association) 그리고 이탈리아/오스트리아와의 근접 성을 활용한 중부유럽인의 특성을 표현하는 것이었다. 따라서 이를 위한 관광프로모션 에는 다음의 내용들이 강조되었다.

- 의심할 여지없이 문명화된 서부유럽의 일부: '기쁨이 가득 찬 마을들과 온화하 고 친절한 사람들, 그들의 삶은 여전히 오스트리아 지배시기의 전통에 젖어 있 다(Transun, 1998: I).
- 지중해 자연관광의 구성요소: 이탈리아국경의 근접성은 분명히 지중해의 감정 을 느끼게 하고 있다(Crystal Holidays, 2001: 167).
- 발칸반도인과 구 공산주의로부터 모든 것을 청산: 슬로베니아는 사실상 동부유 럽이 아닌 중부유럽에 위치하고 있음(Slovenia Tourist Board, 1999:1)

셋째는, 수준 높은 정치적, 경제적, 사회적 안정을 이룸과 동시에 가장 안전한 유럽국가들 중의 하나임을 강조했으며(Slovenia tourist Board, 2001a: 1), 마지막으로 넷째는, 질서의식과 계획된 개발을 추진함으로써 관광개발전략이 국가경제계획의 일부임을 홍보하는 것이었다.

크로아티아는 슬로베니아와 더불어 구 오스트리아 헝가리인(former Austro-Hungarian)으로서 로마카톨릭을 국교로 정하고 있으며, 구 유고연방 95%이상의 해안과 관광산업의 대부분이 입지하고 있는 국가이다. 따라서 크로아티아의 긴 해안선은 관광생산에 있어서 1960, 70, 80년대 구 유고연방의 핵심자원이었으며, 1990년대 초 비극적인 사건이 일어날 때까지 많은 서양인들이 유고슬라비아에서 체험할 수 있는 유일한 매력물이었던 것이다. 그러나 슬로베니아와 달리 크로아티아는 1990년대 중반까지 자국영토와 보스니아에서 지속된 전쟁으로 자국의 관광산업이 붕괴되는 곤경에 빠지게 되었다. 말하자면, 유고슬라비아 해안의 가장 유명한 문화적상징인 성벽으로 둘러싸인 중세도시 Dubrovnik가 크로아티아의 경제를 무기력하게 만들려는 세르비아인과 몬테네그로인들에 의해 무자비하게 폭격을 당했던 것이다(Oberreit, 1996).

따라서 정전(停戰)이후에 크로아티아는 국가이미지 재건과 밀접하게 연관된 세 가지 목표를 달성하고자 정부차원의 관광마케팅정책을 필요로 했으며, 그것들은 첫째, 비록 이스트리아(Istria)에서 농촌관광, 스포츠관광 등이 이웃나라 슬로베니아의 그것들과 유사할지라도, 반드시 이웃나라들과의 차별화를 시도해야 한다는 것이었으며, 둘째는 복원된 관광의 품질과 가치를 과거수요자들에게 재 확신시키는 것이며, 마지막으로 그 나라의 주요관광속성을 파악함으로써 장기적인 경쟁우위를 확보하는 것 등이었다.

1999년까지 틈새지향의 프로모션은 주로 관광객들에게 중부유럽에 대한 크로아티아인의 문화적 업적을 강조하는 것이었지만, 사실상 관광객들보다 세계의 정치적 커뮤니티를 겨냥하고 있었다. 즉, 모든 벤치마킹은 부득이하게 관광재건을 위한 단기적 필요조건보다 유럽인의 인정(認定)과 EU가입을 위한 장기적인 목표에 맞게 조정되었으며(Hall, 2000a), 1999년 유고연방으로부터 크로아티아의 분리독립에 기여했던 민족주의자 투즈만(Tudjman) 초대대통령의 사망 이후, 그 정부는 대중관광 프로모터들에게 인센티브를 제공하는 것 외에 개발과정에는 더 이상 관여하지 않았다(e.g. see Republic of Croatia Ministry of Tourism, 2001b, c). 따라서 관광프로모션은 분쟁이후의 회복이 더디며, 특히 영국과 같은 이전 대중관광시장에 대하여 상품과 특정시장에 보다 많은 노력을 투입하는 방향으로 이루어졌다. 예를 들면 영문버전으로 된 관광위원회의 인터넷 홈페이지에서 Edward III가 Wallis Simpson 부인과 함께 Rab 섬에 머물렀을 때, 그가 어떻게 Rab 섬의 관광을 촉진시켰는지를 보여주고 있으며, 거기에서 알몸으로 목욕하는 유행을 처음으로 시작한 사람이었다고 홍보하기도 하였다(Croatian National Tourist Board, 2001a).

한편, 가장 황폐한 지역에 위치한 몬테네그로 정부는 발칸반도의 위치와 상황을 부정하지 않았으며, 15세기부터 시작된 터키지배에 결코 완전히 굴복하지 않았다. 또한 이웃나라 보스니아인과 알바니아인들이 그랬던 것처럼 이슬람교를 수용하지도 않았다. 그럼에도 불구하고 이처럼 몬테네그로가 발칸반도가 지닌 이방인적인 요소를 피할 수 있었던 이유는 지배종교가 정통기독교인 세르비아처럼 기독교 분리종파 단층선의 동쪽에 위치하고 있었기 때문이었다. 또한 몬테네그로의 당시 국가정체성은 유고연방으로부터 분리 독립한 국가들 내에서 차지하고 있는 자신의 입지에 의해 매우 약화된 상태였다. 즉 관광객유치와 오랫동안 지체된 몬테네그로의 민영화계획에 대한 외국인 투자는 세르비아로부터의 독립으로 많은 제약을 받고 있었으며(Anderson, 2001), 이전방문객들에게 친숙하지 않고 다소 애매할지도 모르는 몬테네그로 브랜드가 사용된 관광마케팅과 프로모션으로 관광재건이 단기간에 더욱 악화되었던 것이다.

6 지속가능성을 위한 정책의 어려움

동부아드리아 해에서 지속가능한 관광정책과 프로모션에는 많은 어려움들이 따른다(Hall, 1998b; Jordan, 2000). 그 어려움들은 북쪽에서 남쪽으로의 지리적 변화에 따른 서유럽 핵심시장으로부터의 거리, 상품 다각화의 감소, 성수기의 확대 그리고 지역의 잠재적인 불안요소 등이며, 종합하면 다음과 같은 세 가지 정책모델들로 객관화될 수 있을 것이다.

첫째, 슬로베니아의 경우, 강력한 인접시장(이탈리아, 오스트리아)을 위해 기존의 내륙지역 매력물들의 공간적 분산을 강화해야 한다. 둘째, 반대로 크로아티아의 경우에는 해안관광이 여전히 지배적이어서 그러한 분산노력에 대한 성공은 한계가 있을 것이다.

구 분	관광객 수		숙박일 수	
	Nos. (000s)	% of total	Nos. (000s)	% of total
해안	5,832	88.1	36,616	95.3
휴양지	75	1.1	299	0.8
산악	128	1.9	208	0.5
기타관광지 유형	75	1.1	180	0.5
자그레브(수도)	341	5.2	599	1.6
비 관광지	169	2.6	504	1.3
합계	6,620	100.0	38,406	100.0

표 2

크로아티아: 지역유형에 따른 국제관광객 수 및 숙박일 수(2000)

■ 출처: 크로아티아 공화국 관광부(2001a: 11)

다시 말하면, 단지 2000년도까지 1.1%의 국·내외 관광객들과 0.8%의 체류관광객들만이 휴양리조트에 체류한 반면에 각각 88.1%와 95.3%가 여전히 해안을 방문하고 있었기 때문이다〈표 2〉. 셋째, 몬테네그로의 경우, 친환경 풍조가 제도화되어 있음에도 불구하고 해안주도의 관광을 분산시키기 위한 노력은 제한되어 있다. 그리고 그 제한된 노력은 지체된 민영화과정과 외국투자가들의 양면성으로부터 부분적인 영향을 받고 있다.

이러한 정책변화는 노출되어 있거나 잠재되어 있었던 많은 지속가능성 난제들과 불안을 인식하게 만들었다. 즉 대부분의 동부아드리아 해안을 따라 지속된 관광활동의 공간적집중은 물리적 계획에 많은 영향을 미쳤는데, 첫째, 특히 크로아티아에서 제기된 기반시설의 필요성은 투자부족 그리고 관광휴양지를 위한 토지사용 및 도시공간계획에 대한 전략이 결여되어 있는 공공부문에서 두드러졌다. 이는 시각공해와 환경악화, 무계획적인 주말별장 및 아파트의 난개발과 활용문제들을 야기하고 있으며 물 공급과 하수처리와 같은 기반설비서비스도 요구되고 있다. 비록 관광지와 타운의 시각적 환경정리를 목적으로 'I love Croatia' 캠페인이 2001년 봄에 시작되었음에도 불구하고, 이런 중요한 문제들이 해결되지 못하고 있는 것이다. 이와 관련한 몬테네그로 경제의 개혁과 회생전략(MFRM/NACPU, 2001)은 해안관광의 재건을 어렵게 할 가능성이 있는 깨끗한 물의 공급부족과 품질저하 같은 실질적인 문제점들을 지적하고 있다.

둘째, 친환경이미지고양을 위한 노력에도 불구하고, 관광객 주요이동수단으로 자동차를 활용하는 것은 배기가스 배출오염, 미적훼손을 유도하는 혼잡과 주차문제의 차원

해양관광 개발계획 coastal mass tourism

에서 인공환경과 공간분위기에 상당한 영향을 미치고 있다(e.g. Schneider-Jacoby, 1996). 특히 몇몇 해안들과 섬 거주지들은 절대매력물로서 접근이 제한되어 있기 때문에 주차 허가증이 요구되며, 또한 슬로베니아 남서쪽에 위치한 소규모 주거지인 Pira에서 사용 된 위반차량 번호판 자동인식 시스템과 같은 기구를 지급하고 가격을 부과시킴으로써, 민감한 혼잡문제해결을 위한 정책적 요구가 제기되고 있다. 또한 크로아티아 정부는 근해에 있는 많은 섬에서 자동차 수의 축소방법을 고려하고 있다.

셋째, 해안을 따라 지속적으로 형성된 공간집중화는 이용 가능한 공항개발수요를 자 극하고 있어 항공교통수단의 연계를 강화할 필요가 있다. 예를 들면, Ljubljana에 있는 슬로베니아의 주요공항으로부터 해안휴양지까지는 자동차로 약 2시간 30분 정도가 소 요되기 때문에, 현재 Portoroz 공항을 확장시켜 슬로베니아가 조성한 해안지구 내에 위치시키려는 계획이 요구된다. 그리고 크로아티아 섬에 세 개의 비행장들이 건설 중 이며, 아마도 더 많은 건설이 예정되어 있다. 어떠한 정기연락선의 노선강화도 이 항공 수요를 현저하게 전환시키기에는 어려울 것이며, 특히 만일 단기휴가시장의 수요가 보 다 증가하게 된다면 더더욱 쉽지 않을 것이다.

넷째, 해안의 공간집중화는 3S 휴가시장의 계절적 집중을 영원히 지속시킬 것이 다. 1988년 크로아티아 해안체류관광객의 61%가 7월과 8월에, 그리고 93%가 5월부 터 10월에 집중되었지만(Republic Zavod za Statistiku, 1989), 실제로 2000년에는 그 집중화 로 인해 체류관광객들이 각각 65%, 94%로 약간 증가되었다(Republic of Croatia Ministry of Tourism, 2001a: 9). 또한 시즌연장의 역할이 가능한 보양관광과 기타 '틈새'관광이 활기 를 되찾았음에도 불구하고, 전반적으로 낮은 년 평균점유율을 보이고 있는 것은 구조 와 기반시설의 정비 그리고 적절한 환경보호수단 등을 지원하기 위한 재투자재원이 충 분히 마련되지 못하고 있기 때문이다. 더욱이 이것은 관광 그리고 관련업계에 단지 제 한된 수의 정규직을 공급하고 있을 뿐이다. 비록 국내의 많은 지역에서 계절노동자의 임시출현과 낮은 기술수준이 관광 상품의 질적 하락을 야기하고 있지만, 이 부문의 고 용이 대체로 지역민에게 큰 호응을 얻지 못하고 있기 때문에 다른 지역으로부터의 이 주자들로 대신하는 것은 불가피한 일이다. 결론적으로, 이러한 요인들 간의 상관관계 때문에 관광이 지역민과 아드리아 해안문화 속에 조직적으로 뿌리를 내리지 못하고 있 는 것이다(Jordan, 2000). 그러나 지역참여와 통제를 독려하고 지역네트워크와 파트너 쉽의 발전을 촉진시키기 위한 실질잠재력은 여전히 존재하고 있는 것으로 판단되며,

향후 문화관광이 전 세계적인 대중상품이 되었을 때 지역의 관심부족은 문화의 고유성과 지속가능성 측면에 있어서 심각한 제약요인이 될 수 있음을 기억해야 할 것이다.

다섯째, 해양관광(유람선)은 상대적으로 고소득상품으로 간주되는 반면에 해양오염과 근해의 혼잡을 야기할 수 있으며, 마리나의 계절적 혼잡이 연안 숙박시설의 기능을 약화시킬 개연성이 존재하고 있다. 예를 들면, 슬로베니아는 2001년에 여덟 개의 'blue flag'를 수여받았지만, Koper, Trieste 그리고 북부이탈리아를 오가는 선박들로 상당한 해양오염이 진행되고 있다. 그리고 비록 관광개발에서 환경문제에 대한 고려가 다른 무엇보다 중요하게 인식되고 있지만 크로아티아 연안을 따라 해양오염문제가 나타나고 있는 것도 분명한 사실이다. 더욱이, 비록 2000년도에 우수환경품질로 22개의 'blue flag'가 수여되었지만(Croatian National Tourist Board, 2001b) 크로아티아인들 사이에서는 옳건 그르건 'blue flag'의 수상이 진정으로 깨끗한 비치관리에 대한 대가라기보다는 오히려 오염문제를 환기시키거나 위장하기 위한 방편으로 인식되고 있다.

5년 동안의 무관심으로 인해 훼손되고, 서비스품질에 부정적인 영향을 미쳤던 인프라는 관광 및 환대산업 매니저들 그리고 기업가들에 대한 적절한 교육과 훈련의 필요성을 환기시키고 있다. 따라서 관광마스터플랜을 기초로 독일인 컨설턴트가 만든 재건계획의 일부로서(DEG, 2000), 몬테네그로의 관광장관은 훈련과 직업교육센터로 이용하고 몬테네그로 대학에 최근 개설된 관광학부 수용을 위해 관광과 호텔교육센터를 해안에 설립 중에 있다. 그것의 효과는 두고 봐야겠지만, 크로아티아의 관광개발전략과 관광마스터플랜은 잘못된 관리관행과 같은 심각한 제약요인에 관심을 두지 않았다는 이유로 비난을 받고 있으며(Dragicevic et al., 1998), 따라서 이유가 무엇이든지 개선된 지속가능성 관련 제안에 대한 현실성은 다양한 각도의 논의가 필요할 것이다.

7 결론

본 연구는 지중해 관광개발의 변화와 배경 속에서 분열이후 동부아드리아 해에 접경하고 있는 유고슬라비아의 3국인 슬로베니아, 크로아티아, 그리고 몬테네그로의 관광정책에 대한 비판적 평가를 목적으로 수행되었다. 간단히 말하면, 세계 2차 대전 이후에 관광이 동부아드리아 해를 따라 발전된 배경을 설명하고, 해안관광을 지향하는 이들 3국의 정책탐색은 물론, 목적지와 국가차원에서 구조적 그리고 공간적 다각화의 필요성을 바탕으로 그 정책들을 평가하였다. 평가를 통해 강조된 것은 해안관광목적지의 다각화와 개선능력의 변화 그리고 정부차원에서 해안관광일색을 벗어난 다각화를 위한 잠재력 등이다. 그리고 국가정체성과 이미지에 대한 정책의 함축적 의미를 탐색하였으며, 마지막으로 지속가능성을 성취하기 위한 노력차원에서 그러한 정책들이 직면하고 있는 어려움을 논의하였다.

본 분석에서 나타난 중요한 문제들 중에는 지중해관광의 본질과 역할들도 포함되어 있다. 예를 들면, 해양관광목적지의 재건과 다각화, 사회주의 국가체제와 분쟁으로부터의 탈출과정 속에서 관광의 역할과 영향, 관광과 해외의 직접투자유치를 위한 신생독립국들의 이미지 홍보에 대한 어려움, EU가입을 위한 필요조건, 그리고 지속가능성 문제에 있어서 유사점과 차이점, 갈등과 긴장 등이다. 분쟁이후 동부아드리아 해는 중요하고 독특한 그리고 여전히 발전하고 있는 지중해관광 목적지이지만, 그 목적지의 현실과 지속가능성의 조화는 유고연방독립 국가들이 풀어야할 과제일 것이다.

참고문헌

ABC (2002) 11 January, p.38.

Abeyratne, R.I.R. (1997) The impact of tourism and air transport on the small island developing states. *Environmental Policy and Law* 27(3), 198-202.

ADEME (2001b) *Green Flags for greener Hotels Project ENV98/338.* Summary Report for Dissemination. Volbonne, France: ADEME.

Agarwal, S. (1997) The resort cycle and seaside tourism: An assessment of its applicability and validity. *Tourism Management*, 18(2), 65-73.

_____ (2002) Restructuring seaside tourism: The resort lifecycle. *Annals of Tourism Research*, 29 (1), 25-55.

Agence de l'Environnement et de la Maitrice de l'Energie (ADEME) (2001a) *Green Flags for Greener Hotels Project ENV98/338.* Final report. Volbonne, France: ADEME.

Ahn, B. Y., Lee, B. and Shafer, C. S. (2002) Operationalising sustainability in regional tourism planning: An application of the limits of acceptable change framework. *Tourism Management,* 23, 1-15.

Aisner, P. and Pluss, C. (1983) La Ruee Vers le Soleil: Le Tourisme a Destination du Tiers Monde, Paris: L'Harmattan. Annual socio-economic magazine NOMOI 2001 [in Greek].

Ajuntament de Sitges (2000) Informe del Servei de Neteja de Residus Solids Flotants de l'Ajuntament, 2000. Sitges: Ajuntament de Sitges.

_____ (2001) Pla de Mobilitat de Sitges. Sitges: Ajuntament de Sitges.

Akis, S., Peristianis, N, and Warner, J. (1996) Residents' attitudes to tourism development: The case of Cyprus. *Tourism Management* 17(7), 481-504.

_____ (1996) Residents' attitudes to tourism development: The case of Cyprus. *Tourism Management* 16(8), 583-92.

Alexopoulos, A. B. and Theotokas, I. N. (2001) Quality services in the coastal passenger shipping sector and its contribution to the development of tourism in small islands. The case of Psara island. Paper presented in the Tourism on Islands and Specific Destinations conference, Chios Island, Greece, 14-16 December.

Alipour, H. (1995) Questions about tourism development within planning paradigms: The case of Turkey. *Tourism Management,* 15(5), 327-9.

Allcock, J. B (1983) Tourism and social change in Dalmatia. *Journal of Development Studies,* 20(1), 35-55.

_____ (1986) Yugoslavia's tourism trade: Pot of gold or pig in a poke. *Annals of Tourism Research,* 14, 565-88.

_____ (1991) Yugoslavia. In D. Hall (ed.) *Tourism and Economic Development in Eastern Europe and the Soviet Unio* (pp.236-58). London: Belhaven.

Allin, P. *et al.* (2001) Defining and measuring sustainable tourism: Building the first set of UK indicators. In J. Lennon (ed.) *Tourism Statistics. International Perspectives and Current Issues* (pp. 163-74). London: Continuum.

Altinay, L. (2000) Possible impacts of a federal solution to the Cyprus problem on the tourism industry of North Cyprus. *Hospitality Management,* 19, 295-309.

Altinay, M. (1998) *Tourism and the Economy.* Third Annual Congress of Cyprus Studies, 27 November. Famagusta: Eastern Mediterranean University.

Anagnostopoulou, K., Arapis, T., Bouchy, I. and Micha, I. (1996) *Tourism and the Structural Funds–The Case for Environmental Integration.* Athens: RSPB.

Anastasiadou, C. (2001) Tourism's social impacts on peripheral islands with diversified economies. Paper presented in the Tourism on Islands and Specific Destinations conference, Chios Island, Greece, 14-16 December.

Anderson, C. (1967) *Issues of Political Development.* Englewood Cliffs, NJ: Prentice-Hall.

Anderson, J. (1995) The exaggerated death of the nation state. In J. Anderson, C. Brook and A. Cochrane (eds) *A Global World?* (pp. 65-112). Oxford University Press.

Anderson, P. (2001) Motenegro's tourism hopes. BBC News, London. On WWW at http://www.bbc.co.uk/hi/english/world/europe/newsid_1287000/1287791.stm.

Andoronicou, A. (1979) Tourism in Malta and Cyprus. In D. G. Lockhart and D. Drakakis-Smith (eds) *Island Tourism: Trends and Prospects* (pp. 162-77). London and New York: Pinter.

Andriotis, K. (2000) Local community perceptions of tourism as a development tool: The island of Crete. Unpublished Ph. D thesis, Bournemouth University.

_____ (2001) Tourism planning and development in Crete. Recent tourism policies and their efficacy. *Journal of Sustainable Tourism,* 9(4), 298-316.

_____ (2002a) Options in tourism development: Conscious versus conventional tourism. *Anatolia: An International Journal of Tourism and Hospitality Research,* 13 (1), 73-85.

_____ (2002a) Residents' satisfaction or dissatisfaction with public sector governance. The Cretan case. *Tourism and Hospitality Research: The Surrey Quarterly Review,* 4(1), 53-68.

_____ (2002b) Scale of hospitality firms and local economic development. Evidence from Crete. *Tourism Management,* 23(4), 333-41.

Andronikos, A. (1979) Tourism in Cyprus. In E. de Kadt (ed.) *Tourism: Passport to Development?* Oxford: Oxford University Press.

_____ (1986) Cyprus: Management of the tourist sector. *Tourism Management,* 7(2), 127-9.

_____ (1979) Tourism in Cyprus. In E. de Kadt (ed.) *Tourism: Passport to Development?* (pp. 237-64) New York: OUP.

_____ (1986) Cyprus-management of the tourism sector. *Tourism Management,* 7(2),

127-9.

Andronikou, A. (1987) *Development of Tourism in Cyprus: Harmonization of Tourism with the Environment*. Nicosia: Cosmos.

Anthopoulou, T., Iakovidou, O., Koutsouris, A. and Spailanis, G. (1998) Spatial and developmental dimensions of agrotourism in Greece [in Greek]. Paper presented at the Fifth Panhellenic Congress of Agricultural Economy, Thessaloniki.

Antunac, I. (1992) Udio Hrvatske u turizmu bivse Jugoslavije. *Turizam* 40(7/8), 111-24.

Apostilides, P. (1995) Tourism development policy and environmental protection in Cyprus. In *Sustainable Tourism Development* (pp. 31-40). Environmental Encounters No. 32. Strasbourg: Council of Europe.

Apostolopoulos, Y., Loukissas, P. and Leontidou, L. (eds) (2001) *Mediterranean Tourism. Facets of Socio-Economic Development and Cultural Change*. London: Routledge.

Apostolopylos, Y. (1994) The perceived effects of tourism industry development

———— and Sonmz, S.F. (1999) From farmers and shepherds to shopkeepers and hoteliers: Constituency-differentiated experiences of endogenous tourism in the Greek island of Zakynthos. *Tourism Research* 1(6), 413-27.

Arapis, T., Anagnostopoulou, K., Bouchy, I. and Micha, I. (1996) *Tourism and the Structural Funds*: The Case for Environmental Integration. Brussels: Birdlife International.

Arthur Andersen (2002) *Consultative Study Relative to the Formation of Strategies for the Development of Greek Tourism* [in Greek]. Athens: SETE.

Asikoglu, S. (1999) *Tourism in TRNC*. Famagusta: Eastern Mediterranean University.

Athanasiou, L. (2002) *Congress Tourism in Greece: Evolotion, Problems, Potentials and Policy* [in Greek]. Athens: ITEP.

Autonomous Government of Andalucia (1987) *Andalucia: A Tourism Investment Handbook*. Seville: Autonomous Government of Andalusia, Economic and Development Council.

Avci, T. (1999) Assistant Professor. Interview, 19 April. Eastern Mediterranean University, Famagusta.

Ayers, R. (2000) Tourism as a passport to development in small states: The case of Cyprus. *International Journal of Social Economics,* 27 (2), 114-33.

Baker, S., Kousis, M., Richardson, D., and Young, S. (1997) The theory and practice of sustainable development in EU perspective. In S. Baker, M. Kousis, D. Richardson and S. Young (eds) *The Politics of Sustainable Development. Theory, Policy and Practice within the European Union* (pp. 1-40). London: Routledge.

Balgioglu, H. (1999) Hotel Investor. Interview, 21 May.

Balkan Holidays (2002) *Bulgaria, Croatia, Slovenia, Romania*. London: Balkan Holidays.

Balmer, C. (2000) Montenegrin tourism evaporates because of war. *Nando Times* (7 June). On WWW at http://archive.nandotimes.com/Kosovo/story/general/0,2773,57174-91290-648875-0-nandotimes,00.htm.

Barbaza, Y. (1966) Le Paysage Humain de la Costa Brava. Paris: Armand Colin.

Barke, M. (1991) The growth and changing pattern of second homes in Spain in the 1970s. *Scottish Geographical Manazine* 107(1), 12-21.

_____ and France, L.A. (1996) The Costa del Sol. In M. Barke, J. Towner and M.T. Newton (eds) *Tourism in Spain: Critical Issues* (pp. 265-308). Wallingford: CAB International.

_____ and Newton, M.T. (1997a) The EU LEADER Initiative and endogenous rural development: The application of the programme in two rural areas of Andalusia, southern Spain. *Journal of Rural Studies* 13(3), 319-41

_____ and Newton, M.T. (1997b) Spain, its regions and the EU 'LEADER' initiative: Some critical perspectives on its administration. *Public Policy and Administration* 12(3), 73-90.

_____ (1991) The growth and changing pattern of second homes in Spain in the 1970s. *Scottish Geographical Magazine* 107 (1), 12-21.

_____ (1999) Tourism and culture in Spain: A case of minimal conflict? In M. Robinson and P. Boniface (eds) *Tourism and Cultural Conflicts* (pp. 247-67). Wallingford: CABI.

Bartelmus, P. (1986) *Environment and Development.* Boston: Allen and Unwin.

Bastin, R. (1984) Small island tourism: Development or dependency? *Development Policy Review* 2(1), 79-90.

Baum, T. (1997a) Island tourism as an emerging field of study. *Islander Magazine* 3 (Jan), 1-4.

_____ (1997b) The fascination of islands: A tourism perspective. In D.G. Lockhart, and D. Drakakis-Smith (eds) *Island Tourism: Trends and Prospects* (pp. 21-35). London and New Yor k: Pinter.

Baybars, T. (1970) *Plucked in a Far-off Land. Images in Self Biography.* London: Gollancz.

Becona, E., Labrador, F., Echeburua, E., Ochoa, E. and Vallejo, M. A. (1995) Slot machine gambling in Spain: An important and new social problem. *Journal of Gambling Studies,* 11, 265-86.

Bell, I. (1999) Secretary of the Society for the Protection of Turtles. *Newsletter* 4. Kyrenia, Northern Cyprus.

Bellringer, P. (2001) Gamcare's response to gambling review recommendations. Unpublished conference paper, Gamcare Annual Conference, 17 October.

Bianchi, R. (2002) Towards a new political economy of global tourism. In R. Sharpley and D. Telfer (eds) *Tourism and Development: Concepts and Issues* (pp. 265-99). Clevedon: Channel View.

Bidgianis, K. (1979) The effects of the Carras company intervention in South Sithonia [in Greek]. *Economy and Society,* 7, 25-35.

Biyikoglu, Z. and Kurast, E. (1999) Examination of the recreational potential of Gazimagusa old city. BA Tourism Management thesis, Eastern Mediterranean University, Famagusta.

Blazquez, M., Murray, I. and Garau, J.M. (2001) Indicadores de sostenibilidad del turismo en las Islas Baleares. *Actas del XVII Congreso de Geografos Espanoles, Oviedo, Noviembre de 2001* (pp. 265-8).

Blue Plan (1999) *Indicators for Sustainable Development in the Mediterranean Region.* Draft

October 1999. Indicators 2.4 Lands and areas: littoral and 'littoralisation' E. Population density in the coastal areas, and Population growth rate in coastal areas. Sophia-Antipolis: Blue Plan Regional Activity Centre.

_____ (2002) *The Mediterranean in brief:* The coastline and coastal regionas. On WWW at http:www.planbleu.org/vanglaise/4-23a.htm. Accessed 27.2.02.

_____ and United Nations Environment Programme (1998) Synthesis Report of the Working Group: Tourism and Sustainable Development in the Mediterranean Region. *Mediterranean Commission for Sustainable Development, Monaco,* 20-22 October.

Boissevain, J. (1977) Tourism and development in Malta. *Development and Change,* 8, 523-38.

_____ (1979) The impact of tourism on a dependent island: Gozo, Malta. *Annals of Tourism Research,* 6(1), 76-90.

_____ (1996) 'But we live here!' Perspectives on cultural tourism in Malta. In L. Briguglio, R. Butler, D. Harison and W.L. Filho (eds) *Sustainable Tourism in Islands and Small States: ase Studies* (pp. 220-40). London: Pinter.

_____ (1996a) 'But we live here!' Problems with cultural tourism. In L. Brigulio et al. (eds) *Sustainable Tourism in Islands and Small States. Case Studies* (pp. 220-40). New York: Printer.

_____ (1996a) Ritual, tourism and cultural commoditization in Malta: Culture by the pound? In T. Selwyn (ed.) *The Toursit Image: Myths and Myth Making in tourism* (pp. 105-20). Chichester: Wiley.

_____ (1996b) 'But we live here!' Perspectives on cultural tourism in malta. In L. Briguglio, R. Buter, D. Harrion and W. Filho (eds) *Sustainable tourism in Islands and Small States: Case Studies* (pp. 220-40). London: Pinter.

_____ (1996b) Ritual, tourism and cultural commoditization in Malta. In T. Selwyn (ed.) *The Tourist Image: Myths and Myth Making in Tourism* (pp. 105-120). Chichester: Wiley.

_____ and Sammut, N. (1994) Mdina: Its Residents and Cultural Tourism. Findings and Recommendations. Report. Malta: Med-Campus Euromed Sustainable Tourism Project.

_____ and Theuma, N. (1998) Contested space. Planners, tourists, developers and environmentalists in Malta. In S. Abram and J. Waldren (eds) *Anthropological Perspectives on Local Development* (pp. 96-119). London: Routledge.

Bond, A. (1995) *MSc Environmental Impact Assessment: Module 8.* Aberystwyth: UWA.

Boo, E. (1990) Ecotourism: The Potentials and Pitfalls. Washington: WWF.

Borzel, T.A. (2000) Why there is no 'southern problem'. On environmental leaders and laggards in the European Union. *Journal of European Public Policy,* 7 (1), 141-62.

Bote Gomez, V. and Sinclair M.T. (1996) Tourism demand and supply in Spain. In M. Barke, J. Towner and M.T. Newton (eds) *Tourism in Spain: Critical Issues.* Wallingford: CAB International.

Bourdieu, P. (1984) *Distinction: A Social Critique of the Judgement of Taste.* Londe: Routledge.

Bozic, M. (1999) *Lipica 1580*. Lipica: Kobilarna Lipica.

Bramwell, B. (1998) Selecting policy instruments for sustainable tourism. In W.F. Theobald (ed.) *Global Tourism (2nd edn)* (pp. 361-79). Oxford: Butterworth-Heinemann.

_____ (2003) Maltese responses to tourism. *Annals of Tourism Research,* 30(3), 581-605.

_____ and Lane, B. (1993) Interpretation and sustainable tourism: The potentials and the pitfalls. *Journal of sustainable Tourism,* 1(2), 71-80.

_____ and Lane, B. (1999) Sustainable tourism: Contributing to the debates. *Journal of Sustainable Tourism,* 7 (1), 1-5.

_____ and Lane, B. (eds) (2000) *Tourism Collaboration and Partnerships*. Politics, Practice and Sustainability. Clevedon: Channel View.

_____ and Sharman, A. (2000) Approaches to sustainable tourism planning and community participation. The case of the Hope Valley. In G. Richards and D. Hall (eds) *Tourism and Sustainable Community Development* (pp. 17-35). London: Routledge.

_____ et al. (eds) (1996) *Sustainable Tourism Management: Principles and Practice.* Tilburg: Tilburg University Press.

_____ Henry, I., Jackson, G., Goytia Prat, A., Richards, G. and van der Straaten, J. (eds) (1996) *Sustainable Tourism Management: Principles and Practice.* Tilburg: Tilburg University Press.

_____ , Henry, I., Jackson, G. and van der Straten, J. (1996) A framework for understanding sustainable tourism management. In B. Bramwell et al. Sustainable Tourism Management: *Principles and Practice* (pp. 23-71). Tilburg: Tilburg University Press.

Breton, F., Esteban, P. and Miralles, E. (2000a) Rehabilitation of metropolitan beaches by local administrations in Catalonia: New trends in sustainable coastal management. *Journal of Coastal Conservation,* 6, 97-106.

_____ , Serra, J., Lopez, M. J. and Villero, D. (2000b) Analisi del Sistema Litoral. Auditoria Ambiental del Baix Maresme. Bellaterra: Centre d'Estudis Ambientals–UAB

Brey, H. (1995) A booming economy. In H. Brey and C. Muller (eds) *Cyprus* (pp. 92-3). London: APA Publications (HK) Ltd.

Briassoulis, H. (1993) Tourism in Greece. In X. Pompl and P. Lavery (eds) Tourism in Europe: *Structures and Developments* (pp. 285-301). Oxford: CAB International.

_____ . (2001) Sustainable development-the formal or informal way? The case of southern Europe. In K. Eder and M. Kousis (eds) *Environmental Politics in Southern Europe. Actors, Institutions and Discourses in a Europeanizing Society* (pp. 73-99). Dordrecht: Kluwer.

_____ . (2002) Sustainable tourism and the question of the commons. *Annals of Tourism Research* 29 (4), 1065-85.

Briguglio, L. and Briguglio, M. (1996) Sustainable tourism in Maltese islands. In L. Briguglio, R. Butler, D. Harison and W.L. Filho (eds) *Sustainable Tourism in Islands and Small States: ase Studies* (pp. 162-79). Pinter: London.

_____, Archer, B., Jafari, J. and Wall, G. (eds) (1996) *Sustainable Tourism in Islands and Small States: Issues and Policies*. London: Printer.

Britton, R. A. (1979) Some notes on the geography of tourism. *Canadian Geographer,* 25, 276-82.

Britton, S. (1991) Tourism, capital and place: Towards a critical geography of tourism. *Environment and Planning D: Society and Space* 9(4), 451-78.

Britton, S. G. (1982) The political economy of tourism in the Third World. *Annals of Tourism Research,* 9, 331-58.

Brohman, J. (1996) New directions in tourism for third world development. *Annals of Tourism Research* 23(1), 48-70.

Bryden, J. (1973) *Tourism and Development: A Case Study of the Commonwealth Caribbean.* Cambridge: Cambridge University Press.

Bryden, J. M. (1973) *Tourism and Development: A Case Study of the Commonwealth Caribbean.* Cambridge: Cambridge University Press.

Buhalis, D. (1998) Tourism in Greece: Strategic analysis and challenges for the new millennium. *Centre International de Recherches et d'Etudes Touristiques,* 18, 1-48.

_____ (1999) Tourism in Greek islands: Issues of peripherality, competitiveness and development. *International Journal of Tourism Research,* 1, 341-58.

_____ (1999) Tourism on the Greek islands: Issues of peripherality, competitiveness and development. *International Journal of Tourism Research,* 1, 341-58.

_____ (2000) Relationships in the distribution channel of tourism: Conflicts between hoteliers and tour operators in the Mediterranean region. *International Journal of Hospitality and Tourism Administration,* 1(1), 113-39.

_____ (2001) Tourism in Greece: Strategic analysis and challenges. *Current Iuuses in Tourism,* 4(5), 440-80.

_____ and Diamantis, D. (2001) Tourism development and sustainability in the Greek Archipelagos. In Ioannides, Apostolopoulos and S. Sonmez (eds) *Mediterranean Island and Sustainable Tourism Development–Practices, Management and Policies* (pp. 143-70). London and New York: Continuum.

Bull, P. (1997) Mass tourism in the Balearic islands: An example of concentrated depedence. In D. Lockhart and D. Dukakis-Smith (eds) *Island Tourism: Trends and Prospects* (pp. 137-51). London: Pinter.

Burkart, J. and Medlik, R. (1974) *Tourism: Past, Present and Future.* Londen: Heinemann.

Buswell, R. J. (1996) Tourism in the Balearic islands. In M. Barke, J. Towner and M.T. Newton (eds) *Tourism in Spain: Critical Issues* (pp. 309-39). Wallingford: CAB International.

Butler, R. (1993) Tourism. An evolutionary perspective. In J. N elson, R. Butler and G. Wall (eds) *Tourism and Sstainable Development: Monitoring, Planning, Managing* (pp. 27-43). Department of Geography, University of Waterloo.

_____ (1996) Problems and possibilities of sustainable tourism: The case of the Shetland Islands. In L. Briguglio, R. Butler, D. Harrison and W.L. Filho (eds) *Sustainable Tourism in Islands and Small States: Case Studies* (pp. 11-31). London: Pinter.

_____ (1998) Sustainable tourism - looking backwards in order to progress? In C.M. Hall and A. Lew (eds) *Sustainable Toruism: A Geographical Perspective* (pp. 25-34). Harlow: Longman.

_____ (1999) Sustainable tourism: A state-of-the-art review. *Tourism Geographies* 1 (1), 7-25.

_____ and Stiakaki, E. (2000) Tourism and sustainability in the Mediterranean: Issues and implications from Hydra. In D. Ioannidis, Y. Apostolopoulos and S. Sommez (eds) *Mediterranean Islands and Sustainable Tourism Development Practices, Management and Policies* (pp. 282-9). London: Continuum.

Butler, R. W. (1980) The concept of a tourism area cycle of evolution: Implications for the management of resources. *Canadian Geographer,* 24, 5-12.

_____ (1989) Alternative tourism: Pious hope or Trojan horse? *World Leisure and Recreation,* 31 (4), 9-17.

_____ (1991) Tourism, environment, and sustainable development. *Envioronmental Conservation*, 18(3), 201-9.

_____ (1993) The dynamics and effects of tourism evolution in Cyprus. In Y. Apostolopoulos, P.J. Loukissas and L. Leontidou (eds) (2001). *Mediterranean Tourism* (p. 127). London: Routledge.

_____ (1993) Tourism development in small islands: Past influences and future directions. In D. Lockhart, D. Drakakis-Smith and J. Schembri (eds) *The Development Process in Small Islands States* (pp. 71-91). London: Routledge.

_____ (1997) Modelling tourism development: Evolution, growth and decline. In S. Wahab and J.J. Pigram (eds) *Tourism, Development and Growth. The Challenge of Sustainability* (pp. 109-25). London: Routledge.

_____ (1998a) Sustainable tourism - looking backwards in order to progress? In C.M.Hall and A.A.Lew (eds) *Sustainable Tourism. A. Geographical Perspective* (pp. 25-34). Harlow: Longman.

_____ (1998b) Rural recreation and tourism. In B. Ilbery (ed.) *The Geography of Rural Change* (pp. 211-32). Harlow: Longman.

_____ and Stiakaki, E. (2001) Tourism and sustainability in the Mediterranean: Issues and implications from Hydra. In D. Ioannides, Y. Apostolopoulos, and S. Sommez (eds) *Mediterranean Islands and Sustainable Tourism Development. Practices, Management and Policies* (pp. 282-99).

Butler, R. J. (1980) The concept of a tourist area resort cycle of evolution: Implications for management of resources. *Canadian Geographer,* 24 (11), 5-12.

Butler, R. W. (1991) Tourism, environment, and sustainable development. *Environmental Conservation,* 18(3), 201-9.

Callus, M. L. and Bajada, S. (1992) The British Visitor. Unpublished report, NTOM, Valletta.

Camgoz, O. (1999) Vice-Chairman of the Environmental Protection Agency. Interview, 24 March.

Eastern Mediterranean University, Famagusta.

Carey, S., Gountas, Y. and Gilber D. (1997) Tour operators and destination sustainability. *Tourism Management* 18(7), 425-31.

Carley, M. and Antonoglou, D. (2000) Tourist-Dependent Symi: Sustainable future for a small island? Proceedings of the International Scientific Conference on Tourism on Islands and Specific Destinations. Chios, Greece: University of the Aegean.

Carter, N. (2001) The Politics of the Environment. Ideas, Activism, Policy. Cambridge: Cambridge University Press.

Casado-Diaz, M. A. (1999) Socio-demographic impacts of residential tourism: A case study of Torrevieja, Spain. *International Journal of Tourism Research,* 1, 223-37.

Ceballos-Lascurain, H. (1993) The IUCN Ecotourism Consultancy Programme. Mexico: DF.

CEEBIC (Central and Eastern Europe Business Information Center) (2001) Firm Leel Assistance Group (FLAG) Montenegro. CEEBICnet. On WWW at http://www.mac.doc.gov/eebic/country/fyrsm/flagcrnagora.htm.

Central Planning Commission (CPC) (1989) *Five Year Development Plan*, 1989-1993. Nicosia: Planning Bureau.

Centre for Renewable Energy Sources (2001) Green Flags for Greener Hotels LIFE ENV/F/338 DG XI [in Greek]. Athens: CRES.

Ceron, J. P. and Dubois, G. (2000) Les indicateurs du tourisme durable. Un outil a manier avec discernement. *Cahiers Espaces,* 67, 30-46.

Chen-Young, P. (1982) Tourism in the economic development of small states: Jamaica's experience. In B. Jalan (ed) *Problems and Policies in Small Economies* (pp. 221-9), London: St. Martin's.

Chiotis, G. and Coccossis, H. (1992) Tourism development and environmental protection in Greece. In J. Van der straaten and H. Briassoulis (eds) *Tourism and the Environment: Regional, Economic, and Policy Issues* (pp.133-43). Dordrecht: Kluwer.

—————————————— (2000) Tourism development and environmental protection in Greece. In H. Briassoulis and J.V. der Straatem (eds) *Tourism and the Environment: Regional, Economic, Cultural and Policy Issue* (pp. 331-44). Dordrecht: Kluwer Academic.

Choy, D. J. L. (1992) Life cycle models for Pacific Island destinations. *Journal of Travel Research,* 30(3), 26-31.

Christoforidis, A., Zacharis, N. and Papazoglou, M. (2000) Implementation of the Eco-Management and Audit Scheme (EMAS) in hotels in Greece. In the Proceedings of the Workshop EMAS–The Industry is Cleaned in the Whole of Europe, And You? (pp. 80-91) [in Greek]. Athens: Local Authorities of Piraeus.

Clarke, J. (1997) A framework of approaches to sustainable tourism. *Journal of Sustainable Tourism,* 5(3), 224-33.

Close, D. (1999) Environmental crisis in Greece and recent challenges to centralised state authority. *Journal of Modern Greek Studies* 17, 325-52.

Coccossis, H. (1996) Tourism and sustainability: Perspectives and implications. In G. Priestley, J. Edwards and H. Coccossis (eds): *Sustainable Tourism? European Experiencies* (pp. 1-21). Wallingford: CAB International.

_____ (2001) Sustainable development and tourism in small islands: Some lessons from Greece. *Anatolia* 12 (1), 53-8.

_____ and Parpairis, A. (1995) Assessing the interaction between heritage, environment and tourism: Myconos. In H. Coccossis and P. Nijkamp (eds) *Sustainable Tourism Development* (pp. 107-25). London: Avebury.

_____ and Tsartas, P. (2001) *Sustainable Tourism Development and the Environment* [in Greek]. Athens: Kritiki.

Coccossis, H. N. (1987) Planning for islands. *Ekistics* 323-4, 84-7.

_____ and Parpairis, A. (1993) Environment and tourism issues: Preservation of local identity and growth management: Case study of Mykonos. In D. Konsola (ed.) *Culture, Environment and Regional Development* (pp. 79-100). Athens: Regional Development Institute.

_____ and Parpairis, A. (1996) Touism and carrying capacity in coastal areas. In G.K. Priestley and H. Coccossis (eds) *Sustainable Tourism* (pp. 153-75). Wallingford: CAB International.

_____ and Parpairis, A. (2000) Tourism and the environment: Some observations on the concept of carrying capacity. In H. Briassoulis and J.V. der Straaten (eds) *Tourism and the Environment: Regional, Economic, Cultural and Policy Issues* (pp. 91-106). Dordrecht: Kluwer Academic.

Cohen, E. (1972) Towards a sociology of international tourism. *Social Research,* 39, 164-82.

Colin, M.V. and Baum, T. (1995) Island tourism: An interoduction In M.V. Conlin and T. Baum (eds) *Island Tourism: Management Principles and Practice* (pp. 3-13). Chichester: Wiley.

Collin, A. (1991) Tourism development and natural capital. Annals of Tourism Research 26(1), 98-109.

Conlin, M. and Baum, T. (1995) *Island Tourism: Management Principles and Practice.* Chichester: John Wiley & Sons.

Consultancy and Research for Environmental Management (CREM) and CH21-HILL (2000) Feasibility and Market Study for a European Eco-Label for Tourist Accommodation (FEMATOUR). Commissioned by the European Commission, DG ENV. Phase I. Amsterdam.

Cooper, C. and Jackson, S. (1989) Destination lifecycle: The Isle of Man case study. *Annals of Tourism Research,* 16, 377-98.

Cope, R. (2000) *Country Reports,* 4, 3-21. Cyprus: TTI.

_____ (2000) Republic of Cyprus. *Travel & Tourism Intelligence, Country Reports* 4, 3-21.

Croatian National Tourist Board (2001a) Adriatic sea. On WWW at http://www.croatia.hr/about/

index.php?mmit=adriatic&mit=islands.

Croatian National Tourist Board (2001b) Blue Flag. On WWW at http://www.croatia.hr/about/ indes.php?mmit=bluef&cont=bfl.

_____ (2001c) I love Croatia. On WWW http://www.htz.hr/misc/index. php?mmit=menu_root&mit-volim.

_____ (2001d) Nautics. On WWW at http://www.croatia.hr/activities/ index.php?mmit=nautics.

_____ (2001e) The jet set is discovering Croatia. On WWW at http:// www.htz.hr/news.php?id=14.

Crocombe, R. and Rajotte, F. (eds) (1980) *Pacific Tourism as Islanders See it.* Suva: Institute of Pacific Studies.

Cross, M. and Nutley, S. (1999) Insularity and accessibility: The small island communities of Western Ireland. *Journal of Rural Studies,* 15(3), 317-30.

Crystal Holidays (2001) *Lakes and Mountains, Including Fjords, Coastlines, Cities and Tours.* Kingston-upon-Thames: Crystal Holidays.

Cuadrado Roura, J.R. and Torres Bernier, E. (1978) El sector turistico yu entorno socioeconomico: Una aproximacion al caso de la Costa del Sol. *Information Comercial Espanola,* 533, 82-139.

Cyprus Tourism Organisation (1990-2000a) *Annual Reports.* Nicosia: Cyprus Tourism Organisation.

_____ (2000b) *Tourism Strategy* 2000-2010. Nicosia: Cyprus Tourism Organisation.

_____ (2001) Tourism in Cyprus 2000. Nicosia: Cyprus Tourism Organisation.

_____ (2000) *Tourism Strategy* 2000-2010.

Damasiotis, M., Giannakidis, G., Iatridis, M., Karagiorgas, M., Tzanakaki, E. and Alatopoulou, D.I. (1999) Definition of a strategy for energy efficiency and use of RES in the Mediterranean hotel sector. Conference on Energy and Environment in the Mediterranean Hotel Sector, *CRES* (pp. 15-27).

Damer, S. (2001) *Between God and mammon: The origins of tourism on Symi.* Paper presented in the Tourism on Islands and Specific Destinations conference, Chios Island, Greece, 14-16. December.

Dana, L. P. (1999) The social cost of tourism. *Cornell Hotel and Restaurant Administration Quarterly,* 40(4), 60-63.

Dann, G. (2000) National tourism organisations and the language of differentiation. In W. Gartner and D. Lime *Trends in Outdoor Recreation, Leisure and Tourism* (pp. 335-45). New York: CABI.

Dasmann, R. F., Milton, J.R. and Freeman, P.H. (1973) *Ecological Principles for Economic Development.* New York: Wiley.

De Kadt, E. (1979) *Tourism: Passport to Development?* Perspectives on the Social and Cultural Effects in Developing Countries. New York: Oxford University Press.

_____ (1979a) Politics, planning, and control. In de Kadt; E. (ed.) *Tourism: Passport To Development?* (pp. 18-33). Oxford: Oxford University Press.

_____ (1979b) Social planning for tourism in the developing countries. *Annals of Tourism Research,* 6, 36-48.

_____ (1990) *Making the Alternative Sustainable: Lessons from Development for Tourism.* Institute of Development Studies Discussion Paper No. 272. Brighton: University of Sussex.

_____ (1994) Making the alternative sustainable: Lessons from the development of tourism. In V.L. Smith and W.R. Eadignton (eds) *Tourism Alternatives - Potentials and Problems in the Development of Tourism* (pp. 47-76). Chichester: John Wiley.

DEG (2000), *Montenegro: Tourism Master Plan.* Cologne: DEG. On WWW at http://www. donors.cg.yu/project/6.pdf.

Department of Statistics and Research (2001) *Statistical Service.* On WWW at http://www.kypros. org/DSR/Key_figures.htm.

_____ (2002) *Census of Establishments 2000.* Republic of Cyprus, Statistical service.

Department of the Environment, Transport and the Regionas (DETR) (1999) *Quality of Life Counts: Indicators for a Strategy for Sustainable Development in the United Kingdom.* London: Stationery Office.

Deprest, F. (1997) Enquete sur le Tourisme de Masse. L'Ecologie Face au Territoire. Paris: Belin

DETR (2001) *Sustainable Regeneration Good Practice Guide.* London: Department of the Environment, Transport and the Regions.

Devlet Planlama Orgutu (DPO) KKTC (1996) *Five Year Development Plan* (1993-1997), 1997 Programme Nicosia: Prime Minister's Office.

Devlet Planlama Teskilati (1963-2004) *Bes Yillik Kaliknma Planlari.* Ankara: DPT.

Diamantis, D. and Westlake, J. (1997) Environmental auditing: An approach towards monitoring the environmental impacts in tourism destinations, with reference to the case of Molyvos. *Progress in Tourism and Hospitality Research,* 3, 3-15.

Didaskalou, E. (2000) *Health tourism:* A new approach of tourism development on insular areas. Proceedings of the International Scientific Conference on Tourism on Islands and Specific Destinations. Chios, Greece: University of the Aegean.

Dinler, Z. (1998) *Bolgesel Iktisat.* Regional economics: Decreasing developmental gaps among regions in Turkey. Bursa, Turkey: Ekin Kitapevi Yayinlari.

Diputacion Provincial de Malaga (DPM) (1989) *La Poblacion de la Provincia de Malaga.* Malaga: Servicio de Publicaciones de la Diputacion.

Dos Santos, T. (1970) The Structure of dependency. *American Economic Review* 60(2), 231-6.

Dragicevic, M., Cizmar, S. and Poljanec-Boric, S. (1998) Contribution to the development Strategy

of Croatian tourism. *Turizam,* 46(5-6), 243-53.

Dubin, M. (1996) *Cyprus. The Rough Guide.* London: Rough Guides.

Dunford, M. (1997) Mediterranean economies: The dynamics of uneven development. In R.King, L.Proudfoot and B.Smith (eds) *The Mediterranean: Environment and Society* (pp. 126-54). London: Arnold.

_____ and King, R. (2001) Mediterranean economic geography. In R. King, P. de Mas and J. M. Beck (des) *Geography, Environment and Development in the Mediterranean* (pp. 28-60). Brighton: Sussex Academic Press.

Duvrci, I., Varan, A., Coskunol, H. and Ersoy, M. A. (1997) DSM-IV and the South Oaks gambling screen: Diagnosing and assessing pathological gambling in Turkey. *Journal of Gambling Studies,* 13, 193-206.

Duzgunoglu, E. and Karabulut, E. (1999) *Development of Turkish Tourism: Past and Present.* Istanbul: TURSAB, Association of Turkish Travel Agencies.

Dymond, J. (2002) Sickly Turkey gives way to despair. *Observer* (30 June).

Eadington, W. R. and Redman, M. (1991) Economics and tourism. *Annals of Tourism Research* 18, 41-56.

EC (European Commission) *Structural Funds (1995) Greece*: Community Support Frame-work 1994-99. Brussels: European Commission.

Echenagusia, J. (1995) *Calvia, Agenda Local 21*. Calvia: Ajuntament de Calvia.

Economist Intelligence Unit (1993) Turkey. *International Tourism Report,* 3, 77-97.

Eder, K. (2001) Sustainability as a discursive device for mobilizing European publics: Beyond the north0south divide. In K. Eder and M. Kousis (eds) *Environmental Politics in Southern Europe* (pp. 25-52). Dordrecht: Kluwer.

EEC Council Regulation (2000) No 1980/00, 26 June on a revised Community Ecolabel Award Scheme. *Official Journal of the European Communities* (21 September), 13.

EIU (1992) Cyprus. *International Tourism Reports* 2, 43-64.

Ekinci, Y. and Dogdu, A. (1992) Planli donemde Turk turizmine bakis [Turkish tourism in planned periods] (1963-1990). In *Tourizm Yilligi* (pp. 115-23). Ankara: Turkiye Kalkinma Bankasi A.S.

El Pais 11 January 2002, 5.

El Sur 18 January 2002, 68.

Ellen, R.F. (1984) *Ethnographic Research*: A Guide to General Conduct. (Research Methods in Social Anthropology 1). London: Academic Press.

Emblemsvang, J. and Bras, B. (2000) Process thinking-A new paradigm for science and engineering. *Futures,* 32, 635-54.

Epilogi (2001) *Prefectures: The Financial and Social Face of the 52 Prefectures and the 13 Regions.* Athens.

Epton, N. (1968) *Andalusia.* London: Weidenfeld and Nicolson.

Eren, A. (1999) Director of Envirionment. Interview, 16 March. Eastern Mediterranean University,

Famagusta.

Eski Gundem (2002) PKK Gercegi. Gunluk Siyasi Internet. On WWW at http://www.pkkgercegi. net/ sehitlerimiz.htm.

EU (2000) Syntheisi of contributions from LEADER groups throughout the European Union. On WWW at http://www.rural-europe.aeidl.be/.

EURISLES (European Islands System of Links and Exchanges) (1997) Indicateurs Statistiques des Disparites Regionales Engendrees par l'Insularite et l''Ultraperiphericite. France: Eurisles.

EURISLES (European Islands System of Links and Exchanges) (2002) Website at http://www. eurisles.com/. Accessed 28.8.02.

European Commission (1998) Commission communication on tourism development strategies for developing countries. On WWW at http://europa.eu.int/comm/dg23/.

_____ (1999) European Union case studies on the use of SEA. On WWW at http:// europa.eu.int/comm/dg11/SEAcasestudies.

_____ (2001) The SEA Directive is adopted! On WWW at http://europa.eu.int/ comm/environment/eia/home.htm.

_____ (2002) Cyprus-European Union: A brief history. On WWW at http://www. cyprus-eu.org.cy/eng/brief_history.htm.

_____ (DG XI) and Ministry for Environment, Public Works and Siting (1999) Eco-Management and Audit Scheme for the Greek Hotels–EMAS-H/GR Implementation Guidelines [in Greek]. Athens.

European Environment Agency (EEA) (1998a) *Medio Ambiente en Europa. El Informe Dobris.* (First published in 1995, edited by D. Stanners and P. Bourdeau.) Madrid: Oficina de Publicaciones Oficiales de las Comunidades Europeas y Ministerio de Medio Ambiente.

_____ (EEA) (1998b) *Europe's Environment: The Second Assessment.* Copenhagen: Elsevier Science.

European Parliament (1996) Coastal and Island Regions of the European Union. Regional Policy Series W-17. Luxembourg: Directorate General for Research.

Eurostat (1994) *Portrait of the Islands.* Luxembourg: European Commission.

_____ (1999) *Statistics in Focus.* Luxembourg: European Commission.

Evangalides, M. (2002) (Chairman, Cyprus Hotel Manager's Association), personal communication.

Falirea, L. (2001) Green Flags from the project of the Centre for Renewable Energy Sources [in Greek]. *Tourism and Economy,* 32-9.

Farrel, B. (1985) South Pacific tourism in the mid-1980s. *Tourism Management,* 6(1), 55-60.

Fayos Sola, E. (1992) A strategic outlook for regional tourism policy. The White Paper on Balencian tourism. *Tourism Management,* 13, 45-9.

_____ (1996) Tourism policy: A midsummer night's dream? *Tourism Management,* 17(6), 405-12.

FEE–Foundation for Environmental Education (2002) On WWW at http://www.blueflag.org.

Feifer, M. (1985) *Going Places.* London: Macmillan.

Fennell, D. A. (1999) Ecotourism: An Introduction. London: Routledge.

Fernadez Ranada, J. C. (1989) Conditioning of Estepona beach, Malaga, Spain. *Shore and Beach,* 57(2), 10-19.

Fletcher, J. E. (1989) Input-output analysis and tourism impact studies. *Annals of Tourism Research,* 16, 514-29.

Font, X. and Tribe, J. (2001) Promoting green tourism: The future of environmental awards. *International Journal of Tourism Research,* 3(1), 1-13.

_____ (2001b) The process of developing an ecolabel. In X. Font and R.C. Buckley (eds) *Tourism Ecolabeling – Certification and Promotion of Sustainable Management* (pp. 175-88). Wallingford: CABI.

Font, X., Hass, E., Thorpe, K. and Forsyth L. (2001) Directory of tourism ecolabels. In X. Font and R.C. Buckley (eds) *Tourism Ecolabeling–Certification and Promotion of Sustainable Management* (pp. 271-349). Wallingford: CAPI.

Formica, S. and Uysal, M. (1996) The revitalisation of Italy as a tourist destination. *Tourism Management,* 17(5), 323-31.

Forster, J. (1964) The sociological consequences of tourism. *International Journal of Comparative Sociology,* 5, 217-27.

Fousekis. P. and Lekakis, J. N. (1996) Greece's institutional response to sustainable development. *Environmental Politics,* 6(1), 131-52.

Fradera, J.V. (1961) *Hoteles,* Hoy. Barcelona: Editur.

Frank, A. (1969) The development of underdevelopment. *Monthly Review,* 18(4), 17-31.

Galani-Moutafi, V. (1993) From agriculture to tourism: Property labor, gender, and kinship in a Greek island village. *Journal of Modern Greek Studies,* 2(2), 241-70.

_____ (1994) Part Two. From agriculture to tourism: Property, labour, gender and kinship in a Greek island village. *Journal of Modern Greek Studies,* 12, 113-31.

Galiano, E. (1991) El turismo rural en Espana. *Revista de Estudios Turisticos,* 110, 39-46.

Gambling Review Body (2001) Gambling Review Report (The Budd Report). London: Department for Culture, Media and Sport.

GAP South-eastern Anatolia Project (2002) Bolgesel Kalkinma Idaresi Baskanligi, Ankara On WWW at http://www.gap.gov.tr or http://www.dpt.gov.tr.

Garcia Cuesta, J. L. (1996) El tourismo rural como factor diversificador de rentas en la tradicional economia agraria. *Estudios Turisticos,* 132, 47-61.

Garcia Manrique, E. (1984) La costa occidental Malaguena. In M. Alcobendas (ed.) *Malaga. Coleccion Nuestra Andalucia* (Vol. 1 Geografia) Granada: Editorial Andalucial.

_____ (1985-86) Turismo y agricultura en la Costa del Sol malaguean. *Revista de Estudios Regionales,* 6, 81-96.

Garrod, B. and Fyall, A. (1998) Beyond the rhetoric of sustainable tourism? *Tourism Management,*

19(3), 199-212.

Gathorne-Hardy, J. (1992) *The Interior Castle: A Life of Gerald Brenan.* London: Sinclair-Stevenson.

Gaul, S, (1993) Malta, Gozo and Comino. Cadogan Island Guides.

Gaviria, M. (1974) *Espana A Go-Go.* Madrid: Turner.

GC–Generalitat de Catalunya (1997) Normes Subsidiaries I Complementaries de Planejament de Sitges. Barcelona: Generalitat de Catalunya, Departament de Politica Territorial I Obres Publiques, Direccio General d'Urbanisme.

_____, Departament de Medi Ambient (2002) On WWW at http://www.gencat.es/mediamb/

Getz, D. (1987) Approaches to tourism planning. In E. Inskeep (1991) *Tourism Planning: An In E. Inskeep (1991) Tourism Planning: An Integrated and Sustainable Development Approach* (pp. 25-45). Chichester: John Wiley & Sons.

Giannias, D. (1999) Regional tourism industry indices and the allocation of European union and state funding: The case of Greece. *Tourism Research,* 1(6), 410-12.

Gibbs, D. (1996) Integrating sustainable development and economic restructuring: A role for regulation theory? *Geoforum, 27* (1), 1-10.

Gillmor, D. (1989) Recent tourism developments in Cyprus. *Geography,* 74 (2), 262-5.

Glasson, J., Therival, R. and Chadwick, A. (1994) *Introduction to Environmental Impact Assessment.* London: University College London.

Godfrey, K. (1995) Towards sustainability? In L. Harrison and W. Husbands (ed.) *Practicing Responsible Tourism* (pp. 58-76). New York: John Wiley and Sons.

Golphi, P. A. M., Dagli, K., Kavadias, D., Kradonellis K. and Pashalis P. (1994) Environmental impacts from tourism development. Tourism and Environment: Opportunities for Sustainable Development [in Greek] (pp. 8-29). Greek Technical Chamber (11 May).

Goluza, M. (1996) Zagreb: *The New European Metropolis.* Zagreb: Tourist Association of the City of Zagreb.

Gomez Moreno, M. L. (1983) Competencia entre agricultura y turismo por el dominio del espacio: El caso de Benalmadena. *Baetica,* 6, 113-58.

Goodall, B. and Stabler, M. J. (1997) Principles influencing the determination of environmental standards for sustainable tourism. In M.J. Stabler (ed) *Tourism and Sustainability* (pp. 279-304). Wallingford: CABI.

Gortazar, L. and Marin, C. (1999) Tourism and Sustainable Development: From Theory to Practice-The Island Experience. Canary Islands: Gobierno de Canarias, Consejeria de Tourismo y Transportes, Viceconsejeria de Tourismo and International Scientific Council for Island Development (INSULA).

Goulte, D. (1971) The Cruel Choice: A New Concept in the Theory of Development. New York: Atheneum.

Gousiou, A., Spilanis, I. and kizos, A. (2001) Is agrotourism 'agro' or 'tourism'? Evidence from

agrotourist holdings in Lesvos, Greece. *Anatolia,* 12 (1) 6-22.

Goymen, K. (2000) Tourism and Governance in Turkey. *Annals of Tourism Research,* 22, 1025-48.

Greek National Tourism Organisation (GNTO) - Centre of Planning and Economic Research (CPER) (1994) *Preliminary National Economic and Spatial Plan for Tourism* 1(1-3) [in Greek]. Athens.

_____ (GNTO) (2001) Tourism Statistics on WWW at http://www.gnto.gr/2/01/eb10000.html.

Greek Tourism Organization (1985) Tourism '85. Development Participation, Quality of Life. Athens: GTO.

Green Globe and World Travel & Tourism Council (1998) Annual Review 1997/1998. Cambridge: GG & WTTC.

Greenpeace (1999) *Informe Coastwatch 1998-1999.* Barcelona: Greenpeace.

Greenwood, D.J. (1972) Tourism as an agent of change: A Spanish Basque case, *Ethnology,* 11, 80-81.

_____ (1989) Culture by the pound. An anthropological perspective on tourism as cultural commoditization. In V. Smith (ed) Hosts and Guests. *The Anthropology of Tourism* (pp. 171-85). Philadelphia: University of Philadelphia Press.

Grenon, M. and Batisse, M. (1989) *Futures for the Mediterranean Basin: The Blue Plan.* Oxford: Oxford University Press.

Gulu, M. (1999) Village headman (Muhtar), Bogaztepe. Interview, 1 April. Eastern Mediterranean University, Famagusta.

Gunes-Ayata, A. (1994) Roots and trends of clientelism in Turkey. In L. Roniger and A. Gunes-Ayata (eds) *Democracy, Clientelism, and Civil Society* (pp. 49-66). Boulder, CO: Lynne Rienner.

Hache, J-D. (1996) The implications of EU legislation upon the provision of transport services with regard to island regions. On WWW at http://www.eurisles.com.

Hajer, M. (1995) The Politics of Environmental Discourse: Ecological Modernisation and the Policy Process. Oxford: Oxford University Press.

Haktamir, M. (1999) Senior Instructor. Interview, 23 April. Eastern Mediterranean University, Famagusta.

Hall, C. M. (2000) *Tourism Planning*. Policies, Processes and Relationships. Harlow: Prentice Hall.

_____ and Lew, A.A. (eds) (1998) *Sustainable Tourism: A Geographical Perspective.* Harlow: Longman.

_____ (2000) *Tourism Planning: Policies, Processes and Relationships*. Harlow: Pearson Education.

Hall, D. (2000a) Croatia. In D. Hall and D. Danta (eds) *Europe Goes East: EU Enlargement, Diversity and Uncertainty* (pp. 275-88). London: Stationery Office.

_____ (2000b) Tourism as sustainable development? The albanian experience of transition.

International journal of Tourism Research, 2(1), 31-46.

_____ and Danta, D. (1996) The Balkans: Perceptions and realities. In D. Hall and D. Danta (eds) *Reconstructing the Balkans* (pp. 3-13). Chichester and New York: John Wiley and Sons.

Hall, D. R. (1998a) Central and Eastern Europe. In A. M. Williams and G. Shaw (eds) *Tourism and Economic Development in Europe* (pp. 345-73). Chichester and New York: John Wiley & Sons.

_____ (1998b) Tourism development and Sustainability issues in Central and South-eastern Europe. *Tourism Management,* 19, 423-31.

_____ (1999) Destination Branding, niche marketing and national image projection in Central and Eastern Europe. *Journal of Vacation Marketing,* 5, 227-37.

Hamele, H. (2001) Ecolabels for tourism in Europe: The European Ecolabel for Tourism. In X. Font and R.C. Buckley (eds) *Tourism Ecolabeling–Certification and Promotion of Sustainable Management* (pp.175-88). Wallingford: CABI.

Haq, M. (1971) Employment and income distribution in the 1970s: A new perspective. *Development Digest* (7 October).

Haralambopoulos, N. and Pizam, A. (1996) Perecived impacts of tourism. The case of Samos. *Annals of Tourism Research,* 23(3), 503-26.

Harrison, D. (1996) Sustainability and tourism: Reflections from a muddy pool. In L. Briguglio (ed.) *Sustainable Tourism in Islands and small States* (pp. 69-89). London: Pinter.

_____ (1996) Sustainability and tourism: Reflections from a muddy pool. In L. Briguglio, B. A rcher, J. Jafari and G. Wall (eds) *Sustainable Tourism in Islands and Small States: Issues and Policies.* London: Cassell.

_____ (1998) *The Sociology of Modernisation and Development.* London: Routledge.

_____ (2001) Tourism in small islands and microstates. *Tourism Recreation Research,* 26(3), 3-8.

Harvey, D. (1978) The urban process under capitalism: A framework for analysis. *International Journal of Urban and Regional Research,* 2, 101-31.

_____ (1996) Justice, Nature and the Geography of Difference. Oxford: Blackwell.

Hatzinikolaou, E. (1995) Tourist Promotion at Prefecture Level-The New Institution of Prefectural Committees for Tourist Promotion [in Greek]. Athens: EETAA.

Haywood, K. M. (1986) Can the tourist-area life cycle by made operational? *Tourism Management,* 7, 154-67.

Hellenic Ministry of Agriculture website (2002) At http://www.minagric.gr/greek/3.1.4.html. Accessed 12.8.02.

Hellenic National Tourism Organisation (HNTO) (2000) *Statistics.* Athens: Hellenic National Tourism Organisation.

_____ (HNTO) (2002) *Tourists Movements Bulletin - 2002/1* [in Greek]. Athens: Hellenic National Tourism Organisation.

Hereford and Worcester County Council (1996) The Local Agenda 21 Action Plan. Worcester:

Hereford and Worcester County Council.

Herrick, B. and Kindleberger, C.P. (1983) *Economic Dvelopment* (4th edn). London: McGraw-Hill.

Herzfeld, M. (1985) *The Poetics of Manhood: Contest and Identity in a Cretan Mountain Village*. Princeton: Princeton University Press.

Hettne, B. (1993) *Development Theory.* Harlow. Longman.

Hewitt, N. (1995) *European Local Agenda 21 Planning Guide*. Brussels: International Council for Local Environmental Initiatives.

Hicks, N. and Streeten, P. (1995) Indicator of development: The search for a basic needs yardstick. In K.Y. Pillai and L.W. Shannon (eds) *Developing Areas: A Book of Readings and Research* (pp. 31-44). Oxford: Berg.

Hillary, R. (1994) *The Eco-Management and Audit Scheme*. A Practical Guide. London: Stanley Thornes.

Hills, T. L. and Lundgren, J. (1977) The impact of tourism in the Caribbean: A methodological study. *Annals of Tourism Research,* 4(5), 248-67.

Holland, J. (2000) Consensus and conflict: The socio-economic challenge facing sustainable tourism development in southern albania. *Journal of Sustainable Tourism,* 8(6), 510-24.

Hooper, J. (1995) *The New Spaniards.* Harmondsworth: Penguin.

Horden, P. and Lewis, J. (1985) Interoduction: Recent economic, social and political changes in southern Europe. In R. Hudson and J. Lewis (eds) *Uneven Development in Southern Europe. Studies of Accumulation, Class, Migration and the State* (pp. 1-53). London: Methuen.

_____ and Purcell, N. (2000) *The Corrupting Sea. A Study of Mediterranean History*. Oxford: Blackwell.

Horwath and Horwath (1989) *The Maltese Islands Tourism Development Plan*. London: Horwath and Horwath.

HOS (Hellenic Organization for Standardization) Website (2002) At http://www.elot.gr/home.htm. Accessed 3.1.2002.

House, J. (1997) Redefining sustainability: A structural approach to sustainable tourism. In M.J. Stabler (ed.) *Tourism and Sustainablility: Principles to Practice* (pp. 89-104) Wallingford: CAB International.

Hovinen, G. (2002) Revisiting the destination lifecycle model. *Annals of Tourism Research,* 29(1), 209-30.

Hughes, G. (2002) Environmental indicators. *Annals of Tourism Research,* 29(2), 457-77.

Hughes, P. (1994) La Planificacion del Turismo Sostenible. *El Proyecot Ecomost.* Lewes: International Federation of Tour Operators (IFTO).

Hunt, D. (1989) *Economic Theories of Development.* London: Harvester Wheatsheaf.

Hunter, C. (1997) Sustainable tourism as an adaptive paradigm. *Annals of Tourism Research,* 24(4), 850-67.

_____ and Green, H. (1995) *Tourism and the Environment.* London: Routledge.

Hunter, C. J. (1995) On the need to re-conceptualize sustainable tourism development. *Journal of Sustainable Tourism,* 3, 155-65.

_____ (1997) Sustainable tourism as an adaptive paradigm. *Annals of Tourism Research,* 24(4), 850-67.

Hunter-Jones, P. A., Hughes, H.L., Eastwood, I. W. and Morrison, A. A. (1997) Practical approaches to sustainablilty: A Spanish perspective. In M.J. Stabler (ed.) *Tourism and Sustainability: Principles to Practice* (pp. 263-74) Wallingford: CAB International.

IEC–Institut d'Estadistica de Catalunya (2002) On WWW at http://www.idescat.es.

INEM (International Network for Environmental Management) Website (2002) At http://www.inem.org/. Accessed 3.1.02.

Inskeep, E. (1991) Tourism Planning - An Integrated and Sustainable Development Approach. New York: Van Nostrand Reinhold.

Installations for Naval Tourism (2000) Athens: ICAP.

Institut Francais de l'Environment (IFEN) (2000) *Les Indicators. Tourism, Environment, Territories.* Orleans: IFEN.

Instituto de Estadisticas de Andalucia (IEA) (2002) Sistema de informacion multiterritorial de Andalucia. On WWW at http://www.iea.junta-andalucial.es/sima/htm.

Instituto de Estudios Turisticos (1995) *Las Vacacinoes de los Espanoles, 1995.* Madride: Secretaria General de Turismo, Ministerio de Comercio y Turismo.

International Hotels & Restaurant Association (IHRA) and United Nations Environment Programme–Industry and Environment (UNEP) (1996) Environmental Good Practice in Hotels Case Studies from IHRA Environmental Award. Paris.

International Hotels Environment Initiative (IHEI) (1996) Environmental Management for Hotels: The Industry Guide to Best Practice (2nd edn). Butterworth Heinemann.

International Labour Organisation (1976) *Employment, Growth and Basic Needs: A One-World Problem.* New York: Praeger.

International Scientific Council for Island Developmeent (INSULA) (2000) European island agenda. Operational Fields. On WWW at http://www.insula.org/.

Ioannides, D. (1992) Tourism development agents: The Cypriot resort cycle. *Annals of Tourism Research* 19 (4), 711-31.

_____ (1994) The state, transnationals and the dynamics of tourism evolution in small islands nations. Unpublished Ph. D thesis, Rutgers University, New Jersey.

_____ (1995) A flawed implementation of sustainable tourism: The experience of Akamas, Cyprus. *Tourism Management,* 16(8), 583-92.

_____ (1995a) Planning for international tourism in less developed countries: Towards sustainability? *Journal of Planning Literature,* 9(3), 235-59.

_____ (1995b) A flawed implementation of sustainable tourism: The experience of Akamas, Cyprus. *Tourism Management,* 16(8), 583-92.

_____ (2001) The dynamics and effects of tourism evolution in Cyprus. In Y.

Apostolopoulos, P.J. Loukissas and L. Leontidou (eds) *Mediterranean Tourism* (pp. 112-8). London: Routledge.

_____ (2001a) The dynamics and effects of tourism evolution in Cyprus. In Y. Apostolopoulos, P. Loukissas and L..Leontidou (eds) *Mediterranea Tourism. Facets of Socioeconomic Development and Cultural Change* (pp.112-28). London: Routledge.

_____ (2001b) Sustainable development and the shifting attitudes of tourism stakeholders: Toward a dynamic framework. In S. McCool and R. Moisey (eds) *Tourism, Recreation and Sustainability. Linking Culture and Environment* (pp. 55-76). Wallingford: CAB International.

_____ and Debbage, K.G. (1998) Neo-fordism and flexible specialisation in the travel industry: Dissecting the polyglot. In D. Ioannides and K.G. Debbage (eds) *The Economic Geography of the Tourist Industry: A Supply-side Analysis* (pp. 99-122). London: Routledge.

_____ and Holcomb, B. (2001) Raising the stakes: Implications of upmarket tourism policies in Cyprus and Malta. In D. Ioannides, Y. Apostolopoulo and S. Sommez (eds). *Mediterranean Islands and Sustainable Tourism Development: Practce, management and Policies* (pp.234-58). London: Continuum.

_____, Apostolopoulos, Y. and Sonmez, S. (2001a) Searching for sustainable tourism development in the insular Mediterranean. In D. Ioannides, Y. Apostolopoulos and S. Sonmez (eds) *Mediterranean Islands and Sustainable Tourism Development: Practices, Management and Policies* (pp. 3-22). London: Continuum.

Istanbul Chamber of Commerce (1997) *Monthly Economic Figures: June, 1997.* Istanbul: Istanble Chamber of Commerce.

Italconsult (1965) *Master Plan for Malta Tourism.* United Nations and Government of Malta.

Ivars Baidal, J. A. (2001) La planificacion turistica de los espacios regionales en Espana. Unpublished PhD thesis, Universty of Alicante.

Iwanowski, K. and Rushmore, C. (1994) Introducing the eco-friendly hotel. *Cornell H.R.A. Quarterly* (February), 34-8.

Jacobs, M. (1991) *The Green Economy.* Environment, Sustainable Development and the Politics of the Future. London: Pluto Press.

Jacobs. M. (1990) *A Guide to Andalusia.* London: Viking.

Jelincic, D. (2001) *Theoretical Approaches to Regional Cultural Tourism Planning: Croatian Strategy-Culture=Future.* 41st Congress of the European Regional Science Association. 29 August-1 September, Zagreb.

Jenkins, S. H. (1980) Coastal pollution of the Mediterranean. *Marine Pollution Bulletin* 11(1), 6-11.

Jenner, P. and Smith, C. (1993) *Tourism in the Mediterranean.* London: Economist Intelligence Unit.

Jessop, B. (1994) Post-Fordism and the state. In A. Amin (ed.) *Post-Fordism: A Reader* (pp. 57-

84). Oxford: Blackwell.

Johnson, L. C. (2000) The threat of terrorism is overstated. In L.K. Egendorf (ed.) *Terrorism: Opposing Viewpoints* (pp. 26-34). San Die☐: Greenhaven.

Jordan, P (2000) Restructuring Croastia's coastal resorts: Change, sustainable development and the incorporation of rural hinterlands. *Journal of Sustainable Tourism,* 8(6), 525-39.

_____ (1982) Fremdenverkehr und Einzelhandel auf den Kvarnerinseln. Eine Untersuchung uber Wirkungen des Fremdenverkehrs in peripheren Gebieten. *Munchner Studien zur Sozial-und Wirtschafts geographie,* 23, 193-209.

_____ (1989) Gastarbeiter im eigenen Land. Das Problem der saisonalen Arbeitskrafte im Fremdenverkehr der jugoslawischen Juste am Beispiel des Touristikunternehmens 'Jadranka', Mali Losinj. *Osterreichische Osthefte,* 31(4), 683-714.

Josephides, N. (2003) Hold on to your hat. *Tourism in Focus*(Tourism Concern) 46(Spring), 4-5.

Juarez, C. (2001) Indicadores hidricos de sostenibilidad y desarrollo turistico en la Comarca del Bajo Segura (Alicante). *Actas del XVII Congreso de Geografos Espanoloes, Oviedo, Noviembre de 2001* (pp. 354-8).

Junta de Anadalucia (1993) *Plan De Desarrollo Intergral del Turismo en Andalucia. Plan Dia.* Seville: Direccion General de Turismo. Junta da Andalucia.

_____ (2001) *Municipios Andaluces. Datos Basicos, 2001.* Seville: Instituto de Estadistica de Anadalucia.

_____ (annual) *Boletin de Indicadores Turisticos de Andalucia.* Sevilla: Direccion General de Planificacion Turistica, Junta de Andalucia.

Jurdao Arrones, F. (1990) *Espana en Venta* (2nd edn). Madrid: Endymion.

_____ and Sanchez, M. (1990) *Espana, Asilo de Europa.* Barcelona: Editorial Planeta.

Kalokardou-Krantonelli, R. (1995) Tourism and spatial planning in the Prefectures of Kerkyra and Lassithi. In P. Tsartas, K. Theodoropoulos, R. Kalokardou, K. Maroundas, P. Pappos and N. Fakiolas (eds) *The Social Impacts of Tourism in the Prefectures of Kerkyra and Lassithi* (pp. 201-32) (in Greek). EKKE: Athens.

Kammas, M. (1993) The positive and negative effects of tourism development in Cyprus. *Cyprus Review,* 5(1), 70-89.

_____ (1993) The positive and negative influences of tourism development in Cyprus. *Cyprus Review,* 5(1), 70-89.

Kanol, B. (1999) Undersectretary for Ministry of State. Interview. Eastern Mediterranean University, Famagusta.

Karis, P. (1998) (General Manager, Association of Cyprus Tourist Enterprises), personal communication.

Kasimati, K., Thanopoulou, M. and Tsartas, P. (1995) Female Employment in the Tourist Sector: Investigation of the Labour Market and Prospects [in Greek]. Athens: Social Morphology and Social Policy Centre, Pantion University, Equal Opportunities Office.

Kasmir, S. and Wilson, A. (1999) Introduction. *Critique of Anthropology,* 19(4), 376-8.

Katochianou, D., Kavvadias, P. and Tonikidou, P. (1997) Basic Data of Regional Socio-economic Development in Greece. Athens: Centre of Planning and Economic Research.

Kattamis, K. (2001) (Tourism officer, CTO), personal communication.

Kenna, M. (1993) Return migrants and Tourims development: An example from the Cyclades. *Journal of Modern Greek Studies,* 2(1), 75-96.

Keyes, J., Munt, I. and Reira, P. (1993) The control of development in Spain. *Town Planning Review,* 64(1), 47-63.

Khan, A. E. (1966) The tyranny of small decisions: Market failures, imperfections and the limits of economics. *Kyklos,* 19(1), 23-47.

King, R. (1979) Developments in the political and economic geography of Malta. *Tijdschrift voor Economische En Sociale Geografie,* 70, 258-71.

_____ (1989) The Mediterranean: An environment at risk. *Geographical viewpoint,* 18, 5-31.

_____ (1993) The geographical fascination of islands. In D. Lockhart, D. Drakakis-Smith and J. Schembri (eds) *The Development Process in Small Island States* (pp. 13-37). London: Routledge.

_____, and Donati, M. (1999) The 'divided' Mediterranean: Re-defining European relationships. In R. Hudson and A.M. Willians (eds) *Divided Europe. Society and Territory* (pp. 132-62). London: Sage.

_____, and Montanari, A. (1998) Italy: Diversified tourism. In A.M. Williams and G. Shaw (eds) *Tourism and Economic Development. European Experiences* (pp. 75-100). Chichester: Wiley.

_____, Cori, B. and Vallega, A. (2001) Unity, diversity and the challenge of sustainable development: An introduction to the Mediterranean. In R. King, P. de Mas and J.M. Beck (eds) *Geography, Environment and Development in the Mediterranean* (pp. 1-17). Brighton: Sussex Academic Press.

_____, Warnes, T. and Williams, A. (2000) *Sunset Lives: British Retirement Migration to the Mediterranean.* Oxford: Berg.

Kirby, S.J. (1996) Recreation and the quality of Spanish coastal waters. In M. Barke, J. Towner and M.T. Newton (eds) *Tourism in Spain: Critical Issues.* Wallingford: CAB International.

Kirk, D. (1995) Environmental management in hotels. International Journal of *Contemporary Hospitality Management,* 7(6), 3-8.

Klub, M. and FitzPatric, P. (2000) Tourism: A solution for Prevlaka? *Central Europe Review,* 2(30), 2. On WWW at http://www.ce-review.org/00/30/montengronews30.html.

Ko, J. T. G. (2001) Assessing progress of tourism sustainability. *Annals of Tourism Research,* 28(3), 817-20.

Koker, L. (1995) Local politics and democracy in Turkey: An appraisal. *Annals of the American Academy of Political and Social Science,* 54, 51-63.

Konsolas, N. and Zacharatos, V. (2001) Regionalisation of tourism activity in Greece: Problems and policies. In H. Briassoulis and J.V. der Straaten (eds) *Tourism and the Environment:*

Regional, Economic, Cultural and Policy Issues (pp. 319-30). Dordrecht: Kluwer Academic.

Kousis, M. (1984) Tourism as an agent of social change in a rural Cretan community. Unpublished PhD thesis, University of Michigan, Michigan.

_____ (1989) Tourism and the family in a rural Cretan community. *Annals of Tourism Research,* 16(3), 318-32.

_____ (2000) Tourism and the environment: Thel local social protest in Crete. In P. Tsartas (ed.) *Tourism Development: Multidisciplinary Approaches* [in Greek]. Exantas: Athens.

_____ and Eder, K. (2001) EU policy-making, local action, and the emergence of institutions of collective action. A theoretical perspective on southern Europe. In K. Eder and M. Kousis (eds) *Environmental Politics in Southern Europe* (pp. 3-21). Dordrecht: Kluwer.

Koutsouris, A. and Gaki, D. (1998) The quest for a sustainable future: Alternative tourism as the level of development. Proceedings of the First Global Conference on Tourism and Culture in Sustainable Development. Athens: National Technical University of Athens.

Kunst, I. (1998) Market structure of Croatian tourism sector. *Turizam,* 46(3), 123-39.

La Caixa (2002) *Aunario Economico, 2001.* Barcelona: La Caixa

La Spina A. and Sciortino, G. (1993) Common agenda, southern rules: European intergration and environmental change in the Mediterranean states. In J.D. Liefferink, P.D. Lowe and A.P.J. Mol (eds) *European Integration and Environmental Policy* (pp. 217-36). London: Belhaven.

Labiri-Dimaki, I. (1972) Sociological analysis. In A.S. Kalliga and A.N. Papageorgiou (eds) Mykonos-Dilos-Rinia, Land-planning Study [in Greek]. Athens: Governmental Policy Ministry.

Ladens, D. S. (1995) Why are we so rich and they so poor? In K.V. Pillai and L.W. Shannon (eds) *Developing Areas: A Book of Readings and Research* (PP. 74-85). Oxford: Berg.

Lagos, D. (1998) Tourism and sustainable development at a regional level: The case of a Greek island region. Proceedings of the International Congress on Sustainable Development in the Islands and the Role of Research and Higher Education. Rhodes, Greece.

_____ and Gkrimpa, E. (2000) The special and alternative forms of tourism: Their contribution to the development of Greek islands and special destinations. Proceedings of the International Scientific Conference on Tourism on Islands and Specific Destinations. Chios, Greece: University of the Aegean.

Lash, S. and Urry, J. (1994) *Economies of Signs and Spaces.* London: Sage.

Lea, J. (1988) *Tourism and Development in the Third World.* London: Routledge.

Lee, L. (1969) *As I Walked out One Midsummer Morning.* London: Atheneum.

Leftwich, A. (1995) Governance, democracy and development in the Third World. In S. Corbridge (ed.) *Development Studies* (pp. 427-37). London: Edward Arnold.

Lekakis, J. N. (1995) Enviornmental management in Greece and the challenge of sustainable development. *Environmentalist,* 15, 16-26.

Lemon, B. (1998) Weighing up the odds. *Leisure Management*, 18(9), 62-3.

Lennon, J. and Foley, M. (2000) *Dark Tourism.* London: Continuum.

Leontidou, L. (1998) Greece: Hesitant policy and uneven tourism development in the 1990s. In A.M. Williams and G. Shaw (eds) Tourism and Economic Development: *European Experiences* (3rd edn) (pp. 101-24). Chichester: Wiley.

Leontidou, L. and Marmaras, E. (2001) From tourists to migrants. Residential tourism and 'littoralization', In Y. Apostolopoulos, P. Loukissas and L. Leontidou (eds) *Mediterranean Tourism. Facets of Socioeconomic Development and Cultural Change* (pp. 257-67). London: Routledge.

Leontidou, L., Gentileschi, M. L., Aru, A. and Pungetti, G. (1998) Urban expansion and littoralisation. In P. Mariota, J.B. Thornes and N. Geeson (eds) *Atlas of Mediterranean Environments in Europe. The Desertification Context* (pp. 92-7). Chichester: Wiley.

Liu, Z-H. and Jenkins, C. (1996) Country size and tourism development: A cross-nation analysis. In L. Briguglio, B Archer, J.Jafari and G. Wall (eds) *Sustainable Tourism in Islands and Small States: Issues and Policies* (pp. 90-117). London: Pinter.

Lockhard, D. (1993) Tourism and politics: The example of Cyprus. In D. Lockhart, D. Drakakis-Smith and J. Schembri (eds) *The Development Process in Small Island States* (pp. 228-46). London: Routledge.

_____ and Drakakis-Smith, D. (eds) (1997) *Island Tourism: Trends an Prospects*. London: Routledge.

Lockhart D. G. (1993) *The Development Process in Small Island States.* London: Routledge.

_____ and Ashton (1990) In D.G L.ockhart (1993) *The Development Process in Small Island States.* London: Routledge.

_____ and Drakakis-Smith, D. (eds) (1996) *Island Tourism: Trends and Prospects.* London and New York: Pinter.

_____ (1997b) Islands and Tourism: An overview. In D.G. Lockhart and D. Drakakis-Smith (eds) *Island Tourism: Trends and Prospects* (pp. 3-20). London and New York: Pinter.

_____ (1997a) Tourism to Malta and Cyprus. In D.G. Lockhart and D. Drakakis-Smith (eds) *Island Tourism: Trends and Prospects* (pp. 152-80). London and New York: Pinter.

_____ and Ashton, S. (1990) Tourism in Malta. *Scottish Geographical Magazine,* 10(1), 22-32.

_____ (1997) 'We promise you a warm welcome' : Tourism to Malta since the 1960s. GeoJournal, 41(2), 145-52.

Logar, M.(2000) *Information for Nautical Guest*. Ljubljana: Slovenia Tourist Board.

Loinger, G. (1995) La Problematique du Developpement Durable Dans le Contexte de l''Espace Mediterraneen. Paris.

Lopez Palomeque, F. and Vera Rebollo, J. F. (2001) Espacios y destinos turisticos. In A. Gil Olcina and J. Gomez Mendoza (coord.) *Geografia de Espana* (pp. 545-71). Barcelona: Ariel.

Loukissas, P. (1975) Tourism and environmental conflict: The case of the Greek island of Mykonos. Paper presented at the Symposium in Tourism and Culture Change, American Anthropological Association, San Francisco, California, December.

———— (1982) Tourism's regional development impacts: A comparative analysis of the Greek islands. *Annals of Tourism Research,* 9, 523-43.

———— (1982) Tourism's regional development impacts-a comparative analysis of the Greek islands. *Annals of Tourism Research,* 9, 523-41.

———— and Skayannis, P. (2001) Tourism, sustainable development, and the environment. In Y. Apostolopopulos, P. Loukissas and L. Leontidou (eds) *Mediterranean Tourism: Facets of Socioeconomic Development and Cultural Change* (pp. 239-56). London: Routledge.

———— and Triantafyllopoulos, N. (1997) Competitive factors in traditional tourist destinations: The cases of the islands of Rhodes and Myconos (Greece). *Papers de Tourism,* 22, 214-18.

Loukissas, P. J. (1978) Tourism and environment in conflict: The case of the Greek island of Mykonos. In *Tourism and Economic: Studies in Third World Societies* (vol. 6) (pp. 105-32). Williamsburg, VA: College of William and Mary.

———— (1982) Tourism's regional development impacts: A comparative analysis of the Greek islands. *Annals of Tourism Research,* 9(4), 523-41.

———— (1982) Tourism's regional development impacts: A comparative analysis of the Greek islands. *Annals of Tourism Research,* 9(4), 842-54.

Lundtorp, S. and Wanhill, S. (2001) The resort lifecycle theory: Generating processes and estimation. *Annals of Tourism Research,* 28(4), 947-64.

Mabogunje, A. (1980) The Development Process: *A Spatial Perspective.* London: Hutchinson.

Machalepis, P. (2002) (General Manager, Dome Hotel, Agia Napa), personal communication.

Macher, I. (2000) *Slovenia by Bicycle.* Ljubljana: Slovenia Tourist Board.

Macherideis, I. (2001) Island development: Choices and perspective. On WWW at http://www. eurisles.com.

Macnaghten, P. and Urry, J. (1998) *Contested Natures.* London: Sage.

MacNaught, T. (1982) Mass tourism and the dilemmas of modernization in Pacific Island communities. *Annals of Tourism Research,* 9(3), 359-81.

Mallia, E. (1994) Land use: An account of environmental stewardship. In R. Sultana and G. Baldacchino (eds) *Maltese Society. A Sociological Inquiry* (pp. 685-705). Msida: Mireva.

Malta Ministry of Tourism (2000) *Carrying Capacity Assessment for Tourism in the Maltese Islands.* Valletta: Ministry of Tourism.

Malvarez Garcia, G., Pollard, J. and Dominguez Rodriguez, R. (2000) Origins, Management and muasurement of stress on the coast of Spain. *Coastal Management,* 28, 215-34.

———— and Hughes, R. (2002) Coastal zone management on the Costa del Sol: A small business perspective. *Journal of Coastal Research,* 36(special issue).

Mangion, M.L. and Zammit Trevisan, C. (2001) The Significance of Valletta as a Tourism Product:

Findings of a Tourism Survey. Valletta: Research and Information Division, MTA.

Mansfeld, Y. and Kilot, N. (1996) The tourism industry in the partitioned island of Cyprus. In A. Pizam and Y. Mansfeld (eds) *Tourism, Crime and International Security Issues* (pp. 187-202). Chichester: John Wiley.

Mantoglou, A., Hadjibiros, K., Panagopoulos, P. and Varveris, T. (1998) Sustainable development programme for the Greek islands. Proceedings of the International Congress on Sustainable Development in the Islands and the Role of Research and Higher Education. Rhodes, Greece.

Manzi, E. (2001) Mediterranean concentration and landscape: Six cases. In R. King, P. de Mas and J.M. Beck (eds) *Geography, Environment and Development in the Mediterranean* (pp. 196-215). Brighton: Sussex Academic Press.

Marchena Gomez, M. (1987) Territorio y Turismo en Andalucia. Seville: Consejeria de Economia y Fomento, Direccion General del Turismo, Junta de Andalucia.

Marchena Gomez, M. J. (1995) New tourism trends and the future of Mediterranean Europe. *Tijdschrift voor Economische en Social Geografie,* 86(1), 21-31.

_____ and Vera Rebollo, F. (1995) Coastal areas: Processes, typologies and prospects. In . Montanari and A.M. Williams (eds) *European Tourism: Regions, Spaces and Restructuring* (pp. 111-26) Chichester: John Wiley & Sons.

Mari, S. (1994) The economic specificity of Menorca in relation to the Balearic islands. In M.R. Carli (ed.) *Economic and Population Trends in the Mediterranean Islands* (pp.111-28). Collana Alti Seminari 5. Naples: Edizioni Scientifiche Italiane.

Marinos, P. (1983) Small islands tourism: The case of Zakynthos, Greece. *Tourism Management,* 4(3), 212-15.

Marion, M. Tortajada, R. Ellorietta, J.I., Sanchez, B., Murias, F., Sanchez, Mariscal, T. and Martos, T. (1980) Estudio ecosanitario del litoral de Motril. *Progress in Water Technology,* 12(4), 579-96.

Maroudas, L. and Tsartas, P. (1998) Parameters of sustainable development and alternative tourism in small and less developed islands of the Aegean. Proceedings of the International Congress on Sustainable Development in the Islands and the Role of Research and Higher Education. Rhodes, Greece.

Massey, D. (1984) *Spatial Divisions of Labour*. London: Macmillan.

Master Plan Costa Smeralda (1999) On WWW at http://www.vol.it/porto_cervo/cs-mp.htm.

Mathieson, A. and Wall, G. (1982) Patterns and characteristics of the supply of tourism. In C. Cooper and J. Fletcher (1993) *Tourism Principles and Practice* (p. 88). London: Pitman.

_____ (1982) *Tourism: Economic, Physical and Social Impacts*. Longman.

McElroy, J.L. and de Albuquerque, K. (1998) Tourism penetration index in small Caribbean islands. *Annals of Tourism Research,* 25(1), 145-68.

McKercher, B. (1999) A chaos approach to tourism. *Tourism Management,* 20, 425-34.

McMillan, J. (1996a) Understanding gambling. History, concepts, theories. In J. McMillian (ed.)

Gambling Cultures: Studies in History and Interpretation (pp. 6-42). London: Routledge.

_____ (1996b) From glamour to grind. The globalisation of casinos. In J. McMillian (ed.) *Gambling Cultures: Studies in History and Interpretation* (pp. 263-87). London: Routledge.

Mediterranean Commission for Sustainable Development (MCSD), Plan Bleu and United Nations Environment Programme (UNEP) (1998) Synthesis report of the working group: Tourism and sustainable development in the Mediterranean Region. Mediterranean Action Plan. Monaco, 20-22 October.

Meler, M. and Ruzic, D. (1999) Marketing identity of the tourist product of the Republic of Croatia. *Tourism Management,* 20, 635-43.

Metaxa, A. (1998) (Planning Department, Cyprus Tourism Organisation), personal communication.

MFRM (Ministry of Finance of the Repubic of Montenegro) / NACPU (National Aid Coordinating Policy Unit) (2001) *Economic Reform and Recovery Strategy: Infrastructure Development.* On WWW at http://www.donors.cg.yu/economic_reform/infrastructure. htm. Podgorica: Ministry of   Finance of the Republic of Montenegro.

Middleton, V.T.C. and Hawkins, R. (1997) Sustainability in the accommodation sector- with international illustrations. In Sustainable Tourism: *A Marketing Perspective* (pp.144-58). Butterworth/Heinemann.

_____ (1998) Sustainable Tourism: A Marketing Perspective. London: Butterworth-Heinemann.

Miguelsanz-Arnalot, A. and Higueras-Miro, G. (1964) El Turisme a Sitges. Serra d'Or, *2aepoca,* 6(6), 5-12.

Miller, A.O. (2000) The bets are off. *Sunday Mail* (17 September), 14.

Miller, G. (2001) The development of indicators for sustainable tourism: Results of the Delphi survey of tourism researchers. *Tourism Management,* 22, 351-62.

Miller, J. and Szekely, F. (1995) What is Green? *Environmental Impact Assessment Review,* 15(5), 418.

Milne, S. (1992) Tourism and development in south Pacific microstates. *Annals of Tourism Research,* 19 (2), 191-212.

_____ (1997) Tourism, dependency and south Pacific microstates: Beyond the vicious circle? In D.Lockhart and D. Drakakis-Smith (eds) *Island Tourism: Trends and Prospects* (pp. 281-301). London: Pinter.

_____ and Nowosielski, L. (1997) Travel distribution technologies and sustainable tourism development: The case of South Pacific. *Journal of Sustainable Tourism,* 5(2), 131-50.

Milne, S. S. (1998) Tourism and sustainable development: Exploring the global-local nexus. In C.M. Hall and A.A. Les (eds) *Sustainable Tourism: A Geographical Perspective* (pp. 35-48) Harlow: Longman.

Minca, C. (1998) Mediterranean metaphors and tourist space: A theoretical approach. In S. Conti and A. Segre (eds) *Mediterranean Geographies* (pp. 257-73). Rome: Societa Geografica

Italiana.

Ministerio de Obras Publicas y Transportes (MOPT) (1998) *Hacia una Gestion Sostenible del Litoral Espanol.* Madrid: MOPT

_____(MOPT) *Direccion General de Puertos y Costas (1991) Principales Contenidos de la Legislacion de Costas.* Malaga: M.O.P.T.

_____(MOPT) *Direccion General de Puertos y Costas (1993) Recuperando la Costa.* Madrid: MOPT.

Ministerio de Obras Publicas y Urbanismo (MOPU) (1989) *Ley de Costas/The Shores Act.* Madrid: MOPU.

_____(MOPU) *Direccion General de Puertos y Costas (1988) Actuaciones para la Recuperacion de las Playas para el Uso y Dominio Publico: Retirada de Instalaciones Ilegales.* Madrid: MOPU.

Ministry of Development (MD), Special Secretariat of Competitiveness (2001) Operational Programme Competitiveness [in Greek]. Athens.

Ministry of Economy and Finance (1994) *A Guide for Foreign Investors and Businessment and Macro Economic Indicators.* Nicosia: Ministry of Economy and Finance.

Ministry of Tourism (1993) *Bulletin of Tourism Statistics.* Ankara: Ministry of Tourism.

_____(1994) *Manpower Survey of the Turkish Hotel and Tourism Industry with Technical Conjunction of International Labour organisation.* Ankara: Ministry of Tourism.

_____(1999) *Hane Halki Turizm Arastirmasi* [Household Tourism Survey] 1997. Ankara.

_____(2001a) *Bulletin of Tourism Statistics* 2000. Ankara: Ministry of Tourism.

_____(2001b) *Bulletin of Accommodation Statistics* 2000. Ankara: Ministry of Tourism.

_____(2001c) *Bulletin of Charter Flights Statistics* 2000. Ankara: Ministry of Tourism.

Miossec, J. (1977) Un modele de l; espace touristique. *L'Espace Geographique,* 6, 41-8.

Mithat, U. (1936) Rami-Fantazi. In F. Azgin (ed.) (1998) *Ulviye Mithat: Feminist Bulusma* (pp. 38-9). Nicosia: Meral Tekin Birinci Vakfi/Kibris Turk Universiteli Kadinlar Dernegi.

Moisey, R. N. and McCool, S. F. (2001) Sustainable tourism in the 21st century: Lessons from the pas☐ challenges to address. In S.F. McCool and R.N. Moisey (eds) *Tourism, Recreation and Sustainability. Linking Culture and the Environment* (pp. 343-52). Wallingford: CABI.

Monfort Mir, V. M. and Ivars Baidal, J. A. (2001) Towards a sustained competitiveness of Spanish tourism. In Y. Apostolopopulos, P. Loukissas and L. Leontidos (eds) *Mediterranean Tourism: Facets of Socieconomic Development and Cultural Change* (pp. 17-38) London: Routledge.

Montanari, A. & Williams, A. (1995) *European Tourism: Regions, Spaces and Restructuring* (pp.

109-26). London: Wiley.

_____ (1995) The Mediterranean region: Europe's summer leisure space. In A. Montanari and A.M. Williams (eds) *European Tourism. Regions, Spaces and Restructuring* (pp. 41-65). Chichester: Wiley.

Montenet (1997) Ecological state of Montenegro. On WWW at http://www.montenet.org/econ/ecostate.htm. Podgorica: montenet.

Morgan, M. (1994) Homogeneous products: The future of established resorts. In W. Theobald (ed.) *Global Tourism. The Next Decade* (pp. 378-95). Oxford: Butteworth-Heinemann.

Morris A. and Dickinson, G. (1987) Tourist development in Spain: Growth versus conservation on the Costa Brava. *Geography,* 72, 16-25.

_____ (1987) Tourist development in Spain: Growth versus conservation on the Costa Brava. *Geography,* 72 (1), 16-25.

Morris A. S. (1996) Environmental management in coastal Spain. In M. Barke, J. Towner and M.T. Newton (eds) *Tourism in Spain: Critical Issues.* Wallingford: CAB International.

Morris, P. and Therivel, R. (eds) (1995) *Methods of Environmental Impact Assessment.* London: University College London.

Moussios, G. (1999) *Greece - Travel and Torusim Intelligence Country Reports* 2, 25-49.

_____ (1999) Greece. *Travel and Tourism Intelligence* 2, 24-49.

Mowforth, M. and Munt, I. (1998) Tourism and Sustainability: New Tourism in the Third World. London: Routledge.

MTA (2000) *Malta Tourism Authority Strategic Plan 2000-2002.* Valletta: MTA.

_____ (2001) *Malta Tourism Authority Annual Report and Financial Statements 2000.* Valletta: Communications and Business Development Division, MTA.

_____ (2002) Malta: The Islands at the Heart of the Mediterranean, Valletta: MTA.

_____ (2003) *Accommodation Data.* Unpublished report. Valletta: MTA.

_____ (2003) Enumerated population by gender, single years of age and by locality. On WWW at http://www.nso.gov.mt/publications/census'95. Accessed 27.02.03.

Mullins, P. (1991) Tourism urbanization. *International Journal of Urban and Regional Research,* 15 (3), 326-42.

_____ (1993) Cities for pleasure: The emergence of tourism urbanization in Australia. *Built Environment,* 18(3) 187-98.

Nafziger, E. W. (1990) *The Economics Of Developing Countries* (2nd edn). Englewood Cliffs, NJ: Prentice-Hall.

Nash, D. (1977) Tourism as a form of imperialism. In V. Smith (ed.) Hosts and Guests: The Anthropology of Tourism. Pittsburgh: University of Pennsylvania Press.

National Statistical Service of Greece (NSSG) (2000) *Statistical Yearbook of Greece* 1999. Athens: National Statistical Service of Greece.

_____ (NSSG) (2001) *Employment-Unemployment Year* 2000 [in Greek]. Athens: National Statistical Service of Greece.

National Tourism Organisation of Montenegro (2002) Visit Montenegro. On WWW at http://www.visit-montenegro.com/

National Trust of North Cyprus (2001) On WWW at http://www.charm.net/~trnc/e019.html.

Naylon, J. (1986) Urban growth under an authoritarian regime: Spain 1939-1975: The case of Madrid. *Iberian Studies,* 15, 16-25.

Nijkamp, P. and Verdonkschot, P. (1995) Sustainable tourism development: A case study of Lesbos. In H. Coccossis and P. Nijkamp (eds) *Sustainable Tourism Development* (pp. 127-40). Aldershot: Avebury.

Nir, D. (1990) Region as a Socio-environmental system. An Introduction to a Systemic Regional Geography. Dordrecht: Kluwer Academic.

Noronha, R. (1979) Social and Cultural Dimensions of Tourism. Working Paper No. 326. Washington, DC: World Bank.

NSSG (2001) *Population Cultural 2001.* National Statistical Service of Greece.

_____ (National Statistical Service of Greece) (1999) Tourism Statistics.

O'Reilly, K. (2000) *The British on the Costa del Sol:* Transnational Identities and Local Communities. London and New York: Routledge.

Oberreit, J. (1996) Destruction and reconstruction: The case of Cubrovnik. In D. Hall and D. Danta (eds) *Reconstructing the Balkans: A Geography of the New Southeast Europe* (pp. 67-77). Chichester and New York: John Wiley and Sons.

OECD (1978) *Indicateurs d'Environnement Urbain.* Paris: Organisation de Cooperation et de Developpement Economiques.

_____ (1980) *L'Impact du Tourisme sur l'Environnement,* Paris: Organisation de Cooperation el de Developpeent Economiques.

_____ (1988) *Tourism Policy and International Tourism in OECD Member Countries. Paris:* OECD.

_____ (1990) *Tourism Policy and International Tourism in OECD Member Countries. Paris:* OECD.

_____ (1992) *Tourism Policy and International Tourism in OECD Member Countries. Paris:* OECD.

_____ (1993) OECD core set of indicators for environmental performance reviews. *Environment Monographs* 83. On WWW at http://www.decd.org.

_____ (1997) *Tourism Policy and International Tourism in OECD Member Countries. Paris:* OECD.

_____ (2001) *OECD Economic Surveys for Turkey, No. 4.* Paris: OECD.

_____ (Organisation for Economic Co-operation and Development) (2000) Environmental performance review: Greece. Sectoral Integration: *Tourism* (pp.147-64).

Oglethorpe, M. (1984) Tourism in Malta: A crisis of dependence. *Leisure Studies,* 3, 147-62.

_____ (1985) Tourism in a small island economy: The case of Malta. *Tourism Management,* 6(1), 23-31.

Olano, A. D. (1974) *Guia Secreta de la Costa del Sol.* Madrid and Barcelona: Al-Borak.

Oppermann, M. (1993) Tourism space in developing countries. *Annals of Tourism Research,* 20, 535-56.

Orams M. (1995) Towards a more desirable form of ecotourism. *Torusim Management,* 16(1), pp.3-8.

Organizacion Mundial de Turismo (1993) *Guia Para Administraciones Locales:* Desarrollo Turistico Sostenible. Madrid, OMT.

_____ (OMT) (1995) *Lo que todo Gestor Turistico debe Saber. Guia Practica para el Desarrollo y Uso de Indicadores de Turismo Sostenible.* Madrid: Organizacion Mundial de Turismo.

Orlic, D. (2000) *Istra: the Wine Road of the Buje Region.* Porec: The Association of Vintners and Wine-growers of Istria.

Palmer, C. (1994) Tourism and Colonialism: the experience of the Bahamas. *Annals of Tourism Research,* 21 (4), 792-811.

Palop, J. J. (1970) *Malaga.* Leon: Editorial Everset.

Papadaki-Tzedaki, S. (1997) Endogenous tourist development in Rethymno: Development or underdevelopment [in Greek]. Unpublished Ph. D thesis, University of Rethymno, Rethymno.

_____ (1999) Endogenous Tourism Development: Structured or Disintegrated Local Development? (in Greek) Athens: Papazissis.

Papatheodorou, A. (2002) Exploring competitiveness in Mediterranean resorts. *Tourism Economics,* 8(2), 133-50.

Papazoglou, M., Zacharis, N. and Christoforidis, A. (1999) Adaptation of the community Eco-Management and Audit Scheme (EMAS) and implementation in hotel installations. *Proceedings of the Conference Heleco 99* [in Greek] (pp. 238-46). Athens: Greek Technical Chamber.

Parson, J. J. (1973) Southward to the sun: The impact of mass tourism on the coast of Spain. *Yearbook of the Association of Pacific Coast Geographers,* 35, 129-46.

Patsouratis, V. (2002) The Competitiveness of the Greek Tourism Sector [in Greek]. Athens: ITEP.

Pavlopoulos, P. G. and Kouzelis, A. K. (1998) *Regional Development of Greece and Tourism* [in Greek]. Athens: Research Institute for Tourism.

Pearce D. (1995) *Tourism Today - A Geographical Analysis* (2nd edn). London: Longman.

_____ and Atkinson, G. (1998) Concept of sustainable development: An evaluation of its usefulness 10 years after Brundtland. *Environmental Economics and Policy Studies* 1, 95-111.

Pearce, D. G. (1995) *Tourism Today: A Geographical Analysis* (2nd edn). New Yrok: Longman.

Pearlman, M. (1990) Conflicts and constraints in Bularia's tourism sector. Annals of Tourism Research 17(1), 103-22. In J. Costa and L. Ferrone (1995) Sociocultural perspectives on tourism planning and development. *International Journal of Contemporary Hospitality*

Management 7(7).

Peristiany, J. G. (1965) Honour and shame in a Cypriot highland village. In J.G. Peristiany (ed.) *Honour and Shame, the Values of Mediterranean Society* (pp. 171-90). London: Weidenfeld and Nicholson.

Petersen, C. A. and McCarthy, C. (1990) Greece charts the course: Controlling second home development in coastal areas. Environment Tourism and Development: An Agenda for Action? A workshop to consider strategies for sustainable tourism development, Valetta, Malta, 10 March.

Petric, L. (1998) Tourism policy - goals and instruments. *Turizam,* 46(3), 140-68.

Pettifer, J. (1993) *The Greeks: The Land and People Since the War.* London: Penguin.

Pizam, A. and Mansfeld, Y. (eds) (1996) T*ourism, Crime and International Security Issues.* Chichester: Wiley.

Plog (1977) In M. Orams (1995) Towards a more desirable of ecotourism. *Tourism Management,* 16(1), 3-8.

Poirier, R. A. (2001) The political economy of tourism in Algeria. In Y. Apostolopoulos, P. Loukissas and L. Leontidou (eds) *Mediterranean Tourism: Facets of Socioeconomic Development and Cultural Change* (pp. 211-25). London: Routledge.

Poljanec-Boric, S. (2000) System conditions for the development of tourism in the under-developed areas of Croatia. *Tourism/Turizam,* 48(4), 353-60.

Pollard, J. and Dominguez Rodriguez, R. (1993) Tourism and Torremolinos: Recession or reaction to environment? *Tourism Management,* 14(4), 247-58.

_____ and Dominguez Rodriguez, R. (1995) Unconstrained growth: The development of a Spanish resort. *Geography,* 80(1), 33-44.

Poon, A. (1989) Competitive strategies for a 'new tourism'. In C. Cooper (ed.) *Progress in Tourism, Recreation, and Hospitality Management* (vol.1)(pp. 91-102). London: Belhaven.

Poulsen, T.M. (1997) Migration on the Adriatic coast: Some processes associated with the development of tourism. In H.L. Kostanick (ed.) *Population and Migration Trends in Eastern Europe* (pp. 197-215). Boulder, CO: Westview.

Pounds, N.J.G. (1985) *An Historical Geography of Europe 1800-1914.* Cambridge: Cambridge University Press.

Press and Information Office (PIO) (1997) *The Almanac of Cyprus 1997.* Nicosia: Press and Information Office.

Press and Information Office (PIO) (2001) *About Cyprus.* Nicosia: Press and Information Office.

Pridham, G. (1994) National environmental policy-making in the European framework: Spain, Greece and Italy in comparison. *Regional Politics and Policy,* 4(1), 80-101.

_____ (1996) Tourism Policy in Mediterranean Europe: Towards Sustainable Development? Centre for Mediterranean Studies, Occasional Paper 15. Bristol: Centre for Mediterranean Studies, University of Bristol.

_____ (1999) Towards sustainable tourism in the Mediterranean? Policy and practice in Italy, Spain and Greece. *Environmental Politics,* 8(2), 97-116.

_____ (2001) Tourism policy and sustainability in Italy, Spain and Greece. A comparative politics perspective. In K. Eder and M. Kousis (eds) *Environmental Politics in Southern Europe* (pp. 365-91). Dordrecht: Kluwer.

_____ and Konstadakopulos, D. (1997) Sustainable development in Mditerranean Europe? Interactions between European, national and sub-national levels. In S. Barker, M. Kousis, D. Richardson and S. Young (eds) The Politics of Sustainable Development. *Theory, Policy and Practice Within the European Union* (pp. 127-51). London: Routledge.

Priestley, G. K & Mundet, L. (1998) The post-stagnation phase of the resort cycle. *Annals of Tourism Research,* 25(1), 85-111.

_____ (1984) Sitges, Playa de Oro: La evolucion de su industria turistica hasta 1976. *Documents d'Analisi Geografica,* 5, 47-69.

_____ (1995) Problems of tourism development in Spain. In H. Coccossis and P. Nijkamp (eds) *Sustainable Tourism Development* (pp. 187-98) Aldershot: Avebury.

_____ (1995a) Evolution of tourism on the Spanish coast. In G.J. Ashworth and A.G.J. Dietvorst (eds) *Tourism and Spatial Transformations* (pp. 37-54). Wallingford: CAB International.

_____ (1995b) Problems of tourism development in Spain. In H. Coccossis and P. Nijkamp (eds) *Sustainable Tourism Development* (pp. 187-198). Aldershot: Avebury.

_____ (1996) Structural dynamics of tourism and recreation-related development. In G.K. Priestley, J.A. Edwards and H. Coccossis (eds) *Sustainable Tourism? European Experiences* (pp. 99-119). Wallingford: CAB International.

_____ (1996) Structural dynamics of tourism and recreation-related development: The Catalan coast. In: G.K. Priestley, J. A. Edwards and H. Coccossis (eds) *Sustainable Tourism? European Experiences* (pp. 99-119). Wallingford: CAB International.

_____ and Mundet, L. (1998) The post-stagnation phase of the resort cycle. *Annals of Tourism Research,* 25(1), 85-111.

Provansal, D. and Molino, P. (1991) El agua en la estepa. In D. Provansal and P. Molina (eds) *Etologia de Andalucia Oriental. Volume 1, Parentesco, Agricultura y Pesca* (pp. 273-83) Barcelona: Editorial Anthropos.

Prunier, E. Sweeney, A. and Geen, A. (1993) Tourism and the environment: The case of Zakynthos. *Tourism Management,* 14(2), 137-41.

Pyrillos, K. (2001,2002) (General Maganer, Imperial Beach Hotel, Paphos), personal communication.

Quarrie, J. (1992) *The Earth Summit* 1992. London: Regency Press.

Ramsar Convention Bureau (2002) The Ramsar Convention on wetlands. On WWW at http://ramsar.org/index_list.htm.

Ramsara (1989) In P. Wilkinson (1997) *Tourism Policy and Planning.* New York: Cognizant

Communication.

Redclift, M. (2001) Sustainability and the North/South divide. Globla AND European dimensions. In K. Eder and M. Kousis (eds) *Environmental Politics in Southern Europe* (pp. 53-72). Dordrecht: Kluwer.

Regional Operational Plan (ROP) (2001) Regional Operational Plan of Crete, 2000-2006 (in Greek). Irakleion: Region of Crete.

Regulation (EC) No 761/2001 of the European Parliament and of the Council of 19 March 2001 allowing voluntary participation by organisations in a Community eco-management and audit scheme (EMAS).

Reiter, R.R (1975) Men and women in the south of France: Public and private domains. In R.R Reiter (ed.) *Toward an Anthropology of Women* (pp. 252-82). New York: Monthly Review Press.

Republic of Croatia Ministry of Tourism (2001) Instructions for subsidized foreign organized tourist traffic in 2002. On WWW at http://www.mint.hr/subeng_2002.htm.

_____ (2001a) Croatian tourism 2000 in figures. On WWW at http://www.mint.hr/ENGTUR2001.pdf.

_____ (2001c) Investment opportunities in the Croatian tourism sector through the privatisation process. On WWW at http://mint.hr/privatisation_guidelines.htm.

_____ (2002) Tourist traffic 2001. On WWW at http://www.mint.hr/TRAFFIC201.pdf.

Republic of Montenegro (2001) *Tourism*. On WWW at http://www.montenegro.yu/english/turizam.htm.

Republicki Zavod za Statistiku (ed.) (1989) *Promet turista u Primorskim Opcinama 1988.* Zagreb: Republicki Zavod za Statistiku.

Research Institute of Tourism (1998) *Regional Development of Greece and of Tourism* (in Greek). Athens: Research Institute on Tourism.

Resmi Gazete (1982) *Turizm Tesvik Kanunu, Sayi: 2634; Kabul Tarihi: 12/3/1982 [Tourism Encouragement Law no. 2634; Date of Acceptance: 12/3/1982].* Ankara: Resmi Gazete.

Richez, G. (1996) Sustaining local cultural identity: Social unrest and tourism in Corsica. In G.K. Priestley, J.A. Edwards and H. Coccossis (eds) *Sustainable Tourism? European Experiences* (pp. 176-88). Wallingford: CAB International.

Richter, L. K. (1992) Political instability and tourism in the Third World. In D. Harrison (ed.) *Tourism and the Less Developed Countries* (pp. 35-46). London: Belhaven.

Roberts, L. and Hall, D. (2001) *Rural Tourism and Recreation: Principles to Practice.* Wallingford: CAB International.

Robinson, M. D. (1996) Sustainable tourism for Spain: Principles, prospects and problems. In M. Barke, J. Towner and M.T. Newton (eds) *Tourism in Spain: Critical Issues* (pp. 401-25) Wallingford: CAB International.

_____ and Towner, J. (1993) Beyond Beauty - *Towards a Sustainable Tourism*. Sunderland: Centre for Travel and Tourism, Business Education Publishers.

Rodriguez, V., Fernandez-Mayoralas, G. and Rojo, F. (1998) European retirees on the Costa del Sol: A cross-national comparison. *International Journal of Population Geography,* 4(2), 183-200.

Romagosa, F. and Cuetara, L. (in press) El desarrollo sostenible en destinos turisticos. Propuesta de un sistema de indicadores de sostenibilidad. Papers de Turisme.

Ros, J. D. and Serra, J (1996) Ecosistemes I dinamica litoral. *Quaderns d'Ecologia Aplicada* 13, 5-43.

Rostow, W. (1960) *The Stages of Economic Growth: A Non-Communist Manifesto.* Cambridge: Cambridge University Press.

Royle, S. A. (1989) A human geography of islands. *Geography,* 74(2), 106-16.

Royle, S. and Scott, D. (1996) Accessibility and the Irish islands. *Geography* 8(12), 111-19.

Russell, R. and Faulkner, B. (1999) Movers and shakers: Chaos makers in tourism development. *Tourism Management,* 20, 411-23.

Russo, A. P. (2002) The 'vicious circle' of tourism development in heritage cities. *Annals of Tourism Research*, 29(1), 165-82.

Ruzza, C. (2001) Sustainability and tourism. EU environmental policy in Northern and Southern Europe. In K. Eder and M. Kousis (eds) *Environmental Politics in Southern Europe* (pp. 101-26). Dordrecht: Kluwer.

Ryan, C. (1995) *Researching Tourist Satisfaction. Issues, Concepts, Problems.* London: Routledge.

Salva Tomas, P. A. (1991) La population des iles Baleares pendent 40 ans de tourisme de masse (1950-1989). *Mediterranee,* 1, 7-14.

Salzhauer, A. (1991) Obstacles and opportunities for a consumer ecolabel. *Environment,* 33, 10-15,33-7.

Sanger, J. *The Compleat Observer? A Field Research Guide to Observation.* Qualitative Studies Series 2. London: Falmer.

Sapelli, G. (1995) Southern Europe Since 1945. *Tradition and Modernity in Portugal, Spain, Italy, Greece and Turkey.* London: Longman.

Sastre, F. and Benito, I. (2001) The role of transnational tour operators in the development of Mediterranean island tourism. In D. Ioannides, Y. Apostolopoulos and S. Sonmez (eds) *Mediterranean Islands and Sustainable Tourism Development: Practices, Management and Policies* (pp. 69-86). London: Continuum.

Schembri, J. and Borg, M. (1997) Population changes in the walled cities of Malta. In C. Fsadni and T. Selwyn (eds) *Sustainable Tourism in Mediterranean Islands and Small Cities* (pp. 114-23). Malta and London: Med-Campus and Euromed.

Schneider-Jacoby, M. (1996) A view from abroad: Nature preservation in Croatia-an investment in the future of the country. *Turizam,* 44(11-12), 276-92.

Schofield, J. and George, J. J. (1997) Why study islands? In R.A. Irving, A.J. Schofield and

C.J. Webster (eds) *Island Studies. Fifity Years of the Lundy Field Society* (pp. 5-14). Bideford: Lundy Field Soiciety.

Scott, J. (1995) Sexual and national boundaries in tourism. *Annals of Tourism Research,* 22(2), 385-403.

_____ (2000) Peripheries, artificial peripheries and centres. In F. Brown and D. Hall (eds) *Tourism in Peripheral Regions* (pp. 58-73) Clevedon: Channel View.

_____ (2001a) 'Everything's bubbling, but we don't know what the ingredients are.' Casino politics and policy in the periphery. *Electronic Journal of Gambling Issues,* 4. On WWW at http://www.camh.net/egambling.

_____ (2001b) Gender and sustainability in Mediterranean island tourism. In D. Ioannides, Y. Apostolopoulos and S. Sonmez (eds) *Sustainable Tourism in Mediterranaean Islands: Policy and Practice* (pp. 87-107). London: Continuum International.

_____ and A. Asizkoglu (2001) Gambling with paradise? Casino tourism development in northern Cyprus. *Journal of Tourism and Travel Research,* 26(3), 47-57.

Seckelmann, A. (2002) Domestic tourism: A chance for regional development in Turkey? *Tourism Management,* 23, 85-92.

Secretaria General de Turismo (1994) *Nota de Coyuntura Turistica.* Enero, Madrid.

SECTyPYMEs(1997) Secretaria de Estado de Comercio, Turismo y de la Pequena y Mediana Empresa, *Plan de Estrategias y Actuaciones de la Administraction General del Estado en Materia Turistica.* Madrid: Ministerio de Economia y Hacienda.

Seekings, J. (1997) Cyprus. *EIU International Tourism Report,* 4, 29-54.

Seers, D. (1979) The meaning of development with a postscript. In D. Lehmann (ed.) *Development Theory* (pp. 9.32). London: Frank Cass.

Segui Llinas, M. (1998) Calvia, el futuro de una estacion turistica madura. In J. Oliveras Samitier and S. Anton Clave(eds) Turismo y Planificacion del Territorio en la Espana de Fin de Siglo. *Actas de las V Jornadas de Geografia del Turismo (*pp. 233-41). Tarragona: Universitat Rovira I Virgili.

Sertoglu, K. and Bicak, H. (1998) *Journal for Cyprus Studies,* 4(2) (Spring), 143-59.

SETE (2002) Greek Tourism 2010. Strategy and Aims [in Greek]. Athens: SETE.

Severiades, A. (2000) Establishing the social tourism carrying capacity for the tourist resorts of the east coast of the Republic of Cyprus. *Tourism Management,* 21, 147-56

Seward, A. B. and Spinard, B.K. (eds) (1982) *Tourism in the Caribbean: The Economic Impact.* Ottawa: International Development Research Centre.

Sezer, H. and Harrison, A. (1994) Tourism in Greece and Turkey: An economic view for planners. In A.V. Seaton (ed.) *Tourism: The State of The Art* (pp. 74-83). Chichester: Wiley.

Sharpley, R. (1998) *Island Tourism Development: The Case of Cyprus.* Newcastle: Centre for Travel and Tourism, University of Northumbria at Newcastel.

_____ (2000) The influence of the accommodation sector on tourism development: Lessons from Cyprus. *Hospitality Management,* 19, 275-93.

_____ (2000a) Tourism and sustainable development: Exploring the theoretical divide. *Journal of Sustainable Tourism,* 8(1), 1-19.

_____ (2000b) The influence of the accommodation sector on tourism development: Lessons from Cyprus. *International Journal of Hospitality Management,* 19(3), 275-93.

_____ (2001a) Tourism in Cyprus: Challenges and opportunities. *Tourism Geographies* 3 (1), 64-85.

_____ (2001b) Sustainability and the political economy of tourism in cyprus. *Tourism,* 49(3), 241-54.

_____ (2002) Rural Tourism and the challenge of tourism diversification: The case of Cyprus. *Tourism Management,* 23, 233-44.

_____ and Telfer, D. (eds) (2002) *Tourism and Development*: Concepts and Issues. Clevedon: channel View.

Shaw, G. and Williams, A. M. (2002) *Critical Issues in Tourism.* Oxford: Blackwell.

_____ (1994) *Critical Issues in Tourism: A Geographical Perspective.* Oxford: Blackwell.

Singh, A. (1979) The basic needs approach to development vs the ne international economic order: The significance of Third World industrialisation. *World Development,* 7, 585-606.

Slovenia Tourist Board (1998) Marketing of Slovenia's tourism: Corporate image. On WWW at http://www.tourist-board.si/poodoba-eng.html.

Slovenia Tourist Board (1999) Slovenia at a glance: Some brief notes for press visitors. On WWW at http://www.sloveia-tourism.si/enews/article-01.html.

_____ (2000) *Slovenia By Bycicle.* Ljubljana: Slovenia Tourist Board.

_____ (2001a) Slovenia at a glance: Some brief notes for press visitors. On WWW at http://www.sloveia-tourism.si/enews/article-01.html.

_____ (2001b) Tourist industry invests in new programme. On WWW at http://www.slovenia-tourism.si/enews/EARTICLE2001-03.HTM.

Smith, B. (1997) Water: A critical resource. In R.L. King, L. Proudfoot and B. Smith (eds) *The Mediterranean: Environment and Society* (pp. 227-51) London: Arnold.

Sonmez, S. S. (1998) Tourism, Terrorism, and political instability. *Annals of Tourism Research,* 25, 416-56.

Sophoulis, C. M. and Assonitis, G. (1998) The Aegean-Archipelago Project: Sustainable growth for small islands via high value-added activities. Proceedings of the International Congress on Sustainable Development in the Islands and the Role of Research and Higher Education. Rhodes, Greece.

Sotiriadis, M. (1994) Tourist Policy [in Greek]. Heraclion: TEI of Heraclion.

Spathi, S. (2000) Curative Tourism and the Development of Health Tourism in Greece [in Greek]. Athens: KEPE.

Spilanis, G. (2000) Tourism and regional policy: The case of the Aegean islands. In P. Tsartas(ed.) Tourism Development: Multidisciplinary Approaches [in Greek]. Athens: Exantas.

439

Spilanis, I. (1995) Tourism and environment in the insular regions: The tourism development in Lesvos, with the exploitation of cultural and natural resources [in Greek]. Proceedings of the conference in Tourism and Environment in the Insular Regions. Crete: TEE.

Splitter, R. and Haak, U. (2001) Quality analysis of tourism ecolabels. In X. Font and R.C. Buckley (eds) *Tourism Ecolabeling – Certification and Promotion of Sustainable Management* (pp. 175-88). Wallingford: CABI.

SPO (State Planning Organisation) (1994a) *Main Economic Indicators.* Ankara: State Planning Organisation.

_____ (State Planning Organisation) (1994b) *Main Economic Indicators.* Ankara: State Planning for 1994. Ankara: State Planning Organisation.

_____ (State Planning Organisation) (2001) *Main Economic Indicators.* Ankara: State Planning Organisation.

_____ (State Planning Organisation) (2002) *Main Economic Indicators.* Ankara: State Planning Organisation.

Sprengle, U. (1999) Luck and bane of tourism. The 'Turkish Riviera' between economic valorization and destruction of landscape. In E. Manzi and M. Schmidt di Friedberg (eds) *Landscape and Sustainability, Global Change, Mediterranean Historic Centres* (pp. 165-78). Milan: Guerini e Associati.

Squire, S. J. (1996) Literary tourism and sustainable tourism: Promoting 'Anne of Green Gables' in Prince Edward island. *Journal of Sustainable Tourism* 4(3), 119-34.

Stabler, M. J. (ed.) (1997) *Tourism and Sustainability: Principles to Practice.* Wallingford: CAB International.

State Institute of Statistics (2000) *Statistical Yearbook of Turkey.* Ankara: Prim Minister, Republic of Turkey.

Stavrou, S. (1979) Social Identification of Tourism in the Islands of Mykonos and Naxos. Athens: Research and Development Department, Greek Tourism Organisation.

_____ (1980) Social Identification of Tourism in the Islands of Kalymnos and Leros. Athens: Research and Development Department, Greek Tourism Organisation.

_____ (1986) Social Identification of Tourism in the Islands of Paros, Santorini and Kythira. Athens: Research and Development Department, Greek Tourism Organisation.

Stewart, F. (1985) *Planning To Meet Basic Needs.* London: MacMillan.

Stifanic, D. (2000) *Vrsar: Bike Eco Ride.* Vrsar: Tourist Association of Vrsar.

Stott, A. M. (1973) Economic trransition and the family in Mykonos. *Greek Review of Social Research,* 17, 122-33.

_____ (1996) Tourism development and the need for community action in Mykonos, Greece. In L. Brigugli, R. Butler, D. Harison and W.L Filho (eds) *Sustainable Tourism in Islands and Small States: Case Studies* (pp. 281-306). London: Pinter.

Stylianopoulou, E. (1998) The formulation of an environmental Strategy in the Hotel Sector: The introduction of environmental management systems to hotels in Cyprus. In paper presented at the 1st International Scientific Congress 'Tourism and Culture for Sustainable Development' Department of Geography and Regional Planning, National Technical University of Athens, Greece.

Swarbrooke, J. (1999) Sustainable Tourism Management. UK: CAB International.

Telfer, D. (2002) The evolution of tourism and development theory. In R. Sharpley and D. Telfer (eds) *Tourism and Development: Concepts and Issues* (pp. 35-78). Clevedon: Channel View.

Theuma, N. (2002) Identifying the Maltese Cultural Tourism Product: Marketing and Management Issues. Unpublished Ph. D thesis, University of Strathclyde.

Thirlwal (1978) *Growth and Development* (1st edn). London: MacMillan.

_____ (1989) *Growth and Development* (4th edn). London: MacMillan.

Thompson, W. N. (1998) Casinos de Juegos del Mundo: A survey of world gambling. *Annals of the American Academy of Political and Social Science,* 556, 11-21.

Timothy, D. J. (1998) Incremental tourism planning in Yogyakarata, Indonesia. *Tourism Recreation Research,* 23, 72-4.

_____ (1999) Participatory planning. A view of tourism in Indonesia. *Annals of Tourism Research,* 26(2), 371-91.

_____ and Ioannides, D. (2002) Tour operator hegemony: Dependency and oligopoly in insular destinations. In Y. Apostolopoulos and D.J. Gayle (eds) *Island Tourism and Sustainable Development: Caribbean, Pacific and Mediterranean Experience* (pp. 181-98). Westport, CT: Praeger.

Todaro. M. P. (1989) *Economic Development in the Third World.* New York: Longman.

Todorova, M. (1994) The Balkans: From discovery to invention. *Slavic Review,* 53, 453-82.

_____ (1997) *Imagining the Balkans.* Oxford and New York: Oxford University Press.

Torkildesen, G. (1999) *Leisure and Recreation Management* (4th edn). London: Routledge.

Torres, R. (2002) Cancun's tourism development from a Fordist spectrum of analysis. *Tourist Studies,* 2 (1), 87-116.

Tosun, C. (1998a) Community participation in the tourism development at the local level: The case of Urgup in Turkey. Ph. D Thesis, Strathclyde University.

_____ (1998b) Roots of unsustainable tourism development in the developing world: The case of Turkey. *Tourism Management,* 19(6), 595-610.

_____ (1999) An analysis of contributions of international inbound tourism to the Turkish economy. *Tourism Economics,* 5(3), 217-50.

_____ (2001) Challenges of sustainable tourism development in the developing world: The case of Turkey. *Tourism Management,* 22, 289-303.

_____ (2001) Host perceptions of impacts. A comparative tourism study. *Annals of Tourism Research,* 29 (1), 231-53.

_____ (2002) Host perceptions of impacts of tourism: A comparative tourism study. Annals of *Tourism Research,* 29, 231-53.

_____ and Jenkins, C. L. (1996) Regional planning approaches to tourism development: The case of Turkey. *Tourism management,* 17, 519-31.

_____ (1998) The evolution of tourism planning in Third World countries: A critique. *Progress in Tourism and Hospitality Research,* 4, 101-14.

Tosun, C. and Timothy, D. J. (2001) Shortcomings in planning approaches to tourism development in developing countries: The case of Turkey. *International Journal of Contemporary Hospitality Management,* 13(7), 352-9.

Totsiou, Y., Hatzantonis, D., Karamitropoulou and Lolos, S. (1999) *Evaluation of the Impact of Actions Implementing Regulation (EEC) No 2019/93 on the Economic Situation of the Small Islands in the Aegean Sea.* Athens: European Community.

Tourism and Economy (T&E) (2001). Issues 263 (May) (in Greek).

_____ (T&E) (2002). Issues 275 (May) (in Greek).

Tout, D. (1990) The horticulture industry of Almeria Province, Spain. *Geographical Journal,* 156(3) 304-12.

Transun (1998) *Transun's Croatia.* Oxford: Transun.

Travel and Tourism Itelligence (TTI) (2001) *Country Reports* 1. London: TTI.

TRNC (1995) *Statistical Yearbook.* TRNC Prime Minister's Office: Nicosia.

_____ (1997) *Statistical Yearbook.* TRNC Prime Minister's Office: Nicosia.

_____ (2000) Education in the TRNC. On WWW at http://www.cm.gov.nc.tr/trnc/

Tsaras, P., Manologlou, E. and Markou, A. (2001) Domestic tourism in Greece and special interest destinations: The role of alternative forms of tourism. *Anatolia,* 12(1) 35-42.

_____ (1989) Social and Economic Consequences of Tourism Development in the Prefecture of the Cyclades and Especially the Islands of Ios and Serifos [in Greek]. Athens: EKKE.

_____ (1991) Research on the Social Characteristics of Employment, Study □, Tourism and Agricultural Multi-activity [in Greek]. Athens: EKKE.

_____ (1992) Socio-economic impacts of tourism on two Greek islands. *Annals of Tourism Research,* 19(3), 516-33.

_____ (1998a) La Grece: Du Tourism de Masses au Torusim Alternatif. Serie Tourismes et Societes. Paris: L'Harmattan.

_____ (1998b) Un cadre d' analyse des relations sociales et des caracteristiques de la rencontre touristes-autochtones: le cas de la Grece. *Revue de Tourisme,* 4, 47-55.

_____ (ed.) (2000) Tourism Development: Multidisciplinary Approaches Athens, Exantas.

_____ Theodoropoulos, K., Kalokardou, R., Maroundas, K., Pappas P. and Fakiolas, N. (1995) The Social Impacts of Tourism in the Prefectures of Kerkyra and Lassithi (in Greek). Athens: EKKE.

_____ , Theodoropoulos, K., Kalokardou-Krantonelli, R., Manologlou, E., Maroundas, K., Pappas, P. and Fakiolas, N. (1995) Social Impact of Tourism in the Prefectures of Corfu and Lasithi [in Greek]. Athens: EKKE.

Tsekouras, G. and Associates (1991) Change in the Mass Tourism Model: New Forms of Tourism [in

Greek]. Athens: ETBA

Turk Tanitma Fonu (2002) What is being done in the Turkish south east? On WWW at http://www. turkishforum.com/pkk/whats_happening.html.

Turkiye Kalkinma Bankasi (1990) *Turizm El Kitabi [Tourism Handbook.]*. Ankara: Turkiye Kalikinma Bankasi.

_____ (TKB) (2002) *Bolgelere Gore Turizm Yatirimlarina Verilen Krediler (Tourism Investment Incentives by Regions)*. Ankara: Turkiye Kalkinma Bankasi.

Turner, R. K. (1992) *Speculations on Weak and Strong Sustainability*. Working Paper, GEC 92-96, CSERGE. Norwich: University of East Anglia.

_____ (1993) Sustainability: Principles and parctice. In R.K. Turner (ed.) *Sustainable Environmental Economics and Management* (pp. 3-36). Chichester: Wiley.

_____, Pearce, D. and Bateman I. (1994) Environmental Economics: An Elementary Introduction. Great Britain: Harvester Wheatsheaf.

TURSAB (Turkiy Seyahat Acentalari Birligi / Association of Turkish Travel Agencies) (1999) Arastirma: Yurtici seyahat pazari raporu 1999. *TURSAB Aylik Dergi,* 185, 33-56.

_____ (Turkiy Seyahat Acentalari Birligi / Association of Turkish Travel Agencies) (2000) *Profile*. Istanbul: TURSAB.

Tyrakowski, K. (1986) The role of tourism in land utilisation conflicts on the Spanish Mediterranean coast. *GeoJournal,* 13(1) 19-26.

UNEP–United Nations Environment Programme (1999) Contribution of the United Nations Environment Programme to the Secretary-General's Report on Industry and Sustainable Tourism for the Seventh Session of the Commission for Sustainable Development. Addendum C. Tourism and Environmental Protection.

UNEP (1998) Ecolabels in the Tourism Industry. Paris: United Nations.

United Nations Development Programme (1998) *Human Development Report Turkey 1998,* Ankara: UNDP.

Urry, J. (1990) *The Tourist Gaze. Leisure and Travel in Contemporary Societies*. London: Sage.

_____ (1993) *Consuming Places*. London: Routledge.

Uzturk, Y. (1996) *Marketing Turkey as a Tourist Destination*. Ph. D Thesis, Scottish Hotel School, University of Strathclyde.

Vacas Guerrero, T. (2001) Las Espacios Naturales Protegidos como recurso turistico. Metodologia para □ estudio del Parque Nacional de Sierra Nevada. *Estudios Turisticos,* 147, 57-84.

Valenzuela, M. (1991) Spain: The phenomenon of mass tourism. In A.M. Williams and G. Shaw (eds) *Tourism and Economic Development: Western European Experience* (2nd edn) (pp. 40-60). London: Belhaven Press.

_____ (1998) Spain: From the phenomenon of mass tourism to the search for a more diversified model. In A.M. Williams and G. Shaw (eds) *Tourism and Economic Development. European Experiences* (pp. 43-74). Chichester: Wiley.

Van den Berg, l. (1991) Urban Systems in a Dynamic Society. Aldershot: Gower.

Van der Borg, J. (1991) Tourism and Urban Development. Amsterdam: Thesis Publishers.

Van der Duim, R. and Caalders, J. (2002) Biodiversity and tourism. Impacts and interventions. *Annals of Tourism Research,* 29(3), 743-61.

Vanhove, N. (1997) Mass tourism: Benefits and costs. In S. Wahab and J.J. Pigram (eds) *Tourism, Development and Growth: The Challenge of Sustainability* (pp. 50-77). London: Routledge.

Var, T. and Imam, K. Z. (2001) Tourism in Egypt: History, policies, and the state. In Y. Apostolopoulos, P. Loukissas and L. Leontidou (eds) *Mediterranean Tourism: Facets of Socioeconomic Development and Cultural Change* (pp. 181-96). London: Routledge.

Var. T. (2001) The state, the private sector, and tourism policies in Turkey. In Y. Apostopoulos, P. Loukissas and L. Leontidou (eds) *Mediterranean Tourism. Facets of Socioeconomic Development and Cultural Change* (pp. 91-111). London: Routledge.

Varvaressos, S. (1987) Le tourisme en Grece: Problematique, Etude du marche, structure du produit, impact economique, tendances futures. Unpublished Ph. D thesis, Paris □ university.

_____ (1999) Tourism Development and Administrative Dcentralisation [in Greek]. Athens: Propompos.

Varvaressos, St. (1998) Tourism: Meanings, Size, Structure-the Greek Reality [in Greek]. Athens: Propompos.

Vaughan, R., Andriotis, K. and Wilkes, K. (2000) Characteristics of tourism employment: The case of Crete. Paper presented in the 7th ATLAS International Conference. North-South: Contrasts and Connections in Global Tourism, Savonlinna, Finland, 18-21 June.

Vellas, F. and Becherel, L. (1999) The International Marketing of Travel and Tourism. A Strategic Approach.

Vera Rebollo, J. F. (2001) Increasing the value of natural and cultural resources: Towards sustainable tourism management. In D. Ioannides, Y. Apostolopoulos and S. Sonmez (eds) *Mediterranean Islands and Sustainable Tourism Development: Practices, Management and Policies.* London: Continuum.

_____ (2002) *METASIG Project: Planning and Management of Sustainable Tourism.* Alicante University, National Plan of Research and Development.

_____ and Ibars Baidal, J. A. (2001) Una propuesta de indicadores para la planificacion y gestion del turismo sostenible. V Congreso Nacional de Medio Ambiente (2000). CD-ROM edition. Madrid: Colegio Oficial de Fisicos, Union Profesional, Aproma and Instituto de Ingenieria de Espana.

_____ and Marchena, M. (1995) Real estate business and tourism development. *Raports 45th Congress AIEST, International Association of Scientific Experts in Tourism,* 37, 29-52.

_____ and Rippin, R. (1996) Decline of a Mediterranean tourist area and restructuring strategies: The Valencian region. In G.K. Priestley, J.A. Edwards and H. Coccossis (eds) *Sustainable Tourism? European Experiences* (pp. 120-36). Wallingford: CAB International.

Vera Rebollo, J. F., Lopez, F., Marchena, M., and Anton, S. (1997) *Analisis Territorial del Turismo.* Barcelona: Ariel.

Vera, J. F. (1994) El modelo turistico del Mediterraneo Espanol: Agotamiento y estrategias de reestructuracion. *Papers de Turisme,* 14-15, 133-147. Valencia: Institut Turistic Valencia.
_____ and Marchena, M. (1996) El modelo turistico Espanol: Perspectiva economia y territorial. In A. Pedreno and M. Monfort (eds) *Introduccion a la Economia del Turismo en Espana.* Madrid: Civitas.

Verkeersbureau Malta (2001) MTA Adverts. Amsterdam: MTA.

Vidal Bendito, T. (1994) The Balearic population in the twentieth century. In M.R. Carli (ed) *Economic and Population Trends in the Mediterranean Islands* (pp. 129-54). Collana Alti Seminari 5. Naples: Edizioni Scientifiche Italiane.

Viney, D. (1994) *An Illustrated Flora of Northern Cyprus.* Nicosia: TRNC.

Vlami, V. and Zogaris, S. (1997) Ecotourist Development in Skopelos: Trails and Trekking [in Greek]. Skopelos: Municipality of Skopelos.

Vogiatzakis, P. S. (1995) Experience with tourist Development in Western Crete. Proceedings of the Conference Tourism and the Environment in Island Regions (in Greek). Technical Chamber of Greece, Eastern Crete Section, Irakleion, Crete, 17-19 March.

Vukonic, B. (2001) The 'new old' tourist destination: Croatia. In Y. Apostolopoulos, P. Loukissas and L. Leontidou (eds) *Mediterranean Tourism. Facets of Socieoeconomic Development and Cultural Chang* (pp. 64-71). London: Routledge.

Wall, G. (1997) Is ecotourism sustainable? *Environmental Management,* 21(4) 483-91.
_____ (1997) Sustainable tourism - unsustainable development. In S. Wahab and J. Pigram (eds) *Tourism, Development and Growth: The Challenge of Sustainability* (pp. 33-49). London: Routledge.

Warner, J. (1999) North Cyprus: Tourism and the challenge of non-recognition. *Journal of Sustainable Tourism,* 7(2), 128-45.

Warren, R. L. (1978) *The community in America* (3rd edn). Chicago: Rand McNally.

Waters, S. R. (1993) *Annual Travel Industry World Yearbook: The Big Picture-1992.* New York: Child and Waters.

WCED (World Commission on Environment and Development) (1987) Our common Future (The Brundtland Report). Oxford: Oxford University Press.

Weale, A., Pridham, G., Cini, M., Konstadakopulos, D. Porter, M. and Flynn, B. (2000) Environmental Governance in Europe. An Ever Closer Ecological Union? Oxford: Oxford University Press.

Weaver, D. (2000) A broad context model of destination development scenarios. *Tourism Management,* 21, 217-24.
_____ and Oppermann, M. (2000) *Tourism Management.* Queensland: Wiley Milton.

Weaver, D. B. (1993) Model of urban tourism for small Caribbean islands. *Geographical Review,* 83(2), 134-40.

Weaver, R. (1998) *Ecotourism in the Less-developed World* (p. 15). London: CAB International.

Wilford, W. T. (1979) The physical quality of life index: A useful social indicator. *World Development,* 7, 581-4.

Wilinson, P. F. (1987) Tourism in small island nations: A fragile dependency. *Leisure Studies,* 6(2), 127-46.

_____ (1989) Development strategies for tourism in island microstates. *Annals of Tourism Research,* 16(2), 153-77.

Wilkinson, P. (1989) The dynamics and effects of tourism evolution in cyprus. In Y. Apostolopoulos, P.J. Loukissas and L. Leontidou (eds) (2001) *Mediterranean Tourism* (pp. 112-28). London: Routledge.

_____ (1997) Tourism Policy and Planning: *Case Studies From the Commonwealth Caribbean.* New York: Cognizant.

Williams, A. (1997) Tourism and uneven development in the Mediterranean. In R.King, L. Proudfoot and B. Smith (eds) *The Mediterranean. Environment and Society* (pp. 208-26). London: Aronold.

_____ (2001) Tourism and development in the Mediterranean basin: Evolution and differentiation on the 'fabled shore'. In R. King, P. de Mas and J.M Beck (eds) *Geography, Environment and Development in the Mediterranean* (pp. 156-75). Brighton: Sussex Academic Press.

Williams, A. and Shaw, G. (1998) Tourism and the environment. In C.M. Hall and A.A. Lew (eds) *Sustainable Tourism: A Geographical Perspective.* Harlow: Addison Wesley Longman.

_____ (1998a) Tourism and the environment: Sustainability and economic restructuring. In C.M. Hall and A.A. Lew (eds) *Sustainable Tourism: A Geographical Perspective* (pp. 49-59). Harlow: Longman.

_____ (1998a) Tourism policies in a changing economic environment. In A.M. Williams and G. Shaw (eds) *Tourism and Economic Development. European Experiences* (pp. 375-91). Chichester: Wiley.

_____ (1998b) Introduction: Tourism and uneven economic development. In A.M. Williams and G. Shaw (eds) *Tourism and Economic Development. European Experiences* (pp. 1-16). Chichester: Wiley.

_____ (1998b) Tourism and the environment: Sustainability and economic restructuring. In C.M. Hall and A.A. Lew (eds) *Sustainable Tourism: A Geographical Perspective* (pp. 49-59). Harlow: Longman.

Williams, A. M. and Montanari, A. (eds) (1995) *European Tourism. Regions, Spaces and Restructuring.* Chichester: Wiley.

Williams, S. (1998) *Tourism Geography.* London: Routledge.

Wilstach, P. (1926) In D.G. Lockhart (1993) *The Development Process in Small Island States.*

London: Routledge

Witt, S. (1991) Tourism in Cyprus: balancing the benefits and costs. *Tourism Management,* 12(1), 37-46.

Wood, C. (1995) *Environmental Impact Assessment: A Comparative Review.* Harlow: Longman.

Wood, K. and House, S. (1992) *The Good Tourist.* London: Mandarin.

World Tourism and Travel Council (WTTC), WTO and Earth council (EC) (1997) Agenda 21 for the Travel and Tourism Industry–Towards Environmentally Sustainable Development.

World Tourism Organisation (1994) *National and Regional Tourism Planning: Methodologies and Case Studies.* London: Routledge.

_____ (2001) *Yearbook of Tourism Statistics.* Madrid: WTO.

_____ (WTO) (2001) Compendium of Tourism Statistics. 2001 Edition. Madrid.

_____ , Earth Council and World Travel and Tourism Council (1995) *Agenda 21 for the Travel and Tourism Industry.* London: WTO, Earth Council and WTTC.

World Tourism Organization/United Nations Environment Programmed and the Blue Plan (2000) *Sustainable Tourism and Competitiveness in the Islands of the Mediterranean. International Seminar.* Capri, Italy, 17-20 May.

Wrangham, R. (1999) Management or domination? Planning tourism in the Banda Islands, Eastern Indonesia. *International Journal of Contemporary Hospitality Management,* 11(2/3), 111-15.

WTO–World Tourism Organisation, World Travel and Tourism Council, Earth Council (1997) Agenda 21 for the Travel & Tourism Industry. Towards Environmentally Sustainable Development. Madrid: World Tourism Organisation.

WTO (1993) Sustainable Tourism Development Guide for Local Planners, Madrid.

_____ (1996) What Tourism Managers Need to Know. A Practical Guide to the Development and Use of Indicators of Sustainable Tourism. Madrid: World Tourism Organization.

_____ (World Tourism Organisation) (1998) *Tourism Market Trends: Europe.* Madrid: WTO.

_____ (World Tourism Organisation) Website (2001) At http://www.world-tourism.org. Accessed 13.9.01.

WTTC (2001a) Economic research: Country league tables. On WWW at http://www.wttc.org/ecres/league.asp.

_____ (2001b) Year 2001 TSA Research summary and highlights: Cyprus. On WWW at www.wttc.org/ecres/a-cy.asp.

WWF-Hellas (World Wildlife Fund) (2000) Planning Pilot Activities for the Development of Ecological Tourism [in Greek]. Athens: European Union, Ministry of Development and Greek National Tourism Organisation.

WWF (2000) Planning Actions of Pilot Character to Develop Ecotourism. Greek Tourism Organisation, Ministry of Development.

Wynn, M. (1984a) Spain. In M. Wynne (ed.) *Housing in Europe.* London: Croom Helm.

Wynn, M. (1984b) Spain. In M. Wynne (ed.) *Planning and Urban Growth in Southern Europe.* London: Mansell.

Yarcan, S. and Ertuna, B. (2002) What you encourage is what you get: The case of Turkish inbound international tourism. Anatolia: *An International Journal of Tourism and Hospitality Research* 13 (2), 159-83.

Yorucu, V. and Jackson, P. (1996) *Tourism and Enviornmental Planning in Small Island States.* Occasional Paper 96/2. University of Leicester.

Young, B. (1983) Tourististion of traditional Maltese fishing-farming villages. *Tourism Management,* 4(1), 35-41.

Yuksel, F., Bramwell, B., and Yuksel, A. (1999) Stakeholder interviews and tourism planning at Pamukkale, Turkey. *Tourism Management,* 20, 351-60.

Yunis, E. (2001) Condition for sustainable ecotourism development and management, Seminar on planning, development and management of ecotourism in Africa, Regional preparatory meeting for the International Year of Ecotourism, Maputo, Mozambique. Available in the WTO interest site.

Zacharatos, G. (1989) Simple empirism, tourist policy and the time for judgment [in Greek]. *Synchrona Themata,* 11 (34), 21-6.

_____ (2000) The required scheme and institutional framework for the conduct of tourist policy in Greece today [in Greek]. In P. Tsartas (ed.) Tourism Development: Multidisciplinary Appraoches (pp. 39-68). Athens: Exantas.

Zanetto, G. and Soriani, S. (1996) Tourism and environmental degradation: Tha Northern Adriatic Sea. In G.K. Priestley, J.A. Edwards and H. Coccossis (eds) *Sustainable Tourism? European Experiences* (pp. 137-52). Wallingford: CAB International.

Zarb, J. (in print) L-Istorja tat-Turizmu f'Malta. Malta.

Zarkia, C. (1996) Philoxenia: Receiving tourists - but not guests - on a Greek island. In J. Boissevain (eds) *Coping with Tourists: European Reactions to Mass Tourism* (pp. 143-73). Oxford: Berghahm.

Zinovieff, S. (1991) Hunters and hunted: Kamaki and the ambiguities of sexual predation in a Greek town. In P. Loizos and E. Papataxiarchis (eds) *Contested Identities, Gender and Kinship in Modern Greece* (pp. 203-20). Princeton, NJ: Princeton University Press.

Zogaris, S., Vlami, V. and Promponas, N. (1996) The Naxos' Aliki Lagoon: Preparatory Study of Environmental Assessment and Management [in Greek]. Naxos: Greek Bird Society, Agios Arsenios Community.

Zouros, N.K. (1996) The museum and the petrified forest of Lesvos: Exploitation and protection-alternative forms of tourism [in Greek]. Proceedings of the 1st Conference for the Petrified Forest of Lesvos. Lesvos: GEOTEE.

소 국 섭
Soh, Kooksup

[학력 및 경력]
- California State Polytechnic University 3년 수학
- 세종대학교 호텔관광경영학 석 박사
- 사)지역관광네트워크 부)한국문화관광연구소 기획실장
- 현)Lyceum of the Philippines University 교수

[연구실적]
- 잠재 보트이용객의 마리나 시설유형 및 장소에 대한 선택수요
- 해양관광레저도시에 대한 지불의사(WTP)추정: 가상시장사치 평가법(CVM)의 적용
- 광안리 해수욕장 비시장재화의 가치추정: 여행비용법(TCM)의 활용
- 그 외 다수

[기관프로젝트]
- 김제 지평선축제를 통한 지역관광네트워크 활성화방안
- 영주 무섬전통마을 콘텐츠융합형 관광협력사업
- 화천군 테마관광 활성화용역
- 그 외 다수

나 윤 중
Nah, Yoonjoong

[학력 및 경력]
- 미국 Texas A&M 대학교 박사후 연구과정
- 경기대학교 관광학 박사
- 인도 국립 Benares Hindu대학교 철학박사 과정
- 해양수산부 및 국토해양부 정책자문위원
- 지식경제부 지역특화발전특구 성과평가 평가위원 역임
- 현)부산 관광컨벤션포럼 운영위원과 동북아관광학회 편집위원
- 현)동명대학교 호텔경영학과 교수

[연구실적]
- 2011. 효율적인 어촌분야 컨설팅 방안 연구(한국농어촌공사 농어촌연구원)
- 2010. 어촌 어장 어항의 통합적 개발모델 실증 연구(한국농어촌공사 농어촌연구원)
- 2009. 도시 - 어촌 교류프로그램 개발 및 운영 매뉴얼 제작(수협중앙회)
- 2008. 2012 여수세계박람회 개최를 계기로 한 여수 및 인근 지자체 관광활성화계획
  (2012 여수세계박람회 조직위원회)
- 그 외 다수

곽 강 희
Gwak, Ganghee

[학력 및 경력]
- 세종대학교 호텔관광경영학 석 박사
- 주)파라다이스 워커힐 호텔 카지노 8년 근무
- 현)동명대학교 호텔경영학과 조교수

[연구실적]
- 카지노 서비스품질과 방문객 행동특성이 태도에 미치는 영향
- 특수목적관광 유형 간의 대체보완 및 총 관광수요와의 영향관계
- 마리나 방문영향요인에 관한 연구 - 해안방문동기와 해양스포츠유형을 중심으로
- 그 외 다수

coastal mass tourism

해양관광 개발계획

초판 1쇄 인쇄 2014년 5월 10일
초판 1쇄 발행 2014년 5월 15일

저　　　자　소국섭 · 나윤중 · 곽강희
펴 낸 이　임 순 재
펴 낸 곳　**한올출판사**
등　　　록　제11-403호
주　　　소　서울시 마포구 성산동 133-3 한올빌딩 3층
전　　　화　(02)376-4298(대표)
팩　　　스　(02)302-8073
홈 페 이 지　www.hanol.co.kr
e - 메 일　hanol@hanol.co.kr

값 25,000원　ISBN 979-11-5685-005-2